联邦论

美国宪法述评

THE FEDERALIST PAPERS

联邦论

美国宪法述评

[美] 亚历山大 · 汉密尔顿　詹姆斯 · 麦迪逊　约翰 · 杰伊　著

尹宣　译

译林出版社

目录

《联邦论》汉语译本序言

尹宣

2003年春，辽宁教育出版社出版了我翻译和注释的《辩论：美国制宪会议记录》上、下册。（**编注：《辩论：美国制宪会议记录》2014年7月由译林出版社再版**）2008年终，译林出版社将出版我翻译和注释的《联邦论：美国宪法述评》。《辩论》，加上《联邦论》，对了解和研究美国《联邦宪法》，可谓珠联璧合。

《辩论》记下了美国建国之父们设计联邦政府的全过程，记下了代表们在制宪会议上每天每日发言的摘要。全书按麦迪逊在制宪会议期间的原始手稿排印，保留了历史原貌。麦迪逊的记录，自始至终，一天不缺，写法类似连续剧，记下了历史人物（制宪代表们）的台词（发言），记下舞台（制宪会场）上不断变幻的情景和气氛。从中，读者不但可以看到剧情（逐渐深入的议题）的推进，透过场景的变化和辩论的深入，还可以观察到历史人物逐渐展开和变化的思想，他们各不相同的性格。全剧（整个制宪会议）收场时，留下一种悲剧的壮观气氛，掩卷后，令人陷入长久的沉思。

仔细阅读《辩论》，帮助读者回溯《联邦宪法》每一条、每一款、每一项、每一句、每一个分句的成因：最初于哪一天由谁提出，哪些人在后来的哪些日子里提出过哪些修改意见，发生过哪些辩论，每个句子最后如何定稿。美国制宪会议的全过程和宪法的每词每句的成因,透过此书,全部公开透明。

今天的中国读者,通过此书,可以“会当凌绝顶,一览众山小”;可是,当年的美国民众,没有这个福分。制宪会议的记录一直保密。麦迪逊是制宪代表中最后一位离世的。直到临终,麦迪逊才把他的这份记录卖给联邦议会,希望身后出版,让美国民众了解制宪会议的内幕和奥秘。因此,这套书到 1840 年才问世,那时,联邦宪法已经批准了五十多年。

1787 年秋冬,美国民众还读不到《美国制宪会议记录》这样的内幕文献。他们从报纸上看到的,是铺天盖地的辩论文章。宪法是不是能得到批准,尚在未定之天,还是一个悬念。一派批评指责《联邦宪法》,被称为反联邦派。其中,有的人压根儿反对宪法,有的人只有一条细微的具体意见。18 世纪后期的美国选民,公民意识高扬,太爱自由,对自己的公民权利,敏感异常。宪法,是一份划分政府权力与公民权利的游戏规则。那时的美国选民,每让出一分公民权利,每增加一分政府权力,都要斤斤计较,寸土必争。另一派赞扬《联邦宪法》,努力劝说民众接受联邦宪法,自称联邦派。他们从一开始,就承认《联邦宪法》并非十全十美,而且认为,凡是人脑设计的精神产品,最多只能接近完美。可是,北美的十三个小国家,不能分道扬镳,应该联合起来,结合成一个民族国家,设计出一套多数民众认为可以接受的共同政府。

1787—1789 年,北美人民需要解决的第一大问题:是建立一个联合国家,还是让十三个小国家继续保持主权和独立,或三三两两结成几个联盟,即中等大小的国家?第二个问题,才是建设联合政府的这幅蓝图,是否足够令人满意?

美国的《联邦宪法》,文字极其简约,只有七条。宪法条文,并不自我解释。为了让选民了解《联邦宪法》中每个条款的含义,需要有人出面解释宣传。先努力制定宪法、然后努力宣传宪法的联邦派,终于感动上帝:赢得了多数美国民众对联邦宪法的认同和批准,建立起一个复合政府，一直延续到今天。法国宪法重订十次以上，欧盟宪法至今无法批准，联合国为增加几个常任理事国，已经商讨多年。相比起来，18世纪的美国人，还处在比较纯朴的时代。

众多支持和赞扬《联邦宪法》的文献中，有一本书脱颖而出，流传至今，成为代表作。这就是汉密尔顿策划并与麦迪逊、杰伊合作撰稿的《联邦论》。这本书的一个明显优点，是对联邦宪法基本观点的不厌其烦的反复弘扬。

《联邦论》成为述评《美国宪法》的经典著作，声名与年俱增，在美国反复重印，累次畅销，至今不衰。华盛顿说："危机消失、环境安定后，这本书将得到后世的瞩目。因为，这本书对自由的原理，对政治问题，提出了坦率精湛的讨论。凡有公民社会存在的地方，人们永远会对这些问题发生兴趣。"

且不说其他欧洲文字的译本，仅英语和汉语就有四种不同译本。英语译本两种：一、玛丽·韦伯斯特(Mary E. Webster)的《现代语言联邦论》(*The Federalist Papers in Modern Language*)；二、吉尔伯特-罗尔夫(Gilbert-Rolfe)的《联邦论现代译文》(*The Federalist Papers, A Modern Translation*)。汉语译本两种：一、北京商务印书馆1980年版，程逢如、在汉、舒逊译，书名译为《联邦党人文集》；二、台湾左岸文化2006年版，谢淑斐译，书名译为《联邦论》。

必然的事，常有偶然起因。

2006年10月26日，《南方周末》发表了我的一篇文字：《是"联邦党人文集"，还是"联邦主义文集"?》。编者刘小磊先生，引严复名句"一名之立，旬月踌躇"，强调这一词之差的意蕴。

我主张：书名宜译为《联邦主义文集》或《联邦论》。因为，《联邦论》的主旨，是论述联邦制，不是联邦党人的政治纲领，那时还没有联邦党。联邦制，是中央集权的国民政府论，与坚持保留各邦独立主权的邦权论，二者之间的折中妥协，是一种独特的政体。

《南方周末》上的文章发表一周后，译林出版社打电话来。他们正在组织人力重译过去已经出版过的世界名著。基于对我在《辩论：美国制宪会议记录》一书中的译笔和注释的了解，邀我再译《联邦论》，认为我是重译这本书的适当人选。

这样，素昧平生，2006 年 11 月，译林出版社派人出差来武汉招录法语编辑，就便来我家，当面商定《联邦论》汉语译本的出版合同。讨论一些细节，稍加改动，12 月 31 日，双方签字。

译林出版社给了我许多帮助，先后寄来两种 *The Federalist Papers* 的英文原本，一种是兰登书屋分支 Bantam Classic 1982 年版，2003 年印本，成为我翻译的蓝本；还有一本是罗西特编、凯斯勒序的企鹅丛书 1961 年版，1999 年印刷，成为我翻译中的参考本；寄来汉语译本《联邦党人文集》，寄来好不容易买到的台湾译本《联邦论》；寄来从美国购得的玛丽·韦伯斯特《现代语言联邦论》英文原本；寄来哈佛大学亚当斯客座教授伯纳德·贝林编的《关于宪法的辩论》英文原本；唯独吉尔伯特-罗尔夫的《联邦论现代译文》没能买到。

我为《联邦论》汉语译本做了以下工作：

一、研究和翻译

2006 年 12 月，邮购一台 Dell 原装电脑和配套的打印机，开始研究和翻译，边译边用 E-mail 把译文和注释发给责任编辑。到 2007 年 12 月 31 日晚上 10 点半，用 E-mail 发出全部 85 篇译稿，和随译随做的三百多条注释。历时 13 个月。每日全天候，别无旁骛，专做这一件事。

《联邦论》的三位作者中，约翰·杰伊年齿稍长，时年 45 岁。虽然只是中年，三人之中，他的文风，颇具长者仁人之风。杰伊后来成为美国第一位联邦最高法院首席大法官，在众多美国建国之父中，他是唯一的法国人后裔。他的主要贡献，在美国立国初年的外交。由于受伤中途退出写作，杰伊为《联邦论》只贡献了五篇文章，主要论述外交。这五篇文章，就足以使他名垂青史。杰伊的文字，反映出美国立国初年“弱国难以开展外交”的苦衷，表现为反复强调联邦政府要约束各邦和人民，不要给外国列强“提供对美开战的正当理由”，与后来美国的外交态势迥然不同。杰伊行文，反映出他的坦诚，作为政治家，这是难得的品格。杰伊行文，洋溢着期盼美国早日建立海军、与列强平起平坐的热望。杰伊行文，追求华美。希望我的译文，反映出了他的这种追求。

麦迪逊后来被尊为“美国宪法之父”。这个身高只有1米63、体重只有100磅的36岁男子，思想已上升到哲理高度。制宪会议开始时，他极力主张建立中央集权的“全国政府”；在制宪会议上，他受到邦权派的强烈抵制，参与写作《联邦论》时，他已变为一个联邦论者，或联合论者。麦迪逊中途插入写作，本为客串，只写了二十多篇，可是每篇较长，占《联邦论》四成篇幅。从麦迪逊的文字，可以看出：对这部宪法，他是烂熟于心，大到宏观主旨，小到微观细节，无不反复思考，或述或评，如数家珍。他的文章，高屋建瓴，气势磅礴，透彻明晰，既深含哲理，又晓畅明理。翻译麦迪逊，是一种快乐。

汉密尔顿则不然。他的文章，一向得到美国法学家、律师、文史学者广泛称道，说有风骨（style）。可是，普通美国大学生里，能有耐心啃完这部经典的人，十分有限。玛丽·韦伯斯特说，《联邦论》有两难：一难在 convoluted sentences，盘龙似的、翻卷回旋的句式；二难在 elegant Enlightenment flourishes，启蒙时代的华丽辞藻。这两难，主要表现在汉密尔顿笔下。玛丽·韦伯斯特是《韦氏辞典》编者诺亚·韦伯斯特的后人，此前已经写做出版过三部长篇小说，而且拥有聋哑语言译员的正式执照，自认为善于向聋哑人用手语，通过比划，传达复杂的信息，特别适于担任《联邦论》的现代英语翻译。她的相片，登上维基百科辞典，不是因为她的小说，而是因为她在传播《联邦论》方面的贡献。这位中年妇女，自称不懂法学，不爱历史，只是读了《联邦论》后，觉得其中内容，与自己的日常生活，与多数百姓的日常生活，息息相关，便踏上用现代英语翻译此书的征途。她主要采取两个办法：一、用简单的英语顺句，取代复杂的多重倒句；二、尽量用现代英语的常见词，取代原来的大量冷僻词。我翻译汉密尔顿遇到难处时，常常看看她怎么译，结果发现，她时常甩掉一些原词甚至词组，只留简化大意。因此，她的译文，不能作为汉语译文的依据，但是，对帮助理解原文，常有启发。

汉密尔顿的英文，我以为有两难：一、理解难，他的英文句子结构太复杂，有时要多次顺读倒看，才能会意；二、表达难，原句太长，汉语译文难以断句，难以成诵。硬译出来，会像鲁迅先生说的那样，要伸出一个手指，去弄清译文句子的线索结构。遇到难处，常参考大陆译本《联邦党人文集》和台湾译本《联邦论》。作为先吃螃蟹的人，他们对相同句子的理解，也时有不同；表达所用的汉语文字风格，更是各有千秋。总体来说，我能领会他们努力过程中付出的辛苦，欣赏他们提出的许多精彩译笔，在此特致谢忱。

汉密尔顿是《联邦论》的策划者和主要撰稿人。他一个人单独写了五十多篇，占全书篇幅五成多。麦迪逊的特点是，哲学高度，大处着笔；汉密尔顿的特点，在心理分析，异常细腻。非婚生子汉密尔顿，自幼性情敏感，成长经历多样，世情洞明，人情练达。他对治人者容易沾上的恶，有透辟的观察。他处处说明：对治人者，既要谨防，又要理解，还要给予鼓励。这一切，出于一个 32 岁的年轻人笔下，难能可贵。我想象中，汉密尔顿是个用头倒立的怪杰。一般人走进房间，先看到墙壁、家具、地板，汉密尔顿先看到天花板和窗外的天空；一般人走出户外，看到的是林子、道路、地平线，汉密尔顿始终盯着太阳。他写文章，结论在前，再用五六个甚至更多短语、分句铺垫说明理由，句子结构具有立体性，呈现多棱体。有些译者，费了很大的劲，把他的句子结构顺过来。不到一两百字，汉密尔顿不打句号，即使顺过来，念起来，也会长得令人喘气。反复揣摩他的原文，适应和摸索，我决定顺着他的语气翻译，多打逗号，发现这样反而能保持他的文气和风格。倒装结构，并非英文的专利。“窈窕淑女，君子好逑。”“相见时难别亦难，东风无力百花残。”

翻译《辩论》时，我追求的文风，是大白话，尽量接近口语，尽量不用汉语的成语套话。因为，制宪代表们是在发言，是在讲话，不是念稿子，而且，随时赶记的麦迪逊，也来不及文绉绉。

《联邦论》不同，虽然都是急就篇，七个多月里，赶写成85篇战斗檄文；但是，三位作者都是文人，都注重英文的结构美和音韵美。翻译《辩论》，要注意防止“文胜质”，翻译《联邦论》，要防止“质胜文”。我曾尝试骈四俪六、五七合辙，遭到译林出版社编辑和一位文学教授反对，他们希望的，还是能启发读者联想原文的平直汉语。于是，我又全部平直化一遍。

85篇，每篇都打印出来几次。修改打印出的文字，比修改电脑屏幕上的文字，效果好得多。最后，保持两项追求。一、明白如话；二、汉语的句读，汉语的音韵美。英语的多重修饰，汉语究竟用几个“的”字，几个“之”字，还是尽量删去？英语里太多的 but，and，汉语到底是译为“但是”，“可是”，还是“不过”，还是干脆不要；“和平与宁静”，“野心和贪婪”中的“与”字“和”字，能不能省去？这些，都要取决于每个具体句子反复诵读的音乐感。2007年，我聘请了两位大学生，一位定时朗诵《古文观止》，另一位定时诵读《红楼梦》，目的，是要寻找并使自己身处于汉语的音乐感之中。

这本《联邦论》里的汉语译文，麦迪逊和杰伊的文字，修改都不下三五遍，汉密尔顿的许多段落和句子，修改不下十遍。他的第一篇，修改不下二十遍。

如今的汉语译本读者，英文水平与日俱增。遇到疑惑处，对照原文寻求原始意蕴的读者，越来越多。厨师虽尽心竭力做出一桌好饭菜，食(识)者若挑出骨头或刺，请不吝赐教，厨师当竭诚欢迎。

二、重构汉语译名(概念)体系

讲述美国《联邦宪法》从无到有的这段故事，对中国读者，比讲述《史记》《三国》难。因为，对中国古书中的人名地名典故，讲述者只要稍作解释点拨，观众或读者，就能顿悟。遥远的美国，两百多年前的事情，就不那么容易。例如，在本书中，三位作者集中火力批评的，是 Congress；他们竭尽全力要建立的，也是 Congress。可是，他们并没有用两个词来区分。其实，他们要批评的，是 Congress of Confederation，“联盟议会”；他们要树立的，是 Congress of the United States，“联邦议会”。所以，我从不用“国会”这种译法，因为，那时还没有建成“国家”；根据前后文，我把 Congress 分别译为“大陆议会”“联盟议会”和“联邦议会”。把 State 译为“邦”，把邦的行政首长勉强地译为“邦长”（译为“总督”与“总统”对应，更好），都是为了与“联邦”这个概念对应。若译为“州”（中央集权政府设立的行政区划，由中央派出主要官员），则美国国名应译为“美利坚联州”。我从不用“美利坚合众国”这种译法，因为，我不明白其中的“众”字代表什么意思，是选民大“众”，还是最初的十三个邦之“众”？看来，是指后者。台湾译本《联邦论》的推荐者钱永祥说：合众国，就是“合”“众国”，也就是说，十三个国家“联合成一个‘众国’”。（第 7 页）我赞同这个理解。只是，如果接受这种理解，纽约就可以简译为“纽国”，马萨诸塞就可以简译为“马国”，加利福尼亚就可以简译为“加国”。因为，直到今天，它们都有各自的宪法，都有各自选民选出的政府，都有自己的法律文字体系，都有自己的法院体系；路易斯安那甚至实行欧洲大陆法系。当初，苏联曾经采取这种做法，把俄罗斯、乌克兰、哈萨克斯坦都称为“加盟共和国”，甚至在联合国里占有各自的席位。还有一个关键词 Confederation。我在《辩论》一书中把它译成“邦联”。后来，对不少通过四六级英语考试的大学生发问：“邦联是什么意思？与联邦有什么区别？”没有一个人答得上来，多数人说是一样的，不过正说反说而已。还有一位教学生考四六级英语的具有研究生资格的大学老师，也说邦联、联邦没有区别。这次翻译时，我废弃“邦联”这个模棱两可的译名，把 Confederation 一律译为“联盟”，把《邦联条款》改为《联盟条款》。美国历史的特点，就在于先有十三个殖民地，独立战争期间，同时独立，十三个同时独立的邦，既需要结成战时联盟，以合力对付英国，又不愿意上边有个“老板”。于是，迪金森等人设计出一套《联盟条款》，一个介乎宪法（社会契约）与盟约（条约）之间的文件。可是，独立战争证明，这种介乎盟约与宪法之间的游戏规则，过于松弛，过于脆弱，不能适应维系联邦的需要。于是，才有制宪会议的召开，发起者决心建立一个中央集权的全国政府。结果，中央集权派，遇到已经拥有相当实力的邦权派的韧性抵制。最后，两派折中，实行“伟大妥协”（今天叫“双赢”），形成联邦制，两派都转化为联邦派。美国走过的道路，毕竟是先有邦宪法，先有联盟条款，最后才有联邦宪法。这为她后来的经历，既留下许多便利，又惹下许多麻烦。制宪会议，实际上是一个由各邦代表划分权力大饼的会议。他们仔细划分邦权和联邦之权，直到会议开完，还留下许多划分不完的部分。从好处说，制宪会议是通过和平谈判完成的，免去了一次内战；由于开始分得认真，免去日后的许多界限不明和争执；从不好处说，邦权和联邦之权，即使理论上划分得再清，实际运作起来，仍然会有矛盾争执，就像先有蛋还是先有鸡的问题一样，始终困扰着美国。两百多年来，联邦之权和各邦之权，此长彼消，总的来说，是联邦之权逐渐积累，越来越大，越来越多。美国历史上最著名的总统有三位：华盛顿、林肯、罗斯福。他们执政期间，联邦之权都大幅增加；可是，直到1968年和1980年，尼克松和里根竞选总统时，仍把“还政于邦”作为竞选口号之一。这个问题，处理起来，需要一部专著。

究竟是中央集权制好，还是各邦分权的联邦制好，是个难于简单回答的理论问题。从集中全国民力、物力、财力，指向共同目标来看，肯定中央集权有效率上的优势；各邦自治，保留一份对中央的制约，对社会平稳、长治久安，也不无益处。不同的联邦制国家，或单一制国家，在联邦政府与各邦政府的分权上，做法和程度，也不尽相同。拿美国与法国、德国的联邦制比，就可以看出区别。

鱼与熊掌，兼而得之，虽好不易。

三、制作联邦论85篇初次问世的年月日和报刊名称

Bantam版列出了各篇的日期，但未说明是写作日期还是发表日期，也未列出发表刊物；企鹅版列出了各篇发表的报刊名称，日期多比Bantam版迟一两天。

估计从写成到发表，有一个时间差。这个汉语译本，根据两种英语版本，综合出联邦论85篇写作或发表日期和初次问世的报刊名称；

显现报刊在当时政治生活中的多样性和重要性。

汉密尔顿策划《联邦论》，先后邀请杰伊和麦迪逊参加。目的是劝说当时的美国选民，尤其是纽约选民，投票选举支持《联邦宪法》的人物担任民意代表。当时，纽约有三万居民，有五份报纸。汉密尔顿在三份纽约报纸上，连续发动地毯式轰炸，希望造成轰动效应。从 1787 年 10 月 27 日，到 1788 年 5 月 28 日，开始每隔三天，密时每隔一天，三家报纸，轮番刊登系列文章。1788 年 3 月 22 日，汉密尔顿把前 36 篇集结为第一集出版；5 月 28 日，赶在纽约邦审议联邦宪法的代表大会之前，推出第二集。合称“布莱恩版”。

四、制作联邦论 85 篇中心思想、1071 自然段段落要点

奇怪的是，作为报刊文章，《联邦论》各篇只有编号，没有篇题，给后世读者带来不便：读者不知作者每篇主旨何在，包含哪些要点；即使事后研究，要弄清各篇线索，也要费很大气力。

玛丽·韦伯斯特采用了一个做法。她在原书的每篇前，加了一个篇名，在每个自然段前，加了一个段落大意。翻译过程中，我发现这种做法，至少帮助译者快速抓住每篇中心思想，尤其是每段段落要点。我努力琢磨每篇文章主旨，发现：许多文章，不止一个主题；像许多急就篇那样，作者兴之所至，手笔随之。可是，一篇文章，只能有一个篇题。我反复琢磨，给每篇文章拟出一个我认为比较适宜的篇题。85 个篇题，集结为本书的目录，以便利读者，节省研究者的时间。篇题为我所拟，虽然尽量采用原文，只能是众多解读中的一种，文责自负，读者明鉴。

1071 段段落要点，更费功夫。开始是跟着玛丽·韦伯斯特走。后来，有时不同意她的拟法，就自己拟。开始，段落大意力求文字简约，如“和则强，分则弱”。后来，觉得这种过于一般化的抽象，没有多大的启发性，干脆尽量利用一行的容量，把概括尽量做到有个性。段落要点，置于正文侧面，是译者研究此书的主要心得，欢迎批评。

五、编写系统注释

翻译《辩论》时，我写了 600 条注释。努力模仿史家笔法，做到要言

不烦。后来想据此写点东西，由于注释内容前后不连贯、索引太简，往往不得不自己又来前后搜索。这次翻译《联邦论》，边译边写了约300条注释。译完全书后，从2008年1月到4月，又花了四个月时间，重新编写全部注释，把原来的知识性注释和交代出处的注释，尽量删去，改为为正文提供背景的注释，而且尽量按时间顺序排列，使其自成系统，注释加起来，可以独自成书。现在，任意挑选一两条注释，便可以发挥为一篇论文。

这些注释的主要依据为：一、维基免费百科辞典英文版；二、简明不列颠百科辞典汉语版；三、伯纳德·贝林《关于宪法的辩论》书后的人物简传和年表；四、世界年鉴2000年代各册；五、《美国历史统计：殖民地时代到1970》英文版；六、译者散见的其他书籍。

六、编制附录

《联邦论》讲的是从《独立宣言》，经过《联盟条款》，走向《联邦宪法》的这一段历史。读者免不了要对照和参考原始文件。

《独立宣言》，《联盟条款》，《联邦宪法》，《联邦宪法修正案》，我于20世纪90年代已经译出，作为《辩论：美国制宪会议记录》的附录一、二、八、九。这次重译一遍，作了不同程度的修改，作为《联邦论：美国宪法述评》的附录一、二、三、四。此外，把“主要注释索引兼年表”作为附录五。

译林出版社张远帆先生，对照英语原文，阅读和核对了本书正文的85篇译文，以及《独立宣言》《联盟条款》《联邦宪法》《联邦宪法修正案》的译文，提出许多宝贵建议和意见，有的地方，一而再，再而三地商讨，对译者改进译文，提高质量，贡献良多，特致谢忱。

2008年5月30日于武汉

第一篇 *

请大家一起来研究新宪法

汉密尔顿

1787 年 10 月 27 日　原载《独立报》

致纽约邦民众：

目前还在残喘的联邦政府，已经施政乏力，大家的体验，无可怀疑。现在，请大家来研究一部新宪法，以便建立美利坚联邦。宪法的重要，自不待言：实行新宪，会影响联邦的生存，影响各邦的安全和幸福，影响当今世人关注的帝国的命运。人的社会，是否真能通过反思和选择，建立良好政府？还是命中注定，要依赖机遇和暴力，建立政治制度？人们反复指出，这个重大问题，看来，是留给这个国家的人民，要他们采取行动，树立榜样。若果真如此，我们当前所处的危急之际，恰当解决这个问题之时；由此观之，倘若我们选错了要扮的角色，理当视为人类普遍的不幸。

人的社会，是否真能通过反思和选择，建立良好政府；还是命中注定，要依赖机遇和暴力，建立政治制度

仁人志士，深思当前局势，必然有所感悟：制定宪法，原本只是出于爱国之心，现在加上对人类前途的憧憬，期待自然升华。我们的选择，若基于真正利益，明智估算利弊，不受私

宪法会影响许多人的具体利益，改革许多地方建制

念纠缠，不受偏见影响，一心只为公益，天下幸矣！此事只可期望，不可以为必致。如今提交我们讨论的宪法，影响许多人的具体利益，改革多种地方建制，讨论过程中，难免涉及与宪法本身优劣无关的诸多话题，涉及不利于寻求真理的观念、情感和偏见。

批准宪法的主要阻力，来自各邦当权者

推行新宪，必然遇到许多阻力。其中，最可畏者，鲜明可辨：各邦都有一批人物，他们的利益，注定他们要抵制改革：唯恐改革降低他们在各邦现存政府里的官职、权力、薪俸、地位。还有一批人物，野心膨胀，欲趁本邦混乱之机，扶摇而上；这些人自以为得计，梦想把一个政府领导下的联邦，分为几个各据一方的联盟，借此以求升腾。

政治大辩论，一时难辨正误，要保持谨慎

我的这组系列文章，不打算讨论这类现象。我很清楚，任何一类人物，仅仅因为他们处境可疑，就把他们的反对，归结为自私狂妄，并不实事求是。要想保持公允，应该承认：即使这类人物，他们的行为，抑或自有道理。多数已经露面和将要露面的反对意见，动机虽然不值得尊重，亦无可厚非，不过是先入为主，出于嫉妒和恐惧，思想误入歧途，陷入真的误解。各种虚假偏见，导致判断失误，原因很多，势力很大。许多场合，我们看到，善良之辈，说起这件社会头等大事，时而站在正确一边，时而站在错误一边。这种局面，若适时疏导，会给善良的人们一个教训：再遇到争议辩论，受人劝说，自以为站到正确一边时，千万谨慎。需要谨慎之理，反思即可悟出：那些鼓噪真理之辈，他们秉持的原则，与他们的对手相比，是否更为高尚纯洁？对此，我们并非总是胸有成竹。野心贪婪、个人敌意、党派对立，许多比这更不值得称赞的动机，对赞同者和反对者，同样易于发生影响。若不能谨慎待之，不容异己之情，便会导致误判，而不容异己，从古至今，都是政党特色。政治领域，和宗教领域一样，想用剑与火，迫使人改宗，同样荒谬。这两个领域，用迫害治愈异端的事，罕有所闻。

不论上述情绪是否有理，我们已经见到足够征兆：与过去历次全国性大辩论[①]一样，这些情绪，这次又卷土重来。愤然指责，恶毒攻击，激情怒斥，势如脱缰之马。各对立派别的表现，让我们相信：人人想把自己的观点，说成正确无误，宣言振振有词，诽谤刻薄尖酸，只求扩大队伍，无所不用其极。希望政府有权有效，本是理性渴求，却被辱骂为爱好专制，敌视公民权利。小心谨慎，避免危及民众权利，常常是因为过于理性，而非感情用事，竟被说成装模作样，故弄玄虚，迎合民众，牺牲公益。一方面，人们忘记：热恋常常伴生嫉妒猜疑，对公民权利的高尚热情，易受褊狭、愚昧、怀疑精神的影响。其他方面，人们同样容易忘记，为保障公民权利，政府必须有权有效。仔细斟酌，就会得出有据判断：政府有权有效，公民享受权利，二者可兼而得之；害民野心，常隐于为民请命的美丽面具后，不大藏在主张政府有权有效的严峻外表下。历史告诫我们：表面主张民权之徒，走的实为专制之路；颠覆共和主权之民贼，政治生涯伊始时，都曾讨好百姓，他们当中，多以蛊惑家开局，终以专制者收场。

既要政府有权有效，又要保护公民权利。是制宪者的两难

各位同胞，我已提请大家注意：提防来自各方企图。他们想要影响你的决心。眼前，已到决定各位福祉的紧要关头。切莫轻受任何影响，除非你有真凭实据。一旦放宽眼界，读读弘扬新宪的文章，无疑，你就会获得真凭实据。各位同胞，我向大家坦陈：通过研究宪法，加上深思熟虑，我的观点，已经明朗：接纳这部宪法吧，它是诸位利益所在。我坚信：为大家的自由、尊严、幸福，接纳宪法，实为通往安全之途。我不想故作保留，因为我感觉不到保留的必要。我心已定，这番讨论，绝非博取诸位一笑。我将坦陈信念，笔随心往：我的信念，有理有据。心怀至诚的人，藐视模棱两可。我不想更多表

我坚决支持新宪法，希望各位采纳

明心迹。动机，应存于我心；见解，向大家坦陈，请诸位明鉴。我展现观念的方式，但愿不致玷污真理。

写作这组系列文章的计划

我将发表系列文章，讨论下述重要话题：坚持联合对促进政治繁荣的好处；眼下的联盟，不足维系联邦；需要建立起一个宪法推荐的那种有权有效的政府，担当维系联邦的重任；目前提交我们讨论的宪法，符合真正的共和原理；联邦宪法，与纽约邦宪法，好有一比②。最后，接纳宪法，会让人民更安全，把这种安全，引进维护共和政府，引进维护公民权利和财产。随着讨论进展，各种反对意见，只要它们露面，引起你们注意，我将尽我所能，提出满意答复。

下一篇，先讨论坚持联合的好处

或许有人认为：再来证明联合的好处，纯属多余；联合的观念，已经深入各邦人心；或许有人想象，再也没有人反对这种观念。可是，在反对新宪的私人圈子里，我们已经听到：他们正在窃窃私语，说十三个邦的领土延伸太广，不宜结合为一个整体制度，说我们应该把联邦拆散，分为几个单立的联盟③。这种观念，可能逐渐传播，争取到足够支持，就会公开亮相。高瞻远瞩，形势十分明朗：要么接纳新宪，要么肢解联邦。因此，我们先看看：坚持联合的好处，再看看，倘若联邦解体，各邦可能遭受的伤害、可能遇到的危险。这，就是我们下一篇文章的课题。

帕伯琉斯

* 《反联邦论》第 1 篇，题为“仅仅有利于贵族结合的危险计划”，作者署名“一个联邦论者”，未能找到真名，原载《波士顿报和乡村纪事报》(*The Boston Gazette and Country Journal*)，1787 年 11 月 26 日。

---

① 全国性大辩论：1787 年 5 月 25 日至 9 月 17 日，联邦制宪会议在费

城举行。当时，费城是美国第一大城，人口四万多。55名制宪代表先后出席，经过四轮辩论，反复推敲，最后制成《联邦宪法》。麦迪逊著、尹宣译《辩论：美国制宪会议记录》(以下简称《辩论》)记录了这三个多月、一百多天、制宪代表辩论的全过程，记载了宪法里每一条，每一款，每一项，每一句，从提出到修改再到最后敲定的全过程。由于制宪会议的保密规定，麦迪逊的《辩论》五十年后才出版。当时的美国人民，没有机会看到这本书。

制宪会议希望：宪法能够经历一个全民讨论批准的过程，使新政府取得合法性。举行全国民意大会，显然规模太大，人数太多，难以展开讨论。制宪会议决定：通过联盟议会，把制成的宪法，交给13个邦的民意代表大会，一个邦一个邦地讨论，让各邦民意代表讨论决定：是否采纳《联邦宪法》。各邦民意代表大会，先后举行，延续一年多，民意代表们，发表了许多支持和反对的演说。

随着各邦民意大会的推进，报刊上展开了全国性大辩论。1787年9月17日，费城报纸出现第一篇赞扬宪法的文章；9月28日，第一篇抨击宪法的文章问世。报刊上对《联邦宪法》的辩论，一发而不可收。这场大辩论，包括后来关于《权利法案》(《联邦宪法》的前十条修正案)的辩论，从1787年秋开始，一直延续到1790年。

威斯康星历史学会的卡明斯基(John Kaminski)和他的同人，正在编辑一套《批准宪法文献史》(*Documentary History of the Ratification of the Constitution*)。2007年年底，已经出版了19卷，公布了未来10卷的目录。编者表示：这个过程还在继续，他们保证，一定要编完出齐。

第一卷：1776到1787年的宪法文件和记录总目。第二卷：宾夕法尼亚民意大会批准宪法过程中的文件汇编。第三卷：特拉华、纽约、佐治亚、康涅狄格的文件汇编。第二十八、二十九卷，各邦批准《权利法案》的文件汇编。

卡明斯基等人的努力尚未完成，坚森(Merrill Jensen)就迎头追赶，编辑《批准宪法文献史补编》。一、笔记和辩论的照相微缩版，1—43，宾夕法尼亚，60—67，康涅狄格，等等；二、反映周边信息的书信原件；三、重复辩论过程中各派观点的报刊文字摘编；四、各种请愿书；五、当时主要在各邦流传但尚未付印的小册子；六、其他各类文件，如各镇辩论宪法时的记录。

这本《联邦论》，就是这场大辩论的产物，是正面评述《联邦宪法》文献中的佼佼者。有评家认为：古往今来政治学著作中，此书居第二位，第一位是柏拉图的《理想国》。

斯托林和德莱(H. Storing & M. Dry)编出《反联邦论全集》，七卷，1981年由芝加哥大学出版。美国宪法史家们认为，此书还不能称为全集，但涵盖范围已相当广泛。

博顿(M. Borden)编了一本《反联邦论选集》，密苏里邦立大学出版，收入85篇，与《联邦论》里的85篇，编号一一对应，观点针锋相对。为保持公允，本书汉语译本，每篇正文后，用＊号注出《反联邦论选集》相应篇目的篇题，作者笔名或找得到的真名，发表的刊物和年月日。构成一个样本，向读者展现：18 世纪后期，北美报刊已经五彩缤纷，百家争鸣。

② 与纽约宪法，好有一比：1787 年秋天，纽约邦是反联邦派的大本营，反对宪法的声浪，深入民间。纽约市，当时是美国第二大城，人口三万，有五家报纸。32 岁的汉密尔顿，决定对纽约民众展开大众劝说，利用三家报纸，轮番展开地毯式轰炸。他估计自己一人精力不够，邀请 45 岁的约翰·杰伊做搭档。此前十年，杰伊是纽约邦宪法的主要起草人之一。当时才 22 岁的汉密尔顿，对杰伊十分景仰。汉密尔顿策划并开始写作《联邦论》时，准备与杰伊共同撰写，逐项对比纽约邦宪法和联邦宪法。一次街头暴力事件，杰伊受伤，退出写作，原来的计划流产。汉密尔顿邀请古文诺·莫里斯参加写作，古文诺·莫里斯谢绝；威廉·杜尔(William Duer)试写了一篇，汉密尔顿不满意。1787 年冬，麦迪逊从弗吉尼亚来纽约，出席联盟议会，二人一拍即合。麦迪逊中途加入写作，《联邦论》逐渐转向对政府三个部门的述评。汉密尔顿写了 51 篇，麦迪逊写了 26 篇，麦迪逊和汉密尔顿合作了 3 篇(18,19,20)，杰伊因病只写了 5 篇(2,3,4,5,64)。麦迪逊写的篇幅，约占全书 40%。写《联邦论》时，杰伊和麦迪逊，都是汉密尔顿的亲密战友，都是“联邦派”。联邦政府成立后，杰伊依然是汉密尔顿的坚定战友，两人都成为“联邦党”的中坚人物；麦迪逊变成杰斐逊组建“共和党”(今日民主党的前身)的亲密战友，变成汉密尔顿和杰伊的政敌。1804 年，49 岁的汉密尔顿决斗身亡，葬于纽约三一教堂，在他坟前致悼词的，是古文诺·莫里斯。

③ 联盟(confederation)：在本书中，“联盟”一词有两个含义：一、独立战争期间，13 个邦结成的战时联盟，到 1787 年，这个联盟已濒临瓦解。它的盟约《联盟条款》，被制宪会议推倒，成为本书的抨击对象。二、三位作者反复提到的“可能由几个邦结成的联盟”，实际上并未出现。八十多年后，1861 年，南部的邦离开联邦出走，组成了“南部联盟”，被代表“联邦”的北部击败。苏联解体后，出现了“独立国家联合体”，其中，“联合体”的英文，就是“联盟”。“独立国家联合体”这个译法，表达准确，可惜太长，不便于运用到此书的翻译中。我翻译《辩论》时，曾把这个词译为“邦联”，词意含混，容易与“联邦”混淆，现改用语意明确的“联盟”。与此相应，把《邦联条款》改译为《联盟条款》。

第二篇*

美利坚国土相连，同文同种，理当联合为一个国家

杰 伊

1787 年 10 月 31 日　原载《独立报》

致纽约邦民众：

美利坚人民眼下面临一个问题。事实将会证明，如何回答这个问题，后果十分重要；过去，他们没注意这个问题，现在，正在严肃对待，通盘思考。

美利坚人民面临一个前所未见的问题

人民总是需要政府，这一点，确定无疑；不论何时组建政府，不论如何组建政府，人民总得把自己的部分自然权利，转让给政府，授予政府必要的权力，这一点，无可否认。值得考虑的是：为实现大家的目的，怎么做，对美利坚人民更为有利？是结合为一个国家、在一个联邦政府的领导下；还是分开，组成几个单独的联盟，把建议人民转让给全国政府的权力，授予各个联盟的头目？

把权力授予全国政府，还是授予几个联盟政府

人民已经接受一种观念：美利坚人民，应该继续坚定联合，这一点，无人反驳。我们的仁人志士，希望、祈祷、努力，一直指向这个目标。如今，有些政客粉墨登场，硬说这种观念不

有人提倡：把联邦分为几个联盟

对，硬说寻找安宁幸福，途径不是联合，而是分开，把十三个邦分开，组成几个单独的联盟或主权国家。这种新颖论调，不论听来多么离奇，还是有人提倡；过去坚决反对这种论调的一些人物，现在也一唱一和。不论这些先生改变情绪和论调的理由何在，尚未确信这些理由真实有据，切实可行，就加以接受，对人民而言，不是明智之举。

美利坚领土相连，理当联合为一个国家

独立的美利坚领土，不是东一片，西一块，支离破碎，而是连成整体。肥田沃土，绵延不绝，福荫我西方自由子孙。每当见到这种情景，我的心顿时感到滋润。上苍厚爱，赐予我们林林总总的土壤，品类繁多的产物。溪流遍地，灌溉便利。人民安居乐业。通航的河流湖泊，连成水系，边界以内，结成水网，整个国家，被团团环抱；大河小溪，疏密有致；道路纵横，四通八达，居民友好往来，运输通畅无阻。

美利坚人民同文同种同信仰，理当联合为一个国家

我常看到，上苍乐于把这连成整体的国家，赐予联合起来的人民。祖先同源，语言相通，信仰相同，忠于相同的政府组建原则；习惯类似，风俗相近；在大陆议会领导下，建立军队，并肩战斗，通过长期浴血奋战，光荣地建立起共同的自由独立。

这个国家，这个民族，犹如天作之合，仿佛上苍独创，遗传一脉相承，合成同胞，恰如其分，由坚强的纽带相连，永不分离为几个彼此嫉妒、互不交往、互不相容的主权国家。

美利坚人民目标共同，感情相通，权利相同

我们的生活秩序和生活方式，使我们感情相通。为实现共同目标，团结得像一个国家的人民。每个公民，不论走到哪里，都能享受国民的同等权利，同等特权，同等保护。作为一个国家，我们并肩作战，缔造了和平；作为一个国家，我们战胜了共同敌人；作为一个国家，我们结成联盟，签订了盟约，对外签订了各种协议和公约。

联合的幸福价值，产生强烈的感情。早在初期，就引导人

民建立起联邦政府,维系这种联合,使之永存。人们刚刚形成政治实体,就建立了联邦政府;不,还在战火燃烧他们的房屋、许多公民满身鲜血、反抗逐步升级、战争带来荒芜之际,人们再也不能心平气和,悠闲度日,便建立起联邦政府。他们没有时间深思熟虑,如何为自由人民构建一个明智的、各方面平衡的政府。在那艰难险阻年代里组建的政府,后来在实践中,发现许多重大缺欠,不足实现赋予这个政府的各项目的。这,也不足为奇。

联合初期,匆忙组建政府,难免不够完善

这个聪明的民族,看出了这些缺欠,深感惋惜。他们对联合的依恋,有增无减,胜过对自由的迷恋。他们看到了危险,现在,威胁着联合,将来,会威胁公民权利。有人劝告他们:要想充分保障联合和公民权利,只有建立一个架构更为明智的全国政府。人们异口同声,决定在费城举行制宪会议,讨论这个重大问题。

人们异口同声,决定召开费城制宪会议

制宪会议代表,充分相信人民,其中许多人物,热爱祖国、德高望重、智慧过人。早在考验灵魂的战争年代,他们已经脱颖而出,现在接下这项艰巨任务。在和平年代的温和季节,他们心无旁骛,一起度过好几个月,每天每日,冷静磋商。他们不畏于势,不困于情,一心为国,终于为民推荐一套方案。这是他们全体努力、一致同意的劳作结晶。

制宪代表的德行和他们劳作的结晶

平心而论,这套方案,只是推荐,并不强加于人。大家记住,推荐的这套方案,只要求大家实事求是,既不要求盲目批准,也不希望盲目拒绝。可是这场讨论,庄严肃穆,问题的广度深度,要求庄严肃穆,也应该受到庄严肃穆的对待。不过,恰如第一篇文章所说,此事只可期待,不可以为必致。但愿宪法能得到这样的思考和观察。过去的一次经验,教导我们:对于希望,不要过于乐观。人们记忆犹新:1774 年,深刻体察到当时的巨大危机,促使美利坚人民召开了难忘的第一个

难忘的第一个大陆议会

大陆议会[4]。大陆议会，向选民推荐了一系列措施。这件事，证明了美利坚人的明智。我们记忆犹新，很快就出现了大量的小册子和周刊，反对大陆议会提出的措施。许多政府官员，屈从自身利益支配；其他人，出于对后果的错误估计，出于过去对英国的忠心，出于野心企望，出于与公益无缘的目标，反复劝说人民，拒绝那个爱国议会的忠告。许多人确实上当受骗。可是，人民中的多数，保持理性，作了正确决定。今日回顾起来，仍为自己的正当行为感到欣慰。

人民尊重大陆议会

人们认为：第一个大陆议会，由许多富有经验的智者组成[5]。他们来自全国各地，带来大量有用信息，彼此沟通，互相交换，共度时光，探讨美国的真正利益，获得准确信息。他们每个人都关心公民权利和社会繁荣，因此，推荐的措施，不但反映他们的秉性，而且表现他们的责任感。他们经过深思熟虑，磋商探讨，确信这些措施，考虑周全，值得推荐。

大陆议会的最初代表，不少成为制宪会议代表

他们提的倡议，使人们后来非常倚重大陆议会，尊重他们的判断和人格。人们纷纷采纳大陆议会的忠告，即使层出不穷的阴谋诡计，出面阻挠，劝美利坚人民不要追随大陆议会的建议。既然多数人出于理性，委托这些代表举行议会，尽管代表中很少有人经过充分考验，还不知名，人民还是充分尊重大陆议会的判断和建议。大家知道，大陆议会的一些突出代表，从那以后，便得到考验。他们的爱国之心和能力，得到嘉许；吸取政治信息的能力，愈趋成熟。其中许多人物，也是这次制宪会议的代表，把他们积累的知识和经验，带进制宪会议。

大陆议会和制宪会议的一致目标：坚持联合

值得说明，不仅第一个大陆议会，后来的历届大陆议会[6]，直到现在的制宪会议，一无例外，都在想人民之所想，认定美利坚的繁荣，有赖各邦联合。维护联合，使之永世长存，是人民赞同召开制宪会议的伟大目标，也是制宪会议制定宪法的伟大目标。在此特定历史时期，有人出面诋毁继续联合

的重要性，有何适当理由？有何良好目的？有何理由建议：说三到四个联盟，比一个联邦好？我心里一直认为，人民对这个问题的看法，始终正确。他们普遍忠于联邦事业，有充分的理由。我将努力说明这些理由，在随后的几篇文章里，详加阐述。提倡用几个联盟，取代联邦，结果可想而知：拒绝宪法，会把联邦的未来，扔进危局。我真诚希望，每个良好公民，都能预见：联邦一旦解体，美利坚就只好惊呼诗人的名句："再见，永别了，我的伟大！⑦"这点，肯定无疑。

帕伯琉斯

＊《反联邦论》第2篇，题为"有人给我们讲错觉幻想"，摘自威廉·格雷森1788年6月11日的一篇演讲，收在乔纳森·艾略特编的五卷本《各邦民意大会上关于联邦宪法的辩论汇集》，第三卷，第274—279页。宪法批准后，格雷森当选弗吉尼亚两名联邦参议员之一，另一名是理查德·亨利·李。

---

④ 第一个大陆议会(The First Continental Congress)：1774年6月17日，马萨诸塞发起，邀请其他殖民地派代表到费城开会，共商对付英国的政策。9月5日起，12个殖民地的55名代表先后到达费城，唯独佐治亚受到英国总督阻挠，未能派代表参加。9月5日上午10点，代表们在城市之光饭店门前集合，然后到卡平特厅开会。南卡罗来纳代表林奇，向大家介绍佩顿·伦道夫，说他是弗吉尼亚殖民地议会的众议院议长，为组织这次会议出力甚多。林奇建议：选佩顿·伦道夫为会议主席，大家一致同意。林奇又介绍：本城一位有家室、有财产、有人格的先生，查尔斯·汤姆森，精通希腊罗马古典之学；建议选他为会议秘书，大家一致同意。于是，刚刚被人从街上拉来的汤姆森，成为大陆议会任期最长的官员：1774年9月5日上任，1789年3月2日，议会还剩两人出席，汤姆森始终在场。汤姆森的全套记录，成为研究美国临时政府的宝贵史料。第一个大陆议会，是美国临时政府的开端，会议延续52天。佩顿·伦道夫因事回弗吉尼亚。会议的最后四天，由第二位轮值主席、南卡罗来纳代表亨利·米德尔顿主持，10月26日结束，相约1775年5月10日再到费城聚会。

⑤ 由许多富有经验的智者组成：55名美国一大代表，大多是殖民地时期众议院的议员。少数成为后来联邦政府的主要领导人：华盛顿成为

第一位联邦总统，亚当斯成为第一位联邦副总统，杰伊成为联邦最高法院第一位首席大法官。多数成为后来各邦政府的主要领导人：帕特利克·亨利成为弗吉尼亚第一位邦长；威廉·利文斯顿成为新泽西第一位邦长；沙利文成为新罕布什尔邦长；米弗林继富兰克林担任宾夕法尼亚主席；约翰·拉特里奇和爱德华·拉特里奇，先后担任南卡罗来纳邦长；卡斯威尔成为北卡罗来纳邦长；里德成为特拉华邦长，等等。宾夕法尼亚殖民议会原众议院议长盖罗威，第一次大陆议会期间表现活跃，极力主张对英妥协，反对独立；1776 年 12 月投奔英军，协助英军攻下费城，担任费城警察局局长。后来，随撤退的英军去了英国。

⑥ 后来的历届大陆议会：1775 年 2 月 9 日，英国议会宣布马萨诸塞处于叛乱。4 月 14 日，英国驻北美军队总司令盖奇将军，命令士兵到马萨诸塞的列克星敦捉拿独立运动领袖约翰·汉考克和萨缪尔·亚当斯（“茶叶党”事件领袖），到康科德占领北美民兵武库，被北美民兵发现。独立战争从此打响。英军受创，退回波士顿。马萨诸塞等地的两万北美民兵，包围波士顿城。1775 年 5 月 10 日，美国一大代表按约定再次来到费城开会。出现三位新人：马萨诸塞的约翰·汉考克，宾夕法尼亚的富兰克林，弗吉尼亚的杰斐逊。第一个大陆议会缺席的佐治亚，这次也派代表参加，7 月才赶到。13 个殖民地的代表，终于聚齐。佩顿·伦道夫再次当选主席，主持会议到 5 月 24 日，请病假回弗吉尼亚。54 岁的伦道夫，不幸死于中风。5 月 24 日，议会选举 38 岁的约翰·汉考克为主席。此后，汉考克连续四次当选，连任到 1778 年 6 月 27 日，是大陆议会任期最长的主席。马萨诸塞是美国独立运动的发源地，汉考克从波士顿惨案中脱颖而出，成为全美知名的领袖人物。大陆议会面临的首要任务是：承担领导北美民兵展开独立战争的政治责任，任命一位总司令去指挥。汉考克自以为必然当选。约翰·亚当斯意识到：若不调动其他各殖民地的人力物力，尤其是人口最多、力量最大的弗吉尼亚，和南部其他的殖民地，战争难以取胜。南部领袖们不希望军队出自北部，总司令也出自北部，注目于弗吉尼亚殖民时期的民兵总司令华盛顿。约翰·亚当斯征得堂兄萨缪尔·亚当斯支持，提名 44 岁的华盛顿。多数赞同，少数仍有保留。经过亚当斯等人会下做工作，最后一致通过。曾经指挥过 700 名弗吉尼亚民兵的华盛顿上校，立刻晋升为将军，前往波士顿接受两万未经训练的民兵。亚当斯回忆：他提名华盛顿时，华盛顿立刻离开会场，以示回避；汉考克脸上的惊愕、忿怒和失意，却令他终身难忘。

⑦ 这个句子，出于莎士比亚的剧本《亨利八世》。

第三篇*

联合为一个全国政府，有利抵御外来威胁

杰 伊

1787 年 11 月 3 日　原载《独立报》

致纽约邦民众：

像美国这样的民族，见多识广、消息灵敏，很难在利益攸关的问题上，接受错误观念，而且长期坚持。美国人信心坚定，长期团结在一个联邦政府下，授予这个政府足够权力，实现全国性的普遍目标，令人尊重。

美国人信心坚定，长期团结在一个联邦政府下

我越是仔细思考和认真研究产生这种观念的理由，越是相信：这些理由令人信服，无可置疑。

一个精神自由、思想明智的民族，需要关注的头等大事，是安全。民族安全，涉及方方面面，要给安全下个准确定义，涉及广泛领域。

维护内外和平安宁，是社会的头等大事

当前，我只考虑维持和平安宁，防止外国军队入侵，防止外国影响渗透，防止国内因素引起的类似危险。由于国外威胁排序在前，我们先考虑来自国外的危险。人民对此问题的看法，是否正确？他们认为：真心诚意的联邦，在有效的全国

政府领导下，能为人民提供最大安全，抵御来自国外的危险。

世上已经发生和将要发生的大量战争，与引起战争的原因多少和大小，成正比，不论是真实原因，还是虚构原因。如果这个说法有理，就需要研究：美利坚是继续联合，还是分为若干联盟，哪个办法，会导致更多引起战争的正当理由；如果美利坚继续联合，提供的理由少些，那就是说，继续联合，有利维持人民的对外和平。

坚持联合，有利维护和平

引发战争的正当理由，主要分为两类：违反条约和直接使用暴力。已经与美国缔结条约的国家，不少于六个。除普鲁士，其他五个都是海上强国，有能力骚扰伤害我们。美国与葡萄牙、西班牙、英国，有广泛商业往来，与后两个国家，还有边境问题需要处理。

当前美国的对外关系：已缔结条约的国家不少于六个

与这些国家相处，遵守国际法，对美国维护和平至关重要。依我之见，这些事情，由一个全国政府总管，比由十三个邦政府[8]分管，或由三四个各自独立的联盟政府分管，要好得多。

要遵守国际法，美国需要有统一指挥

一旦建立起有效的全国政府，这个国家的优秀人才，不仅愿意效力，而且会担任要职，为国运筹帷幄。乡和镇，其他自治地方，能把人才输送到各个邦议会，担任参议员，担任法官，行政官；可是，推荐到全国政府任职的人才，要求才华更为出众，品德更为高尚。全国政府，选拔人才，范围广泛，不必顾虑人才匮乏，有些邦则面临人才稀缺。因此，全国政府的行政部门、立法部门、司法部门，会更明智，更系统，更审慎，超过各邦政府，外国会更满意，我们自己会更安全。

全国政府会积聚最优秀的人才

在全国政府领导下，条约和条约里的具体款项，还有国际法，总是按一种口径解释，总是按一种解释执行；反之，十三个邦政府，或三四个联盟政府，各行其是，同一问题，决策不同，无法协调，前后不一贯。彼此不同、相互独立的政府，设立彼

全国政府解释和执行条约时，能保持口径一致

此独立的法庭，任命彼此独立的法官，采纳不同的地方法律，受各种地方利益影响操纵。制宪会议把这些问题，交给全国政府任命、向全国政府负责的法庭处置判断，这个想法，怎么赞扬也不过分。

眼前一时的得失，常诱使一两个邦的当权派，偏离良好信誉和正义；但这些影响，不会延伸到其他的邦，因此，对全国政府没有影响或影响不大，不会导致严重后果，良好信誉和正义，得以保持。与英国订立的和平条约，增强了这种信念。

个别邦可能偏离条约，全国政府不致偏离条约

这种偏离条约的诱惑，往往出于某个邦的特定环境，可能影响某个邦的多数居民，邦里的当权派，即使有心阻止，有时也阻止不住过激的举动，或阻止不住对来犯者的惩罚。全国政府则不然，不受地方环境影响，不致因为受诱惑而犯错误，也不乏权力和意图，避免错误，处罚犯错误的人。

不论有心，还是无意，只要违反了条约或国际法，就给对方发动战争提供了正当理由。在一个全国政府领导下，比在几个联盟政府领导下，或十几个邦政府领导下，授人以柄的可能性小得多，因而，有利人民的安全。

全国政府失误的可能极小，不致随意使用武力

我以为，同样明白的是，一个良好的全国政府，比其他任何组合，更能避免直接非法使用暴力，不致给对方发动战争提供正当理由。

发生这类暴力事件，最常见的起因，是局部的激情或利益，不是整体的激情或利益，是一两个邦的激情或利益，不是联邦的激情或利益。没有一场对印第安人的战争，由联邦政府的侵略意图引起，联邦政府实在太贫弱；可是，好些实例证明，印第安人的敌意，由个别邦的不当行为激起，这些邦，或没有能力，或不愿限制和处罚侵犯行为，结果，平白无故，造成许多无辜居民生灵涂炭。

个别邦受地方利益和激情驱使，可能轻易动武

美国与西班牙和英国领土接邻。有的邦，处于边境，有的

邦，不处于边境，接壤的几个邦，自然容易发生争执。处于边境的邦，突然爆发冲动，或一时以为有利可图，或受到对方伤害，很可能直接使用武力，激起与邻国的战争；只有全国政府，深谋远虑，不为利益直接相关者的激情所扰，能有效避免这类危险。

边界各邦面临外国敌意

全国政府，不仅能少给对方发动战争提供正当理由，调停或化解这类战争的权力也大些。全国政府更为稳健冷静，比开罪对方的邦政府更有能力，处理更合理。邦的自豪感，和人的自豪感一样，自然要为自己开脱，不愿意承认和弥补自己的错误和冒犯。遇到这种情况，全国政府不会受这种自豪感的影响，会用稳健真诚，慎重考虑，用适当手段，摆脱威胁之下的逆境。

全国政府调停化解纠纷的能力更强

众所周知，一个联合起来的强大国家，做出承诺，提出解释，给予补偿，常常会得到满意的接受；邦政府或联盟政府，缺乏声望和权势，提出的解决办法，可能难以令人满意，遭到拒绝。

全国政府的承诺，更易得到外国接受

1685 年，热那亚邦国冒犯了法国国王路易十四，想方设法巴结他。路易十四要求热那亚派出首席行政官，由四名元老陪同，前往法国，祈求他的宽恕，接受他的条件。为了和平，热那亚人只好屈从。路易十四会向西班牙、英国，或其他强国，提出这种要求，得到这种奴颜婢膝吗？

历史的例证：热那亚对路易十四奴颜婢膝

帕伯琉斯

＊《反联邦论》第 3 篇，题为“新宪法创造一个全国政府；不会减少外来影响；会带来内战和专制的危险”，作者署名“一位农场主”，真实身份不明，原载《马里兰报和巴尔的摩广告报》(*Maryland Gazette and Baltimore Advertiser*)，1788 年 3 月 7 日。

---

⑧ 十三个邦政府：第二个大陆议会做的第一件大事，是接受包围波士顿

的民兵，任命华盛顿为民兵总司令，建立起自己的军队。第二件大事，是支持十三个殖民地的临时议会，制定宪法，建立邦政府。

1776年1月5日，新罕布什尔临时议会，率先制定一部只有两页的邦宪法，建立起自己的邦政府。新罕布什尔邦，面积2.3万平方公里，人口不足8万。约翰·沙利文当选邦长兼民兵总司令，被委任为将军。按华盛顿的布署，他率新罕布什尔民兵，攻打当时英军占领的加拿大。后来，1784年6月2日，新罕布什尔开始实行第二部邦宪法，第二部宪法，先后被选民拒绝三次，修改到第四稿，才得到选民批准。邦宪法的第一部分，是"权利宣言"，宣布公民拥有39项权利；第二部分，是政府结构：邦政府由两院制议会、行政官和司法体系组成。

1776年3月26日，南卡罗来纳公布邦宪法，建立起邦政府。南卡罗来纳面积7.9万平方公里，人口不足18万。邦宪法共34条。一、把全邦领土划分为30个教区或地区，一个教区或地区，产生6名众议员，人数少些的地区产生4名，人数多些的地区，产生8名到10名议员，首府查尔斯顿产生30名议员，组成众议院，两年改选一次；选民的财产资格由立法规定；参议院由众议员每年选举一次，每县产生1名参议员。二、设立一名邦长兼民兵总司令，设立一名副邦长；三、设立行政顾问委员会，由3名参议员，3名众议员组成，顾问会可向邦长建议，但邦长不一定要接受。三、众议院任命邦最高法院大法官，海事法庭法官，民法和衡平法法庭法官。南卡罗来纳邦宪法，在创立三权分开、相互交织的邦政府方面，结构已经相当完整。

1776年5月，罗得岛宣布继续1640年通过的由当地居民订立的"契约"，删去其中英国皇家字样，作为新宪法，建立邦政府。十三个邦中，罗得岛最小，面积仅2 700平方公里，人口不到5万。现代罗得岛的邦宪法，分十五条：一、公民的宪法权利和原则，共24款；二、关于选举权的规定；三、担任官员的资格；四、选举方法和对竞选经费的规定；五、立法，行政，司法分开；六、立法权；七、众议院；八、参议院；九、行政权；十、司法权；十一、弹劾权；十二、论教育；十三、城镇自治原则，十四、宪法的修正和更改；十五、过渡期原则。

1776年5月15日，约翰·亚当斯代表联盟议会，起草决议，分发到各个殖民地，催促当地议会制定宪法，建立邦政府。

1776年6月29日，弗吉尼亚批准了邦议会起草的第一部邦宪法，建立起邦政府。起草宪法的主笔，是乔治·梅森。邦宪法由两个部分组成。第一部分，"权利宣言"，宣布公民享有16项基本权利，政府不得侵犯。6月12日，先通过"权利宣言"。第二部分，"宪法"，前面有一段很长的文字说明：英国的暴政，迫使弗吉尼亚人民建立自己的政府。然后，是邦政府的组织法：一、说明三权分开；二、议会由两院组成；三、每县各选举2名议员，城镇按大小分配一定的议员名额，组成众议院，掌管钱财；四、把弗吉尼亚划分为24个选区，每个选区选举1名议员，组成参议院；五、两院联合选举一名邦长兼民兵总司令，任期一年，选举一名副邦长，以备接替邦长；六、两院联合从议员或公民中选出8

人，组成行政顾问会，其中 4 人构成法定人数，可向邦长建议，副署邦长命令，才能生效；七、两院联合任命最高法院法官，共同法法院法官，衡平法法院法官，海事法院法官；邦长任命各地治安法官。

汉密尔顿认为，“权利宣言”，就是要限制政府的权力。新罕布什尔和弗吉尼亚宪法，首先强调公民权利，说明：在英国“权利法案”的影响下，美国公民意识高涨；其次，各邦宪法强调议会权力；对行政官的权力和任期做了严格限制。

以上四部宪法，都在《独立宣言》之前公布。

11 年后，乔治·梅森成为弗吉尼亚派往联邦制宪会议的代表。他提了许多建设性建议，最后，因为制宪会议拒绝他增加“权利法案”的建议，加上他认为：联邦宪法可能通向君主制和贵族制，梅森拒绝在《联邦宪法》上签名。批准宪法的过程中，梅森大力抨击联邦宪法，对其他邦产生巨大影响，纷纷要求以增加“权利法案”为批准宪法的前提。联邦政府成立后，兑现诺言，制定了“权利法案”，成为《联邦宪法》修正案的前十条。

第四篇*

强有力的联邦，才能提供强有力的国防

杰 伊

1787 年 11 月 7 日 原载《独立报》

致纽约邦民众：

上一篇中，我提出几点理由，说明：坚持联合，人民的安全才能得到最佳保障，减少外国以正当理由进攻我们的危险；那篇文章，推理说明：一个全国政府领导，比十三个邦政府[9]领导，比三四个联盟政府领导，不仅给外国提供正当开战的理由少得多，而且比较容易求得和解。

美国人民的安全，遭受外来进攻的危险，不仅在于不给外国提供正当开战理由，而且在于自己坚持不引起他人的敌意侮辱；因为，开战理由，有正当的，也有虚构的。

虚构的理由也能引起战争

世界各国，只要有利可图，总在制造战争。绝对君主制国家，即使最后一无所获，也常滥开战端，目的目标，都是为了个人：渴望军功显荣，报仇雪恨，发泄私愤；光耀门第，扩展党徒；不论其中展现多少人性的卑劣，却是事实。这类动机，以及其他形形色色的动机，只影响国家首脑，促使他们从事不义

世界各国，只要有利可图，总在制造战争

之战，不顾人民的利益和呼声。这些开战诱因，盛行于绝对君主制国家。还有一些诱因，与此不同，值得我们注意。这些诱因，通常不仅影响国王，而且影响国家；其中有些诱因，从我们所处的相对环境中生发出来，需要我们注意。

渔业竞争引起对立

我们与英、法两国，是渔业竞争对手。他们采取优惠政策，奖励本国渔业，对外国进口的鱼，征收关税。可是，我们向他们市场供应的鱼，还是比他们的价格便宜。

航运竞争引起对立

我们与英、法，以及多数欧洲国家，是航海贸易的竞争对手。倘若我们以为：他们之中任何一国，乐于见到我们繁荣昌盛，那就是自欺欺人。我们的贸易增长，他们的贸易就会下降。他们的利益，尤其是他们的政策，必然是限制我们的贸易，而非促进我们的贸易。

把对华和对印度的间接贸易变为直接贸易

对华贸易，对印度的贸易，与我们发生冲突的，不止一个国家。过去，他们独占这个市场，现在，我们分享。过去我们向他们购买的商品，现在可以从中国和印度购买。

美洲大陆范围内的商业竞争

我们用自己的商船，扩大我们的商业，不会使在美洲大陆以内或附近拥有领土的国家高兴。因为，我们的产品价廉物美，加上地处近邻，我们的商人和航海者，富于创业精神，技术娴熟，使我们在那些领土上获得的好处，份额更大，超过他们的希望和政策。

西班牙和英国控制美国的意图

西班牙认为，不许我们进入密西西比河，很容易办到；英国要拒我们于圣劳伦斯河以南；两国都不允许他们与我们之间的河流，成为互相往来交通的手段。

我国发展会引起其他各国嫉妒

出于诸如此类的考虑，出于审慎之心，进一步条分缕析，很容易看出：嫉妒和不安，可能渐渐渗入其他国家心中；我们不可指望他们对我们继续联合的优势，在海陆两方面的势力和影响，漠然置之。

美国人明白，战争的诱因，可能从这些环境中产生，也可能从其他目前还不明显的情况中产生。这类诱因，也许能找到适当时机开战，届时，不愁找不到借口，渲染辩解开战理由。因此，美国人保持明智，认定需要继续联合，组建一个有效的全国政府，保持一种状态，不但不惹起战争，而且能容纳和控制战争。这种状态，存在最佳防御之中，必须依赖政府、军队和国家资源。

坚持联合，建立最佳防御状态

整体安全，就是整体利益。没有政府，就不能提供安全，不论一个政府，几个政府，还是许多政府。我们研究一下，就安全而论，相对而言，一个好政府，比几个政府，或许多政府，哪个更能胜任？

合为一个政府好，还是分为多个政府好

一个政府，能集合优秀人才，发挥他们的才能经验，不论他们在国家的哪个角落，都可以把他们找来。一个政府，能采取统一原则政策，各部门保持和谐，动作一致，自我保护，把政府的预见和预防措施，贯通各个部门。酝酿条约时，一个政府，会考虑全局利益，也会考虑与整体利益相关的局部利益。一个政府，能集中全国的资源力量，防御任何特定地区；分为十三个邦政府，或几个联盟政府，上述这些好处，不易迅速得到。因为，分开，就失去了系统的一致和步调的统一。一个政府，能按一个计划训练民兵，把民兵军官按军阶置于首席行政官麾下，把民兵统合为一支军队，作战更有效，比分为十三支或三四支各自为战的部队，强得多。

假定英格兰民兵服从英格兰政府，苏格兰民兵服从苏格兰政府，威尔士民兵服从威尔士政府，大不列颠民兵会变成什么样子？倘若敌人入侵，这三个政府（假定它们的意见完全一致）各自调兵遣将，对敌作战，能否像一个大不列颠政府那样有效？

假定大不列颠今天依然分成三个国家，会成什么样子

关于大不列颠舰队，我们已经多有听闻。如果我们足够明智，美国舰队引人注目的时光，自会到来。假定当初英国的

美国舰队引人注目的时光，自会到来

全国政府,不那么认真管理英国航运事业,把航运办成培养海员的学校;假定英国全国政府,当初不集中全国物力财力,兴建舰队,绝不会有今日英国海军的威风凛凛,雷霆万钧。假定英格兰拥有自己的航运和舰队,假定苏格兰拥有自己的航运和舰队,假定威尔士拥有自己的航运和舰队,假定爱尔兰拥有自己的航运和舰队,假定大英帝国的这四个组成部分,由四个独立政府指挥,不难看出,不用多久,四支舰队,都会变得相对无足轻重。

美国如果分开,邦与邦之间将四分五裂

把这些事实,运用到我们的处境,让美国分为十三个独立政府,如果你喜欢,分为三四个独立政府,这些政府,能招募起怎样的军队?支付怎样的军饷?能指望建立怎样的舰队?倘若一个政府遭到攻击,其他政府会赶去援助,为保卫受攻击的政府而流血、花钱吗?会不会出现这样的危险:有的政府,由于得到许诺、受人吹捧,表示中立;有的政府,受过于爱好和平的诱惑,不愿意拿自己的平静安宁,为邻国冒险,对这些邻国,他们或许一直嫉妒,乐于见到邻国地位遭到削弱。这些行为,显然缺乏明智,却十分自然。希腊城邦和各国的历史,充满这类事例。过去常发生的事,遇到类似条件,就会重演。

各邦如果分开,谁来指挥联军,谁来确定媾和条件

应该承认,他们或许愿意帮助受到侵犯的邦或联盟。如何帮助,何时帮助,调派多少人力和钱财?谁来指挥联军?指挥官听从哪个政府的命令?谁来确定媾和条件?出现争执,谁来仲裁,促使各方默认?形形色色的困难和麻烦,都与分开的局面分不开。一个政府统筹规划,结合调配整体权力资源,会摆脱所有这些尴尬,为人民谋求更多安全。

一个民族处于分离状态,必遭厄运

不论我们处境如何,牢牢联合在一个全国政府之下,还是分为几个联盟,可以肯定,其他国家都会了解这些情况,密切注视我们的动态,对我们采取相应行动。倘若他们看到我们的全国政府行之有效,治理有方;看到我们的贸易管理,井井

有条；看到我们的民兵，组织精良，纪律严明；看到我们的资源，得到充分运用，财政井井有条；看到我们的信用，重新恢复；看到我们的人民，自由自在，心满意足，团结一致；他们会更加愿意培养同我们的友谊，不会激怒我们。倘若他们发现：我们缺乏一个有效政府（各邦政府，做错做对，全凭各邦治理者的一时心愿），分成三四个独立的、很可能不和睦的共和国或联盟，一个亲英，一个亲法，又一个亲西班牙，或者三个联盟相互拆台，美利坚的形象，在他们的眼中，会显得多么卑贱，多么可怜！她多么容易变得不仅被外国瞧不起，还要遭到外国欺负。用不了多久，这种付出重大代价的经验，就会告诉我们：一个民族或一个家庭，处于分离状态，必遭厄运。

帕伯琉斯

＊《反联邦论》第4篇，题为“外战、内战、与印第安人之战：三大牵挂”，作者帕特利克·亨利，选自艾略特编《辩论》，第111页，46页，48页，141—142页，150—156页。

---

⑨ 十三个邦政府：1776年7月2日，新泽西批准了由邦制宪会议制定的邦宪法，首先指责英国国王乔治三世和英国议会，对殖民地施行暴政和开战，说明自己建立政府的必要，说明在大陆议会的指示下，通过自由选举产生的议员，特拟定这部宪法。新泽西面积1.2万平方公里，当时人口不足14万。邦宪法共23条，综述如下：一、政府由1名邦长，上院和下院组成；二、每年每县选举1人，组成上院；上院议员至少拥有1 000英镑资产，有房地产；每县选举3人，组成下院，下院议员须拥有500英镑资产；两院单独开会议事；下院议员不得少于39人；三、拥有50英镑的人，才能选举议员；四、两院各选自己的议长，拥有立法权；下院独享财权；上院由副邦长主持；两院每年选出后，立刻选出任期一年的邦长和副邦长，以备接替邦长；五、邦长拥有最高行政权；邦长和上院（7人达到法定人数）组成最高上诉庭；六、议会选举民兵军官；最高法院法官任期7年；其他各类法官和总检察长任期5年；七、议会可以弹劾邦长，下院发起，上院审讯；八、各乡镇自选地方议会；九、保证宗教自由，不许建立政府支持的教会；十、以阿林森先生编写、近期出版的法律汇

编为本邦法律。

威廉·利文斯顿当选第一位邦长，后来多次当选。1787年，他率领新泽西代表团，参加联邦制宪会议，后主持新泽西邦民意代表大会，迅速批准联邦宪法。利文斯顿家有遐迩闻名的沙龙；他的女婿，就是本文作者约翰·杰伊。

1776年9月28日，宾夕法尼亚公布了邦宪法。宾夕法尼亚面积11.5万多平方公里，当年人口30万，仅次于弗吉尼亚。宾夕法尼亚宪法分为两个部分。第一部分，“权利宣言”，宣布全体自由公民享有16项基本权利。第二部分，“宪法，邦政府框架”：一、宾夕法尼亚由一院制议会、主席和行政委员会治理。由于富兰克林的偏好，宾夕法尼亚是十三个邦中唯一实行一院制的邦。后来，邦内的宪政党和共和党长期对垒，终于实行议会两院制。二、最高立法权寓于议会；费城和每个县各产生6名议员；每个县可按自愿划分选区；每年10月第二个星期二，每个市和每个县选出议员，每年改选，议员在7年内最多任职4年；三、最高行政权，寓于主席和行政委员会。行政委员会由12人组成，费城等城市和每个县各产生1人，任期3年，不得延长；四、费城和每个县设立一所正义法院；五、武装本邦自由人并实行训练，但不得超出议会所订立法；六、年满21岁的自由男子，在本邦住满一年，并且纳税，和他们年满21岁的儿子，有选举权；七、议会有权选举议长，司库和其他官员，有立法权，但不得超越宪法；三分之二议员，构成法定议事人数，议事前需宣读誓言；八、议会每年书面投票，选举派驻大陆议会的代表；九、议会实行开门政策，欢迎新人加入，除非受到财政限制；十、每周公告议会议程，公告议员的投票记录，一切关系公益的提案，都要提交人民讨论。

第五篇*

形成几个联盟的最大危险：彼此为敌

杰 伊

1787 年 11 月 10 日　原载《独立报》

致纽约邦民众：

英格兰和苏格兰联合的先例

1706 年 7 月 1 日，英国女王安妮致函苏格兰议会，指出：当时正在形成的英格兰和苏格兰的联邦，非常重要。这封信，值得我们注意。我愿向大家介绍其中的两段："一个完整的完美的联邦，会成为持久和平的坚实基础：联邦会保障你们的宗教、公民权利和财产，消除你们内部的敌意，消除我们两个王国之间的猜忌和分歧。联邦会加强你们的力量、你们的财富、你们的贸易；通过联邦，整个岛会以一种亲切自由的方式联合起来，充分理解不同的利益，有能力抵御联邦的所有敌人。""我们向你们真诚建议：对这件大事，采取冷静一致的立场，把联邦带进幸福结局，是保障我们现在和将来幸福的唯一有效途径；此刻，我们的和你们的敌人，正在费尽心机，阻碍推迟我们的联合，我们要挫败他们的企图。"

上篇文章，我已指出：国内贫弱分裂，易招外来危险；抵

弱国易招外患，要建立联邦，加强军事

御外敌，保障自身安全，最佳办法，是建立联邦，加强军事，在我们内部建立一个好政府。这个题目，说来话长，非三言两语可以穷尽。

联合以前的大不列颠，不断吵架打仗

英国历史，我们最熟，提供许多启示。我们可以从他们的经验中受惠，不用再交他们付过的学费。这样一个岛国的人民，本当结合为一个国家，这一点，如人之常情，清楚明白。可是，我们知道，他们长期分成三个国家，彼此不断吵架打仗。其实，为对付欧洲大陆国家，他们的真实利益，完全一致。由于欧洲国家谋划挑唆、变幻策略，看着他们互相猜忌，不断火上浇油，漫漫岁月，彼此难堪，互添麻烦，而非各展其才、相互支撑。

美利坚若分开，会生活在吵架打仗的阴影中

倘若美利坚分为三四个国家，会不会旧戏重演？会不会燃起类似的嫉妒？不是"以一种亲切自由的方式联合，充分理解不同的利益"，而是猜疑和嫉妒横行，很快把信任和友爱消耗殆尽；不是美利坚的整体利益，而是每个联盟的局部利益，成为联盟政策的唯一追求目标。与多数彼此接邻的国家一样，要么，不断吵架打仗，要么，生活在吵架打仗的阴影之中。

分为几个联盟，能势均力敌、长期并存吗

使劲鼓吹分为三四个联盟的人，无法回答下面这个问题：这三四个联盟，能势均力敌，长期并存吗？即使它们开始能按这种方式建立起来，以为这种方式可行，可是，人性中的哪种奇思妙想，能使势均力敌持之以恒？且不说地势不同，形成不同环境，总会使某个地方先起称雄，别的地方逐渐衰弱。我们一定会谈论：有些地方，政策优秀，管理良好，优于其他政府。有了优势，原来的势均力敌，就会瓦解。因为，不可预先假定：这些联盟，个个都能长期一模一样，同样的政策健全、深思熟虑、目光长远。

各个联盟之间，会彼此互不信任

不论何时，不论何因，上述情况，都会发生；一旦发生，联盟中的任何一个，升到政治显要地位，远远高于四邻，届时，四邻就会畏惧和嫉妒：这两种激情，引导四邻支持即使不是促进，任何能削弱强者显要地位的行动；它们也会约束邻邦，再不采取旨在增进，甚至确保其繁荣的措施。用不了多久，强者就会看清这些不友好的倾向，很快，开始失去对四邻的信任，而且，对四邻同样感到不快：不信任，像驴打滚般蔓延增长，招惹嫉妒猜疑，鬼鬼祟祟，或公然指责，或含沙射影；如此情况之下，良好愿望，善意行动，变起脸来，再快不过。

普遍认为，北部最强，许多地方特色，使北部强盛起来。人们设想中的北部联盟，不必等到遥远未来，无疑会比其他可能出现的联盟，更可畏。不久就会明朗：这个北部蜂房，在美利坚偏南的各个部分，会激起同样的想法和感觉，就像它过去曾在欧洲南部激起过的想法和感觉一样：这不是操之过急的猜测：北部的年轻幼蜂，常被引到更为丰饶的邻邦，在鲜花盛开的田野，温暖宜人的空气里，去采集蜂蜜。

北部联盟的发展，可能快于南部联盟

认真研究类似的联盟和分裂，会充分理解：想象中的联盟，绝不会成为友邻，只会成为相互接壤的邻邦；它们之间，不会产生信任和友爱，反之，会成为不和、嫉妒、互相伤害的牺牲品；简言之，分为几个联盟，会使我们处境尴尬，有些国家，无疑希望看到我们如此，那就是：彼此畏惧。

各个联盟，彼此为敌

由此可见，那些先生，大错特错。他们以为，联盟之间，会建立攻守同盟，会产生意志、武力、资源共享的结合或联合，处于不败之地，威震国外。

几个联盟，不会结盟

当初，大不列颠和西班牙，各自分为几个独立邦国时，何曾结过这样的联盟，能把兵力联合起来，共同对付外敌？人们设想中的联盟，会成为各树一帜的国家。其中每个，都会与外国通商，被不同的条约约束。它们的物产和商品不同，适于不同的市场，条约会有本质差异。不同的商业关注，产生不同的利益。与不同的外国，会产生不同的政治忠诚度和联系方式。

各个联盟，可能与不同的外国结盟

可能出现这样的局面：南部联盟，或许正与外国开战，北部联盟，却极力想与这些外国维持和平，保住友谊。因此，一个与眼前利益如此对立的联盟，不易建立，即使建立，也难以维持，更不可能实现当初的良好意愿。

联盟会结外防内，而非结内防外

美洲和欧洲一样，更大的可能，是相邻的国家，因利益对立而行动，因激情对立而冲动，常常各站一边。我们远离欧洲，这些联盟考虑外来危险时，自然首先想到来自邻邦的威胁，不会想到来自欧洲的遥远威胁。因此，每个联盟，更着意于互相防范，利用外界盟国的援助；不会彼此结盟，对付外来威胁。我们不要忘记：迎接外国舰队进入我国港口，迎接外国军队进入我国领土，极其容易；劝说或迫使他们离开，那就难了。罗马帝国，摆出盟友身份进军，其实是征服别国，例证不胜枚举。他们以盟友身份，派人假装保护，潜入别国政府，还算创新吗？

彼此独立的联盟，能保障我们的安全吗

谨慎的人，请判断：把美利坚分成若干独立的主权国家，能保障我们的安全吗？能防止外国的敌对行动和不当介入吗？[10]

帕伯琉斯

＊《反联邦论》第5篇，题为“苏格兰和英格兰：一个值得参考的例子”，作者署名“一个观察者”，内容针对杰伊写的《联邦论》第5篇，先发表于《纽约纪事报》(*The New York Journal*)；1787年12月3日，波士顿《美国先驱报》(*American Herald*)转载。

---

⑩ 十三个邦政府：1776年9月3日，特拉华通过邦宪法，建立邦政府。特拉华原来是宾夕法尼亚南部的三个县，俗称下三县，后来宾夕法尼亚让它单立。特拉华面积小，只有5 000平方公里，人口在13个邦中最少，当时约4万。特拉华宪法分三十条。简述如下：一、纽卡塞、肯特、撒塞克斯从此正式称为特拉华邦；二、议会由两院组成，每年开会一次

或更多；三、第一院称下院，每年每县产生7名议员；四、第二院称上院，由9人组成，每县产生3人，得票第三以后者，为候补议员，若议员死亡辞职等，候补议员依次递补；五、下院发起钱财提案，上院可修正或否决；其他议案，两院可以互相修正或否定；六、两院联合选举，从议员中选出一名邦长，若两人得票相等，议长有权投票，解开死结，邦长任期3年，有赦免权；七、邦长有权宣布禁运，禁止出口；八、邦长去世辞职，由上院议长顶替；九、行政顾问会由4人组成，下院上院各选2人，其中3人构成法定议事人数，他们的建议需记录在案；十、在顾问会的同意下，邦长可担任将军，指挥民兵；十一、两院每年举行联席会议，选举派往大陆议会的代表；十二、邦长和两院联合选举最高法院法官，1名海事法官，4名共同法法院法官，每县1名孤儿法官；十三、两院联合任命民兵军官。

1776年10月，康涅狄格修改自己原有的殖民地宪章，删去其中英国皇家字样，把殖民政府改成邦政府。康涅狄格和罗得岛一样，是“契约殖民地”。早在1638年，当地居民通过各地派出的代表，协商拟订了一份“基本秩序”(Fundamental Order)，订出一个建立政府的办法。1662年，“基本秩序”被“康涅狄格殖民地宪章”(Charter of Colony)取代。康涅狄格始终保持着对英国的相对独立。康涅狄格面积1.2万平方公里，当时人口不足20万。康涅狄格到1818年才制定第一部宪法。康涅狄格的做法表明：各邦宪法是对原有殖民地宪章的改造；是英国宪章的北美变体；没有殖民地宪章，衍生不出各邦宪法。

第六篇 *

古外战争起因论

汉密尔顿

1787 年 11 月 14 日　原载《独立报》

致纽约邦民众：

倘若我们不再坚持联合，可能面临外国的武装干涉和阴谋诡计，这组文章的前三篇，已经列举了各种可能。现在，我们再来讨论另一类危险，或许更为惊险，那就是：各邦之间的相互倾轧，国内的党派之争和动乱。这类问题，在过去的文章中，我们已经略有提及，值得展开充分讨论。

前三篇讨论外患，这一篇讨论内乱

倘若十三个邦彻底分开，或结合为三四个联盟，彼此分开的个体，势必争斗不休。谁怀疑这种前景，必然是深陷乌托邦的妄想。主张分开的人，假定各邦或联盟之间，没有争来斗去的动机，以证明它们可以并存，那就需要忘记：人有野心、喜欢报复、以强凌弱。要让几个彼此独立、互不联系的主权，保持和谐，相安为邻，等于无视人类历史的普遍进程，挑战人类历史世代积累的经验。

人有野心，喜欢报复，欺负弱者，各邦分开，会彼此为敌

国与国敌对，原因多如牛毛。有些原因，持续不断地作用

于社会群体。这类原因，有爱权如命，耀武扬威，统治欲望，嫉妒权力，渴望平等，渴望安全。还有一些原因，范围比较确定，影响力也不小。这类原因，有商业国家在通商方面的对立争雄。还有一些原因，数量也不少于前两类。起源纯属私下激情；效忠领袖，憎恨敌人，见利忘义，胸怀热望，内心恐惧；这些，多见于领袖人物。这类人物，不论是国王的宠臣，还是民众心中的忠臣，在党派纷争中，滥用他们获得的信任，自以为预见公众心声，不惜牺牲国家安宁，只求个人升腾，满足私心。

战争起因举例：统治欲望，商业争雄，个人升腾

大名鼎鼎的伯里克利，为迎合一个妓女[1]的怨愤，不惜大量流血，牺牲公民财富，进攻沙姆宁人，攻克后将城摧毁。同一个伯里克利，出于对另一希腊国家米加伦兴人[2]的私怨；有人威胁说，他同谋盗窃菲狄亚斯[3]雕像；说他为了摆脱指控，滥用国库，收买人心[4]。或许，三种原因结合，使伯里克利成为一场惨绝人寰战争的始作俑者。这就是希腊史上著名的伯罗奔尼撒战争。中间经过种种变迁，打打停停，忽而又战火重开，最后，以雅典国家毁灭告终。

伯里克利：伯罗奔尼撒战争的起因

亨利八世⑪的首相沃尔西，兼任枢机主教，野心勃勃，放纵虚荣，一心觊觎教皇的三重皇冠，欲借查理五世⑫的权威，实现自己的愿望。当时英国国王野心勃勃，正欲显示强大。沃尔西为邀宠牟利，违反战略常识，把英国拖进对法战争，拿英国的独立和欧洲的安全，孤注一掷。倘若有过一个君主，打赌要实现普遍君主制，那就是查理五世。沃尔西一度被他愚弄，是他实现计谋的工具。

个人野心导致战争：沃尔西

一个女人褊狭固执，一个女人暴躁易怒，第三个女人好弄诡计[5]。她们影响同时代的政策，把欧洲的相当部分，一会儿搅得躁动不安，一会儿又息事宁人，老是引起议论纷纷，百姓至今不明其中奥秘。

女人煽起战争：曼特农夫人、马波罗夫人、庞皮杜夫人

个别人的想法，酿成全国大动荡，例证不胜枚举，国外国

个别人的想法，引起全国大动荡

内都有，详细列举，徒耗时光。略知战争来龙去脉的人，就能想起一些实例；了解人性的人，无须实例印证他们对个人作用的观念。或许，一段推论，本意在说明一般原理，运用到我们这里近来发生的一件事，正好恰如其分。假定谢斯当初不是负债累累、铤而走险，马萨诸塞是否会陷入内战，值得推敲。

和平幻觉：说商业精神会泯灭人们打仗的易燃心结

例证如此之多，说明引起战争的原因，种类繁多。我们发现，还是有那么一帮人，脑子里充满幻觉、异想天开。他们站出来，提倡一种奇谈怪论，说什么，即使十三个邦被肢解，彼此成为外国，相互之间，依然会持久和平。他们高谈阔论，说共和国的精义，自会息事宁人；说什么商业精神，会软化人的性情，泯灭人们打仗的易燃心结。我们这样的商业共和国，不会陷入自我消耗、彼此毁灭的冲突。各个联盟，会受到相互利益的约束，培育出协调一致的精神。

商业利益，是其他战争动机的补充诱因

我们可以问问这些政治设计家：所有国家的真实利益，不都是培育仁爱之心和哲学精神吗？假定这是国家的真实利益，各国实际上是在追求这种利益吗？若反之，不是，那么，人们将一无例外地发现：瞬间激情、眼前利益，更为积极，更加紧迫，控制着人类的行为，超过政策追求、前途追求、正义追求，后者，毕竟是一般追求，前景遥远。实践之中，各共和国，不是也像君主国一样，沉湎于战争？共和国，不是也和君主国一样，由人治理？彼此厌恶、心怀偏见、相互对垒、意欲夺取不义之财，对共和国的影响，与对国王的影响，有何区别？人数众多的议会，不是也频频受制于怒气冲天、互相抱怨、彼此嫉妒、财迷心窍，以及种种毫无规则、倾向暴烈的本能冲动？大家还不知道，议会决议，常取决于少数个人——议会信任的人，当然容易沾上此辈的激情和观念。迄今为止，商业不过改变了战争对象，还做了什么呢？贪财爱权、争名夺利，不都在主宰人的激情、挑动人的激情吗？那么多的战争，不都是起源于商业动机吗？自商业成为国家的盛行体制，与过去的占领领土、夺取霸权，有何二致？许多例证说明，商业精神，在侵占领土和夺取霸权的口味之上，不是又加进了新的诱因吗？经验，是人类观念最少失误的指南，让经验对这些探索提出回答吧。

斯巴达、雅典、罗马、迦太基，都是共和国；其中两个，雅典和迦太基，属于商业国。它们也经常发动战争，不论攻防，与他们同时代邻近的君主国，有何区别？斯巴达简直就是一个组织良好的军营；罗马对杀戮和征服从不餍足。迦太基虽为共和国，在它自身陷入灭亡的那场战争中，却是侵略者。汉尼拔率领迦太基军队，进入意大利心脏，到达罗马城前。罗马名将西皮阿，恢复失土，征服了迦太基。

商业共和国也发动战争：雅典和迦太基

后来，威尼斯不止一次怀着战争野心；直到成为其他意大利邦国恐惧的对象，教皇朱利斯二世想出办法，形成那个可怕同盟[6]，对这个不可一世的共和国，给予致命的一击。

康布雷同盟击败威尼斯

荷兰各省，被债务和税负压得喘不过气来之前，在欧洲历次战争中，都演过带头的特殊角色。他们与英国疯狂争夺海上霸权；曾经是路易十四最持久、最顽固的对手之一。

荷兰在欧洲战争中扮演的角色

英国政府里，民选下院，构成议会的一翼。长期以来，拓展商业，一直是英国的首要追求。很少有国家，像英国那样频繁开战，而且，英国打的大量战争，是由民选议会发动。

英国议会发动战争

我可以说，民众发起的战争，与王室发起的战争，数量旗鼓相当。许多例子证明：民众振臂高呼，议员齐声要求，常把君主拖进战争。要求君主，违背己愿，继续作战，有时，与本国真实利益背道而驰。奥地利王朝和波旁王朝，相互争雄，争夺

民众发起的战争，与王室发起的战争，数量旗鼓相当

[illegible]的斗争，把欧洲投入长期战火。大家知

[illegible]中的领袖[7]，欣赏他的勃勃

[illegible]过了合理政策[illegible]

限度以外，在一段相当长的时间里，违背朝廷的看法。

奥地利与法国的商业之争

奥地利与法国的战争，很大程度上由商业之争引起。双方都企图取代对方的地位，生怕被对方取代，两国争夺交通要道，夺取贸易航运优势；有时，甚至怀着罪恶欲望，未经其他国家同意，便想从它们的商业中获取有利份额。

英国与西班牙的商业之争

英国与西班牙的最后一战，起源于英国商人的企图，与西班牙本土作非法买卖。英国人这种不义之举，招致西班牙人的严厉报复——也谈不上更有正义；它们超出正当报复范围，违反人道，残酷无情。许多被抓到西班牙海岸的英国人，被送到波托西去开矿；自然滋生反感，过了一阵以后，这些无辜的人，被当作罪犯对待，一律受到惩处。英国商人的抱怨，在全国燃起暴怒火焰，不久即在下院爆发，又从下院传到内阁。英国颁发了海上报复敌国证，又燃起一场战争。结果，推翻所有盟约，而这种盟约，二十年前才建立起来，当时，双方都曾殷切期待，指望这些盟约能产生丰硕成果。

应该从黄金时代的美梦中幡然醒悟

以上，综述了各国发生过的情况。它们所处情景，与我们极为类似。我们有何理由，沉浸在白日梦中：现存联盟成员，明明彼此分开，以为它们会和平亲密？那些优哉游哉之论，荒谬夸张之词，说不论情况如何，社会都会免除弊端、疲弱、罪恶，要我们高枕无忧。我们听得还少吗？目前，还不该从黄金时代的欺人美梦中幡然醒悟？采纳实用原则，指导我们的政治行动。我们和地球上的其他居民一样，离完美智慧和完美道德的幸福王国，还遥远得很呢！

美利坚已沉入谷底

我国的尊严和信用，已经沉入谷底，政府涣散、弊病丛生，人们处处感到不便。北卡罗来纳的一个部分出现暴乱，宾夕法尼亚近来又发生令人震慑的动乱，马萨诸塞出现了真刀真枪的暴动和造反。还是看看这些事实吧！

那些人的教义与人类常识相去甚远，他们努力要我们的意识沉睡，忘掉各邦之间的不和敌对。面临联邦瓦解的历史事实，通过对社会进程的长期观察，人们形成一个政治公理：彼此接近，使国家之间自然为敌。一位明智作家，谈到这个问题，这样说："国家相互为邻，自然彼此为敌，除非它们的共同弱点，迫使它们结盟，结成一个联邦共和国，它们的宪法，防止邻国之间出现分歧，消除隐秘妒心，勿使各国牺牲他人、抬高自己。"[8]这一段话，点出了问题，也提出了解决办法。

存在的问题和解决办法

帕伯琉斯

*《反联邦论》第6篇，题为"无政府主义的鬼怪和各邦之间的倾轧"，作者署名"森狄涅尔"(Centinel)。据美国宪法史家考证，是萨缪尔·布雷安的笔名。

1787年10月5日，到1788年11月24日，"森狄涅尔"在《费城独立报》(*The Philadelphia Independent Gazetteer*)发表文章24篇，在反联邦派的文集中，这是最大的系列之一。

---

[1] 帕伯琉斯注：妓女指阿斯帕西亚(Aspacia)，见普鲁塔克《伯里克利生平》。
[2] 帕伯琉斯注：同上。
[3] 帕伯琉斯注：见普鲁塔克《伯里克利生平》。有人指称，菲狄亚斯(Phidias)在伯里克利通融下，盗窃国库金子，去修复米涅瓦(Minerva)雕像。
[4] 帕伯琉斯注：见普鲁塔克《伯里克利生平》。
[5] 帕伯琉斯注：第一个女人指曼特农夫人(Mademe De Meintenon)；第二个女人指马波罗公爵夫人(Duchess Marborough)；第三个女人指庞皮杜夫人(Mademe Pompadoure)。
[6] 帕伯琉斯注：可怕同盟，指康布雷同盟(The League of Cambray)，参加的有教皇朱利斯二世，法国国王，阿拉贡国王，意大利王子和邦国。
[7] 帕伯琉斯注：指马波罗公爵(The Duke of Marlborough)。
[8] 帕伯琉斯注：引自马布里神父《谈判原则》。

⑪ 亨利八世(Henry VIII, 1491—1547)：英国都铎王朝第二代国王，英国女王伊丽莎白一世的父亲，18岁登基。重用沃尔西(Wolsey)，让他一身兼三要职：约克郡大主教，枢机主教，英格兰大法官。
⑫ 查理五世(Charles V, 1500—1558)：神圣罗马帝国皇帝，1519—1556年在位。

第七篇*

各个联盟之间开战的几种潜在原因

汉密尔顿

1787 年 11 月 15 日　原载《独立报》

致纽约邦民众：

有人扬扬自得，发问：倘若联邦解体、各邦[13]分离，有什么动机，让它们拔刀相向？回复这个问题，答案只有一句话：自古以来，世界各国，动则拔刀相向，血染山河，各邦将要相互厮杀的动机，与它们别无二致。对我们来说，不幸者，还在可能引起战争的具体原因。闭目一想，种种不同的起因，浮上心头，即使在一部联邦宪法的约束下，各邦之间，还互不相让，一旦取消这些约束，经验告诉我们，将会出现怎样的局面。

领土纠纷可能引起战争

历史早已证明，领土纠纷，是各国之间的肇事根源之一。分疆裂土的大量战争，最大根源，即在于此。这一根源，也会充分展现于我们之间。在联邦的疆域内，还有大片土地，尚未划分。有些邦之间，还在为如何划分边界争吵不休；解散联邦，会给所有各邦带来重新分疆裂土的契机。大家知道，过去属于英国皇家名下、革命期间尚未划分授定的土地，各邦一直跃跃欲试，各想分肥。有些邦原来的疆域，沿用殖民时期政府管辖的边界，声称边界以内的土地，产权属于它们；其他邦声称：过去英国皇室的权利，现在已经移交给联盟政府；尤其是西部领土的整个疆域，既无人真正拥有，又未得到印第安人的让与，原来属于大不列颠国王，直到英美签订和平条约，英国才放弃。人们常说，无论如何，这是联盟与外国签约，得到的一笔土地收入。联盟议会政策谨慎，说服各邦，为整体利益，把所得土地授予联邦，才平息了这场争端。这件事情，迄今已经办完，只要联邦继续存在，就为和平解决这一争端，提供了一个决定性的前景。若联邦遭到肢解，争端就会重开，由此问题，还会生发其他问题。目前，西部空旷领土中的大部分，即使不是根据过去的权利，也是通过英国让与，成为联邦的共同财产。倘若这一局面终结，原先按联邦妥协案让出土地的各邦，一旦让出土地的动机不再存在，很容易再次提出土地要求，退到原来立场。其他邦，按代议制席位分配原则，无疑也会要求各分一份。它们的理由是，土地一旦授予，不能再收回，它们曾经参与这些土地的获取，分得一份，实属合理；要么让联盟继续执政，保护这些共同努力所得的土地。万一出现相反情形，所有各邦都会承认，每个邦在共有财产中，都应分得一股，仍会出现难以克服的困难：找不到适当的分配规则。为此目的，不同的邦，会提出不同原则；各邦提出的原则，都会影响其他各方的利益，要想找到息事宁人的调整办法，并非易事。

宾夕法尼亚与康涅狄格的领土之争

西部广阔领土上，我们看到一个上演敌对情绪的大舞台，没有仲裁，没有共同的法官，出面调停相互敌对的各方。从过去推断未来，我们有充分理由相信，有时候，剑，就会出鞘，充当他们争端的仲裁。康涅狄格与宾夕法尼亚，对怀俄明山谷[14]的土地争端，告诫我们：不要过于乐观，以为解决这种争端，轻而易举。《联盟条款》规定：各方应将此类事宜，提交联盟法庭裁决。联盟合议庭裁决：宾夕法尼亚胜诉。对此裁决，康涅狄格深表不满；看来，也不准备完全服从。她想通过谈判，达成某种安排，获得一块相应的土地，作为对她可能失去的土地的补偿。我说这些，丝毫没有指责康涅狄格的意思。毫无疑问，康涅狄格真心相信，自己受到这项裁决的伤害；邦，也和人一样，接受对她不利的裁决，非常勉强。

纽约邦意图兼并佛蒙特

有机会看到纽约邦与佛蒙特地区交易内幕的人，可以作证：纽约向佛蒙特提出的土地要求，遭到普遍反对，不论与佛蒙特土地利益有关的邦，还是与之利益无关的邦；倘若纽约想以武力伸张她的权利，各邦都可证明，联邦的和平，可能陷入危境。两个动机，构成反对纽约兼并佛蒙特的主要理由：一、嫉妒纽约未来的权势，二、邻近各邦中权势人物的利益：佛蒙特地区政府，授予他们大片土地。有几个邦，提出的土地要求，与纽约相反。它们对肢解纽约，比实现它们的要求，似乎更为急切。这样的邦，有新罕布什尔、马萨诸塞、康涅狄格。新泽西和罗得岛，一直热心佛蒙特独立；马里兰持同样的态度，直到发现佛蒙特似乎与加拿大有联系，才感到惊恐。这些都是小邦，对纽约壮大的前景，报以不友好的眼光。回顾这些交易，我们可以看出其中的一些原因，倘若这些邦命中不幸、注定要分开，这些原因，就会缠住各邦，让它们互斗不休。

商业竞争可能引发战争

商业竞争，是引起相互抗衡的另一因素，先例不胜枚举。环境较差的邦，力图摆脱本地环境的不利，分享较丰饶邻邦的好处。每个邦，或各树一帜的联盟，都追求一套自己独特的通商体制。这就会出现有强有弱、厚此薄彼、排除异己，就会招致不满。交往的习惯，以平等互利为基础，从我们初到这个国家来定居时，就习以为常。习惯平等互利，这种不满会火上浇油，反不如在这种环境之外、天生就习惯不公平的人。独立的主权国之间,为谋取特殊利益,采取一些实际生活中说得过去的做法,我们就会把这些做法,称为伤害对方。创业精神,构成美国商业特色,所有方面,都表现出改进。这种无拘无束的精神,根本不可能尊重那些贸易的条条框框。某些邦,想利用这些条条框框,保障本邦公民的排他利益,实际上办不到。一方要打破这些条条框框,另一方要防止和抵制这种打破的企图,自然引起愤怒,升级为暴行,再升级为报复和开战。

有的邦,如纽约,利用制定通商规则的机会,为自己捞取好处,迫使其他邦屈从,屈从的邦,会很不耐烦。纽约、康涅狄格、新泽西的相对关系,提供了这种例证。为提高岁入,纽约对进口货物征收关税。这些关税,大部分由另外两个邦的居民支付,因为,是他们在消费我们纽约进口的货物。纽约既不愿意也不可能放弃这个好处。纽约公民不会同意,为照顾邻邦公民,免去由邻邦居民支付的关税。不给邻邦设置障碍,显不出顾客在纽约本邦市场上购物的好处,因此,取消关税也不实际。康涅狄格和新泽西,会不会长期忍受纽约,让她为她自己的独家好处征税呢?会不会允许我们长期安享大都会的宁静安逸?由于占据了这个大都会,我们从邻人那里捞取了多少丑恶的好处,而在他们的眼中,则是压榨。我们是否能保住这份好处,一方面顶住康涅狄格的层层压力,另一方面顶住新泽西的齐心协力?只有鲁莽轻率的人,才会得出肯定答案。

纽约邦向康涅狄格和新泽西征税

联邦公债,将成为各邦或各个联盟之间发生冲突的进一步原因。首先,是各邦如何分摊?然后,是各邦如何逐步偿清?二者,同样会造成情绪恶劣,仇恨敌对。怎么可能达成一项各方都能满意的公债分摊方案?很难提出一个方案,一点不受真实反对。这些反对意见,有如常情,会被各方的相反意见夸大。即使对偿清公债的一般原则,各邦观点也不相同。有的邦,对国家信用的重要性缺乏认识,它们的公民,对此问

联邦公债的摊派和偿还会激化矛盾

题目前还没有出现紧迫的关注，对偿还内债，不是厌恶反感，就是无动于衷。这会加大分配债务的难度。另一些邦，它们的公民中有很多是公债的持有者，手中持有的国债券，数量超过邦政府手中持有的国债券，会极力要求制定一些公平合理、切实可行的规则。前者的拖延，会激起后者的不满。真实的意见分歧，人为的拖延，都会延缓规则的确立。利益攸关的邦，公民会大叫大嚷；外国列强，会敦促我们满足它们的正当要求；各邦和平，将面临外国入侵和内部互斗的双重危险。

具体偿还国债过程中还会出现的纠纷

假定各邦终于在偿还国债的规则上达成共识，债务也分摊完毕；还有很大的设想余地：达成的规则一旦付诸实践，某些邦就会发现，自己的负担比别的邦重些。负担重的邦，自然会设法减轻负担。其他各邦，自然不愿意修改规则，因为修改结果，会增加它们的负担。它们的拒绝，振振有辞，使抱怨的各邦，无法抽回自己的贡献份额；于是，这些不守规则的邦，以及它们的做法，就会成为异议和争吵的原由。即使采纳的规则，在实践中符合公平合理的原则，某些邦依然会拖欠还款，出于其他种种原因：真实的资源短缺，财政管理不善，政府管理中的偶然紊乱。除其他原因外，还有人们与钱分手时的那种勉强，既然渡过危机，就想把钱用来对付当前之需。不论什么原因引起还债中的拖欠，都容易引起埋怨、反责、争吵。或许，最能搅扰各国安宁的事，莫过于他们为某种共同目标而互相捆绑，各做贡献，却产生不出同等并生的好处。下面这句话，虽是老生常谈，却透出真理：人们一谈起付钱，就意见纷纭。

违反私人合同可能引发战争

违反私人之间的合同，使一些邦的公民受到伤害，积累到侵犯邦权时，可视为引起敌对行为的另一根源。我们没有权利期待：比较开明、比较公平合理的精神，主宰各邦今后的立法工作；我们现在已经看到的一些制约办法，还必须补充其他制约办法，加以控制。太多的实例，正在使某些邦的法典丢脸。我们看到：罗得岛议会所犯的重大恶行，激起康涅狄格的报复意向；我们可以合理地推断：其他情况下发生类似案件时，就不再是文字上的论战，而是真刀真枪的战争，惩罚这类万恶的违反道义和违反社会正义的行为。

列强想对我们分而治之

不同的邦，不同的联盟，与不同的外国之间，可能结成不匹配的联盟，这种局面，会影响联邦的整体和平，前面几篇文章，已经充分说明。那些文章，谈到这个问题时，推出如下结论：美利坚若不继续联合，若只通过脆弱纽带，仅仅联成一个攻守同盟，这种相互对立、时常发出挤轧之声的联盟运作，会逐渐卷进欧洲政治和战争的错综复杂纠纷；美利坚分成若干部分后，各部分之间，又展开破坏性的争斗，多半会变成列强阴谋诡计的牺牲品，成为列强之敌。每个国家，不论恨我们，还是怕我们，都想对我们分而治之。

帕伯琉斯

* 《反联邦论》第7篇，题为"采纳宪法会导致内战"，署名"博爱论者"(Philanthropos)，是弗吉尼亚一位反联邦论者的笔名；载于《弗吉尼亚纪事报》(*The Virginia Journal*)和《亚历山大广告报》(*Alexanderia Advertiser*)，1787年12月6日。

---

⑬ 各邦：1776年11月11日，马里兰批准了邦宪法，建立起邦政府。马里兰面积2.6万平方公里，当时人口不足25万。马里兰宪法长达20页，多达102条。第一部分，"权利宣言"，第一条说：政府的一切权力，源于人民，只能服务公益。"宣言"列举公民权利四十二项。第二部分，"宪法或政府形式"，共六十条。简述如下：一、议会由两院组成，参议院和众议院(House of Delegates)，合称马里兰议会；次年10月第一个星期一选举，每县产生4名众议员，城镇名额另分，每年改选；参议员共15名，东部9名，西部6名，5年一选。拥有50英亩土地的自由人或30英镑资产的人，才有选举议员的权利；众议员需拥有500英镑资产，参议员需拥有1 000英镑资产；众议院发起钱财提案，参议院可以修正。两院

选举2名司库，东部1名，西部1名；二、两院联合选举1名邦长，邦长需拥有5 000英镑资产。两院联合选举5人组成行政顾问会，顾问需拥有1 000英镑资产；三、顾问3人构成法定人数，邦长参加顾问会投票，顾问意见需记录在案，邦长征得顾问会同意，有行政权，可按本邦法律指挥陆上和海上民兵；四、邦长征得顾问会同意，可任命全体法官、检察长、陆上和海上民兵军官。

1776年12月18日，北卡罗来纳通过邦宪法，建立起邦政府。北卡罗来纳面积12.6万平方公里，当时人口不超过27万。宪法长达11页。第一部分，“权利宣言”，宣布公民拥有二十五项政治权利。第二部分，“宪法或政府形式”，共四十六条。简述如下：首先指责英国暴政，申明建立政府的正当理由：一、立法权寓于议会，议会分为两院，参议院和众议院（House of Commons）；参议员一年一选，每县1名，众议员一年一选，每县2名，每镇1名；年满21岁的纳税人可选众议员，众议员需拥有100英亩土地，拥有50英亩土地的人，可选参议员，参议员需拥有300英亩土地；参议院和众议院第一次开会时，选出议长和职员；任何议案需在议会三读，通过则成为立法；每名议员就职前需宣誓；二、两院联合选举邦长，任期1年，连任不得超过3年；邦长兼任将军和民兵总司令；三、两院联合选举7人为行政顾问会，4人构成法定议事人数，顾问会对邦长的建议要记录在案；邦长调兵，需征得顾问会同意；顾问不得兼任众议员或参议员；四、议会推荐法官，由邦长任命；五、不得限制宗教自由，不得建立政府支持的教会。

⑭ 怀俄明（Wyoming）山谷：地名，当时宾夕法尼亚境内的一片谷地，不是后来西部新建的怀俄明邦。

第八篇*

一论军事：需要建立常备军，但不能以军治国

汉密尔顿

1787 年 11 月 20 日　原载《纽约邮报》

致纽约邦民众：

十三个邦[15]组成的联邦，如果解体，或在联盟残体上拼凑结合，势必陷入和平与战争交替、友好与敌对轮回，周而复始的命运，重蹈尚未联合在一个政府治下的那些小国的覆辙。倘若大家接受这个真理，我们再来详细分析一下：万一出现这种局面，后果如何？

联邦若解体，势必陷入和平与战争交替、友好与敌对轮回的境地

各邦分离之初，邦与邦之间开战造成的灾难，比早已建立常备军的国家，要惨得多。欧洲国家，军队训练有素，时刻备战，虽然常备军伤害公民权利，造成经济负担，但能产生显著优势：外来的闪电征服，无法奏效，避免国土迅速化为焦土；常备军出现以前，遍地焦土，是打过仗的标志。挖壕筑城、安营扎寨，防的就是突然袭击。欧洲各国，城堡环绕，壁垒森严，相互防止入侵。要想进入敌国，先得在边境的几个要塞，打几个消耗战役。本国腹地，步步为营，消耗入侵兵力，推延入侵

没有常备军的国家，将承受更恶劣的战争后果

进程。往日，开战消息传到之时，入侵者差不多已深入对方心脏；如今，一支训练有素的小部队，凭借壁垒掩护，坚守阵地，能阻挡一支大军进攻，最终挫败入侵。战争史，在地球的欧洲部分，不再是动辄征服国家、推翻敌国，而是拉锯战役，城池几番易手，却无法决定胜负，有时，退却迂回，胜过暂时凯旋，费力良多，却收获甚微。

美国人对建立常备军疑虑重重

我们的情景决然相反。美国人对建立军队，疑虑重重，会把建立常备军无限拖延。没有城堡壁垒，各邦边境，彼此门户开放，入侵轻而易举。人口多的邦，要推翻人口少的邻邦，易如反掌。培育征服者易，阻挡征服者难。战争将会漫无边际，具有掠夺性质。非正规军，到处烧杀抢掠、蹂躏破坏。东征西讨，生灵涂炭，所到之处，一片疮痍，成为战争的主要图景，变成我们军事讨伐的特征。

为了安全，只好减少公民权利，建立军队

这幅图景，并非渲染，我承认，人们不会总认可这种图景。保障安全、不受外来威胁，是国家行为最有力的指导。即使酷爱公民权利，过了一阵，也要听从指挥。战争的固有性质，带来对生命财产的暴烈摧残，带来持续不断的危机状态，战争要求持续不断的气力，使居民长期处于惊恐危险之中，迫使最珍视公民权利的国家，为了睡得安宁，只好铤而走险，牺牲公民自由和政治权利，设立建制。为了安全，从长计议，甘冒减少公民权利的风险。

较弱的邦可能率先建立常备军

此处所说建制，就是常备军，以及军事建制的相应机构。据说，新宪法没有反对常备军的条款；由此推断：宪法允许常备军存在。[1]不过，按这种提法，常备军的存在，还存在疑问，不很确定。或许可以这样回答：联盟一旦解体，常备军的产生，就不可避免。频繁作战，常年忧心忡忡，要求一种常备状态，势必产生常备军。势力薄弱的邦或联盟，会率先求助于常备军，让自己在较强邻邦的眼中，显得势均力敌。较弱的邦，会努力弥补人口资源弱势，建立正规有效的防御工事，建立训练有素的军队，兴建城堡壁垒。它们会加强政府的行政力量；如此展开，它们的宪法，就会逐渐趋向君主制。战争的本质，就是加强行政部门，牺牲立法权威。

采用上述权宜之计的邦或联盟，很快就会显现出对邻邦或邻盟的优势。小邦，或自然资源不足的邦，由于政府雄心勃勃，自恃军队训练有素，常会战胜没有这种优势的大邦，尽管大邦占有自然资源优势。地位重要的邦或联盟，不论出于自豪感，还是担心安全感，都不会长期屈居屈辱且偶然的下风。它们很快就会以其人之道，还治其人之身，重振昔日雄风。于是，不用多久，我们就会看到：这个国家，到处建立起专制发动机，这种发动机，本是旧世界的苦难之源。这至少是事物发展的自然进程，我们的推理越符合这个标准，就越可能正确。

建立常备军的做法会蔓延到各邦

这些，不是从人们设想或推断出的宪法缺点，引申出来的含糊推理，其全部力量，掌握在人民手中，掌握在民选议员手中。这些，是从人类事务自然必然的进程中，总结出来的坚实结论。

或许有人反问：古代希腊诸共和国，频繁受到对峙争雄困扰，为何从中没有产生常备军？不同的答法，可以提供同样令人满意的答复。现代人习惯刻苦，潜心追求获取，献身改造农业商业，与古人不同。希腊诸共和国，面临的真实条件，是国家就由士兵组成。金银数量增长，工业技艺发展，现代之子财政的成长，促成政府征税手段成倍增长，国家花钱的方式随之进化，产生一场战争系统内的完全革命：训练有素的军队，从公民全体中独立出来，成为频繁敌对行为难分难解的伴侣。

古代全民皆兵，现代军人职业化

有的国家，很少出现内乱；有的国家，经常发生内乱，时刻提防内乱。这两种国家，军事建制，别如霄壤。常生内乱的国家，必须维持人数众多的军队，不常发生内乱的国家，即使它

很少发生内乱的国家，常备军是不可避免的恶

们的统治者想这样做，也找不到好的借口。很少出现内乱的国家，极少可能召集军队弹压内部，百姓没有被打散、置于军队统治之下的危险。法治不会逐渐松弛，不必处处让位给紧急军情。文明国家生气勃勃，没有腐败，与其他国家的原则和习性，迥然不同。军队规模甚小，加上社会自然力量，即可承担。公民尚未养成指望军队保护的习惯，更不习惯遭到军队欺压。对军人，既不爱，也不怕。百姓怀着重重疑虑，勉强接受军队，视之为不可避免的恶，随时准备抵制伤害自己权利的势力。处于这种环境下的军队，可有效协助行政官，弹压小规模的派别，或偶然出现的闹事骚动；但军队不可能强行侵入全体人民的联合力量。

经常发生内乱的国家，常备军是人民的主子

经常发生内乱的国家，情形正好相反。危险造成持续不断的恐吓，迫使政府总是准备动武，军队必须人数众多，才能顷刻奏效。供养军队的持续需求，提升军人的显要地位，平民处境，相应恶化。政府以军治国，凌驾民权之上。领土常为战争舞台，居民休想逃脱，权利频遭蹂躏，公民的权利感，逐渐弱化；渐渐地，诱导百姓相信，军人不仅保卫他们，而且是他们的上司。从把军人视为上司，再过渡到把军人视为主子，既不遥远，也不困难。可是，这种观念一旦形成，再要求人民对武力篡权者的抵制，勇敢而且生效，难上加难。

英国海军强大，无需强大陆军

英国属于很少发生内乱的国家。四面环海，环境独特，一支强大的海军，有力捍卫这个岛国，不受外来侵犯，没有必要，再在国内建立一支人数众多的陆军。有足够的兵力，迎头痛击海外突然袭击，有足够的时间，征召民兵集合到位，这一切，证明已经足够。不再有制定全国政策的动机，不需要舆论容忍大规模国内军事建制。长期以来，无人把内战列为原因，要求另建陆军。这种特别幸运的情形，对维护公民权利起了很大作用。尽管贪污腐化盛行，迄今为止，英国人依然享受着公民权利。反之,倘若英国地处欧洲大陆,在环境影响下,被迫像其他欧洲列强那样,在国内建立起可与其他国家匹敌的军事建制,那么,今天,她也和其他列强一样,很可能成为国王一人独享绝对权力的牺牲品。那个岛国的人民,或许会由于其他原因沦为奴隶,有可能,但不容易;可是,英国人民绝不会沦为那个国家通常维持的人数甚少的陆军的奴隶。

倘若我们智慧足够,把联合维系下来,我们或许可以世世代代享受那种岛国的幸福。欧洲距离我们十分遥远。欧洲国家在我们周围的殖民地,看来会持续为相当弱小的力量,没有能力给我们带来危险和骚扰。从这一立场出发,为保障我们的安全,还不需要建立大量陆军。可是,倘若让联邦解散,原来完整的各个部分,四分五裂,更可能的,是分成两三个联盟。那么,短时之后,我们就会陷入欧洲列强的窘境:我们的公民权利,会变成防卫手段的牺牲品,被用来抵御彼此的野心和嫉妒。

美利坚联合则无需大军,分开势必彼此兴武

这种想法,并不肤浅,也非没有用处,倒是经过深思熟虑,分量十足,不论哪种党派,只要是善良诚实之辈,都值得深长思之。倘若各位能认真停下来,神圣地想想,撇开激情,冷眼看看这个有趣问题的重要性,倘若各位能把这个问题的方方面面,全面透视,追溯前因后果,就会毫不犹豫地告别种种细枝末节的反对意见,接受宪法,因为,反对宪法,最终会导致联合的终结。一些反对宪法的人,时常在幻觉中浮现出的缥缈幽灵,很快就会让位给更为真实、更为确定的巨大灾难。

反对派幻觉中浮现的缥缈幽灵,将化为巨大真实灾难

帕伯琉斯

* 《反联邦论》第8篇,题为"把派兵镇压造反的权力赋予联邦议会,会使他们永远扼杀为争

取自由而起的最初奋斗",署名"一名联邦共和党人"(弗吉尼亚)。他的"致编者的信",载于《诺福克和朴茨茅斯纪事报》(*The Norfolk and Portsmouth Register*),1788年3月5日。

---

[1] 帕伯琉斯注:这个反对意见,将在适当的地方充分讨论,届时将会指出:这个问题,唯一可采纳的理性预防措施,已经采取;迄今为止,美利坚各邦设计的宪法,对此没有保护,需要找个好办法。

⑮ 十三个邦政府:1777年2月5日,佐治亚批准邦宪法,建立邦政府。在十三个殖民地中,佐治亚最年轻,始建于1732年,这时才只有45岁。佐治亚面积达37万平方公里,当时人口不足4万,35%以上是没有政治权利的黑人。佐治亚宪法有12页,共六十三条。简述如下:一、由于地广人稀,佐治亚政府采取免费提供大量未开发土地的办法,吸引其他殖民地的白人向佐治亚移民。社区以教堂为中心,叫作教区。制定佐治亚宪法的一件事,是把这些教区划分为县,并取名;二、第一条说明三权分开;三、每年12月第一个周二选众议员,1月第一个周二开始开会;四、议会开会的第一天,选出邦长和行政会议,由每县2人组成。议员不足10人的县,不选行政会成员;五、县内白人达到10人者,可选一名议员;达到30人者,可选2名议员;达到40人者,可选3名议员;达到50人者,可选4名议员;达到80人者,可选6名议员;达到100人或超过,可选10名议员;六、在本县住满12个月,才能当选议员;新教徒,年满21岁的男性,拥有250英亩土地,或10英镑资产,才有选举权。合格选民,不参加选举,罚5英镑;七、邦长任期1年,上任前需宣读誓言,在行政会同意下,可以行政;邦长发生意外,由行政会主席顶替;邦长兼任将军和民兵司令;指挥民兵,需取得行政会议同意;八、拥有250名民兵的县,编为一个营;九、每县建立一所法院;普通陪审团不得少于6人,大陪审团不得少于18人;每县建立一所监狱;十、每县设立一所学校;十一、遗产由子女均分,遗孀参与分一份;十二、牧师不得担任议员。

1777年4月20日,纽约宪法生效,建立邦政府。纽约邦面积12万平方公里,当年人口不超过30万,近2万为黑人。纽约邦宪法长达20页,前面先用6页半,谴责英国暴政,说明人民自己建立政府的原理,内容类似其他邦的"权利宣言",比《独立宣言》中宣示的原理详尽得多。第7页开始宪法正文,共六十二条,有的条目下,还分若干款项。简述如下:一、立法权寓于议会两院,众议院(the Assembly)和参议院;二、两院选举邦长;邦长和最高法院院长,全体大法官或其中任意2人,组成复审会,审议议会的任何提案,不同意则交还议会再议,若两院三分之二议员再次确认,可压倒复审会意见,提案成为立法。为避免拖延,若复审会在10天内不退还提案,提案自动成为立法;三、众议员一年改选一次,总数不得少于70人,纽约市产生9名,奥尔巴尼县10名,荷兰县7名,威斯特切斯特县6名,阿尔斯特县6名,沙福克县5名,皇后县4名,橙县4名,金县2名,里契蒙县2名,特来恩县6名,夏洛特县4名,坎伯兰县3名，格劳斯特县2名。年满21岁，在该县住满6个月，拥有价值20英镑的土地，或年产值达40先令，纳税的白人男子，有选举众议员的权利；四、参议院由24名议员组成；拥有100英镑资产的人才有资格选举参议员。第一批参议员选出后，分为四组，从第二年起，每年改选其中的一组，如此，每年改选四分之一的参议员；把纽约邦的所有县划分为四个参议员选区，南部9名，中部6名，西部6名，东部6名。7年人口普查一次，若选区内人口增加24%，重新划分选区，增加1名众议员或1名参议员；但参议员不得超过100人，众议员不得超过300人；达到这样的人数，不再增加议员人数，而是相应扩大选区人数；五、两院意见不一致，分别选举委员会再议，发言要记录在案，要做出决定；六、有选举众议员资格者，可以选举邦长，邦长有最高行政权，任期3年；兼任陆地和海上民兵总司令，有赦免权，选副邦长一名，以备顶替邦长；七、议会任命司库，钱财提案由众议院发起；八、众议院从每个选区选举1名参议员，与邦长一起组成人事任命会，4名参议员中，2人构成合法议事人数；任命行政官员和军官；九、法官行为良好得继续任职，可工作到60岁。

第九篇 *

现代政治科学的发展，扩大了共和国的半径

汉密尔顿

1787 年 11 月 21 日　原载《独立报》

致纽约邦民众：

坚定的联邦，是防止党派之争和内乱的屏障

坚定的联邦，是防止国内党派之争和内乱的屏障，最终会给各邦带来和平和自由。阅读希腊和意大利的那些小共和国的历史，不禁感到恐怖厌恶：那些共和国，不停地相互搅扰，如痴如狂，一场接一场的革命，把国人弄得无时无刻不心惊肉跳，在暴政和无政府状态两个极端之间，荡来荡去。偶尔风平浪静，也不过是短命的言和，接踵而至的，是更为猛烈的暴风骤雨。偶尔闪现短暂的幸福时光，依然令人忧从中来，因为，眼前的欢快景象，很快就会被煽动暴乱和疯狂党争的巨浪淹没。偶尔，幽暗中闪现出短暂荣光，也是稍纵即逝、如浮光掠影般的光华，刚刚让我们眼前一亮，顷刻之间，又要我们堕入悲哀：政府的邪恶，是把那些优秀人才、崇高天赋，引上堕落之路，让他们褪尽光华，留下培育那些人杰的地灵，枉受世人赞扬。

混乱无序，是希腊和意大利诸共和国编年史中的污点。鼓吹专制的人，从中找出论点，不仅用来反对共和制，而且用来反对公民权利原则本身。他们对自由政府，口诛笔伐，说自由政府与社会秩序两不协调，鄙薄赞同自由政府的人，以此自鸣得意。幸哉人类，建立在公民权利基础上的宏伟大厦，世代繁荣昌盛，只需用几个光荣的例证，就可驳倒他们令人沮丧的诡辩。我相信，美利坚是广阔坚实的基础，上面可以盖起别样的大厦，更为富丽堂皇，成为永久的丰碑，证明他们错了。

希腊和意大利诸共和国的混乱无序

无需否认，他们描绘的共和国，不过是些复制品，并非原型。倘若经过启蒙的自由之友，设计更完美的模式时，发现实际上行不通，自会放弃这种事业，承认共和政府站不住脚。可是，政治科学，与许多其他科学一样，已经取得长足进步。今天，人们已经理解各种原理的效能，古人对此，或完全无知，或一知半解。把权力按规则分配给各个独立部门，对立法加以平衡制约，建立由法官组成的法庭，法官行为良好得继续任职，实行代议制议会，议员由民众选举，这些，或为现代新发现，或早已发现，现已臻于完善。这些都是手段，但是强劲有力，通过这些手段，可以达到共和极致，不完美之处，会逐渐减少，或逐渐避免。以上所列各项，会改善民治政府的民众体制。不论在某些人眼中，显得多么新奇，我还是想补充一点，这点正是有些人反对新宪法的理由，我指的是：扩大共和国的半径，把一个一个单独的邦，把几个小邦可能组成的较大的联盟，一起包容进来，联合成一个大联邦。这就是我们当前要讨论的课题。把这项原则，运用到一个单独的邦，也能奏效，这一点，我将另文讨论。

现代政治科学的发展，扩大了共和国的半径

结成联盟的好处，在平息党派之争，捍卫各邦内部宁静，提高各邦对外抵御能力，保障安全。这些，都不是新见解。不同的年代，不同的国家，都是这样做的，得到多数民众喜爱的

孟德斯鸠默许把共和制推向广土众民

政治学者赞许。反对宪法的人,孜孜不倦地引用和传播孟德斯鸠的观点,说共和制只适合小国寡民。他们似乎没有领略那位伟人作品中另一处的含义,没有注意到他们所援引的那条原则背后,实际上默许把共和制推向广土众民。

若把孟德斯鸠的观点视为真理标准

孟德斯鸠推荐在狭小领土建立共和制时,他心中的标准,远比十三个邦中的任何一个都小得多。不论弗吉尼亚、马萨诸塞、宾夕法尼亚、纽约、北卡罗来纳,还是佐治亚,都远不能与孟德斯鸠推荐的微小模式比拟,不能运用到他描述的模式中去。倘若把孟德斯鸠在这个问题上的想法,视为真理标准,我们就会被推进两难境地:要么立刻投入君主制怀抱;要么把各邦再细分为一小块一小块,切成彼此嫉妒、冲撞、吵闹不休的小国,成为孵化持续纷争的不幸养成所,成为人们普遍同情的可怜虫。有些作者,从另一角度提出这个问题,似乎已经意识到其中的两难;他们甚至大胆提出,要把大邦加以瓜分,以为只有瓜分才能如愿。头脑发昏的政策措施,丧心病狂的应急之计,把微不足道的细小官位成倍增加,或许可以使一些人心满意足,他们本来胸无大志,没有能力把自己的影响,扩大到私人交往的狭小圈子以外,可是这种做法,永远不可能弘扬美利坚人民的伟大和幸福。

孟德斯鸠的本意:明确提出联邦共和国

前文说过,我们会在别处考察这一原则。这里只想指出:在这个问题上,人们频繁地、着重地援引孟德斯鸠,可是,按照孟德斯鸠的本意,只要求缩小联邦内较大成员的规模;并不影响把它们都包含到一个邦联政府以内。这正是我们当前讨论的问题的焦点。

迄今为止,从各邦整体联合的立场出发,孟德斯鸠的建议,明确提出一个联邦共和国,作为扩大民众政府范围、调和君主制与共和制优势的方略。

孟德斯鸠的原文:共和制的对内优势,加上君主制的对外优势

孟德斯鸠说[1],“很有可能,人类从长计议,或许只好生活

在一个人的治理之下，如果他们想不出一种宪法，具有共和国的所有对内优势，加上君主制的对外势力。我指的是一个联邦共和国。”

“这种政府形式，是一个国民会议，若干较小的邦，同意成为它们打算加入的大国的成员。这是一种由若干个社会组成的集合体，合成一个新社会，通过新的协作，有能力增长，直到它们达到这样的权力程度，能给整体提供安全。

“这种共和国，有能力抵挡外部入侵，能自力更生，消除贪污腐化。这种社会结构，能避免各种不利因素。

“如果一个单独成员，企图篡夺最高权力，在整个联邦中，它不能得到同等权力和信用。如果它的影响过大，会使其他所有成员警惕。万一它想征服其中的一部分，那些还处在自由中的部分，会以武力反对，独立于它所篡夺的权力，在它篡权成功之前，把它制服。

“联邦中的一邦，万一发生民众暴动，其他邦就能把它平息。万一滥权钻进一个部分，依然健全的部分，会把滥权铲除。邦可在一个方面遭到摧毁，不会在另一个方面；联邦可能解散，加入联邦的部分，会保持它们的主权。

“由于这种政府，由小共和国组成，每个共和国，都可以享受内部幸福，至于它的外部处境，可通过结合大君主国的所有优点取得。”

我认为，如此大段地援引这些有趣的段落，值得。因为，这些段落，包含了具有启发意义的摘要，显现出有利联邦的基本观点，势必有效消除那些虚假印象，那些印象，是错误运用书中其他部分，有意造成的。同时，这些段落，与本文的直接目的，联系更为紧密，说明：联邦能消除内部党争，平息内乱。

各邦结成联邦，与各邦[16]合而为一不同，但其中的区别，有些含蓄、不够明确。据说，联邦的本质特征，是限制联邦的

联邦不等于把各邦合而为一

权威，不能进入各邦的集合能力，不能直接治理组成各邦的个人。孟德斯鸠主张，全国议会，不应关注各邦内部行政的任何对象。他强调，成员之间表决权一律平等，是联邦政府的主要特征。这些立场，大体带有任意性；既得不到原则的支持，也得不到先例的支持。确实发生过这样的情形，这类政府，曾按这种方式运作，其特点似乎内在就有，不过在实践中，存在广泛的例外，只能作为例证，没有绝对规则。这个考察过程，清楚说明：前面强调的原则，一旦盛行，就会造成难以治愈的混乱和政府的愚笨。

联邦共和国的定义

联邦共和国的定义，看来就是这么简单，是“一些社会的集合体”，或者，两个或更多的邦，结成一个国家。联邦权力的范围、变动和对象，都要根据情况而定。只要各个成员的单独组织没有废除，只要这种组织，根据结构的需要，为实现地方目的而继续存在，只要这种组织能完全服从联邦的总体权威，那么，事实上和理论上，邦的联合，或称联邦，就会继续存在。拟议中的宪法，并不要求废除各邦政府，而是把它们变成全国主权的构成部分，允许它们在参议院内有直接代表权，允许它们保持若干独享权力，保持非常重要比例的主权。就这些词的合理含义而言，这与联邦政府的观念，完全吻合。

孟德斯鸠论吕西安联盟

吕西安联盟，由二十三个城邦共和国组成，最大城邦，在共同议会中有三票表决权，中等城邦，有两票表决权，小城邦，有一票表决权。共同议会有权任命各城邦的法官和行政官。这显然是对内政最灵巧的介入方式；因为，再没有什么别的办法，比任命官员更能全面干预地方管理。可是，孟德斯鸠谈起这个联盟时说：“如果要我举出联邦共和国的最佳模式，那就是吕西安联盟。”因此，我们认为：上面强调的区别，并不在这位启蒙思想家的思考范围之内。由此，我们得出结论：这些议论，不过是一种错误理论的新鲜表达方式。

帕伯琉斯

＊《反联邦论》第9篇，题为“一个合而为一的政府是暴政”(*A Consolidated Government is a Tyranny*)，署名“蒙特祖玛”(Montezuma)，一位宾夕法尼亚人，原载《独立报》(*Independent Gazetteer*)，1787年10月17日。

---

[1] 帕伯琉斯注：见孟德斯鸠《论法的精神》，第一卷，第九书，第一章。

⑯ 各邦：1776年，马萨诸塞曾经通过一部宪法。1779年，马萨诸塞开始制定第二部邦宪法。这部宪法的制作过程，经历了完整的程序：邦议会首先通知全体选民，他们要制定邦宪法，征得全民同意，请县镇选民选出制宪代表，召开制宪会议，选出起草委员会，制定宪法，再交全民讨论批准。1780年3月2日，马萨诸塞邦宪法开始生效。马萨诸塞面积仅2万平方公里，当时人口27万，全是白人。起草马萨诸塞宪法的，主要是约翰·亚当斯和萨缪尔·亚当斯。由于已经积累了三年经验，比起其他邦的宪法，马萨诸塞的第二部宪法，形式最为完备，共22页。首先是“序言”。然后才开始第一部分：“权利宣言”，列举公民权利三十项。第二部分，“政府框架”，分为六章。简述如下：第一章，立法权；第一款，议会(The General Court)；议会分两院，可相互否决；每年5月最后一个周三开会，必要时可临时开会；参议院或众议院通过的提案，要交邦长审阅，若邦长认为不宜，需在5天内批示书面意见，退回发起的一院，两院再议后，若三分之二议员坚持，提案成为立法；邦长超过5天不退回，提案自动成为立法。第二款，参议院，每年选40人为参议员，根据税收和人口，每隔一段调整选区，选区不得少于13个，每个选区产生的参议员不得多于6人；宪法列出14个选区的名单，和参议员在各个选区的名额分配，共40名；参议院为第一院，每年4月第一个周一选参议员；年满21岁的男性，拥有土地，年收入3英镑，或持有其他资产60英镑，可以选参议员。参议员需拥有300英镑现金或600英镑固定资产；参议院自选议长；众议院发起弹劾，参议院审讯弹劾案；第三款，众议院(House of Representatives)，按平等原则选举众议员，人口达150人的镇，可选1名，人口达375人的镇，可选2名，人口达600人的镇，可选3名，每增加225人，增选1名；议员来往开会的路费，由政府支付；众议员需拥有200英镑资产；众议员选民资格同参议员选民资格；每年5月最后一个周三选众议员；60名众议员，构成开会议事的法定人数；众议院发起钱财提案，参议院可以提出修正意见与之合作；议员路途和会议期间不受逮捕；

第二章，行政权，每年4月第一个周一，具备选举议员资格的人，在各镇公开投票选举邦长，各镇需记录在案；若无人得票过半数，众议院从得票最高的4人中选出2人，参议院再从2人中选出1人为邦长；任期3年；议会两院达不成一致时，邦长根据行政顾问会的建议，可宣布议会休会，但不超过90天，要做出公益需要的决定；邦长兼任陆军和海军总司令，调动军队，需得到议会同意，遵守本邦有关法律；有赦免权；征求行政会的建议和同意，提名和任命司法官员，检察长；议会选举各级军官，邦长授衔；第二款，副邦长，以备替补邦长；第三款，行政会，由9人组成，邦长可随时召集他们开会，每年5月最后一个周三，两院联合选行政会成员，他们的地位，仅低于邦长和副邦长；行政会提的施政建议，要记录在案；第四款，秘书，司库，专员，海军军官，由两院每年联合选举；第三章，司法权，法官行为良好得继续任职，经两院提出，征得行政会同意，邦长可将法官免职；第四章，每年6月，两院联合选举派驻大陆议会的代表；第五章，第一款，在坎布里奇设立大学；第二款，鼓励文学等等的发展；第六章，各种宣誓誓词，修正宪法的办法。

以上十三部邦宪法的英语原文，取自耶鲁法学院的阿维隆工程(The Avalon Project at Yale Law School)。

第十篇*

代议制的共和制，能适用于广土众民的国家
广土众民的共和国，能控制党派活动的猖獗

麦迪逊

1787 年 11 月 22 日　原载《每日广告报》

致纽约邦民众：

组织良好的联邦，会带来许多好处，其中，最值得详加阐释的是：联邦会打破或控制党派活动的猖獗。赞成民众政府[17]的人，一想到民众政府自然滋生党派的危险和罪恶，就不由得担心民众政府的性质和命运。若能做到既不违背他们的原则，又能开出一剂克服党派之争的良药，主张民众政府的人，自然会欣然接受。议会殿堂上，议员组成变幻不定，不讲公平，乱作一团，是民众政府一直存在的道德弊病，弄得民众政府到处衰微；迄今，这些弊病，依然是反对民权者最喜欢的话题，尊口一开，博议宏论，貌似堂皇。美国各邦宪法，对古往今来许多民众政府模式做的宝贵改进，应该大加赞扬，绝不过分；要说这些改进，已经达到人们的希望和预期，有效防止了党派活动，又言过其实。抱怨之声，到处都是，来自我们德高

结成联邦，可以打破或控制党派活动的猖獗

望重、思考周全的公民，来自维护公共信用和私人信用的朋友，来自宣扬公共权利和私人权利的朋友。他们抱怨：各邦政府太不稳定；对立党派忙于你冲我突，忽略了公益；制定政策，过于频繁，依据的不是公平原则，没有考虑少数的权利；是利益相投、傲慢专横的多数，利用优势通过立法。不论我们多么希望这些怨言没有根据，事实却让我们无法否认：这些怨言，一定程度，符合事实。认真回顾一下我们的处境，就会发现，我们辛辛苦苦，脑中满是苦恼，一直把苦恼的原因，错误地归咎于各邦政府的运作方式；同时发现，其他理由，也不足以解释我们的许多严重错误；尤其是那种到处盛行、日渐增长的对政府举措的不信任，担心私人权利没有保障，从北美大陆的这一端，响彻到另一端。这些，若非政府不稳定、不公正的全部后果，也是主要后果，而党派精神，正好利用这种不稳定、不公平，污染了我们的公共行政。

何谓党派

所谓党派，据我理解，是一定数量的公民，不论在总体中占多数还是少数，受到某种共同激情、共同利益驱使，联合起来，采取行动，不顾其他公民利益，不顾整个社会的长远利益、总体利益。

治疗党派现象的两种办法

治疗党派现象，有两种办法。一、去其病根；二、控其祸害。

消除党派的两种办法

去掉党派现象的病根，也有两种办法：一、摧毁作为党派基础的公民权利；二、使全体公民观点相同、激情相同、利益相同。

摧毁公民权利，比消除党派更坏

第一种办法，疗法比病根还坏，这话一点不假。公民权利与党派活动，犹如空气与火，去掉前者，后者迅即消失。公民权利，是政治生活的基础；由于公民权利滋生党派，就扼杀公民权利，智者不为；空气是动物生活的基础，由于火可能造成危害，而空气助燃，就消灭空气，愚者之行。

第二种办法，与第一种办法同样愚妄，行不通。只要人的理性，依然易于出错，只要人还有自由，施展理性，就会形成不同的观点。只要人的理性和自爱继续相连，人的观点和激情，就会循环往复相互影响；观点总是激情的依附对象。人的才智，千差万别，于是生出产权，构成无法逾越的障碍，永不可能实现人人利益均等。保护人的天然才智，是政府的第一要务。保护人们获取产权的千差万别、无法拉平的聪明才智，随即产生不同程度和不同种类的产权占有；各有区别的产权所有者，感情、观念，都会受到差异的影响，由此，产生社会分化，分成不同的利益和党派。

使全体公民利益相同、激情相同、观点相同，不可能

党派活动的潜在成因，植根于人的本性；我们到处看到党派活动，依文明社会的不同环境，程度不同。对宗教、政府和其他许多观念的狂热追求，或沉湎玄想空谈，或付诸行动；追随各路雄心勃勃、梦想升腾、争夺权力的领袖人物；追随关怀各种人间激情的其他人物，把人类分成党派。相互敌对，怒火中烧，使他们痛苦冲动，互相压迫，而非合作实现共同利益。人类相互为敌的秉性如此强烈，没有实质的敌对因素时，最为琐碎、平空想象的差异，就足以挑起人们的对立情绪，激发人们投入暴烈冲突。然而，党派活动最为常见、最为持久的根源，在于千差万别、互不均等的产权分配。有产者和无产者，总是形成社会中各不相同的利益。放债的人和欠债的人，相互排斥。拥有土地的人，制造业业主，经商谋利的人，以钱赚钱的人，还有许多次要利益，作为文明国家的必备，成长起来，分化为不同的阶层，活动中展现出不同的感情和观念。为这些千差万别而又相互交织的利益，制定规则，成为现代立法的首要任务，在政府必要和正常的运作中，势必卷入党派精神。

人类相互为敌的秉性如此强烈，产权差异使人们分为党派

人们从不允许原告、被告担任法官；因为他们的利益，肯定会使他们的判断带上偏见，可能腐蚀他们的人格。同理，

利益会使判断带上偏见，不允许原告、被告担任法官

不，更为有理，一伙人不宜同时担任法官和原告、被告；可是，议会从事的最重要的活动，有许多不就是司法判断吗？的确，这些判断，不是涉及单个的人的利益，而是涉及公民大众的利益[18]。议员不是来自不同的阶层吗，他们不是正在判断他们自己担任律师和涉事各方的众多案件吗？不是正在制定一项关于私人债务的立法吗？可是，对此问题，放债的人，是涉事一方，欠债的人，是涉事的另一方。正义应该使双方平衡。然而，政党总是，而且必然是，自己担任自己的法官；而且，人数最多的党，换句话说，势力最大的派，势必指望占上风。国内的制造业，是否需要立法加以鼓励？用多大力度？是否要限制外国制成品的进口？这些问题，对拥有土地的人和制造业老板来说，答案不同；如果只许考虑公平和公益，前者后者多半都答不上来。对千差万别的产权如何征税，看来，是一项需要最精确的不偏不倚，才能制定的立法；可是，或许没有一项议会立法，不把更多的机会和诱惑，给予一个占据优势的政党，践踏公平原则。他们把过重负担，压到弱势少数身上，每压出一块钱，就把这一块钱装进自己的口袋。

经过启蒙的国务活动家，并不总是掌权

有人说：经过启蒙的国务活动家，有能力调节这些互相倾轧的利益，让这些利益服从公益。这不过是枉言。经过启蒙的国务活动家，并不总是掌权；许多情况下，这些调节根本无法做到，这还没有考虑间接利益和遥远利益。不过，间接利益和遥远利益，很少能克服眼前利益，为了眼前利益，一党可就顾不了另一党的权利，顾不了总体的利益。

党派无法消除，只能控制后果

由此推断，党派活动的根源无法消除；剩下的可求疗法，是控制它的后果。

共和原则，可以控制少数派的有害观点

倘若一个党派的人数，尚未达到全体的半数，治疗办法，是共和原则，通过多数正常票决，击败少数的有害观点：少数可能干扰行政，可能震动社会，但是，在宪政下，他们无法执政，无法掩盖他们的暴虐。倘若一党一派包含了全体的过半数，民众政府形式，反而促成多数党牺牲公益和其他公民的权利，实现党内居于统治地位的激情和利益。为确保公益及各种私人权利，制止这种党派的危险，同时又保全民众政府的精神和形式，是我们的探索要寻求的伟大目标：让我补充一点，这是一种伟大的必备机制，只有通过这个机制，才能把这种政府形式，从长期承受的骂名中解救出来，变成值得享受荣名，值得推荐给人类采纳的形式。

如何控制已过半数的多数党派

通过什么办法，才能达到这个目标？下述二法，取一即可。一、避免让同一种激情或利益同时出现于多数之中；二、把这种具有共同激情或利益的多数化解，减少他们的人数，使他们因各地情势不同，无法呼应，无法齐心协力，无法实现有效的压迫计谋。若这种激情爆发的时机，不幸正好同时出现，我们已经熟知，无论道德动机，宗教动机，都不足以控制它们。道德动机、宗教动机不能控制个体的不公正和暴力行为，它们的效力随牵涉人数的增加而下降；换言之，对它们的需要越大，效力越小。

直接民主，无法克服多数党肆虐

从这个角度看，可以得出结论：纯粹直接民主，找不到克服党派的办法，我指的是：全体公民可以聚集在一起，亲自行使政府职权的人数很少的社会。几乎在所有的情况下，一种共同激情或利益，总会被全体中的多数感知；实行直接民主制的政府，本身就会促成交流和合唱；没有什么可以制止牺牲弱小群体或可憎个人的诱因。因此，直接民主，从来就是骚乱和对抗的竞技场，个人安全和产权，从未得到保障，总体来说，直接民主制，都是短命的，而且死得暴烈。夸奖这种政体的、满口理论的政治家，错误地假设：以为把人们的政治权利下降到完全平等时，人们同时也就变得完全平等，人们的财产、观念、激情也就此同化了。

以代议制为特征的共和制，才能找到疗法

所谓共和，我指的是由代议制组成的政府。这种政府，开辟了不同的前景，确保提供我们寻求的疗法。我们看看共和制与纯粹民主制不同的地方，就会明白疗法的性质和效果，必须从联邦获得。

直接民主制与共和制的区别

直接民主制与共和制之间，有两大差别：一、共和制，政府的权力，汇集在其他公民选出的少数公民手中；二、共和制可以延伸到众多人口，广大国土。

幅员辽阔的共和国，更能选出公共福利的保护人

第一个区别的后果，一方面，可以改进和扩大公众的视野，由当选的一批公民，担任媒介，上传下达。这批人的智慧，能辨识国家的真实利益，他们的爱国热情，他们对正义的热爱，不可能为了眼前的利益或部分人的利益，牺牲国家利益和正义。这种管理体制，议员代表人民，发出公共呼声，更符合公益，比起人民直接聚会，表达得更好。另一方面，这种后果，也可能倒转：具有党性派性的人，带有地方偏见的人，带着罪恶企图的人，通过阴谋诡计，通过腐蚀拉拢，通过其他手段，先骗取选票，然后背叛选民利益。由此而生的问题是：究竟是人口少的小共和国，还是幅员辽阔的大共和国，更能选出公共福利的保护人？显然，答案趋于后者。下面是两个明显的原因。

大共和国的议员，能代表更广泛的观点

一、应该指出：不论一个共和国多小，选出的议员，总要达到一定人数，以防止少数人玩弄阴谋；不论一个共和国多大，选出的议员，也要限制在一定人数以内，以免人多口杂造成混乱。上述两种情形，议员和选民之间的人数比例不同。小共和国里，议员占人口的比例大些。由此可见，大共和国里，适合担任议员的人物，比例大于小共和国。大共和国的议员，能代表更广泛的观点。因此，做出适当决策的概率更大。

德才兼备的人，当选的可能更大

二、与小共和国比，大共和国要有更多的选民，才能选出一名议员。不称职的候选人，想玩弄阴谋诡计，取得成功，更

难。选举的频繁，也使阴谋诡计难以得逞；人民的选举权，越是自由，选票就越有可能集中到德才兼备的人身上，落到分布广泛、卓有成就的人身上。

联邦议会与各邦议会划分权责

应该承认：这种情况，与多数其他情况一样，一种手段，两面为难。把选民数量扩展得太多，议员难以了解选区内的方方面面，因而对各种利益了解不足；把选民人数压缩得太少，议员过于注重地方利益，没有办法理解和追求全国性的大目标。为此，联邦宪法作了一个幸福结合；把大的集合性的利益，委托给全国政府；把地方性的具体利益，委托给各邦议会。

人口多、领土大，难以形成多数党派

另一个区别是：比起直接民主制，共和制能容纳更多人口、更大领土。在此环境下，共和制内，比直接民主制内，党派结合到滋生乱象、令人生畏的可能性小些。社会越小，组成社会的各树一帜的党派和利益，多半越少；党派和利益越少，一党一派占据过半数的机会，越多；构成过半数所需的人数越少，他们所处地域越小，齐心协力执行他们的压迫，越容易。地域范围越大，纳入的党派和利益种类越多，一个占整体半数的党派，形成共同动机、侵犯其他公民权利的可能性，越小；即使存在这样的共同利益，所有感到这种利益的人，要发现他们自己的势力，也越难，采取一致行动，更难。还要补充的是：除了其他障碍，如果想达到不公正、不名誉的目的，要想传播，总是会受到不信任的制约，要想传播到的人越多，就越难。

共和制的优越性：控制党派活动

到此，已经非常清楚：共和制优越于直接民主制的地方，在于控制党派的活动效果[19]。大共和国，比小共和国，更能享受到这一优点，联邦，比组成联邦的各邦，更能享受到这一优点。这一优点，是否存在于代议制中？联邦众议员，具有经过启蒙的眼光，高尚的感情，他们能超越地方偏见，超越不讲正义的诡计。无可否认：联邦众议员们，最有可能具备这些需要的禀赋。这种优越性，是否由于党派的种类和数目更多，能提供更多安全，能避免一党独大、压迫其他？联邦范围内，组成党派的种类和数量越多，越是增加这种安全。最后，由于这种优点，不正义的、利益相投的、过半数的隐秘愿望，要想齐心协力实现目的，不是会遇到更大障碍吗？再说一遍：联邦地域宽广，促成了这种看得见摸得着的好处。

党派的影响力，被限制在局部

党派领袖的影响力，或许能在他们各自的邦里煽起火焰，可是没有能力把火焰演变成弥漫各邦的大火：联盟内的一个部分，一个宗教小教派，或许可能退化为一个政治派别；可是，各种各样的小教派，遍布联邦的整个领域，确保全国政府不受教派的危害：发行纸币引起的愤怒，废除债务引起的愤怒，平均分派财产引起的愤怒，其他任何不当的、罪恶的举措，比较容易在一个特定的邦内蔓延，不大可能弥漫到整个联邦；与此同理，类似的毛病，比较可能污染一个县、一个区，不容易污染整个的邦。

我们主张共和，支持联邦

因此，根据联邦的广阔程度和适当结构，我们提出一种共和制的矫正办法，克服共和政府易于产生的弊病。主张共和制，我们感到快乐自豪，我们充满热忱，赞美这种精神，支持联邦主义的人物。

帕伯琉斯

*《反联邦论》第 10 篇，题为“公众的自由权利，取决于保留党派”，没有作者姓名，原载《马里兰报和巴尔的摩广告报》（*Maryland Gazette and Baltimore Advertiser*），1788 年 3 月 18 日。

---

⑰ 民众政府（popular government）：从 1776 年《独立宣言》发表，到 1789 年根据宪法建立联邦政府，北美曾出现过一段“大民主”时期，尽量模仿直接民主，各邦议会由众多议员组成。据麦迪逊说，1787 年，弗吉尼亚邦众议院议员达 200 多名；马萨诸塞众议员多达 300 到 400 名；据汉密尔顿说，十三个邦的议员，加起来约 2 000 人；1790 年，北美白人男性总

数才161万，年满21岁符合财产资格的人，估计不足60万，平均30人产生一名议员，由于每年改选，议员不断轮换，担任过议员的人，远多于2 000。这些，就是麦迪逊说的“民众政府”。一年改选一次，议员频繁更换，开起会来，争吵不休，乱作一团，一会儿通过一项立法，一会儿又推倒重来。麦迪逊称之为“议会专政”，甚至“议会篡权”，“议会暴政”时期。制宪会议的目的之一，就是要“收”，要建立一个成员较少、效力较高的总体政府。

⑱ 立法与司法的区别，在于议会断公案，法院断个案：立法总是会惠及一群，伤及一群。如美国议会制定“反污染法”，民众生态受益，排污企业可能面临难题；美国议会制定“枪支控制法”，居民人身安全得到更多保障，造枪售枪的利益集团会受损。因此，美国立法，常有一个讨价还价的过程，最后采取利益折中。司法不参与立法，但具有解释法律的权力，可以按“反污染法”、“枪支控制法”中的具体规定，判断个案，甲方胜诉，则乙方败诉。

⑲ 共和制的优越性，在于控制党派活动：麦迪逊的《辩论》一书，记载了制宪代表们对党派的许多批评。一提起党派，他们就说“结党营私”，“蛊惑民众”，“暗施诡计”。美国宪法正文中，没有对党派的正面评价。麦迪逊的这篇文章，提起党派，也没有好话：“党派活动的猖獗”，“危险和罪恶”，“道德弊病”，“压迫少数弱者”。在麦迪逊看来，以代议制为特征的共和制，主要优点之一，就是“控制党派活动的猖獗”。

1804年6月15日开始生效的宪法修正案第十二条，改变了这种状况。这条修正案正式承认了政党的合法性。虽然修正案条文中没有出现“政党”字样，就像宪法中没有出现“奴隶”字样，却包含着对奴隶制的容忍。今天，美国人大概不会相信：是代议制的共和制，在“控制党派活动的猖獗”；反之，人们看到的是：两大政党，在运作代议制的共和制。美国的政局，就像一副二人对弈的跳棋：民主、共和两大政党，各执三方棋子，立法、行政和司法，按游戏规则，不断展开拉锯。议会两年对决一次，白宫四年角逐一回，法官席位，待机而夺。“按利益、激情、观点”分野的政党，构成美国政治生活的本质特征，作为第一推动力，在推动按职能分开的三权之轮，使其运转。

第十一篇*

联合有利发展商业，早日建立海军

汉密尔顿

1787 年 11 月 24 日　原载《独立报》

致纽约邦民众：

联合，对发展商业十分重要，这点，很少有人提出异议。有经验的商人，对此普遍赞同。这点，既适用于对外通商，也适用于邦际通商。

欧洲列强对美国的海上发展感到不安

美国商业的突出特征，是冒险精神。种种表现使我们有权推测：这种冒险精神，已经在几个欧洲海上强国心中激起不安。它们似乎已经感觉到我们在往来贸易中的强势介入，而往来贸易，是它们航运业的支撑点，是它们海军战斗力的基础。几个在美洲拥有殖民地的国家，都在观望，看看美国有多大能耐，可谓痛苦担忧。它们预见到危险，担心与它们接邻的联邦，会威胁它们在美洲的领土。美国有十足的意向，有足够的手段，建立一支强大的海上力量。这种印象，自然促使它们采取鼓励我们分裂的政策，尽量使我们无法自力更生，无法开展积极的海上贸易。它们希望一石三鸟：避免我们介入它们的航运，垄断我们贸易的利润，剪去我们在海上一飞冲天的羽翼。谨慎之心，使我不便列举细节，不过，看看各国内阁如何策划这一政策，其来龙去脉，也不难追溯。

如果我们坚持联合[20]，就可以与上述极不友好的政策周旋，它们企图阻止我们繁荣。如果我们在全国各邦同时实行禁令，就可以迫使外国相互竞标，让优者取得进入我国市场的特权。美国拥有三百万人口，而且还在快速增长，其中大多数人，很少例外，执着于农业，由于本地环境限制，看来还会继续如此。这对制造业国家而言，是多么重要的市场。认识到这一点的人，不会认为这个断言是奇思梦想。对制造业国家而言，用自己的商船，对美开展直接贸易，比用别国船只，把它们的货物运送往返美国，开展间接贸易，利润区别，有如霄壤。假设我们有个美国政府，有能力把英国排出我们港口之外（目前我们与英国没有通商条约），这一步骤，会对英国政策发生何等影响？我们与英国谈判时，这一步骤，岂不使我们具备相当胜算，取得对英国极有价值、地域广延的海外领地，取得与之开展贸易的优势吗？这些问题，在其他场合提出时，获得貌似有理、并非切实满意的答复。有人说，我们实行禁令，改变不了英国体制，英国可以通过荷兰人作中介，继续对我国的贸易，荷兰人将会成为英国的直接顾客，为打算卖到我国市场上的商品付款。可是，这种贸易，英国会失去用自己的船只往来运送的重利，岂非重创英国航运？荷兰人作中介，承担风险，作为补偿，岂不要从中获取主要利润？难道仅仅只是货运量减少而已？把英国贸易中这个重要的部分，转手让给他人经营，抬高英国商品在我们市场上的价格，如此迂回曲折，岂不是方便了其他国家的竞争？

联合为一个国家，便可与英国周旋

对这些问题揭示出的情况，作一番成熟思考，使我们树立一个信念：这样安排，会给英国带来真正的不利。英国的多

各邦联合，对付英国，吸引其他国家

数人,偏爱与美国做生意,加上西印度群岛,不断要求与我贸易,使英国目前的体制,变得松弛,使我们能享受那些岛屿和其他地方的市场特权。我们的贸易,可以从中获得实质性的好处。要从英国政府那里达到这一点,不在我们的市场上实行对等免税,是达不到的。达到这一点,多半会对其他国家行为产生相应影响。这些国家也不愿意看到,从与我国的贸易中,被完全排除出去。

要想影响欧洲,美国必须建立海军

要想影响欧洲国家对我们的态度,下一步棋,是建立联邦海军。毫无疑问,如果联邦能坚持存在,在一个有效政府的领导下,就我们的能力而言,用不着等到遥远的未来,就可以创建一支海军。如果说这支海军还不能与海上强国一争高下,在两军对垒的战场上,把我们的海军,加入一方的天平,至少有令人敬畏的威力。若西印度群岛发生海战,情形尤其如此。几艘战舰排成阵势,加入任何一方,都会给它一个占据优势的机会,往往足以决定一场战役的命运,而一场战役的胜负,往往决定重大利益。就这一点而言,我们的地位举足轻重。除此之外,再加一点:我国提供的军需物资,在西印度群岛发生海战时的用途,届时便可明白:如此有利的处境,使我们在争取特权的商业谈判中,极其有利。不仅获得我们的友谊,要付出代价,连争取我们中立,也要付出代价。只要坚定忠于联合,从长计议,我们就有希望,成为欧洲在美洲利益的仲裁者,可以按照自己的利益,在世界的这一方,调节欧洲竞争者之间的平衡。

中立的权利,也需要武力为后盾

如果形势向相反的方向发展,我们会发现:联邦的各个部分,会相互争雄,相互制约,大自然以善良之心,赋予我们的诱人条件,会被弄得一无用处。我们的商业,势单力薄,所有的国家,一旦相互交战,就会对我们妄加干涉,拿我们的商业作牺牲品。这些国家,一点也不怕我们,只要路上遇到我们的商船，就放肆抢劫，毫无顾忌，毫无怜悯，只图满足它们的需求。中立的权利，也只有在足够武力的捍卫下，才能受人尊重。一个国家，弱得可怜，连中立的特权，也会被剥夺。

有一个精明能干的全国政府领导，把国家的自然优势和资源，投入共同利益，足以挫败欧洲所有势力的结合，不让它们限制我们的发展。这种局面，可能打消它们结合的动机，觉得没有成功的可能。积极活跃的通商，四海通航的商船，日益昌盛的海军，势必成为精神和物质必需的产物。我们将藐视小小政客们的小小伎俩，使他们无法控制和偏离大自然不可抗拒、不可改变的进程。

全面利用资源，发展海上运输能力，建立海军

可是，倘若联邦解体，外国的这种结合，依然存在，可能得逞。海上强国会利用它们的武力，利用我们各方面的无能，对我们的政治存在，提出先决条件。由于它们用商船承运我们的货物，具有共同利益，进而避免我们用商船运输他们的货物。它们会尽力结合，使我们的航运处境尴尬，摧毁我们的航运，把我们限制在被动经商的圈子里。这样，对我们自己的商品，就只能满足于接受他们开口的价格，眼睁睁看着我们的商业利润，被敌人和迫害者夺取。举世无双的创业精神，象征着美国商人和航海者的天才，本身就是自然财富取之不尽的源泉，会因窒息而丧失。贫困和耻辱，会蔓延全国，而运用智慧，我们本可以使这个国家令世界羡慕和嫉妒。

联邦如果解体，会引出可悲结果

美国贸易，要伸张权利，需要伟大时刻，这就是实现联合带来的权利。我这里指的是渔业，指的是通往西部各个湖泊的航运，通往密西西比河的航运。若联邦解体，会重新提起这些敏感问题，涉及这些权利将来是否还能存在。势力更大的伙伴们的利益，势必会以对我们不利的方式解决这些问题。西班牙独霸密西西比河之心，路人皆知。英法两国对我们的渔业虎视眈眈，认为我们的渔业，最终要为他们的航海业所

美国渔业要进军欧洲

用。当然,他们很难长期漠视我们的优势。经验表明,我们要占据这方面的交通要道;通过这些要道,我们就能向那些国家的市场,以低于它们的价格,出售我们的产品。它们想把这样危险的竞争对手,排出他们的市场,岂不顺理成章?

海上航运培育海军所需的海员

这一部分贸易,不应被视为局部利益。凡是具有海上航运能力的邦,都可以不同程度参与谋利,身处商业资本大扩展的浪潮,很少不这样做的。现在,海运业已成为海员的养成所,等到各邦海运规则逐渐同化,就会成为培养海员的普遍源泉,是建立海军必不可少的部分。

发挥各邦优势,共同建设海军

联合为一个国家,可从多方面做出贡献,实现建立海军这一全国伟大目标。每项建制,成长繁荣的速度,都与投入的钱数和力度成正比。联邦建立海军,比起任何一个单独的邦,或几个邦组成的联盟,都更有利,因为各邦只能使用有限资源,联邦可以使用全国的资源,显然不会拖到遥远的将来。说来也巧,美国各邦对建立海军各有一些优势。靠近南部的几个邦,盛产海军需要的物资:柏油、沥青、松脂精。这几个邦产的木材,宜于建造舰艇,坚固耐磨。组成海军的舰艇,耐久度不同,若主要用南方木材建造,从增强海军实力和国民经济两方面来说,都有重大意义。南部和中部的一些邦,盛产高质量的铁。海员则主要从北部招募。对外贸易或海上贸易,需要海军保护,这点不言自明,就像海外贸易可以促进海军一样明了。这样,通过互动,相互受益,共同成长。

各邦联合,增加商业的总体利润

各邦之间不受限制的往来,会促进每个邦的贸易,通过交换它们各自的产品,不仅供应各自的内部需求,而且可以出口外国市场。每个邦的商业血脉,都鼓胀充盈,促进每邦商品自由流通,激起进一步的动力和生机。各邦产品不同,企业将扩大经营范围。一邦歉收或选择的作物产量不丰,会引来其他邦的增援。出口产品多样,对外贸的贡献,不亚于产品的价值。同样的价值范围内，产品种类繁多，比只有几样产品，做起生意来，更有优势；可以抵御商业竞争和市场波动。特定时期，特定商品，可能特别紧缺，时过境迁，就不再有销路。若商品种类繁多，不致于同一阶段都滞销，商人的生意，不会遇到太大的障碍或停顿。善于把握时机的商人，对此心领神会，各邦联合起来，经商的总利润，要比分开大得多，不论是分为十三个邦，还是几个联盟。

只有联合成一个国家，商业才能协调一致

或许有人说，十三个邦无论联合还是分开，各邦之间依然会亲密往来，最后结果还是一样。可是，这种往来，会受到阻碍，受到干扰，路子会越走越窄。这些文章，已经详细说明了多种理由。商业协调一致，和政治协调一致一样，只能是政府协调一致的结果。

美国人要振作起来，甩掉"欧洲人的工具"这个恶名

还有一些观点，或许更为生动明了，有助研究这些问题。那些观点，把我们引向未来领域，涉及一些不宜在报上讨论的话题。我可以直接地说：我们的局势激励我们，我们的利益促使我们，在建立美国办事风格上，更上层楼。这个世界，政治和地理，可分四个部分，各有自己的一套独特利益。令其他三个部分不幸的是：欧洲通过军队、通过谈判、通过压力、通过欺骗，程度不同地，已经把她的控制，强加于其他三个部分之上。非洲、亚洲、美洲，先后感受到了她的控制。欧洲一直保持居高临下，自诩为世界霸主，把人类的其余部分，视为为她的利益而创造。人们景仰的哲人，直言不讳地说：欧洲人是优秀人种；甚至断言：任何动物，包括人类，到了美洲就会退化。连狗，在美洲的空气里呼吸一阵以后，都不会叫了。现存的事实，长期以来，支持欧洲人的妄自尊大。我们有责任恢复人性的尊严，教训那个傲慢兄弟，别那么嚣张。各邦联合，就能使我们做到这一点。各邦分开，欧洲人的嚣张，就会增加一个牺牲品。美国人要振作起来，甩掉"欧洲人的工具"这个

恶名。十三个邦紧密团结起来，结成牢不可破的联邦，齐心树立起美国体制的丰碑，不受大西洋彼岸的支配影响，有能力在新旧世界的交往中，设定我们自己的条件！

帕伯琉斯

* 《反联邦论》第 11 篇，题为"不应授予全国政府不受限制的管理商业的权力"。学者们认为，从 1787 年 11 月 23 日到 1788 年 2 月 5 日在《马萨诸塞报》(*Massachusetts Gazette*)发表系列信件、署名"阿格里帕"(Agrippa)的，是马萨诸塞坎布里奇人詹姆斯·温施洛普。第 11 篇从"阿格里帕"1787 年 12 月 14 日，18 日，25 日，28 日的信中选出段落，汇编而成。

---

⑳ 如果我们坚持联合：第二个大陆议会做的第三件大事，是把十三个殖民地联合起来，宣布独立。1776 年 6 月 7 日，理查德·亨利·李，代表弗吉尼亚，向议会提出三项动议：一、起草《独立宣言》，宣布独立；二、起草《联盟条款》，结成联盟；三、派出外交代表，争取与法国、荷兰、西班牙结成同盟，共同对付英国。大陆议会接受了这三项动议，构成北美取得对英战争的胜利路线。可惜，理查德·亨利·李的妻子恰在这时生病，他赶回弗吉尼亚，照料妻子，失去了写作《独立宣言》的历史机会。大陆议会选举五人委员会，起草《独立宣言》。五个人是：杰斐逊，亚当斯，富兰克林，谢尔曼，罗伯特·利文斯顿(他后来成为重要的外交人才，1789 年，作为纽约大法官，主持了华盛顿的第一次就职宣誓)。杰斐逊得票最多，担任组长。他谦让，要亚当斯执笔，亚当斯说："还是你写，你的文采比我强十倍。"杰斐逊起草的《独立宣言》，是一篇响亮的革命檄文，在美国，传颂至今。它的内容，可以商榷。《独立宣言》开头宣布："我们认为以下真理不证自明：人人生而平等。"其实，杰斐逊自己也不认为黑人和白人平等，不承认妇女和男子平等，更把印第安人称为"蛮人"。后来的社会学家们，多半认为，不证自明的真理，是人人生而不平等，后天的努力和竞争，可以改变一部分人的命运。他们说：杰斐逊两百年前提出的理想，就像基督教两千年前提出的天国理想一样，或许永远只是理想。然而，取法乎上，方可得中。

《辩论》附录一《独立宣言》，是译者 1998 年的译文。现将最后一段重译如下："为此，美利坚联邦的代表，趁此代表大会召开之际，向世界最高裁决者，申述我们的正义目的，以这些殖民地善良人民的名义，得到他们的授权，庄严宣布：这些联合起来的殖民地，是，而且名正言顺地是，自由独立的邦(这一句，是理查德·亨利·李的原话)；它们从此放弃对大不列颠国王的一切效忠，与大不列颠国家的一切政治联系，从此而且理应一刀两断；作为自由独立的邦，它们拥有宣战、媾和、结盟、通商，以及一切独立的邦拥有的立法和行事全权。我们坚信神明上苍的保护，彼此盟誓，以生命、财产和神圣的荣誉，支持这一宣言。”后文将要说明，杰斐逊所说各邦的“宣战、媾和、结盟”的权力，10 天后，就被迪金森起草的《联盟条款》没收。《独立宣言》留下的最大问题，在于它宣布：这些联合的殖民地，是自由独立的邦（复数），究竟是宣布十三个邦（联合为民族国家之前的小国家）同时独立，还是宣布美国作为“联邦”独立？到了制宪会议，这就成了代表们反复争论的问题。

大陆议会讨论杰斐逊的初稿时，由于南部代表的坚持，删去了其中对奴隶制和奴隶贸易的谴责。杰斐逊感到沮丧，向富兰克林诉苦。富兰克林说，起草公共文件，就要忍受这种折磨，接着，给他讲了一个故事：有人新店开张，自己设计了一个招牌，挂在门前，上面画了一顶帽子，旁书：帽匠约翰·汤姆森制作和销售帽子换现钱。征求朋友意见。第一个朋友说：“帽匠”一词重复，应该删去。第二个朋友说，“制作”一词应该删去，“人家一看就知道你做帽子。”第三个朋友说：“换现钱”三字应该删去，既然说销售，当然是要现钱。第四个朋友说：要“销售”两个字干吗？难道还有人想白拿？于是，招牌上还剩下“一顶帽子　约翰·汤姆森”。见于 David Colbert 编《美国的目击者》（1997，纽约，先贤祠书局，英文版）第 34 篇《年轻的杰斐逊得到富兰克林的忠告》。

1776 年 7 月 2 日，议会通过《独立宣言》；7 月 4 日，大陆议会主席约翰·汉考克和秘书查尔斯·汤姆森，签名公布。从此，7 月 4 日成为美国的独立节或国庆日；汉考克成为宣布美国独立的第一人。大陆议会的其他近 50 名代表，多数到 8 月 10 日才签名。如今，在《独立宣言》上签名，是家族的无上荣耀。当时，在《独立宣言》上签名的人，都被英国列入黑名单，被英军抓到，有生命危险。弗吉尼亚代表哈里森上校（他有两位后人成为美国总统），对马萨诸塞代表艾尔布里奇·格里说：“等我们上绞架时，我的运气会比你好。像我这样的胖子，听说一绞就断气。像你这样的瘦子，听说挂上去以后，还要在空中舞蹈两个小时呢！”同上书，第 37 篇，《在独立宣言上签名》。

第十二篇*

联合为一个国家，有利增加税收，便于打击走私

汉密尔顿

1787 年 11 月 27 日　原载《纽约邮报》

致纽约邦民众：

各邦坚持联合[21]，对繁荣商业的好处，上一篇文章，已经详细讨论。下面探讨的课题是：各邦继续联合，对增加政府税收的好处。

繁荣商业，是增加国家财富最有效的源泉

如今，受过启蒙的政治家，都理解和承认：繁荣商业，是增加国家财富最有效、最具产出能力的源泉；因此，繁荣商业，成为他们政治关注的首要目标。[22]赚取酬劳的方式成倍增加，贵重金属金银的采用和进入流通，刺激了人类发财致富和创业兴家的心爱目标，激发和疏通了产业渠道，人们力图做到货畅其流，物尽其用。商人到处寻找机会，农人日夜辛劳，技工到处揽活，制造业者拼命生产，各行各业的人们，怀着热切期待，争先恐后，希望用自己的劳作，换取丰厚的回报。经商务农，孰优孰劣，这个反复争论的问题，通过毋庸置疑的体验，现在得到解决。商人和农人之间的持续对立、相互争雄，如今平

静下来。务农的人和经商的人，都对以下事实感到满意：二者的努力，其实是相互交织，水乳交融。许多国家，人们发现，随着商业的繁荣，土地便成比例地增值。不这样，也不可能。商业给农产品提供便利出路，提高农人开发耕作土地的激情，成为增加一个国家货币数量的有力工具。商业为各行各业的劳动者忠实服务，使产品增值，而增值，则是人们追求的最大目标，是增产之父。令人惊奇的是，如此简单的真理，也会有人反对；这是大量的例证之一，说明：以无知为基础的嫉妒，过于抽象，钻牛角尖等等，会引导人们偏离理性的朴实之路。

一个国家的纳税能力，很大程度，与货币的流通数量和流通速度，成正比。对于实现这两个目标，商业都有贡献，使纳税易行，降低供应国库的难度。德国皇帝的世袭领地，面积广大，包括肥田沃土、已开垦的农田、众多人口，多数位于气候温和的富饶地区。这片领地的部分地区，还发现了欧洲最好的金矿银矿。可是，未能成功地刺激商业，大大限制了德国皇室的岁入。好几次，德国皇帝被迫向其他国家借贷，以维护他的基本需求。德国皇帝甚至没有能力，用自己的资源，对付一场持续的长期战争。

一国的纳税能力，取决于货币的流通总量和流通速度

刺激商业，并非联邦增加岁入的唯一途径。联邦的影响，在其他方面，更为直接，起决定作用。我国的处境，人民的习惯，从我们已经积累的经验来看，想通过直接税征得相当钱数，不现实。征税法则编来编去，编了一大堆，都是徒劳。

议会徒然尝试种种增加税收的办法，都是愚蠢之举

加强征税力度的办法，试了又试，结果也是枉然。对公库的期待，一无例外，总是失望。联邦财库，始终空虚。民众政府的性质，鼓励一种民主施政体制。萧条而又残缺不全的商业状况，带来的结果，是真正的钱财匮乏。这些因素结合起来，使每次增加税收的努力，都以失败告终。议会制定过各种各样的立法后，终于明白，种种尝试，不过是愚蠢之举。

熟悉其他国家情形的人，对此局面并不感到诧异。英国算得上一个富裕国家，她向特别富裕的人征收直接税，富人比较能容忍直接税。英国政府精明能干，这种做法，比在美国易于施行。尽管如此，英国岁入的大部分，还是来自间接税，即进口税和营业税。进口关税，构成英国岁入的主要部分。

英国税收以间接税为主，其中又以进口税为主

显然，从长计议，美国的税收，只能主要依靠进口税。国产税只能限制在狭窄的范围内，因为，人民的性格，不能容忍营业税，老是对国产税率刨根问底，认为国产税有种独断专横的味道。另一方面，要对农人的房屋和土地征税，哪怕极有限度，农人交出每一分钱，都十分勉强。征收个人税，过于靠不住，而且微不足道，不如通过感觉不到的机构，征收消费税。

美国只能以进口税为主，国产税为辅，不宜征收直接税

若上述见解言之有据，我们应采纳最佳体制，最能促进和增加我们的宝贵财源。无疑，各邦坚持联合，组成联邦，就能实现这个体制。各邦坚持联合，有助发展商业；各邦的税收，也能从中受惠。联邦政府会简化税则，让征收进口税更有效率。进口税率会稳定下来，政府即使增加税率，也不会对贸易采取歧视态度。

各邦继续联合，联邦可稳定进口税率

许多因素，包括利用各邦的相对形势，利用有利可图的河流、海湾，利用四面八方的交通要道，利用口音接近、话语相通，利用办事方法雷同，商业习惯类似等等，这些因素结合起来，使非法贸易简便易行，会频频侵犯各邦贸易规则。

抬高关税，非法贸易(走私)将会猖獗

各自为政的邦或联盟，会被迫降低关税，避免刺激非法贸易。在一个相当长的阶段内，我们各邦政府的性情，不允许使用欧洲国家那样严格的预防措施，对陆地和河口都加强防卫，不许走私货物进入他们的国境。这个领域，发财致富的心理，会导致胆大妄为的策略，活动于各个关口。

邦或联盟政府无力制止走私

法国建立了一支缉私队(他们这样称呼)，捍卫贸易规则，打击敢于进入境内的走私贩子。内克先生计算，缉私队员约

各邦是否建立法国那样的缉私队

两万多人。这说明，仅仅要堵塞陆地走私，就有很大难度。这足以说明，如果联邦解体，每个邦都像法国一样，面临许多内陆邻邦，征收进口税，会面临多大麻烦。缉私队需要武装，具有专横而恼人的权力，自由国家无法容忍。

反之，如果一个政府能够管住所有的邦，我们的通商，就只有一个侧面需要保卫，即大西洋海岸。载着贵重货物的船只，直接从国外驶来，到达港口卸货之前，很少选择冒险走曲折复杂路线，经历致命危险。在目的地停靠前后，他们会担心遇到海岸线上的风险，遇到检查。因此，只需常规警戒措施，就能避免关税大量流失。只需几艘武装巡逻艇，机警地驻扎在我国港口的入口处，费用不大，就能捍卫我们的法律。全国政府，将会在所有必经之路，设卡专防，打击走私，各邦齐心协力，在每个邦贯彻落实，使成效更为卓著。

联合为一个国家，只需防范大西洋一个侧面

若各邦联合为一个国家，我们将安享大自然赐给我们的优势，若分开，这种优势就会丧失。联邦与欧洲，远隔重洋，与其他有广泛外贸来往的地方，距离遥远。从他们那里航行到我们这里，不可能像从英国到法国，或到其他欧洲国家那样，只要几个小时，或一个夜晚。防范外国的直接走私，是一项巨大的保安任务；可是，从一个邦绕道，迂回曲折，走私到另一个邦，会变得既容易又安全。直接进口与间接进口的区别，穿过邻邦渠道，小笔分散进行，利用时间机会，加上内陆交通提供的方便等等，明眼人一望可知。

各邦坚持联合则安享天然优势，分开则邦际走私防不胜防

显然，一个全国政府，比十三个邦政府，或几个联盟政府，在征收进口关税方面，能做得更深入，更实际，而且可以节省开支。直到今天，我相信，任何一个邦征收的进口关税，平均不超过3%。法国进口关税估计为15%，英国进口关税的百分比还要高些。

各邦联成一个国家，增加进口关税不成问题

美国把她的关税增加两倍，没有什么障碍。仅烈酒一项，

以烈酒为例，说明增加关税的好处

按联邦规定，就可以增加不少税收。以进口到纽约邦的烈酒为基数计算，进口到整个联邦的烈酒，估计为四百万加仑。每加仑征进口税一先令，就能产生二十万英镑的收入。这个税率，烈酒是能够承担的。倘若征税引起烈酒的消费量降低，也同样是件好事，有利农业，有利节省，有利道德，有利整个社会的健康。或许，再也没有什么，比烈酒更造成这个国家的奢侈浪费。

缺乏税收支持，联邦将下降到行省地位

倘若我们不充分利用这个资源，结果又会怎样？一个国家，没有税收，无法长期生存。没有税收支撑，联邦势必丧失独立，堕入行省的低级地位。没有一个政府会选择这条绝路。

农业几乎是唯一的就业方式，但不能剥削农人

因此，必须要有税收。这个国家，税收若不能从商业提取，势必要以剥削的方式，落到农人头上。前面说过，这个国家的人民，总体来说反对内税。联邦范围内，农业几乎是人们唯一的就业方式，而农业范围内，几乎没有什么可以抽税的名目，能征到的税款也有限。如前所述，由于动产难于追本溯源，税款的大宗，只能从消费税提取。人口众多的城市地区，可用适当办法，迫使居民交纳动产税，邦政府从中获取不到多少益处。城市地区以外，动产大多可以逃过征税人的视线，没法征收。

各邦政府应以土地税为主要税收来源

各邦政府总得以某种方式获取财源，以应付各邦政府开支。在没有其他财源可以开辟的情况下，公共负担的主要来源，只好从土地所有者提取。

为肢解联邦的愚蠢论调致悼词

除非开放所有税收来源，以供政府财政需求，否则，整个社会就没有足够财源，无法获得国际尊重，无法保障自身安全。因此，我们的国库，还无法充盈到让我们获得一种快慰，能够反哺辛辛苦苦开辟和耕作土地的公民。公家和私人感受到的痛苦是相同的，我们必须联合起来，谴责那些迷恋于肢解

联邦的愚蠢论调。

帕伯琉斯

*《反联邦论》第 12 篇，题为“新政府如何筹款?”作者署名“辛辛纳图斯”(cincinnatus)，选自他在费城公民集会上的一次演讲。他的演讲是回应詹姆斯·威尔逊的演讲，威尔逊在演讲中涉及宪法授予联邦议会征税权。“辛辛纳图斯”的演讲发表在《纽约纪事报》1787 年 11 月 29 日和 12 月 6 日，是重印费城一家报纸的文章。

㉑ 各邦坚持联合：第二个大陆议会做的第四件大事，是把十三个新独立的邦，连成一个“永久同盟”，即理查德·亨利·李的第二项动议。1776 年 6 月，大陆议会从十三个邦，各选出一名代表，组成十三人的《联盟条款》起草小组，由“革命之笔”“世俗圣人”约翰·迪金森担任主笔。

《联盟条款》是北美历史上具有研究意义的重要文件，标志着北美各方通过和平谈判实现联合的第五次尝试。

第一次自愿联合，发生在 1643 年，马萨诸塞湾、普利茅斯、康涅狄格和纽黑文通过谈判，结成“新英格兰联盟”(Confederation of New England)。起因是担心印第安人、法国人、荷兰人的骚扰，解决边界问题。当时订立了第一份《联盟条款》，决定每个殖民地每年派出两名代表，开会一次，若遇紧急情况，可以临时开会。8 人自选 1 名主席，主持会议，具有宣战、媾和与划分边界的权力。8 人中，6 人意见一致，可作决定。后来，由于马萨诸塞自恃老大，单独与法国人谈判，独自处理与印第安人的关系，在 7 名代表一致同意对荷兰人作战的情况下，拒绝出兵，1652 年起，联盟名存实亡。

第二次，发生在 1686 年。这一次是自上而下。英国设立了贸易部，部分贵族想把新英格兰的几个殖民地统合起来，派安德罗斯爵士去完成这一使命。安德罗斯把新英格兰的几个殖民地，加上纽约和新泽西，拼凑成“新英格兰自治领”(Dominion of New England)，自任总督，加上一些地方人士，组成政府。这个政府延续了两年。1688 年，英国发生“光荣革命”，废黜詹姆斯二世，迎来威廉三世。殖民地人乘机逮捕安德罗斯，说他是詹姆斯二世的人，把他押回伦敦，交给英国新政府。“新英格兰自治领”一夜垮台。

第三次尝试，发生在 1754 年，各殖民地派代表到纽约首府奥尔巴尼开会，协商共同对付印第安人。时年 48 岁的宾夕法尼亚代表富兰克林，提议建立联盟，实行自治。富兰克林建议组织一个“大议会”，各殖民地根据自己对大议会所做的财政贡献，分配代表名额，由英国派出一名“总长”(president-general)担任行政官。大议会有权组织陆军、海军，对印第安人宣战媾和，控制对印第安人土地的购买，规范对印第安人的贸易规则，向居民征税，并征收关税。英国王室对此冷淡；各殖民地议会不作回应。富兰克林计划胎死腹中。英国王室不希望在北美出现一个“二级政府”，宁愿自己对各个殖民地分而治之；北美各殖民地不希望自己头上出现一个二老板，宁愿过“天高国王远”、相对自治的日子。

第四次尝试，发生在1765年。9个殖民地的27名代表，聚集到纽约市，举行“反印花税法案议会”(Stamp Act Congress)。特拉华代表麦克凯恩提出：各殖民地不分大小，一律平等，在公共议会上，各有平等的一票集体表决权，会议通过，后来成为制宪会议难以克服的难点。这次议会，没有说明将来还要继续。9年后，才举行第一个大陆议会，由第二个大陆议会坚持。

北美历史表明：它有过通过和平谈判“联合”的先例，虽然前面的几次尝试都没有成功；但是，北美没有由一个地方势力或派别势力，通过东征西讨，武力“统一”的传统。这对理解制宪会议为什么能谈判成功，十分重要。

㉒ 美国初年的政治家，包括第一任财政部长汉密尔顿，意识到繁荣商业是繁荣国家的首要因素。美国初年，农业人口占居民95%，但政治家没有采取盘剥农业、建立工业的做法，而是及早考虑工商业如何反哺农业。

第十三篇*

养一个政府，比养十三个政府便宜

汉密尔顿

1787 年 11 月 28 日　原载《独立报》

致纽约邦民众：

联盟政府的官员人数，不会少于联邦政府

既然谈到岁入问题，我们就需要考虑节省。从一个方面省出来的钱，花到另一方面，很派用场；可以少从老百姓口袋里去掏钱。倘若十三个邦联合为一个政府[23]，只需要养一套官员班子；若十三个邦结为几个联盟，需要养几套班子；每套班子都和全国政府一样大，三个部门俱全。把十三个邦彻底分解，划为十三个互不相关的主权，是过于奢侈的计划，弄得官员人满为患，只有想当官的人，才会提倡。梦想肢解美利坚帝国的人，看来多数是想把它分为三个联盟：北部四邦构成一个联盟，中部四邦构成第二个联盟，南部五邦构成第三个联盟。这样，就不大可能出现一个老大。按此分法，每个联盟的领土面积，都会超过英国。凡有头脑的人，都不会相信，这样的联盟，能由一个比宪法所提出的联邦政府小些的政府把事情管好。一个邦要管的事情复杂到一定程度，就需要一个有权有效的政府，一套行政机构，与幅员大得多的国家一样。这个观念，还不能准确地说明问题，因为我们没有一把尺子，来测量管理一定人口的政府，需要有多大的官员班子，不过，我们可以想想，英国的大小，与拟议中的每个联盟差不多，人口约八百万，当我们想到，要把这么大的一个社会的各种激情，都引向公益，需要多大的权力机构，我们就没有理由怀疑，对一个人口多得多的社会，要完成同样的任务，相应地需要多大的权力机构。官员班子，组织恰当，发挥适度，可将其效益发挥到巨大的范围；通过合理安排从属机构，能再生到一个伟大帝国的所有地方。

不是出现三个联盟，而是出现南北两大阵营

假定由几个邦组成的一个联盟，不需要像宪法中提出的那么全面的政府，就会出现第二种情况，而且更有可能，那就不是出现三个联盟，而是南北两大阵营。我们仔细看看美利坚的地理和通商情况，再看看不同的邦的习惯和偏见，就会得出以下结论：联邦一旦解体，各邦多半会自然地结合到两个政府旗下。东部四邦，由于民族感情的种种联系，肯定会联合起来。纽约邦的地理处境，使她决不会蠢到去反对实力雄厚的东部邦联，使自己沦为一个虚弱而得不到支持的侧翼。还有一些明显的原因，也会使纽约接近东部联盟。新泽西是个小邦，不可能想象她会愿意沦为边界，去反对强大的东部联盟，也看不出有任何障碍，阻止她加入那个联盟。连宾夕法尼亚也有强烈的诱因加入北部同盟。积极的对外贸易，良好的航运基础，是宾夕法尼亚的真实政策，她的公民观念和习性，也倾向加入北部同盟。南部的几个邦，处境各不相同，可能不会去鼓励发展航运业。它们或许更喜欢一种体制，向所有国家开放不受限制的机会，让各国充当它们货物的运送者和购买者。宾夕法尼亚可能不会选择把自己的利益搅到与它的政策如此相反的结盟中去。由于宾夕法尼亚无论如何总要成为边界，她可能觉得把自己的边界，朝向较弱的南部联盟，更有利于自身的安全，而不是朝向较强的北部联盟。这会给她提供最佳机会，避免成为美利坚的弗兰德㉔。不论宾夕法尼亚做什么决定，如果北部联盟把新泽西包括在内，新泽西以南就不大可能出现两个联盟。

宪法提议建立联邦政府，以节省为基础

事情再清楚不过：十三个邦能撑起一个全国政府，比十三个邦的一半（六个半邦）要强，比十三个邦的四分之一（三又四分之一个邦）更强，比任何小于十三的数字都强。这个想法，比任何反对宪法的意见更有分量。宪法提出的计划，建立在节省的基础之上；我们从近处看一下反对意见，就发现它无论从哪个角度看，都站在错误一边。

分裂有害节省

除了要养活好几套官员班子，我们还要考虑需要雇用的其他人员：要雇人保护内陆交通，保护几个联盟之间的交通运输，打击非法贸易；到时候，由于征税需要人手，还会冒出各种冗员；如果再考虑军事建制，由于各邦分裂而结成的几个国家之间，嫉妒和冲突不可避免，我们会清楚地发现：分裂有害节省，不亚于对各方安宁、商业、税收和自由的伤害。

帕伯琉斯

*《反联邦论》第 13 篇，题为“新政府的开销”，第一部分选自《自由人箴言和新罕布什尔广告报》，1788 年 1 月 11 日，作者署名“一位农场主”。第二部分选自《康涅狄格报》1787 年 10 月 17 日，作者未署名。

㉓ 十三个邦联合为一个政府：1776 年 7 月 12 日，迪金森小组向大陆议会提交《联盟条款》初稿，初稿共 20 条。大陆议会经过 15 个月的拉锯辩论，到 1777 年 11 月 5 日，才正式批准《联盟条款》，已经删得只剩 13 条，见《辩论》附录二。

麦迪逊反复强调：宪法是一个政治实体以内的社会契约，对全体公民有约束力;条约是两个或多个政治实体之间的盟约,只对各个政治实体的政府有约束力,条约内容,由各个政府施行,不能直接及于各个政治实体内的公民个人。条约内的一方或几方违背条约中的条款,条约即告解体。

《联盟条款》把宪法的一些特点和条约的一些特点,结合到一个文件里,变成一个自相矛盾的政治文件。这种矛盾,反映出北美独立运动的领袖们,在运动初起之际(1776 年 7 月),各邦政府还处于草创之际,对通过谈判达成联合,跃跃欲试;到 1777 年 11 月,十三个邦先后通过宪法,建立起政治实体,许多领袖人物,已经把他们的思想和活动重心,转移到各自的邦政府,异常强调保持各邦的主权,强调各邦不论大小,一律平等,因而,对于建立一个联合政府,犹豫不决,疑虑重重。

十三部邦宪法,开宗明义,都明言他们要建立的是一个"邦政府";《联盟条款》的序言说:"1787 年 11 月 15 日,我们这些签名的代表,代表美利坚各邦,在大陆议会上,同意在新罕布什尔邦、马萨诸塞湾邦、罗得岛和普洛维登斯种植地、康涅狄格邦、纽约邦、新泽西邦、宾夕法尼亚邦、特拉华邦、马里兰邦、弗吉尼亚邦、北卡罗来纳邦、南卡罗来纳邦和佐治亚邦之间,建立一个联盟(Confederation)和永久同盟(perpetual Union)。"这就是说,在大陆议会上,十三个邦的代表,并不想建立一个全国政府,制定一部国家宪法,而是要建立一个十三个邦之间的"联盟"或"永久同盟",为这个联盟起草"盟约"或"条约"。

第一条说:"本同盟(Confederacy)的运作方式是美利坚联邦(United States of America)",自称同盟,不称国家(Nation);"联邦"是运作方式。

1777 年 4 月 18 日,北卡罗来纳代表托马斯·伯克(Burke)提出动议,增加一款:"各邦保留自己的主权,自由和独立,每项权力,管辖范围和权利,联盟议会召开期间通过这项结盟明文授予联邦者例外。"虽然遭到一些代表反对,大陆议会还是通过了这项动议,并且把它放在显眼的位置,作为《联盟条款》的第二条。这样,主权牢牢掌握在各邦政府手里,联盟的权力,只限于联盟议会开会期间明文授予的部分。换言之,对主权实行了分割。

㉔ 弗兰德(Flanders):中世纪的公国,领土包括今天法国的北部省,比利时的东弗兰德省和西弗兰德省,荷兰的泽兰省。屡遭战祸,先后被划归法国、西班牙和奥地利。法国革命时,弗兰德不再是政治实体。

第十四篇*

代议制共和国可用于广土众民

麦迪逊

1787 年 11 月 30 日　原载《纽约邮报》

致纽约邦民众：

我们已经看到联邦存在的必要，它是防御外来危险的堡垒，是我们内部和平的保护人，是我们商业和其他利益的保卫者，因为，只有联合，才能替代曾经摧毁过旧世界自由的军事建制；只有联合，才能治疗过去曾给民众政府带来致命打击的党派弊病，在我们自己的体制中，也已经出现需要警惕的党派弊病征兆。我们这一部分的探索，剩下的内容，是分析一种反对意见：共和制不适于国土广大的联邦。对这个问题，宜于作些说明，因为，大家知道：反对新宪法的人，正在利用一种流行的偏见，说共和制只适于小国寡民，他们徒劳一番，找不到坚实的理由，就想拿这个想象中的难题，作为反对依据。

直接民主制适于小国寡民，共和制适于广土众民

以为共和政府只适于狭小地区的错误看法，已在前面的一些文章中展开讨论，予以批驳。这里，我只想指出：这种错误思想得以产生、蔓延，主要是因为把共和制混同于直接民主

制，把过去从直接民主制得出的推论，搬来套用共和制。在过去的文章里，我们已经提到这两种制度的真实区别。直接民主制，是人民直接聚会、面对面行使政府职能；共和制，是人民通过代表或代理人，间接行政。因此，直接民主制只限于狭小范围；共和制则可以延伸到广大范围。

一些著名作者，为这种错误看法推波助澜。他们的作品，在形成政治观念的现代标准方面，起了很大作用。这些作者，是绝对君主制或君主立宪制下的臣民，他们竭力抬高君主制的优点，掩饰君主制的罪恶；把共和制的毛病缺点，与君主制类比，把古代希腊和现代意大利的充满骚乱的直接民主，当作共和制的样本，加以引用。通过混淆名称，只有在直接民主制下才能看到的现象，被轻而易举地转嫁到共和制身上，还说，除非小国寡民，否则，无从建立共和制。

欧洲的功劳：发明代议制；
美国的功劳：把代议制应用于广土众民的共和国

这种谬误，一直不大为人察觉。因为，古代多数政府采用直接民主制形式；甚至现代欧洲也是如此。发明代议制的伟大原则，我们应该归功于欧洲。在欧洲，找不到一个完全由民众参与、同时又完全建立在代议制原理上的政府。欧洲的功劳，在于它发现了代议制这个伟大的机制，通过简单的代理制，把巨大政治实体的意志，集中起来，把政治实体的力量，用于公益所需的所有对象；美国则可以宣称：她的功劳，在于把这一发现，变成共和制的基础，运用到尚未联合而且地广人多的国度。任何公民，如果想剥夺美国的这份新功，反对建立我们正在讨论的全面制度，不让我们把代议制共和国的效率完全展现出来，那真是可悲。

代议制共和国可以容纳的地域限度

直接民主制的自然限度，在于从中心点到周边的距离，要让住得最远的公民，能按照履行公务所需的频度集会，人数不能太多，免得无法履行公务；共和制的自然限度，从中心到周边的距离，只要让人民选出的议员，能按照履行公务所需的频度，开会议事。谁能说联邦的幅员已经超过了这个限度呢？大家记得，大西洋海岸是联邦最长的一侧；在过去的十三年里[25]，来自各邦的代表，几乎是不中断地聚会；与邻近大陆议会所在地的代表相比，来自最远的邦的代表，也没有因为缺席较多而受过指责。因此，不会有人说：联邦的幅员，已超过共和制的范围。

联邦的实际面积

对这个有趣的题目，看看联邦的实际幅员，可以得出一个更为准确的估计。英美和平条约确定的边界，东起大西洋，南达北纬 31 度，西至密西西比河，北部边界不规则，高点超过北纬 45 度，低点至北纬 42 度。伊利湖南岸还低于北纬 42 度。算算北纬 31 度至 45 度间的距离，为 973 英里；算算北纬 31 度到 42 度之间的距离，为 764.5 英里；取其均值，为 868.75 英里。从大西洋到密西西比河之间的平均距离，大体不超过 750 英里。把这个面积与欧洲的一些国家比较，实行共和制的实际可能，具有可比性，看来是可以论证的。联邦比德国大不了多少，而代表整个帝国的议会，经常在德国举行；联邦比被肢解前的波兰也大不了多少，波兰也有一个全国议会，保存着最高权力。越过法国和西班牙，大不列颠的面积虽然小一些，来自该岛最北边的议员，迄今也都出差，到全国议会开会。届时，对联邦最遥远地区的议员，也会提出这样的要求。

以上这些事实，已经十分有利于共和制，还有一些事实，会把这件事说得更明白，更令人满意。

联邦政府是有限政府，权力已被宪法限定

第一，应该记住，总体政府并不会被赋予制定和实施立法的全部权力。总体政府的管辖范围，只限于若干列举出的对象，这些对象，涉及共和国的全体成员，但是，这个共和国不再享有任何其他单独的权力。下级政府，可以维持它们的正当权力和活动，把它们的关注，用于所有其他对象，这些对象，都可以单独规定。如果制宪会议提出要废止各邦政府，反对宪法的人，或许还能找些理由，尽管不难说明，如果各邦政府真的被废止，总体政府出于自我保护原则，也要重新恢复各邦政府，让它们各司其职。

接纳新邦加入联邦

第二，实现联邦宪法的近期目标，维护住最初十三个邦的联合，这件事，我们知道可以办到；让十三个邦范围内出现的新邦，或邻近地区出现的新邦，加入联邦，我们毫不怀疑，这件事同样可以办到。对我们西北边陲地区的那些弯角和碎块，或许有必要重新划分一下。这件事情，可以留给正在那里开拓的人们，他们的发现和经历，会使他们把这件事办得更好。

联邦将大力发展交通

第三，联邦境内的交通，由于设施改进，将会日渐方便。到处的路途，都会拉直缩短，路况会更好；旅行者的食宿之处，会成倍增加和改善；东部的内河航运，会处处通航，贯通或几乎贯通全部十三个邦。西部与大西洋地区的交通，各邦内部各地之间的交通，由于大量修筑运河，会越来越轻便。自然赐予的水道，在我国纵横交错，会发现新的技艺，不难把这些水道连接和贯通。

遥远的邦，更需要保护和支持

第四，也是更重要的事：几乎每个邦的这一侧或那一侧，都构成边界，因而都会关注联邦的安全，使它们愿意为总体安全做出一些牺牲；离联邦心脏最远的邦，虽然分享联邦常规福利的份额可能少些，可是与外国直接接壤，频频处于特殊境况，更需要联邦的军事保护和物质支持。像佐治亚，或处于我国西部边境或东北部边境的各邦，派议员到政府所在地开会，可能不太方便。可是，要是让它们单独对付入侵之敌，它们会觉得更难；这些邦的边境，可能处在持续不断的危险中，使得防御负担沉重，若要它们单独支付，是难上加难。若说这些邦，与比较靠近中心的邦相比，在一些方面从联邦得到的好处少些，另一些方面，得到的好处就会多些，这样，从总体来说，这两种邦还是得到了平衡。

同胞们，我向你们呈现这些看法时，心中充满自信：你们过去做出一系列决定时的那种美好感觉，使你们的决定，具有适当的分量和效果，你们决不会因困难而苦恼，不论这些困难看起来多么可怕，不论你们遇到的谬误，听起来多么流行，总不会把你们带进阴沉绝望的感觉，主张联邦分裂的人，就是想把你们带进那样的感觉。不要听信那些违反自然的说法，说由许多眷恋之情紧密联系起来的美利坚人民，再也不可能生活在一起，做一个大家庭的成员；说人民再也不会继续互相捍卫他们共同的幸福；说人民再也不是一个伟大、受人尊重、繁荣的帝国的同胞了。不要听信那些说法，他们气急败坏地告诉你们，说现在推荐给你们接受的政府形式，是政治世界中的新玩意儿；说这种政府形式，是在时机不成熟的时候，急急忙忙地做不可能完成的事情。

反对派说：联合为一个政府的时机尚未成熟

同胞们，对于这种亵渎的语言，闭上你们的耳朵。对于这种语言传播的毒素，闭上你们的心扉。共同的血缘，流动在美利坚公民的血脉里。为了捍卫我们的神圣权利，我们曾在一起流过血，把联邦看得比我们的生命更神圣；一想到我们会变成异类、对手、仇敌，就不寒而栗。

不要听信反对派的亵渎之言

相信我，如果一见到新概念，就唯恐避之不及，那么，最为警世的思想，最为大胆的计划，最为急迫的行为，即使要我们粉身碎骨，也是为了要保持我们的公民权利，促进我们的幸福。

不要一见到新概念，就唯恐避之不及

为什么在广土众民的国度里试行共和制，仅仅因为这是新概念，就遭到拒绝？这不是美国人民的光荣，他们正在研究过去时代和其他国家的想法，他们并没有受到盲目崇拜古代的苦楚，他们了解自己的处境，从自己的经验中吸取教训，这有什么不好？正是这种充满人性的精神，值得子孙后代继承，值得世界模仿效法：美利坚的舞台上，上演了数不清的新鲜

美利坚的舞台，上演了数不清的新鲜创举

创举[26]，既有利于私人权利，又有利于公众幸福。假若革命时期的领导人物，不采取史无前例的壮举，就建立不起政府，这个政府，没有先前的模式可以模仿，那么，美国人民直到今天，还在错误领导的误导之下，名列悲惨牺牲者的民族之中，最多，也不过是在某种政府形式下劳苦奔波，那种政府形式，剥夺了世界其余部分的人们的公民自由。幸哉美国，我们相信：对整个人类而言，美国人民正在追求一种崭新的、更为高尚的事业。他们完成了人类社会编年史上一场无可匹敌的革命。他们编织出一个如网状结构般的政府，举世无双。他们设计出一个伟大联盟，使其存在，把改进和使之长存的任务，留给后继者。如果说他们的作品还不够完美，我们感到惊诧的是，缺点为什么那么少。如果他们的错误，主要出在联邦的结构，那本来也是最难完成的部分，制宪会议运用新模式加以重新结构，现在，你们就要对制宪会议的行动加以讨论，并且做出决定。

帕伯琉斯

＊《反联邦论》第 14 篇，题为“政府合成后，领土面积太大，无法保存公民自由权利，无法保护产权”。纽约邦长乔治・克林顿，是宪法的反对者。他以“卡托”(Cato)为笔名，发表了 7 封信函。本文摘自“卡托”的第 3 封信，载《纽约纪事报》，1787 年 10 月 25 日。

㉕ 第一个大陆议会开始于 1774 年 9 月 5 日，本文写于 1787 年 11 月 30 日，相隔 13 年零 2 个月。

㉖ 美利坚的舞台上，上演了数不清的新鲜创举：一个政府，如果不加限制，可以拥有无限的权力；北美独立运动初期，各邦宪法，对邦政府的权力，都做了严格限制，分别列举出它们的权力；《联盟条款》，更加严格地限制了联盟议会的权力，第二条说明，联邦只具备“联盟议会开会期间，通过这项结盟，明文授予联邦、各邦主权未予保留的那些例外权力”。

政府拥有的各种权力中，三种权力最为重要：一、外交权；二、军事权;三、财政权。

1776年7月4日公布的《独立宣言》宣布:十三个邦"作为自由独立的邦,它们拥有宣战、媾和、结盟的全权"。1777年11月15日通过的《联盟条款》,收回了《独立宣言》赋予各邦的这种权力。

《联盟条款》第六条第一款说:"未经联邦在联盟议会召开期间同意,任何邦不得派出或接受使馆,不得与任何国王、君主或国家举行会议、达成协议、结成同盟、缔结条约。"第六条第二款说:"未经联邦在联盟议会召开期间同意,任何两邦或多邦之间不得缔约、结盟、同盟。"

这样,通过《联盟条款》,联邦集中了全部外交权,各邦不得单独从事外交。在这一点上,《联盟条款》具有宪法性质,联盟议会具有国家政权性质。实际上,独立战争过程中,联盟议会从各邦选拔人才,开展了统一的外交,后来并以国家名义,开展了与英国的和平谈判,最后建立起美利坚联邦共和国。

第十五篇*

联盟已临近全面崩溃

汉密尔顿

1787年12月1日　原载《独立报》

致纽约邦民众：

我会把需要反复弘扬的真理，再加说明

同胞们，我在前面的几篇文章里，努力说明：坚持联合，十分重要，可以维系你们的政治安全和幸福。在你们眼前，我摆明了一系列危险：如果受到野心、贪婪、妒忌、谬论的驱使，切断或解除把美国人民连在一起的神圣纽带，可能陷入哪些危险。在随后的探讨中，我会和你们一起，把需要反复弘扬的真理，用迄今尚未注意到的事实和观念，再加说明。你们不得不走的这条道路，有些地方，可能会使人觉得乏味难受。大家应该想到：你们是在寻求当前头等大事的解决之道，自由人对此无不关注。你们需要长途跋涉，穿越广阔地域。沿途充满迷津，增加不必要的旅途艰辛，似是而非的议论，充塞途中。我的目的，是搬开你们途中的障碍，尽量讲得简明扼要，但是，不会为了求快而牺牲效果。

按计划，下一个课题是："目前的联盟，施政乏力，没有能力维系住联邦。”或许有人会问：人们对这一立场，既无争议，又无怀疑；对这一立场，所有阶层的人都已理解，感情上都一致赞同；对这一立场，反对和支持新宪的人，实质上都予以承认；对这样的立场，还有什么必要，予以辩理和证实呢？应该承认，反对派和赞同派，在其他问题上，有所分歧，总的来说，至少在这一点上，他们在感情上，还是和谐一致的：承认我们的国家体制，有严重不足，需要有所作为，把我们从碍事的无政府状态中拯救出来。这个事实，不再是推测：人们支持这一观点。这个事实，已经深入人心。即使那些执行错误政策、把我们当前的逆境弄得每况愈下的人，也勉强承认：我们的联邦政府，在结构上，的确存在缺陷；支持建立联邦政府的明智之士，长期以来，一直在指出这些缺陷，并为之扼腕。

当前的联盟政府，无力维系住联邦

我们几乎已经走到整个国家蒙羞受辱的最后阶段，这样说，实不为过。世上很少有什么感情，能伤害一个独立国家的自尊心，贬低她的人格。这些，我们都经历过了。对外联系中，我们所做的承诺，哪一条得到了别人的尊重？因为我们经常地、毫不害臊地违背我们的承诺。为了维护我们的政治存在，危机迫在眉睫时，我们不是通过合同，向外国人和我们自己的公民，借下了大量的债务吗？迄今为止，我们还没有一个偿还债务的既适当又令人满意的计划。一个强大的外国，不是还占据着我们宝贵的领土和军事要地吗？按条约规定，这些地方早就该归还给我们了。可是，那些地方依然被占领，我们只能眼红，却不能拿回来为我所用。我们有本事表示愤慨，有本事驱逐入侵者吗？我们既无军队，又无资金，连个政府也没有。[1]我们连抗议一声的尊严都没有。在执行这个条约方面，首先要做的，就是去除蒙在我们头上的污名。按照大自然的恩赐和条约的规定，我们不是有资格到密西西比河去开展航运吗？可是，西班牙人把我们排斥在外。国家面临危险时，

我们面临丧权辱国

公共信用不是至关紧要吗？可是，我们的公共信用已经扫地，积重难返。对于增加国富，商业不是十分重要吗？可是，我们的商业已经败坏到底点。在外国列强眼中，威望不是制止外敌侵吞的有力保障吗？可是，我们的政府如此脆弱，列强不屑于和我们打交道：我们派往国外的大使，不过是模仿主权国家的摆设。[27]地价戏剧般的、不自然的下跌，不是国势衰微的象征吗？可是，这个国家的大部分地区，经过开垦的土地，市场价格低得难以解释，就像出售大片荒地一样。要充分解释这一现象，只能说是公家和私人两方面，都完全丧失自信，弄得样样财产贬值。私人信用，不是发展产业的朋友和支持者吗？可是，有关借贷最有用的信用已经陷入谷底。这不光是因为货币匮乏，更是局势不安定的结果。长话短说，不列细项，因为，列举细节，既不能带来快乐，又不能引出教训。有人会问：凡是降临到我们这个如此受大自然青睐社会头上的全国性混乱、贫困和无足轻重的征象，还有什么没有成为我们公众倒霉清单的组成部分呢？

受过启蒙的人，要走上康庄大道

我们陷入现在的悲惨境地，正是今天反对宪法的这些人的政治信条和他们的作为造成的。他们把我们带上悬崖，还不满足，看来，是决心要引导我们堕入深渊。可是，同胞们，在影响一个开化民族的各种动机的驱动下，让我们采取坚定立场，捍卫我们的安全，我们的宁静，我们的尊严，我们的声望。我们要打破长期纠缠我们的厄运，走上繁荣幸福的康庄大道。

反对派想给联邦增加些微权力，又不愿减少各邦政府的权力

前面已经说过，人所共见的事实，产生一种共识，一种抽象的认识：承认我们的全国政府体制中，存在严重缺陷。可是，过去反对联邦体制的人的这种让步，由于他们坚决反对矫正联邦体制，作用被抵消了。然而，只有贯彻这种矫正原则，联邦才有机会成功。他们承认联邦政府极度缺乏生机，又坚决反对赋予联邦政府那些恢复生机所必要的权力。他们似乎

怀抱着一些自相矛盾、无法调和、相互排斥的目标。他们想给联邦政府增加些微权力，又不愿减少各邦政府的权力。他们想要一个拥有主权的联邦，又要保持各邦的完全独立。[28] 看来，他们还是想要盲目保持一种政治怪物：国中之国。联盟体制的主要缺陷，需要条分缕析，才能说明：我们经历的罪恶，不是细小缺点造成，而是根本结构错误，这些错误，无法修正，只能彻底重建。

现存联盟体制，巨大和根本的缺陷在于：为联邦立法，要取得各邦的集体同意，不能立法管理生活在各邦的公民个人。这条原则，虽然并未应用到委托给联邦的所有权力，却蔓延到其他方面，使联邦的权力失去效力。除向各邦摊派经费之外，联邦政府在人力和钱财的调度方面，处置权受到限制。联邦政府无权向美国公民直接征税。理论上，联邦的决议，对各邦有宪法约束力；实际上，联邦的决议，不过是一种推荐，各邦可以选择遵从，也可以置之不顾。

联盟议会只剩建议权，各邦可以遵从，也可以不顾

仅此一例，就说明了人的想法反复无常。在我们从经验中得到有关此问题的所有告诫后，仍会发现有人反对新宪法，因为它背离了一项原则，而该原则是旧宪法的致命伤，本身显然是与政府的观念不相容的；联邦立法只限于由各邦执行，摧毁了旧体制。简言之，要实行老原则：联邦不能用剑强制推行它的立法，只能靠地方行政官的温和影响。

宪法要实行新体制，反对派要维护老原则

以下观念并非荒唐或不切实际：独立国家组成联盟，以便实现条约中规定的各项目的，精确地规定时间、地点、场合、数量；一项条约，不留任何将来变通的余地，而条约的履行，取决于各方的诚信。这种类型的条约，存在于所有文明国家之间，服从于和平和战争的交替，时而遵守，时而不遵守，取决于签字国的利益和激情。本世纪初，这种条约，在欧洲盛行，政客们都希望达到从未实现过的好处。试图达到权力平衡和欧

对盟国之间的条约，实在不能多做指望

洲和平，所有谈判资源都已耗尽，结成的联盟数量，成倍翻番。可是，许多联盟尚未形成，便先翻了脸，说明：对条约实在不能多存指望，除了责任义务和良好信用，以及一时冲动的签字，还要有惩罚手段；否则，满足了当前的利益和激情，忽略了对和平和正义的斟酌。

联盟如果变成国家联盟，最后会被列强豢养

如果这个国家的各个邦，决定废弃联邦的最高处置权，各自成为独立国家，然后仿造欧洲榜样，三三两两结成联盟，如前所述，那就是大难临头。可是，联邦也可以拥有坚持下去的荣耀。不过，任何联盟政府，不论是进攻联盟，还是防守联盟，都会使我们轮番地先相互为友，后彼此为敌，受嫉妒和对峙情绪的支配，最后被几个外国的诡计豢养。

联邦政府的权力，应该延伸到管理公民个人

如果我们不愿意落到这种危险境地，如果我们采取一个全国政府计划，换言之，有一个最高权力，置于各邦的共同议会之上，我们就要做出决定，把国家联盟和一国政府的区别，纳入计划。我们应该把联邦的权力，延伸到管理公民个人，他们是政府管理唯一的适当对象。

立法权要有处罚权保障，一用法庭，二用军队

有政府，就意味着有立法权。立法权需要有惩处保障。换言之，对不遵守法律的行为，要有处罚或罚款。若对不守法的行为不加处罚，说起来，是立法决议，行起来，变成只不过是建议或推荐。处罚不论采取什么形式，总只能用两种方式推行：一是法庭出面，二是动用军队，执法官的强制，或武力的强制。第一种只能施于个人，第二种则可以用来对付政治集团、社区甚至邦。当然，法庭无法直接强制执行法律。法庭可以宣布对违法者的裁决。只有剑才能执行。倘若联盟的权力，只限于施及各个集合成员，后果是，一旦有一个邦违法，就只有开战。这样一来，用武力执行裁决，成为对付公民不服从的唯一手段。到这一步，政府就不配被称为政府。任何谨慎的公民，都不会选择把幸福托付给它。

有人告诉我们：各邦不会违反联邦规则，利益与共的感觉，会控制各邦的行为，产生一种完全遵从宪法要求的局面。今天，这话听起来，让人觉得荒唐可笑。同一批人，现在宣布的见解，等到我们从这些睿智的高谈阔论中，得到更多的教训和体验后，会变得好像狂言乱语。它们辜负了人类行为真实动机的纯真，与建立公共权力的原始理由大相径庭。人们到底为什么要构建政府？因为人的激情，若不加以约束，不会顺从理性和正义的要求。群体的行为，比起单个人的行为，是否更符合道德？是否更有理性？人类行为的观察家们，推论与此相反；这种推断，建立在明显的理性之上。个人比较注重自己的名声，超过群体，因为，对群体丑恶行为加以指责，会由一群人分担。党派精神，常常毒化群体的讨论决定，使群体采取不当行为、过分行为，倘若是个人，就会觉得这样做很尴尬。

人的激情，若不加以约束，不会顺从理性和正义的要求

就其本质而言，主权讨厌控制，以罪恶的眼光，看待一切外来企图，不愿外来企图限制和指导它的运作。因此，较低一级的主权，为共同利益而联合成政治联盟时，会出现一种持之以恒的趋势：较小的成员，总是想飞出共同中心。这个趋势，容易理解。其起源，是对权力的爱。受到控制或限制的权力，几乎总是那种要控制它的权力的仇敌。这个简单的道理说明：联盟中个别成员的主政者，不会时刻处在心甘情愿的状态，带着完美的情绪，去执行总体政府的指示。人类的心理就是如此。

联盟中的离心趋势

因此，个别成员的主政者，对联盟的决议，不可能不加干预地推行，他们多半根本就不会去推行。各邦的统治者，作为联盟成员，不论根据宪法，是否有权这样做，他们总是要权衡联盟的决议，看看对他们是否必要。他们要考虑：推行联盟的决议，是否符合他们的眼前利益；推行联盟的决议，会给他们带来什么弊病。所有这些瞻前顾后，都是在不了解全国局

各邦领袖，总在考虑：联盟决议，对它们有何利弊

势、不了解决议理由的情况下做出的，不知情的决定，其基本特点就是如此。各地的反对，也会影响决策。联盟的所有成员，都会重复这一过程。联盟制订的计划，执行起来，总是起伏波动，取决于各个成员的不健全的信息和带有偏见的观念。熟悉民众议会的人都知道：遇到重大问题，即使没有外来压力，要取得和谐一致的决定，是多么艰难。他们很快就会意见一致：各邦议会，彼此距离遥远，在不同的时间，怀着不同的印象，要使其中的若干议会，通力合作，仅仅依靠共同的观念和追求，是不可能的。

联盟体制，已经摇摇欲坠

我们现在的联盟，按理说，十三个各自独立的主权，本该同意执行联邦提出的每项重要措施。实际情形，恰如预料：那些措施，没有执行。邦政府的失职，已经到了无以复加的程度，现在，已经使全国政府的车轮，寸步难行。联盟议会，仅仅只能起到一个维持会的作用，等待各邦同意，用一个实质性的机构，取代现在联邦政府的阴影。这种要死不活的状态，冰冻三尺，非一日之寒。

前面讨论的原因，首先产生的，是各邦对联邦要求的不同程度的依从。而后，有几个邦的偏离越来越大，使依从的邦也不再愿意依从。违规最少的邦感到好奇：

为什么它们交付的配额，要比同在一艘政治航船上的其他伙伴多，为什么它们要承担更大份额的负担。人类的自私，经不住这些盘问。即使投机者，能预见将来的远大前程，也会毫不犹豫地对这些现象提出抗争。每个邦，在劝说下让步、求取眼前方便的同时，已经先后抽取了他们的支持。现在，脆弱的、摇摇欲坠的大厦，看来就要压到我们头上，把我们砸碎在它的废墟下。

帕伯琉斯

*《反联邦论》第 15 篇，题为“罗得岛是对的”，没有作者署名，原载《自由人报》（*The Freeman's Journal*）或《北美报道》（*The North American Intelligencer*）、《马萨诸塞报》（*The Massachusetts Gazette*），1787 年 12 月 7 日重印。

---

[1] 帕伯琉斯注：我指的是联邦。

㉗ 约翰·亚当斯当时是联盟议会派往英国的大使，在伦敦一直受到冷遇，英国人不愿意与他谈判通商条约，认为美利坚无力兑现诺言。

㉘ 他们想要一个拥有主权的联邦，又要保持各邦的完全独立：在军权问题上，《联盟条款》实行了“权力分割”，把民兵的所有权，留给各邦议会，把民兵的战时指挥权，交给联盟议会任命的总司令华盛顿。

《联盟条款》第七条说：“任何邦为共同国防而招募的陆军，所有上校和上校以下军官，由招募这些军队的各邦议会任命，或按各邦所定办法任命，军官出现空缺，由原来任命该军官的邦任命继任者。”这就是说，招募军队的权力，任命团和团以下军官的权力，作为主权，保留给各邦议会，各邦议会保留对军队的所有权。实际上，独立战争期间的军队，都用“弗吉尼亚第一团”“康涅狄格第一团”这样的番号，保持各邦名称。

《联盟条款》第六条第四款说：“每邦应随时保留一支管理良好、遵守纪律，武器装备足够的民兵，在公共武库保留一定数量的军需、帐篷、数量适当的武器弹药、营房器材，随时听候调用。”这就是说，各邦的军队，由各邦议会筹集军需军饷。

《联盟条款》第九条第五款说：“联盟议会召开期间的联邦，有权建立和装备一支海军；协商陆军人数；按各邦白人居民人数，向各邦分配兵员名额，此项兵员分配，具约束性，由各邦议会任命团级军官，招募兵员，按士兵规格提供服装、武器、装备，把按此规格配备服装、武器、装备的军官和士兵，在联盟议会召开期间，联邦协商的时间以内，开拔到指定地点。”接受总司令华盛顿的指挥。

独立战争逐渐深入以后，英军对北美民兵的进攻，逐渐从华盛顿指挥的主力，扩散到北美各邦，形成许多分战场。各地的战事，常常由各邦任命的军官，指挥各邦招募的士兵，就地作战。

需要指出的是：各邦宪法都规定邦长为本邦民兵总司令；唯独联邦的联盟议会主席，没有军职，总司令是联盟议会任命的华盛顿。

读过华盛顿传记的读者，都会发现：华盛顿帐下有许多将军和上校级的副官，他们的使命之一，就是负责总司令部与各个分战场的联络。

1789 年建立美利坚联邦共和国之前，直到独立战争结束，北美没有正规军，只有季节性的民兵。华盛顿的军衔，最后晋升到民兵中将，因此，华盛顿之后，美国陆军的最高军衔，长期只到中将为止。很久以后，才有五星上将。

第十六篇*

联邦政府要能直接管理公民个人

汉密尔顿

1787 年 12 月 4 日　原载《纽约邮报》

致纽约邦民众：

联盟议会立法，要交各邦政府贯彻，伤害了古往今来的联盟

联盟议会立法，要交各邦政府贯彻，不能直接贯彻到公民个人，这种办事原则，伤害了古往今来的联盟政府。我们的经验，已经证明了这一点。我们所了解的历史上的联盟政府，也证明了这一点。联盟立法要由各邦贯彻，这个做法的负面影响，与这些政府的成效和寿命成正比。历史的经验值得注意。在人们还记得的古代联盟中，吕西安联盟和亚该亚联盟，看来是最自由的，不受联盟立法要交各邦政府贯彻这条错误原则的限制。这两个联盟，值得政治学者称道，实际上也得到了赞许。

这个令人不快的原则，可以称为无政府状态之父

这个令人不快的原则，实在可以用加强的语气，称之为无政府状态之父。各邦违背联盟立法，是这条原则自然而然的结果。违背立法的情况一旦发生，宪法赋予联盟的唯一矫正办法，是使用武力。使用武力的直接后果，是导致内战。

我们的政府，究竟有没有能力强制推行它的立法，还有待观察。如果没有一支强大的军队，随时听候全国政府调遣，全国政府就没有能力强制推行它的政策；反之，全国政府若能使用武力，最终就会导致联盟内部的混战。武力最强的一组结合，多半就会取胜，不论这组结合是支持全国政府，还是反对全国政府。违背联盟立法的行为，很少仅仅发生在一个邦。如果不止一个邦忽略自己的责任，类似的处境，多半会使它们结为攻守同盟。且不说这种彼此同情的动机，倘若一个有影响的大邦，恰好处于主动出击地位，由于它对邻邦有足够的凝聚力，就会赢得其中的几个邦，成为它的盟邦。说什么共同的公民自由受到威胁，这种美丽的言辞，编起来真是轻而易举。违反联盟立法的行为，要发明貌似有理的借口，毫不为难，弄得人心惶惶，群情激奋，连那些没有违反联盟立法、尽职尽责的邦，也被拉拢过去。倘若几个大邦的当权者，出于事先的野心预谋，想要摆脱外界对它们计谋的控制，抬高个人的声望地位，更有可能违背联盟立法；为达到更好的效果，他们多半会事先笼络邻邦的头面人物。若在联盟内部找不到盟友，他们就会去寻求列强援助。列强担心联盟紧密团结，势必鼓励联盟内部不和。一旦拔剑出鞘，人的激情，就不再限于中庸之内。倘若联盟动武对付违背立法的邦，受到伤害的自尊，激怒而起的反感，会把那些邦推向极端，以报复展示对抗，免受屈从之辱。第一场这样的战火一开，联盟就会解体。

一旦剑拔出鞘，人的激情，就不再限于中庸之内

以上，可以视为联盟的暴亡。如果联盟体制，不迅速加以形式上的实质改革，那么，我们目前所经历的，就是联盟的比较自然的缓慢死亡。这个国家的天性，就是如此：要求遵守联盟立法的邦，为支持联邦，对不遵守联盟立法的邦开战，不大可能。它们总是会追求一种比较温和的途径，把自己放在平等地位，反而模仿不遵守立法的邦的榜样。大家都不守法，

联盟正在经历比较自然的缓慢死亡

个个觉得安全。我们过去的经验，证明这种做法已经达到极致。到什么程度才宜于动武，永远难以断定。《联盟条款》规定各邦定期上缴费用，这是各邦违背联盟立法最常见的形式。实行起来，常常无法断定：有的邦不按期上缴费用，究竟是不愿意交，还是没有能力交。[29]装穷说自己没钱，总是轻而易举。只有遇到明目张胆的案例，能够用确凿的证据证明，方可使用逼不得已的强制手段。显然，仅仅这一个问题，尽管频繁发生，就提供一个宽广的舞台，让正好在全国议会中占据多数的党派，大肆宣扬他们的观点。偏见居于上风，多数欺压少数。

用武力推行宪法，会退化到军事专制

各邦肯定并不希望看到：一部需要使用大量军队才能贯彻的宪法，连政府的普通法令政令，也要不断出动军队才能落实。可是，反对把联邦政府的权力延伸到管理公民个人，就只能是这种局面。用武力推行立法，即使实现，也只会迅速退化到军事专制主义。无论从哪个角度看，这条道路都行不通。联邦手中的财源，没有力量维持一支数量足够的军队，没有力量迫使较大的邦履行它们的义务；连组建一支这样的军队，也办不到。眼前正在十字路口，不论何人，只要看看几个大邦中每一个邦的实力和人口，向前展望五十年，想想它们未来会是什么样子，就会打消以下的无端幻想：想用立法管住它们的行为，面对它们的集体能量，发号施令，用同样的能量对它们实行强制。这种企图，过于浪漫，只有古代神话传说中那种力大无穷的英雄，降妖伏魔的半人半神，才能办到。

用武力迫使就范，结果就是内战

即使联盟由若干小邦组成，其中的邦，还没有我们的许多县那么大，联盟立法要由各邦政府贯彻，以武力为后盾，这种先例，也未曾见过。这种做法罕为使用，不过用来吓吓弱小成员。多数情况下，想用强制手段对付不听话的、不服从的成员，总是导致血腥战争；联盟中的一半成员，扬起战旗，与另一半激战。

一个聪明的头脑，看到这些结果，一定会得出明朗的结论：无论如何，只要可能，就要构建一个联邦政府，有能力管理共同关心的事情，维持整个联邦以内的宁静。届时就会发现：政府所应管理的对象，恰恰与反对宪法者的主张相反。联邦政府的权力，应该通过行政机构，延伸到管理公民个人。联邦政府应该自己行政，不需要各邦政府居中再立法。联邦政府应该自己授权给普通地方官员，执行自己的决议。全国政府的权威，应该通过法庭这个中介公开宣示。联邦政府，应该像每个邦政府一样，能直接应对公民个人的希望与担心，把最影响人心的激情吸引过来，支持自己。简言之，联邦政府应该与各邦政府一样，拥有同样的手段，拥有同样的权力，能够采纳所有的办法，行使赋予它的各项权力。

联邦政府应与各邦政府一样，拥有执行权

有人可能反对这种推理：倘若任何一邦，对联邦的权威感到讨厌，任何时候都可能阻挠，不执行联邦的立法。这样，问题又回到使用武力，但反对派的主张，应受指责。

这种反对意见，不攻自破。我们只要指出：仅仅不服从，与直接的、积极的抵制，二者有本质区别。如果各邦议会必须插在中间，只有它们才能使联邦的措施生效，它们只是不作为，或回避作为，这项措施就被击败。这种失职，可以用假装的、非实质性的词语，搪塞过去，好像没事一样，自然不会在人民当中引起警觉，以为联邦的安全出了问题。各邦的头面人物，甚至可以用一时不便、获得豁免、受到礼遇等等为由，把他们私下侵犯联邦的行为，引以为荣。

不服从、不作为，不同于积极抵制

如果贯彻全国政府的立法，不需要各邦议会从中插入，如果联邦政府能把自己的立法直接贯彻到公民个人，那么，各邦政府，除非以公开、暴烈的方式，强制推行违反宪法的权力，就无法打断贯彻联邦立法的进程。不作为的手法，私下侵权的手法，再也达不到目的。各邦会因为责任所迫而采取行动，一

合法实施权力，与非法篡夺权力

旦采取行动，事情就很清楚：它们过去侵犯了联邦的权力。要用实验来证明这一点，总会充满风险，需要宪法有捍卫自己的能力，需要启发人民，使人民能够判别：什么是合法实施权力，什么是非法篡权。要想非法篡权取得成功，不仅需要一派在议会取得多数，而且要法官一致配合，人民一致支持。如果法官不与议会共谋，他们就会宣布：议会中多数派的决议，违背了全国最高法律，构成违宪，因而失效。人民，作为宪法的自然保护者，如果不与邦众议员同流合污，就会把他们的力量，投向全国政府的天平，使全国政府在竞争中处于决定性的优势地位。各邦领导人物，通常不会匆忙草率地采取这种尝试，因为最后很少不给他们自己带来危险；除非联邦政府施行暴政。

政府可以弹压骚乱，无法制止革命

如果反对全国政府的行为，由个别人的叛乱引起，造成无序行为，那么，可以用各邦政府平时对付这类罪恶行为的同样办法处理。司法部门，作为全国最高法律的执行者，会使用一切可用的资源，随时起而捍卫全国的和地方的规则，不受私人的放肆侵犯。至于那些局部的骚乱和动乱，有时使社会失去宁静，或出于某个小派别的阴谋诡计，或出于突然或偶然的气急败坏，不致于影响到社会大众，则联邦政府可以调动更为广泛的资源，加以弹压，比单个的邦做起来更为方便。至于不共戴天的宿敌，有时会蔓延成燎原之火，弥漫到整个国家，或其中的广大部分，他们要么是对政府严重不满，要么是民众中的一种暴烈情绪突然发作，这些，都不是普通的治理办法对付得了的。发生这种情况时，通常会演变成一场革命，使帝国解体。任何政府形式，都无法避免或控制这种局势。人的预见和预防，要想防止这样巨变似的事件，总不过是徒劳。反对一个政府，因为它没有能力，做不可能做到的事，岂非冤枉？

帕伯琉斯

* 《反联邦论》第16篇，题为“欧洲人羡慕我们的现存体制，联邦派却加以诋毁”，署名“阿尔弗雷德”，捍卫《联盟条款》，原载《费城独立报》，1787年12月25日《纽约纪事报》转载重印。

㉙ 联盟的财政制度：《联盟条款》规定各邦定期上交“财政贡献”。麦迪逊和汉密尔顿对《联盟条款》的抨击中，最凌厉的，针对联盟的财政制度；《联邦宪法》对《联盟条款》的匡正，最主要的内容之一，是财政制度。

《联盟条款》第九条第五款规定：“除非九个邦在联盟议会召开期间一致同意，联邦不得铸造钱币，不得管理币值，不得为联邦或其中任何一邦的防务和福利筹款拨款，不得以联邦的信用发行货币、筹借贷款，不得拨款，不得在建造和购买的战舰数目、招募的陆海军人数方面达成协议。”

第八条说：“一切战争费用，一切为建立共同防御和提供普遍福利而出现的其他费用，均从共同财库中支取，财库来源，由各邦按其土地价值分摊，包括授予和测量后分给个人的土地，联盟议会召开期间，联邦将定期制订办法，对土地、房屋和改良增值，做出估价。各邦为承担自己应承担的份额，可由各邦议会制定税则、征收税金，时间应在联盟议会开会期间、联邦同意的时间以内。”这就是说，各邦议会独享制定税则和征收税金的权力；联盟政府既不能向居民征收直接税，也不能向进口商征收关税，也不能向国内制造商征收国产税或营业税。

各邦土地、房屋、改良增值，实际上很难估算。后来，改用各邦人口总数作为各邦上缴财政贡献的基数。可是，又遇到新问题：若以全部人口，包括黑人，作为基数，则南部人口多于北部。为限制南部势力，决定：黑人作为财产，每人按五分之三个人计算，已求取势力平衡。

即令如此，哈佛教授伯纳德·贝林编《关于宪法的辩论》(Bernard Bailyn ed. *The Debate on the Constitution*, by the Library of America, 1993)英文版上卷第1073页说：1786年2月3日，一个财经调查委员会，向联盟议会报告：从1781年10月起，到1786年初，联盟议会应收到各邦上缴的财政贡献为1 560万元，实际收到240万元。

从财政政策看，联盟议会算不得一个全国政府，只是十三个邦组成的“联盟”：《联盟条款》算不得一部宪法，只是一部“盟约”，而且，是一部不断被违反的盟约。

作为总司令，华盛顿经常要做的工作之一，是写信给联盟议会和各邦议会，催讨军需、军饷，常常得不到答复，或者，像新罕布什尔议会做的那样，派人送来300磅腊肠。

《联邦宪法》第一条第八款规定：联邦议会有权“一、制定和征收税金；二、用联邦的信用借钱；三、指定对外贸易、邦际贸易、与印第安人贸易的规则；铸造钱币，管理本国货币和外国货币的币值；……十二、招募军队，提供给养；十三、建立和维持一支海军。”这样，制宪会议为联邦议会争取到了独立的财政权，争取到了军费给养。

不过，“直到1902年，美国的地方政府，占三级政府(联邦、邦、县市)

财政收入的52%，总支出的59%。现在，这两个比重分别下降到22%和25%。”（王绍光《从税收国家到预算国家》，《读书》，2007年第10期，第8页。）

第十七篇*

联邦政府不会剥夺各邦政府的权力

汉密尔顿

1787年12月5日 原载《独立报》

致纽约邦民众：

全国政府不会干预各邦内部事务

上一篇文章，已经回答了一种反对意见。这次，要回答另一种反对意见，与上次的性质不同：但同样认为，如果联邦政府的立法，可以延伸到管理美利坚的每个公民，联邦政府的能量会过于强大，会把那些本当留给各邦政府的剩余权力，全部吸取过去。从地方利益考虑，这些权力还是留给各邦政府为宜。我理解人对权力的终极热爱，每个有理性的人，都会有这种要求。可是，我承认我觉得茫然：究竟是什么因素，会诱使那些人觉得：联邦政府如果管理公民个人，就会剥夺各邦政府的上述权力呢？我以为，仅仅管理一个邦的内政，对于抱负雄伟的人来说，只有微弱的诱惑力。通商、财政、谈判、打仗，似乎就包含了所有的目标，这些，对于被上述激情控制的头脑具有魅力；可是，实现这些目标所需要的全部权力，首先应该保存在全国政府手里。管理同一个邦内公民之间的私人案件,管理农业和其他类似项目,以及一切宜于由各邦议会管理的事情,总体政府决不会去干预。因此,总体政府在这些事情上蚕食各邦政府权力的倾向,不可能出现。要想实施那些权力,会带来麻烦,因为那些事情非常琐碎。由于这些原因,掌握那些权力,对提高全国政府的尊严、显要和声望,没有什么好处。

选民会控制联邦政府,勿使胃口过大

为了辩论的需要,我们假定,掌权的狂妄之心,促使全国政府产生篡夺各邦政府权力的欲望。即使如此,仍旧可以安全断定:全国议会的选民,换言之,各邦的人民,他们也会凭感觉,控制全国政府的胃口,勿使过大。各邦政府要想蚕食联邦政府的权力,比起联邦政府要想蚕食各邦政府的权力,总是容易得多。这一点,可以从以下事实中得到证明:各邦政府,只要它们办事认真谨慎,对民众总是会有更大的影响,一般都能掌握民心。这个情况,同时告诫我们:所有联邦机构,天然地、内在地处于弱势;组建联邦政府时,不可过于挑剔,要赋予它们所有需要的力度,这一点,与坚持公民权利原则同等重要。

各邦政府在影响人民方面占据优势,部分原因,是联邦政府非常分散,主要原因,是各邦政府所管事务的性质。

人的本性:近者亲,远者疏

大家知道,人的本性是:离得越近,结构越紧凑,越亲近,离得越远,结构越松散,越疏远。人对家庭比对邻里贴近,对邻里比对社区贴近。一个邦的人民,偏向邦政府的倾向,比偏向联邦政府的倾向强烈,除非联邦政府的施政行为,好得多,才会改变人性的这种倾向。人心的这种强烈倾向,会强有力地吸附在各邦政府管理的事务上。

各邦政府将管理各种具体事务

各种各样的琐碎事务,都会落入地方政府的管理范围。地方政府,犹如涓涓细流,影响力渗透到社会生活的方方面面。若要详细列出这些方方面面,需要列举太多繁琐而又乏味的细节，这里不赘言。

各邦政府的管辖范围内，有一个特别值得羡慕的领域，仅此一点，就使各邦政府值得一为。我指的是各邦政府对刑事案件和民事案件的常规管理。要使人民服从和依恋政府，这是最有力、最普遍、最有吸力的源泉。司法保护人民的生命财产，关系最为直接，看得见摸得着；司法带来的益处，司法的威慑力量，每天每日都展现在公众眼前。司法规范个人的利益，处理人们熟悉的事情。这些，都更直接地触及个人感情，因而，对百姓影响更深，引起人们对各邦政府的依恋、尊重和爱戴。这种对社会的巨大凝聚力量，贯穿到各邦政府的几乎所有渠道，保证各邦政府对各邦人民具有决定性的影响力，使各邦政府永远在权力上与联邦政府势均力敌，往往成为联邦政府的危险对手。

邦政府比联邦政府更能凝聚本邦人民的感情

反之，全国政府的运作，并非常常落入公民大众的视野之内。只有勤于思考的人，才能观察和领悟到全国政府带来的好处。全国政府的运作，涉及更为普遍的利益，这些利益，并不容易走进千家万户，为百姓感知；因此，在激起人民惯常的责任感，引起人民积极的依恋感方面，影响成比例地减弱。

全国政府不可能像各邦政府那样获得人民的依恋

我们了解的所有联盟结构的经历，以及那些不太像联盟的结构的经历，都频繁地证明这个道理。

严格地说，古代的封建体制，并非联盟，但性质上有结盟的类似之处。它们都有一个共同的头头，或称酋长，或称君王，他的权威延伸到整个国家；一定数量的从属于他的诸侯，或封建领主，拥有大片分封给他们的土地，这些人手下又有一大串更低一级的小诸侯或家臣，这些家臣凭借对主子的忠诚服从，占有和耕种土地。每个较大的诸侯，在自己的领地范围内，都俨然如君王。这种结构，结果造成一层一层的犯上，在较大的诸侯或封建领主之间，频繁开战。一国之君的权势，往

欧洲历史上的封建无政府状态

往十分衰微，没有力量维系国内和平，没有力量保护人民不受顶头主子的压迫。史学家用一个专门的术语，把欧洲的这个时代，称为封建无政府状态。

君王与诸侯之间的斗争

如果为君者恰好是一个精力旺盛、好战成性、能力超群的人，他会获得敬畏和影响力，解决时代问题，出现一段较为正常的权威。不过，总的来说，诸侯的权力，常常超过君王；在很多例子中，君王的控制被完全摒弃，大的诸侯领地，上升为独立王国，或称为邦。在另外一些例子里，君王最后战胜诸侯，他之所以成功，是因为诸侯对自己的臣民过于暴虐。诸侯或贵族，既是君王的敌人，又压迫普通百姓。上怕君主，下怕臣民，生活在恐惧之中，被人憎恶，直到相互的威胁和相互的利益，促使他们联合，命中注定成为贵族制权力。倘若贵族通过宽厚仁慈和秉公办事，维系住普通人的忠诚和奉献精神，贵族与君主之间的斗争，几乎总是有利于贵族一边，使王权削弱或瓦解。

苏格兰的例子

这个断言，并非基于推想和猜测。苏格兰就是一个例证。早期，这个王国引入氏族精神，把贵族和他们的属下联合起来，联系方式，类似扩展家庭的内部纽带。这使贵族制胜过君主制，直到与英格兰联合，抑制了它的凶猛彪悍，被英国已经确立的文明驯化。

比较各邦政府与封建领主制

联盟内彼此分开的各邦政府，可以比为封建诸侯。前面已经说过，带着这个优势，各邦政府一般拥有自信和人民的信任。有了这样重要的支持，它们会有效地抵制全国政府的任何蚕食侵权行为。只要它们不与全国政府的合法的和必要的权威作对，就不会有问题。各邦政府与封建领主的类似之处，在于二者都在争夺权力，都把社区的大部分权力集中起来；不同的是：领主制，把权力集中到少数个人之手；邦政府，权力掌握在政治实体手中。

简略回顾一下联盟政府的历史[30]，会进一步说明这个道理。不重视历史教训，是我们政治上犯错误的最大根源，让嫉妒把我们引向错误方向。随后的几篇文章，将讨论这个问题。

下一步将回顾历史

帕伯琉斯

*《反联邦论》第 17 篇，题为“联邦政府的权力，终将颠覆各邦政府的权力”，作者署名“布鲁特斯”，是罗伯特·雅茨的笔名。《联邦宪法》第一条第八款第一至第十七项，列举了宪法授予联邦议会的十七项权力，第十八项又补充说：联邦议会有权制定“一切必要和适当的立法”。这项规定，从一开始起，就是反联邦派心目中的“肉中刺”，他们要求减少对联邦政府的授权，但只有“布鲁特斯”的攻击，引起人们的特别注意。

㉚ 简略回顾一下联盟政府的历史：前文介绍了十三个邦的宪法。各邦虽然都有自己因地制宜的做法，但在政府框架的设计上，大体一致：一、立法权授予议会，议会由两院组成，以便互相制约，参议院都叫 Senate，众议院各有自己的名称，对参议员和众议员的名额，在县和镇之间都做了明确的分配，规定了固定的选举日期和方法，确立了选民和众议员、参议员当选的财产资格；众议院发起钱财提案，参议院可修正、否决或与众议院合作等等。这说明：1776 年迪金森小组起草《联盟条款》时，至迟到 1777 年 4 月纽约制定第一部宪法时，这些，在北美都已经是常识。可是，1777 年 5 月批准的《联盟条款》，却没有采取这种组织模式。

《联盟条款》第五条第一款说：“为便于安排联邦的共同利益，各邦按本邦议会认为适当的方式，逐年派出代表，于每年 11 月第一个星期一，举行联盟议会，各邦保留在年内召回部分或全部代表、委派其他代表顶替的权力。”多数邦由议会选举代表，少数邦由选民直接选举。这种“随时可以召回”，造成联盟议会成员的不稳定，有时甚至无法凑足开会人数。

第五条第二款说：“每邦派往联盟议会的代表，不得少于 2 人，不得多于 7 人，任何人在 6 年中担任代表不得超过 3 年，任何担任代表的人，不得在联邦担任由本人领取或他人代领薪水、津贴和报酬的职务。”每邦代表人数是随意性的；不可能相对连贯，代表要从本邦领取报酬，不从联盟领取薪水。因此，代表忠于各邦，主要代表各邦利益。

各邦宪法中，都有参议院和众议院“自选议长”的规定；《联盟条款》连对自选议长也没有明文规定。后文将会说明：联盟议会实际上实行议长轮流坐庄的制度。

在这样的体制下，联盟议会被称为“松散的联盟”，不足为奇。

可以看出：美国革命初期，美国人和部分领袖人物中，追求自由，追求公民意识，追求共和精神，贬抑和限制政府职权的倾向，是多么强烈。

美国国会图书馆馆长布尔斯汀，在《美国人》一书中，把联盟比作联合国的雏形。二者确有一定的类似。联盟创建时，各邦都派出自己的首脑人物；联合国创建时，主要国家也派出首脑人物。进入正常运作后，各邦派驻联盟的代表，就像各国派驻联合国的代表一样，不再是首脑人物。联盟通过的决议，要由各邦政府贯彻；联合国通过的决议，要由各国政府贯彻。没有人认为联合国秘书长是世界总统；也没有人认为，联盟议会主席是美利坚联邦的首席行政官。联合国可以按照所订的规则，要求各成员国按比例交纳会费，但不能自己到各国去向居民直接征税。约翰·亚当斯说：马萨诸塞议会，长期把派往大陆议会的代表，视为派驻那里的使团。联盟议会规定各邦按规定的比例交纳财政费用，但联盟无权向各邦居民直接征税。各邦一旦不交、少交、迟交，邦联即成“无米之炊”，无可奈何。本文所谓“违背联盟立法”，主要指这种不交、少交、迟交。

第十八篇*

联盟失败的例证：希腊的近邻同盟和亚该亚同盟

麦迪逊(汉密尔顿协助)

1787 年 12 月 7 日　原载《纽约邮报》

致纽约邦民众：

古代联盟中，最值得考虑的，是在安菲托尼议会[31]下联合起来的希腊各共和国。根据对这个值得纪念的建制的最好记载，它的结构非常类似今天的美利坚联盟，因而很有启发意义。

近邻同盟的一些特点

各共和国保持独立性格，各为主权国家，在联盟议会上，各邦表决权平等。这个议会，具有总体权威，可以提出任何被认为对整个希腊公共福利有必要的措施，可以决议宣战、作战，对成员间谁是谁非作最后裁决，处罚挑衅的一方，调动联盟的全部力量，打击不服从的成员，接纳新成员。近邻同盟是宗教的护卫者，是德尔佛斯圣殿巨大财富的护卫者，议会对殿内居民和朝拜者之间的争议有处置权。为了给联盟的权力作进一步规定，他们互相盟誓，要捍卫和保护联合起来的城邦，惩罚违反盟誓的人，报复窃取神殿圣物的人。

近邻同盟有权处罚不服从的城邦

理论上说，这些权力似乎已经足够。有些方面，它们超过了《联盟条款》列举的权力。例如，迷信加强了近邻同盟政府的力量。他们可以使用强制力量，对付不服从的城邦。他们誓言：情况必要时，就要实施这种权威。

近邻同盟的实际经历

不过，实践与理论颇不相同。各个城邦，作为政治单元，委派议会代表，权力由代表履行，和我们的联盟议会一样。因此，出现软弱、无序，最后是联盟解体。比较强大的城邦，对联盟不是敬畏服从，而是欺压其他成员。德莫西尼[32]写道：雅典曾经担任希腊的仲裁人达七十三年。斯巴达统治希腊达二十九年。留客特拉战役(公元前 371 年)后，轮到特拜人统治。

希腊史学家普鲁塔克写道：强大城邦的代表，常常威胁和收买弱小城邦的代表，做的裁决，常常有利于强者。

即使在与波斯和马其顿作战的危机时期，希腊近邻同盟各成员间，也从未齐心协力，或多或少，总有几个成员，不是上当，就是被雇用。对外战争的空隙期间，则充满内部变幻、动乱和杀戮。

近邻同盟中，大小城邦其实并不平等

打完与波斯王薛西斯的战争后，斯巴达要求把几个在战争中不忠实的城邦从联盟中开除。雅典认定，这样做，雅典失去的盟友，会比斯巴达多，会使斯巴达在联盟内占多数。于是，雅典反对并击败了这个企图。这段历史，显然证明：联盟没有效力；证明联盟中最强有力的城邦具有嫉妒和野心，其他城邦则从依附走向退化。比较小的城邦，虽然在联盟理论上，与其他成员处于平等地位，实际上是磁场中的卫星。

雅典拉开战祸，结果沦为废墟，陷入奴役

米洛特神父说，如果希腊人的智慧，能与他们的勇敢比美，他们就会从经验中吸取教训，建立一个更为紧密的同盟，打败波斯军队后，便能在和平中挺立起来，实行改革，建立紧密同盟。可惜，他们没有采取这种显而易见的做法，反之，被胜利和光荣弄得飘飘然。雅典和斯巴达，先是相互争雄，后是彼此为敌；相互为害之烈，比薛西斯的破坏有过之而无不及。它们相互嫉妒、相互惧怕、相互仇恨、相互伤害，结果，酿成著名的伯罗奔尼撒战争。肇始战祸的雅典，变成废墟，人民沦为奴隶。

希腊内部不和，腓力渔翁得利

联盟是一种软弱的政府，没有对外战争时，总是因为内部不和，人心惶惶；这种不和，迟早会招来外部的大灾难。腓尼基人[33]犁翻了阿波罗圣庙，近邻同盟议会根据当时的迷信传说，对违犯圣规的人课以罚金。在雅典和斯巴达的唆使下，腓尼基人拒绝服从。特拜人联合其他城邦，采取行动，维持近邻同盟的权威，对冒犯上帝的人复仇。腓尼基人势单力薄，请马其顿的腓力助战。腓力本来就在背后挑唆，高兴地抓住这个机会，实现他蓄谋已久的计划，夺取自由的希腊。玩弄诡计，贿赂收买，腓力从好几个城邦的民众领袖那里获得好处；通过这些人的影响和投票，获准进入近邻同盟议会；再用计谋和武力，使自己成为同盟的主子。

近邻同盟的历史教训

近邻同盟是很有趣的例证：由于建立在错误的基础上，最后堕入如此结局。一位希腊命运的公正观察者说，倘若希腊能结合成一个更为严格的同盟，或许就能保住同盟；不致陷入马其顿的网中，有可能构成一道屏障，堵住罗马人的铁蹄。

亚该亚同盟的命运

亚该亚同盟，如其名称所示，是希腊诸共和国的又一次联合，给我们提供了宝贵启示。

这个同盟，内部比较亲密，组织形式，比它的前任近邻同盟，高明得多。从表面看，它最后也遭到了覆亡下场，但这并不说明，它也和近邻同盟一样，是罪有应得。

亚该亚同盟的组织结构

组成这个同盟的各个城邦，保留自己的城市管辖范围，自己选任官员，享受完美平等。代表各城邦的元老院，独享一些排他权力：开战与媾和，派遣和接受大使，签订条约，加入联盟，任命首席行政官（称为 praetor），指挥同盟军队；得到十名元老的同意，不仅在元老院休会期间领导施政，元老院开会时，也起举足轻重的作用。根据最初的宪法，设两名行政官，联合执政；试行后，还是觉得一人为佳。

亚该亚同盟度量衡一致，货币相同

看来，这些城邦的法律和风俗相同，度量衡一致，货币相同。不过，这些情形，有多少是来源于同盟议会，现在已弄不清楚。史书上只说，这些城邦是被迫采取这些法律和制度的。马其顿人被菲洛皮门[34]引进同盟后，企图废止利库戈斯[35]的制度和法律，采用亚该亚的制度和法律。马其顿曾经是近邻同盟的成员，近邻同盟允许她充分实施自己的政府形式和立法，这一点证明：近邻同盟和亚该亚同盟有非常本质的区别。

非常可惜，这个有趣的政治组织，留下的遗迹太不完善。如果能了解她的内部结构和常规运作状况，很可能对如何建立联盟政府提供更多科学见解，超过我们所了解的所有其他联盟。

民众政府在亚该亚同盟中受到联盟法律的约束

研究亚该亚同盟的史学家，似乎都注意到一个重要的事实。无论在阿拉图斯[36]对同盟实行革新后，还是在马其顿运用计谋使其解体前，亚该亚同盟在政府的运作上，十分稳健，讲究正义，人民中间，少见暴力，少见煽动，比那些单独行使主权和治权的城邦要强得多。马布里神父在他研究希腊的著作里说，民众政府到处引起骚动不安，亚该亚同盟却幸免，因为，民众政府在该同盟中受到总体政府和联盟法律的约束。

不过，我们并不想匆忙做出结论，说分党分派的行为，没有在某种程度上使这些城市动荡不安；更不能说，在总体体制中，上下有序，和谐融洽。共和国反反复复的命运，足以证明情况恰恰相反。

亚该亚同盟多次受所谓外援的支配

近邻同盟存在期间，亚该亚同盟只吸收了较为次要的城邦，在希腊舞台上扮演小角色。近邻同盟成为马其顿的牺牲品后，亚该亚同盟却幸免于腓力和亚历山大大帝的侵占。不过，在这些君王的后继者统治之下，一种不同的政策取得优势。亚该亚同盟的成员，采取了一种分开的手法：每个城邦被诱使去追求自己独特的利益，同盟解体。有些城邦陷入马其顿军事暴政之下；有些城邦陷入内乱中篡权者的统治之下。受辱和受压之感，不久就重新燃起他们对自由的热爱。有几个城邦重新联合起来，其他城邦追随它们的榜样，终于找到机会摆脱对他们实行暴政的人。这个同盟，迅速囊括几乎整个伯罗奔尼撒半岛。马其顿看到了这个进程，由于内部倾轧，无力加以制止。整个希腊抓住这个热忱的势头，似乎已准备好联合为一个联盟；可是，马其顿和雅典互相嫉妒、彼此争雄，使这个计划毁于一旦。马其顿当权者丧心病狂，引诱这个联盟，去讨好埃及和叙利亚的国王联盟，他们作为亚历山大的后继者，本是马其顿国王的竞争对手。这项政策被斯巴达国王克莱梅尼奥[37]击败，他野心勃勃，无缘无故地去进攻自己的邻邦亚该亚同盟。他与马其顿为敌，过去与埃及和叙利亚君主有利益关系，唆使他们来进犯亚该亚同盟。亚该亚同盟于是陷入两难，不知道是顺从克莱梅尼奥好，还是争取马其顿的援助好，而马其顿原来是压迫它的一方。结果选择了后者。希腊的处境，总是给她的强大邻邦提供愉快的机会，干涉同盟的事务。一支马其顿大军迅速出现，克莱梅尼奥失败。亚该亚同盟像过去常有的那样，又经历了一场变化，得胜的强大盟军，不过是又来了一个主子。他们极尽讨好之能事，总算取得对方容忍，让他们继续实行他们的法律。腓力现在登上了马其顿的王位，施展他的暴政，很快就激发希腊人之间的新结合。亚该亚同盟，虽然因其内部纷争而虚弱，成员之一麦西尼又发生叛乱，于是联合艾托里安人和雅典，树立起反对旗帜。虽然得到这样的支持，他们依然发现自己力不胜任，于是再一次冒险，求助于外国援军。得到邀请的罗马人，积极投入。他们征服了腓力，打败了马其顿。亚该亚同盟又进入新的危机。成员之间发生内讧。这本是罗马人唆使的。卡利克拉斯和其他民众领袖，成了诱骗自己同胞的被雇用的工具。罗马人竟然宣布整个希腊进入普遍的自由，使那些真心相信他们是来援助的人大感吃惊，其实是有效地滋长希腊的内斗和纷争。

怀着同样的阴险企图，罗马人开始诱使成员脱离亚该亚同盟，利用它们的自尊心，说同盟侵犯了它们的主权。在这套计谋之下，亚该亚同盟，希腊的最后希望，古代自由的最后希望，终于四分五裂；亚该亚人行为如此愚蠢，精神状态如此涣散，罗马军队不费吹灰之力，就故伎重演，像他们过去摧毁别的地方一样。亚该亚同盟被肢解，亚该亚人被套上枷锁，直到今天还在枷锁下呻吟。

亚该亚同盟最后被罗马肢解

我想，简略地勾画出这一段历史，并非多余。因为，一、它提供的教训不止一个；二、亚该亚同盟的基本宪法，以着重的形式说明：联盟政体，引出的不仅是成员间的无政府状态，而且最终会招来暴政。

帕伯琉斯

*《反联邦论》第 18 篇，没有标题，作者署名“一名老辉格党人”，原载费城《独立报》(*Independent Gazette*)，1787 年 11 月 27 日《马萨诸塞报》(*Massachusetts Gazette*)转载。

㉛ 安菲托尼议会(Amphictyonic)：《简明不列颠百科辞典》把这个词译为“近邻同盟会议”，不过英文是 Amphictyony。

㉜ 德莫西尼(Demosthenes，公元前 384—前 322 年)：古希腊政治家，曾领导雅典进行近 30 年的反对马其顿侵略的斗争。

㉝ 腓尼基人(Phocians)：《简明不列颠百科辞典》译为腓尼基人，但英文拼法为 Phoenicians。今黎巴嫩及其与叙利亚和以色列接壤地区的古代居民。

㉞ 菲洛皮门(Philopoemen，公元前 252—前 182)：亚该亚同盟的将军。

曾采用马其顿的重型甲胄和方阵战术。后被人毒死。

㉟ 利库戈斯(Lycurgus):传说中古代斯巴达的立法者,现未确定是否确有其人。史学家推算他是公元前9世纪的人。许多史学家认为他曾创建高度军事化的公社制度,使斯巴达与雅典和其他希腊城邦完全不同。

㊱ 阿拉图斯(Aratus,公元前271—前213年):希腊政治家、外交家。公元前251年在西锡安建立民主政治,加入亚该亚同盟。他曾帮助雅典摆脱马其顿的统治。

㊲ 克莱梅尼奥(Cleomenes,这里估计应指三世,?—公元前219;而非一世,?—公元前490):斯巴达国王(公元前235—前222年),曾改组斯巴达政治结构,努力摧毁亚该亚同盟,未能如愿以偿。斯巴达失败后,逃往埃及。

第十九篇*

联盟失败的例证：德意志、波兰和瑞士

麦迪逊（汉密尔顿协助）

1787年12月8日　原载《独立报》

致纽约邦民众：

上篇文章讲了古代联盟，举出这种政治制度试验的例子，还没有讲完。其他联盟，建立在与之类似的原理上，值得特别注意。进入眼帘的第一个，是德意志联盟。

德意志皇权衰落，诸侯并起

基督纪年早期，德意志被七个各自独立的国家占据，没有共同首领。七国之一，法兰克人征服了高卢人，建立法兰克王国。九世纪，查理曼大帝[⑧]，一位好战君主，率领常胜军，所向无敌；德意志成为他广阔的领地之一。他的儿子们统治时，西罗马帝国肢解，德意志被设立为一个分开的独立帝国。查理曼大帝和他的直系后人，事实上拥有皇权、徽章、尊荣。可是他手下的大诸侯，封地实行世袭。大诸侯组成查理曼没有废除的议会（Diets），逐渐摆脱束缚，上升为拥有主权的辖区，取得独立。皇家主权乏力，不足以约束这些强大的诸侯；保全不了帝国的统一安宁。各个王国和邦国之间，私下开战，凶猛异

常，民间饱受其祸，生灵涂炭。皇家权威，无法维系公共秩序，逐渐衰微，最后几乎化为无政府状态，造成皇权的长期中断，从苏亚比安人的最后一个皇帝去世，到奥地利王朝的首任皇帝登基。11世纪，皇帝们拥有完整主权，15世纪，他们手中还剩下的，连皇权的象征和装饰都凑不齐。

德意志封建体制的政府结构

这种封建体制，本身具有许多联盟特色，成长为德意志帝国的封建体制。权力寓于：一、议会，代表联盟的组成成员；二、皇帝，作为行政首脑，拥有对议会决议的否决权；三、帝国会议（Imperial Chamber）和枢密会议（Aulic Council）两个司法机构，对涉及帝国的争议，对各个成员之间的争议，拥有最高裁决权。

联盟对成员的限制，司法办法

议会拥有为帝国立法的一般权力：宣战，媾和，加入盟约，决定军队和税收份额，修筑城堡，铸造硬币，批准接受新成员，迫使不听话的成员接受帝国的禁令，借此削弱其主权地位，废止其领地。联盟对其成员有极严格的限制，禁止与对帝国怀有偏见的任何一方结盟；各邦之间相互通商时，未经皇帝或议会许可，不得征收过桥费、过路费，不得征收关税；不得改变货币价值；彼此不得采取不公平的做法；禁止协助和窝藏扰乱治安者。违反这些规则的邦，会受到处罚。议会议员，以其身份，涉及任何案件，由皇帝或议会审讯，议员的私人行为，由帝国议会和枢密会议审讯。

德意志皇帝的特权

皇帝有数不清的特权。其中最重要的包括：独享对议会提出建议之权，对议会决议持有否决权，提名大使，颁发荣誉和头衔，选帝侯[39]出缺时，由皇帝填补缺额，设立大学，授予各邦无损帝国的特权，接受和使用公库钱财，总的来说，负责维持公共安全。遇到特殊情况，选帝侯组成皇帝的顾问会。作为皇帝，他在帝国内并没有自己的领地，也没有岁入支撑皇帝的开支。但是，以其他身份取得的岁入和领地，使他成为欧洲最强有力的君王之一。

德意志总是处于外患内忧之中

宪法权力如此分布，既掌握在议员手中，又掌握在联盟首脑手中，自然使其成为宗族制度一般特征的一个例外。现实如此，它不可能再跨越。这个联盟，建立在这样一个基本原则上：帝国是一个由若干主权组成的社会；议会是各个主权的代表；立法只针对各个主权；弄得帝国成为一个没有神经的躯壳；没有能力规范自己的成员；没有抵御外患的安全保障；内部总是动荡不安。

德意志的历史充满战争，悲惨绝伦

德意志的历史，是一部皇帝与诸侯、邦国作战的历史；一部诸侯与邦国混战的历史；一部强者横行、弱者受压的历史；一部被外国侵犯或被外国玩弄的历史；横征人力，暴敛财富，或无人管事，或无可奈何；有人要征服它，有人要废除它，有人把它当作屠场，不论无辜有罪，一律滥杀，使其荒凉；这真是一部愚人自弄、庸人自扰、悲惨绝伦的历史。

外国因素渗透进德意志宪法

16 世纪，在帝国内一部分人的支持下，还有人见到皇帝与诸侯和邦国作战。有一次，皇帝本人仓皇逃窜，险些成为萨克森选帝侯的阶下囚。前普鲁士国王，觊觎他的皇权，不止一次落井下石，常常证明自己比他的能力高强。联盟成员之间，争执和战争频繁，德意志编年史中，描写战争的篇幅，鲜血淋漓。签订威斯特法利亚和约前，一场三十年战争，把德意志打得一片荒凉。战争期间，皇帝和帝国的一半为一边，瑞典和帝国的另一半则在对面。和谈旷日持久，落入外国控制，外国成为和平条约的组成部分，从此成为德意志宪法的基本组成部分。

议会无法协调诸侯共同对敌

倘若这个国家遇到紧急情况，能比较团结，起来自卫，它的局势依然可悲。各方诸侯，互相嫉妒，各自傲慢，分道扬镳，要做军备，先得展开无休无止的冗长讨论，各方装模作样，终无一成；议会达成协议之前，敌军早已入境；联军尚未应战，敌军早已回到冬营。

和平时期,认为必要维持一点国家军队,规模甚小,给养不足,军饷低廉,军人脑中满是地方偏见,由各地无规律、不平衡凑给公库的款项支付。

和平时期常备军规模小供应差

在这些拥有主权的诸侯之间,无法维持秩序和公道,结果,变成这样一种实验场:帝国被瓜分为九到十个圈子或地区;授予每个圈子或地区一个内部组织;让它们用武力执行法律,处罚那些不守规矩和抗不从命的成员。这场试验,更充分地说明:宪政本身存在严重缺陷。每个圈子或地区,都成为这个政治怪物的病态缩影。它们要么履行不了自己的职责,要履行职责,就是打内战,大搞掠夺屠杀。有时候,所有的圈子和地区都不灵了,结果,指望他们去解决的问题,变得愈益严重。

帝国十分九裂,诸侯各不能尽职

以苏阿纳斯为样本,我们可以对这种军事高压国策得出一些判断。在多纳瓦,一个自由的皇家城市,在苏亚比安的圈子里,圣克洛斯神父享受着几种为他保留的豁免权。在一些公众场合,他要享受这些特权时,城里的人便对他怒目相视。结果,该城受到帝国的处罚。巴伐利亚公爵,本是另一个圈子的头目,却获得执行这项处罚的机会。他很快来到该城,随身带了一万大军,发现这个机会难逢,实现他一开始就暗中盘算好的计谋,借口说这个地方原来就在他的先辈治下,后来被人肢解出去,现在正好一举恢复。[1]于是,他用自己的名义,占领该城,解除当地武装,处罚居民,把这个城市重新划入他的领地。

巴伐利亚公爵假公济私的例子

也许有人会问,是些什么因素,使这架互相脱节的机器,长期存在,没有完全支离破碎呢?答案很简单:多数联盟成员势单力薄,它们不愿接受外国强权摆布;多数大诸侯,与环绕他们的那些可畏势力相比,也很软弱;皇帝从他分散在各处

德意志政治机器破而不碎的原因

的世袭领地上得到广泛好处；使他觉得，维持这样一个体制，对他有利，可以传承他的家族自豪，使他成为欧洲第一君主；这种种因素，支撑着一个疲软的摇摇欲坠的同盟；这种令人厌恶的质地，乃是皇家主权的固有本质，而且，随着时间的推移而固化，拒绝任何形式的改革，不可能建立到一个较为坚实的基础上去。也不可能想象，倘若把这些障碍搬掉，周围的邻国，会受到一场德国革命的危害，或许一场革命倒能给德国带来力量，恢复它昔日的荣光。周围的国家，早就对德国体制的变化密切注视；在很多场合，它们都流露出这样的意思：最好让德国永远停留在这种无政府状态的软弱之中。

波兰的悲惨境地

如果还想要更为直接的例证，作为一个君临各地主权的政府，波兰倒是一个适当的例子。再没有什么证据，比波兰这种体制的大灾难结局更为显眼。波兰根本没有平等的资格实行自治、自卫，长期生存在强大邻国的怜悯之下，它们近来对它的怜悯举动，就是减轻它的负担，夺走它三分之一的人口和领土。

瑞士联盟的特殊情况

瑞士各邦(Cantons)之间的联系，很少被人列入联盟；虽然，有时候人们也把它视为这种体制的稳定性例证。

瑞士各邦，没有共同的财库，即使打仗，也没有共同的军队，没有共同的货币，没有共同的法院，连主权国的共同标志都没有。

它们之所以连在一起，是因为它们特殊的地理位置，因为它们都很弱小、不打眼，因为它们害怕强大的邻国，它们曾经臣属于其中之一；因为人民如此纯朴，生活方式同质化，很少与人争辩；因为他们在不独立的领地上有共同的利益；因为他们面临叛乱造反时需要互相援助，对援助有严格规定，通常是应邀才来，事后付与费用；因为各邦之间需要做出一些常规的和固定的安排，排难解纷。他们的办法是：有争议的邦，各从其他中立的邦中选取四名法官,如果这八个人达不成一致,再请一位仲裁。合议庭宣誓不偏不倚,宣布终审,由全体各邦监督执行。这个办法看来有效。1683 年,与萨伏依公国的维克多·阿马戴斯签订了一项条约,可为证据。其中有一条,阿马戴斯同意,如各邦发生争端,他担任仲裁人,如有必要,对违规的一方使用武力。

瑞士联邦虽然特殊,但还是值得与美利坚联邦一比,说明需要确立原则。联邦对付常规情形虽然有效,一遇到特殊情况,需要它表现力量时,就力不胜任。仅因宗教问题的争执,就出现三次流血暴力冲突,可以说实际上切断了联盟。从此以后,新教徒居住的邦和天主教徒居住的邦,各有自己的议会;重要的事情都在各自的议会解决,总体议会无事可管,只处理保释的事。

这种分开还有一个后果值得注意。那就是与外国结成对立的同盟。一个是伯尔尼为首的新教徒联盟,与联省[40]结盟;一个是卢塞恩为首的天主教联盟,与法国结盟。

帕伯琉斯

*《反联邦论》第 19 篇,题为"历史教给我们什么?",作者署名"一名新港男子",原载《新港信使报》(*The Newport Mercury*),1788 年 3 月 17 日。

---

[1] 帕伯琉斯注:普菲弗尔《德国新闻摘录和历史年表》说,他的借口,是补偿他那次征伐的费用。

㊳ 查理曼大帝(Charlemagne):又称查理曼一世,公元 742 年生,814 年卒,768—814 年为法兰克国王,800—814 年为西罗马帝国皇帝。
㊴ 选帝侯(electorate):拥有选举皇帝资格的诸侯。
㊵ 联省(United Provinces):荷兰联邦的另一称呼。

第二十篇*

联盟体制失败的例证：荷兰

麦迪逊（汉密尔顿协助）

1787 年 12 月 11 日　原载《纽约邮报》

致纽约邦民众：

荷兰联邦，也是一个由若干共和国组成的联盟，说得准确些，是一个由若干贵族公国组成的联盟，是一种非常值得注意的结构；不过，这个联盟，根据我们的研究，再次证明前面所说的教训。

荷兰联邦内部平等独立

这个联盟，由七个彼此平等、各自拥有主权的邦组成，每个邦，或称省，由彼此平等而且独立的城邦组成。所有重大事务，不仅要各省一致同意，而且要各城邦一致同意，才能决定。

荷兰议会的组成

联盟的主权，寓于联盟议会（States General），通常由五十名议员组成，由各邦选任。有的议员终身任职，有的任职六年，有的任职三年，有的任职一年。还有两个省，高兴的时候就派议员。

荷兰的政治结构

联盟议会有权签订条约，加入同盟，宣战媾和，招募陆军，装备舰队，确定各邦上交公库的金额，催促各邦交费。不过，所有这些事情，都要求各邦取得一致，并征得选民同意。议会有权任命和接受大使，履行已经签订的条约，履行已经加入的同盟职责，制定进出口征税条例，管理钱币铸造，各省保留一份权利，积蓄一些钱财，作为主权，负责治理一些属地。除非全体一致同意，否则，各省要受一些约束：不得与外国单独签订条约，不得征收对其他省造成损害的关税，对邻省收费不得高于本省居民。一个国务会议(a council of state)，一个审计院(a chamber of accounts)，五个海事团(colleges of admiralty)，协助和加强联盟的行政。

独特的荷兰行政官

荷兰联盟的行政官，叫执政官(Stadtholder)，现在是世袭的君王。荷兰行政官的主要权势和影响，源于他的独立头衔，他的数额巨大的世袭产业，他的家族纽带。他的家族，与欧洲的一些君主广为交游。或许最重要的，是他先后在几个省做过行政官，又当上联盟行政官。在一些省里，他任命过城镇行政官，推行过省级政令，高兴时就主持省法庭；掌握赦免全权。

荷兰联邦行政官的特权

作为联盟的行政官，他享有相当的特权。

他有政治手腕。出现省际纠纷时，若其他办法不能奏效，由他斡旋。到联盟议会的辩论中去帮忙，参加一些特别会议，召见一些外国使节，私下派人到外国宫廷斡旋。

他有军事能量。他指挥联盟军队，设立卫队，统管军事，上至上校，下至少尉，都由他授予军衔。设有要塞的城镇，由他组建政府，任命官员。

他有海军权势。兼任海军统帅，海军的一切事务，都由他督导指挥，亲自主持海事庭或派人代理，任命海军将领和军官，设立军事法庭(councils of war)，在他批准之前，不得执行裁决。

他的岁入，不计私人收入，一年达三十万弗洛林。他指挥的常备军，约四万人。

古荷兰联盟外强中干

根据羊皮纸上的记载，这就是显赫一时的古荷兰联盟(the Belgic Confederacy)的盛况。实际情形，给这个联盟打上了什么样的印记呢？政府低能；省际不和；受外国影响，忍辱负重；平时谨小慎微，勉强求得生存，战时岌岌可危，蒙灾受难。

格劳秀斯[41]早就指出：这个联盟，结构腐朽，它的人民，只是因为仇恨奥地利王室，才团结着活了下来。

史学家对荷兰的评价

一位值得尊重的作者说，乌德勒支联盟[42]，把希望寄托在联盟议会上，似乎足以维系和睦，可是各省之间相互嫉妒，实际远远脱离理论。

另一位作者说，荷兰联盟要求每个省上缴一定的财政贡献，这个规定从未履行，也无法履行，因为，内陆省份商业规模很小，没有能力缴纳配额。

荷兰联盟无法解决内部财政问题

缴纳财政贡献方面，宪法条文实际落空。拖延会造成危险，守规矩的省，便上交了它们的配额，不等其他省；然后，它们又通过议会，要其他省弥补，那是常有的事；只要有能力，它们就用其他办法。荷兰省的巨大财富和影响力，使她能够实现这两项目的。

不止一次发生这样的事：最后只好使用武力，去征收不足的部分；头号成员，比所有其他成员加起来还要强大，在这样的联盟里，这种办法，虽然令人生畏，倒是切实可行。联盟内，好几个成员太小，没有力量抵抗。可是，由一个成员这样做，终究不现实，好几个力量和资源势均力敌的省，自己单独行事，生机勃勃，足以自卫。

外交部长的事，就是斡旋行贿

威廉·坦普尔爵士，曾经当过外交部长，说：外交部长嘛，遇事避开正题，只管在各省各市之间周旋贿赂，就能成功。1726 年，这种手法把汉诺威条约拖延了一年。类似的例子，不胜枚举，臭名远扬。

遇到危急情形，联盟议会往往只好逾越宪法。1688 年，他们提着脑袋，彼此签订了一项条约。1648 年的威斯特伐利亚条约，最后正式承认了荷兰的独立，签订时未经泽兰(Zeland)同意。即使最近与英国签订的和约，也违背了各省一致同意的宪法原则。一种软弱无力的政治体制，最后势必解体，因为缺乏必要的权力，或权力被篡夺。篡权一旦开始，是适可而止，还是继续向前，走到危险极端，取决于当时的局势。暴政或许更为经常地从篡权之中产生，应对危急压力，根源则在体制弊病，不是充分施展宪法的最大权威。

尽管联邦行政官这个职位造成巨大灾难，但是可以设想，没有他对各省的影响力，无政府状态早就使联盟解体了。马布里神父说，“如果各省之间没有一个原动力，能够把它们从死水微澜中拖出来，迫使它们用同样的方式思考，在那种政治结构下，联盟根本无法维持。这个原动力，就是联邦行政官。”威廉·坦普尔爵士指出，“联邦行政官缺位时，荷兰以其财富和权势，顶替行政官的作用，使其他省处于从属地位。”

联邦行政官的维系作用

外界环境，对无政府状态也起到控制作用，使联盟不致解体。周围的强国，使各邦之间产生结盟的绝对需要，在某种程度上联合起来，同时，它们又不断施展阴谋诡计，使体制中的弊病变本加厉，使共和国总是处在可怜的状态中。

周围强国的压力，迫使各邦联合

真正的爱国者，长期以来，为这些致命弊病惋惜，至少做过四次尝试，为此特定目的，举行非常议会，想找出一种矫正办法。像过去的许多次一样，尽管他们满腔热忱，还是没有办法把“公众议会”(the public councils)联合起来，改革现行体制中已知的、公认的致命弊病。同胞们，让我们停下来，想一想这个具有警戒意味的悲惨历史教训吧；他们不幸的观点，自私的激情，给人类带来巨大灾害，令我们一洒同情之泪；我们为了自己的政治幸福，能展开心平气和的磋商讨论，让我们感

荷兰人团结不起来，美利坚人做到了

谢上苍。

荷兰联盟还设计了一种普遍的税制，由联盟的权威实施。因为有人反对，流产了。

这个不幸的民族，现在看来正在遭受民众骚乱，源于各邦之间的纠葛，源于外国军队的实际入侵，他们的命运处在危机之中。所有的国家，都在注视着这场可怕的奇观。人道精神唤起的第一个希望，是严峻的考验，导致他们政府结构的一场革命，建立起他们的联邦，把联邦转化为宁静、自由、幸福之邦。否则，我们相信，这个国家得天独厚，会成为一个避难之所，大灾之后，在那里得到抚慰。

联盟体制是一种理论错误

我花了这么多时间，历数这些联盟先例的命运，并不感到需要向读者致歉。经验乃真理的启示；对启示的反应若非冥顽不灵，便通向结论，变得神圣。这个例子，昭示着毫不含糊的重要真理：一个主权居于若干主权之上，一个政府居于若干政府之上，立法需要社区推行，不能施与个人；理论上，是一种谬误；实践中，破坏公民政治体的秩序和目的，结果，是用暴力取代法治，用破坏性的武力高压，取代行政官的温文尔雅之压。

帕伯琉斯

＊《反联邦论》第 20 篇，题为“历史教给我们什么?”，作者署名“一名新港男子”，原载《新港信使报》，1788 年 3 月 17 日。

㊶ 格劳秀斯(Hugo Grotius，1583—1645)：荷兰著名政治家、法学家、神学家，人文主义者。著有《编年和历史》。《编年》记 1559—1588 年；《历史》记 1588—1621 年。

㊷ 乌德勒支联盟(the Union of Utrecht)：乌德勒支位于荷兰中部，是荷兰最小的省份。

第二十一篇*

当前联盟体制的主要问题

汉密尔顿

1787 年 12 月 12 日　原载《独立报》

致纽约邦民众：

前面的三篇文章，概括了其他联盟体制的基本环境和简明历史，说明了它们的性质和命运。现在，我要举出我们的体制[43]中令人深感失望的主要毛病。为了提出适当的矫正办法，得出令人满意的稳妥判断，对我们的体制弊病，已经延伸多广，后果有多恶劣，要有清醒认识。

对我们体制弊病的广度和恶劣程度，应有清醒认识

现存联盟体制，一望而知的毛病，是联盟议会的立法，完全得不到各邦支持。按现行《联盟条款》，联盟无权要求各邦严格服从，无权处罚违反联盟决议的邦，无权对违规的邦课以罚金，无权中断或剥夺各邦的特权，无权使用任何宪法手段。《联盟条款》里，没有明确的条款，授权联盟议会使用武力对付拖欠款项的邦。倘若邦与邦之间的关系，具备社会契约性质，那么，就应该授予联盟首脑联盟议会这样的权力，遇到问题，可以用推断和解释条文的办法，实施这项权力。可是，《联盟

联盟议会没有处罚违规的邦的权力，实在荒谬

条款》第二条说:“各邦保留自己的主权、自由和独立、每项权力、管辖范围和权利,联盟议会召开期间,通过这项结盟,明确授予联邦者例外。”显然,《联盟条款》没有授予这一权力,这实在是荒谬,把我们置于两难境地:要么,接受这个条款,不论它多么荒谬可笑;要么,违背这个条款,或把它搪塞过去。近来,反对宪法的人,津津乐道,反复称颂这一条;新宪法由于没有这一条,成为口诛笔伐的对象。倘若我们不愿意削弱这项受到赞美的条文,联邦将会出现一种罕见的政府惨状:想要施行自己的立法,连运用宪法权力的影子都找不到。从上文说的政府惨状,可以看出,这个美利坚联盟,形式特殊,自外于所有其他这类体制,实为世界政治中没有先例的新现象。

各邦政府之间,没有相互保证(guarantee),是联盟体制的又一致命缺欠。《联盟条款》中,没有一条宣布这种保证。从实用角度考虑,条款哪怕默认各邦相互保证,也比上述第二条公开宣称各自独立要好,至少暗示可以采用强制手段。没有保证,结果可能危害联合,不过,还不会立刻危及联邦的生存,没有立法得不到支持那么严重。

各邦之间没有互相平定内乱的保证,十分危险

各邦之间没有相互保证,倘若一个邦内出现内乱,危及本邦宪法,获得联邦援助、加以弹压的希望,也就破灭。邦内的篡权势头,势必上升,以致践踏民权;全国政府,受条文约束,眼睁睁看着这种篡权,即使忧心如焚,也无可奈何。得势的派别,在一个邦的秩序和法制的废墟上,可能建立起暴政,联邦对拥护和支持政府的人,无法援引宪法提供援助。马萨诸塞勉强摆脱政治动乱,说明这类危险并非出于空想。倘若这些煽动者,有个恺撒或克伦威尔那样的人物带领,谁能断定会弄成什么样子?谁能预料,如果马萨诸塞建立起暴政,对新罕布什尔、罗得岛、康涅狄格和纽约的民权,会带来什么影响?

如果一个邦里出现内乱,联邦没有介入的权力

各邦过于自重,过于自傲,产生一种想法,以为联盟体制

用不着互相保证原则，以为这会过分干涉各个成员的内部事务。这种顾虑，使我们失去从联邦获得好处的一个重要机会；从这一条，只会生出对条文本身的误解。互相保证，并不妨碍各邦人民中的多数，用合法的和平方式，改造他们的邦宪法。这项权利，始终不变。保证只是用来对付暴力引起的变故。为预防这类灾难，也不能设置过多制约。社会的和平，政府的稳定，绝对依赖预先采取的有效措施。凡是政府的全权，都掌握在人民手中的地方，即使一个邦内发生局部或偶然骚动，也没什么必要使用暴力矫正。有一部代议制的宪法，全国政府处理地方管理不善问题，办法是变换领导人。有全国政府出面保证，可以防止地方统治者篡权，可以防止社区内党派活动猖獗，防止煽动闹事的人得逞。

各邦过于自重自傲，不屑互相保证

用分配定额的办法，要求各邦向公库定期上缴财政贡献，是联盟体制的另一个基本错误。各邦对提供足够资金，解决全国性紧急情况，心生厌恶。这点，前文已经说过。我们的教训，也证明了这一点。我现在这样说，是一碗水端平，内心认为各邦完全平等。以为这种方式可以产生国富的人，过去思维已成定式，现在可以明白，其实并不存在可以共同遵循的标准，没法算出各邦应付的定额。大陆议会曾先后提出土地价值和人口数量，作为各邦之间分配定额的标准。其实，二者都不能公平代表各邦实力。把荷兰联邦的财力，与俄国、德国甚至法国的财力做个比较，再把上述三国中任意两国的土地总价值，或人口总数，做个比较，就会发现，这两个标准，毫无可比性，与国家的相对富裕程度没有关系。美利坚各邦之间，做类似的比较，结果也是一样。把弗吉尼亚和北卡罗来纳比一比，把宾夕法尼亚和康涅狄格比一比，把马里兰和新泽西比一比，就会明白，各邦的实力，以岁入为标准，与它们的土地面积、人口总数，没有比头，或毫不相干。把同一个邦内的各个

用分配定额的办法组建财政，是基本错误

县比较一下，结果也说明：不可比。熟悉纽约邦的人，绝不会相信，金县的财富，会比蒙哥马利县多得多，可是，若拿土地或人口作为标准，就会得出那样的结论。

没有测量国富的客观尺度，任何分配规则都不公平

造成国家有贫有富的原因，千差万别。地理位置，土壤质量，气候变化，产品性质，政府性质，公民天分，公民掌握信息的程度，工商产业和技艺的发展水平，所有这些环境状况，以及许许多多复杂细微的外来偶然因素，难以找到一个公认的特定标准，把种种难以理喻的区别，全部囊括在内，用以比较不同国家的富强程度。结果很明显：世上没有比较国富的共同尺度。当然，也就无法找到一个普遍适用的规则，来衡量各邦应当交纳财政贡献的份额。因此，企图找到规范联盟成员之间财政贡献的办法，不论采用这类规则中的哪一种，只会造成明显的不公平和极度的苦闷。

不公平的财政原则，会导致联盟灭亡

既然设计不出任何可以操作、又使各邦愿意服从的财政负担分配办法，对美利坚而言，这种不平等本身，就足以导致联盟最后毁灭。各邦痛苦不堪，不会长期同意继续按这样的原则联合，用一只不公平的手，分配公共负担，计算时，就会使一些邦的人民受穷受压，另一些邦的公民，对自己承担的那一小点份额，还没有什么感觉。这种弊病，源于按比例分配财政贡献的原则。

应授权全国政府，按自己的方式筹措岁入

除了授权全国政府，按自己的方式筹措岁入，没有别的方法，足以避开这种麻烦。进口税，国产税，总之，对消费品征税，犹如源源之水，届时自会找到征税的适中水平。每个公民纳税的份额，掌握在他自己手中，可以按他自己的富裕程度支配。富人或许奢侈，穷人可以节俭。只要审慎选择适于征税的商品，就可以避免欺压个人。倘若某些邦对某些特定商品征税，引起邦际不平等，其他邦相应地对其他特定商品采取偏差征税，多半会使这种现象走向综合平衡。随着时间的推移，

事物的发展，综合平衡，虽然是一个极其复杂的课题，总会在各地相继建立起来。换言之，即使依然存在不公平，程度不会过于剧烈，不会到处盛行，外表也不会像财政份额分配制那么可恶。

对消费品征税，一个明显的优点，在于消费税的性质本身，防止征税过高的做法。消费税预先就有自己的限度；超过这个限度，无法实现征税目的，无法扩展岁入。说起这个话题，民间有句俏皮谚语："运用政治算术，二加二并不总是等于四。"若税率过高，会压低消费，结果是征不到税；把消费税限定在适度的温和水平，国库的收入，反而充盈。这就形成一道完整的屏障，不允许过于压榨公民；消费税本身，是对征税权力的一种自然限制。

征收消费税的明显优点——自动限制征税额度

消费税通常属于间接税范畴，应该持之以恒地成为这个国家岁入的主要来源。直接税，主要涉及地产和房产，可以采取摊派规则。不论土地价值，还是人口数量，都不能作为摊派标准。以农业为主的邦，人口众多，人们一直被认为二者相互关联。为实现制定规则的目的，数字看起来单纯确定，常被优先选用。不论哪个国家，要估计出土地的价值，都非常困难；美利坚居民分布异常不均，农业改良程度千差万别，要估计土地价值，更是难于上青天。在多种多样的情况下，要精确估计土地价值，成本不堪设想。在税收领域，政府的处置权尚未受到限制，建立起一套与目的相称的规则，虽然麻烦，总比听之任之，毫无规则可循要好。

美利坚应以消费税作为国家岁入的主要来源

帕伯琉斯

*《反联邦论》第 21 篇，题为"凭什么说联盟条款失败了?"，由"森狄涅尔"两封信的摘录组

成，原载费城《独立报》，1787 年 10 月 5 日和 11 月 30 日。

㊸ 我们的体制：十三个邦的宪法，都设立了行政官，享有行政权，兼任各邦民兵总司令；唯独联邦没有行政官，总司令由联盟议会选出的华盛顿担任，但华盛顿并不兼任行政官。十三个邦都先后实行了议会两院制：参议院和众议院，各自选举议长；唯独联邦实行一院制，议会叫 Congress，以别于各邦议会的通称 Legislature。《联盟条款》里没有关于设置议长的规定，没有选举议长的具体办法。不过，联盟议会实际上有一个由各邦代表轮流担任的 president，按当时惯例，议会的 president，既然拥有主持会议的尊严，掌握程序的责任，便不再拥有表决权，除非两派票数相同，议长才可以投票打开死结。议长在会议开始和结束时，只说明程序，不发表主旨演说或终结演说。因此，president 权力有限，可以译为"主席"或"议长"。

弗吉尼亚的佩顿·伦道夫，南卡罗来纳的米德尔顿，先后担任第一个大陆议会议长。佩顿再次当选第二个大陆议会第一任议长后，不久死于中风。

第二个大陆议会的第二任轮值议长，是马萨诸塞人约翰·汉考克(John Hancock, 1737—1793)，接连当选四次，是大陆议会任期最长的议长：1775.05.24—1777.10.30，但没有超过《联盟条款》规定的"任何代表在 6 年内任期不得超过 3 年"的规定。8 年后，再当选一届：1785.11.23—1786.05.29。

汉考克 17 岁毕业于哈佛，23 岁去英国学生意一年，26 岁成为叔父商号里的生意合伙人，在波士顿从事对外贸易。28 岁开始担任马萨诸塞殖民地议会议员。31 岁时，因拒绝向英国当局交进口税，被英国当局指控走私。律师约翰·亚当斯帮他辩护，打赢官司。"波士顿惨案"发生后，汉考克挺身而出，成为波士顿抗议英国暴行的市民领袖，名声传遍美国。1780 年，他当选马萨诸塞制宪代表，参与制定第二部邦宪法。然后，当选马萨诸塞第一任邦长，连任四届。1785 年辞去邦长职务。1787 年，再次当选马萨诸塞邦长，再连任 6 年。1788 年，马萨诸塞讨论批准《联邦宪法》，他又当选民意代表大会主席。1793 年 10 月 8 日，汉考克在邦长任上去世。与不少美初领袖一样，汉考克从联邦领袖人物开始，然后，把主要精力投入邦一级的政治。

第二个大陆议会的第三任议长，是南卡罗来纳人亨利·劳伦斯(Henry Laurens, 1724—1792)，任期一年：1777.11.01—1778.12.09。劳伦斯生于南卡首府查尔斯顿。20 岁去英国学经商三年。23 岁起，接连 4 年当选南卡殖民地议会议员，同时，担任对付印第安人的民兵中校。27 岁到 31 岁，再去英国。1775 年，31 岁的劳伦斯，当选南卡革命议会副议长；1777 年 1 月 10 日，当选南卡派往大陆议会的代表，同年 11 月，当选大陆议会议长。卸任后，1779 年 10 月 21 日，大陆议会任命他为驻荷兰大使，取海途前往争取荷兰的支持和援助。不幸在海上被英军俘获，被关押在伦敦塔里近两年。1781 年 10 月 31 日，美国用投降的英军副统帅康华里，换回劳伦斯。1782 年 10 月 30 日，劳伦斯奉命参加美国派往巴黎的代表团，与英国谈判英美和平条约，成功。1784 年 8 月 3 日，劳伦斯回到查尔斯顿自己的种植园。此后，劳伦斯又当选大陆议会代表，南卡邦议员，1787 年，当选南卡派往联邦制宪会议的代表，对此，他一律谢绝，坚持在自己的种植园经营，直到去世。

第二十二篇*

现存联盟体制的其他主要缺点

汉密尔顿

1787 年 12 月 14 日　原载《纽约邮报》

现在的联盟体制[44]，除前面列举的毛病外，还有一些问题，重要性也不亚于前，加起来，使这个政府完全不宜于主持联邦事务。

没有统一管理商业的权力，政府无法与外国谈判通商条约

大家一致认为，联盟政府没有管理商业的权力，是一种缺憾。我们开始探讨这个课题时，就预见到管理商业权力的用途。加上人们在这个问题上的普遍信念，这里无须再作补充说明。哪怕粗浅地观察一下，事情就很清楚：管理商业，要么代表贸易利益，要么代表金融利益，二者都需要一个联邦总管。对此，无人提出异议。没有管理商业的权力，现在已经阻碍我们与外国谈判有利于我们的条约，造成各邦不满的种种情形。了解我们政治结盟的国家，不会傻到与联邦签订条约。签订条约，外国总是要让出一些对他们有利的特权；可是，联邦方面所作的相应让步，各邦随时可以违反。外国从经验得知，除了暗示给予暂时的方便，无需对我们保证任何回馈，照

样可以在我们的市场上享受它们想要的优势。詹金森先生向英国下院提出一份管理两国间临时交往的提案，说明提案之前，他先声明：历届提案中的类似条款，已被事实证明，符合英国商业的各项目的。现在最稳妥的办法，是继续原有计划，看看美国政府是否能做到前后行为一致。[1]

各邦分别制定了一些禁令、限令、排斥令，影响北美与英国的商业往来。各邦无法采取一致行动，因为没有一个总体权威。各邦观点不同，常生摩擦，各种尝试，都遇到挫折。如果建立统一政策的要求，依然遇到障碍，这种情形，就会长期持续。

每邦各行其是，没有全国统一的商业政策

有些邦的管理措施，带有干涉性，态度不友好，与联合的精神背道而驰，出现一些情况，使别的国家愤怒抱怨，确有正当理由。令人担心的是：这种先例，如果全国政府不能加以约束控制，势必成倍增加，到处蔓延，成为各邦之间不和与纠纷的重要起因，成为联盟内部各邦彼此交往的严重障碍。“德意志帝国的商业，不断受到诸侯和城邦的阻碍，对通过他们领地的商品重复征税；结果，德意志虽然天生拥有许多通航河流，由于到处征税，河床几乎废置。[2]”美国人天资聪颖，不会让我们陷入那种境地。不过，我们可以理性地预料：由于各邦管理办法逐渐走向冲突，各邦公民得到的最终待遇，不会比外国人或侨民好。

有些邦的商业管理措施，带有干涉性，态度不友好

《联盟条款》明文规定：联盟议会征集陆军的权力，是按比例向各邦摊派兵员和给养。这种做法，独立战争期间，已被证明妨碍了军队的战斗力，妨碍建立一个节省的防务系统。这种做法，导致各邦之间相互攀比，产生一种拍卖人口的架势。各邦为了完成分配给他们的兵员配额，相互哄抬人数，弄得奖励参军的金额越来越高，无法支付。有意服役的人，得寸进尺，拖延入伍日期，以待奖金升高，又无心长期服役。结果，

按比例摊派兵员和给养，妨碍了军队的战斗力

我们的事业，遇到紧急时，征兵又慢又少；兵员不足，费用却极为可观。整个军队的人数，忽高忽低，军纪涣散。公共安全，往往由于部队溃散，陷入周期性危机。有好几次，只好强制征兵。唯有追求自由的热情，才算把士兵维持下来。

这种征兵办法，既不节省，又不利于调动士气

这种征兵办法，本以为是均衡分配负担。其实，既不节省，又不利于调动士气。靠近战场的邦，受自卫动机的影响，努力完成了它们的配额，甚至超过了它们的能力；远离危险的邦，动作上的消极怠慢，与其他邦的积极努力，恰成对照。征兵的这种不均衡，与按比例分配财政负担的不均衡不同：征兵的直接压力，无法指望用最终偿清的办法缓和。没有交纳财政份额的邦，至少可以给予违规指责；兵员供应不足，不允许留下过时再偿还的账目。对拖欠款项最多的邦，要偿清它们的债务，我们还能存多少指望？对派送兵员不足的邦，情形更严重：对已经破灭的希望，再加惋惜，还有什么用？按比例分配的体制，不论用于征兵，还是用于财政，不论从哪个角度看，都是联盟体制的愚蠢，无法在各邦之间做到平等和公平。

各邦表决权平等，是联盟体制的又一弊端

联盟议会实行各邦表决权平等制，是联盟体制中又一个招致反对的做法。任何合理分配的观念，任何公平代议制的规则，都不会赞同下列原则：在权力的天平上，让罗得岛拥有与马萨诸塞、康涅狄格、纽约的同等分量；讨论全国性问题时，让特拉华拥有与宾夕法尼亚、弗吉尼亚、北卡罗来纳平等的声音。这种运作方式，违背共和制的基本原理。共和制的基本原理，要求多数人的意见占上风。诡辩论者或许会说：各邦主权平等，多数邦的投票，即代表联盟的多数。可是，逻辑上玩弄这种花招，对付不了公平和常识的朴实启示。邦的多数，可能只代表美国人口的少数[3]；三分之二的美国人，不会仅仅因为这种人为的行政区划，巧妙的三段论法，长期听凭三分之一的人摆布。过了一阵以后，大邦就会厌恶再接受小邦的立

法。要它们默认失去政治天平上的重要性，不仅会使它们失去对权力的热爱，甚至要牺牲平等。期望前者不合理，要求后者不公平。小邦考虑到自身的安全福祉，多么依赖联合，就应该拿定主意，放弃对权力的主张；如果不放弃这种主张，难以长期维持联合。

可能有人对此提出反驳：联盟决定重大问题，不是只要求七个邦赞同，而是要求九个邦赞同，即三分之二的邦赞同；意思是说，九个邦的人口之和，一定会构成联邦人口的多数。各邦的面积和人口，并不均衡，以上说法，不能排除：各邦表决权平等的做法，依然不适当；也非对事实的精确推断。我们依然可以列出九个邦的名称，它们的人口加起来，还不足联邦人口的一半[4]。按《联盟条款》，这九个邦，可以一致投票。此外，有些相当重要的问题，只需要简单多数就可以通过；还有一些问题，其中存在疑义，如果也解释为只要七个邦同意就可以通过，就会把票决延伸到具有头等重要的事情上去。此外，人们已经注意到，邦的数目可能增加，却没有条文规定：表决权如何按比例调整。

有九个邦的人口加起来，还不到联邦的一半

这还不是全部。有些做法，乍一看来，像是补救办法，实行起来，却是祸害。一旦赋予少数否决多数的权力（过半数的邦便可作决定，结果总是这样），趋势就是：多数人服从少数人的意志。由于少数邦的代表不出席，联盟议会常常处于波兰议会的境地：一票否决，整个议会便无法动弹。特拉华和罗得岛，加起来，约相当联邦的六十分之一，好几次，它们使整个联盟议会停摆。这，就是那些漂亮说法中的一种，产生出来的效果，与理论上的预期，恰好相反。议会开会，要求全体通过，或接近全票通过，是建立在一种假设上，以为这样有利于安全。其实，真正运作起来，会使行政陷入尴尬，摧毁政府活力。一个才能并不出众、行为暴烈、充满腐化的集团，随心所

少数邦的代表不出席，联盟议会便无法运作

欲、反复无常、施弄诡计，取代了受人尊重的多数的常规讨论和决策。国家出现危难时刻，政府的好坏、强弱，至关紧要，通常必须有所作为。公共事务，总得以这种或那种方式前进。一个顽固的少数，可以控制多数的观点，而多数的主张，其实代表办事的最佳模式。多数，为了能把一件事办成，只好顺从少数的观点；这样，少数人的感觉，反倒主宰了多数人的意志，给国家行动定下一个基调。然后，就是繁琐的拖延，持续不断的讨价还价，其中穿插阴谋诡计，拿公益做卑鄙妥协。然而，就在这样的一种体制下，还能达成这些妥协，依然是一种幸运。因为，在某些场合，情况不允许调和；这时，政府的措施，就只好悬置，造成危害；再不然，就是彻底失败。经常发生的情形是：由于实际上凑不齐足够的票数批准，只好处于无为状态。联盟的处境，总是有一种虚弱的味道，有时临近无政府状态。

凡事都想万无一失，结果，多少好事，因此而做不成

不难发现，这条原则，比多数做出决定的原则，给外国收买和国内的党派活动，提供了更大余地；虽然原来的期待与此相反。错误的来源，是对过去的错误做法，没有给予足够注意，那时，处于危急之中，妨碍了政府的进步，出现了那些错误。当时的宪法，不论采取什么全国一致的行动，都要求大多数邦一致赞同。我们觉得，凡事都想万无一失，指望不做出一件不恰当的事；可是我们忘了，多少好事，因此而做不成；由于权力不许做需要做的事，把事情停留在同样令人不快的状态，那些事情，或许正好就处在特定时期，急需办理，这种做法，产生出多少弊病。

假定我们正在打仗，与一个外国结盟，对付另一个外国。假定我们的形势需要媾和，可是，我们的盟国的利益或野心，要求他们继续打下去，审时度势，我们单独媾和有理。遇到这种情形，我们的盟国会发现，要想通过贿赂或玩弄阴谋，绑住

我们政府的手脚，使我们无法媾和，倘若要求议会三分之二同意才能办到，那就比只要求议会简单多数通过容易。要想打破三分之二，只需贿赂其中的少数人；要想打破过半数，需要贿赂的人要多些。根据同样的道理，对于一个正在与我们打仗的强大的外国，要想使我们的议会处于窘境，让我们的做法尴尬，就容易多了。从商业角度来看，我们可能也得屈从于类似的不利。一个国家，或许与我们有通商条约，要想避免我们与她的竞争者建立商业联系，就容易多了；尽管这种联系不会对我们有多大好处。

外国若想贿赂，打破三分之二比打破过半数要容易

这里描述的各种弊病，不要以为是出于想象。共和制有许多优点，但是，也有弱点，其中之一，就是给外国贿赂留下缺口。世袭君主，虽然常常牺牲他的臣民，满足自己的狂妄野心，可是，主政牵扯到他本人如此巨大的利害，涉及国家的对外荣誉，一个外国，要想给君主足够的补偿，使他觉得不惜卖国，难以办到。因此，世界历史已经见证：皇家卖身投靠他国，罕有所闻，其他种类的卖国行径，则不胜枚举。

一个外国，行贿君主，使他卖国，罕有所闻

在共和国里，官员从平民中升腾，靠的是同胞的选票，升到高位，掌握权力，可能从贿赂中得到补偿，背叛选民给予的信托。这种信托，只是被思想激活，为崇高的道德指引，可是贿赂可能超过他们从公器中得到的好处比例，压倒道德心的指责。于是，历史向我们提供如此众多的不朽例证：外国利用贿赂，收买共和政府，累累得手。前面的文章，已经详细说过，贿赂收买，对于古代社会的毁灭，起了多少作用。众所周知，在许多例子中，荷兰联邦的代表，被邻国国王的间谍密使买通。如果我没有记错，切斯特菲尔德伯爵，在一封写给朝廷的信中暗示：要想他在一场重要的谈判中取得成功，取决于他是否能为对方的一位代表谋得少校的职衔。在瑞典，法国和英国，轮流收买各个党派，方式完全不讲脸面，激起全国公

共和国的官员，起于民间，有被收买的可能

愤；欧洲权力受到最多限制的君主，只用一天，不经历骚乱、暴力、压制，就变成绝对君主，丝毫不受控制，这是主要原因。

联盟政府没有司法部门

还有一种弊病，使联盟体制的缺点登峰造极，至此尚未提及：联盟政府没有司法权。没有法院解释立法，界定立法的含义，加以实际运作，议会制定的法律，不过一纸空文。联邦与各国所定条约，若不视为全国最高法律的组成部分，便产生不出任何意义。条约的真实含义，要想影响到个人，就必须与其他立法一样，由司法部门裁决。裁决中，要想做到整齐划一，由条约引起的案件，终审必须由最高法院做出。设置最高法院，与订立条约，应该出于同一权威。这两种成分，都不可或缺。倘若每个邦都有一所终审法院，那么，同一个案件，有多少所终审法院，就可以有多少种最终裁决。人与人的观点分歧，无穷无尽。我们经常看到的，不仅是不同的法院，同一个法院以内，不同的法官，也是彼此意见不同。许多独立的法院，不可避免出现相互矛盾的裁决，为了避免这种结果，各国都发现：必须建立一家最高法院，高于其他法院之上，拥有广泛的督导权力，受权结案，宣布民事审讯的统一规则。

没有联邦司法体系，全国性立法可能被各邦立法违反

政府的框架如此复杂，全国性立法，有被各邦立法违反的危险，上述做法，益发显得必要。若授权地方法院，对立法拥有最终解释权，除了因为观点不同引起的分歧外，更为令人担心的是：地方观念的偏见和陈见，还有地方规则的介入。由于这种介入常常发生，有理由担心：各邦立法的某些规定，比全国性立法还受欢迎；因为，对当官的人来说，最为自然的事，就是听从授予他们官职的那个权威所作的特定的不同规定。

没有联邦终审法院，与外国签订的条约没有保障

联邦政府按宪法与外国订立的条约，易于遭到十三个邦的不同议会破坏，在这十三个议会的权威下，这么多不同的法院，都可以做出终审。整个联邦的信誉、声望、和平，就这样持续不断地，处在每个邦的偏见、激情、利益的摆布之下。其他

国家还有可能尊重或信任这样的政府吗？美利坚人民还会继续把他们的荣誉、他们的幸福、他们的安全，托付给这样一个危险的基础吗？

把联盟体制这样检查一遍，我还只限于指出这个体制最本质的缺点，略去了这个体制细节上的许多瑕疵，由于这些瑕疵，许多本已转让给政府的一大部分权力，在很大的程度上，都流产了。说到这里，善于反思的人们，能够摆脱先入为主之见的人们，已经看到证据：这个体制真是百病丛生，没有根基，要承认，这个体制，无法修正，只有彻底改革，改去这个体制的主要特点和性质。

现行联盟体制，无法修正，只有彻底改革

联盟议会的组织本身，完全不宜于担负必须赋予联邦政府的那些权力。一个单一的议会，或许宜于容纳此前被授予联邦首脑的那些细小微弱的、披枷戴锁的权力。可是，联盟议会并不符合好政府的所有原则，即使是温和与比较理性的宪法反对者也承认：应该赋予联邦的权力，再也不能信托给这个议会。倘若宪法得不到接纳；倘若联邦的需要，能够经得起那些人的狂妄协助，他们沉溺在雄伟壮观的计谋中，指望从联邦的消亡中获取个人荣升；可能出现的局面，是我们实行一项计划，把补充的权力，转让给现在这个结构的联盟议会；要么，这架机器，从其结构的内部软弱中分崩离析，尽管我们曾做出不明智的努力去维护它；要么，为需要所迫，不断地扩张它的势力和能量，最后，我们就会在一个单一的议会里，累积起所有重要的特权和主权；这样，把一个人类的昏聩所能设想出来的政府的最不可操作的形式，强加给我们的子孙后代。这样，我们就会在实际中创造出一种暴政，就是新宪法的反对者，渴望防止或假装渴望防止的那一种。

再按反对派的路走下去，联盟议会将走向暴政

眼前的联盟体制，从未得到人民批准，这对它的虚弱病症，影响不小。现行联盟体制，得到的认可，最好的基础，也不

《联盟条款》只得到各邦议会的批准；
《联邦宪法》要得到人民的直接批准

过是十三个邦议会的批准；这个体制，权力是否合法，一直处在频繁和深入的质疑中；过去的做法，会产生出一条大原则：各邦议会有权废止这个体制。联盟体制的批准，受惠于各邦议会。有人争辩说：同一个权威，既然有权批准这个体制，也就有权废止这个体制。签订契约的一方，有权撤销契约。不论这种异说多么俗，这一信条本身，却自有受人尊重的提倡者。这个问题的性质，有可能证明：必须把我们全国政府的基础，扎得更深，不仅仅得到各邦议会的授权。美利坚帝国的政府结构，应该植根于人民同意这土壤基础。全国政府权力之流，应该直接发源于所有合法权威的清纯之泉。

帕伯琉斯

*《反联邦论》第22篇，题为“联盟条款只不过需要修改，特别是管理商业的权力和管理司法的权力；宪法走得太远”，作者为马萨诸塞人本杰明·奥斯汀，笔名“堪迪达斯”(Candidus)。文章从“堪迪达斯”的两封信中摘取，原载波士顿《独立纪事报》(*Independent Chronicle*)，1787年12月6日和20日。

---

[1] 帕伯琉斯注：我这里尽量回忆他说话时的原意。
[2] 帕伯琉斯注：见《百科全书》“帝国”条。
[3] 帕伯琉斯注：新罕布什尔、罗得岛、新泽西、特拉华、佐治亚、南卡罗来纳和马里兰，构成十三个邦中的过半数，但它们的人口加起来，还不足联邦总人口的三分之一。
[4] 帕伯琉斯注：上述七邦，加上纽约和康涅狄格，人口依然低于联邦人口的半数。

㊹ 联盟体制：联盟体制的领导机构，是第二个大陆议会。

第二个大陆议会的第四位轮值议长，是纽约人，本书作者之一，约翰·杰伊(John Jay, 1745—1829)，任期一年：1778. 12. 10—1779. 12. 09。

第二个大陆议会的第五任轮值议长，是康涅狄格人萨缪尔·杭丁顿(Samuel Huntington, 1732—1796)，任期近两年：1779. 09. 28—1781. 07. 09。

杭丁顿自学成才，是法律专家。1764年，当选康涅狄格殖民地众议员；1765年，当选康涅狄格行政顾问会委员。1774年，任康涅狄格最高法院大法官之一。他连续5次当选康涅狄格派往大陆议会的代表，最后一次，当选轮值议长。1781年，因健康状况不佳，辞去议长职。1783年，再次当选康涅狄格派往大陆议会的代表，中途回到康涅狄格，担任邦最高法院首席大法官。1785年，当选康涅狄格副邦长；1786年，当选康涅狄格邦长。

1777年11月15日，《联盟条款》二十条，经过大陆议会增加、删节，最后修改为十三条，提交各邦议会分别审议。有些邦的议会，1788年和1779年就批准了；有的邦议会，迟迟不愿批准。原因之一，是领土争端。1770年代，北美十三个邦的总面积，从大西洋海岸，到阿巴拉契山脉，约110万平方公里；从阿巴拉契山脉，到西部的密西西比河，还有约120万平方公里的"未定领土"；各邦既然都为独立战争出人、出钱、出力，当然都希望从这片"未定领土"中分得一份。当时正忙于打仗，没有处理这个问题的环境气氛。1781年春，法国海上援军开到皮萨切克海湾，准备增援马里兰。法军司令劝马里兰议会批准《联盟条款》。在此情景下，马里兰代表最后在《联盟条款》上签名。1781年3月1日，马里兰签名后，《联盟条款》开始生效，成为各邦接受的"游戏规则"。这时，独立战争已经打了将近六年，离战场上的主要胜利，只差半年。

杭丁顿是第二个大陆议会最后一任轮值议长，马里兰批准《联盟条款》，在他的任内。从此，大陆议会(Continental Congress)的正式名称，改为"联盟议会"(Congress of Confederation)。

第二十三篇*

我们需要一部宪法

汉密尔顿

1787 年 12 月 18 日　原载《纽约邮报》

致纽约邦民众：

为了继续维系联邦，必须有一部强有力的宪法

现在，我们的考察，已经进到这一阶段：为了继续维系联邦，必须有一部宪法，至少像提交我们讨论的这部宪法这样，有权有效。

这篇探讨文章，分为三个部分：一、委托给联邦政府的各项目标；二、实现这些目标所需要的权力总量；三、行使权力的对象。至于政府权力在三个部门间的分配和组织，后面再讨论。

需要联邦政府实现的主要目标

联邦政府需要实现的主要目标如下：所有各邦的共同防务，维护公共和平，防止内部动乱，防止外来攻击；管理对外贸易，管理邦与邦之间的贸易；主管对外政治交往和商业交往。

宪法不宜对国防权力加以限制

搞好共同防务，需要以下基本权力：招募陆军，建造和装备舰队，制定陆军、海军管理条例，提供给养，指挥陆军、海军运作。这些权力，应该没有限度：因为，无法预见或定义紧急

需要的范围，国家的紧急需要，多种多样，手段也应该多种多样，才能满足这些种类繁多的需要。危及各国安全的因素，数不胜数；因此，用宪法条文，对国防权力披枷戴锁，非明智之举。国防权力，应与所有可能并时发生的危险状况一样广延；应置于统一指挥下，由主持国防的专人负责。

对思维正常、不怀偏见的头脑，这是不证自明的真理之一；这条真理，解说起来，可能被弄得晦涩难懂，用争辩和说理，无法把真理说得更为简明扼要。这条真理的公理基础，单纯普遍：手段应与目的相称；指望一批人实现目的，必须赋予他们相应的手段。

要使政府能够达到目标，必须赋予相应的手段

是否应该把维护共同国防的重任，委托给联邦政府？这个问题，值得首先公开讨论；可是，一旦肯定，就应该授予这个政府完成委托所需的全套手段。除非有人能够证明：可能危及公共安全的各种情况，已经缩小到一定范围以内；除非有人能公正合理地提出与此相反的立场；否则，就应该承认：作为必然结果，对国防权力，不应加以限制。因为，国防要捍卫和保护整个社会，必须事事有效；换言之，国防必须建立起来，加以指挥，提供给养。

国防必须建立起来，加以指挥，提供给养

目前的联盟体制，虽然已被证明百病丛生，《联盟条款》的起草人，对这条原则，似乎早有充分认识；只是他们没有制定适当和足够的条款，加以贯彻。联盟议会有无限的权力，要求得到人力和财力，管理陆军和海军，指挥部队作战。联盟议会的要求，已用宪法形式，对各邦形成约束；事实上，各邦都以神圣的责任感，提供了要求它们提供的兵员和给养。各邦的动机很明显：只要它们觉得是"共同防务和普遍福利"所需的资源，就应该接受联盟的指挥。当时假定，它们对真实利益的感觉，和良好感觉的要求，就足以构成保证，使各邦对联邦首脑及时尽责。

联盟议会有无限的权力，假定各邦政府努力尽责

试验证明，这种期待，建立在错误的基础上，导致一种幻觉。我以为，讨论前一个题目时所作的论述，足以说服判断正常、不怀偏见的人：这套体制的基本原理，绝对需要彻底改变。如果我们真心想要授予联邦政府有效权力，并且使这些权力持之以恒，我们必须放弃联盟议会立法交由各邦政府执行，这种徒劳无益的安排：我们必须把联邦政府的立法，直接贯彻到广大美国公民个人。按比例摊派和征收财政款项的制度，是一种弊病丛生的体制，难以实施，也不公正，必须废弃。把这套体制废弃之后，结果就显现出来：应该授予联邦政府全权，建立陆军，装备舰队，征收岁入，征集建立和供养陆军、海军所需的税收，实行其他国家使用的普通常规模式。

联邦政府的立法，必须直接贯彻到全体公民

如果我国的格局就是如此，要求建立一个复合政府，而非一个简单政府，要求建立一个联合政府，而非一个单一政府，那么，基本点也需要调整，需要对目标加以区别，使之能够实施，把权力分给不同的部门，赋予每个部门最大限度的权威，以便完成赋予它们的任务。这样，联邦政府的结构，是否足以胜任公共安全捍卫者的重任？舰队、陆军、岁入，是否足以实现这一目标的需要？应该授权联邦政府，使之能够通过所有这些立法，制定所有有关规定。对待商业，也应如此；对联邦政府管辖领域以内的所有其他事务，也应如此。在同一个邦的公民之间执法，是否要由地方政府的适当部门完成呢？这些部门，必须拥有与这些目标，及其权限范围内的其他目标，相应的所有权力。在每种情况下，不授予与需要实现的目的相称的权力，显然违反谨慎和稳妥原则，结果是目光短浅，把国家利益，交到一些没有能力实现目的并取得成功的人手中。

把权力分给不同的部门，赋予每个部门最大限度的权威

政府受到委托，担任公共安全的捍卫者，作为信息中心，对构成威胁的危险的严重和紧急程度最为了解，作为全体的代表，深感自己在捍卫每个部分上的责任，从赋予他们的职责

独立战争期间把实权留给各邦的巨大教训

的责任感出发，对应当做出怎样的努力最为敏感，把政府的权威，延伸到整个联邦，独自便可奠定计划和措施，使之整齐划一、相互呼应，还有谁，比他们更能干，能制定出更适合的捍卫公共安全的规定呢？把负责全面防务的责任，交给联邦政府，把具体的权力，留给各邦政府，这不是明显的首尾不能贯通吗？在这样的体制下，相互不能配合，岂不是必然结果？软弱无力、乱作一团，战争负担和灾难的不当分配，不必要的、令人难耐的增加开支，岂不是这种体制的自然的不可避免的产物？在我们刚刚打完的那场战争[45]中，我们对这种体制对革命的影响，不是已经有了无可怀疑的体验吗？

若要态度公允地追求真理，无论从哪个角度来审视这个论题，都会使我们确信：既要联邦政府管好所有委托给它的任务，又不赋予它不受限制的权力，是不明智的想法，而且十分危险。人民的确需要提高警觉，仔细考虑，在构建政府的模式时，确保各项权力都能安全到位。任何计划，不论是已经向我们提出的，还是可能会对我们提出的，经过不偏不倚的检查之后，如果发现不能实现目标，即应予以摒弃。自由人民总要把权力授予一个政府，可是一个政府，它的宪法使它不适于接受这些授权，那么，把国民利益寄放在这样的政府手里，就不安全，有危险。不论把国民利益托付给怎样的政府，必须把相应的所有权力都交给它。这才是理性思考这个问题的真实结果。制宪会议已经公布了它的计划，反对派本该把他们的议论，限定在说明：拟议中的政府，其内部结构，不值得人民信任。但是，他们不应该闯进恶毒煽动的领域，陷入无聊的吹毛求疵，去议论权力的范围。就联邦政府行政的对象而言，换言之，为了管理好我们的国民利益，已授予的权力，不算过于宽广；实际上，也想不出任何令人满意的理由，证明授权已经过量，应受指责。反对派的部分作者暗示，难处在于事情的性

要联邦政府实现所有目标，却不敢授权，实在荒谬

质：美国的幅员过于广大，无法把这么多的权力，都放进一个政府里，还能使人觉得安全；如果此话当真，那就证明：我们应该缩小眼光，退到采用几个分开的联盟的权宜之计，以为联盟制比较实际可行。既要把最本质的国民利益的方向交给一个政府，又不敢信任它，不敢授予为实现有效运作而需要的所有权力，那荒谬就不可避免。我们用不着再调和折中，坚定地做出一个理性的选择吧。

正是广土众民这个难点，说明需要建立坚强政府

不过，我相信，说建立一套全国体制的想法不实际，是无法证明的。倘若有人能提出有分量的看法，事先就证明这种想法不切实际，那就算我大错特错了。我自以为得意的是，这一系列论文所作的论断，已经足以提出相反的立场，对于尚未诞生、尚未体验过的事情，说到这一步，已经足够清楚。现在已经清楚：正是幅员广大这个难点本身，构成最强有力的论点，说明需要建立一个坚强有力的政府，任何其他办法，显然都不能继续维系像联邦这么广阔的庞大帝国。反对派反对采纳宪法，倘若我们把他们的议论，奉为圭臬，我们就一定会被引向阴暗的信念：预言在现存联盟的整个边界以内，建立全国政府的想法不切实际。

帕伯琉斯

*《反联邦论》第 23 篇，题为“共同防御所需的几项权力，可以而且应该加以限制”，作者署名“布鲁特斯”，是罗伯特·雅茨的笔名，选自他给报纸的第 7 封和第 8 封信，原载《纽约纪事报》，1788 年 1 月 3 日和 1 月 10 日。

㊺ 我们刚刚打完的那场战争：指美国的独立战争。

独立战争的起源，是七年战争(1756—1763)。七年战争，是 18 世纪中期欧洲所有大国(除土耳其)都被卷入的一场大战。奥地利企图收回被普鲁士夺取的西里西亚，因而引起这场战争。奥地利组织了有萨克

森、瑞典、俄国和法国参加的反普鲁士同盟，普鲁士则与英国和汉诺威结盟。这样，英国和法国便处在对立的位置上。七年战争的主战场在欧洲，分战场在北美，展现为英国和法国对北美殖民地的争夺。北美的十三个殖民地，站在母国英国一边。华盛顿的青年时代，许多美国独立战争的将领，原来都是英国在北美培养的殖民地民兵军官。华盛顿曾参加英军，对法国人和印第安人的联军英勇作战。七年战争的结果，普鲁士占优势，1762 年 2 月 15 日签订的胡贝图斯堡条约，普鲁士依然保有西里西亚，从此跻身于欧洲主要大国之列。英国取得对法国的优势，1762 年 2 月 10 日签订的巴黎条约，英国获得北美和印度，成为海外殖民地的当然领袖。

汉密尔顿在本书里说，英国的财政收入虽然可观，英国王室的奢侈，遐迩闻名。可是，皇室的所有开销，只占英国财政收入的十五分之一，十五分之十四，用于打仗。虽然在七年战争中取胜，英国财政却越来越吃紧，债台高筑。办法之一，是把财政负担转嫁到殖民地头上。

英国首相格林维尔(George Greenville)对殖民地管理强行改革。七年战争期间，殖民地对英国的军事合作，是当地议会的自愿行为，后来不断减退。格林维尔认为：既然殖民地不再自愿捍卫他们自己和英国，英国只好向殖民地派驻英国正规军。英国已为军事而债台高筑，应该向殖民地征收新税，以供养新派去的军队。此外，格林维尔还决定收紧关税，希望此举能产生新的财政收入。

英国政府还想控制殖民者向阿巴拉契山脉以西扩张移民，担心这种趋势伤害英国在北美海滨地区的土地投机，影响英国与印第安人的关系，影响英国与印第安人的收获丰厚的皮毛生意，担心殖民地最后会建成一个新世界，遥远而且无法控制。因此，格林维尔决定暂时抑制北美向西的发展。

格林维尔采取了三项措施。第一，1763 年，向北美发出《公告》；第二，1764 年开始实行《蔗糖法》；第三，1765 年开始实行《印花税法》。

《公告》宣布关闭向西部的移民活动，禁止再购买印第安人的土地。此举激怒了北美的土地投机商，激怒了北美向西开拓的殖民者。

《蔗糖法》引起强烈的宪法问题反弹。这项立法对英国输出到北美的甜酒，每加仑征收三便士关税，此外，对输入北美的砂糖、靛蓝、咖啡、色酒、印花布、亚麻布，都加征小额税。表面看来，这些征税并非什么革新之举，早在 1733 年，英国就实行《甜酒法》，作为管理贸易的措施。可是，《蔗糖法》的前言中说，此举是为了弥补"捍卫、保护和保障殖民地的安全的支出"。换言之，《蔗糖法》是一项筹集财政收入的措施，不是管理商业的措施。这就引出英国是否有权对殖民地征税的宪法问题。

殖民地人民反对这一立法的怒吼，不仅包含法学家的辩理，而且引起一种信念，认为此举会摧毁殖民地的商业和工业。殖民地人认定：这项立法会摧毁殖民地的酿酒业，摧毁蔗糖酒(rum)行业，从而摧毁整个殖民地的商业结构。

第二十四篇*

一论军事：建立常备军的必要

汉密尔顿

1787 年 12 月 19 日　原载《独立报》

致纽约邦民众：

有人反对设立常备军

宪法提出：把建立和指挥国家军队的权力，授予联邦政府。对此，我只遇到一种反对意见。如果我的理解不错，对方的意思是说，宪法里没有一个适当的条款，制止和平时期设立常备军。现在，我就来说明：这条反对意见，理由单薄，缺乏依据。

这条意见，违反多数国家的实践，违反美国人的普遍感觉

这条反对意见，措辞笼统，只是一种大胆的断言，没有说理的外表，没有理论作后盾，与其他自由国家的实践矛盾，不符合多数北美邦宪法体现的美国人的一般感觉。若以为这个想法有理，回想起来，还是当初的事，那时人们考虑：对国家立法建立军队的权力，应该有所限制；不过这条反对意见，除了一两个邦的宪法有所提及，其他邦的宪法都拒绝了，此外，别无所闻。

对我国政治陌生的人，在当前这个节骨眼上，不先读读制

宪会议提出的计划，只读报纸，自然会得出两个结论中的一个：要么，宪法明令：和平时期禁止保持常备军；要么，宪法把招募军队的全权，赋予总统，以为总统的意志，完全不受议会控制。

两种误解：一、和平时期不设常备军；二、总统有权招募军队

如果这个人后来读读宪法本身，会惊讶地发现：宪法上说的，既非前者，又非后者。宪法说：把招募军队的全权，赋予议会，而非总统；议会是人数众多的机构，由人民选出的议员组成，选举定期举行；宪法条文，并不像这个人假设的那样，有利于设立常备军[1]；他发现，在这个问题上，宪法即使对议会的处置权，也作了一项重要的限制：有个条款，禁止议会对军队的拨款超过两年；这是一项谨慎的预防措施，仔细想想，这个条款，确实想做到万无一失：若没有证据说明必要，就不要保持军队。

宪法说：招募军队的全权，不在总统，而在议会

第一个猜测失望后，估计这个人就会作进一步的猜测。他自然会想到：争论如此热烈，情绪如此激昂，难道连个说得过去的起因都没有？不可能。这个国家的人民，如此珍爱自己的公民权利，他们过去制定各邦宪法时，在常备军问题上，想必已经制定了精确严格的预防措施，新宪法对此避而不谈，才引起了这些担心和争吵。

十三部邦宪法，只有两部禁止和平时期设立常备军

抱着这种印象，他开始阅读各邦宪法。等他发现，十三部邦宪法中，只有两部[1]，含有和平时期禁止设立常备军的条文；其他十一部邦宪法，要么对这个问题一字不提，要么明文规定：议会有权设立常备军。至此，他感到多么失望啊！

至此，他依然被一些论调说服，以为：人们对此问题如此奔走呼号，总得有些说得过去的理由。他万万想不到，把各种各样的信息来源全都检索一遍后，才发现：这只不过是一些人在实验：看看是否可以欺骗公众。这些人的动机，要么是有意惑众，要么是热情有余，跨越了诚信的界线。一个想法闪

《联盟条款》并不禁止联邦政府设立军队

现在他心头：他到处寻觅的谨慎措施，或许就在各邦之间的原始盟约里。他心里想，到此，他总算解开谜底。毫无疑问，他心想，读读现在的《联盟条款》，其中势必包含准确条文，明文反对和平时期设立军队；在这个人们喜爱讨论的课题上，背离这种模式，已经引起不满，看来正在影响这些政治带头人。

大喊禁止建立军队，是奇谈怪论，旨在误导人民

现在，他带着审视的眼光，仔细阅读《联盟条款》，他的惊讶，不仅大大上升，而且转为震怒；他大感意外地发现：《联盟条款》中，不仅没有他所寻找的禁令，虽然对各邦议会建立军队的权力作了十分谨慎的限制，对联邦建立军队的权力，却一点也没有限制。如果他是个十分敏感，非常热心的人，到这一步，他就不得不承认：这些大喊大叫，纯属一场诡计，目的只在用阴险的手法，毫无原则地反对联邦宪法，其实，宪法应该得到的是：全体真心爱国的人的公正不阿的审查。他会说，反对派的作者们，受到什么力量的诱惑，竟然会声讨联邦宪法，而且选择建立军队这个问题呢？其实，宪法中关于建军问题的提法，与各邦宪法相比，正好符合美国人的普遍感觉，而且，联邦宪法还增加了一个各邦宪法中没有的、新的、有力的安全措施。反过来说，如果他是个冷静的人，没有偏激的感情，他就会惋惜人性的脆弱；在一个关系千百万人幸福的重大决定上，问题的是非曲直，竟然被不友好的奇谈怪论，搅得混淆不堪，其实，需要的是不偏不倚的、正确的决定。即使是这样的人，也忍不住会评说：这种行径，过于明显，是要误导人民，想煽动人民的激情，而不是诉诸人民的理性，以正确的观念说服他们。

即使和平时期，也不宜限制议会设立军队的权力

这种反对意见，即使从我们过去的先例中，也得不到什么支持；不过，从近处看看它的内在含义，还是发人深省。仔细看看就可以明白：在和平时期，不宜对议会设立军队的权力强加限制，如果强加限制，从社会的需要来看，也不会被遵守。

虽然美国与欧洲远隔重洋，还是有许多事情需要考虑，提醒我们：不可过于自信，以为万无一失。在我们的一侧，而且日益深入我们后方的，是日渐增长的移民区，隶属英联邦。在另一侧，而且与英国的移民区日渐靠拢的，是隶属西班牙的殖民地和军事建制。这一局面，再加上英国和西班牙领属的西印度群岛，近在咫尺，使他们两国之间，在拥有美洲领地上，有共同利益；他们两国与我国之间，在拥有美洲领土上，也有共同利益。处于我们西部边疆的蛮人部落，应该视为我们的天然敌人，他们的天然盟友；因为，蛮人极其害怕我们，对他们，则抱有很大希望。航运技术的改进，便利了交通，过去遥远的国度，现在变成近邻。英国和西班牙，同属欧洲海上主要强国。不要以为，这两个国家将来不可能一唱一和。血族关系，日益淡薄，法国和西班牙的家族盟约，日益衰弱。政客们从来不把血族纽带看得那么重要，视之为政治联系中虚弱而且需要提防的联系。这些形势加起来，告诫我们：不要过于乐观自信，以为我们是处在危险之外。

有英国和西班牙为邻，不可高枕无忧

革命[46]以前，甚至实现和平以来，一直有一种持续的必要：在我们的西部边境，驻扎小股部队。没有人会怀疑，这种安排，将会成为一种持之以恒的需要，哪怕是为了防备印第安人的野蛮攻击和掠夺。这些部队，或者由民兵不时充任，或者由政府出资，派兵固定把守。由民兵不时驻守，不太实际；即使能够施行，也非安全之策，留有后患。民兵驻守，即使能办到，也不能长期坚持，长期和平之后，要他们远离职业和家庭，从事这种不如人愿的坚守，也是勉强。即使说服他们，或强迫他们去干，频繁调防，个人追求事业发展，造成的劳动时间损失和事业中断，都会增加开支，最终形成对这种安排的反对。这样会对公众造成负担和伤害，给公民个人带来损失。由政府出资，派兵固守，就会形成和平时期的常备军；这只是小股

西部边境，需要建立边防部队

部队，不过，不能因为其小，就说他们不用真刀真枪。这只是关于建军问题的一个简单例证。它向我们说明：不宜用宪法条文禁止建立军队，应该把这件事情交给议会谨慎处置。

随着国力增强，在西部要采取进取姿态

随着我们的国力增强，英国和西班牙，也会在我们身边加强他们的军事建制，这一点，不仅可能，而且肯定。倘若我们不愿赤手空拳，处于毫无防备的地位，任他们侮辱蚕食，那就必须明白：应该加强我们在边境的部队建设；其比例或速率，应该做到让我们的西部边境安全无恙。西部有一些特定的军事据点，还会出现新的据点，占领这些据点，可以控制大片领土，未来还会有利于入侵剩下的其他地方。还有一点需要补充：这些据点中的一些，正处在与印第安人开展交易的关键位置。把这些据点留为空闲之地，让上述的两个强大邻邦或其中之一，随时占领，谁能说这样做是明智之举呢？这种做法，违背谨慎和策略的常理。

尽快建立海军，此前，陆军必不可少

如果我们想要成为一个以商立国的民族，或仅仅只想在我们的大西洋一侧求得安全保障，我们都必须使尽全力，尽快建立一支海军。为实现这一目的，必须建立船坞和兵工厂，为了保护船坞和兵工厂，就要修筑要塞堡垒，多半就要驻扎军队。等到一个国家在海上变得强大，就有能力用舰队保护自己的船坞，取代地面部队；可是，海军还处于幼稚阶段的国家，适度的地面部队，成为安全的必不可少的保障，以抵御来犯兵工厂、船坞甚至海军的入侵之敌。

帕伯琉斯

*《反联邦论》第 24 篇，题为“反对常备军”，此为第一部分，作者“布鲁特斯”，罗伯特·雅茨的笔名，摘自他给报纸的第 9 封信，原载《纽约纪事报》，1788 年 1 月 17 日。

[1] 帕伯琉斯注：这一说法，依据出版公布的《各邦宪法汇编》。宾夕法尼亚和北卡罗来纳两个邦的宪法，包含以下措辞："由于常备军和平时期危及公民权利，不应保持。"这与其说是一项禁令，不如说是警示。新罕布什尔、马萨诸塞、特拉华、马里兰的宪法前面，都有一份"权利宣言"，其中有一条说："常备军危及公民权利，未经议会许可，不得征召和保持"；这是对议会权威的正式承认。纽约邦宪法中没有"权利宣言"，对常备军问题不置一词。其他各邦宪法，都没有连在一起的"民权宣言"，除非作为前言，它们的宪法，对此问题，都保持沉默。有人告诉我说：有一两个邦有"权利宣言"，不过没有收录在《各邦宪法汇编》里，不过，那些"权利宣言"里也承认议会征集军队的权利。

㊻ 革命：第一个站出来抨击英国的，是哈佛毕业生，波士顿年轻律师，詹姆斯·奥蒂斯(James Otis, 1725—1783)。当时，英国军人凭"协助令"(writ of assistance)，便可以检查是否藏有"走私物资"为名，搜查任何北美居民的住宅，带上英国法庭审讯。奥蒂斯为波赫曼先生作法庭辩护时，指出："一个人的住宅，就是他的城堡。"不容侵犯。他在小册子《殖民者权利的确定和证明》里说：建立政府，"最终是为了我们自然本性的需要，人的自然本性，不受人间最高权力的约束，只遵守自然法则"。即使英国议会的权力，也不能任性所为，只能是对自然法则的宣示，与上帝的神法吻合。倘若英国议会立法，违背神的自然法则，这种宣示，就违背了永恒真理，违背了平等原则，违背了正义，因此无效。奥蒂斯宣布："英国在北美颁布的'协助令'，违背英国宪法的根本原则，因而无效。"这些话体现了新英格兰人熟悉的思想：自然法则至高无上，宪法至高无上，人间政府的权力，应该受到限制。这些思想，后来都融入美国宪法。

奥蒂斯说：征税权属于英国议会下院，可是英国议会下院里没有北美议员，因此，没有资格代替北美人民立法，没有权力向北美人民征税。他说：是否在北美征税，应由北美本地议会立法决定。从此，北美响彻一个战斗口号："无议员，不纳税。"奥蒂斯是1765年"反印花税法议会"的主要人物。

约翰·迪金森(John Dickinson, 1732—1808)催生了美国人的独立思想。迪金森出身特拉华的一个富有家庭，到英国法律最高学府中去学习法律。1767年，35岁的律师迪金森在报上连续发表《一个宾夕法尼亚农场主的来信》，把税金分为"外税"和"内税"。"外税"是国与国之间的征税，如关税；"内税"是对国内的征税。英国议会加征的"印花税"，要求一切法律文件：售酒执照，销售账单，结婚证书，出版报纸，都"贴上印花"，显然属于"内税"。迪金森提出：内税应由各殖民地议会自行决定，英国议会无权代替殖民地人民立法。迪金森的观念，明显包含了美国独立的因素，被同时代人称为"革命之笔""世俗圣人"。迪金森用从英国学得的法律，还治英国。迪金森出席了反印花税法议会，大陆议会，是《联盟条款》的执笔人。后来，代表特拉华出席制宪会议。他以性格"温和，理性"著称。在制宪会议上，他认为，还是英国的君主立宪制最好。

第二十五篇*

二论军事：军队应该置于联邦政府领导之下

汉密尔顿

1787年12月21日　原载《纽约邮报》

致纽约邦民众：

不宜把建立军队的责任，转移到各邦政府身上

或许有人会说，上一篇文章列举的目标，应在联邦的指导下，由各邦政府制定条文。这样一来，其实颠倒了我们政治协作的基本原则；因为，实行起来，就会把共同防御的责任，从联邦首脑身上，转移到各邦身上：这种安排，会使有些邦不堪压力，给所有的邦带来危险，导致联盟的死亡。

各邦承担军事负担不恰当，可能造成恶果

英国、西班牙和印第安各国的领土，与我国为邻，不仅仅在几个邦接壤，而是环绕整个联邦，北起缅因，南达佐治亚。危险程度虽然不同，却是共同危险。因此，防止这种危险的手段，也应该成为一个共同议会的目标，由共同财库支付。有几个邦，由于地势，正好直接暴露于外。纽约就属于这一类。若由各邦分别承担防务，纽约不得不承担防务的全部费用，不仅要对付自己的直接安全，还要间接和最终出力保护邻邦。对纽约来说，这不公平，对其他邦来说，又不够安全。这样的体

制，会惹出许多麻烦。有的邦，在未来一段相当长的时期内，碰巧要承担全部国防负担，到时候，它们既没有那个能力，也没有那种意愿。于是，整体安全，就要听命于部分，受到部分邦的小气吝啬、目光短浅、无能为力的左右。如果这个部分的资源越来越丰富，势力越来越雄厚，它的军事建制也会成比例地扩大，其他邦看到整个联邦的军事力量，落到两三个邦手里，多半会落到几个最强的邦手里，会马上紧张起来。于是，其他邦中的每一个，就会设法谋求平衡；要找理由，十分容易。到这一步，相互嫉妒，促使军事建制膨胀，超出自然限度，超出适度规模；而且，由各邦分别支配，军事建制会成为发动机，削弱或破坏国家的权威。

前面已经列举的理由，引出一种推测：各邦政府，自然而然会与联邦政府相互争雄，原因在于对权力的热爱；联邦首脑与任何一邦竞争时，人民总是倾向于和他们的邦政府联合起来；各邦政府除拥有这个巨大优势之外，由于各邦分别和独自掌握军队，倘若因此而野心发作，就会促成一种强大的诱惑和巨大的方便，一旦放纵起来，最终会颠覆宪法授予联邦政府的合法权威。另一方面，一旦出现这种状况，民权便会减少安全，军队由联邦政府掌握，民权会多一些保障。军队既然被视为实现权力的危险武器，还是放在人民随时警惕的联邦政府手中为好，不要放在人民不大警惕的各邦政府手中。人无分老幼，都有这样的体验：伤害人民的手段，掌握在他们喜欢，因而心理上毫不设防的人手中，几乎总是最危险的事情，这是真理。

各邦掌握军队，万一野心发作，会颠覆联邦政府

现行联盟体制的设计者，充分意识到：把建立军队的大权，交给各邦分别掌握，会危及联邦，明文禁止各邦不得拥有舰队和军队，除非取得联盟议会同意。实际情况是：在各邦政府保留主权的条件下，联邦与各邦军事建制之间的矛盾，不

《联盟条款》明文禁止各邦拥有舰队和军队

亚于联邦政府与各邦政府在按配额交纳财政贡献制度之间的纠纷。

军队一旦招募，何时才能决定：不应继续保持

除上文指出的几点外，还有一些其他理由，同样明显地说明：不宜对全国议会的处置权加以限制。前文已经提到，反对派的意图，是要排斥和平时期设立常备军；虽然他们从来没有向我们说明，他们想把这种禁令扩展到何种程度；是否要对和平时期招募军队和保持军队一并禁止。如果仅限于保持军队，就没有多少意义，达不到他们想要实现的目的。军队一旦招募起来，什么才叫违反宪法的“保持”？到什么时候，才能确定：保持军队违反了宪法？是一个星期，一个月，还是一年？我们是否可以说：只要引起当初招募军队的危险依然存在，就可以继续保持军队？这等于承认：和平时期也可以保持军队，对付威胁，或对付迫在眉睫的危险；这样，马上就会偏离禁止的字面含义，引出解释的广阔范围。谁来判断危险是否继续存在？这个问题，毫无疑问会上交到全国政府，然后，就会对这个问题做出决定：全国政府，为了对付可以预料的危险，首先，要招募军队，然后，有可能把军队保持下来，只要政府认为社区的和平和安全还面临任何程度的危险。不难看出，伸缩度如此之大，要想规避这条禁令，存在广阔的余地。

总统真想与议会合谋篡权，不愁找不到借口

提出这条禁令，设想中的用途，想必是建立在一种可能的假定上，至少，可能出现人为的情况：总统和议会结合起来，从事某种篡权计谋，这种情况，不论何时发生，要编造危险迫在眉睫的借口，太容易了。印第安人在西班牙或英国人挑唆下大举进犯，随时都可以作为借口提出。为了造成这种表象，甚至可以先向某个外国挑衅，然后采取让步，平息战端。倘若我们有把握断定：这种结合已经形成，而且这种计谋得到保障，有足够的取胜前景；一旦招募起来的军队，不论出于什么原因，不论采用什么借口，都可以用来搞阴谋。

倘若为了预先防范有人利用军队搞阴谋，就把禁令的范围扩展到和平时期招募军队，联邦将会显得自外于世界之林，前所未见：一个受到实际侵犯之前，根据宪法，不得进行防御准备的国家。正式宣战的做法，近来已经变得废而不用，如果必须等到敌人已经踏上我国领土，政府才取得合法权力招募军队，保卫国家。我们必须首先挨打，然后才能开始准备还击。国家用来预测遥远危险，对付正在积聚的风暴，这一切策略，都必须避而不用，因为这样做违反自由国家的准则。我们应该把我们的财产和自由，暴露在外国入侵者眼前，用我们的软弱，邀请他们进来，任其掠夺裸露于外、毫不设防的贡品，因为我们担心：由我们选举产生、依从我们意志的统治者，可能危害我们的自由，滥用保护我们自由所必备的手段。

没有常备军，我们必须首先挨打，然后才能开始准备还击

至此，估计有人会告诉我们：民兵是保卫国家的天然屏障，不论何时，都可以担任国防。这个信条，当初弄得我们险些丧失独立。联邦为此耗费了数以百万计的钱财，这些钱本来可以节省出来。根据我们自己的经验，光靠民兵是不行的，过去的经验，记忆犹新，提醒我们：不可接受这种骗人的建议。扎扎实实打一场战争，对付纪律严明的正规军，必须自己也具备纪律严明的正规军，才能取胜。[47]节省方面的考虑，不亚于稳定和富有战斗力方面的考虑，肯定这一立场。独立战争进程中，美国民兵，在数不清的战役中，展现了他们的英勇，为他们的名声树立起丰碑；可是，他们当中最勇敢的人，通过实际感受明白：祖国的自由，本不应该只是建立在民兵单独的努力之上，不论民兵多么了不起，多么有价值，战争，和其他大多数事务一样，是一门需要掌握的科学，要勤学苦练，才能精通，要百折不挠，要时间磨练，要实战训练。

独立战争告诫我们：光有民兵，对付正规军，还是不够

所有过分的政策，与人类自然进程的经验相反，总是自取灭亡。宾夕法尼亚就是一个范例，说明这个道理。宾夕法尼

宾夕法尼亚和马萨诸塞为平定内乱而征集军队

亚的《权利宣言》声称：常备军危及公民权利，和平时期不应保持。可是，正当宾夕法尼亚处在和平安宁的时候，她的一两个县里出现了混乱无序，于是，她只好采取招募军队的最后一招；现在，只要公共安全还有一点隐患，看来，宾夕法尼亚多半会把军队保持下去。马萨诸塞的做法，给我们提供了另一个教训，虽然方式不同。《联盟条款》本来要求：组建军队，先要得到联盟议会的批准，可是，马萨诸塞来不及等待联盟议会的同意，就被迫招募军队，平息内乱，现在，还花钱养着军队，怕暴动者的情绪死灰复燃。马萨诸塞邦宪法，并不反对和平时期招募军队；不过，这个例子，对我们仍有教益：在各邦政府治理下，都有可能出现类似的动乱，就像其他国家的各个地方一样，这样一来，为了维护社会安全，和平时期保持常备军，就成为必不可少。因此，这一方面，对议会的处置权加以控制，实为不当。这些事情，也教训我们：运用到联邦这一级时，一个软弱的政府，她的权利，得到的尊重，是多么稀微，连她自己的选民，也不会尊重她。除此以外，事实还教训我们：写在羊皮之上的条款，与保护公众的实际需要，是多么不相称。

马其顿人绕过古代信条的办法

古代马其顿人社会，有个基本信条：一个人一生中，不得两次担任海军统帅。在一次与雅典的海战中，伯罗奔尼撒联盟遇到重创。里桑德(Lysander)过去曾担任海军统帅，取得凯旋。马其顿人想请他出来指挥联合舰队。马其顿人为了使他们的盟国满意，摆出一副姿势，表示他们遵循古代体制，想出一个其实站不住脚的托词：授予里桑德海军统帅的实权，但只给他冠上海军副统帅的头衔。世上有许多例子，都可以用来证明国内事实已经说明了的一个道理：世界各国，都很少在乎那些与社会实际需要背道而驰的规则和原理。以上例证，不过是从中选出的一个。明智的政治家，会小心谨慎，不大会用无法遵循的限令，把政府弄得动弹不得；因为他们知道，每当违反基本信条时，哪怕是出于必要，也会触犯到神圣的尊重，而治理者的心胸中，对一个国家的宪法，必须保持这种崇敬，形成先例，警示后来违犯宪法的人，届时，那种必要已不复存在，或者不像当初那么紧急和明显。

帕伯琉斯

* 《反联邦论》第25篇，题为"反对常备军"，此为第二部分，作者"布鲁特斯"，罗伯特·雅茨的笔名，摘自他给报纸的第10封信，原载《纽约纪事报》，1788年1月24日。

㊼ 独立战争。1775年6月，华盛顿到波士顿城外接收的，是2万新英格兰民兵。这时，英国驻北美的军队还只有4 000人，由马萨诸塞总督盖奇将军统领。波士顿被围后，英国派威廉·豪(William Howe, 1729—1814)将军，统帅北美英军，用100艘舰艇，第一批运送1.9万人到北美。后来，增加到常驻3.6万人。此外，英国还花钱，雇了德国黑森地区的3万雇佣军，到北美作战。

1776年8月27日，豪将军指挥2.2万英军，猛攻华盛顿的民兵，消灭和俘获美军8 000人，是整个独立战争中最大的一次战役。这时，部下建议豪将军乘胜追击，一举击溃美军。豪犹豫。华盛顿利用一个大雾弥漫之夜，带领残部撤离纽约。后来的军事学家分析，豪将军若不贻误战机，独立战争或许就此结束。数千美国战俘，被囚禁在哈德逊河上的英军战船里，一直关到战争结束。食物品质恶劣，卫生条件恶劣，传染病盛行，数千战俘死于船中，人数超过整个战争中战死疆场的美军士兵。豪将军的这场胜利，付出了惨重代价。盖奇将军在他的报告里说：这场战役的代价之大表明，如果英军再取得一次这样的胜利，自己也会崩溃。

1776年圣诞，北美民兵乘夜渡过特拉华河，在新泽西的特伦敦，突袭黑森雇佣军。身高一米八八、体格魁梧的华盛顿，立马战场的最高处，全军都看到他对不断在身边爆炸的炮火毫不畏惧，镇静指挥。士兵奋不顾身，歼灭黑森军千余人。这场胜利大大激发美军士气。两百年后，美国庆祝独立200周年，又在特伦敦用演习的方式，重演这场战役。这也从另一方面说明，华盛顿指挥的胜利战役中，唯独这一场最值得庆祝和纪念。

华盛顿虽然失败，却在英国得到尊重。因为，过去，英国往印度和爱尔兰派出正规军时，都能一举击溃当地的反抗。这次，英国政府本来也指望如此，华盛顿的坚毅沉着，给英国政府留下深刻印象。

萨拉托加战役：1777年6月，鲍戈英(John Burgoyne，1722—1792)率1万英军，从加拿大出发，进袭纽约首府奥尔巴尼，想占领哈德逊河走廊，把新英格兰美军和华盛顿的主力切断。鲍戈英沿途受到美军伏击，到纽约境内的萨拉托加时，已经只剩6 000人。他等待豪将军来援助，可是不见踪影，被盖茨(Horatio Gates，1726—1806)率领的8 000北美民兵击溃，10月17日，鲍戈英投降，英军损兵折将5 800人。

1777年8月底，威廉·豪率1.5万英军主力，逼向北美临时政府所在地费城。华盛顿带1.1万民兵撤出费城，在腹地与豪周旋，大陆议会再次撤出费城。9月26日，在费城外围盘桓多时的豪，率军进入不设防的费城。

按原定计划，豪将军应派1万人增援鲍戈英。可是，他改变了主意，决定先打费城，再打奥尔巴尼。负责在豪将军与鲍戈英之间联系的，是首相诺斯手下的美洲事务助理杰美恩(George Jermain，1716—1785)。豪将军改变计划的信，1777年2月23日才到达英国，到达杰美恩手里。鲍戈英进袭奥尔巴尼的计划，是2月28日批准的。杰美恩、豪将军、鲍戈英三人之间，战略上是否一致，由于当时通信手段极其落后，存疑至今。有人认为：豪将军应对鲍戈英的失败负责，有人认为：鲍戈英事后推诿。

萨拉托加战役后，1778年，豪辞去北美英军总司令职。多年以后，1814年，豪出任普利茅斯总督，死在那里，葬在英国。

鲍戈英被剥夺军权和总督职务，回到英国，备受指责。1782年，支持鲍戈英的人在英国政府中重新得势，鲍戈英复出，任爱尔兰英军司令。1786年，鲍戈英写的喜剧《女继承人》(*Heiress*)在英国上演，一年再版十次，被译成几种外语。

盖茨1745年曾在英军中服役，1753年在德军中服役，1755年又在驻美英军中服役，是职业军人。独立战争爆发，50岁的盖茨，直奔新任总司令、44岁的华盛顿跟前，当面请战。华盛顿任命他指挥北部。萨拉托加大捷后，盖茨把捷报直接送往大陆议会，绕过华盛顿。康威(Thomas Conway)将军认为：华盛顿累战累败，建议用盖茨取代华盛顿，担任总司令，得到大陆议会军事委员会部分人支持。华盛顿的统帅地位受到威胁。大陆议会多数代表支持华盛顿，帮他渡过政治危机。此后，他的地位再没有遇到挑战。这个事件，后来被称为“康威阴谋”。事后，盖茨等人向华盛顿赔礼道歉。盖茨后来又被派去指挥南部美军，遭遇失败。

第二十六篇*

三论军事：再论设立常备军的必要

汉密尔顿

1787 年 12 月 22 日　原载《独立报》

致纽约邦民众：

在一场民众革命中，要人们的意识正好停留在一个中间点上，一边是政府的权力，一边是公民的权利，把政府的坚强有效，和公民权利的保障，两相结合，不偏不倚，这，几乎是可望而不可即。在这个微妙而又重要的问题上，未能两全其美，是我们经历过的许多失策的根源；我们若不小心谨慎，避免重蹈覆辙，等我们将来试图矫正和改善我们的体制时，就有可能从一个妄想，走向另一个妄想；我们可能尝试一个一个的变革；但永远做不出实质性的变革，永远不能把事情办得更好。

既要政府强大有力，又要保障公民权利，难以两全其美

提供国防方面，对议会权力加以限制，这个观念，是一种高雅理想，起源于对公民权利的热望，其中，热烈憧憬多于启蒙理性。因此，我们看到，这种观念，迄今未能盛行：即使在这个国家，这种观念第一次出现时，也只有宾夕法尼亚和北卡罗来纳两个邦，予以惠顾；其余各邦，对这种观念，一点也不支

限制议会建立军队的权力，是一种高雅理想

持；他们做出明智判断：应从别处建立信心；代议制这个办法，本身就含有授权政府建立军队的必要；宁可冒政府滥权之险，也不可唐突地限制议会的权力，弄得政府处境尴尬，公共安全处于危境。反对宪法的人，在这个问题上，反对的是美国的普遍做法；他们不接受经验教训，不采取适当办法，走出我们已经陷入的极端，反而采取行动，要陷我们于另一极端，更危险、更放肆的极端。他们似乎发现政府的调子唱得过高，过硬；他们提倡的论调，用心良苦，要引导我们走向低沉，走向疲软，采取一些其他场合已经受到指责和取消的无奈之计。以下说法，肯定不会招致毁谤谩骂：倘若他们在众多问题上反复灌输的原则，成为民众的信条，那么，无论建立哪种类型的政府，都完全不适于这个国家的人民。不过，这种危险也用不着害怕。美国公民的辨别能力很强，不会因为有人劝说，就走向无政府主义。倘若经验还没有在公众意识中铭刻下神圣的信念：政府的坚强有力，对于社区福利和繁荣，必不可少，那就算我大错特错了。

和平时期排斥常备军的观念，起源于英国

在此，简略回顾一下这个观念的起源和发展，也许不无益处：和平时期，为什么要排除军事建制？好学深思者，或许认为：这种观念，起源于对军事建制的本质和趋势的深思熟虑，其他时代和其他国家发生的事件，把军事建制强化起来；其实，作为一种民族感情，需要追溯的那些习惯和思维模式，来自英国，那是我们这些邦的居民，经过几次移民浪潮，所来自的国家。

光荣革命后，出现“民权法案”，开始限制军权

英国人被诺曼人征服后，很长一段时间，君主权力几乎不受限制。起初是贵族，然后是平民，逐渐侵入君权，争取公民权利，直到把君权的最可怕的表现的最大部分废止。不过，直到 1688 年光荣革命，奥伦治亲王戴上英国王冠，英国人的公民权利，才获得完全凯旋。英国承认国王有从事战争的特权，

但未加定义，查理二世拥有这项特权，附带地，他就拥有在和平时期保持5 000常备军的权力。詹姆斯二世把人数增加到30 000；从他的官员薪饷中支付。英国革命期间，为了废止这个危险的权力，取消军队，便成为那时起草的《权利法案》中的条款："和平时期，除非得到议会同意，招募和保持常备军，属于违法。"

在英国，维护公民权利的呼声达到巅峰时，他们反对只有行政官有权招募和保持常备军，考虑还需要采取什么措施，才能防止常备军可能带来的危险。影响那场值得纪念的革命的爱国者们，见多识广，十分稳健，不想对议会的处置权加以任何限制。他们意识到：势不可免，总要保存一定数量的军队，作为卫兵和部队，无法对国家可能面临的紧急情况，划出精确界线；政府以内，必须保存一份权力，足以应付任何意外；他们把这份权力，交给议会判断，达到谨慎的极致，正好符合社会安全需要。

英国废止国王的军权，把征集军队的权力交给议会

可以说：美国人从这同一来源，继承了这一印象，认为和平时期保留常备军，会危害公民权利。革命环境，加速公众的敏感，对与民权有关的任何事情，特别在意；在有些情况下，把我们的热度，提得更高，超越限度，超过政治实体的适当温度。两个邦试图限制议会建立军队，就是例证。那些原则，本来教导我们：要警惕世袭君主的权力，结果延伸过度，用到人数众多、由人民选出的议员身上。即使在那些没有犯这种错误的邦，我们也会发现一些不必要的宣言，说：未经议会同意，和平时期不应保持军队。我把这些宣言称为多余，因为，从英国的《权利法案》引进类似条款，不适于任何一部邦宪法。各邦宪法中，招募军队的权力，除赋予议会本身，不可能解释为赋予其他机构；因此，说一个被赋予单独处置此事的机构，未经它的同意就不能做此事，若非荒谬，也是纯属多余。与此相

各邦宪法中，说非经议会同意不得征兵，纯属多余

应，在那些宪法中，有好几部，包括纽约宪法，对此表示沉默；而纽约邦宪法，在欧美两地，都被赞扬为这个国家建立的政府中，形式最好的之一，其中，对此问题不置一词。

宾夕法尼亚和北卡罗来纳，与其说是禁止，不如说是告诫

值得注意的是：即使那两个邦，似乎想要在和平时期禁止军队，用的表达方式，与其说是禁止，不如说是告诫。它们不说和平时期不得建立常备军，而是说不应该建立。这种用词上的含糊，看来，是警惕心和自信心冲突的结果，又想完全彻底排斥军队，又想说：绝对排斥军队，不明智、不安全。

每当公务出现危局，人们理解到需要偏离这一规定，议会就把这条禁令解释成不过是一个告诫，向必要或拟议中的必要让步。对此，还有疑义吗？上面已经提到的宾夕法尼亚，让她决定，让她来回答这个问题吧。或许有人会问，既然如此，还要这么一个条款，有何用处，如果这个条款，不再能运作，是否会被忽略？

宪法规定军事拨款不得超过两年，胜过有些邦宪禁止建军

我们来考察一下，这个禁止常备军的条款，与新宪法对军事拨款只限两年的条款，二者的效果有无可比之处？禁止常备军，目标过大，结果，无法实现；宪法条文，排除不顾后果的极端做法，国家危急时，可以做出适当规定，合情合理，恰如其分，会产生令人称道的、强有力的运作。

议会内独立的反对意见，会引起人民的警觉

联邦议会，受到宪法中这一条款的约束，至少两年一次，讨论保持常备军是否适宜；对这个问题，做出一轮新的决议；当着选民的面，通过正式投票，宣布他们对这件事的感觉。议会不会随意把钱交给行政部门，为军队提供给养；即使议会粗心异常，愿意如此不当地信任行政部门，也办不到。我们可以料到：党派精神，势必在不同程度上影响所有政治团体，全国议会中，无疑也会出现这样的人物，他们有足够的意愿，对多数提出的措施，加以责难，指责多数的观点。支持建立军队的条款，会成为永远争辩的热门话题。这个问题，会常常出现，

公众的注意力，会常常被反对派扰起、被吸引到这个话题上来：若多数派真要跨越限度，社会便会对危险有所警觉，有机会采取措施，制止危险发生。全国议会内，辩论到来之时，独立于党派、独立于邦议会的意见，不仅永远处于警惕之中，而且是多疑而又嫉妒的公民权利的护卫者，反对来自全国政府的侵权，会不断把他们的注意力，清醒地对准全国议会统治者的行为，而且有足够的准备，如果出现不当的事，就向人民发出警报，不仅用声音，必要时，用他们不满的手臂。

谋划颠覆一个伟大社会的公民权利，需要时间，才能成熟，才能实施。一支大到足以严重威胁民权的军队，只能以渐进的方式形成；不仅需要议会和行政临时结合，而且需要很长一段时间的持续共谋。这种结合，有可能吗？议会选举，两年一届，两院都是如此，自然会产生新的代议机构，这种结合，能持续下去，随之变化吗？每个议员，刚被选进参议院或众议院，就立刻背叛选民，背叛国家，能这样假设吗？能否假定：找不出一个这样的人，有足够的敏锐，能觉察这种万恶的阴谋，足够大胆和诚实，向他的选民揭示他们所处的危险？如果不能公正地作这样的假设，就应该立即终止所有授权。人民应立即收回亲手交出的所有权力；把自己分到众多的邦里去，邦的数目，多得就和县的数目一样，以便他们能面对面地处理一切问题。

颠覆公民权利的计谋，难以不被揭露

即使能合理做出这种假设，要想隐瞒这种计谋，持续一定时机，依然不切实际。和平时期，把军队扩张得如此膨胀，这一事实本身，就会使它败露。一个国家处境如此，军事力量如此膨胀，能找到什么说得过去的借口呢？不可能长期欺骗人民；阴谋和策划阴谋的人，一旦被发现，很快就会失败。

人民不会长期受骗，阴谋一旦揭露，就会失败

有人说，把军事拨款限定在两年以内，这个条款没有什么用处；因为总统一旦掌握一支大军，足以使人民敬畏屈服，就

常备军的危险，防不胜防，不能因噎废食

能从军队里找到足够资源，不需要议会提案给他拨款。可是，问题又来了：总统要用什么借口，才能在和平时期掌握那么大的一支军队呢？我们假设军队已经建立起来，因为国内叛乱，或者外战，那么，总统就成为反对派原理以外的一种情形；因为，禁令的用途，是反对和平时期保存军队。很少有人会如此幻想，认真断定：不应征集军队平定叛乱，抵抗入侵；出现这种情况，如果保卫社会需要一支军队，人数如此众多，拿公民权利冒风险，是一种无法避免，也无法医治的大灾难。无论建立怎样的政府，也防止不了这一招：这种情形，可能是简单攻守同盟的结果；如果几个联盟或同盟需要组成一支军队，从事共同防御，情况会更严重。

联合比分开，常备军出现弊病的可能性小些

这种弊病，在联合状态下，比分裂状态下，出现的可能性小得多；可以放心断定：情况较好时，我们当中完全不可能出现这种弊病。不容易想象一种可能性：如此可怕的危险，席卷整个联邦，要求一支相当大的武力，才能把我们的公民权利，置于危险最小的境地；特别是，如果看看我们可从民兵得到的援助，他们是永远可以指望的，是一个宝贵的、强有力的帮手。不过，在联邦解体的情况下（如这些文章中另一些地方充分说明的），这种假设的反面，不仅可能，而且几乎不可避免。[48]

帕伯琉斯

*《反联邦论》第 26 篇，题为“新政府要动武”，此为第一部分，作者署名“一个农场主和一个土地开发者”，原载《马里兰报和巴尔的摩广告报》，1788 年 4 月 1 日。

㊽ 独立战争：美国陷入谷底。

1777 年 12 月，华盛顿带领残部五千多人，退入宾夕法尼亚的福吉山谷(Valley Forge),离费城三十多公里。支帐篷为生,熬过寒冷飘雪的冬天,士兵没有军毯,有的没有鞋袜,光着脚在雪地上踏行,伙食恶劣,没有烧酒,传染病流行。2 500 名士兵死于冻饿和疾病。华盛顿留下了凄凉痛心的记载。坚守福吉山谷而又幸存的人,后来都成为革命元老,汉密尔顿上尉是其中之一。潘恩来福吉山谷朗诵他的名句:"考验人的灵魂的时候来了。"向美国人介绍中国长征,很少人能耐心听完那些漫长的故事,可是一说"就像你们的福吉山谷一样",他们立刻会意。虽然这是两个不同民族的故事。

冯·斯蒂本(Friedrich Wilhelm von Syeuben, 1730—1794),生于德国,曾在普鲁士陆军总参谋部担任上尉训练教官,后被解雇。他到处游荡,到过奥地利、法国,寻找工作。1777 年夏,斯蒂本在巴黎遇到富兰克林。富兰克林给华盛顿写了一封信,推荐一位"普鲁士国王帐下的陆军中将、训练专家冯·斯蒂本"。斯蒂本迅即来到福吉山谷,华盛顿对他委以重任。斯蒂本把普鲁士训练陆军的方法,运用于北美民兵。1788 年 5 月,华盛顿率部走出福吉山谷时,已经是一支训练有素的队伍。后来,汉密尔顿为斯蒂本弄到 2 500 美元一月的退休金和 1.6 万英亩的地产房产。美国人为斯蒂本树立了铜像。

第二十七篇*

联邦政府的施政，会胜过各邦政府

汉密尔顿

1787 年 12 月 25 日　原载《纽约邮报》

致纽约邦民众：

没有理由预先断言人民不喜欢联邦政府

有人提出：制宪会议制定的这部宪法，若不使用武力，无法推行。这条反对意见，与反对派的许多其他意见一样，不过是泛泛断言；没有准确明智的理由作后盾。根据我对其真意的推测，这条反对意见，似乎源于一种预先假设：凡是内部事务，人民都不喜欢联邦权威参与。我们先把内部事务与外部事务之间差别的准确含义放到一边，先来探究一下：预先假设人们不喜欢联邦政府，有什么理由？除非我们同时假定：联邦政府行使各项权力时，比各邦政府糟糕，就没有理由预先断定孰优孰劣，人民是反对还是喜欢。我相信，这里可以立下一条一般规则：人民对政府的信赖和服从，与政府施政的好坏成正比。应该承认，这条规则也会出现例外；不过这些例外，完全取决于偶然原因，不能视为与宪法的内在优劣相关。宪法的优劣，只能从一般原理和公理来判断。

随着这些文章的发表，我们已经提出各种理由说明：联邦政府的施政，多半会比各邦政府好。主要理由在于：联邦选举官员的范围扩大，能从更大范围选取更为优秀的人才；各邦议会作为中介，担任选举机构，挑选全国议会的参议员；有理由期待：总体来说，参议院会由特别仔细和善于判断的人组成；这种做法，保障全国议会的知识更丰富，见闻更广阔。联邦议员，比较不容易染上党派精神，比较能超脱那些坏习性，超越一时兴起的偏见和嗜好，这些偏见和嗜好，在规模较小的社会里，频频污染公堂，使社会中的一部分人，好行不义之举，压迫他人，衍生阴谋诡计，这些诡计，虽能满足他们一时的兴致和欲望，最终总是造成普遍的不幸、不满和厌恶。还有些补充理由，同样具有相当力度，加强这种可能，等我们以更为凌厉的批评眼光，审视我们行将建立的大厦的内部结构时，这些理由，便会显现出来。这里，只要指出一点就满足了：说联邦政府会以令人民讨厌或鄙视的方式施政，说联邦立法会遇到人民更多反对，需要采取其他办法强制推行，不如各邦的立法，这些假设，在提出令人满意的理由加以证实之前，都没有合理基础。

联邦政府的施政，多半会比各邦政府好

希望不受惩罚，是煽动闹事者的强烈诱因；害怕惩罚，对遏止动乱具有同等威力。倘若联邦政府具备适度权力，可以召唤整个联盟的集体力量，比起只能指挥本邦资源的单个邦政府，岂不是更容易制服前一种情绪，激起对惩罚的恐惧吗？一个邦内喜欢闹事的党派，假定能轻易对付该邦政府；想象自己能对付联邦的联合努力，就太糊涂。若这种想法有理，个人的不规则结合，对抗联盟的权威，比对抗一个邦的权威，出现这种危险的可能会小些。

对付喜欢闹事的党派，联邦比单个的邦更有力量

在此，我大胆提出一种看法，公正性不会逊色，因为，对某些人，这可能显得是一种新见解；全国性权力的贯彻，越是融

人民逐渐习惯联邦政府后，会越来越喜欢

入政府的日常行为，公民们在自己的政治生活中，越是习惯遇到这种权力；会越来越熟悉见到和感受这种权力；再进一步，这些权力，就会深入人民心目中最活跃泉流的最敏感部分；联邦政府得到社会尊重和依恋的可能，会越来越大。人，很大程度上是习惯的产物。一件很少触及他的感受的事，一般说来，不会对他的意识产生影响。一个距离遥远、总是处在视线以外的政府，很难指望引起人民感觉上的兴趣。由此推断：联邦权力，与公民对联邦的依恋，会逐渐加强，不会因为联邦政府深入所谓内部事务而弱化；随着人民对联邦政府作用的熟悉和了解，需要使用武力的情况会越来越少。权力越是通过人类激情自然流动的那些渠道运行，借助暴力，借助可怕的强制手段的需要就越少。

联盟结构不好，除使用武力外，对各邦没有法治办法

无论如何，有一点是明显的：拟议中的政府，会力求公正，避免使用武力，与多数反对宪法者鼓吹的联盟相比，使用武力的可能要少些；联盟只能把权威施加于作为政治集体的邦。前面说过，这种联盟，除诉诸武力，没有别的法治办法；成员频繁违规，是政府框架结构不对的自然产物；由于违规的事情经常发生，若要治好，只有使用战争和武力。

联邦立法，会成为全国的最高法律

制宪会议提出的蓝图，把联邦首脑的权威，延伸到管理各邦的公民个人，这样一来，联邦政府就可以使用各邦的普通司法机构，贯彻联邦的立法。人们普遍担心：由于各邦法律来源不同，容易引起歧义，联邦立法会打破这些差异。可以想象：联邦政府，会享有各邦政府过去享有的优势，保证人民正当遵循联邦权威；联邦政府，有权召集整个联邦的资源，协助支持自己，由此而增加对舆论的影响。这里，特别值得一提的是：联邦立法，在其司法范围以内列举的合法对象，会成为联邦的最高法律；每个邦的立法、行政、司法官员，都要盟誓：受最高法律的约束。这样，联邦宪法权威延伸范围内，各邦议

会、法院、地方官员，会统合到全国政府的运作中，成为贯彻联邦法律的帮手[1]。任何人，只要自己动脑筋，想想这种格局的后果，都会明白：若联邦政府的各项权力，能以适度的谨慎推行，便有良好理由，可以预测：联邦法律，能得到正常、和平地贯彻。倘若硬要作相反的假设，从这种假设中，就可以推出我们想要的任何结论；因为，古往今来，即使世间最好的政府，倘若倒行逆施、滥用权力，也会激起并造成人民超出理性的过火行为。新宪法的反对者，假定全国政府领导人会漠视公益，玩忽职守；我要问问他们：野心家的利益，侵权的观念，怎么可能得到这种行为的促进呢？㊾

帕伯琉斯

*《反联邦论》第 27 篇，题为“新政府要动武”，此为第二部分，作者署名“约翰·韩波”（John Humble，意为“卑躬的约翰”），原载《独立报》，1787 年 10 月 29 日。

---

[1] 帕伯琉斯注：有人使用一种诡辩说法，说这种做法会摧毁各邦政府。在后面文章的适当地方，我将予以揭露。

㊾ 独立战争：萨拉托加战役，对独立战争造成三大影响。

一、改变英军指挥体系，英国改用亨利·克林顿爵士，取代威廉·豪将军，任北美英军总司令，进攻速度减缓。克林顿的父亲，原为英国的纽约总督。克林顿本人生在纽约，经过许多实战，包括在北美作战，战绩累累。接任总司令后，他把费城的军队调回纽约，在纽约集结 3 万美军主力。他的副帅康华里，带领 6 000 多英军，向南边的弗吉尼亚进扰。

二、稳固了华盛顿的统帅地位。英国的“速胜论”受到挫折，为了保持在北美的兵力，英国先后运兵 17 万到北美换防，漫长的海上补给线，使英国陷入“北美泥潭”。华盛顿坚持持久战，避免与英军正面交锋，保持美军打而不散。

三、美军在萨拉托加的大捷，促使法国改变态度。1778 年 2 月 6 日，法国与美国签订同盟条约（Treaty of Alliance），正式参战。1779 年，法国的盟国西班牙也加入战斗。不过，西班牙拒绝承认美国，担心自己在南美的殖民地，效法美国造反，脱离宗主国。1780 年，荷兰也加入北美一边，投入战斗。其实，为了对付英国这个宿敌，独立战争开始后，这三个国家就私下对北美提供财政援助。独立战争开始时，英国对北美拥有绝对的海上优势，派出100艘兵船运送军队和军需，北美只有小船“缉私艇”，骚扰英国兵船。1780年7月，法国中将罗将波（Comte de Rochambeau）率大军援助美国，援助从暗处走到明处。1781年9月，法国舰队第一次击败英国舰队。过去，七年战争中，北美殖民地站在英国一边，攻打法国驻美军队。现在，法国派出援军，协助北美殖民地，攻打英国。

1781年，美国形势好转。大陆议会开始设立行政部门，任命费城商人罗伯特·莫里斯（Robert Morris, 1734—1806）为财政总监（Superintendent of Finance），允许他公私兼顾，一面经营银行和其他商业，一面为北美民兵筹款。这时，富兰克林等人向法国和荷兰筹得的贷款，终于到来。一本书说，法国和荷兰各向北美贷款100万；不同的说法，见下文注释㊿。莫里斯以铁腕理财，把法国贷款的一部分，开设“北美银行”。美国历史上，政府第一次把银行用作吸收民间钱财的金融机构。莫里斯还用自己的私人信用，筹得140万元，作为军费，源源不断向华盛顿提供军需、军饷，帮他扩充兵员。独立战争后，莫里斯成为美国首富。1789年，联邦政府正式成立，华盛顿邀请莫里斯担任第一位财政部长。莫里斯谢绝，推荐汉密尔顿。莫里斯把自己在费城建的豪宅，送给华盛顿做总统府。莫里斯选择做土地投机。几年后，荷兰与英国交战，莫里斯从荷兰的贷款不能到位，一朝破产，被投入费城债徒监狱。他的债务，据说达300万，相当那时美国总统年薪的120倍。联邦政府迅速制定破产法，目的之一，是把革命财神莫里斯挽救出狱。在《独立宣言》《联盟条款》和《联邦宪法》三大文件上都签过名的美国人，只有两个，莫里斯是其中之一。晚年靠朋友接济，死于穷愁潦倒。

1781年秋，法国海军在皮萨切克湾重创英国海军。康华里部无法与克林顿部汇合。10月，华盛顿率8 000多北美民兵，罗将波率7 000多法军，围攻康华里统帅的英军；康华里求降。华盛顿提出投降条件：英军归还全部战利品，放弃全部武器和军需，士兵可保留个人用品，军官可保留象征家族荣誉的佩剑，允许英国医生照顾英国伤病员。康华里接受。10月19日，华盛顿和罗将波接受投降。独立战争的主要战事结束。

第二十八篇*

政府需要动用武力的场合：人民的原始自卫权

汉密尔顿

1787 年 12 月 26 日　原载《独立报》

致纽约邦民众：

不可否认，可能出现这样的局面：全国政府需要动用武力。我们自己的经历，证实了别国提供的教训；不论各国社会结构如何，所有社会，有时总会发生这种紧急需要。煽动和动乱，是不幸的弊病，任何政治实体都避不开，就像人体避不开长瘤和起疹。不论何时，永远采取法治，这种观念（有人告诉我们，法治是共和政府唯一可以接受的原则），只存在政治医生的头脑中，他们精明睿智，看不起实际经验的告诫，可是，在实际生活中无处生根。

任何社会，都难免出现动乱，必须动用武力

不论何时，全国政府治理范围内，万一出现这种紧急情况，除使用武力，别无他法矫治。使用武力的程度，应与出现紧急情况的严重程度相当。倘若仅仅一个邦内的一小部分出现轻微动荡，动用邦内其他地方的民兵，即可弹压；自然的假定是：那些民兵有备无患，愿意尽责。一场动乱，不论直接起

人民为了维护公共和平，也会起而弹压动乱

因何在，最终都会危及整个政府：考虑到公众和平，即使不为联邦的权利，也会激起尚未受到动乱蔓延地区的人民，制服造反的人。如果实践证明，总体政府有利于人民的繁荣幸福，还说联邦政府得不到人民支持，就没有什么道理。

各邦政府可以使用武力平乱，联邦政府为何不可

若情况与此相反，叛乱波及一个邦的全部，或一个邦的主要地区，或许就无法避免使用武力。事实说明：马萨诸塞发现：必须征集军队，才能弹压该邦范围内的失序；宾夕法尼亚，仅仅担心部分公民闹事，就认为：还是采取类似措施，比较妥当。假设纽约邦政府，为恢复她已失去的对佛蒙特居民的管辖权；她是否能够指望，仅仅使用民兵，就能取得成功？为了实现她的计谋，她不会被迫征集和维持一支比较正规的部队？如果应该承认：遇到这种非常情况，各邦政府有必要征集一支民兵以外的部队，那么，出现类似的极端状况，必要时，全国政府也有可能采用武力，怎么又成了一些人反对的理由呢？有些人，口头上抽象地宣称自己忠于联邦，极力主张使用武力实施他们为之声辩的计划，在文明社会范围扩大后，却极力反对联邦政府采用类似措施，岂非咄咄怪事？持续不断的对抗，频频发生的革命，对小共和国来说，像永无尽头的天灾人祸，有谁喜欢出现那样的局面呢？

即使组成几个联盟，或十三个邦完全分开，还是要武力平叛

我们且从另一个角度来看待这个问题。假设我们建立的，不是一个全国政府，而是两个、三个甚至四个联盟，这几个联盟运作起来，是不是也会遇到同样的困扰呢？它们当中的每一个，岂不是都会暴露于这种灾难？一旦这种情况发生，为了维护自己的权威，它们是不是也要采取同类的应急措施？为什么由各邦组成的全国政府这样做，就要加以反对？如果出现假设的情况，民兵支持联盟政府，比支持全国政府，会更乐意、更能干？所有公正的有识之士，公平思考后，都会承认：反对派的道理，应对二者同等适用；不论是所有的邦建成一个

政府，还是不同的邦建成几个联盟，或者十三个邦全部分开，到时候，都有必要征集民兵以外的部队，保卫社区和平，维持法律的正当权威，反对叛乱或造反造成的暴力。

议会才是人民权利的最基本的、最有效的保障

有些人要求：宪法里面应该加进更加断然的规定，禁止在和平时期保持军队，且不说其他理由，只说拟议中的政府，全部权利都掌握在由人民选出的议员手里，就足以回答这个问题。毕竟，在文明社会里，议会才是人民权利和特权的最基本的、最有效的保障。

若议会背叛人民，人民只有使用原始自卫权

倘若人民的议员，背叛选民，那么，除诉诸原始自卫权，人民没有别的资源可用；原始自卫权，高于一切政府形式；用人民的原始自卫权，对付全国政府统治者的篡权，比对付个别邦统治者的篡权，取得成功的前景，肯定更好。单独一个邦，若被授予最高权力的人篡权，邦以下的行政区划，没有各自的政府，没法采取常规措施抵御。公民们只好在一片混乱中迅速拿起武器，难以拧成一股绳，没有系统，没有资源；只有勇气和绝望。篡权的人，包裹合法权威的外衣，通常可以把人民的反抗，击败于萌动之初。领土面积越小，人民要形成正规和系统的反抗计划越难；他们的早期努力，越是容易被击败。人民的准备和活动的情报，很快就会被获取；篡权者手中掌握的武力，得以迅速指向反对者开始行动的地方。这种情况下，必须同时出现一些奇迹，民众的抵抗，才能取得胜利。

人民可以利用两级政府，相互制约对方篡权

如果公民了解自己的权利，决心加以捍卫，篡权的障碍，民众抵抗的有利条件，随国家幅员的扩大而增加。人民的自然力量，与政府的人为力量相比，在大社会里比在小社会里要大；当然，对付政府试图建立暴政的能力，也越强。不过，在一个联盟里面，毫不夸张地说，人民完全可以掌握自己的命运。权力几乎总是相互成为对手；联邦政府，会永远处于时刻准备的状态，制约各邦政府篡权；各邦政府对联邦政府，也会时刻

严阵以待。人民，不论投入天平的哪一边，天平就会向哪一边倾斜。不论人民权利被哪一级政府篡夺，他们就会利用另一级政府，作为校正工具。让联邦永存，人民自己保留一份优势，这真是值得高度赞扬的事！

万一联邦政府篡权，各邦政府可以组织正规反抗

我们的政治体制，可以放心接受一个公理：各邦政府，在可能出现的所有情况下，总是提供一种完整保障，制止联邦政府侵入公民的个人权利。妄图篡权的阴谋诡计，很难用假装的面具，逃过民选机构的慧眼。各邦议会，会有更好的信息来源。他们会看到远处的危险；拥有齐备的政权机构，拥有人民的信赖，可以立刻采取正规的反抗计划，通过正规计划，把社区里的所有资源结合起来。各邦政府之间，易于沟通；把它们的力量联合起来，捍卫共同的权利。

国家幅员大，联邦政府若想篡权，会四面受敌

国家幅员广阔，构成进一步的安全屏障。对付一个外国强权，我们已经体验过幅员广大的好处。国家议会里，为控制野心家的企图，幅员广大又会起到同样的作用。倘若联邦军队能镇压一个邦的反抗，其他远处的邦，会以生力军增援。联邦只好放弃它在一个地方取得的优势，去对付其他邦出现的反抗；联邦军队一旦撤离，被镇压的邦又会重新努力，复活它的反抗。

按目前的人口和国力，联邦不可能维持一支大军

我们应该记住，军事力量的大小，总是要适应国家的资源。未来的一段漫长时间，不可能维持一支大军；要想扩军，社会的人口和自然资源，都要有相应的增长。人民处于一种局面，以邦政府为中介，设法捍卫自己，具备众多独立国家的敏捷有效、正规组织和体系。这种情况下，联邦政府要能征集和维持一支军队，足以在一个大帝国领域内，对广大人口施行暴政，这种局面，何时才会到来？这种担心，可以视为有病，这种病，不是说理可以治愈的。[50]

帕伯琉斯

*《反联邦论》第28篇，题为“新政府要动武”，此为第三部分，原载费城《自由人报》，或《北美信使报》，1788年1月16日。

㊿ 独立战争的代价和后果：独立战争的代价，包括人员伤亡和财政支出两个方面，不同时代出版的书，有不同的说法。

新泽西出版的《世界年鉴1997》英文版第184页，列举了美国参加的10场战争中美军的伤亡数字，从独立战争，到1992年的海湾战争。按这份表，先后投入独立战争的民兵，在18.4万到25万人之间，死4 435人，伤6 188人。

《维基免费百科辞典》，2007年7月21日更新的词条“美国革命战争”说：独立战争期间，美国先后上过战场的民兵，约25万，其中，华盛顿在同一时段指挥过的民兵，不超过2万，因为美国民兵作战有季节性，战斗过一段时间就要回乡务农和照顾家人，士兵处于不断的流动中。战场阵亡人数，估计为8 000，死于冻饿疾病的，估计约8 000，包括在英国兵船上死去的约5 000战俘。重伤或残废的士兵，估计8 000到2.5万之间。整个战争期间，美军伤亡人数加起来可能达到5万。

1775年，英国开始镇压北美独立运动时，人口约750万，北美人口约250万；1783年，独立战争结束时，英国人口约800万，美国人口约300多万（美国这一时段经历了一个生育高峰，和一个迅猛增长的欧洲人口移民潮）。英国自以为是强国，拥有正规军，可以速胜，结果战争打了6年多，又谈判1年多。英国在北美的常规驻军，有3.6万，先后派往北美的海员，达17万，其中阵亡1 240人，病死1.8万人。主要杀手，是一种通过柠檬汁传播的传染病。4.2万英国水手，逃离英军。

3万德国黑森军，阵亡1 200人，死于疾病和事故者，6 300人。战后，5 500名德国人留在美国，后来加入美国籍。

法国和西班牙的伤亡数字，没有可信资料。

各国的财政支出，《维基免费百科辞典》的同一个词条说：

英国为了打这场战争，花了8 000万英镑，国债累积达2.5亿英镑，每年要用950万英镑偿还国债利息。对此，英国还可以对付。

法国花了13亿里弗拉，合5 600万英镑，国债累积达1.87亿英镑。对此，路易十六统治下的法国难以对付。1780年代，法国政府每年的岁入，一半以上要用来偿还国债利息。税务负担，成为引发1789年法国大革命的原因之一。

英国国王乔治三世轻松地说：“要控制宾夕法尼亚，不过是个笑话。”乔治三世从小智弱，中老年累次精神失常，甚至疯狂，但他还是一直做国王，直到81岁去世。

独立战争期间一直担任英国首相的诺斯勋爵（Lord North，1732—1792），1782年3月20日，引咎辞职。4月，英国下院投票，多数决定终止对美战争，虽然这时亨利·克林顿统帅的3万美军还在纽约，黑森军也没有被消灭。

美国的战争支出，联邦一级，达3 700万英镑(那时还没有美元)，各邦议会一级，共1.14亿英镑。说明各邦议会自己招募、自己任命军官的民兵，由各邦议会支付。这笔钱，主要靠三个来源支付：来自法国的贷款，来自荷兰的贷款，联盟议会和各邦议会向北美人民发行的大量国债。美国取得了独立战争的胜利，可是被外债和内债压得喘不过气来。

1782年11月30日，美国代表团，开始与英国新一届政府派出的代表团，在巴黎开始和平谈判。

第二十九篇*

论民兵

汉密尔顿

1788年1月9日　原载《纽约邮报》

致纽约邦民众：

出现内乱和外敌入侵时，管理民兵和指挥民兵作战的权力，自然属于负责国防、负责联盟内部和平的责任范围内。

每当征召民兵为共同防务服役时，民兵若能做到组织纪律整齐划一，发挥的作用会更大，这点，不学军事科学，人人也能明白。整齐划一，使民兵宿营作战时信息灵通，动作协调；军队作战，这是一大优势；让民兵尽快熟练掌握军事技能，对作战极为必要。要想达到这种整齐划一，只有把民兵的管理权和指挥权，交给全国政府。因此，在宪法中，制宪会议恰如其分地授权联邦议会“制定规则，组织、武装并以纪律约束民兵，统辖民兵中应召为联邦服役的部分，而把任命军官、按联邦议会制定的纪律训练民兵的权力，保留给各邦”。

联邦可征召民兵服役；各邦保留任命军官和训练民兵的权力

反对派从各种角度攻击宪法，其中，对民兵条款提出的反对意见，简直没有什么分量，完全站不住脚。如果一支管理精

联邦若能指挥民兵，或许可以不用征集常备军

良的民兵，要成为自由国家的天然防卫力量，肯定要置于全国安全保卫机构的管理和指挥之下。倘若常备军危及公民权利，把民兵的有效管理权，置于授权保护国家的机构下，可以去掉全国政府动用常备军的诱因和借口。倘若出现联邦政府需要征召军队协助民政的紧急情况，可以征召民兵协助，不必动用其他类型的武力。倘若民兵调度不了，只好征集军队。要避免产生常备军，最为肯定的办法，是使常备军没有建立的必要，这比在纸上定一千条禁令都好。

反对派鼓噪说：联邦征召民兵只是为了做自己的助手

为了在人民中间煽起反感，唆使人民反对联邦政府征集民兵推行联邦立法，反对派到处鼓噪，说宪法里没有条文，可以征召民兵协助地方官员履行职责；并由此推断：征召部队的意图，只是为了充当联邦政府的助手。已经露面的反对意见，相互之间明显地自我矛盾，有时，同一批人也是口径不一，事先没有想好，令人难以相信他们的诚信和公平。同一批人，此时告诉我们：联邦政府的权力，是专制权力，没有受到限制；彼时又告诉我们：联邦政府的权力，连征召民兵也办不到。后一说法，离实际太远，前一说法，过于夸张。联邦政府行使各项法律时，有权制订一切必要和适当的立法，怀疑这项权力不包括要求全体公民协助得到授权贯彻法律的官员，实在荒谬；同样荒谬的，是相信：联邦政府有权制定适当和必要的立法征税，可以改变土地产权的继承和转让办法，在与之有关的案件里，废止陪审团制。因此，假定政府没有权力要求民兵协助，完全没有道理，把这种假定运用到联邦政府对民兵的权力上，既不公正，也不合逻辑。仅仅因为存在一项权力，说联邦政府必要时可以使用民兵，就由此推理，说武力是联邦政府的唯一工具，有什么道理？有理性的人，竟然用这种方式推理，叫我们如何看待他们的动机？叫我们如何避开仁慈和判断之间的冲突？

出于共和主义的警戒之心，有些人进入奇思妙想，以致告诫我们：联邦政府掌握民兵，要警惕其中危险。他们看到：经过挑选的部队，由年轻热情的人组成，可能听从带有任性的权威。全国政府用什么计划管理民兵，无法预测。如果宪法得到批准，如果我有机会把我对建立民兵的感觉，向一位纽约的联邦议员陈词，那么，我的观点，与那些认为民兵危险的反对派刚好相反，大意如下：

反对派奇思妙想，说：联邦掌握民兵，危险

“若训练联邦全体民兵的计划能够付诸实行，不但不会产生良好结果，而且会造成损害。要把民兵的专业水平，训练到可以接受的程度，是需要时间和持之以恒的训练，非一日之功，也非一周可以奏效，那不过是表面功夫。要把大量农人和其他阶层的人，武装起来，按照需要，从事经常的军事操练和演习，达到熟练程度，具备组织精良的民兵水平，会引起人民真正的抱怨，给民众带来极大不便和损失。全国的劳动生产，每年都会大幅减少，按全国现有人口计算，不会低于各邦民政开支总额。企图做如此耽误劳动、妨碍生产的事，实为不明智：这种实验，如果开展，也不可能成功，因为，这种事情，不可能长期坚持。对于人民的多数，理性的做法，不超过给他们提供适当的武器装备；为确保此事不被忽略，一年当中，开展一两次训练，是必要的。

长期训练全体民兵，劳民伤财，一年只可一两次

“对整个国家开展训练的计划，是错误念头，不切实际，应该放弃；但是，应该尽快制定一份良好计划，通过后，组建适当的民兵，这点极其重要。政府的注意力，应特别放在选拔一支人数适中的队伍，应该讲求实际原则，需要时就能服役。计划应该订得详尽，人员应该优秀，经过训练后，各邦防务一旦遇到需要，就可以把他们开赴战场。这不仅可以减少建立正规军的需要；如果局势一旦要求政府建立一支部队，一支不致于对公民权利构成威胁的军队，就有大量公民，随时准备捍卫自

精选一支人数适中的队伍，加以训练，可替代常备军

己的权利和其他同胞的权利，遵守纪律、善于使用武器，不亚于军人。依我之见，这是唯一的替代办法，可以用来代替常备军；如果常备军非要不可，民兵又是对付常备军的安全保障。”

反对派视民兵为危险，我视民兵为安全保障

我对这个问题的想法，与反对宪法的人不同；同是民兵，他们看到的，是危险和毁灭之源，我看到的，是安全保障。至于全国议会会如何看待这个问题，他们和我都无法预测。

各邦政府独享民兵军官的任命权，还有什么可以担心

迄今为止，民兵是否危及民权，这个问题，有些说法，过于强词夺理，夸大其词，令人茫然，不知应该认真对待，还是付之一笑？是把这些说法视为雄辩论者的牛刀小试，不计代价兜售偏见，还是真的政治狂热？如果我们连自己的儿子、兄弟、邻居、同胞都信不过，那么，惶惶然不可终日，何年何月有个终了？每天每日都和同胞一起相处的人，分享同样感受、情绪、习惯、利益，到哪儿去找危险的影子？出现需要时，由联邦制定民兵管理规则，指挥民兵服役，由此，可以推出什么合理的担心害怕？何况各邦还独享军官的委任权！若真的担心民兵在联邦政府领导下，会变成某种建制，各邦政府任命的军官，不是会马上出来制止吗？毫无疑问，任命军官，可以永远确保各邦对民兵的压倒影响。

反对派写文章，像笔法拙劣的浪漫传奇

许多反对宪法的出版物，读起来会令人浮想联翩，好像在读笔法拙劣的浪漫传奇，展现的不是自然而然、赏心悦目的形象，而是可怕的、令人倒胃的形状，蛇发怪女、九头吐火兽，不论描写什么，都是色彩怪异，形象可憎，笔触所至，都成妖魔鬼怪。

反对派危言耸听，妄图激起民众对民兵的恐惧

谈起联邦征召民兵服役，一些反对派的文章里，就会发现这类文字的样本。说什么新罕布什尔的民兵，要开拔到佐治亚；佐治亚的民兵，会被派遣到新罕布什尔；纽约民兵，会被派到肯塔基；肯塔基民兵，则被派到尚普兰湖。说什么欠法国人和荷兰人的债，没有欧洲金币归还，要拿民兵去抵债。此时

说，有一支大军要来践踏公民权利；彼时说，弗吉尼亚民兵会被拖到离家乡五六百里以外的地方，去镇压马萨诸塞高喊共和的造反者；马萨诸塞民兵，也要作同样距离的跋涉，开拔到弗吉尼亚，去教训弗吉尼亚贵族的倔强傲慢。莫非这些人以为，仅凭口若悬河，就能妖言惑众，说些荒诞离奇的事，就能糊弄美国人民？

倘若可以使用一支军队实施暴政，又何须用民兵？如果没有一支军队，指望征召民兵，把他们派上遥远绝望的征途，矛头指向另一部分同胞，企图把他们拖入奴隶锁链，这些民兵岂不会被激怒，调转他们的枪口，直指暴君式人物的宝座，这些人居然发起如此愚蠢、如此下流的计划，民兵势必直捣他们想象中的权力堡垒，代表遭受凌辱、受到激怒的人民，对他们实行正义的复仇？莫非这就是胆敢篡权的人用来统治一个人口众多、受过启蒙的国家的办法？莫非他们企图篡权之初，会首先激起他们打算用作工具的那些人的厌恶？企图篡权的人，开始他们的事业时，是不是就会采取令人厌恶的举动，处心积虑地实现目标，引起人们的普遍仇恨咒骂？莫非这些假设，就是眼明心亮的爱国者，对眼明心亮的人民，提出的严肃训示？或许，这些只是煽动分子或狂热分子的煽动之词？即使我们假设统治国家的人们，真的受到无法克制的野心驱使，也不可能相信，他们会用如此荒谬的手段，去实现他们的计划。

说什么用民兵篡权，是一种荒谬念头

发生内乱，或外敌入侵，自然要征集邻邦的民兵，开拔到另一个邦，对付共同敌人，捍卫共和国，不受派别或煽动者的暴力凌辱，这样做，恰如其分。独立战争[51]期间，多次发生的情况，就是如此，这是民兵的第一目的；这种相互增援，的确是我们政治联合的主要目的。若把这种相互增援的指挥权，交给联邦，各邦就不致于对邻邦的危险无动于衷；若等待各邦自

各邦民兵相互增援，是我们当初政治联合的初衷

觉,那么,不到祸害迫在眉睫,它们的同情尽责之心,或许还不够强烈。

帕伯琉斯

* 《反联邦论》第 29 篇,题为"反对由全国政府控制民兵",作者署名"一个民主联邦论者",原载《宾夕法尼亚邮报》(*Pennsylvania Packet*),1787 年 12 月 23 日,原为 1787 年 12 月 12 日宾夕法尼亚讨论和批准联邦宪法代表会议上,少数派所持异议"向公众致辞及原由"的摘录。

---

(51) 独立战争取得胜利,美国和英国签订和平条约。

1782 年 11 月 30 日,美国代表团和英国代表团,在巴黎签订英美和平条约预备性文件;1783 年 9 月 3 日,两国代表签订正式文件。代表英国国王乔治三世在条约上签字的是:英国议员戴维·哈特利(Hartley)。代表美国签字的是:约翰·亚当斯,本杰明·富兰克林,约翰·杰伊。

英美和平条约,又称"巴黎协议"(Paris Agreement),主要内容十条:

第一条,英国承认十三个邦自由,拥有主权。

第二条,划定美利坚联邦与英属北美的边界。

第三条,把圣劳伦斯河和新发现地的海域,划为美国的渔业区。

第四条,承认英美两国人在对方土地上的债权。

第五条,美国联盟议会认真向各邦政府推荐:恢复保王党人被没收的资产和产业(这一条后来未被执行)。

第六条,美国应避免进一步没收保王党人的资产和产业。

第七条,两国相互释放战俘,美国要保持英军留在美国的全部财产,包括奴隶,完整无缺。

第八条,英美双方都要为对方进入密西西比河提供自由通道。

第九条,签约后美国获取的领土,应无补偿归还。

第十条,本条约应在签字后 6 个月内生效。

1784 年 1 月 14 日,美国联盟议会批准了这项条约。

英美和平条约,解决了两国间的基本问题,还有一些该了未了的具体问题,后来由 1795 年的"杰伊条约"部分解决。

第三十篇*

一论财政：对联邦政府的征税权，不应加以限制

汉密尔顿

1787 年 12 月 28 日　原载《纽约邮报》

致纽约邦民众：

前面说过，联邦政府应该有权供养国家军队；其中，包括招募陆军，建立和装备舰队，以及所有与军事安排相关的运作支出。可是，这还不是联邦管辖范围内征税的全部目标，还必须授权延伸。还必须增加一条：要养活全国文官，支付已按合同或将来可能按合同欠下的国债，以及国库将要支出的所有开支。结论是：在政府的框架中，将编进一个纵横交错的总体征税机构，用这样那样的形式收税。

联邦政府应该有权征税，供给军队，供养文官，支付各种开销

钱，是政治实体当之无愧的生命线。作为生命线，钱给政府注入生机、活力，使政府有能力履行各项基本职能。因此，只要社会资源许可，完备的权力，需要源源不断的、足够的钱注入；钱，可视为每个政治机构不可或缺的组成部分。钱的问题，如果出现亏空，必然产生两种罪过中的一种：要么，无法通过正常方式，提供各项公务所需，只好持续不断地去偷去

钱，是政治实体的生命线

抢；否则，政府就会致命萎缩，迅速死亡。

奥托曼帝国，君主对臣民虽有绝对的生杀予夺之权，却无权征收新的税种。于是，君主纵容各省巴夏（Bashaws）或总督（Governors）残酷盘剥百姓；然后，君主再从巴夏和总督手中榨出钱来，应付本人和国家的急切之需。美国由于相同原因，联邦政府逐渐衰落为腐朽之国，几近湮灭。把健全的权力，置于适当的人手中，征收必要的税收，舍此，谁能满足公务之需，为这两国人民谋取幸福？

联盟体制下，向各邦摊派的办法，自失时机，徒利敌人

眼前的联盟[52]，如此疲弱，寄望于联邦政府获得不受限制的征税权，以应付联邦的财政短缺。可是，联盟建立在错误的原则上，使政府的意图完全受挫。按《联盟条款》，十三个邦组成一种联盟（前面已经讲过），联盟议会被授权摊派和征收所需钱财，只要他们判断是联邦服务所需的数量；可是，要求各邦上交定额，若符合分配原则，从宪法意义上说，各邦就责无旁贷。各邦无权质疑所摊派的数量是否适当，它们只能想方设法，筹集要求上交的款项。可是，虽然这些规则严格、真实；尽管这种假想中的权利，是联盟条款的侵权规定；尽管这可能很少或者从来没有被公然宣布过；实践中，这条规则，是一直都在实行；只要联盟的岁入依然依赖各邦作为中介收取，这种状况，就会继续下去。这一体制造成的后果如何，人人明白，即使最不熟悉我们公共事务的人；我们这组文章的不同部分，也曾反复说明。正是这种体制，起了主要作用，使我们陷入今日的处境，提供了足够的原因，使我们因羞辱而悔恨，让敌人因凯旋而得意。

必须彻底改变国库空虚的现状

除了改变这个制度，消除造成当前处境的原因，还有什么别的矫正办法？不改变这种错误百出、不可靠的按配额征收制，行吗？我们能想象出什么办法，来替代这种财政方面的妄想呢？只有允许全国政府，按常规征税办法，筹集政府自己的

岁入，才能解决问题。所有按有序宪法组成的文明政府，不都是得到了征税的授权吗？嘴巴俏皮的人，可以对任何题目滔滔不绝，提出相反主张；可是，人间的任何智谋，都找不出别的办法，把我们从狼狈尴尬的境地中解脱出来，这种境地，乃是国库空虚的自然结果。

新宪法的反对派中，比较聪明的人承认：这种推理有说服力；可是，他们虽然承认，又提出要求区分内税和外税。他们主张把“内税”留给各邦政府；他们说的“外税”，指进口关税，同意把进口税转让给联邦政府。可是，这种区分，违反良知和坚实政策的基本原理，基本原理说：每项权力，都应该与需要实现的目标相称；按他们的提法，仍旧会把联邦政府置于各邦政府监护之下，与希望联邦政府有权有效的初衷，背道而驰。谁敢断言，光是进口关税一项，现在和将来，就足以应付联邦可能遇到的各种紧急情况？把现在联邦所欠的外债内债考虑在内，若对公正和公信的重要性所能起的改进作用有一般了解，任何人都知道：偿还债务的计划，刻不容缓，所有各方都承认这事必须办理，我们不能毫无理由地自我安慰：说光靠进口税一项，哪怕把税率改善到最佳，就能对付哪怕是现在的需要。至于将来的需要，既无法预计，也无法限制；根据前面已经讲过不止一次的原理，对付这种不测之需的权力，就像这种需求本身一样，不应加以限制。我相信，这应该被视为一种已被人类历史证明的立场：在事物的通常进程中，一个国家，在它存在的每个阶段，至少要与它的资源相当。

邦征税权应不限于进口税，而且不宜加以限制

如果说：赤字可以用向各邦摊派的办法解决，那就等于说：一方面，承认这个制度不可靠，另一方面又说，还是要依靠这个制度，来满足某种超过限度的需要。通过自身体验，或通过阅读这些文章，对这一制度的弊病有深刻了解的人，一定会觉得：绝不能把国家利益，不论何种程度，委托给这种体

现行摊派征收体制，不能解决财政需要

制，绝对需要反其道而行之。这种体制一旦实施，其不可避免的趋势，是削弱联邦，引起联邦与各邦之间，邦与邦之间，彼此不和，紧张对立。此前，联邦的全部收入，都要靠这种体制提供，现在，再把不足的部分依靠这同一种体制，能指望情况会变好吗？应该记住：如果对各邦的要求减少，它们回应这种要求的手段，也会相应减少。如果我们承认：若前面提到的区别内税外税的说法确有依据，就会得出如下结论：全国财政中，有一个已知的极限点，到达这个点，就要停下来以求安全，说：促进公共幸福的努力，到此为止；说：通过已经提供给政府的，足以促进公众幸福，超过这个界线的事情，不值得我们操心着急。一个总是只得到一半供应、不断叫穷的政府，如何能实现建立政府的目的，如何能保障进步繁荣，如何能支撑社会声望？政府怎么才能做到有权有效，才能保持稳定，才能享有尊严和信用，才能享有国内民心，才能享有国外尊重？政府的施政，如何才能摆脱一连串的拆东墙补西墙，处处无能，处处丢脸，才能显现一副新姿态？到了未来，政府如何才能避免总是因为眼前一时之需，频频牺牲长远前途？政府如何才能着手实现公益的宏图远志？

现代战争体制，最富的国家，是借贷能力最强的国家

我们来看看，如果我们遇到战争，如果保留眼前的格局，第一场战争到来之际，会出现怎样的后果？为了明理，姑且假设，从进口关税获取的岁入，足以偿还公债，足以应付联邦和平时期的需求。就在这样的环境下，一场战争爆发。遇到这样的紧急情况，政府多半会如何应对？经验告诉我们：切不可把胜算，寄托在摊派制上；可是，又没有权力动用新的资源，政府是不是会迫于无奈，把原来已经派作其他用场的经费，用来保卫国家？很难看出：怎样才能避免采取这一步骤；万一采用这一步骤，马上可以看出：为了捍卫国家，开始挪用资金的那一刻，公信力便立刻毁坏。以为到此紧急时刻，就可以放

弃公信，实为一种糊涂观念。现代战争体制，最富的国家，就是最具借贷能力的国家。像我们这样无富可言的国家，对借贷的需求，会感受更深。可是，一个政府，如果过去的还债记录不佳，不可靠，谁会借钱给这样的政府？这样的政府，所能筹到的贷款，必然是数量有限、利息高昂。这种贷款的原则，就像高利贷者通常借钱给破产者和赖债的人一样，钱数很少，利息很高。

或许有人想象：即使联邦政府拥有不受限制的征税权，由于国家缺少资源，战争爆发时，仍会出现挪用已派用场资金的需要。不过，两种做法，可以消除这种担心。一、我们有把握：可将社会资源，为联邦用到最大限度；二、不论赤字多大，都不难用贷款填充。

不论赤字多大，都不难用贷款填充

政府如果拥有权力，能够利用新的税源，创造新的资金，那么，不论需求多大，全国政府都可以借贷。不论外国人，还是美国公民，对政府的行为，都可以理性地建立信心；可是，如果依赖一个政府，这个政府又要依赖另外的十三个政府，作为履行条约的上家，一旦这种局面为人所知，那就需要人家有一种罕见的轻信，才能借得到钱，这种轻信，在人间的借贷行为中，很难遇到；常见的，倒是野心勃勃的急功近利。

政府如果有权征收新的税种，就不难从国内外借贷

有人一心想象：在美国的现实中，看到诗歌世界或童话世界中的太平盛世，对这些人来说，上述思考，是隔靴搔痒；但是，也有人相信：我们多半会经历曾经落到其他国家头上的那种艰难困苦和天灾人祸，上述思考，值得他们认真关注。这样的人，眼中看到的，是国家的真情实景，心怀忧虑，祈求命运，不要让野心家和复仇者，轻而易举地把困苦灾难，强加给这个国家。

轻浮者不理解这些想法；持重者方解其中滋味

帕伯琉斯

* 《反联邦论》第 30 篇，题为"一个弗吉尼亚的反联邦派对征税问题的看法"，原载《自由人报》或《北美信使报》，1787 年 10 月 31 日。

---

52 眼前的联盟：1781 年 3 月 1 日，马里兰代表在《联盟条款》上签名后，第二个大陆议会正式成为"联盟议会"，有了自己得到十三个邦议会批准的游戏规则。

联盟议会的第一任轮值议长，是 47 岁的特拉华人托马斯·麦克凯恩(Mckean，1734—1817)，任期不到 4 个月：1781. 07. 10 到 1781. 11. 04。麦克凯恩参加过 1765 年的"印花税法议会"，常与迪金森意见相左，他的资格，比美国一大代表还老。殖民地不论大小，一律平等，在联合的议会上，各有一票平等的表决权，又是麦克凯恩在反印花税法议会上首先提出，得到通过。这条游戏规则，一直沿用到第一个大陆议会，第二个大陆议会，联盟议会和制宪会议。直到《联邦宪法》批准，才废止这条游戏规则。1765 年，他担任县法院法官，拒绝在法律文件上贴英国印花。1776 年，麦克凯恩参加大陆议会，代表特拉华在《独立宣言》上签名，参与起草特拉华邦宪法，作为特拉华邦长，代表特拉华在《联盟条款》上签名。后来，他又担任过宾夕法尼亚最高法院首席大法官。1787 年，他参加宾夕法尼亚讨论批准联邦宪法的民意大会，认为《联邦宪法》是"世人所能见到的最佳宪法"。

联盟议会的第二任轮值议长，是马里兰人约翰·汉森(John Hanson，1715—1783)，任期正好 1 年：1781. 11. 05—1782. 11. 03。他的先人，是马里兰创始人之一，一个侄儿代表马里兰在《独立宣言》上签名，另一个侄儿代表马里兰在《联邦宪法》上签名，还有一个侄儿独立战争时任马里兰邦长；两个儿子在独立战争中捐躯。汉森自幼苦学希腊罗马古典，研究神学。1775 年当选马里兰殖民议会议员，1777 年进入大陆议会，以行政见长；1781 年当选议长。与许多早期投身革命的人一样，1787 年后，他坚决反对批准《联邦宪法》，一直到死。

联盟议会的第三任轮值议长，是新泽西人伊里亚斯·鲍蒂诺(Elias Boudinot，1741—1802)，任期 1 年：1782. 11. 04—1783. 11. 02。鲍蒂诺在独立战争中没有显赫军功；也不以法律知识或政治能力见长；可是，在阿诺德将军背叛美国一事中，他在危境中表现的忠诚，赢得尊重。他处理的与加拿大的关系，也为他赢得名声。他曾担任联盟议会的外交部部长，管理来自法国、西班牙和荷兰的援助，后当选议长。与前面几任议长一样，他是受过良好教育的古典学者。后来，他坚定地反对批准《联邦宪法》。

第三十一篇*

二论财政：再论联邦政府应该拥有不受限制的征税权

汉密尔顿

1788年1月1日　原载《纽约邮报》

致纽约邦民众：

每种系统研究，都有一些基本真理或第一原理，成为后续推论的依据。这种原理，包含内部证据，不证自明。这些原理，先于思考，不必综合，能直接得到人脑赞同。公理若不能产生这种效果，或由于思维器官出现缺憾或失序，或由于思维器官受到某些强烈利益、激情或偏见的影响。几何学中的公理，就具有这种品格："整体大于部分"；"等于同一物体的其他物体，彼此相等"；"两条直线，不能围出一个平面"；"所有直角，彼此相等"。伦理学和政治学中，类似这样的原理，具有同样品格："没有原因，没有结果"；"手段应与目的相称"；"每项权力的大小，应与要求实现的目标相称"；"若目的本身无法加以限定，用来实现这一目的的权力，也不应加以限定"。伦理学和政治学中，还有一些其他真理，倘若还不能上升到公理的层次，也是从公理直接推断而来，本身明白透彻，自然而朴实

不接受公理，或因思维器官失序，或因受利益偏见蒙蔽

的人之常情,都会接受;这些真理,以一种几乎同等的、不可抗拒的力量,挑战人的头脑,看看人的头脑,是否赞同,是否正常,是否不含偏见。

几何学虽然抽象难懂,但不涉及人间激情,依然被人接受

几何学探索的对象,内涵如此抽象,远离人的追求。人间追求,激起人心萌动,挑起难以驾驭的激情。因此,人类毫不觉得困难,不仅接受比较简单的几何定律,甚至接受那些抽象的悖论,不论显得多么难以证明,远离自然理解,人的理性,若非借助哲学,就无法被引导去享受这些命题。物体的无限可分性,换句话说,有限物体的无限可分性,延伸到最小的原子,得到几何学家公认;尽管比起那些神学中的神秘说法,更不容易为常人明白,而且,遭到不信宗教的人们的无情挞伐。

伦理学和政治学中,人不像物体那么容易驾驭,人常作茧自缚

可是,在伦理学和政治学中,人们发现:人,却远不是那么容易左右。某种程度而言,情况就是如此,有理,也有用。谨慎和探索精神,是必要的铠甲,用以抵抗错误和哄骗。可是,这种不受驾驭的品性,可能走得太远,退化为顽固、乖张,就会失去诚意。当然,我们不能说:伦理学和政治学中的原理,准确性可与数学比美;可是,比起根据特定情况下的人的举动来作判断,政治学原理还是要强些。我们应该认为:这些原理留有余地。事情之所以弄得含糊不清,问题更多地产生于推理者的激情和偏见,而非由于事物本身。在太多的场合,人对自己的理喻能力,未能做到公平游戏,而是让位于某些执拗的偏见,自己陷在词语中,纠缠不清,在一些隐微之处,不能自拔。

为了检阅反对派的意见,把基本原理再讲一遍

如果我们承认:反对派提出意见时,是认真的,那么,宣布联邦政府必须具备征税的一般权力,这么明显的道理,怎么会遭到这些明白事理的人的反对呢?然而,不这样也不可能。前面已经充分说明过这些道理,这里再讲一遍,或许也不为过,作为一篇绪言,以便对反对派的意见作一检讨。这些道理

的实质如下：

一个政府，应该充分具备每一项权力，以便完成委托给它实现的目的，而且应该完全履行它所负责的信托；免去所有其他控制，只受制于公益和人民的感受。

政府应不受任何控制，只受制于公益和人民的感受

总管国防，保障公共安全，防止来自国外国内的暴力，涉及人员伤亡和各种危险，伤亡和危险的限度，事先无法设定，制定授权条款时，就应该明白：除了国家的危急，社会的资源，没有别的界限可言。

国防权，除国家危急、社会资源外，没有别的界限

岁入是必不可少的发动机，有岁入，才能具备对付国家危急的手段，充分获取此项权力，必须得到全面理解，进入条文，以对付这种危急。

宪法应有条文，授予联邦征集岁入的全权

理论和实践二者合起来证明：获取岁入的权力，通过作为集体的各邦征收，无法奏效，必须授予联邦政府以常规方式征税的不受限制的权力。

联邦政府不能再采取通过各邦政府征税的模式

如果经验并不证明相反的观点，人们自然就会得出结论：授予全国政府普遍的征税权力，恰如其分，可以安全地以这些论点为证，不需要进一步的说明支持。可是，我们发现：其实，反对宪法的人，迄今为止，并不承认这些结论，似乎正在以主要精力，十分努力地反对宪法中的这一部分。为此，有必要对他们的观点作一番分析。

反对派反对授予联邦政府完全的征税权

他们最下工夫的意见，要领如下："不能因为联邦可能遇到的危急没有限度，联邦的征税权力也没有限度。地方政府施政，与联邦政府施政一样，需要岁入；为了人民的幸福，地方财政收入的重要性，至少不亚于联邦的财政收入。因此，各邦政府应该有能力掌握提供它们需求的手段，就像联邦政府需要类似的能力一样。授予*联邦政府*不受限制的征税权，有可能，而且到时候多半会剥夺*各邦政府*提供自身需要的手段；使各邦完全处于联邦政府的摆布之下。由于联邦法律将成为全

反对派认为：联邦政府最后会取消各邦政府

国最高法律；由于联邦将拥有权力通过一切立法，以推行授予它的权威；全国政府随时可以借口各邦征税妨碍联邦征税，废止各邦征税权。全国政府或许会辩解说，这是实现国家岁入的需要：这样，所有的征税来源，可能一步一步地变成联邦的垄断对象，彻底排斥和消灭各邦政府。”

联邦政府的组成方式和结构，使担心它篡权成为多余

有时候，这种推理模式，显得是基于一种假设：全国政府篡权说；有时候，似乎只是对联邦政府运用宪法实施其授权的推断。只有后一种想法，还可以承认有点道理。我们一旦开始对联邦政府篡权的可能加以臆测，就会陷入一个不可测的深渊，使我们堕入理性之外。幻觉可以随意荡漾，直到钻进迷宫，茫然若失，不知向哪个方向拐弯，才能转出自己贸然闯入的迷津。对联邦的权力，无论作什么样的限制或变更，都很容易想象：一系列没完没了的危险，可能接踵而至；如果一味沉溺于过分的嫉妒、过分的胆小，我们可能会把自己带进一种绝对怀疑主义，从而失去决断。在此，我把前面在别的地方已经说过的道理，再说一遍：所有出于篡权危险的考虑，都应该指向政府的组成和结构，而不是政府权力的性质和范围。各邦政府，在各邦最初的宪法里，被授予完整主权。如果邦政府篡权，我们的安全保障又在哪里？毫无疑问，这种保障，在各邦政府的组成方式，对施政者只给予适度的依赖。现在提出的建立联邦政府的宪法，经过不偏不倚的考察，就会发现，在适度的范围内，足以提供这同样的安全，所有关于篡权的顾虑，应该就此烟消云散。

人民将把天平置于自己手中，维持两级政府的宪政平衡

不要忘记：各邦政府蚕食联邦政府权利的倾向，可能性相当大，与联邦政府蚕食各邦政府权利的倾向，旗鼓相当。在这样的冲突中，哪一方会取胜，取决于竞争双方为争取胜利而采用的手段。在共和国里，力量总是站在人民一边；而且有举足轻重的理由，得出一种信念：各邦政府，通常对人民拥有更

大的影响力，因此，自然的结论是：这种竞争的结果，多半是对联邦不利；各邦政府蚕食联邦政府权利的可能性，大于联邦政府蚕食各邦政府权利的可能性。显然：所有这类臆测，势必是极其模糊，而且容易失误，最安全的办法，还是把这些念头搁到一边；把我们的注意力，完全用来考虑权力的组成和结构，看看宪法如何处理权力的组成和结构。过了这条界线，一切都应该交给人民的谨慎和坚定去决定；我们希望：人民将把天平置于他们自己手中，随时随地关照，在总体政府[53]和各邦政府之间，维持一种宪政平衡。根据这个显然真实的理由，反对联邦无限征税权的意见，就不难消除。

帕伯琉斯

*《反联邦论》第 31 篇，来源同第 30 篇。

---

[53] 总体政府：指联盟议会。

联盟议会的第四任轮值议长，是宾夕法尼亚人托马斯·米弗林(Thomas Mifflin，1744—1800)，任期一年：1783.11.04—1784.11.02。富商之子，16 岁毕业于费城学院。到欧洲游历。18 岁当选宾夕法尼亚议会议员，先后担任第一个和第二个大陆议会代表。独立战争开始，担任上尉连长。投奔华盛顿司令部，1776 年晋升为旅长将军。他运用口才，走遍宾夕法尼亚，招募大量士兵。因“康威事件”，1778 年辞去军职。他承认，自己认为华盛顿身边有少数军官影响力太大，但不承认自己参与撤换华盛顿总司令职务的活动。1782 年，回到大陆议会，1783 年，担任议长。接受华盛顿辞去总司令职和批准英美和平条约两件大事，应该都发生在他的任内。1785—1788 年任宾夕法尼亚议会议长。1787 年，率宾夕法尼亚代表团参加联邦制宪会议。

若以麦迪逊的《辩论》为据，米弗林在会上一言未发，但他在宪法上签了名。1788—1790 年，米弗林接替富兰克林担任宾夕法尼亚主席(相当邦长)。

联盟议会的第五任轮值议长，是弗吉尼亚人理查德·亨利·李(Richard Henry Lee，1732—1794)，任期一年：1784.11.30—1785.11.22。

他从小被送到英国,在文法学校受教育。20岁回到弗吉尼亚,开始做律师。25岁做县法院治安法官。29岁当选弗吉尼亚殖民地议会议员。先后出席第一和第二个大陆议会,独立战争中担任民兵上校。他代表弗吉尼亚提出的三点动议:起草《独立宣言》,起草《联盟条款》,派人争取法国、西班牙、荷兰的援助,成为大陆议会领导独立战争走向胜利的正确路线。后来,他回到弗吉尼亚议会担任议员。1787年,当选弗吉尼亚派往制宪会议的代表,他拒绝去开会。会后,他坚定反对《联邦宪法》,发表许多演说和小册子《联邦农场主》,其中许多内容,被拆成单篇,收入《反联邦论》。宪法批准后,他当选弗吉尼亚派往联邦参议院的两名议员之一。

联盟议会的第六任轮值议长,是马萨诸塞人约翰·汉考克,任期仅半年多:1785.11.23—1786.06.06。汉考克是第二个大陆议会任期最长的议长,前面的注释已作介绍。

第三十二篇*

三论财政：各邦政府应该拥有独立的征税权

汉密尔顿

1788 年 1 月 2 日　原载《独立报》

致纽约邦民众：

各邦政府应该拥有独立的、不受控制的征税权

我认为：在筹款方面，联邦政府[54]有权控制各邦政府，不致于造成各邦政府所担心的实际危险；因为，我相信：联邦政府，若用施加压力的办法行使这种权力，会激起人民的反感；要冒激怒各邦政府的极大风险；而且，我相信：为了处理好地方事务，地方政府必不可少；这三点，构成一道完整的篱笆，防止联邦政府使用压力：我愿在此充分说明，我的想法正当有理：要求各邦拥有独立的、不受控制的权力，筹集它们自己的岁入，解决它们自己的需求。做出这个让步，我肯定（除进口税和出口税外），按照制宪会议提出的计划，各邦政府，在绝对和不受限制的意义上，保留这份权力；如果全国政府企图干预他们，就违反了宪法授予全国政府权力的条款。

联邦政府独享某些权力、各邦政府不得分享的三种情况

若把各邦彻底融合进一个全国主权，就意味着各邦彻底处于从属性质；不论还把什么权力留给各邦，各邦都要彻底依

赖总体的意志。可是，制宪会议的目标，只是部分联合或融合(consolidation)，各邦政府，显然要保留过去拥有的所有主权，这些权利，不因为加入联邦，就一无例外地交给联邦。这种排他交权，或者说，这种邦权的让渡，只存在于三种情况：一、宪法明文授予联邦的独享之权；二、宪法授予联邦、同时禁止各邦行使之权；三、宪法已授予联邦之权，各邦若再分享类似权力，会显得完全矛盾，互不相容。我用这些词语，把最后一种情况，区别于另一种可能与之类似的情况；实际上，二者完全不同；我指的是：实行"并享"的领域，两级行政部门，或许会产生政策方面的偶然碰撞，但不意味着直接矛盾，二者都不违反宪法权利。联邦政府独享管理权的三种情况，可用以下例子说明：宪法第一条第八款第十七个分句说：联邦议会有权，在今后的政府所在地，行使"排他的立法权"。这属于第一种情况。第一条第八款第一个分句说，联邦议会有权，"制定和征收税金、关税、进口税、营业税"。第一条第十款的第二个分句宣布，"未经联邦议会同意，任何一邦不得对进、出口征收进口税或关税，为执行该邦检查法所绝对必需的税金除外"。这样，就引导出联邦独享征收进口税和出口税的权力，并列出例外；但是，这项权力，又被另一个分句削弱，那个分句宣布：不得对任何邦的出口货物征税；由于这一限制，现在，又只能征收关税或进口税。这属于第二种情况。第一条第八款第四个分句宣布：联邦议会有权"制定联邦内的统一入籍归化法"，这属于第三种情况。这项权力完全排他，因为，如果每个邦都有权制定地区性规则，就无法统一管理。

宪法未明文禁止的领域，各邦与联邦并享征税权

有一种情况，或许有人认为，类似前面的第三种，其实区别很大，影响我们现在讨论的问题。我指的是：进口税和出口税以外的所有其他领域。我要强调指出：这显然是一个联邦政府和各邦政府并享而且平等的权力。在授予联邦政府排

他权力的条款中，完全没有提到这个领域。宪法里面，没有一个单独的分句或句子，禁止各邦政府行使这种权力。迄今以来，情况就是如此，宪法禁止各邦征收进口税和出口税，有人由此而推断出一个相反的结论。这种限制意味着：承认各邦拥有对条文中没有列出的项目的征税权；意味着进一步承认：对所有其他税目，各邦的权力依然没有减少。其他观点，既不必要，又有危险；之所以不必要，原因在于：如果明文授予联邦政府征收此类税的权力，就意味着排斥各邦的权力，甚或意味着各邦在此类税中处于从属地位，没有必要作这类限制；之所以危险，原因在于：引入这种限制，会直接导致前面提到的结论，使反对派的推理显得有理，而宪法的本意不可能如此；我的意思是说：在所有未加限制的领域，各邦与联邦并享征税权。这里所说的限制，即律师所谓“反面隐含”，意思是：否定了这一面，就肯定了另一面；否定了各邦征收进口税和出口税的权力，就肯定了各邦在其他项目上的征税权力。有人争辩说，宪法的意思，是把各邦完全从前一种税中排除，又让各邦对其他项目征税，但要在联邦议会控制下，这不过是诡辩。这个限制或禁止条款只是说：未经联邦议会同意，各邦不得征收关税；如果我们要按最后提到的意思来理解这一点，那么，就要迫使宪法引进一个正式条文，为了一个非常荒谬的结论；有了联邦议会的同意，各邦可对进口和出口征税；各邦可以对任何其他项目征税，除非受到联邦议会的控制。如果意图就是如此，何不在授予联邦征税的总体权力的原始条款中就加以说明呢？显然，这不可能是意图，也不含有这样的解释。

两级政府在征税权上可能出现的冲突

至于说各邦和联邦在征税权上会发生冲突，这个假定，不能推断为要把各邦排除的意思。的确有这样的可能：一个邦，对某个特定项目征税，使得联邦政府再对同一项目征税，显得很不适宜，但这并不意味：宪法禁止进一步征税。征税的数量，一方或另一方再征税，适当还是不适当，对双方来说，都是一个是否审慎的问题，但这并不牵涉到权力的直接碰撞。全国政府和各邦政府的财政体制和具体政策，会此起彼伏，不会正好吻合，需要双方各作忍让。这不仅是行使权力过程中可能出现的麻烦，而且是宪法本身存在的矛盾：前已存在的主权，导致难分难解的局面。

主权分割：各邦加入联邦时，保留部分主权

某些情况下，之所以需要实行权力并享，是主权分割[55]的结果；凡未明文授予联邦的权力，各邦得以保留并充分行使，主权分割的这条规则，不仅是这种分割的理论结果，而且得到新宪法提出的全部条文的明确承认。[56]我们从宪法里可以看到：尽管肯定地把总的权力授予了联邦政府，可是，在那些不宜由各邦政府行使的权力方面，作了非常谨慎的说明，都镶进了否定的分句，说明各邦不得行使这些权力。宪法第一条第十款，全部由这些内容组成。这是对宪法意图的清晰展现，提供一条解释规则，为我前面提出的立场提供依据，否认了与之相反的一切其他假设。

帕伯琉斯

*《反联邦论》第32篇，题为"联邦的征税和隐含权力信条"，此为第一部分。作者布鲁特斯，系罗伯特·雅茨的笔名，他对汉密尔顿的议论，作了强有力的反驳。他的逻辑，见最高法院1819年对《麦克洛思诉马里兰》一案的裁决。这篇文章，是布鲁特斯写给报纸的第5封信，原载《纽约纪事报》，1787年12月13日。

㊹ 联邦政府：指联盟议会。

联盟议会的第七任轮值议长，是马萨诸塞人纳撒尼尔·戈汉姆(Nathaniel Gorham，1738—1796)，任期不足半年：1786.06.06—1786.11.07。他的父亲经营一艘木船，戈汉姆没有上过学。15岁到康涅狄格学做生意。21岁回马萨诸塞自己做生意，开始兴旺起来，同时投身政治，当选马萨诸塞殖民地议会议员。后进入马萨诸塞革命议会。先当选马萨诸塞参议员(42岁)，后当选众议员(43—48岁)，其中三年任众议院议长。独立战争中，他的家宅和生意被英军毁掉。通过海上缉私，缴获英国船只上的货物，恢复生意和家产。卸去联盟议会议长职务后，作为马萨诸塞代表，参加联邦制宪会议，当选全体委员会主席，在第一线掌握会议进程，华盛顿作为制宪会议主席，在第二线。戈汉姆在会上的发言，直抒胸臆，没有文采，但言简意赅，支持联邦主义。制宪会议后，他热衷地产投资，买进纽约西部600万英亩土地，想转手卖给新移民，因马萨诸塞货币突然增值四倍，出售土地的收入，不抵贷款，破产。49岁的戈汉姆，死于穷愁潦倒。

联盟议会的第八任轮值议长，亚瑟·圣克莱尔将军(Arthur St. Clair，1736—1818)，是唯一不在北美出生的议长；任期一年：1786.11.07—1787.10.30，正值联邦制宪会议准备和举行期间。圣克莱尔生于苏格兰。在爱丁堡大学学医。19岁加入英军，在加拿大服役5年。后在宾夕法尼亚西部买下大笔产业(农场)。独立战争爆发后，他加入北美民兵。在提空塔加一役中的表现，使他被送上军事法庭。大陆议会原谅了他，后来又让他参加了约克敦战役。圣克莱尔两度担任大陆议会代表。后来成为西北领地的代理邦长，直到杰斐逊担任总统。圣克莱尔是华盛顿的好友，但坚定反对《联邦宪法》，一直坚持到死。

联盟议会的最后一任轮值议长，是弗吉尼亚人塞鲁斯·格里芬。因为他是从联盟议会过渡到联邦议会的人物，后面再作介绍。

㊺ 主权分割(division of the sovereign power)：制宪会议上，麦迪逊等人提出建立一个中央集权的“全国政府”，受到邦权派代表的抵制。双方长时间拉锯辩论，最后实现“伟大折中”，把“全国政府”中的抬头“全国”二字去掉，改为“联邦政府”，相应地，“全国议会”改为“联邦议会”，全国行政官，改为“联邦总统”，“全国最高法院”改为“联邦最高法院”。联邦制的特点，是各邦保留部分主权；因此，麦迪逊称《联邦宪法》为“混合宪法”。

㊻ 明确承认：《联邦宪法》修正案第十条，对主权分割作了更明确的说明：“宪法未授予联邦的权力，宪法未禁止给予各邦的权力，保留给各邦，或保留给人民。”

第三十三篇*

四论财政：各邦与联邦的关系：并存而非从属

汉密尔顿

1788年1月2日 原载《独立报》

致纽约邦民众：

反对派对宪法中征税条款[57]的意见，其余都针对宪法里的两个分句：一是，宪法授权全国议会“为行使上述所有权力，行使宪法授予联邦政府、授予各部门及其官员的权力，制定必要和适当的立法”；二是：“宪法、为实现宪法而制定的联邦立法、根据联邦授权已经缔结和将要缔结的条约，为联邦最高法律；各邦宪法和立法若与联邦最高法律抵触，各邦法官应受最高法律约束。”

引起反对派恶毒咒骂的两个分句

反对派对新宪法的无礼指责、恶毒咒骂，许多源于上述两个分句；他们向人民谈起这两条时，极尽歪曲夸大之能，说这两条会摧毁地方政府，是终止人民权利的恶毒手段，是可怕的怪物，毒牙将吞噬男女老少，不论他们地位高低，信不信教；说来奇怪：一阵喧腾后，不以这种眼光看问题的人，觉得完全可以放心：即使把这两条拿掉，拟议中的政府，仍旧可以像宪法

宪法的每一条，都在重复这两条原理

规定的那样完美运作;因为,宪法的每一条,都在重复这两条原理。这两条原则,不过是在宣示一种真理:宪法构建联邦政府、赋予联邦政府若干权力,这个事实本身,必然而且无可避免地推断出这一真理。这个结论,一望而知,有涵养的人,听到他们如此谩骂宪法的这一部分,也难以泰然处之。

何谓权力?无非是办事得以奏效的能力。何谓能力?无非是善于运用手段,达到目的。立法权,除制定法律外,还有什么?行使立法权的手段,除贯彻法律外,还有什么?何谓制定税则、征收税款的权力?无非是一种立法权,或者说,制定法律的权力。除制定"必要和适当的立法",还有什么行使征税这一权力的适当手段呢?

贯彻税法,就需要制定"必要和适当的立法"

回答这一连串简单的问题,立刻给我们提供了一个检验方法,可以用来判断反对派抱怨的那个分句的真实性质。这个过程,把我们带向一个明显真理:制定税则和征收税款的权力,就是"制定必要和适当的立法",以便贯彻执行这一权力;上面说的那个遭到诽谤的倒霉条款,除了宣布这同一个真理外,还有什么别的意思呢?具体说来,全国议会此前既已被赋予制定税则和征收税款的权力,为贯彻执行这项权力,"制定必要和适当的立法",又有什么不对?我把这些道理,特别运用于征税权,因为,征税权是我们现在讨论的问题,因为,征税权是移交给联邦政府各项权力中最重要的一项。不过,谈到宪法赋予的所有其他权力时,通过同样的程序,也会导致同样的结果。这个被故意称为包罗万象的条款,说得明明白白:为贯彻各项权力,授权全国议会,"制定一切必要和适当的立法"。这是一个预先提出的整体性宣示,用以执行特定权力,倘若还有什么值得反对,就要到特定权力中去寻找。这个宣示本身,若要指责,只能说它是重复或多余,可是,至少没有任何害处。

若说这个条款有缺点,就是重复和多余,但绝对没有害处

挑明这一条的原因：预先防止钻牛角尖和挑刺

多疑的人可能还要问：既然如此，何必又要引入这么一个条款呢？回答是：这样做，是为了更加小心，为了防止那些喜欢钻牛角尖和挑刺的人今后一意孤行，利用这一点，削弱或规避联邦的合法权威。制宪会议多半预见到：这些文章要说的主要目的，是挑明：对我们政治健康运行的最大威胁，是各邦政府，最后会削弱联邦的基础；因而认为必要，把这么重要的一点，先讲清楚，不留任何别的解释余地。不论列出这一条款的动机是什么，从反对派的大喊大叫来看，预先采取这一谨慎措施，的确是明智之举；这种大喊大叫，总是想要对这一伟大基本真理提出质疑，而这一条的目的，正好针对这种喊叫。

立法是否适当，先由联邦政府判断，再由选民判断

可是，还是有人要问：谁来判断：联邦政府通过的立法是否"必要和适当"？我的第一个回答是：这个问题，不仅针对这个说明性的条款，而且针对授予联邦的各项权力；我的第二个回答是：与其他政府一样，一个政府行使授权是否适当，首先由全国政府自己判断，然后由选民判断。倘若联邦政府超越了授权界线，采取暴虐手段滥用权力；创立政府的人民，必然会用他们制定的标准，做出判断，按严重程度，以谨慎态度，采取措施，弥补宪法受到的损失。从宪政观点看，一项立法是否适当，总是取决于立法的权力基础。假定：联邦议会对自己的权力，作牵强附会的解释（这种情况确实难以想象），试图改变某个邦的财产继承法；那不是很明显：试图这样做时，联邦政府就超越了权限，侵犯了邦权。再假定：借口岁入受到干扰，联邦政府着手废除某邦当局征收的土地税，岂不同样明显：这样做，违反了并享权力原则。因为，宪法明确规定，征收土地税的权力，在各邦政府。这个问题，如果还有疑问，就完全要归咎于推理的人，出于对宪法的敌意，毫无节制，想方设法，制造疑云，把普普通通、简单明了的真理，弄得扑朔迷离。

联邦立法成为全国最高法律的理由

前面说过，联邦立法，将成为全国最高法律。倘若联邦立法不成为最高法律，又会如何推断，最后会得出什么结论？显然，最后结论，就是联邦立法毫无作用。立法，就这个词的本义，包含最高之义。立法就是定规矩，受立法约束的人，都要遵守。这是每种政治结合的结果。人们进入社会，社会的立法，便成为他们行为的最高规范者。如果若干政治社会，进入一个更大的政治社会，这个大社会，按宪法赋予它的权力，制定的立法，对加入它的各个小社会，以及组成这些小社会的个人，势必具有最高地位。否则，就不是宪法，组成的也不是政府，不过是个条约，依赖各个小社会的良好信用；政府这个词的含义，就是政治权力和最高地位。不过，从这个信条，并不能推导出：大社会不按宪法授权行事，去侵犯小社会的剩余权力，也能成为最高法律。这种行为，不过是篡权，只能以篡权论处。我们的理解是：宣布联邦立法为全国最高法律这个分句，就像刚才讨论过的那个分句一样，不过是宣示了一条真理，这条真理，从设立联邦政府这种建制直接生成，是必要的。我认为：这项规定，也逃不出上面说得明明白白的限制范围：只有遵守宪法的立法，才能成为最高法律；我提到的这一条，不过是制宪会议办事谨慎的一个例子；即使文字中没有列出这项限制，大家也会理解。

各邦与联邦的关系：并存管辖权，而非完全从属

因此，联邦政府为征税而定的法律，按性质来说，是最高法律，不能用合法手段予以反对和控制；可是，联邦若立法废止或阻止各邦的征税权（进口税和出口税除外），就不能成为全国最高法律，而是一种未经宪法授权的篡权行为。至于两级政府可能对同一项目重复征税的不当做法，会使征税出现困难，弄得不稳定，这种相互的不便，起源并非两级政府谁的权大、谁的权小，而是由于其中一方用权不当，弄得双方同样受损。我们希望并且假定：相互的利益，会促使双方协调政

策，避免带来大的不便。由此推断：在宪法指导下，对进口税和出口税以外的任何项目，各邦将会保留独立的、不受控制的权力，征集他们认为需要的税收。下一篇将说明：征税方面，这种并存的管辖权，是唯一可行的替代办法，避免各邦对联邦的完全从属。

帕伯琉斯

＊《反联邦论》第 33 篇，题为“联邦的征税和隐含权力信条”，此为第二部分，作者布鲁特斯，这是他写给报纸的第 6 封信，原载《纽约纪事报》，1787 年 12 月 27 日。

---

57 征税条款：《联邦宪法》对《联盟条款》的最大改动之一，是赋予联邦议会征税权，也就是管理商业的权利，主要是征收进口税，约占联邦政府前 80 年财政收入的百分之七十到九十。其次，国产税，或称营业税。那时美国还没有什么制造业，长期只占联邦政府收入的百分之十到二十。此前，联盟议会的财政来源，只限于各邦议会上交的“财政贡献”。前面的注释说过：1781 到 1786 年，各邦应交“财政贡献”累计应为 1 560 万英镑，实缴 240 万英镑。

独立战争的领袖们，在开战之前和开战之初，显然没有料到：这场战争，加上后来的谈判，会持续八年。1774 年，华盛顿在弗吉尼亚议会发表演说：“我要自己出钱，招募 1 000 名战士，并亲自带领他们去支援波士顿。”大陆议会决定给总司令一年 500 英镑薪水，他拒绝了。制宪会议代表，乔治·克莱默（George Clymer，1739—1813），是大陆议会两名司库之一，把自己的商号和家产拿出来作抵押，发行大陆议会货币。约翰·汉考克等人，都采取过类似义举。可是，个人的义举，无法支撑一个国家长期的战争。据前引哈佛大学教授伯纳德·贝林编《关于宪法的辩论》书后所附年表，1775 年 6 月 15 日，任命华盛顿为民兵总司令后，6 月 22 日，大陆议会票决：发行 200 万元大陆币，作为军费，保证以 12 个殖民地的名义归还，当时，佐治亚的代表尚未加入（1058 页）。1777 年，大陆议会发行的货币，已达 3 800 万元（1063 页）。1779 年，随着 1 亿大陆币进入流通，8 元纸币才能换得 1 元金币（1064 页）。1780 年年初，40 元大陆币才能换得 1 元金币。1780 年 3 月 18 日，大陆议会决定以 40 比 1 收回旧币，废止不用，另外发行 1 000 万元新币，结果失败，旧币也不再流通。10 月 20 日，大陆议会许诺：独立战争官兵退役后，可终生领取一半军饷（1065 页）。1781 年 2 月 3 日，大陆议会要求各邦议会授权，从进口货物中征收5%的关税,以解军费燃眉之急。这项要求须得到13个邦一致赞同,结果未能通过。1781年2月6日,大陆议会设立财政部和战争部。2月20日,大陆议会任命罗伯特·莫里斯为财政总监。5月26日,莫里斯计划赢得大陆议会批准:办成美国历史上第一个商业银行"北美银行",莫里斯开始实行金本位,为大陆军筹集军费,主要来源,为法国和荷兰的财政贷款。10月,华盛顿和罗将波率领的法军,赢得对康华里的胜利。

以上所述,为联邦一级,即大陆议会遇到的金融困境。与此同时,各邦议会发行的各邦货币,下级议会发行的地方货币,商家发行的购物券,到处泛滥,整个北美,通行约50种外国货币和众多国内货币。各邦议会面临巨大压力。

大陆议会和各邦议会滥发货币,弄得金融失控,后来受到严厉抨击,麦迪逊称之为跪到祭坛上也无法洗清的"罪行"。后来制定的《联邦宪法》第一条第十款第一项规定:"任何一邦不得铸造钱币,不得发行信用纸券,不得使用金币银币以外的方式偿债。"来源在此。

联邦政府建立72年后,1861年,内战爆发,北部没有军费,林肯开始征收所得税。开征时,家庭年收入3 000元以下者免征,3 000元以上者,征收所得税1%。内战后,有人指责联邦议会违反宪法;最高法院也曾在一个案子中裁决:联邦政府征收所得税,违宪。1913年2月3日,宪法修正案第十六条开始生效:"联邦议会有权制定和征收所得税,不论何种来源,不按邦分摊,与人口普查和清点无关。"现在,所得税实行累进制,收入越高,税率越高,通常在15%到36%,甚至更高。

1935年,罗斯福开始征收社会安全税,解决失业、看病、养老等问题。税率开始也是1%。60年后,已达13.5%,由雇主和雇员各承担一半。纳税满十年或累计四十个季度者,65岁起可以开始从联邦政府领取退休金。

第三十四篇*

五论财政：再论两级政府并享征税权

汉密尔顿

1788年1月5日　原载《独立报》

致纽约邦民众：

各邦拥有独立的、不受控制的征税权，财源足够宽广

我可以夸口说，上一篇文章，已经讲得十分清楚：按宪法规定，各邦将与联邦享有同等的筹集岁入的权力，例外是：各邦不得征收进口税。这一规定，为各邦政府开放了社会资源的广大部分，再没有理由声称：各邦没有征税手段。它们财源茂盛，足可如愿，可以提供自己的需求，独立于外部的任何控制。等我们讨论公共开支落到各邦肩上的份额时，这点会更清楚：它们拥有的财源足够宽广。

罗马历史证明：贵族院和平民院曾经长期并存

从抽象原则出发，说不存在这种协同分享的权力，是违反事实和现状的假设或推理。不论这种假设听来多么有理，要证明一件事物不应该存在，等到这些推理违背这件事物确实存在的证据时，定然会遭到摒弃。大家知道：当初，罗马共和国议会的最终权威，多年之间，都寓于两个不同的政治机构；不是同一议会的两个分支，而是两个分开的独立议会，两个议

会代表的利益，各有一个利益占据优势；一个是贵族占优势，一个是平民占优势。这样两个明显对立的机构，各自有权取消或废止对方的立法，可能引出许多议论，证明这种安排不妥。可是，如果有个罗马人出来证明：说这种结构并不存在，人们一定会认为他在异想天开。大家自然会想到，我指的是贵族院和平民院。贵族院的议员，由百人团选举，安排使贵族(patrician)占优势；平民院人数多，平民(plebeian)利益完全占优势。这两个议会并存了很长时间，罗马共和国达到了人类伟大的高峰。

我们眼下研究的例子，不存在上引例中的那种对立，各邦和联邦之间，不存在废止对方立法的权力。实践中，也不值得担心出现矛盾；因为，短时间内，各邦的需求，自然会局限于一个非常狭窄的范围；与此同时，联邦完全可能发觉：彻底放弃各邦有意占据的那些领域，完全办得到。

经过调节，联邦与各邦政府的征税分工，会逐渐明确

这个问题，要想对其优点建立起比较精确的判断，要先看看联邦政府将要制定的征税对象，和各邦政府将要制定的征税对象，调节二者间的比例。我们会发现：联邦的需求，完全无法限制；各邦的需求，在非常温和的范围以内。为完成这种探索，我们必须牢记：不能把眼光局限在当前阶段，要着眼于遥远的未来。设计文明政府的宪法，不能把眼光滞留在算计当前可能发生的危机，应该高瞻远瞩，根据人类事务发展的自然进程，把这些和今后长远岁月中可能出现的危机，结合起来。因此，仅仅根据眼前的直接需求，推算应该赋予全国政府的权力范围，是大错特错。由于未来可能发生意外，现在就要提供应付这种意外的能力；由于意外的性质，无法限量，要对应付能力加以限制，也不可能安全。的确，还清联邦债务，以及未来一段时间，和平时期维持常设机构，一共要多少钱，或许可以相当精确地计算出来。

联邦政府的岁入，首先要考虑打仗和平定内乱

对外战争和平定内乱的花费，无法预先计算

可是，就停在这里，不考虑对外战争，不考虑内部叛乱，政府放弃自己所受的国防委托，处于绝对无能状态，不能保卫整个社会，使公共和平受到侵扰，能算得上明智吗？还是极其愚蠢？反之，若我们应该超越这一点，那么，缺乏筹集资金的足够权力，以应付可能出现的意外，我们能够停在哪一点上？虽然不难用笼统办法，作理性判断，定个适当条款，应付可能出现的危险；不过，我们可以有把握地对那些人提出挑战：要他们把他们的数据提出来；可以断定：会发现这些数据模糊不定，就像那些推算出来维持世界运转的数据一样。仅仅把眼光局限在内部可能发生的动乱上，算出的结果，不能说明多少问题。大家承认，即使想算出这方面的花费，也难令人满意。如果我们想当商业大国，我们政策的一部分，就是有朝一日能捍卫我们的商业。支撑一支海军，对付海上战争，势必包含许多意外，所有政治算术，都算不出来，承认我们必须尝试一些新颖荒谬的政治实验，把政府的手捆起来，不许以国家为理由发动进攻性的战争：可是，我们肯定不应该消除政府的能力，而无力对抗外国的野心敌意，保卫社会。长期以来，乌云一直笼罩欧洲。倘若乌云化为一场暴风雨，谁能向我们保证，随着暴风雨的推进，它的一部分浪潮，不会卷到我们身上？没有一个有理性的人，会匆匆忙忙宣布，说我们丝毫不会受影响。倘若现在看来正在聚集的战火，尚未爆发就已消散；或战火虽已燃起，却未波及我们，我们有何安全可言？我们的宁静，能长期不受其他因素骚扰吗？好好回想一下，战争还是和平，并非总是由我们选择；不论我们多么温和，毫无野心，却不能寄望于温和上，或者想浇灭他人的野心。上次战争结束时，英法两国都已筋疲力尽，谁会想到这么快，它们又虎视眈眈，互相敌视？根据人类历史判断，我们只好承认：愤怒和破坏的战争激情，对人心的支配，比和平的善良之情，要强大有力得多；倘若把我们的政治制度模式，建立在持久宁静的幻想上，等于把希望寄托在人性较弱的一面。

每个政府的花费，最大项目是什么？巨大的债务积累，把几个欧洲国家压得喘不过气来，这些债务的源头在哪里？答案很简单：反复打仗和平定内乱，支撑捍卫政治实体所需要的军队，对付战争和内乱这两个社会最要命的祸端。一个国家内政所需要的费用：维持议会、行政部门、司法部门，以及三个部门的各种附属机构，再加鼓励农业和工业的费用（这些，几乎囊括所有的政府开支），都花不了很多钱，与国防费用相比，都是小项。

政府的最大开支是国防，其他都是小项

大不列颠王国，王室的一切豪华奢侈开销，都得到满足，可是这笔开销，不超过英国岁入的十五分之一；另外的十五分之十四，都被战争引起的国债利息、维持舰队和陆军的费用吸干。一方面，应该看到：君主国为了实行野心计划，为了追求虚荣，所费开支，不能用来作为判断共和国必要开支的标准；另一方面，也要指出：富裕的王国，内政方面的奢侈浪费，与共和国内政的简约朴实支出相比，同样悬殊；若把两种国家的国防开支和内政开支，作同样程度的削减，英国国防开支和内政开支的比例，大体也会适用于美国。[58]

英国国防开支占岁入的十五分之十四，美国可能也会如此

现在，我们看看，仅独立战争这一场战争，我们通过合同欠下了多大的债务；再按国家之间发生战争的平均频率计算；无需详细举例说明，我们马上就会明白：联邦支出的对象，与各邦支出的对象，悬殊极大，大得不成比例。的确，由于独立战争留下的包袱，有几个邦也分别欠下了相当的债务。可是，等到这些债务偿清之后，各邦政府今后对岁入的继续要求，就只限于养活各邦的文官系统；即使把各种意外也加上，各邦所需，不会超过二十万镑。

偿清债务后，各邦维持政府所需，不会超过二十万镑

为子孙后代和我们自己设计政府时，拟定为长远而设计

各邦政府不应把征税权力扩张到需求之外

的条款时，不能只计算眼前的一时之需，应该考虑长远支出。倘若这条原则合理，制定有利于各邦政府的条款时，目光就应该盯在二十万上；至于联邦可能遇到的意外，无法限量，即使发挥想象力也没有用。由此可见，若各邦政府对二十万以外的财源还要独享，算什么逻辑呢？各邦若进一步扩张权力，排斥联邦权力，等于把社会资源，从满足公益所需之手，转到没有正当合理用途之手。

制宪会议无法预先在联邦和各邦之间划定征税界限

假定制宪会议曾经想要制定一条原则，按联邦和各邦的相对需求比例，划分它们之间的征税对象；那么，选择一个怎样的钱数给各邦，才会显得既不太多，又不太少呢？说太少，是指现在，说太多，是指将来。说到内税外税的分界，只能粗略计算，让各邦掌握三分之二的社会资源，用于它的支出的十分之一或二十分之一；把社会资源的三分之一交给联邦，用于支付它的开支的十分之九或二十分之十九。若我们放弃这条界线，让各邦独享对房屋和土地的征税权，那么，手段和目的之间，依然存在悬殊；拥有社会资源的三分之一，最多只能满足联邦需求的十分之一。若任意选择一个钱数，等同地拨给各邦，不大于它的目的，对某些邦来说，还不够偿还目前的债务，要再订个条款，让联邦替它们还债。

并享管辖权，是避免各邦完全从属联邦的唯一替代办法

前面说的一系列事实，证明以下说法不错："征税问题，若要避免各邦完全从属联邦，并享管辖权是唯一可行的替代办法。"任何分割财源的办法，都会牺牲联邦的巨大利益，使之倾向各邦。制宪会议认为：并享管辖权，比从属关系要好；显然，并享关系至少具有以下优点：协调了联邦政府的无限宪法征税权和各邦间的关系，留下足够和独立的权力给各邦，满足自身的需求。这个重要的征税问题，还剩下几点，需要进一步讨论。

帕伯琉斯

*《反联邦论》第 34 篇，题为"并存征税权问题"，摘自帕特利克·亨利 1788 年 6 月 5 日在弗吉尼亚讨论批准宪法代表大会上的演说。

---

58 国防开支：联盟议会完成的重大任务之一，是开展了与英国的谈判，签订英美和平协定，把美国独立从宣言变成现实。联盟议会受到的最大抨击，是金融失控、财政破产，再也没有钱来维持为独立战争而浴血奋战的军队。

据伯纳德·贝林编《关于宪法的辩论》一书所附的英文年表，1783 年 1 月 6 日，联盟议会收到大陆军军官们的一份备忘录，抗议联盟议会不发军饷，要求发给他们几年全饷，代替原来联盟议会许诺的终身半饷。

罗伯特·莫里斯通知联盟议会，他将于 5 月 31 日辞去财政总监一职。

3 月 10 日，一封匿名信开始在大陆军司令部的军官中流传，当时，他们驻扎在纽约邦的纽堡。匿名信指责联盟议会对发放军饷一事无所作为，鼓动军官们藐视联盟议会。有人写信给华盛顿，劝他"王袍加身"，带领军队，直奔纽约，解散联盟议会，先建立一个王国、一个军政府，再作计议。

3 月 15 日，华盛顿召集军官，含泪劝说军官们继续忠于联盟议会，通过一项忠于议会的决议。3 月 22 日，联盟议会通知军官们：解散军队后，继续发放五年军饷。4 月 15 日，联盟议会批准英美和平条约初稿。4 月 18 日，通过一项恢复公共信用的新计划，要求征收特别国内税和 5% 的进口税 25 年，偿还因独立战争而欠下的债务。征税官员，由各邦议会任命，但联盟议会有权撤换。征收所得，也用来抵消各邦债务。计划还要求各邦每年附加上交 150 万元，连续 25 年，以偿还债务。联盟议会决定：把征收办法，从按各邦土地资产计算，改为按各邦人口总数计算，黑人按五分之三个人计算。这项计划，受到来自两个方面的反对：纽约代表汉密尔顿认为太软弱，主张加强联盟议会的征税权；罗得岛代表认为多余，反对给联盟议会增加任何征税权。

6 月 8 日，华盛顿致函各邦邦长和联盟议会，敦促他们批准联盟议会的新财政计划，加强联盟的向心力。6 月 26 日，部分大陆军老兵包围宾夕法尼亚议会，索要军饷，邦议会召集民兵弹压。联盟议会内部，在设立一个固定首都问题上，达不成一致，10 月 7 日票决：设立两个"联邦镇"，一个是新泽西的特伦敦，一个是马里兰的乔治镇，在两地轮流开会。后来把乔治镇改为安纳波里斯。

11 月 12 日，本杰明·林肯辞去战争部长一职。11 月 25 日，英军撤出纽约市，当天晚些时候，华盛顿率部进入纽约市。12 月 4 日，华盛顿召集军官，发表告别演说；然后，驱车去临时首都所在地安纳波里斯。12 月 23 日，向联盟议会交还总司令委任状。华盛顿驱车回到家乡弗吉尼亚的弗农山庄，开始他的归隐生活。

传记作者说，华盛顿的力量在于沉默。华盛顿说话很少，传记作家说，他说起话来，舌头好像被绑住(tongue-tied)了。华盛顿不大解释自己的行为。有史家认为：华盛顿此举，让美国避免了君主制，让美国摆脱了军国制。

第三十五篇*

六论财政：限制联邦征税权可能带来的麻烦：众议院将由地主、商人和专业人士组成

汉密尔顿

1788 年 1 月 5 日　原载《独立报》

致纽约邦民众：

继续考察反对联邦无限征税权的其他意见之前，我先说一条总的意见：如果全国政府的征税管辖范围，应限制在一些特定对象上，自然会把公共负担的不当比例，摊到这些对象上。这样，会生出两种弊端：压迫工业中的某些部门，和实行不平等的税额分配，这种不平等，既会体现于各邦之间，也会体现于同一个邦的不同公民之间。

若限定联邦政府的征税权，会导致两种弊端

假定事实果然像有些人说的那样，联邦的征税权，只限于进口税，那么，由于不能运用其他资源，政府势必频频抬高进口税，弄得过分，会导致有害结果。有人想象：税率永远不会被抬得太高；因为税率抬得越高，就越会抑制奢侈的消费，造成贸易顺差，促进国内的制造业。可是，所有极端做法，都会引出各种祸害。进口税过高，会刺激走私；走私会打击正常商

抬高进口税可能引发的一些经济弊端

人，最后，还是会损害岁入。进口税太高，会使社会其他阶层的人对制造业的依赖，达到不适当的程度，使制造业者在条件尚未成熟时，垄断市场。进口税过高，有时会迫使工业偏离自然轨道，闯进对工业不利的其他领域。最后，进口税过高，会压迫商人，他们常常只好自己支付进口税，无法把进口税转嫁给消费者。需求等于市场库存时，通常由消费者支付进口税；若市场库存过多，大部分关税就落到商人头上，有时，不仅弄得商人无利可图，严重时甚至血本无归。我倾向认为：卖家和买家之间按比例分摊税率，此种情况比通常想象的更普遍。进口税每增加一分，并不总是能把商品的价格也提高一分。一个商业资本量很小的国家，商人尤其要维持住商品的低价，才能尽快脱手。

对制造业发达的邦，会加征国产税

通常情况，是消费者支付进口税，相反的情况，要少些。因此，公平做法是，进口税收入，应该进国库，不该由从事进口的邦独享。说进口税应构成国库的唯一来源，就不那么正确、公平了。商人支付进口税时，进口税成为从事进口的邦的一项附加税，从事进口的邦的居民，以消费者的身份，付了他们的进口税份额。从这一点看，进口税造成各邦间的不平等；这种不平等，会随着进口税的提高而加剧。把国家的税收限制在进口税这一项上，出于不同的原因，在从事制造业的邦，和不从事制造业的邦之间，会造成不平等。制成品能自给自足的邦，根据它们的人数和财富，对进口商品的消费，不像没有制造业的邦那么多，因此，若按这种模式推算，制造业发达的邦，对国库的贡献，与它们的财力不相称。要让制造业发达的邦也做出平等贡献，只有对特定产品加征国产税。主张把联邦的征税权限于外税的纽约公民可能没意识到这点与纽约利害相关，因为纽约是个进口邦，看来不会在短期内迅速变为一个制造业发达的邦。把联邦的征税权限定在进口税，会给纽约带来双重损失。

上面的讨论说明：把进口税抬高到不适当的极端，会带来哪些危险；这些文章的另一个地方，曾提到一个观点：岁入本身的利益，足以防止这种极端。这两种看法，相互吻合。我承认：只有其他财源也开放，这种说法才有效；若其他财源都被堵塞，需求刺激起来的希望，就会开始试验，采取严格预防措施和附加罚款；短时间内会达到预期效果，需要闲暇想出办法，对付这些新招。最初的成功，会激起错误的观念；事后，需要长时间的努力，才能校正。需求，特别是政治需求，常常会产生错误的希望、错误的推理和一套相应的错误的系统措施。即使这种征税过度的做法，不是限制联邦征税权的结果，上面说的不平等现象，仍会发生，只是程度不同，原因前面已经提到。现在，我们要回过头来看看反对派的意见。

若其他财源都被堵塞，需求的希望就会开始试验

反对派提出次数最多，似乎作为他们依据的一条意见是：众议院议员人数不够多，不足以代表所有不同阶层的公民；不能把社会各阶层的利益和感情都结合起来，在议会和选民间建立适当共鸣。这种主张，由于它的表达方式，听来有理、诱人；其实是精心算计，用来激起部分读者的偏见。我们认真分析这个主张，它就显得毫无分量，不过是几句好听的言辞罢了。第一，这种主张脱离实际，行不通，它所追求的境界，也不必要。我把议员人数不足，代表性不够这个问题，保留到后文中再作回答；这里先讨论与此相反的一种看法。

反对派的主要意见之一：众议院人数太少，代表性不足

所有阶层都有真实代表性，每个阶层的人在议会里都有席位，这个想法，完全是一种幻想。除非宪法明文提出：每种不同的职业，都应该派出一两名议员，否则，这种事永远办不到。技术工人和制造业者，除罕见例外，总是倾向把票投给商人，而非投给自己本职业或本行业的人。那些眼明心亮的人知道：技术工人的技艺，制造业者的经营本事，为商业和工业

每个阶层的人，都在议会里有代表，是一种幻想

提供了物质材料。其中许多人，的确与商业运作紧密相连。他们明白：商人天然是照顾他们生意的人，是他们的朋友；他们意识到：不论他们自己的感觉多么良好，信心多么十足，最能促进他们利益的，不是他们自己，而是商人。他们很敏感：他们的生活习惯，并不赋予他们那种议员所需的禀赋，没有这种禀赋，在一个成天辩论的议会上，即使天生的能力再强，多半也派不上用场；商人的影响力、说话的分量和优越的才干，使他们更加具备争辩才能，能对付议会中可能出现的、对制造业和贸易不友好的情绪。这些考虑，以及其他种种原因，还有经验证明：技工和制造业者，一般都把票投给商人，或商人推荐的人。因此，我们应该把商人视为社会中所有这些阶层的天然代表。

有学问的专业人士，本身不构成独特利益，会因才干而当选

说到有学问的专业人士，无需多论；他们本身并不构成社会中的独特利益；由于他们的处境和才能，成为社会的信任对象，他们会相互选择，或成为社会其他阶层的挑选对象。

代表土地利益的人，在纽约邦议会两院都占多数

剩下的是拥有土地利益的人；从政治角度看，特别是他们与征税的关系，我认为，从最富的土地所有者，到最穷的租地耕种者，都显出一种完完全全的一致性。只要对土地征税，不论拥有百万英亩的大土地主，还是只有一英亩土地的小农，都不可能不受影响。因此，每个持有土地的人，在希望土地税尽量低这一点上，都有共同利益；这种共同利益，总会产生非常肯定的同情纽带。即使我们可以假定：富裕农人和中等农人，有利益差距，有什么理由可以得出结论：前者当选议员的机会，比后者大些？若以事实为向导，不妨看看我们纽约邦的参议院和众议院，就会发现：拥有中等地产的人，在两院议员中，都占多数；虽然参议院议员人数少些，众议院议员人数多些，二者在这一点上，并无区别。选民资格相同的情况下，不论他们选举的是较少还是较多的名额，他们的选票，总是落到

那些他们最信得过的人身上；不论这些人是大土地所有主，中等土地所有主，还是根本没有土地的人。

有人说，所有阶层的公民，都应该在众议院里有代表，以便他们的感情和利益，得到更多的理解关照。不过我们看到：只要允许人民自由选举，这种局面永远不会出现。在这样的情况下，众议院将由土地所有者、商人和有学问的专业人士组成，只有少数议员例外，但这些人对政府的精神没有什么影响。可是，这三种人当议员，不同阶层的人的情感和利益，是不是得不到理解关照，是否存在这样的危险？拥有土地的人，是不是会不了解土地资产的利益，是否受到促进或伤害，或对此毫无感觉？土地资产既然涉及他的切身利益，如果出现对土地不利或妨碍的企图，他会不起而抵制吗？技术工人的技艺，制造业主的经营，是商人经商要依赖的，若前者的利益受到不当影响，商人能不理解并起而据理力争吗？有学问的专业人士，看到工业的各个不同分支彼此竞争、互不相让，他们难道能保持中立，不出来做不偏不倚的仲裁，或促进此，或促进彼，只要他们认为这有益于社会的整体利益。

众议院将由代表土地利益的人、商人和专业人士组成

如果我们考虑到：一时的情绪和倾向，可能在社会的某一部分人中占上风，明智的施政，却永远照顾不到这些情绪，处于一定地位，具有广阔视野和信息的人，难道不比视野只限于自己的邻人和朋友的小圈子里的人，更能判断这些情绪、倾向和起因？一个百姓喜爱的候选人，依靠同胞的选票，继续担任公职的荣耀，应随时关心选民的情绪和趋势，愿意让选民适当影响他的行为，这难道不是很自然吗？这种对选民的依赖，他本人和他的子孙，必须受他赞同的法律的约束，都是真实的，这就是议员和选民之间的强有力的共鸣。

议员与选民之间强有力的共鸣

政府的行政工作中，没有哪个部分，比征税业务，更需要广阔的信息，和对政治经济学原则的透彻理解。最熟悉这些

效果最好的财政制度，总是扰民最少的制度

原则的人，不可能仅仅为了财政需要，就采取压迫手段，牺牲某个阶层公民的利益。可以证明：效果最好的财政制度，总是扰民最少的制度。毫无疑问：为了公正实施征税权，负责征税的人，必须熟悉人民的一般性情、生活习惯和思维模式，熟悉这个国家的各种税源。了解人民的利益和感情，合理地说，其意蕴莫过于此。若从其他角度考虑，这个结论，不但没有意义，而且显得荒谬。若从这个角度出发，就让每个思维敏捷的公民自己去判断什么样的人具备这些必要的条件吧！[59]

帕伯琉斯

*《反联邦论》第35篇，题为“联邦的征税权应该加以限制”，作者乔治·梅森，制宪会议上弗吉尼亚代表团的重要成员，1776年弗吉尼亚宪法的主要执笔者。他对制宪会议作了重大贡献，但最后拒绝在宪法上签名，主要原因：一、认为宪法中没有民权条款；二、参议院有贵族倾向；三、赋予总统的权力太多太大，有复辟君主制的危险。这篇文字，是梅森1788年6月4日发表的演说。

---

[59] 美国避过君主制：华盛顿辞去总司令职务，联盟议会解散军队，说明：18世纪80年代，帝王思想和军国主义思想在公民意识高涨的北美，已失去民意根基。华盛顿如果想当国王，用不着带领军队东征西讨，只需要接受“王袍加身”。历史不能假设，无法猜想：倘若华盛顿当上国王，美国会走上怎样的道路。帝王思想遭到摒弃，是一个历史事实。

美国没有产生军阀的温床：另一个历史事实，是北美没有产生军阀的温床，因而，也就没有军阀混战。注释㉑说明：北美有通过和平谈判，组建“联合政府”的先例，没有彼此征讨、“武力统一”的传统。十三个殖民地最初建立时，彼此没有发生过征讨的战争。18世纪，英国派出十三个总督对各个殖民地“分而治之”时，十三个总督受英国政府指挥，彼此不敢随意拔刀相向。华盛顿辞职后，联盟议会下属的军队解散了，各邦议会下属的民兵，并没有解散。制宪会议上，汉密尔顿和麦迪逊的文章中，不断发出“警惕内战”的呼吁。可是，本书前面介绍各邦宪法的注释，都说明：十三位邦长，虽然都被赋予将军军衔和各邦陆海民兵总司令的职务，可是，招募军队、宣战、媾和的权力，都掌握在议会手里。还制定了管理军队的相关法律，许多邦还规定，调兵遣将要得到行政会的同意。更重要的，多数邦长任期只有一年，实行轮流坐庄。在这样的短暂任期内，难以形成军阀。即使是纽约邦长乔治·克林顿，从第一届就当选，任期三年，连选连任六届，任期延续 18 年，而且本人坚决反对《联邦宪法》，也只是用笔名在报上发表七篇文章，抨击宪法，不敢冒天下之大不韪，率纽约民兵，东征西讨，“统一”美国。历史不可假设，不能设想：如果某位邦长，变成“诸侯”，夺取所谓天下，美国后来会走上怎样的发展道路。

在当时条件下，十三个邦如何解决它们之间的领土纠纷？

《联盟条款》的第九条第二款记载了他们想出的办法：

“两邦或多邦之间，因领土、管辖范围和其他事务，目前存在或将来出现的争议和分歧，应在联盟议会召开期间，由联邦对上诉做出最后裁决，具体办法如下。一邦议会、行政当局或其法律代理人，与另一邦发生争议时，应向联盟议会提出诉求，陈述问题所在，申请举行听证会；联盟议会应将诉求交给与之发生争议的另一邦的议会或行政当局，指定一个日期，让双方法律代理人出庭，双方代理人一致同意后，指定仲裁人或法官组成法庭，听取问题所在，并作裁决。若双方代理人无法取得一致，由联盟议会从联邦内每邦提名三人，双方可依次从三人中剔除一人，由提出诉求的一方先剔除，直到剩下十三人；从这十三人中，由联盟议会通过抽签，提取不少于七人，不多于九人；这样提取出来的人或其中任意五人，担任仲裁或法官，听取争议，并做出裁决；裁决由听取案件者的多数意见决定。若一方玩忽职守，不在指定日期出席，又不提出联盟议会认为充分的缺席理由，或出庭而拒不答理，则由联盟议会从每邦提名三人，由联盟议会秘书，代表缺席或不答理的一方剔除；按上述方法组成的法庭，所作的判断和裁决，具终审和决定性质。任何一方，若拒不承认这种法庭的权威，或拒不出庭做出申诉，或不对理由做出辩护，这种法庭仍将开庭，并将做出裁决，裁决具终审和结案性质。判断、裁决和程序记录，均提交联盟议会，为有关各方安全计，存入公共档案。每名仲裁人在入席开始裁决之前，需宣读誓言，由裁决举行地点的邦最高法院法官之一主持，誓词为：‘仔细认真听取问题所在，尽自己最佳判断能力，不偏不倚、不图报答，做出裁决。’此外，不得为联邦的利益，而剥夺任何一邦的领土。”

这套办法，程序严密，用法律取代武力。《联盟条款》的制定者，可谓绅士风度十足，丝毫没有军阀的火药味道。

第三十六篇*

七论财政：两套征税班子，双重征税制

汉密尔顿

1788年1月8日　原载《纽约邮报》

致纽约邦民众：

议会主要由土地所有者、商人、有学问的专业人士组成

我们看到，上篇文章主要用来说明一个观察结果：社会的各个阶层，不论他们在议会中的议员是多是少，议会几乎完全由土地所有者、商人和有学问的专业人士组成，通过对不同利益和观点的自然运作，他们确实能代表所有不同的利益和观点。若有人提出反驳，说我们在地方议会里，还能见到别样的议员；我的答复是：要承认，规则总有例外，不过，他们人数有限，不足以影响政府的一般面貌和品格。日常生活中的每个行业，都会出现头脑坚强的人物，他们从不利的环境中脱颖而出，凭自己的优势，在议会的论坛上，侃侃而谈，不仅为自己所属的阶层谋利，而且为整个社会立言。门户，应该向所有的人平等开放；我相信：为激扬人的本性，我们将会看到，这种生机盎然的树苗，不仅在联邦议会的土壤里，而且在各邦议会的土壤里，都会茁壮成长；这类情况，只是个别例子，不会影响

我们就一般情况而得出的结论。

这个问题，还可以从其他几个角度来看，最后结论还是一样；具体来说，或许有人会问：木匠与铁匠之间，纺纱织布的人与编织袜子的人，他们之间的密切程度和利害关系，是否超过他们之中的任何一种与商人的密切程度和利害关系？大家知道，手工制作与制造业之间的竞争，不亚于各个行业内部的竞争，不亚于各个劳务行业和工业之间的竞争；因此，除非议会大大增加议员人数，弄得议会辩论毫无规矩、无法展现智慧，要想实现我们现在讨论的这种反对意见，不可能，实践中永远无法实现。我不想就此问题再作赘言，这条反对意见的外衣过于松弛，连它的真实形状和意向，也看不清。

除非议会大大增加人数，否则，不可能行行有议员

还有一种反对意见，比较精确，值得我们注意。有人声言：全国议会的对内征税权，行使起来，永远不会占优势，因为，联邦议会缺乏对地方形势的足够了解，加之，联邦的征税法，与各邦的征税法，会相互干扰。说联邦议会缺乏适当的知识，似乎毫无依据。如果邦议会遇到一个问题，涉及邦内的一个县，需要了解该县的具体情况，如何才能了解呢？毫无疑问，要从该县来的议员那里了解。全国议会，难道不可以从来自各邦的议员那里了解情况？难道不应该假定，选派到议会里来的议员，会拥有必备的智力，能够传递这些信息？了解地方上的具体情况，就征税问题而言，是指熟悉各邦的地理细节，如每个邦的山川河流、溪水细流，通衢大道和山间小道，还是指一个邦的总体局面和各种资源——农业、商业、制造业状况——产品性质和消费状况，各种财产和行业的程度和类别？

联邦议会可以通过来自各邦的议员了解下情

一般来说，世界各国，即使在民众政府治理之下，通常也都把它们的财政管理，交给一人或少数几人组成的委员会，这些人权衡情况后，先制出征税计划，然后交君主或议会批准，成为立法。

常规程序：财政部长制定税则，交议会批准，成为立法

制定税则，需要启蒙眼光，需要调查研究，需要注意民心

大家公认，受过启蒙、善于调查研究的国务活动家，具备最佳资格，选定征税的适当对象；这一点清楚说明：为了征税，需要了解地方局势的哪些方面，要注意人类的感情在这个问题上的分量。

内税分为直接税和间接税，制定间接税则，应该不难

拟议纳入“内税”这个总名称下的，按构成可以分为两类：直接税和间接税。反对派对二者都反对，不过他们的意见，更多指向直接税。说起间接税，大家都理解，是对消费品征收的关税和国产税。说实在的，人们很难理解，这个问题，还有什么难处值得担心。对消费品的知识，可以按商品本身的性质加以判断，还可以从熟悉情况的行家那里获取，特别是向商人阶层请教，这很容易办到。邦与邦之间的独特差异，应该不多，情况单纯，容易理解。需要注意的主要事情，是避开此前已经交给某个邦征税的那些产品；弄清每个邦的税收制度，并不是一件难事。这一点，可以从各邦的法典了解，从各邦的有关信息中了解。

征收土地税的两种模式

反对派关于房地产税的意见，乍一看来，似乎有理；不过即使这一方面，也值得仔细推敲。土地税的征收，通常采取以下两种模式之一。一是永久性的或周期性的实地评估，一是由专业人员作不定期的评估，这是他们的职责，所以十分在行。两种情况下，执行此类公务，都必须对地方上的详情细节了如指掌，必须由人民选举或政府委派的专员或评估官员担任，他们必须是考虑周到的人。立法所能做的全部事情，就是提名这些人，事先制定选举或任命这些人的办法，固定这些人的数量和资格；制定出他们的权力和职责的基本规则。由全国议会办这件事，比起各邦议会，又有什么不行的呢？两级政府的注意力，都只能及于一般原则；各地的详情细节，前面已经说过，应该托付给那些具体执行的人。

联邦政府可以采纳各邦政府的全套做法

这个问题上，还有一个简单看法，势必使各方满意。全国

议会可以采用各邦现行体制。各邦对具体项目的征税规则和征税办法，联邦政府可以全部采纳和运用。

需要记住，这些税中的一定比例，并不由全国议会决定；按宪法第一条第二款规定，这些税应该按各邦人口数分配。实际的人口普查，会提供分配规则；这种办法，会有效杜绝偏颇和压迫。看来，宪法已经制定了条款，预先防止在征税问题上滥权。除上面提到的预防措施外，宪法里面还有一个条款："在联邦范围内，所有关税、进口税和营业税，应整齐划一。"

"直接税金额，在加入联盟的各邦之间按人口比例分配"

发言和写文章支持宪法的人，都很得体地指出：倘若联邦征收内税的权力，试行起来确实不便，届时，联邦政府可以将其废止，重新回到向各邦摊派的办法。对此，有人以凯旋的口气问道：既然如此，何不一开始就忽略这项带有任意性的权力，直接依赖摊派制？这里有两层可靠的回答：一、这种权力，如果畅行无阻，更为可取；因为这种办法效用更好；从理论上，或用别的办法，也无法证明这种办法行不通，只有试验，才能证明它没有优越性。看来，实践多半会证明摊派制是错误的。二、宪法里存在这样一种权力，会产生强烈影响，使摊派法失效。等各邦知道，不用通过他们作为中介，联邦政府自己就能筹款，会构成一股强大动力，促使各邦各尽其责。

联邦征收内税若行不通，可以回到摊派制

说到联邦的征税法和各邦的征税法会互相干扰，我们已经看到：这里不可能发生权力的碰撞或抵触。从法律意义上说，两级政府的立法，不会互相干扰；即使两级政府体制不同，要避免政策上相互干扰，也远非不可能。为达到这个目的，有效办法是双方互相让步，不要进入对方的优先项目。由于双方都不能控制对方，通过相互容忍，各方都会得到明显的、可以感觉到的利益。凡是立即显示共同利益的场合，我们就可以放心实施下去。等到各邦偿清债务，它们的支出就会限定在各邦的自然范围内，相互干扰的可能性，差不多就会消失。

土地税是各邦最适宜的税源

对土地征收一笔小小的税，就够各邦用了，土地税是各邦最简单，也是最适合的税源。

两套征税班子、双重征税制，会不会使人民税务负担加倍

为了拿内税征收权激起人民不安，反对派提了一大堆问题，说：两套征税班子、双重征税制，会使人民的税务负担加倍；还有令人痛恨的、压迫人民的可怕的人头税，都被搬弄出来，展现他们政治诡辩的绝妙技巧。

两种用不着双重征税班子的情况

第一个问题里，有两种情况用不着双重征税班子：一、联邦独享征税权的领域，即进口税领域，只有联邦一套班子；二、不落进各邦征税权的其他领域，也可能有许多征税对象。其他情况下，存在以下可能：联邦政府完全不插手各邦政府为本地目的已经占据的对象，或为了补充征收而设立各邦官员和各邦规则的领域。从岁入角度看，这是最佳答案，因为，这种办法可以节省收税成本，能最佳避免各邦政府和人民的厌恶反感。不论情况如何，总是可以找到避免麻烦的实际可行的办法；本文既已说明：宪法并不一定会引起预料之中的弊端，这个问题的讨论，也就到此为止。

假设联邦政府会影响各邦政府，没有什么好处

反对派假设联邦政府会影响各邦政府，并由此而发出种种议论，我们只要说：根本就不应该如此假设，就足以回答了；不过，这种假设易于感染他人，还是详细回答为好。如果这种精神布满联邦议会，那么，要实现这个目标的最为肯定的途径，莫过于尽量雇用各邦官员，用增加薪水的办法使他们忠于联邦。这样做，会扭转潮流，把邦政府对人民的影响力，转到联邦政府这一边来，而不是把联邦政府的影响力，推到对立和相反的方向。所有这类假设，徒然令人生出猜忌，应从我们眼下讨论的重大问题中排除。除在真理上面蒙上一层迷雾外，这种假设没有什么好处。

说到双重征税，答复很简单。联邦的需求，总得以这样或那样的方式实现；若用联邦政府的权力实现，就不必使用各邦

政府的权力。不论采用前者还是后者，社会要支付的税务总量是一样的。一个优势是：由联邦政府制定税则，商业进口税这个大宗，岁入中最适合的一项，在联邦政府管理下，比在各邦政府管理下，会得到谨慎的改进，创造大得多的收入，因而不需要采用那些惹起麻烦的做法；进一步的优势是：会产生一种趋势，联邦政府征收内税时，如果真出现困难，选择和安排手段方面，会特别小心；自然会在国家行政中制定一个政策的固定点，使之切实可行，把对富人征的奢侈品税，作为国库的主要来源，减少对舶来品的需求，这些商品，可能引起穷人和社会大众不满。政府保持权力，避免公众负担分配不合理，避免社会上最不富裕的部分受到压迫，这是多么幸福的事啊！

联邦政府制定税则，有两个好处

说到人头税，我毫不犹豫地承认：我不赞成征收人头税，尽管人头税早期曾盛行于一些邦[1]，那些牢抓邦权不放的邦；若把人头税引进全国政府的实践，我会为之叹息。可是，是否因此就能引出结论：有权征收人头税，就真能付诸实践？联邦内的每个邦，都有权征收人头税；可是，好几个邦，人头税闻所未闻。是否因为各邦政府拥有这种权力，就给它们安上暴政恶名？如果不能，若联邦政府拥有这种权力，又凭什么指责联邦政府，甚至加以强调，以阻止联邦政府行使这一权力？虽然我对人头税并无好感，我还是充分相信：联邦政府应该具备这项权力。各国都可能出现某种意外紧情，届时，从公众利益出发，只有采取常规状况下禁止的办法，作为权宜之计。为了应付这种可能的紧情，政府应该拥有征收人头税的选项。这个国家，可以说税源茂盛，造成缺乏的乖戾原因，在她自身，在于未能给全国议会这方面足够的处置权。世上确有某些大难临头的时候，到了这种时候，人头税或许会成为无可估量的税源。人类共有的大灾难，曾经落到地球的其他部分，我从不

我不赞成人头税，但是，若遇紧情，人头税是一大财源

认为我们可以幸免。我承认，我反对任何旨在解除政府这个单项武器的计谋，一到紧情出现，这项权力，就可用来捍卫普遍的防务和安全。

我已把宪法赋予联邦政府的权力，从头至尾说了一遍；尤其是使政府有权有效的部分，使政府有能力对付联邦的首要问题和重大问题。还有一些其他问题，这里可能有所遗漏，为使观点更为完整，我们将在下一段探索中继续讨论。我可以自我恭维：已经完成的进程，足以满足社会上的公正贤达之士，说明：某些强烈反对宪法的意见，乍一听来十分可怕的指责，不仅缺乏实质内容，而且，倘若它们出现在制定宪法的过程中，会使宪法不能实现它的伟大目标，不能引导公众走向幸福，无法实现国家繁荣。我同样感到足以自夸的是：进一步更深入地探讨宪法体制，会起到把宪法推荐给每一位认真的、不存褊狭之见的、拥护好政府的人；使具备这种品格的人，一扫疑云，接受宪法的适宜和紧迫。我们若有足够的智慧和德行，给人类树立一个如此光辉的典范，将是我们自己的幸福，是人性的极大荣耀！⑥⓪

美利坚树立一个光辉典范，是我们的幸福，是人性的荣耀

帕伯琉斯

*《反联邦论》第36篇，题为"众议院席位分配与对内征税"，作者理查德·亨利·李，是最著名的反联邦论者之一。他的小册子《联邦农场主》广为流传，并在报纸上重印。《反联邦论》第36、37两篇，摘自他的第一本小册子；《反联邦论》第41、42、43、55、56、57、58、61、63、69、76、77篇，摘自他的第二本小册子。

---

[1] 帕伯琉斯注：在新英格兰各邦。

⑥⓪《西部土地法》和建立新邦：英美和平条约，第一次确立美国四面的边界。按英美和平条约第二条，美国的边界，东起大西洋，西到密西西比

河，北达五大湖和圣劳伦斯河，南抵北纬31度线。南部的佛罗里达，密西西比河以西，属西班牙。属于美国的领土，东部为十三个邦的面积总和，加起来约110万平方公里。中间上下两块，为“西部领土”，加起来面积约120万平方公里。解决西部领土争端，是联盟议会对美国建国的一大贡献。1784年3月1日，弗吉尼亚带头让出俄亥俄河以北的西部土地，其他邦跟进，为解决领土纠纷创造了条件。联盟议会委托杰斐逊小组提出解决办法。1785年，联盟议会通过杰斐逊小组提出的《西部土地法》，内容如下：在西部土地上，建立10个新邦，每邦面积，不小于100平方英里，不大于150平方英里。每个邦的自由男性公民，可从现存十三个邦中，选择一个邦的宪法，作为临时宪法。然后，任何一邦的自由人口达到2万，即举行一次邦制宪会议，制定自己的宪法。任何一个新邦的自由人口，平齐最初十三个邦中人口最少的一个邦，便以平等基础，加入联盟，在联盟议会中享有平等的一票表决权。要求每个新邦：必须建立一个共和政府，承担一份联邦债务。1800年后，所有新邦禁止奴隶制度，禁止强制性劳役。1776年，大陆议会通过《独立宣言》时，删去了废止奴隶制的文字；1785年，联盟议会通过《西部土地法》，又删去废止奴隶制的一段；制宪会议通过《联邦宪法》时，再删去废除奴隶制的部分，原因都是南部各邦坚持奴隶制。它们提出：不保留奴隶制，它们就退出联邦。最后，这个问题由南北战争解决。

第三十七篇*

制宪会议能折中各种利益，制定一部可操作的宪法，是美国之幸

麦迪逊

1788 年 1 月 11 日　原载《每日广告报》

致纽约邦民众：

写这些文章的目的，只为真心期待祖国幸福的人

我们已经分析了现行联盟体制的种种弊病，指出：不在公众面前建立一个有权有效的政府，就无法克服这些弊病。下面，我们自然要来看看，新政府要奉行的主要原则。我写这些文章的最终目的，是明确地、完整地说明这部宪法的优点，说明：采纳这部宪法，才是上策。因此，我们要以批评的眼光、彻底的透视，看看制宪会议[61]所做的工作，看看宪法的各个方面：把宪法的各个部分，加以比较，仔细推敲，宪法可能产生哪些效果，否则，不足以完成我们的写作计划。为了把剩下的任务完成得公平合理，我们需要花一些时间反思，这是公允的要求。不幸的是：谈起人间事，人们总是无法心平气和，很少以中庸之道讨论公共政策。要评估公共政策，最后是促进公益还是阻碍公益，没有中庸之道，没有温和节制，无法办到。可惜，越是需要温和节制的场合，越是做不到温和节制，

反而是偏激占了上风。制宪会议提出了许多重要的改革和革新,可以从许多角度和关系中加以考察,触及众多激情和利益的根源,势必会在双方之间激起一种倾向,不利于公平讨论宪法的优点,不利于形成对宪法优点的准确认识。参加这次讨论的人,会基于过去的经验,激愤不平,这种现象,也不足为奇。从有些人发表的文章来看,事情再清楚不过:他们已经仔细研读过宪法,不仅事先就准备挑毛病,而且事先就决定加以谴责。另一些人的语言,情不自禁地流露出一种相反的先入为主和偏见,使他们的观点显得分量不足。不过,把这两种不同的人物,放在一架天平上,衡量他们观点的分量,我希望不致造成误会,以为他们意图的纯洁性也没有重大差异。人们普遍承认:我们当前的处境,危机四伏,为了把我们从危机中解救出来,必须有所作为,因此,预先就支持已经完成的事情的人,可能是从这一考虑而得出偏见,也可能出于一种不良考虑。另一方面的预先反对,或许是受到某种不可原谅的动机支配。前者的企图,或许正当,可是反过来,这些意见或许应受谴责。后者的意见,不可能公正,应予谴责。可是,写这些文章的真实动机,不是为以上两种人。这些文章,只针对那些热情期待国家幸福的人,他们的情绪,有利于公正评价促进国家幸福的办法。

以平等心态评价制宪会议的得失

具有这种性格的人,会审视制宪会议提出的计划,不仅没有挑毛病和夸大问题的意向,而且明白,天下没有完美无缺的计划。制宪会议,由人组成,不可能不犯错误。因此,他们虽然不打算原谅制宪会议的瑕疵;但是心里明白:自己也是人,评价他人闪失时,自己也不可能一贯正确。

有了这种心态,便很容易明白:委托给制宪会议完成的使命,就其性质而言,过于繁难,因此,一要求其公正,二要多予谅解。

这项工作，前所未见，非常新颖，立刻引起我们注意。前面的一些文章，已经指出：现行联盟体制，建立在错误的基础上，因此，我们要改革这个基础，同时，改革这个基础的上层建筑。前面说过：可为前车之鉴的其他联盟，也都因为基础错误而失败。因此，那些联盟，不能作为指路灯塔，无法警告人们不要堕进黑暗，无法指出前途所在。面对这种情景，制宪会议所能做的，一是避免重蹈覆辙，二是不重犯我们自己犯过的错误；提供一个便于操作的模式，纠正我们往日的错误，这一点，未来的经历，会逐渐展现出来。

制宪会议只能提供一个便于操作的模式

制宪会议遇到种种难题，难中之难是：政府需要坚强稳定，有权有效，公民权利，需要保护，不可侵犯，要把二者结合起来，忠于共和形式，实为两难。不把这件事情做实做好，制宪会议就完不成委托，无法实现公众期待。然而，要把这点做实做好，实为不易。做不到就会被否决，因为人们不愿意看到这一点被忽略。要抵御外来和内在的危险，要维护安全，要能雷厉风行，执行立法，政府必须有权有效，才算得上好政府。为形成民族性格，为形成国家品格，为确立人民的思想信心，政府的稳定，是基本要求，人民的信心，是公民社会的主要福荫之一。立法朝三暮四，变幻无常，对人民来说，不仅是弊病，而且是罪恶。可以肯定，这个国家的人民，已经受过启蒙，性质已经成为一个伟大群体，对建立好政府，十分挂念，决不满足变幻无常、动摇不定的政府，而变幻无常和动摇不定，则是各邦政府的特点，一定要求做些补救。把这些宝贵成分，与公民权利的至高原则相比，我们应该马上明白：把这二者结合到宪法条文里去，该有多难。共和主义的公民权利，一方面，要求所有权力来自人民；另一方面，要求受托施政者也要依靠人民，办法是短期任职。不应该把信托置于少数人手中，而是放在一批人手里。可是，政府有权有效，却要求掌权的时间相

两难之题：既要政府有权有效，又要保障公民权利

对较长。频繁换人，需要频繁召集选民，而且，频繁换人会导致频繁改变政策。要政府有权有效，不仅需要掌权有一定的持续性，而且需要由一人之手推行。在这方面，制宪会议取得的成功，走了多远，需再作详尽分析，才能显现出来。仅从这里的粗略观察，可以看出：这一部分工作，十分繁难。

又一难题：划出联邦政府与各邦政府的权力界限

难度不亚于此的一项任务，是划出联邦政府与各邦政府权力的分界线。人人对这个难题都十分敏感，因为，大家已经习惯仔细思考和辨别权力对象，不论这项权力的性质有多广泛、有多复杂。迄今为止，即使最精明的哲学家，也还未能将人的思维的方方面面，加以条分缕析，精确到令人满意的程度。人们已经分辨出感觉、知觉、判断、欲求、意向、想象，各有其形，渐次有别，可是它们之间的界线，还需要更为精细的探索，依然是进一步研究和争议的丰富源泉。大自然里，要标出科与科之间的界线，目与目之间的界线，再进一步划分，要标出类与类之间、属与属之间的界线，是探索真理的另一项重要任务。最聪明、最勤奋的自然科学家，追溯植物与邻近的无机物之间的界线，探索植物界到哪里终结、动物界从哪里开始，至今尚未取得可以肯定的成功。无机物、植物、动物之间，要想根据其特征，排出先后序列，逐个加以分类，存在更大的茫然。把大自然条分缕析，总还是十分精确，堪称完美；我们把目光，从大自然，移到人所建造的制度时，仅凭并非完美的视力观察，情况就是另一回事了。可以说，观察的对象越多，考察的制度起源越多，就越是茫然。我们应该明白：人的聪明智慧，有其限度，必须适可而止，不可寄于过高的期待和希望。经验教导我们：政治科学，还没出现这样的技能，能有把握地区分和定义政府的三个领域——立法、行政和司法；足以区别和定义立法两院的特权和权力。实践过程中，每天每日，都在发生新问题，证明这些领域的界线，依然晦暗不明，使政治科学中的老道熟手，也如堕五里雾中。时代经验，使得思想最开明的立法者和司法者，条分缕析这三个部门，分析不同法典、不同司法机构的限度，同样未能成功。共同法[62]，行政法[63]、海事法、基督教的宗教法、公司法，以及其他地方法和风俗习惯，其准确延伸范围，在英国，依然有待澄清和最后确立，而英国对这些课题准确度的追求，超过世上任何地方。她的若干法庭，全国法庭和地方法庭、衡平法庭、海事法庭等等的司法范围，亦常成为纠缠不休的讨论根源，足以模糊它们各自所出的环境界线。所有新的立法，不论笔法技巧多么高明，通过了最充分和最成熟的辩论，依然被认为或多或少晦暗不明、时常语义双关，直到通过系列讨论辩理，其含义才能逐渐澄清、准确无误。除对象复杂外，人类官能的不完善，传递概念的中介引起的含义不明，增加一种新的尴尬。使用词语，是为了表达思想。因此，语言的清楚明晰，不仅要求思想形成过程独特，还要求用独特的词语表达：某些词语，只适合用在这里，不适合用在别处。可是，没有一门语言的词汇如此丰富，有足够的单词和短语，足以表达任何复杂观念；或如此正确，在表达不同观念时，不包含许多歧义。因此，势必发生这样的情况：不论对象本身的区别多么准确，不论这些区别得到多么准确的思考，由于用以表达的术语不准确，它们的定义还是不准确。这种不可避免的不准确，根据被定义的对象的复杂新颖程度，多少总会出现。全能之神，屈尊用人类的语言对他们讲话时，他的意思，本当明白易懂，具启示性，由于神所用的语言中介，充满疑云，变得晦暗不明，疑义丛生。语义模糊、不正确的定义，有三种原因：对象模糊，思维器官不完善，表达概念的载体不够用。三者之中的任何一种，都会造成一定程度的模糊。制宪会议，在划分联邦政府和各邦政府的权力界线时，经历了上述所有三重困扰。

除上面提到的难题外，还可加上一个难题：大邦小邦之间互相对立的诉求。我们不可错误假定：大邦要取得与它们的财富和重要性适称的地位；小邦要固守它们目前已经享受的平等席位，才肯加入政府。我们可以假定，双方都已经向对方作了让步，结果，争斗只有靠折中妥协终止。极为可能的是，对席位问题作过调整之后，这项折中，在原来的双方之间，产生一种新的争斗，给组建政府提供一个这样的转机：划分政府的各项权力，提高众议院参议院的重要性，把大邦小邦各自取得的最大势力份额定型化。宪法中有些特色，保证双方各有所获；使大邦小邦各有所据，说明：宪法只好牺牲理论上的妥当，让位给外部的考虑。

宪法为折中大邦小邦之间的对立诉求，只好牺牲理论

在各种各样的具体问题上，出现相互对立的，不仅是大邦小邦之间。由于所处地域不同、政策不同，其他疑团，制造出新的困难。每个邦，都可能分为不同地区，每个邦的公民，都可能分为不同阶层，由此，产生利益的对立，和地方之间的相互嫉妒。于是，联邦的不同部分，各树一帜[64]，因千变万化的环境区别，在大范围内造成一种类似效果。尽管这种利益的千差万别，对将要建成的政府的施政，会带来有益的影响，但是，每一方都应该敏感地意识到相反的影响，这些影响，组建政府时，都曾经经历过。

组建政府时，还要注意地区和阶层之间的对立

这些难题的压力，迫使制宪会议偏离人为结构和常规对称，倘若让一种抽象观念，把一个天才理论家，关进一间小房，任他纵情幻想，构建一部宪法，那该多美！真的奇迹在于，这么多的难题，居然以全体一致的方式，逐一解决，这真是前所未见，前所未料。任何心存公正之士，都不可能想到这个结果，而不感惊讶。任何思想虔诚的人，都不可能不感觉到：革命期间，全能上苍的一个手指，频频地、明显地把我们从危局中解脱。在前面的一篇文章中，我们曾经谈到，荷兰联邦曾反

制宪会议能在设计建国蓝图上取得一致，是美国之幸

复试验，改造他们宪法中致命的、声名狼藉的弊端，终未成功。人类所曾举行过的伟大会议和讨论，反思他们的不一致的观点，平息他们相互间的嫉妒，调整他们相互间的利益，结果，构成一部分党分派别、相互争雄、不欢而散的历史；或许可以划归为最黑暗、最退化的图景，表现出人类本性的软弱和沦丧。若说在几个散见的例子中，显现出亮丽的方面，对我们而言，就成了例外，劝告我们去追求普遍真理；用他们的光辉，衬托出与之对比的反面前景的黑暗。这些例外结果，扭转原因，加以运用，把特例放到我们面前，势必引导我们走向两个结论：一、制宪会议势必特别走运，绝无仅有，避免了最容易影响会议进程的、党派敌意的瘟疫般的影响，避免了制宪会议这类辩论机构的痼疾；二、组成制宪会议的全体代表，要么对最后结果表示满意，要么因两种原因最后表示同意：首先，深信需要牺牲私人之见和局部利益，服从公益；再者，看到拖延或再做新实验，会降低这种必要，导致绝望。

帕伯琉斯

*《反联邦论》第37篇，题为“党派与宪法”，来源同第36篇。

---

(61) 制宪会议的缘起：美国向何处去？是继续执行《联盟条款》，还是另立《联邦宪法》？

独立战争已经取得胜利，英美和平条约已经签订，美国不再面临英国大敌当前的严峻紧迫局面；各邦虽然还保持着民兵，华盛顿已经辞去军职，联盟议会领导下的联邦民兵已经解散。从1783到1786年，美国陷入群龙无首的状态。联盟议会渐渐成为强弩之末，号令不行，十三个邦有分道扬镳的趋势，尤其是纽约。

美国向何处去？是继续保持十三个邦分别保留主权，各行其政，仅仅保留一个“松散联盟”(联盟议会)，作为邦际之间的协调机构？还是另起炉灶，建立一个坚强有力、有权有责的全国政府？对这个问题，无论是各邦政府主要成员，还是民间舆论，显然有不同看法。

一派坚决主张建立一个强有力的中央政府，把权力集中到较少的政治精英手中，消除独立战争期间出现的“大民主”“民众政府”“群氓之治”。这是一批中青年。他们当中，突出的代表人物有詹姆斯·麦迪逊(36岁)、詹姆斯·威尔逊(45岁)、亚历山大·汉密尔顿(32岁)。美国独立战争，只有8年，20岁到30岁参加独立战争的年轻人，已经是“革命元老”，但还只有三四十岁，构成少壮派。独立战争期间，不论在军队里，还是在议会里，他们都不是重量级人物。

一派主张继续执行《联盟条款》，保留联盟议会，只同意适当扩充联盟议会的权力。《反联邦论》中的一些文章标题，反映出以下观点：一、《欧洲人羡慕我们的现存体制，联邦派却加以诋毁》(第16篇)；二、《凭什么说〈联盟条款〉失败了？》；三、《〈联盟条款〉只需要修补，特别是管理商业的权力和司法权，制宪会议走得太远》；四、《一个合而为一的政府是暴政》(第9篇)；五、《政府合成后，领土面积太大，无法保存公民自由权利，无法保护财产权》(第14篇)；六、《联邦政府的权力，终将颠覆各邦政府的权力》(第17篇)；七、《反对建立常备军》(第24、25篇)；八、《反对全国政府控制民兵》(第29篇)；九、《联邦的征税权应该加以限制》(第35篇)；十、《新宪法达不到部门之间的权力“平衡”》(第47篇)；十一、《对行政部门的诸多恐惧》(第67篇)；十二、《总统成了军事国王》；甚至有人质疑《论建国之父们的动机和权威》(第40篇)。

建议召开代表会议、修订《联盟条款》的第一个契机，是安纳波里斯会议。

1786年9月，弗吉尼亚议会发起，邀请各邦派代表，到临时首都之一，马里兰的安纳波里斯开会，商讨各邦之间的通商问题。按照《联盟条款》的规定，联盟议会没有管理邦际贸易的权力。13个邦中，只有5个邦派出代表参加，结果，无法议事，没有什么成果。不过，与会的12名代表，建议在费城再举行一次会议。1786年9月14日，汉密尔顿在会上提交一份报告，说需要“考虑联邦的处境，构想他们认为必要的进一步的条款，把联邦政府的宪法，变得足以对付联邦面临的紧情(exigencies)”。

㉒共同法(the common law)：有人译为“习惯法”或“不成文法”，起源于英国，由对案例的裁决累积而成；这里译作“共同法”，取“共同遵守”(common)之意。

㉓行政法(the statute law)：有人译为“人定法”，指政府一次人为制定的法律。

㉔联邦的不同部分，各树一帜：暗指北部与南部在奴隶制问题上的分歧。

第三十八篇*

古代希腊罗马，宪法常由一人构想而成

麦迪逊

1788年1月12日　原载《独立报》

致纽约邦民众：

有个现象，不可小视：据古史记载，许多政府，是通过民众仔细讨论、获得一致赞同然后建立的，可是，这类政府的框架，并非由一群人开会制定，而是由一个智慧超常、人格出众的个人，构想而成。我们得知：米诺斯[65]是克里特[66]政府的原创者；查琉库斯（Zaleucus）是洛克里[67]政府的原创者。忒修斯[68]开其端，在他之后，德拉古[69]和梭伦，建立了雅典政府制度。利库戈斯创建斯巴达法律。罗马初期政府，由罗慕路斯[70]奠基，他挑选的两位继任者，努玛[71]和图卢斯·霍斯蒂琉斯[72]，完成政府建制。废除国王制后，布鲁图斯[73]成为执政官，他继往开来，提出改革计划，声称是由塞尔维乌斯·图琉斯[74]起草。他对政府框架的宣讲，得到元老院和人民的同意和批准。这一说法，也可以运用到各个联盟政府。史书告诉我们：安菲克兴[75]以自己的名字命名了他创建的组织。亚该亚同

盟[76]第一次由亚该亚人组成，第二次由阿拉图斯人组成。

这些著名的立法者，在同盟的建立过程中，起了多大作用，或者说，人民授予他们的合法权力有多大，在上述例子中，都无法断定。不过，有几个例子，遵循了严格的程序。看来，雅典人民赋予德拉古无限权力，改革政府，制定法律。据普鲁塔克记载，梭伦被全体公民一致推选，赋予他一人绝对全权，重新拟定宪法。利库戈斯所用的程序，不那么正规，由于提倡正规改革的人占据上风，他们把目光转向这位著名的爱国者和哲人，不求革命，但求利库戈斯运用个人心智，也不要求公民审议机构介入。

德拉古和梭伦，曾被雅典人赋以全权

希腊人爱自由如命，竟然放弃谨慎原则，把自己的命运，交到一个公民手中，这是怎么回事？雅典人，连把他们的军队，交给不到十名将军指挥，都不能容忍，却把自己的前程，子孙后代的前程，托付给一位杰出的公民，相信他的资格，超过一群选出的公民，也不要他做出保证：不危及公民权利，宁愿相信他的辉煌成就。他们难道不明白，一群公民相互切磋，体现更多智慧，更安全吗？这是怎么一回事呢？

希腊人爱自由如命，为何将如此重任，托付于一人

我们只能假定：人们担心，一群人会众说纷纭、勾心斗角，比起一个人背叛和无能，还要可畏；否则，这个问题没法回答。历史同样教导我们：这些青史留名的改革者，曾经遭遇多少困难；为了让改革生效，不得不用一些权宜之计。梭伦[77]似乎采取了一种比较顺应民心的做法，坦陈：他给同胞们带来的政府，并非最能为他们创造幸福的政府，而是他们的偏见，比较能够容忍的政府。

人多则易勾心斗角，比一人背叛和无能还糟糕

利库戈斯[78]比较忠于自己的目标，根据需要，把一部分暴力和迷信权威结合进来；他通过自我放逐，先远离祖国，后放弃生命，这才取得最后成功。这些事例教导我们：一方面，在筹划和建立常规政府方案的古典模式基础上，美利坚作了进

利库戈斯把部分暴力和迷信权威结合进宪法

一步的改进，值得欣羡；另一方面，这些事例也没少告诫我们：这种实验，容易引起风险和困难，没有必要把风险和困难加倍，千万不可掉以轻心。

宪法可能含有错误，实行之前，无法断定

制宪会议提出的方案，可能含有错误，因为原先的经验，本来就有瑕疵，因为这个题目，过于复杂艰难，不是因为探讨过程不够仔细；因此，在真实的实验把这些错误指出之前，无法断定哪些是错误。这该不是一种不合理的推测吧？这种推测，不仅出于许多一般性的考虑，也是由于《联盟条款》的特殊干扰。《联盟条款》提交十三个邦议会批准时，各邦提了许多反对意见和修正建议，大家注意，其中没有一条意见，建立在真实试验的基础上，没有一条意见，对《联盟条款》中的重大错误，提出指责。如果我们指望新泽西提的意见，是根据它的地方实际，而不是根据某种预见，那就会发生疑问：为什么凭一项单独建议，就足以对整个体制做出评价呢？可是，有数不清的理由可以假设：这些无足轻重的反对意见，在某些邦被锲而不舍地坚持，带着危险的顽固性，若非出于一种憋在心里的强有力的自我保护意识，便不会有这样热情的观点和假想的利益。我们也许还记得，有一个邦[79]，坚持数年，拒绝合作，尽管在这整个时期，敌人都在我们门口，或者说，已经深入我国腹地。最后，只是因为担心被指责，拖延造成公共灾难，危及斗争结局，她才服从。每个真心诚意的读者，都会仔细思考这些重要事实。

美国病了，制宪会议提出疗法，反对派乱加指责，但不会治病

有个病人，发觉自己病情日渐恶化，再也不能耽误有效治疗，否则极其危险。病人冷静衡量自己的处境，分析不同医生的品德，选了一批人，请他们来，相信他们最善于治病，最能唤起他的信心。医生们来了，给他做了仔细检查，展开了会诊，一致认为：症状严重，不过只要适时适当治疗，远非不可救药，还可设法增强他的体质。医生们异口同声，给他开了一个

处方，保证他痊愈快乐。处方刚一传开，便有一群人插了进来，并不否认病人处于危境，却告诉病人，医生们开的处方，会毒害他的身体，即使他疼得要死，也不许他服用。病人冒险接受忠告以前，难道不能合理要求，这些插进来的人，至少彼此之间达成一致，换个别的疗法试试？如果病人发现：这些人彼此之间观点上的差别，比他们与第一批医生的差别还大，他难道不能采取谨慎，试一下第一批医生异口同声推荐的药方？难道非要他听后一批人的意见？这些人，既不能否认及时治疗的必要，彼此又意见纷纭，拿不出一个办法来。

反对派众说纷纭，内部意见互相矛盾

此情此景中的病人，就是今天的美利坚。她一直对自己的病情十分敏感，经过深思熟虑，自己选择了一批人，从他们那里获得定期的、一致的忠告。其他的人，又警告她：不要接受这种忠告，说有致命痛苦。这些插嘴的人，能否认她处于危境吗？不能。这些人是不是否认需要快治大治？不是。他们的意见是否一致？其中任意二人，在反对上述疗法时，是否说法一致？在适当的替代疗法上，他们是否取得一致？让他们自己说吧。第一个人说，提交讨论的宪法，应予拒绝，因为宪法提出的，不是联盟，而是一个直接管理个人的政府。第二个人承认，政府应该在某种程度上治理个人，但不是用宪法提出的那种方式。第三个人，并不反对政府治理个人，也不反对宪法提出的方式，但是要求有一个权利法案。第四个人，同意绝对需要权利法案，但主张权利法案宣示的不是个人权利，而是保留给各邦的政治能力，和由这种政治能力保护的权利。第五个人认为，任何形式的权利法案，都不过是一纸虚文，放错了地方，宪法无可指责，不过，由联邦议会管理选举时间和地点，则是致命问题。

各种反对意见，互相否定

一位来自大邦的反对者，大声疾呼：参议院各邦席位平等，不合理。一位来自小邦的反对者，痛心疾首：众议院席位大小邦不平等，危险！这一方警告我们：新政府运作，人数太多，费用惊人！那一方，其实，有时候就是同一方，不过换了一个场合，发出呐喊：议会不过是议员们的影子，如果把人数和经费翻一番，便可如人意。一个既不进口也不出口的邦，有位爱国者，义无反顾地反对授予政府征收直接税的权力。另一个大宗进口出口的邦，有一位与他作对的爱国者，不满意把整个税务负担甩到消费者身上。这位政治家发现，宪法中有一股直接的、不可抗拒的趋势通向君主制。那位政治家同样自信，认定宪法会以贵族制告终。第三位迷茫地说，到底最后会是哪一种，他现在还看不清楚，不过，他知道，归根结底，二者必居其一。第四位，信心丝毫不亚于前，断言：宪法目前并无偏见，并不偏向这两种趋势中的哪一边，不过，有一侧的分量，不足以平衡相反方向的分量。

对如何划分权力、如何设计制约各执一词

另一类反对宪法的人，他们的说法是：立法、行政、司法如此混淆，与常规政府的观念矛盾，违反保护公民权利所需要的预防措施。这个反对意见，说得模糊抽象，很少有人表示嘉许。让每个人站出来，做出具体解释，结果发现，他们当中，几乎没有两个人的想法，一模一样。一个人的眼中，参议院和总统联手负责人事任命，而不是把这项行政权交给总统一人，是组织上的欠缺。另一个人的眼中，把众议院从人事权中排除，同样令人不快，众议院人多，是制止贪污收买和任人唯亲的安全保障，特别适合于人事任命。第三人眼中，总统分享人事权，势必在行政手中加了一个危险工具，是对共和谨慎原则的不可原谅的违犯。有些人眼里，最不可接受的，是让参议院审理弹劾案，最终，参议院既参与立法，又参与行政，而弹劾权，显然属于司法部门。其他人回应说：我们完全赞同这种反对意见，但我们决不同意，把弹劾权交给司法部门，以为这样就能矫正错误。我们的原则，不喜欢让已经享受广泛权力的司法部门里面再生出一个组织。即使在热情支持建立国务委员会的人当中，最不可调和的异声，也出现在委员会该以何种方式组成。一位先生要求，委员会应该由少数人组成，由众议院选举产生；另一位先生却偏向于人多，同时认为：总统一人负责人事任命是基本条件。

这样并不会使反对联邦宪法的作者们生气。所以我们假设：他们是最热心的人，也是最聪明的人，这些人认为：制宪会议不称职，没有完成分配给他们的任务，应该用一个更明智、更好的计划替代。我们进一步假设：他们的国家，既赞同他们所喜欢的、表现他们优点的观点，又进一步促进他们，举行第二次制宪会议，授以全权，只为修改和重构第一部宪法。这项试验，是否会认真完成？虽然，第二次制宪会议，需要更多努力，哪怕是虚张声势地看一看，我把这个问题，留给刚才展现的观点样本去决定。他们带着对他们的前任的敌意，会在任何一点上，远离他们的榜样，就像他们的讨论所特有的不和谐和混乱一样。在新的立法会议同意一部新的而不是更好的宪法之前，立刻批准公众面前的这部宪法，并继续生效，那么这部宪法是否能有机会永垂不朽，像利库戈斯给斯巴达人的宪法那样，把宪法的改变，依赖于他从流放归来和去世。

召开第二次制宪会议，也不会制订出更好的计划

对新宪法提出如此之多反对意见的人，对于宪法所要替代的《联盟条款》的缺点，却毫不在意，这是一件令人感到奇怪和遗憾的事情。新宪法并没有必要至善至美；只要指出：《联盟条款》更不完善就够了。没有人因为金银之中含有杂质，就拒绝用铜换金银。没有人会拒绝：从破旧残缺的旧屋，搬进坚固舒适的新楼，仅仅因为新楼缺少一间廊房；或者因为有几间房间稍大或稍小；或者因为天花板高了一点或低了一点，不如他所幻想的那样。且把这一切的挑剔放到一边，对新制度提出的这一切重大指责，用来批评现行的联盟体制，具有十倍

反对派能容忍《联盟条款》的缺点，却反对新宪法的改进

的分量，这一点，难道还不清楚？把不受限制的征税权力，放在联邦政府手中，危险吗？现行的联盟议会，可以按他们的意思，向各邦摊派任意的配额；各邦受到宪法的约束，需要交纳这些配额；他们可以发行信用券，只要他们能够偿还；他们可以向国内国外借贷，只要有人愿意借。不受限制的招兵权力危险吗？联盟也把这项权力，交给了联盟议会；他们也已经开始使用这项权力。把政府的不同权力，混合起来，交给同一批人，这样做，不是既不恰当又不安全吗？联盟议会，是个单一的议会，是所有联盟权力的唯一储存所。把钱库的钥匙，和军队的指挥权，交到同一批人手里，岂不是特别危险？可是，联盟就把这两种权力都放在联盟议会手里。对于维护公民权利来说，一份公民权利法案，是否是基本要求？可是，《联盟条款》里面，没有公民权利法案。有一种反对新宪法的意见，不是不同意宪法授权参议院，与总统一起，对外缔约，而条约将成为国家的最高法律？现行联盟议会，不受这种控制，便可缔结他们宣布的条约，而且，多数邦也已经承认这些条约为国家的最高法律。新宪法不是允许奴隶输入二十年吗？旧宪法允许奴隶制永远存在。

旧的联盟体制，无可救药，只有另建新制度

有人告诉我：这种权力混合，从理论上来说，不论有多危险，由于联盟议会的立法，要依赖各邦才能付诸实行，就不会有害了：这一大堆权力，不论看起来有多大，其实是一大堆没有生命的东西。那么，我要说：第一，联盟体制宣布：联邦政府掌握一大堆的特定权力，绝对必须，同时，又使这些权力绝对无效，岂不应该加以指责？第二，如果联邦还要继续下去，却又没有更好的政府可以替换，那么，现行联盟议会，要么把有效权力授出，要么自己承担下来，无论前者后者，上面说的对照，依然有效。可是，问题并不到此为止。在这一大堆没有生命的东西旁边，已经生出一种多余的赘生权力，这种权力，倾向于实现我们所担心的、由联邦政府结构上的缺点而滋生的所有危险。对联邦来说，西部领土是一片广大的财富之源，这一点，现在已不再是推测或希望，虽然西部领土目前的状况，还不能把各邦从窘境中解脱出来，在未来的一段时间里，也还不能对公共开支提供常规供应，可是，今后，在适当的管理下，西部领土，既有助于逐渐偿还内债，再过一段时间，还有可能为联邦国库提供可观的贡献。这笔资源的一大部分，已经由一些邦让出；我们有理由期待：其他余下的邦，不会坚持不采取类似的证明，显示它们的公平和慷慨。因此，我们可以推算：一个富裕的、丰饶的国度，面积等于现有联邦的幅度，不久便会成为美国的财源。联盟议会已经决定包揽这个财源。他们已经开始让这片土地产出。联盟议会还会承担更多；联盟议会已经开始进程，把这片土地建成新邦；树立临时政府；任命新邦官员；预先设定条件，设法批准这些邦加入联邦。这一切都已经做了；做的时候，连最起码的宪法权威，也没有顾及。可是，连私下里也没听到小声抱怨；也没有引起任何警觉。一大笔独立的岁入来源，就这样掌握在一个单一的议会手里，这个议会可以招募军队，人数不加限制，调配上交给议会的钱财，时间直到无穷。可是，还是有那么一些人，对这种前景保持沉默，不置一词；可是，他们又倡导一种体制，再现这种体制，与此同时，他们又极力反对新体制，我们已经听到了他们的反对意见。他们是不是应该做到更加首尾一贯，敦促建立新制度，因为，没有必要再去捍卫联盟，反对未来的权力和资源，要想改造一个像现行联盟议会这样组建起来的机构，比从危险中挽救它，更危险。

我在这里说的这些话，并不想作为对联盟议会迄今为止追求的一些政策的指责。我明白：他们也没有别的办法。公众的利益，形势的需要，迫使他们承担超越宪法限度的任务。

联盟议会，长期以来，一直处在死拖活挨的境地然而，这个事实，岂不构成一种惊人的证明：一个政府，没有实现目标的常规权力，会造成多么大的危险？这个政府，长期以来，一直处于死拖活挨的两难境地：要么解体，要么被篡权。

帕伯琉斯

*《反联邦论》第 38 篇，题为“对联邦论者观点的几点反思”，作者署名“小布鲁特斯”（Brutus Junior），原载《纽约纪事报》，1787 年 11 月 8 日。

---

⑮ 米诺斯(Minos)：希腊神话中克里特统治者的名字。

⑯ 克里特(Crete)：希腊最大岛屿，欧洲第五大岛，古代爱琴文化发源地。克里特强盛期的首都是米诺斯，宫殿和其他建筑占地甚广，是地中海古文化最重要的遗址之一。有“早期米诺斯文化”，“中期米诺斯文化”，“晚期米诺斯文化”，从公元前 2600 到公元前 1500 年。

⑰ 洛克里(Locrians)：古希腊民族，认为特洛伊战争中的阿亚克斯是他们的民族英雄。荷马曾提到东洛克里人。

⑱ 忒修斯(Theseus)：阿蒂卡传说中的一位英雄。一说是雅典国王埃勾斯和埃特拉的儿子；一说是海神波塞东和皮特拉的儿子。统一雅典并把阿蒂卡的领土扩大到克林斯地峡。

⑲ 德拉古(Draco)：活动时期约为公元前 7 世纪。约公元前 621 年制定一部法律，据亚里士多德说，是雅典的第一批成文法。他制定的法律极为严酷，罪无论大小，几乎一律处以死刑。因此，“德拉古法”成为严刑酷律的代名词，说这部法律不是用笔写成，而是用血浇成。近代学者对德拉古法的传闻表示质疑。

⑳ 罗慕路斯(Romulus)：传说中罗马城的建立者。国王之女希尔维亚与战神马尔斯所生的孪生兄弟之一。曾被母狼养过一段时间。罗慕路斯在遇救的地方筑城，以他的名字命名罗马。

㉑ 努玛(Numa)：活动时期约在公元前 7 世纪。罗马传说中共和国成立前统治罗马的七代国王的第二代。据传，公元前 715—前 673 年在位，曾创宗教历法，制定各种宗教制度。

㉒ 图卢斯·霍斯蒂琉斯(Tullus Hostilius)：传说中罗马第三代国王，公元前 673—前 642 年在位，神话式人物，据说罗慕路斯曾和他对邻近的斐德内城和维爱城发动战争；把罗马公民人数扩大一倍，建立军队，把阿尔巴并入罗马国；修筑罗马元老的集会场所和斯蒂里大会堂。

⑬ 布鲁图斯(Brutus)：活动时期公元前6世纪末，古罗马传说人物。据说公元前509年，他把伊特鲁里亚暴君“骄横的”塔库尼乌斯逐出罗马，建立罗马共和国，当选第一任执政官。

⑭ 塞尔维乌斯·图琉斯(Servius Tullius)：活动时期公元前578—前534年，传说中罗马的第六代国王。

⑮ 安菲克兴(Amphyction)：意译为“近邻同盟议会”，古代希腊国家围绕一个宗教中心形成的联合组织。最重要的一个是“近邻同盟”，由温泉关附近的12个部落组成。盟员各派两类代表(理事和执事)出席理事会；理事会两年一度，处理神庙财务，管理神庙财产，监督金库，主持彼提亚竞技。本为宗教性质，通过入盟宣誓，施加政治影响，禁止毁灭盟国城市，不许切断水源；执事可对违约者施加处罚，直到宣布圣战。公元前4世纪，重建德尔菲神庙。

⑯ 亚该亚同盟(Achaean League)：亚该亚是古代希腊民族通称。亚该亚城市同盟建立于公元前3世纪。此前，伯罗奔尼撒北部12个亚该亚城邦在公元前4世纪曾组织过一个同盟。按同盟宪章，各城邦在共同组织的中央政府下，保持内政独立，只在外交和国防方面受到限制。同盟在建立代议制方面取得重大进步，有一个公民大会，30岁以上的人，可以参加公民大会；有一个议会，议员按人口比例选举产生。议会和公民大会每年举行一次。

⑰ 梭伦(Solon)：约公元前630—前560，雅典政治家和诗人，出身贵族，但家道不富。约公元前594年任执政官，约20年后，获得改革者和立法者的充分权利，首先解除穷人的债务负担，释放所有被奴役的公民，鼓励不务农的人们经商或做实业，铸造雅典钱币，刺激货币流通，采用新度量衡。他制定宪法，废除贵族，组织每年的收入普查，依照收入多寡，把公民分成四等，依等级赋予政治特权，全体公民都有权参加公民大会，都有通过法律和选举官员的资格，除最穷等级外，其他三等都可参加每年一度的400人公民大会。最高两个等级的公民，可以担任政府官员。他为未来的民主制度奠定了基础。当时雅典依然通行德拉古法，梭伦只保留杀人抵命一条死刑，其他都做了更改，使雅典法比较具有人道主义色彩。梭伦不是平等主义者，也没有独裁野心。他以诗言志：“我既不想用暴力去充当僭主，也不想让贵族和贫民平分秋色。”晚年出游，历访埃及和塞浦路斯，10年后始返国。写过许多诗，但只有300行见于别人的引文中。

⑱ 利库戈斯(Lycurgus)：传说中古代斯巴达的立法者，现未确定是否有其人，故难以确定哪些法是他立的。据推算，他是公元前9世纪人。许多史学家相信，利库戈斯曾创建高度军事化的公社制度，使斯巴达有别于希腊其他城邦。

⑲ 指罗得岛。

第三十九篇*

共和制的基本特点；联邦政府和国民政府的区别

麦迪逊

1788 年 1 月 16 日　原载《独立报》

致纽约邦民众：

联邦政府的整体结构，是否严格遵循共和制

我们仔细检阅了制宪会议[80]提出的建国蓝图。上篇文章，结束了这项检阅。现在，我们进而讨论：如何施展建国蓝图？进入我们视野的第一个问题是：政府的整体结构，它是否严格遵循共和原理？显然，共和以外的制度，不符合美国人的天性；不符合革命的基本原则；不符合美国人的高尚决心。这种决心，激活了每个自由志士的心，把我们的政治经验，融入人类追求自治的进程。倘若人们发现，制宪会议提出的蓝图，偏离了共和性质，宪法的创导者，只有把这幅蓝图放弃，没有必要再为它辩护。

荷兰、威尼斯、波兰、英国，名为共和国，其实不然

共和制有哪些独有的性质？回答这个问题，不追本求源，只引用政治学者们在各国宪法中对共和一词的运用，得不到满意答复。荷兰的最高权力，没有一丝来自人民，几乎一直顶着共和国的桂冠。相同的美誉，也落到威尼斯头上，那里，绝

对权威，高居于人民议会之上，一小批等级制贵族，以绝对方式，行使绝对权威。波兰，等级制和君主制形式的最差混合物，也一直被尊以共和国的称号。英格兰政府，只有一翼[81]实行共和制，结合一批等级贵族和君主，也被频频列入共和名单；以上，都名不符实。这些例子之间的差异，与它们离共和国一样遥远，说明：政治文献中，这个术语用得极不准确。

共和国的定义：权力直接间接来源于人民

倘若我们寻求一个标准，看看不同的政府形态依据的不同原理，或许能找到共和国的定义，或至少能安上共和国这个名号。那就应该是这样一种政府：政府的所有权力，都直接或间接地来自人民大众；由胜任官职的人执政，任期有一定限制，或行为良好得继续任职。这种政府，最基本的一条：政府必须由社会大众选出，不能由不关心人民痛痒的那一部分人选出，或由受到社会宠爱的那个阶级选出；否则，一小撮暴虐贵族，通过他们夺取的权力，施展压迫，就可能挤进共和主义者的行列，给他们的政府，挂上共和国的桂冠。一个政府，只要官员直接或间接由人民选出，官员任期，符合以上两种中的一种，就足以称为共和国；如果反是，则联邦内的每个邦政府，其他所有民众政府，不论已经建成或可能建成，哪怕行政良好，都不够格称为共和国。根据每个邦的宪法，政府中的这些那些官员不过是由人民间接选举。根据多数邦宪法，首席行政官也是这样产生。有一个邦的宪法规定：这种选举模式，延伸到议会的一个分支。根据所有各邦的宪法，最高官员都有任期限制，在许多邦里，立法和行政官员，任期可达几年。按多数邦宪法条文，按人们在这个问题上最为尊重和最为接受的观念，司法官员，以行为良好得继续任职为佳。

联邦政府官员的产生办法和任期完全符合共和原则

把制宪会议提出的宪法，与上面列举的标准，作一比较。我们马上发现：二者严丝合缝。联邦众议院，至少像各邦众议院一样，由人民大众直接选出。联邦参议院，与现在的联盟议会一样，也和马里兰的参议院一样，由人民间接选出。联邦总统，由人民间接选举，依据的是多数邦的范例。即使法官，及所有其他联邦官员，也和各邦一样，是人民的选择，虽然是一种遥控选择[82]。任期长短，同样符合共和标准，符合各邦的宪法模式。联邦众议院，与各邦众议院一样，周期性的改选；与南卡罗来纳一样，两年一选。联邦参议院，六年一选，议员任期，只比马里兰邦参议员多一年，比纽约和弗吉尼亚邦参议员多两年。联邦总统任期四年；纽约和特拉华，首席行政官任期三年，北卡罗来纳是两年。其他各邦，行政官一年改选一次。有几个邦，宪法中没有弹劾行政官的条文。特拉华和弗吉尼亚，行政官任期结束前不得弹劾。联邦总统，任期内的任何时候，都可以弹劾。法官任职期限，毫无疑问，应该是行为良好得继续任职。行政官员任期，一般来说，由议会立法，要符合各种职务需求，遵循各邦宪法范例。

禁止封赏贵族头衔，保障共和原则

倘若还要进一步证明这套蓝图符合共和原则，具有决定意义的一条是：绝对禁止封赏贵族头衔，不论联邦政府，还是各邦政府，都一样。而且，联邦宪法明文保证：在各邦建立一个共和政府。

反对派要求保持联盟形式

反对宪法的人说，制宪会议仅仅遵循共和原理还不够，还应该以同样的关注，保持联盟形式，把联邦视为拥有主权的各邦组成的同盟。为此，他们另外构想了一种全国政府：把联邦视为各邦的融合（consolidation）。有人问，这是对权力搞的什么大胆激进革新？反对派的这个要求，值得商榷。

需要弄清楚的三个问题

仔细探讨反对派的依据之前，需要公正估计一下，反对派的意见有多大分量。第一，要弄清楚这个政府的真正性质；第二，要弄清楚：制宪会议被赋予多少权力，建议成立这样一个政府；第三，制宪会议对国家承担了多大责任，能弥补所缺乏的常规权威。

第一，为了弄清政府的真正性质，应该考虑政府与其构建基础之间的关系；应该考虑政府常规权力的来源；这些权力如何使用；这些权力的限度范围；未来要通过什么样的权威，才能修改宪法，改变政府。

政府与构建政府的理论基础之间的关系

先考察第一层关系。一方面，宪法应该建立在美国人民同意和批准的基础上，由为此特定目的而选出的民意代表批准；另一方面，这种赞同和批准，要由人民授予，但不是由组成整个国家的全体个人，而是由组成各自分开和独立的邦的人民授予。各邦要从人民那里得到最高权威，即人民本身的权威，赞同和批准宪法。因此，树立宪法的做法，不是国民性质，而是联邦性质。

宪法应该由人民批准，但是一个邦一个邦的进行

批准宪法的做法，是联邦性质，而非国民性质，按反对派对这些术语的理解，人民的做法，构成这么多独立的邦，而不是构成一个融为整体的国家，显然来自以下单一的考虑：批准宪法，既不是联邦内多数人的决定，也不是多数邦的决定。批准是来自各邦一致的决定，各邦则是联邦的组成部分。这不同于一般含义上的赞同，不由各邦议会的权威表达，而是由人民自己表达。倘若把人民的这一举动，视为建立一个国家，那么，联邦全体人民中多数的意志，对全体中的少数，便具有约束力；同样，每个邦内的多数，也应该对该邦内的少数，具有约束力；多数人的意志，或通过比较个人投票的多寡决定；或由多数邦的意志决定，作为联邦人民中多数意志的证据。这两种原则，都没有被采纳。每个邦批准宪法时，都被视为一个主权实体，独立于所有其他主权实体，只受到各邦自愿行为的约束。关系既然如此，新宪法如果确立，就是一部联邦宪法，不是一部国民宪法。

从批准宪法的方式看，新宪法是一部联邦宪法

从官员的选举方式看，联邦政府具有混合性质

第二层关系：政府的常规权力，从哪里吸取源泉。联邦众议院，从美国人民吸取它的权力，人民按同样的比例、同样

的原则产生议员，与各邦议会相同。从这一点看，政府具有国民性质，不是联邦性质。与此相反，参议院从各邦议会取得权力，各邦都是政治平等社会；参议院内实行各邦席位平等，和现在的联盟议会一样。从这一点看，政府是联邦性质，不是国民性质。联邦总统的权力，来自非常复杂的源泉。联邦总统，将由各邦作为政治实体，直接选出。选票分给各邦，按复合比例，把各邦部分视为各自单立的平等社会，部分视为同一社会中不平等的成员。最后的票决，又由构成国家代表的众议院做出；可是履行这一特定职责时，众议院被还原为邦的代表，是众多各自单立的政治平等实体的代表。就总统选举而言，看来具有混合性质，表现出的联邦性质至少与国民性质一样多。

何谓联邦政府何谓国民政府有何异同

联邦政府与国民政府的区别，在于权力的行使对象不同：联邦政府的权力，行使对象是组成联盟(confederacy)的各个政治实体，每个政治实体，各具施政能力；国民政府的权力，行使对象，是组成国家(nation)的公民个人，每个公民，各具参政能力。用这一标准来衡量宪法，联邦宪法组建的政府，属于国民政府一类，不是联邦性质；不过大家的理解，或许还不那么完全一致。某些情况下，尤其是各邦政府作为涉事一方，进入诉讼时，它们(各邦)必须只被视为集体，按对待集体的程序进行。目前，政府的国民性质，就这一方面而言，似乎由于具有若干联邦性质，显得形象不完整。不过，不论提出怎样的宪法，这种混杂，或许都难以避免，政府的权力，行使于各自参政的公民个人，就政府的整体和基本程序而言，或许总的来说，还是属于国民政府。

联邦政府的权力受到限制；各邦剩余的主权神圣不可侵犯

若就实施权力而言，政府是国民性质，可是，从政府权力范围这个角度看，它的性质又变了。国民政府这个概念，其含义范围，不仅是权力直接施予公民个人，而且拥有不受限制、至高无上的地位，统治所有的人和事，只要这些人和事是合法政府的治理对象。对一个国家的人民，这种至高无上的权力，完全寓于国民议会。对于为某种目的而联合起来的各个社区而言，这种至高无上的权力，部分寓于总体政府，部分寓于地方议会。对国民政府而言，所有地方政府，都从属于最高权力；只要最高权威愿意，可以控制、指导，甚至废止地方政府。对联邦政府而言，地方政府构成最高权力的单独和独立的组成部分，就它们各自的管辖范围而言，不再从属于总体权威，总体政府在各地政府的施政范围内，听从各邦的程度，不亚于前。就这种关系而言，宪法提出的政府，不能算是国民政府；因为总体政府的权力，只能延伸到某些被列举的对象，而把管理其他对象的剩余的、神圣不可侵犯的主权，留给各邦。的确，关于联邦和各邦管辖权限界线的争议，做出最后裁决的法院[83]，还有待于在总体政府之下设立。不过，这不会改变基本原则。根据宪法制定的规则，裁决会不偏不倚；所有常规的、最有效的预防措施，都已采取，保证这种不偏不倚。设立一些这样的法院，对避免诉诸武力，防止契约瓦解，显然至关紧要；这些法院，应该设立在总体政府下，不设在各邦政府之下；说得更贴切些，这些法院要单独设在总体政府之下才安全，对此立场，看来无人提出异议。

修正宪法的方式，具有联邦政府和国民政府的混合特点

从最后一个角度评判宪法，从修正宪法的角度看待这个问题，我们会发现：宪法既不是完全意义上的国民宪法，也不是完全意义上的联邦宪法。如果宪法是完全意义上的国民宪法，最高和最终权威，应该寓于联邦人民的多数；这种权威，不论何时，都有能力行使职权，像每个国民社会的多数一样，可以改变甚至废止已经建立起来的政府。反之，若宪法是完整意义上的联邦宪法，那么，对每个邦都有约束力的宪法，每次修正时，至关紧要的是，得到所有邦的一致赞同。制宪会议提

出的修正模式，既不属于前者，又不属于后者。在要求多数方面，特别是计算比例时，它是按邦计数，不是按公民人数计数[84]，这样，它又离开了国民宪法的轨道，走向联邦宪法的特点。可是，修正并不要求各邦一致通过，只要求四分之三的邦同意，这样，宪法又失去联邦性质，回到国民性质。

制宪会议提出的宪法，是联邦宪法和国民宪法的混合

制宪会议提出的这部宪法，严格说来，既不是国民宪法，又不是联邦宪法，而是二者的结合。就其构建基础而言，它是联邦宪法，不是国民宪法；从政府常规权力的来源看，它部分具联邦性质，部分具国民性质；从行使这些权力的方式看，它是国民性质，不是联邦性质；就权力的延伸范围，它又回到联邦性质，不是国民性质。最后，在宪法修正权方面，它既不全是联邦性质，也不全是国民性质。

帕伯琉斯

*《反联邦论》第 39 篇，题为"外表与实质：表面是联邦政府，其实是国民政府"，摘自"一个农场主"的文章，原载费城《独立报》，1788 年 4 月 15 日和 22 日。

---

⑳ 制宪会议(convention)：发起制宪会议的，应该是弗吉尼亚。

1786 年 10 月 16 日，弗吉尼亚众议院和参议院举行联席会议，通过议案，决定发起代表会议，目的是修改《联盟条款》，建议 1787 年 5 月在费城举行。决议分发给各邦议会和联盟议会。弗吉尼亚议会两院联合投票，各选出一个监票委员会，选举修宪代表。结果，得票较多的是：华盛顿，帕特里克·亨利，爱德蒙·伦道夫，约翰·布莱尔，詹姆斯·麦迪逊，乔治·梅森，理查德·亨利·李。众议院议长约瑟夫·普兰蒂斯和参议院议长约翰·琼斯，联名签署委任状，规定他们七人或其中任意三人，代表弗吉尼亚出席会议。提案说明：若上述当选代表出现死亡、辞职、拒绝就任，授权行政首脑提名补齐。帕特里克·亨利和理查德·亨利·李拒绝担任代表。邦长伦道夫征得行政会同意，提名并任命医生詹姆斯·麦克朗顶替。

新泽西首先响应。1787 年 1 月 23 日，新泽西众议院和参议院联席会议决定：委派威廉·布瑞利、威廉·丘吉尔·豪斯顿、威廉·佩特森、

约翰·尼尔逊四人或其中任意三人，代表新泽西参加会议；5月18日，新泽西议会两院增选邦长威廉·利文斯顿和阿伯拉罕·克拉克为代表；6月5日，两院再增选乔纳森·戴顿为代表；克拉克曾代表新泽西在《独立宣言》上签名。克拉克和尼尔逊没有出席修宪会议；布瑞利是新泽西邦最高法院首席大法官，佩特森是新泽西总检察长；可见新泽西对代表会议的重视。

接着响应的是宾夕法尼亚。12月23日，宾夕法尼亚议会通过提案：衡量了联盟目前的困难，充分相信必须修改《联邦宪法》，以适应公务的紧急需求，鉴于弗吉尼亚邦已经通过提案，本邦议会充分意识到这个可能对联邦带来好处的重要机会，愿与弗吉尼亚和其他邦合作。特委任托马斯·米弗林、罗伯特·莫里斯、乔治·克莱默、贾雷德·英格索尔、托马斯·费兹西蒙斯、詹姆斯·威尔逊、古文诺·莫里斯组成本邦代表团。他们全体或其中任意四人出席，即可代表宾夕法尼亚。3月28日，议会补选宾夕法尼亚主席本杰明·富兰克林为代表。

㉛ "一翼"指英国议会下院，"等级贵族"指英国议会上院。

㉜ 遥控选择(a remote choice)：法官和行政官员，不由民选，由总统提名，参议院认可，总统任命，麦迪逊认为这是"遥控选择"。

㉝ 麦迪逊指望，联邦政府与邦政府出现分歧，各作为当事一方互相诉讼时，由联邦最高法院裁决。

㉞ 修正宪法，不是提交全民表决，而是提交各邦议会或各邦民意大会表决，按邦计票，一个邦以过半数通过，得一票，达不到过半数，算零票；四分之三的邦议会或邦民意代表大会通过，宪法修正案得到批准，开始生效。

第四十篇*

代表会议是否有权制定和推荐这部宪法

麦迪逊

1788年1月18日　原载《纽约邮报》

致纽约邦民众：

需要讨论的第二个问题是：代表会议[85]是否得到授权，起草和提出这部混合宪法？

授权来源：安纳波利斯会议和联盟议会

严格地说，要断定代表会议的权力，需要看看各邦选民对代表们的授权[86]。这一切，都与两个会议有关，一个是1786年9月举行的安纳波利斯会议，作了推荐，一个是1787年2月举行的联盟议会，作了推荐。因此，回顾一下这两个会议的提案，就够了。

安纳波利斯会议的决定

安纳波利斯会议采取的行动，是推荐"各邦委派代表，讨论联邦局势，设计代表们认为联邦政府宪法所需要的进一步条款，足以应付联盟面临的危局；把他们为此目的而采取的行动，向开会期间的联盟报告，征得同意，再由每个邦的议会认可，取得同意和认可，方可生效"。

联盟议会的推荐行动，措辞如下："《联盟条款》对修改其中条文有明文规定，需征得联盟议会和各邦议会同意；经验表明，目前的联盟存在缺陷，作为矫正办法，各邦议会，尤其是纽约邦议会，已明令它们驻联盟议会的代表，建议举行一次代表会议，目的见于下述决议；这次代表会议，极有可能为联邦树立一个坚强的全国政府。”

联盟议会的决议

“决议：联盟议会的意见是，明年 5 月的第二个星期一，在费城举行代表会议，会议代表由各邦委任，其唯一和明确的目的，是修订《联盟条款》，向联盟议会和各邦议会报告他们所作的改动和制定的条款，取得联盟议会同意，取得各邦认可，使《联邦宪法》足以应付政府的危局，维系住联邦的存在。”

根据以上两会决议，一、代表会议的目标，是为联邦树立一个坚强的全国政府；二、建立一个足以应付当前危局、能维系住联邦的政府；三、根据联盟议会决议，代表会议的目的，应该通过修改联盟条款和制定新条款而实现，根据安纳波利斯会议决议，代表会议可以提出代表们认为必要的条款；四、代表会议所作的修改和制定的条款，应向联盟议会和各邦议会报告，以便取得联盟议会同意，取得各邦议会认可。

综合两会决议内容

比较一下两会决议，对其中的一些表述加以公正解释，可以推导出代表会议得到的授权。代表会议要设计出一个全国政府的框架，足以应付政府和联邦面临的危局，把《联盟条款》改造成能实现上述目标的形式。

解释两会决议的措辞，推导出授权

有两种解释办法：普通推理和法学原理。一、用普通推理，每句话，只要可能，总是留有余地，以便引申发挥，以达成共同目标；二、按法学原理，若几个目标不可能同时达成，次要目标应给主要目标让路；手段应该服从目的，而不是目的服从手段。

普通解释法和法学推理法

倘若对代表会议授权的表达中，措词本身发生矛盾，代表会议判断：在联盟条款框架内，不可能通过修改和增加条款

保留《联盟条款》，还是改革政府，哪个是目的，哪个是手段

设计出一个足以应付危局的全国政府，那么，应该采纳其中的哪个说法，摒弃哪个说法？哪个是次要，哪个是主要？哪个是目的，哪个是手段？对代表会议得到的授权，有人死抠定义；对代表会议取得的成果，有人执意反对。那么，让这些人来回答这个问题吧！请他们明说，究竟哪件事对美国人民更为重要？是越过《联盟条款》，设计一个足够强大的政府，维系住联邦？还是不顾建立坚强政府，只顾保住《联盟条款》？请他们公开说明：是否保住《联盟条款》，就是目的，对这个目的而言，改革政府，不过是个手段？或者，建立一个足以给全国带来幸福的政府，才是目的，《联盟条款》本是为此目的而设计的，现在，作为无法实现目标的手段，应予牺牲。

以《联盟条款》为基础，无法构建宪法提出的政府模式

需要说明的是：这些表述方式，彼此之间绝对互不相容；对《联盟条款》无论怎样修改和补充，也无法打造出一个足以应付危局的全国政府；能从《联盟条款》中打造出一个宪法提出的那样的政府吗？

新宪法依然保持了旧体制中的许多内容

在这个问题上，没有必要强调名称，改变名称[87]从来不被认为是越权。修改《联盟条款》的本体，得到明确授权。提出新条款，也得到明确授权。这样一来，就有权改变名称；加入新条款；修改旧条款。只要旧条款中还有一部分依然存在，谈得上是侵权吗？有些人坚持一种看法，认为应该标出界线：哪些是得到授权的做法，哪些是超越授权的创新；还要标出变化程度：哪些在修改和更新的范围以内，哪些会改变政府的性质。是否有人说过：修改不许触及联盟的实质？如果各邦心目中没有想到某种实质性的改革，它们绝不会选派代表参加具有如此神圣使命的会议，不会把会议的目标定得如此宽泛。是否有人说：联盟的基本原则，不在代表会议的考虑权限以内，不可改变？我要问问：这些原则的内容是什么呢？这些原则，不是要求确立宪法时，把各邦视为分开的、独立的

主权吗？现在提出的宪法，正是这样对待各邦的。这些原则，不是要求：政府成员，应由各邦议会委派，不由各邦人民选举吗？新政府中有一个分支⑧，其成员，就是由各邦议会委派的；在联盟体制下，派驻联盟议会的代表，可以全部由人民直接选举，实际上，有两个邦就是这样选的。[1]这些原则，是否要求：联邦政府，要通过各邦政府施政，不能直接治理个人？有些情况下，如前所述，新政府就是通过作为集体的邦施政的。有些情况下，现存政府也直接施政于个人。如何处置俘获和战利品，如何处罚海盗、邮政、硬币、度量衡、与印第安人的贸易、各邦的土地授予，还有陆军和海军中的军事法庭审讯，可在没有陪审团介入的情况下举行，甚至没有民事法官的情况下，判处死刑；上述所有情况中，联盟的权力，都直接施于个人，涉及个别公民的利益。这些基本原则，不是要求：没有各邦政府作为中介，不得征税吗？联盟本身，经营邮政，某种程度而言，就是在向人民征收直接税。联盟议会，在铸造钱币方面的做法，也是一种直接征税手段。放下这些具体问题，暂且不说，管理贸易的权力，应该交给联邦政府，使之成为国库的直接来源，岂不是代表会议提出、得到大家承认的目标，岂不是广大人民的普遍期待吗？联盟议会不是反复说明：这项措施，与联盟的基本原则并不冲突吗？除了一个邦，不是每个邦，包括纽约，现在都赞同了联盟议会提出的计划，承认了上述创新原则吗？总的来说，这些原则，不是要求：限制联邦政府的权力，只要不超越界线，就应该让各邦政府保留他们的主权吗？我们看到，在新政府中，和在旧政府中一样，总体权力受到限制，在所有未列举的权力中，各邦政府依然可以享受它们的主权和独立的司法管辖范围。

新体制是对旧体制基本原则的扩大和彻底改造

真实的情况是：修宪会议提出的宪法伟大原则，与其说是绝对新颖，不如说是对《联盟条款》中原有原则的扩展。旧体制的不幸在于：这些原则过于软弱，处处受限，因而累遭指责，指责这些原则没有效力，确实并不过分；需要作一定程度的扩展，把扩展赋予新体制，这就显得像是对旧体制的彻底改造。

修宪会议的创新：只要九个邦的批准，便可树立宪法

在一个具体问题上，应该承认，代表会议离开了赋予他们使命的轨道。《联盟条款》要求：提出一个计划，需得得到所有十三个邦的议会认可，修宪会议提出的宪法，要求人民认可，只要九个邦批准，便开始生效。值得指出的是：对这一做法的反对意见，虽然最值得商榷，在对宪法的连篇累牍的反对文献中，却提得不那么激烈。这种容忍，只能是出于一种不可抗拒的信念：十二个邦的命运，偏要屈从第十三个邦的乖张胡闹，的确荒谬绝伦；美国人口六十分之一中的多数，顽固反对一项十二个邦、代表美国人口六十分之五十九都同意的计划；这个例子，每个公民都还记忆犹新，深感国家的荣誉和繁荣受到伤害。因此，对授权问题提出批评的那些人，对这条反对意见，也就忽略过去。为此，我也把它略过去，不再赘述。

修宪会议的责任心能走多远

需要讨论的第三个问题是：在这样的情况下，修宪会议的责任心能走多远，以弥补正规权力的不足？

修宪会议施展的权力，不超过建议权和推荐权

前面的讨论，已经分析了修宪会议得到的授权，并以同样的认真、按同样的规则，予以检验，把这些权力，当作真实的、最后的授权，以便为联邦制定一部宪法。我们已经看到，即使在这种假定之下，他们如何通过了这场检验。现在反思起来，这些权力，不过是建议权和推荐权；各邦的意思，就是如此，修宪会议也是如此理解的；因此，修宪会议按此制定并提出一部宪法，若不能得到人民的批准，不过是一纸空文。这样一想，整个问题就全然不同了，使我们能适当地判断修宪会议所采取的进程。

我们来看看修宪会议所依据的立场。从会议的进程，可

以想见：代表们一致深感祖国面临的危机，几乎异口同声地要求：开展一项神圣实验，校正把国家带进这场危机的体制；他们同样一致而且深沉地坚信：他们提出的这种改革，是实现他们接受的使命所必需的。他们不可能不明白：广大公民，怀着希望和期待，在整个伟大帝国的疆域内，怀着极大的不安，看着他们的讨论。他们有一切理由相信：国内外每个敌视联邦自由和繁荣的人，心里都在翻腾着一种相反的情绪。他们看到：在这项实验的缘起和推进的过程中，仅有一个邦（弗吉尼亚），欣然提出部分修改联盟体制的建议，便得到众多关注和支持。他们看到：从少数几个邦来的少数几个代表，担起公民责任，在安纳波利斯开会，推荐一项伟大而且关键的目标，完全不同于他们的使命，不仅得到舆论赞同，而且付诸实际行动，为十三个邦中的十二个采纳。他们在许多事例中看到：联盟议会，得到公众的支持，在情况紧急、问题刻不容缓的形势下，不仅承担起推荐的责任，而且采取实际行动。他们势必想过：在现存政府的所有重大变革中，形式应该让位给实质；在这样的情况下，死守前例，则人民"觉得会影响他们的安全和幸福时，废止或改变政府"[2]的宝贵权利，就会变成有名无实的空话。既然人民不可能自发地、普遍地采取集体行动、实现他们的目标，因此，至关紧要的就是：这些变革，应该由一些爱国的、受人尊重的公民，或一定数量的公民，用非正式的、没有得到授权的条文提出来。他们势必会想起：当初，各邦最初联合起来，为了对付来自旧政府的危险，就是用这种非正规的、自我授权的优势，向人民提出方案，增进人民的安全和幸福；各种委员会和大陆议会建立起来，集中精力，捍卫人民的权利；各邦都选出了制宪会议，制定各邦宪法，现在，它们就是根据那些宪法执政；大家也不可忘记：在这整个过程中，不论何时何地，很少见过不合时宜的瞻前顾后，死命

人民不可能自发行动，受人敬重的爱国公民有发起之责

顽固的墨守成规，除了那些戴着面具的人，他们私下里其实对追求的实质怀着敌意。他们心中势必想着：设计的蓝图，一定要提交给人民本身这个最高权威，如果人民不批准，宪法就此完结；如果人民批准宪法，过去的错误和乱象，就此一扫而光。他们甚至可能想过：既然吹毛求疵之风如此盛行，倘若他们放着手中的那点权力不用，推荐他们授权以外的措施，比起直接推荐一套完全能应付国家危急的措施，激起的非难，也不会少。

修宪会议，有何罪过

如果修宪会议，在所有这些印象之下，在所有这些考虑之中，不是果断地信任自己的国家，正是由于国家的信任，他们才如此赫赫有名，指出一个制度，根据他们的判断，能确保国家的幸福，而是采取一种冷漠而令人不快的决议，使国家的热切期待落空，牺牲实质，让位于形式，把他们国家最宝贵的利益，投入拖延的不确定中，风云变幻的危险中；如果有个人，意识达到崇高境界，胸中充满爱国热忱，我要问他：不偏不倚的世界，人类的朋友，每个有道德的公民，对这个会议的行为和性质，会做怎样的判断？或者有个这样的人，他的秉性就是诅咒，怀疑到无所控制，那么，让我问问：他准备对十二个邦，作何判处？这十二个邦，篡权派代表参加会议，而这个会议，十二个邦的宪法上根本没有提到。他准备给联盟议会，作何判处？由于联盟议会的推荐，才有了这个会议，而这个会议，也是联盟体制闻所未闻的。还有纽约邦，她率先敦促，然后又同意这个未经授权的中途插入之举。

既然连敌人的良好建议也要吸取，何况友人的忠告

不过，撇开反对派的一切借口，就算修宪会议并未得到授权，也不能以环境为由说明自己有理，为自己的国家提出一部宪法：那么，是否可以推断：仅仅因为这个理由，就要拒绝宪法？有一则高尚的箴言说：即使接受敌人的良好建议，也是合理合法。倘若我们连朋友的良好建议也要拒绝，岂不是树

立了一个恶劣的先例？无论如何，谨慎之心，显然要求我们，不要过多纠缠：建议是什么人提出的，而应该考虑：建议是否良好。

综上所述，指责修宪会议越权，除了反对派不大提到的一点，其实没有什么根基。如果修宪会议越了权，他们不仅有正当理由，而且出于需要，作为自己国家的忠实仆人，在他们所处的情况下，他们需要自行其是，最后，如果它们提出的宪法，既是越权，又是违责，如果从美国人民的幸福考虑，这一点也应该包容。宪法具有多少这样的特点呢？是下一步要讨论的问题。

即使修宪会议越权违责，为了人民幸福，也应包涵

帕伯琉斯

*《反联邦论》第40篇，题为"论建国之父们的动机和权威"。这是一组文章。第一部分，作者"费城人"；第二部分，作者"一个美利坚人"；第三部分，作者"一个农场主和土地开发者"；第四部分，作者帕特利克·亨利。"美国连线"稿源，没有列出上述文章发表的刊物和年月日。

---

[1] 帕伯琉斯注：指康涅狄格和罗得岛。
[2] 帕伯琉斯注：见《独立宣言》。

㊽ 代表会议(convention)：议会以外，由人民直接选举代表组成的会议，通常用来决定某个重大问题，例如宪法。这个汉语译本，根据不同语境，采用两种译法：一、联邦一级的这个制定了宪法的会议，译作"制宪会议"；二、各邦一级讨论宪法、决定是否批准宪法的会议，译为"民意代表大会"。此外，美国现代民主党和共和党四年一届的"全国代表大会"，英语也是 convention。

译作"制宪会议"，是宪法获得承认、批准生效以后，从历史回溯角度，来看待和翻译的。宪法还没有批准前，尤其是在辩论过程中，反对派对代表会议制定宪法的资格或合法性，提出质疑。他们认为，弗吉尼亚发起的"代表会议"，联盟议会通知召开的"代表会议"，都明确表达：唯一目的是"修改《联盟条款》"，没说要另起炉灶，制定《联盟宪法》。因此，部分反对派认为，会议一开始就讨论麦迪逊起草的"弗吉尼亚方案"，目

标直指建立新宪法，会议主席华盛顿默许，而且保驾护航，是麦迪逊和华盛顿的“共谋”。

这一篇把 convention 译为“代表会议”。

第三个响应弗吉尼亚倡议的是新罕布什尔。1787 年 1 月 17 日，新罕布什尔参众两院通过联合决议，选出约翰·朗东、约翰·皮克林、尼古拉斯·吉尔曼、本杰明·韦思特四人为代表，其中任意两人，可代表新罕布什尔投票。委任状由参议院议长约翰·斯普霍克，众议院议长约翰·朗东，邦长约翰·沙利文签署。这时，新罕布什尔邦的财库已经枯竭，拿不出钱来给代表作路费和会议开支，有的代表又有私事缠身。最后，由约翰·朗东私人解囊，负担自己和吉尔曼的费用，7 月 26 日才赶到会场，会议已经开始了两个月。

第四个响应的是北卡罗来纳。1787 年 1 月，北卡罗来纳参众两院举行联席会议，选出邦长理查德·卡斯威尔、亚历山大·马丁、威廉·理查德·戴维、理查德·多布斯·斯佩特、威利·琼斯为代表。五人中任意两人出席，可代表北卡罗来纳投票。威利·琼斯拒绝就任。4 月 3 日，邦长卡斯威尔指定休·威廉森顶替琼斯。卡斯威尔本人也辞去代表职务。4 月 23 日，卡斯威尔委任威廉·布朗特顶替他本人。

第五个响应的是特拉华。1787 年 2 月 3 日，特拉华参众两院举行联席会议，认为必须修改《联盟条款》；既然弗吉尼亚已经通过提案，特拉华愿意合作。特委任前邦长乔治·里德、小刚宁·贝德福德、约翰·迪金森、理查德·巴塞特、雅可布·布鲁姆为代表，五人或其中任意三人出席，可代表特拉华投票。特拉华是小邦，人少地小，委任状上特别说明：会议势必修改《联盟条款》，补充新条款，但修改不得涉及《联盟条款》第五条：开会时每邦各有一票平等表决权。委任状由邦众议院议长约翰·库克，邦参议院议长乔治·格拉赫德，邦长兼总司令托马斯·柯林斯签署。

第六个响应的是佐治亚。1787 年 2 月 10 日，佐治亚议会两院举行联席会议，决议：选派威廉·费尤（后来成为花旗银行的创始人之一）、阿伯拉罕·鲍德温、威廉·皮尔斯（后来写了《制宪会议代表的性格描述》）、乔治·瓦尔顿、威廉·豪斯通、纳撒尼尔·平德尔曼为代表，六人或其中任意两人出席会议，可代表佐治亚投票。决议由众议院议长威廉·吉朋斯签署；4 月 22 日，邦长兼民兵准将乔治·马休斯签署委任状。乔治·瓦尔顿曾代表佐治亚在《独立宣言》上签名，但他和纳撒尼尔·平德尔曼没有出席制宪会议。

1787 年 2 月 21 日，联盟议会做出决议，通知各邦派代表参加“代表会议”，强调唯一目的是修改《联盟条款》。这时，联盟议会的轮值议长是圣克莱尔将军，后来，他坚决反对《联邦宪法》。从时间顺序来看，弗吉尼亚发起后，六个邦作了回应，联盟议会这才回应，显然不居于发起地位，也不居于积极响应地位。

㊱ 选民对代表的授权：制定各邦宪法时，代表由选民直接选举，各邦制宪代表只要办一件事：划分邦政府的“权力”和选民的“权利”。联邦制

宪会议代表，不是民选，而是各邦议会选出，因此，他们主要代表早已形成政治实体的邦政治实体的邦。他们既代表邦权，又代表民权，还各有自己个人的观点。他们面临的任务复杂艰难得多：他们需要合理划分"联邦""邦"和"选民"三者之间的权力，构建一个能得到多数选民批准的权力结构。

⑧⑦ 改变名称：迪金森小组起草、先后由十三个邦议会讨论批准的文件，名称是"联盟条款"(Articles of Confederation)，是一份十三个邦政府之间的盟约，但又带有一定国家契约性质的混合文件。代表会议上，弗吉尼亚代表团提出"联邦条款"(Articles of Union)取代"联盟条款"，到会议后期，定名为"联邦宪法"(the Federal Constitution)。

⑧⑧ 新政府中有一个分支：指联邦参议院。议员由各邦议会推选。由于参议院实行各邦平等制，每邦选派两名参议员，使联邦带上"国际法"性质。

第四十一篇*

宪法授予联邦政府的第一类权力：国防

麦迪逊

1788 年 1 月 19 日　原载《独立报》

致纽约邦民众：

制宪会议[89]提出的计划，可从两个方面考察。一、宪法授予联邦政府的权力总数或总量，包括对各邦政府权力所作的若干限制。二、宪法设计的具体政府结构，权力在三个部门之间的分配。

权力总量，引出两个重要问题。一、授予联邦政府的权力，是否有哪个部分没有必要或不适宜？二、这些权力的总量是否对留给各邦政府的管辖权构成威胁？

联邦政府的权力总量，是否大于应该授予的范围？这是第一个问题。

有人认真反对宪法，认为宪法授予总体政府的权力，过于广泛，这种意见，不容回避。这些反对的人很少想到：为了实现需要达到的目标，这些权力，都是必不可少的手段。凡是政治权力，都可能造成危害，权力和危害，相互掺杂，难以避免。

反对者强调可能为害的一面，大肆发挥。每项授权或委托，都可以造福，也可能被滥用，他们就专说滥用的一面。这种对待问题的方法，不可能让美国人民产生良好感觉。这种做法，可以展现作者的敏感微妙；可以舞文弄墨，为滔滔雄辩摆开漫无边际的作秀场所，可以挑起不动脑筋的人大动肝火，可以使怀有偏见的人，对谬论更加坚信不疑。可是，头脑冷静、理智健全的人，马上就会想到：即使人类最纯洁的祝福，其中必然还掺有瑕疵。然而，总得做出选择：不是两害相权取其轻，而是两益相权择其优，好处不可能十全十美。无论政治环境如何，一项促进公共幸福的权力，总是可能被误用和滥用。因此，美国人民会看到，对于所授权力，首先需要决定的是：这项权力，是否为实现公益所必需；做出肯定答复后，其次才是：尽量设法，有效防止掌权者堕落败坏，滥权危害公益。

授权时，首先考虑这些权力是否必要，其次防止官员堕落败坏

为了形成正确判断，最好先看看宪法授予联邦政府的各项权力。我们把这些权力归纳为几个类别看起来方便些。按对象，宪法授予的权力，可以分六类：第一类，防御外敌、确保安全；第二类，管理对外交往；第三类，维护各邦之间的和谐和正当交往；第四类，涉及一般事务的一些杂项；第五类，限制各邦采取某些有害的行为；第六类，确保有效实施这些权力的规定。

宪法授予联邦政府的权力，可以分为六类

第一类权力，包括宣战权、颁发海上拘捕证的权力；供应陆军和舰队的权力；管理和征召民兵的权力；征税和借债的权力。

宪法授予联邦政府的第一类权力：国防。抵御外敌，保障安全的权力

抵御外来危险、确保自身安全，是文明社会的最初目标之一。安全，是美利坚联邦公然宣称的基本目标。保障安全所需要的各项权力，必须有效地移交给联邦议会。

宣战权有无必要？没有人会对这个问题作否定回答。因此，对肯定无疑的答复，无须再加证明。现行《联盟条款》，已

经充分确立这项权力。

招募陆军、装备舰队之权有无必要？这已包含在前一项权力以内，包含在自卫权内。

可是，有无必要授予招募陆军、装备海军的无限权力，平时和战时，都保持陆军和海军？

前文说过，这些问题，将在后面回答。现在，就来仔细讨论这些问题。其实，答案非常明显，不论走到哪里，结论都是一样。如果不能限制敌方进犯的兵力，如何能限制我方防御的兵力？倘若一部联邦宪法，就能降住所有外国的野心，划定他们进犯的界线，那么，宪法肯定也能谨慎地降住本国政府的任性，为本国防御设定界线。

倘若一部宪法就能降住所有外国的野心，肯定也能降住本国政府

倘若我们不能禁住所有敌国实施备战，如何能禁住本国在和平时期以同样方式备战？防御手段，只能根据进攻手段和危险程度而定。实际上，防御手段永远只受上述规则约束，不受其他规则约束。想用宪法条文，框住自卫激情，不过徒劳。甚至比徒劳还坏，因为，这种做法，会在宪法里种下篡权的种子，先例一开，就会周而复始，愈演愈烈。如果一个国家经常维持一支训练有素的军队，随时准备为野心和复仇效劳，就会迫使在它侵略范围以内的其他和平国家，采取相应的预防措施。15 世纪，是和平时期建立常备军的不幸时代。首开祸端的，是法国的查理七世。整个欧洲，或者效尤，或者被迫效法。假定其他国家不曾效尤，整个欧洲应该早已挣脱普遍君主制的枷锁。假定除法国外，所有国家都在和平时期解散军队，结果也会一样。罗马军团所向无敌，战胜了各国未经训练的散兵游勇，结果成为世界霸主。

15 世纪，是和平时期建立常备军的不幸开端：查理七世

事实证明：罗马军事凯旋的最后牺牲品，是她的公民自由；欧洲军事建制的代价，也是她的公民自由，假设公民曾经有过自由的话。因此，常备军有危险性，同时，常备军又可能

建立常备军的危险，是牺牲公民权利，但它又是一种需要

是一种需要。从小处看，常备军会带来麻烦。从大处看，常备军的后果可能致命。广而言之，常备军是值得嘉许的深思熟虑之果和预防措施。一个明智的国家，应该把这些考虑综合起来；不要急于把对自己的安全可能必要的资源，斥之门外，要提高谨慎之心；也不要孤注一掷，把军队变成危害公民自由的危险。

美利坚不要重蹈欧罗巴的覆辙：战火不断

目前提出的宪法，就含有这种谨慎之心的明显标志。宪法把各邦联合起来，使联邦安全可靠，堵塞了把军事建制弄到危险程度的各种借口。美利坚如果联合，只要一支小小部队，甚至不要一兵一卒，就能展现出傲然态势，使外国不敢轻举妄动；美利坚如果分裂，纵有雄兵十万，也是枉然。前文曾经指出：缺乏建军借口，曾经挽救过一个欧洲国家。英国四面环海，拥有邻国难以攻破的海上力量。英国统治者，无法用真实或虚构的危险欺骗人民，和平时期建立强大陆军。联邦远离世界列强，使她享有与英国同样的幸福安全。只要各邦人民坚持联合，就没有必要建立令人感到危险的陆军；那样做，也说不过去。不过，任何时候都不要忘记：各邦之所以能享受这种好处，完全要归功于联合起来这个原因。一旦联合解体，就会出现新秩序。较弱的邦或较弱的联盟的恐惧，较强的邦或较强的联盟的野心，就会使新世界战火重开，就像查理七世曾在旧世界干过的那样。曾经在欧罗巴引起普遍效尤的那些动机，又会在美利坚重演一遍。英国从四面环海得到的好处，我们也应该享有，否则，美利坚将成为欧罗巴大陆的翻版。届时，常备军互相争斗，公民自由备受践踏，苛捐杂税永无穷尽。美利坚一旦分裂，其命运将比欧罗巴更为悲惨。没有来自世界其他大洲的大国，介入欧洲国家的相互争雄，煽动它们之间的敌意，把它们变成外国野心、嫉妒、复仇的工具。而在美利坚，源自内部嫉妒、争斗、战争的悲哀，不过是她命运的一部分。欧罗巴与美利坚的关系，将会加进大量罪恶，其他各大洲则不致如此。联邦万一解体，可能引起的这番景象，不可过于渲染，或过于频繁描绘。凡是爱好和平的人，凡是热爱祖国的人，凡是热爱自由的人，眼前都应该有这么一幅图景，心中保持对美利坚联合的忠诚，才会珍视维系联邦的手段的宝贵价值。

英国宪法对议会的权力没有限制，美国有

有效建立联邦，是对常备军危害的最佳预防措施，其次，是限制议会对军事拨款的期限。宪法已将这项预防措施，包括在条文以内。我自以为，对此课题已经作了恰当的、令人满意的分析，这里不再赘言。不过，在这里述评一下对宪法这一部分的反对意见，或许适宜；这项反对意见，起源于英国的政策和实践。有人说，英国要想维持陆军，需要议会一年一度的表决；美国宪法，却把这个至关重要的年限，从一年改成两年。他们展开比较时，对公众就是这么说的。这种说法是否公正？是否一种公平的比较？英国宪法，是否把议会的决定权限，定为一年？美国是否把议会军事拨款的长度，限定为两年？恰恰相反，这些挑毛病的作者，不可能不知道：英国宪法对议会的权力，根本没有限制，美国则把议会的权力，锁定在两年内，作为可能的最长期限。

英国下院议员，七年才选举一次

关于英国的做法，若要符合实际，应该这样说：军事用途的拨款，虽然英国宪法并无限制，但在实践中，要受到议会限制，只限一年。可是，英国下院议员，七年才选举一次；下院议员中，很大一部分，由人口中的少数选出；选民深受议员收买的影响，议员又深受王室收买的影响。议员群体，有权对军事拨款作无限期的决定，要把军事拨款延伸到一年以上，根本用不着顾虑；美国的众议员，由全体人民自由选举，每两年改选一次，宪法又明文规定：军事拨款只限两年，难道还不能安全地加以委托？这不是叫人脸红的事吗？

坏理由很难不自我暴露，这可是个真理。反对派想方设法诋毁联邦政府，就是一个典型实例。他们所犯的大错中，最大者，莫过于利用人民的谨慎之心，利用人民对常备军的戒备之心，企图把人民拉到他们那一边去。这种企图，充分唤醒了公众对这个问题的注意；导致深入探讨，结果，导致公众彻底和完全的信念：不仅坚信宪法提出了最有效的保障，防止了常备军的危险，而且坚信，没有宪法，就不能有效保障国防，就无法维系联邦；他们坚信：倘若美利坚分裂为单独的邦或联盟，会花多得多的钱，去支持为数众多的常备军；以此类推，倘若每个邦或联盟，都要建立一支常备军，会变成人民财产的包袱，给公民自由以不祥之兆；而在一个联合的、有效的政府领导下，只需要建立一支常备军，人民的财产可以承受，公民的自由得到保障。

联合到一个政府之下，只需要一支常备军

建立并维持一支海军，极其必要，所以宪法的这一部分，没有受到反对派的斥责，其他部分，很少幸免。美利坚联合起来，会成为她海上力量的唯一来源，成为她捍卫自己、抵御外敌的安全屏障，这实在是上天赐予美利坚的巨大福分之一。这一方面，我们的环境，享有类似英国四面环海的优越性。我们的炮台，有能力击退海上敌人对我们安全的进犯，令我们感到幸福的是，它们永远不会遇到背信弃义的政府，调转炮口，针对我们的公民自由。

建立一支联邦海军，极其必要

大西洋沿岸的居民，对建立海军的规定，深切关怀。现在，他们夜间还不敢安然入睡，财产还不能幸免于放肆冒险者的掠夺；沿海城镇，在大胆的突然袭击者面前，遭受勒索，为免除焚毁之灾，交付大量赎金；若能免除这些，这些好运，不应归功于现存政府保护了效忠于它的人们，而是由于敌方的失败和逃亡。不算弗吉尼亚和马里兰，这两个邦的东部海岸特别脆弱，易受攻击；联邦内最应该担心这个问题的，莫过于纽约邦。纽约邦的海岸线很长。这个邦最重要的地区，是一个岛[90]。纽约邦本身，被一条长五十海里的可通航河流[91]深入。这一地带，像个大商场，积累大量财富，但时时刻刻依赖形势变化，几乎可被视为一个人质，羞辱地屈从于外敌要求，甚至受到海盗和野蛮人的贪婪掠夺。若欧洲事务疑云密布，引发战争，所有横蛮任性的激情集结起来，一股脑儿泼到海上，我们想躲避侮辱和掠夺，不仅纽约，沿海地区所有其他地方都一样，真是不可思议的奇迹。以美利坚现在的条件，各邦马上就会暴露于这些大灾难之中，从有名无实的现存总体政府那里，休想得到任何希望；如果各邦单独依靠自身资源，想要建成海上堡垒，足以抵御外敌，那么，用来建筑海上堡垒所需要的钱财，可能就会把需要保护的财产花光。

各邦没有能力单独建成海上堡垒

前文对管理和征召民兵之权，已经作过足够的论证和解释。

征税权和贷款权，是实现国防的支柱

征税和借款的权力，是实现国防的支柱，因此归到这一类。前文也已经非常认真地讨论过这项权力。我已经清楚说明：宪法授予这项权力的范围和形式，二者均属必要。我想再补充一些意见，仅针对下述观点：有人主张，这项权力，应该只限于征收外税，他们指的是，对外国的进口货物征税。无可怀疑，进口税永远是政府岁入的一个宝贵来源，在相当长的时间里，进口税将是基本来源，目前，则是主要来源。不过，在这个问题上，我们可能形成一种非常错误的观念。如果我们计算时，不考虑到来自外贸的岁入，可能会因为贸易幅度和进口种类而变化万千，这些变化与人口增长并无相应关系，而人口增长，则决定公共需求的总量。只要农业继续保持为劳动的唯一场所，随着消费者的成倍增长，制成品的进口，也会随之增长。一旦由于农业闲置人口增加，国内制造业开始起步，进口制成品的数量，就会随着人口增长而减少。从比较长远的角度考虑，进口商品中，可能有相当大的部分，是原材料，加工后，变成出口商品，届时，可能要鼓励进口，而不是用关税作为阻滞进口的负担。一套管理体制，如果打算持之以恒，应该事先周密考虑这些变化，具有应付变化的能力。

有些人，并不否认征税权的必要，却猛烈攻击宪法上对征税权的文字定义。他们有唱有和，说，“制定和征收税金、关税、进口税、营业税，用于偿还国债、为联邦提供共同防御和普遍福利”的权力，会导致无限授权，导致随意使用任何权力，把一切都说成是共同防御或普遍福利的必须；是否如此，值得怀疑。再也没有什么证据，能如此证明这些作者的懊恼无奈，为了反对宪法，不惜诉诸无稽之谈。

有人猛烈攻击宪法对征税权的文字定义

如果宪法没有一一列举授予联邦议会的各项权力，并加以定义，只对征税权作了上述的一般性表述，反对派加以渲染，还说得过去；其实，把一个在所有其他方面都要立法的权威，描绘成如此不像话的样子，实在难以找到理由。“为普遍福利筹款”这句话，可以被破格地说成包含下述权力：禁止言论自由，废止陪审团审讯制，甚至管理继承手续，规定财产转让形式。

对“为普遍福利筹款”这句话的各种曲解

这些一般性的措辞后面，紧接着就指明它们所指的对象，中间连一个分号那么长的停顿都没有，反对派还有什么可说？如果在同一个文件中，每个部分都要详细说明，明确每个部分的含义；同一个句子的一个部分，意思是否就会被完全排除；比较容易引起疑义和含义不确定的术语，就能保留它们的完整含义，清楚准确的表达，被否认掉重要意义？如果这些具体的权力，和所有其他权力，已包含在前面列举的总体权力之中，还有什么必要把这些具体权力在文中一一罗列呢？宪法先用一个一般性的短语，再叙说具体项目，对这个短语加以解释和说明，这种做法，再自然再常见不过了。可是，列举具体

宪法对一项权力，先作一般叙述，再说具体内容

项目，既不解释也不说明总体含义，那么，除了引起混同，导致曲解，不会有别的效果，纯属荒谬，使我们陷入两难，对此，我们既不想归咎于反对意见的作者，也不想归咎于宪法的作者，我们只能假定，起因不在宪法作者。

反对派指责宪法用的语言，抄自《联盟条款》

这里，反对派的意见，更是不同凡响，在他们看来，制宪会议所用的语言，是从《联盟条款》里抄来的。各邦结成联邦的目的，《联盟条款》第三条是这样说的："增强它们的国防，保障它们的公民权利，促进它们相互和共同的福利。"第八条的措辞更是一模一样："一切战争费用，一切为建立共同国防和提供普遍福利而出现的其他费用，以及联盟议会召开期间邦联同意支出的费用，均从共同财库中支取，等等。"类似的语言，又出现在第九条。按解释新宪法的规则，分析这些条款中的任何一条，都可看出，联盟条款赋予了联盟议会对任何事情的立法全权。他们如果坚持这些一般的表述方式，不愿对一般表述方式，加以明确和限定的具体说明，为共同防务和普遍福利，他们不是早就实施了不受限制的权力吗？请问各位持反对意见的先生，把他们过去用以证明联盟议会有理的话，何以现在就用来反对宪法了呢？谬误之见，要想逃脱自身的谴责，何其难也！

帕伯琉斯

*《反联邦论》第41篇，题为"联邦必须拥有的权力总量是一回事；行使授权的模式则另有考量"，第一部分；作者：理查德·亨利·李，选自小册子《联邦农场主》。

---

⑧⑨ 制宪会议：第七个响应弗吉尼亚倡议的是南卡罗来纳。1787年3月8日，南卡议会两院通过决议：委派约翰·拉特里奇、查尔斯·平克尼、查尔斯·沃兹沃斯·平克尼将军、皮尔斯·巴特勒为代表。邦长兼总司

令托马斯·平克尼签署委任状：四人或其中多数，可代表南卡投票，除非出席者不足两人。

第八个响应的是马萨诸塞。1787年3月10日，马萨诸塞议会通过提案，委派弗朗西斯·达纳、艾尔布里奇·格里、纳撒尼尔·戈汉姆、鲁弗斯·金、卡立巴·斯特朗为代表，五人或其中任意三人，可代表马萨诸塞投票。4月9日，邦长詹姆斯·鲍多英签署委任状。弗朗西斯·达纳没有出席制宪会议。

第九个响应的是康涅狄格。1787年5月第二个星期四，康涅狄格邦长、众议院议长、参议院议长联合签署委任状，委派威廉·萨缪尔·约翰逊、罗杰·谢尔曼、奥立维·艾尔斯沃斯为代表，三人或其中任何一人出席，可代表康涅狄格投票。

第十个响应的是纽约。1787年5月，纽约参议院和众议院分别提名，结果两份名单一样：邦最高法院大法官罗伯特·雅茨，纽约首府奥尔巴尼市长约翰·兰欣，纽约市代表亚历山大·汉密尔顿，三人当选。邦长兼总司令乔治·克林顿签署委任状，日期为“纽约邦独立11年5月9日”。雅茨和兰欣成为制宪会议内部的反对派，7月5日，二人退出会议，以示抵制。

马里兰的情况比较特殊。1787年春，马里兰邦参议院和众议院，曾经联合选出查尔斯·卡乐尔、加布里尔·杜瓦尔、罗伯特·汉森·哈里森、托马斯·西姆·李、托马斯·斯通为代表，这些人全都拒绝担任代表。5月26日，两院再次举行联合会议，另选詹姆斯·麦克亨利、圣托马斯·杰尼弗的丹尼尔、丹尼尔·卡乐尔、约翰·弗朗西斯·默塞、路德·马丁为代表，其中任意一人出席，即可代表马里兰投票。默塞和马丁后来成为制宪会议内部的反对派，他们没有等到会议结束，就中途离席了。但他们两人的反对，没有雅茨和兰欣那么坚决。他们的发言，也有正面贡献的部分。

至此，弗吉尼亚发起的倡议，已得到十一个邦的回应，唯独罗得岛不予答理，不派代表。

十二个邦共选出七十四名代表，其中五十五人先后到会，有的迟到，有的提前离开，坚持出席全程的代表约二十九人。

⑽ 一个岛：曼哈顿是一个岛，它的郊区长岛，其实是个半岛。

⑾ 可通航河流：应指哈得逊河。

第四十二篇*

第二类权力：外交；第三类权力：内政

麦迪逊

1788 年 1 月 22 日　原载《纽约邮报》

致纽约邦民众：

授予总体政府的第二类权力包括：对外交往权、谈判权、缔约权；派出和接受大使、公使、领事的权力；界定和处罚公海上的海盗罪、重罪和违反国际法的行为；管理对外贸易，包括1808 年后禁止输入奴隶，每输入一名奴隶，课中间税十元，以阻遏奴隶输入。

第二类权力：外交

这类权力，构成联邦行政的一个必要和基本的方面。倘若我们想要立于世界之林，显然要与其他国家发生联系。

缔约权、派出和接受大使的权力，其合理性不言自明。《联盟条款》原来已经包含这两项权力；区别在于，制宪会议[92]校正了《联盟条款》中的一个例外，这样，不致由于各邦分别管理，使条约实际上难以贯彻。在"大使"一节里，明确而且非常适当地加上了任命和接受"其他公使和领事"字样。《联盟条款》第二条所用"大使"一词，严格地说，只指公使中的最高一

增加"公使""领事"两种职务

级；排除了联邦很可能在需要的地方只设领事馆。“大使”这个词，无论怎么解释，总不能指领事。事实证明，有此必要，大陆议会也派出过较低级别的公使；派出和接受过领事。事实是：若通商条约规定互派负责通商的领事，接受外国领事的权力，就在订立通商条约的权力内；没有通商条约的地方，进入外国的美国领事的使命，或许包含在《联盟条款》第九条的授权内：任命联邦管理总体事务所需的文官。可是，对此前尚未曾签订通商条约的国家，如果承认对方领事，似乎还没有条文规定。这是制宪会议改进过去模式、弥补缺陷的一个次要例子。当条文显得必要，否则对逐渐而不引人注目的篡权提供借口时，最不起眼的条文，也变得重要起来；大陆议会遭到背叛，或由于联盟体制的缺点，被迫违反条款，授予他们权力，这样的例子，不胜枚举，会使那些不注意这种事情的人感到吃惊；会成为有利于新宪法的重要论据，新宪法对旧宪法中显眼的缺陷和不明显的缺陷，同样严肃对待。

把定义重罪、违反国际法行为的权力，交给联邦

定义和处罚公海上的海盗罪、重罪、违反国际法的行为，把这项权力，交给总体政府，同样适宜；是对《联盟条款》的更重要的改进。《联盟条款》中，没有针对违反国际法的条文；这样，任何轻率的成员，都有权使联盟陷入与外国的麻烦。宪法中关于海盗罪和重罪的条文，延伸范围，不超过设立审讯这些罪行的法庭。界定海盗罪，可以留给国际法，比较方便；不过，多数国家的国内法中，都由议会对海盗罪作了定义。界定公海上的重罪，显然有其必要。重罪一词，范围含糊，即使在英国的共同法中，也是如此；在英国的行政法中，这个词也有多种解释。不过，不论英国，还是其他国家，不论在共同法里，还是在行政法里，都应对此订出一个程序标准，除非此前已由议会订出本国的规定。此前，各邦法典对此术语所作的定义，由于各邦法典并非合理合法的指南，实际上无法操作。任何两

个邦的法典中，定义都不一样；它们每次修改刑法时，定义不断变化。因此，为了准确一致，把界定重罪的权力，交给总体政府，必要而且恰当。

管理对外贸易的权力，前面已经讨论过几次，已经作了充分论证，这里无须再次证明：把这项权力交给联邦政府，恰如其分。

容忍奴隶输入二十年

人们无疑希望，禁止输入奴隶的权力，不要推迟到1808年，最好立即执行。不过，不难说明，为什么要对总体政府作这一限制，以及这个分句的整体表达方式。这个分句，应该被视为人道思想取得的一个了不起的进展，再过二十年，这些邦就会一劳永逸地终止奴隶输入，这种输入，长期以来，一直遭到大声反对，被视为现代政策中的野蛮主义。在此期限以内，奴隶输入，会受到联邦政府的相当阻遏，少数继续这种违反自然的贸易的邦，在联邦境内多数邦的禁奴榜样推动下，可能采取联合行动，完全废止奴隶输入。对不幸的非洲人来说，如果他们面前有同等的繁荣，能从他们欧洲兄弟的压迫下解放出来，该多么幸福！有人曾经曲解这一分句，作为反对宪法的理由，把它说成：一、是刑法对非法贸易的容忍；二、有意阻挠欧洲人对北美的自愿的、有益的移民。我提到这些曲解，并非想要答复，因为不值得；而是作为样品，说明有些人为了反对宪法，采用怎样的手法和情绪。

第三类权力，包括保障各邦之间和谐和适当交往的权力。

第三类权力：保障各邦之间的和谐交往

归入这一类的，有宪法对各邦政府权力的一些限制，和赋予司法部门的一些权力；不过，前者将留作专门的一类，后者等我们的讨论进行到考察政府的结构和组成时，再作专门探讨。现在，我只限于快速浏览一下归入第三类权力中的余下部分：管理各邦之间贸易的权力，管理与印第安部落贸易的权力，铸造钱币的权力，管理币值的权力，管理对外汇率的权力，处罚伪造钱币的权力，管理联邦证券的权力；统一度量衡的权力，建立统一入籍规则的权力，制定统一破产法的权力；[illegible]证明各邦公共行为、记录、司法程序的方式，使它们在其他各[illegible]效；设立邮局、铺设邮路的权力。

宪法限制各邦之间彼此征税

目[illegible]联盟议会，没有权力管理各邦之间的贸易。经验证明，这是[illegible]缺陷。前几篇文章，已经对这一点提出了证明，作了评论。[illegible]，可以再加一点：没有这条补充规定，管理对外贸易的大[illegible]不完整，就不能生效。这一权力，非常实际的目标，是减轻[illegible]邦的负担，这些邦，需要通过其他邦进口和出口，免去后者[illegible]于前者的不当收费。如果让这些邦来管理邦际贸易，可以[illegible]它们会想出办法，当进口物品和出口物品经过它们的管辖[illegible]时，就征收关税，结果，出口税会落到制造者身上，进口税会[illegible]消费者身上。根据过去的经验，我们可以确信：这种做法，[illegible]未来的诡计者沿用；通过这些诡计，加上人际关系常识，会滋[illegible]无休止的敌对，多半不会终止，严重打扰公众的宁静。不从激[illegible]利益看待这个问题的人会认为：有出海口的邦，总是想用这[illegible]样的方式，从没有出海口的邦征得一些税收，作为自己的间接[illegible]入，这种做法不仅不公平，政治上也是一种失策。因为，这种做法，或伤害对方的感情，或影响对方的利益，会刺激受损一方铤而走险，为自己的对外贸易开辟不当渠道。理性的温和之声，主张广阔的事业，长久的利益，可是，不论在公共团体中，还是在个人身上，总是受制于急不可耐的贪婪，追求眼前的暴利，在一片喧嚣声中沦落。

各邦之间的贸易，需要一个有权管理的上司

结盟各邦之间的相互贸易，需要一个有权管理的上司，这点，不仅被我们的实践证明，别的国家也有同样的例证。瑞士联邦很小，每个邦（Canton）都有责任允许商品进入，各邦管辖范围内，都有一条通道，通向邻邦，不收过境费。德意志帝国有一条法律：诸侯和各邦，不得在桥梁、河流、道路上设卡，收取过路费或关税，除非得到皇帝或议会同意。前面的一篇文章，曾经在一段引文中指出：在那个联盟里，这一做法和许多其他做法，没有严格遵循法律，因而，引出许多弊端，这些弊端也会出现在美国。荷兰联邦对其成员所作的限制中，有一条是：未经联邦同意，各邦不得征收损害邻邦的进口税。

制定对待印第安人政策上的两难

管理与印第安部落的贸易，非常适当地从《联盟条款》的两个限制中解脱出来，其中的条款，措辞模糊，自相矛盾。《联盟条款》授予各邦的权力，不延伸到印第安人，他们不是任何一个邦的成员，因此不存在违反或侵犯任何邦的立法问题。如何描述印第安人，使之成为一个邦的成员，这个问题，迄今未能解决；成为联盟议会上争论不休的问题。如何与印第安人贸易，他们既不是联邦的成员，又居住在联邦的管辖范围内，若由一个对外机构管理，不涉及立法的内政权力，绝对不可思议。这并非《联盟条款》想要解决而又无法解决的唯一问题；把部分主权赋予联邦，把全部主权留给各邦，以求调和；那就等于推翻一个数学公理：拿掉其中一部分，说剩下的还是全部。

授权联邦统一货币和度量衡

关于铸造钱币、管理币值、管理外币币值的权力，需要说明的只是：通过提出这一条文，宪法弥补了《联盟条款》中的一个重大缺失。现存联盟议会的权力，只限于管理它自身铸造的钱币和各邦铸造的钱币。这样，立刻就可以看出，若把外币价值，交给不同的邦，用不同的规则管理，宪法提出的货币统一，就会被摧毁。

对伪造公共证券和通用硬币的处罚，当然会交给管理证券和管理硬币的机构去管。

管理度量衡，是从《联盟条款》里搬过来的，设立这一条的[illegible]、与前面说的管理货币之权一样。

授权联邦政府制定统一的入籍规则

长期以来，一直有人指出：各邦在入籍归化管理规则方面，五花八门，是我们体制中的一个毛病，由此引出错综复杂的问题。《联盟条款》第四条宣称："除乞丐、流氓和逃犯，各邦自由居民，有权享受其他各邦自由公民的一切特权和豁免权；各邦人民，可以自由进出其他任何邦，享受一切贸易与通商特权，等等。"这里，出现了明显的语言混乱。同一个句子，为什么前面用"自由居民"，后面变为"自由公民"，另一个地方，又用"人民"？"享受一切特权和豁免权"，是什么意思？"一切贸易与通商特权"，范围很难断定。看来，这是一种很难避免的措辞上的毛病，可是，在一个邦被列为"自由居民"，即使不是该邦公民，到了其他邦，又可享受其他邦"自由公民"的一切特权。换言之，到了其他邦，享受的特权，反而多于原邦。这样一来，某一个邦，或者说每一个邦，都有权，不仅可以把其他邦的公民权利，授予本邦公民，而且可以授予任何被允许进入本邦居住的居民。如果承认对"居民"这个术语的解释，那就是说，规定的特权只限于公民，这样，困难是减小了，但并没有消除。各邦政府，仍将得到这种十分不恰当的权力，让其他邦的侨民，取得公民资格。在一个邦居住一段时光，就获得公民的所有权利。到另一个邦，倒需要更重要的资格。因此，一个侨民，在一个邦没有合法取得的某些资格，只是因为在另一个邦居住了一段时间，就把这种无资格抹掉了。这样，一个邦的立法，在另一个邦的管辖范围内，反而高于另一个邦的立法，这真是本末倒置。我们把这些差错归咎于偶然，由此而引起的尴尬，一直被规避过去。根据好几个邦的法律，对声名狼藉的侨民，有若干描述办法，被列入禁止范围，但彼此不一致，不仅在公民权利方面，也在居民特权方面。如果这种人，通过在一个邦居住一段时间或其他办法，取得另一个邦的法律所规定的公民资格，然后声称他们拥有权利，既有在原邦的居住权，又有原邦的公民权，结果会怎样呢？不论法律后果如何，其他后果多半十分严重，没有制止办法。因此，新宪法极为适当地制定条款，制止联盟过去在这方面的所有错误，授权总体政府，在整个联邦范围内，制定统一划齐的入籍归化条例。

授权联邦政府制定统一的破产法

制定统一破产法的权力，与制定商业管理规则密切相关，可以避免许多欺诈舞弊行为，当事人或他们的财产处在不同的邦时，或搬迁到其他的邦时，破产法的必要，似乎不成问题。

制定各邦互相承认彼此文件和裁决的程序

制定通用规则，规范证明各邦立法、档案、司法裁决的办法，使其在其他邦生效，是对《联盟条款》中相关条文的明显而有价值的改进。《联盟条款》中的条文，极其含糊不定，解释起来，没有多少作用。宪法建立的这个权力，可能成为司法中的一个方便工具，在毗邻邦的边界，尤其有用，在那里，在外邦的司法范围内，有待生效的司法程序，可能在执行的任何阶段，被突然和秘密地做出解释。

授权联邦政府管理邮政

建立邮路的权力，无论从哪个角度看，都是无害的权力；通过司法安排，给公众提供极大方便。凡是方便邦际交往的事，都值得政府注意。

帕伯琉斯

*《反联邦论》第 42 篇，题为“联邦必须拥有的权力总量是一回事，行使授权的模式则另有考量”，第二部分；作者：理查德·亨利·李，选自他的小册子《联邦农场主》。

---

⑫ 制宪会议：等待阶段和第一天选举会议主席。

1787 年 5 月 14 日，原定的会议开始日期，弗吉尼亚代表团的七名成员先后到达费城，与已在原地等待的宾夕法尼亚代表团部分成员会合。可是，其他邦的代表还在三三两两地到达。于是，他们每天到费城独立厅等待和交换意见。十一年前，《独立宣言》在这里通过，因此，这个会议室改名“独立厅”。在此以前或在此期间，麦迪逊写出了“弗吉尼亚方案”，共15条，后来成为制宪会议辩论的主要线索。弗吉尼亚代表团显然对“弗吉尼亚方案”达成了共识。麦迪逊身材矮小，身高仅1.63米，体重仅100磅，外表不出众，说话声音沙哑，带些女腔。弗吉尼亚代表团决定由伦道夫向会议宣讲“弗吉尼亚方案”。34岁的伦道夫，这时正担任弗吉尼亚邦长，身材伟岸，仪表堂堂，声音洪亮。在这些等待的日子里，弗吉尼亚代表团显然也与宾夕法尼亚代表团取得了某些共识，后来在制宪会议上，彼此配合默契，尤其是麦迪逊和威尔逊之间。

1787年5月25日星期五，到达费城、具有投票资格的邦代表团，达到7个，超过13个邦的半数，达到开会议事的法定邦数，会议开始。

罗伯特·莫里斯代表宾夕法尼亚，提名华盛顿为会议主席。约翰·拉特里奇代表南卡罗来纳附议，指出：有华盛顿将军在，在场的人中就没有更合适的人选。到会的7个代表团书面投票，一致选举华盛顿为主席。这一礼遇，来自宾夕法尼亚主席富兰克林，当时，他是唯一可以与华盛顿竞争的人。第一天，富兰克林没有出席。据麦迪逊《辩论》记载，罗伯特·莫里斯在一百多天的会议进程中，一言未发。他在宾夕法尼亚议会中以“莫里斯党”首领闻名，口若悬河，声势夺人。不过，他坚持要求两人出任代表：詹姆斯·威尔逊和古文诺·莫里斯。《辩论》记载：35岁的古文诺·莫里斯，驾马车翻车失去一臂一腿，要拄拐杖，却是性情中人，在会上发言次数最多，达175次。45岁的威尔逊其次，达160次。麦迪逊第三，150次。《辩论》记载，这三个人的发言，尤其是他们经常发表的长篇演讲，对会议起了主导和控制作用。47岁的约翰·拉特里奇，1765年就参加“反印花税法议会”，资格比第一个大陆议会的代表还老，独立战争中任南卡罗来纳邦长兼总司令。他赞成麦迪逊建立坚强全国政府的主张，但是，作为南卡罗来纳的代表，他坚持要保留奴隶制。

第四十三篇*

第四类权力：联邦独享、各邦不得分享之权

麦迪逊

1788年1月23日　原载《独立报》

致纽约邦民众：

宪法[93]赋予联邦政府的第四类权力如下：

联邦议会独享对专利的立法权

一、联邦议会有权"为促进科学和有用技艺的进步，保障作者对作品、发明者对发明在有限时间内的排他权利"。

很少有人对这项权力的用途发生疑问。英国作家的著作权，已在共同法中被确认为一项神圣权利。与此同理，有用发明，发明权属于发明者。这两种情况，公益与私人诉求，不谋而合。各邦议会，对著作权和发明权，不得单独立法；多数邦已经预见到这一决定，将遵循联邦议会通过的立法。

联邦议会独享在首都的立法权

二、联邦议会有权"设立一个特区，由某些邦割让[94]、联邦议会接受，作为联邦政府所在地（面积不超过十平方英里[95]），联邦议会在特区内享有对一切事务的排他立法权；经所在的邦议会同意，联邦议会向各邦购买若干地点，建立要塞、武库、兵工厂、造船厂，及其他必要设施，享有对这些地方的排他立

法权”。

对政府所在地享有充分权威，绝对必要，理由不证自明。恕我直言，由于政府处于最高地位，这是历届大陆议会和联盟议会都曾实行过的权力[96]。无此权力，不加惩戒，政府权威会受到无礼冒犯，施政程序会受到阻碍，出现中断。若把政府所在地设在某个邦的管辖范围内，总体政府成员执行公务时，还要依靠所在邦的保护，会使全国政府蒙羞，好像怕某个邦政府或受其影响，同样会使全国政府威信扫地，也会引起联邦内其他各邦的不满。随着政府所在地固定下来，各种公共设施会逐步完备，会把巨大的公共资产，留在某个邦的手中；会给首都搬迁带来许多障碍，会进一步剥夺首都必要的独立，由此可见，这一点很重要。这个特区的范围，事先受到足够限制，不致引起反对意见的嫉妒。由于特区的适当用场，要得到割让邦的同意；由于有关的邦，无疑会在契约中提供各种权利，并得到居住在特区内的公民同意；由于该地居民，会发现足够的利益诱因，愿意成为割让地的居民；由于选举管理当地居民的政府时，他们有自己的发言权；由于肯定会让他们从当地居民中选出一个市议会，管理当地事务；由于割让邦的议会当局，和割让地区的居民，在该邦全体居民接受宪法后，会共同做出割让决定；一切可能想象的反对，都会烟消云散。

联邦政府独享对要塞、武库所在地的管理权

总体政府，对所建要塞、武库，享有同样的管理权，这一点的必要同样明显。在这类地方花费的公款，存放在那里的公共财产，要求它们免受所在邦管辖。联邦整体安全所系之地，不宜以任何程度依赖于某一个邦。建立上述设施之前，先征得所在邦的同意，反对和顾虑都会烟消云散。

宪法严格控制对叛国罪的断案和处罚

三、“联邦议会有权宣布对叛国罪的处罚，但是，若剥夺公权，不得辱没血族，不得没收财产，除非被剥夺者依然在世。”

叛国可能针对联邦，联邦议会自当有权施加处罚。可是，自由政府天然造就狂暴的对立党派，他们常常互相发泄怨毒，动则捏造叛国罪名，陷人以网，用新发明的狼虎手段对付，成为坑人工具。因此，制宪会议高瞻远瞩，严防此种危险，特别在宪法条文中设置叛国罪的定义，锁定判罪的必要证据，即使加以处罚，也不许把处罚延伸到本人以外。

对建立新邦、加入联邦的具体规定

四、“联邦议会可接纳新邦加入联邦；但未经原邦议会同意和联邦议会同意，任何一邦管辖范围内，不得形成或创立新邦，两邦、多邦或其组成部分，不得并为新邦。”

在《联盟条款》里，找不到一个条文，涉及这个重要问题。加拿大曾被承认有权参与制定联邦的政策；其他“殖民地”，显然指英国的其他殖民地，若九个邦同意，亦可介入联邦决策。《联盟条款》的制定者，似乎忽略了这个事实：新邦终究会建立起来。我们已经看到，这一遗漏造成的不便，会导致联邦议会越权。宪法提出的新体制，考虑周到，弥补了这一缺陷。因此，未经联邦议会和原邦议会一致同意，不得创建新邦，提供总体性的预防措施，符合管理此类事务的常规。尤其需要预防的是，未经原邦同意，将它的一部分另立新邦，这样，消除了大邦的顾虑；未经原邦同意，不得把几个邦并为新邦，消除了小邦的顾虑。

处置尚未决定归属的土地和产权的办法

五、“联邦议会有权分配属于联邦的领土和其他产权，制定必要规则；但是，宪法中的任何条文，不得被解释为偏袒联邦的诉求或任何一邦的诉求。”

此项权力极为重要，安排此项权力，基于与上一条同样的考虑。鉴于西部领土可能引发的猜忌和疑义，公众业已知晓，附加一个但书，不偏不倚，绝对必要。

联邦保证在每个邦建立一个共和性质的政府

六、“联邦向联邦内的每个邦保证：建立一个共和形式的政府，保护任何一邦不受侵犯，应邦议会或邦行政官（邦议会无法开会时）申请，平定内乱。”

一个以共和原则为基础的同盟，由若干共和成员[97]组成，最高政府显然应该拥有捍卫整个体制的权力，反对贵族制或君主制的意图。联邦的性质越是亲密，各邦分享政治制度的兴趣越大；越是有权坚持加入契约式的政府形式，应当坚持这种实质。不过，有一份权利，就意味着有一种矫正办法；这种矫正办法，除载入宪法，还有什么地方更适宜呢？事实证明，按不同原则和形式建立起来的政府，不如族类相同的政府，那么宜于融入联邦式的同盟。孟德斯鸠说：“经验告诉我们：由于德意志联邦共和国包含一些不同诸侯治理的自由城市和小邦，比荷兰和瑞士联邦更不完善。”他补充说：“一旦马其顿国王在希腊城邦中取得一席地位，希腊就完了。”无疑，后一例证说明，由于马其顿的分量过重，再加君主制渗入城邦，势必影响事态发展。或许有人会问，除各邦采取一致行动，还有什么预防办法，能使各邦政府无法找到借口改弦更张呢？这些问题的答案，是现成的。倘若不发生全国政府干预的必要，那么，加上预防此类现象的一条，就算是宪法中无害的多余之笔。可是，谁能保证某些邦不会异想天开，由于领袖们的勃勃野心，或由于外国的蛊惑煽动，会搞出什么样的试验来呢？第二个问题，可以这样回答：万一总体政府要动用这项宪法授权，加以介入，当然也会受到这项授权的约束。这项授权至多延伸到保证建立一个共和形式的政府，支持一个宪法原已保证的、前已存在的政府形式，只要现存共和政府形式在各邦继续存在下去，就会得到联邦宪法的保证。无论何时，各邦想要采用其他共和形式代替时，都有权这样做，并可要求联邦给予保障。唯一的限制是，它们不能用反共和制的形式，取代共和形式。这一限制，估计很难被视为伤害。

任何社会，总体防止部分不受入侵，都是天经地义。宪法

联邦有权保护各邦不受外患内忧

用的措辞，不仅包括防止外国敌意，也包括防止较强邻邦的野心和报复。古今各种联盟的历史证明，联盟内部的弱小成员，都不会对这一条款无动于衷。

再加上“平定内乱”，恰如其分。如前所述，即使瑞士各邦，也并非由一个总体政府说了算，他们对此订立了条款；瑞士联邦的历史告诉我们，各邦之间频繁要求帮助，它们也确实在行动上互相支援。最民主的邦，和较封建的邦，都能做到。大家知道，我们当中最近也发生了一个事件，警告我们要防患于未然。

有干预权的存在，常常可以避免使用这种权利的必要

说一个地方的多数人没有权利，或者说少数人反而有力量推翻政府，这种假设，乍一看来，似乎有悖共和原理，因而，联邦介入的情况永远不会出现，倘若出现，亦为不当。可是，这种事情，也和其他多数事情一样，理论推断必须符合实际教训。谁能断言一个邦的多数人不会因为暴乱而非法结合起来，尤其是小邦，或某邦内的某县某区，多数人怎么不可能非法结合起来呢？既然某县某区发生叛乱，邦政府必当保护地方官，那么，某邦多数人暴乱时，联邦当局难道不应支持邦政府吗？此外，各邦宪法中的某些部分，与联邦宪法交织互联，打击其中之一，很难不伤及其余。一个邦的内乱，很少会引起联邦干预，除非反对政府的人和拥护政府的人旗鼓相当。到这一步，与其让一个邦的多数继续施展暴力，以致生灵涂炭，不如由最高当局弹压。有干预权存在，常可防止使用这种权利的必要。

少数有时因财源丰富，拥有军事人才，占据优势，诉诸武力

共和政体下，力量和权利果真必定都在同一方吗？难道少数一方不可能占据优势，或财源丰富，或拥有军事人才和作战经验，或得到外国强权的秘密援助，以致自以为优越而诉诸武力？难道密集的优势阵地，不会使少数占据优势，另一方人数虽多，地势不利，无法快速行动，无法集中火力，天平岂不倒

向少数一边？在真实的较量中，再没有比玄想更虚幻的事，以为用人口普查的规则，就可以推算出哪一边将会获胜，或哪一方可在选举中稳操胜券！由于外来人口增加，由于冒险家们偶尔利害一致，或邦宪法不承认其选举权的人，集结起来，公民中的少数，岂不在人数上就成了多数？我这里且不说屈居在某些邦内的不幸人口，在常规管理下，他们沉沦为人下人；可是，遇到市民动乱的暴烈情景，便会展现他们的人性，不论他们站到哪一派，那一派就立刻占据上风。有时，形势令人迷惑，不知正义在哪一边，两个狂热的派别，大打出手，使一个邦分裂，这时，除头脑尚未被当地火焰烧热的联邦议员，对立的两派，还能指望更好的仲裁人么？联邦议员带来的，不仅有法官的不偏不倚，还有温馨的友情。倘若所有自由政府，都能享受这种矫正缺点的办法，倘若同样有效的安排，能为全人类奠定永恒和平，真是天下之幸！

一个邦内分成对立的两派时，联邦议员是最好的仲裁人

或许有人会问：一次动乱遍及所有的邦，构成全国性的力量优势，但并非伸张一项宪法规定的权利，该如何矫正？回答必定是：情况既然如此，已非人力可以矫正，好在，这已不在人的能力范围之内；就构成对联邦宪法的足够推荐，因为，没有任何宪法，能消除大灾难的危险。

没有任何宪法能消除遍及各邦的动乱

孟德斯鸠列举了邦联共和国的许多优点，其中一个重要的优点是："倘若其中一个邦发生动乱，其他各邦就能将它平息。倘若滥权钻进一个邦里，依然健全的邦，就会群起而把滥权铲除。"

若一个邦发生动乱，其他邦就能把它平息

七、"采纳本宪法前欠下的债务和承担的责任，在宪法下与在《联盟条款》下同样有效，由联邦承担。"

联邦承担联盟留下的债务和责任

这只能视为一种宣示，载入宪法，除其他理由，也是为了让联邦的外国债权人放心。说一个社会的政府形式发生更迭，她的道德责任也就魔术般地解除，这种鬼话，外国债主并

不生疏。

对宪法的次要批评中，有人指出，承担联盟过去的债务，既对联邦有利，也对联邦有害。按照这些批评家的想法，不还旧债，已经变成并扩大为一种反对国家权利的阴谋。对此种发现的始作俑者，应该告诉他们，借贷，就其本质而言，是相互的，一方承认其有效力，另一方势必也会承认。而且，这一条款，仅仅是一种宣示，一件事信守原则，意味着所有的事情都会信守原则。或许还可以进一步告诉他们，凡是宪法，都不能过于谨慎，以致陷入危险，这危险可不是想象出来的；只要政府有胆量，不论宪法是否作此宣示，按照此前所说的，归还公库所欠的债务，就不会有什么真正的危险。

八、"这两种情况下，若得到四分之三的邦议会批准，所提修正案的内容和目的，即构成本宪法的有效部分。"[18]

宪法提供的修改宪法的程序

实践将会对宪法提出有用的修正，这点可以预见。因此，宪法应该提出一种模式，以便提出修正。制宪会议提出的这种模式，看来恰如其分。这种模式既防止过于容易修正，把宪法弄得反复无常，又防止难得无法办到，弄得已经发现的弊病，也要永世长存。这个模式，使得总体政府和各邦政府，有同等机会发起修正程序，只要一方或另一方发现有需要修正的错误。参议院实行每邦席位平等，意在保护各邦的剩余主权；议会一院实行席位平等原则，暗示和保障邦的剩余主权，多半是特别要求平等的那些邦坚持的结果。基于同样的考虑，宪法又承认了另一种批准模式，维护各邦所要求的优势。

三分之二以上的邦批准宪法，即可开始组建新的联邦政府

九、"九个邦的民意代表会议批准，即构成足够数目，在批准的邦之间树立这部宪法。"

这一条已经说得很明白。只要人民明确授权，就能赋予宪法合法效力。要求十三个邦一致批准，会使整体的根本利益，受制于其中一个成员的任性或腐败。这会使制宪会议显

得缺乏预见，我们的经验已经证明，这样做是不可原谅的。

由此产生两个非常敏感的问题。第一，联盟本是各邦之间以盟约[99]的神圣形式结合起来，未经全体成员一致同意，就加以放弃，有何原则依据？第二，批准宪法的九个或九个以上的邦，与剩下的少数不批准的邦之间，是何关系？

《联盟条款》只得到各邦议会批准，宪法要得到人民批准

回想一下，这样做绝对必要，想想自我维护的重大原则，想想自然和自然之神的至高法则，它宣布：一切政治制度的最高目标，莫过于社会的安全和幸福，为此目标，一切政治制度都应做出牺牲，想到这里，第一个问题就迎刃自解。看看盟约原则本身的含义，或许还能找到一个答案。人们此前已经注意到，联盟体制存在的各种缺陷中，有一个是：《联盟条款》在许多邦，只得到邦议会的批准，并未得到人民最终授权。看来，这里需要有个相互原则，仅仅议会批准，对其他邦的约束，会下降到同等水平。独立主权之间的盟约，建立在议会授权的普通基础上，只能视为签约各方之间的联盟或条约。在条约这个问题上，已有成规：条款上的所有内容，都互为条件。违反其中任何一条，即视为违反整个条约，条约中的任何一方，若违反条约，即解脱了其他各方的义务；也就授权其他各方，只要它们愿意，可以宣布条约已经遭到违反，不再有任何效力。列举这些细微的道理，说明无须征得某些邦的同意，就可以解散联盟，倘若要求有意见的邦，说明他们为何累次对条约做出重大违反，岂不是陷它们于难堪？过去，我们受到责任的约束，对这里揭出的情节，秘而不宣。现在局面已经改变，没有那份约束，不必再加掩饰。

第二个问题，也不简单；当初提出的美好前景，不过是一种假设，但责任禁止大家对这个问题展开随意讨论。这是留给形势自己去解决的问题之一。总的来说，批准的各邦和不批准的邦之间，虽然不再存在政治关系，道义上的关系不会取

消。双方之中，任何一方提出正义要求，仍旧有效，而且应该予以实现；不论出现什么情况，人道的权利，总该得到正当和相互的尊重；对共同利益的关注。尤其是对昔日亲密情景的回忆，还有对迅速拆除障碍、重新联合的憧憬，但愿会促成一方的节制和另一方的谨慎。

帕伯琉斯

*《反联邦论》第41—43篇，题目相同，“联邦必须拥有的权力总量是一回事；行使授权的模式则另有考量”，作者相同，理查德·亨利·李；第41篇为“第一部分”，第42篇为“第二部分”；可是，从“美国连线”下载的目录和各篇全文中，没有第43篇的题目，也没有第43篇的正文。

---

⑬ 制宪会议的开会规则：1787年5月25日，制宪会议选举华盛顿为主席后，首先制定“开会规则”。会议选出“规则委员会”，由三人组成：弗吉尼亚的乔治·韦思，纽约的汉密尔顿，南卡罗来纳的查尔斯·平克尼。游戏规则先行，对制约无赖之徒、消除无法无天，很有用处。

5月28日星期一，六十一岁的韦思，代表委员会，向会议宣读他们制定的规则。（参见《辩论》）

一、少数服从多数：七个邦的代表出席，每个邦的代表，达到委任状中的法定人数，才能开会，否则，休会。沿袭反印花税法议会、大陆议会、联盟议会的计票办法：每邦集体投一票，以邦内多数代表的意见为据。例如，弗吉尼亚代表团共七人，华盛顿作为代表之一参加投票。代表团内若出现四比三，或五比二，按多数代表意见投一票，即使华盛顿站在少数一边。纽约代表团三人，雅茨和兰欣意见一致，坚持投反对票，汉密尔顿无可奈何。马里兰代表团开始只有两位代表到会，意见相左，一个赞成时，另一个便反对，他们的投票，总是“赞成反对各半”，相互抵消，按零票处理。这与后来联邦众议院的游戏规则不同。众议院开会，每个众议员可投平等的一票，如果一个大邦的议员协同投票，可以占到优势。这与后来联邦参议院的游戏规则，也有区别。参议院内，邦不分大小，各有平等的两席，使小邦与大邦居于平等地位。但是，同一个邦的两名参议员，可以投不同的票。制宪会议以邦为单位投票，以本邦代表中多数人的意见为据。

二、提出意见，要条分缕析，要具体化：“一项议题，若内容复杂，提出者应将议题分解，根据主题，把主题的各个组成部分分开，逐一划分为单项主张。”

三、允许反复：“对一项议题做出决定之前，即使已经经过充分辩论，只要有一个邦坚持要求，即应推迟到次日再议。”

四、集中于中心议题，不得旁骛：“一旦开始辩论一项议题，代表只能对这项议题本身提出修改意见，或深入发挥这项议题，或要求推迟讨论这项议题，会议中途不接收其他动议。”

1779年，杰斐逊等人在弗吉尼亚的威廉玛丽学院，创设美国第一个法律教授职位，聘请韦思担任。韦思的学生包括美国第三任总统杰斐逊，第五任总统门罗，第四任联邦最高法院首席大法官约翰·马歇尔。

⑭ 最后由马里兰邦和弗吉尼亚邦各割让一部分，组成哥伦比亚特区。

⑮ 2005年，首都华盛顿哥伦比亚特区的面积为68平方英里。见纽约出《世界年鉴2006》英文版第452页。

⑯ 1775年5月10日起，大陆议会开始在费城开会；后来，费城两度被英军占领，大陆议会开会地点不断因时因势变化。联盟议会后期，主要在纽约举行。华盛顿就职第一任联邦总统时，临时首都设在纽约；第二任总统亚当斯任期的后半段，才从第二个临时首都费城，正式迁到哥伦比亚特区，现在的华盛顿市。

⑰ 这句说明：每个邦实际上是一个加盟共和国。

⑱ 这里应指四分之三的邦制宪会议批准。

⑲ 盟约(compact)：说明《联盟条款》只是各邦之间的盟约。

第四十四篇*

第五类权力：对邦权的限制；第六类权力：联邦立法的最高地位

麦迪逊

1788 年 1 月 25 日　原载《纽约邮报》

致纽约邦民众：

宪法授予联邦政府的第五类权力：对邦权的各种限制

宪法[100]对各邦政府的权力，作了如下限制，构成有利于联邦政府的第五类权力：

限制各邦外交权：不得缔结条约、加入同盟或彼此结盟

一、“任何一邦不得缔结条约、加入同盟或彼此结盟；不得颁发海上缉拿外国船只许可证、报复敌国拘捕证；不得铸造钱币；不得发行信用纸券；不得使用金币银币以外的方式偿债；不得通过剥夺公权的立法、追究既往的立法、废止合同义务的立法，不得授予任何贵族爵位。”

禁止各邦缔结条约、加入同盟或彼此结盟，是《联盟条款》的组成部分，照抄进入《联邦宪法》，因此，无需解释。禁止颁发海上缉拿外国船只许可证，也是《联盟条款》的组成部分，但在新宪法中有所扩展。据《联盟条款》，各邦只能在宣战之后颁发这种许可证。据《联邦宪法》，战争期间和宣战以前，联邦政府都可以颁发此类许可证。这个改变，理由充分，因为，联

邦政府在对外政策方面能做到整齐划一;因为,行为对国家造成后果的人,要承担直接责任。

限制各邦铸造钱币权,把这项权力集中到联邦政府

铸造钱币的权力,从各邦收回。《联盟条款》原来把这项权力交给各邦议会和联盟议会共享,只把规定成色和币值的排它权力,留给联盟议会。这也是新条款对旧条款的一个改进。货币的成色和币值,由总体政府管,若分在各邦铸造,一是成本翻倍,二是流通货币在外观和重量上五花八门。后两种缺点,会使原来把这项权力授予联邦的初衷落空。分在各邦铸造,可能减少把金银运移到中央造币厂重铸的麻烦,解决办法,由总体政府制定规则,分由地方造币厂铸造。[101]

限制各邦发行信用券,把这项权力集中到联邦政府

禁止各邦发行信用券,必然使公民人人高兴。越是热爱正义、越是了解共同繁荣真实来源的人,越是高兴。进入和平时期以来,各邦随意发行纸币,带来的恶果如洪水猛兽,影响了人与人之间的必要信任,影响了人民对政府的信心,影响了人们的勤奋精神、道德风貌,影响了共和政府的性质,各邦政府背上沉重债务,美利坚损失惨重,都肇源于这项不得人心的措施;这项措施,长期令人不满,是一种罪孽累积,除非站到正义的祭台上去自愿牺牲,交出这项造恶的权力,否则无以赎罪。除了这些有说服力的考虑外,还可以看到:不许各邦掌握管理硬币的权力,有其理由,与不允许各邦政府随意以纸币取代硬币,理由一样。倘若每个邦都有管理硬币币值的权力,通货的种类,就会和邦的数目一样多;各邦之间的交易,就会阻塞;或许会出现对币值的回溯式的兑换,其他邦的公民就会受到伤害;邦与邦之间,会产生敌意。外国臣民,也可能因同一原因受到损失;只要有一个邦轻举妄动,整个联邦可能受其牵连,弄得信誉扫地。授权各邦发行纸币,比授权它们铸造金币银币,危害更劣。根据取消各邦发行纸币权力的同样原理,规定各邦只许用金币银币支付债务。

剥夺公权[102]的立法，追究既往的立法[103]，废止合同义务的立法，违反社会契约的基本原理，也违反稳健立法的原则。前面两种，有些邦的宪法，在说明性的前言中，已经废止；所有三种，都由宪法这个根本大法的精神和范围加以禁止。我们的经验教导我们：为了防止这类危险，不可忽略，要再加几道篱笆。制宪会议恰如其分地在宪法中加进这些规定，有利保护私人财产，保护私人权利；我充分相信，制宪代表们这样做时，真心诚意地考虑了选民的真实感情和具体利益。持重的美国人民，对各邦议会过去决策时常浮动不定，的确担心。他们看到：各邦议会突然改变立法，影响私人利益，政策掌握在有企图心和有影响力的投机家手中，玩弄于股掌之间，让社会上勤奋工作、信息不够灵通的人，堕入圈套。他们还看见：各邦议会的介入，一旦开始，就变成周而复始的漫长链条中的第一环；随后的每次介入，都是前次介入的自然结果。由此，他们得出正确推断：需要进行一次比较彻底的改革，把投机从公共政策中排除出去，唤起普遍的谨慎和勤奋，让社会上的办事作风，踏上正轨。禁止授予贵族爵位的条款，是从《联盟条款》上抄过来的，无需评论。

禁止各邦议会立法剥夺公权、追究既往、废止合同

二、“未经联邦议会同意，任何一邦不得对进、出口征收进口税或关税，为执行该邦检查法所绝对必需的税金除外；但任何一邦对进、出口所征的关税和进口税，净收入应上交联邦公库使用；所有这类检查法，应受联邦议会检查和控制。未经联邦议会同意，任何一邦不得设立吨位税，不得在和平时期维持军队和战舰，不得与其他邦和外国缔结协定或同盟；不得从事战争，除非遇到实际入侵，或危险迫在眉睫，不容迟缓。”

把管理进口和出口的权力集中到联邦政府

对各邦政府征收进口和出口税权力的这一限制，理由在于，事实证明：需要把管理贸易的全权，交给联邦政府。因此，没有必要进一步对此说明，只要指出：实施这一限制的方

式，需要仔细斟酌，既要给各邦的进出口提供方便，让他们有合理的处置权，又要使联邦政府拥有必要的制约权，勿使各邦滥用这种处置权。这一分句中的其他细节，要么十分明显，要么已经充分说明，不再赘言。

第六类权力，是保证其他所有条文能够生效的权力和规定。

宪法授予的第六类权力：确立联邦政府的最高地位

一、首要的是：联邦议会“为行使上述所有权力，行使宪法授予联邦政府、授予各部门及其官员的权力，制定必要和适当的立法”。宪法条文中，其他部分受到的攻击，很少比这一条更为猛烈。仔细研究一下，再没有哪个部分，比这一条更为无懈可击。没有这项权力的实质，整个宪法不过是一纸空文。因此，反对宪法这一部分的人，也只能说这一条文在措辞上欠妥当。可是他们想过没有：如何措辞才好？

宪法赋予联邦议会的第十八项权力

要解决这个问题，宪法还有四种可以考虑的办法。一、照抄《联盟条款》第二条，禁止联邦实施条款未明确授予联盟议会的任何权力；二、在“必要和适当”名下，用肯定语言列举想得到的各项权力；三、也可以用否定词语，列出例外；四、干脆对这个问题保持沉默，把必要和适当的权力，留给后人解释推断。

陈述联邦议会第十八项权力的四种其他方式

假定宪法采取第一种办法，采取《联盟条款》第二条；不言而喻，新议会会像旧议会一样，老是辩论，轮番用不同的方式解释“何谓明确授权”，要么把“明确授权”说得非常狭窄，使政府无所作为；要么把“明确授权”说得非常宽泛，好像政府行为不受任何限制。如有必要，可以列举许多事实，说明：联盟议会行使任何一项重大权力时，都不得不反复使用“解释或推断”的办法。新宪法授予联邦政府的权力，延伸较广，新政府若遵循这一规定，又会举步维艰，要么无所作为，背叛公众的委托；要么不惜违反宪法，大胆执行“必要和适当”的权力，即

第一种办法：采取《联盟条款》第二条的说法

使宪法没有“明确授予”。

第二种办法：列举“必要和适当”的各项权力

假定宪法正面列举“必要和适当”的各项权力，以便其他权力生效；试图这样办时，就要牵涉宪法上涉及的每个课题，对每个题目的法律方面，加以彻底考察；不但要考虑各种事情的现在状态，还要考虑将来可能出现的各种变化：因为，每当实施一项一般权力时，各项具体的权力，作为实现一般权力的手段，总会随着对象的变化而产生种种区别；即使对象相同，手段也要适当变化。

第三种办法：列出所有“不必要和不适当”的权力

假定要贯彻某项一般权力，要求制宪会议列出所有不必要和不适当的具体权力，这个任务，无异于异想天开，而且，还是会遭到进一步反对；列举时每出现一个缺失，就会多出一项正面授权。要想避免这种结果，他们又要列举各种例外，放在“不必要和不适当”的项目之下：势必发生的情况是：这种列举，总只能想到几项例外的权力，这几项权力，未必是可取的或可容忍的，因为，列举总是会选取最不必要、最不适当的，而包含在未列举部分中的不必要和不适当权力，就会逃过例外，还不如不列举。

第四种办法：宪法对这个问题保持沉默

假定宪法对这个问题保持沉默，毫无疑问，实施各项一般权力时，所需的所有具体权力，通过不可避免的推断，全部归于政府。无论法律上，还是理性上，没有任何公理，比下述公理更为明白：既有需要实现的目的，就要有得到授权的手段；无论如何，一旦为做一件事而授予一项一般权力，就包含着做这件事所需要的所有具体权力，因此，假定制宪会议要追求这最后一种方法，现在反对宪法的各种意见，依然会振振有词；那就会出现真正的麻烦：没有移掉的一个前提，到了关键场合，又会被抓回来，拉进联邦的基本权力。

联邦议会若违反宪法，将由行政和司法，最后，由人民制止篡权

若有人问：万一联邦议会，对宪法的这一部分作错误解释，实行宪法真意并未予以保障的权力，结果会如何？我的回

答：若联邦议会做出错误解释，或夸大赋予他们的其他权力，把一般权力降低为具体权力，使一项权力遭到违反，那么，就和各邦议会违反各邦宪法一样。前一种情况，篡权能否成功，取决于行政和司法部门，因为，立法提案的解释和生效，取决于行政和司法部门；最后手段，是由人民出面矫正，选出更可信的议员，废止篡权者的立法。真实情况是，这种最终矫正，比较限于联邦政府的违宪行为，不是各邦议会的违宪行为；原因很简单，联邦政府的这类举动，是对各邦政府的侵权，这种行为，随时都会显示为新颖之举，引起人民警觉，发挥他们的地方影响，调换联邦众议员。各邦议会与人民之间，没有这样的中间机构，有兴趣观察前者的行动，违反邦宪法，更多的可能，是发现不了，得不到矫正。

二、"宪法、为实现宪法而制定的联邦立法、根据联邦授权已经缔结和将要缔结的条约，为联邦最高法律；各邦宪法和立法，若与联邦最高法律抵触，各邦法官应受最高法律约束。"

宪法，联邦立法，对外条约，为联邦最高法律

反对宪法者的轻率热情，引得他们竟然也来攻击宪法的这一部分，可是，没有这一部分，整个宪法显然彻底失效。对此，我们十分敏感。因此，我们需要暂时假定：各邦宪法的最高地位，需要通过一个有利的挽救性分句，予以保持。

第一，这些邦宪法，授予各邦议会绝对主权，除通过《联盟条款》明确授予联盟者例外，新宪法包含的、超越《联盟条款》列举的权力，会因此而被宣布无效，这样，新的联邦议会，又会被贬低到同样的无能状况，与它的先行者联盟议会无异。

第二，有些邦的宪法，连联盟的各项现存权力，也没有明白地、完整地承认，只是明言要保存邦的最高地位，这样的邦，就会出现问题：宪法里说的每项权力，都会落空。

第三，各邦宪法，彼此不同，可能会出现这样的情况：一项条约，或一项全国性立法，对各邦都十分重要，而且同等重

要，可是，与某些邦的宪法抵触，与另一些邦的宪法不抵触，结果，在一些邦会生效，在另一些邦会失效。

世人会见到一头怪兽，头脑受身体指挥

总之，若不确立宪法和联邦的最高地位，世人会第一次见到一套政府体系，建立在颠倒的基础上，基本原则与众不同；世人会看到：整个社会的权威，到处从属于它的组成部分；世人会见到一头怪兽，头脑受身体指挥。

联邦和各邦议员、行政官员、法官应宣誓忠于联邦宪法

三、"联邦和各邦议会议员、联邦和各邦的行政官员和司法官员，应受支持本宪法的誓言或保证的约束。"

有人问：为什么各邦行政官要受到束缚，支持联邦宪法；为什么联邦所有官员，却不需要受到束缚，宣誓支持各邦宪法？

这个区别，有几种原因。我来说一条明显的，就可以得出结论。联邦政府的各个部门，不会代理各邦贯彻它们的宪法。各邦政府各个部门和官员则相反，会成为贯彻联邦宪法的主要代理人。联邦总统选举和联邦参议员选举，完全倚赖各邦议会完成。联邦众议员的选举，同样依靠各邦议会；多半要靠各邦官员，按本邦法律进行。

四、如何使联邦权力生效的条文，或许还应加上对行政和司法部门成员的规定：这个问题，留待别处专门讨论，这里先不多说。

最后，是否采纳宪法建立政府，是否继续维系联邦

至此，我们已详细浏览了各项条款，浏览了宪法授予联邦政府权力的数和量；引导我们走向无可否认的结论：为实现联邦的目标，宪法所授权力，没有一项不必要、不适当。因此，问题就是：这些权力总量，是授予，还是不授予？这个问题，又变成另一个问题：是否需要建立一个这样的政府，足以对付联邦面对的危急，换句话说，是否还要保存联邦本身？

帕伯琉斯

*《反联邦论》第 44 篇，题为《联邦议会可以做些什么，各邦议会不能做些什么》，作者署名"辩者"（Deliberator），原载《自由人纪事》，或《北美通讯》（*Intelligencer*），1788 年 2 月 20 日。

---

⑩⓪ 保密规则：1787 年 5 月 29 日星期二，会议对"开会规则"作了补充，制定了"补充规则"，参见《辩论》。有些宪法史学家认为，最重要的补充，是"会议当中的发言，未经许可，不得付印，不得发表，不得传播"。保密规则，使会内代表与会外社会完全隔绝。第一，制宪代表不得与本邦议会商讨，不受本邦议会左右；第二，制宪代表不得与外界，主要是不得与媒体接触。他们认为：如果让各邦议会和新闻媒体介入制宪过程，会议难以推进，《联邦宪法》可能制定不成。这使制宪会议成为一次关起门来相互洗脑的会议。

与会代表自然分为三派：一、以麦迪逊、威尔逊为代表的激进派，主张建立一个全国政府，一个中央集权的政府。两百年后，他们被称为保守派，但在当时，他们的激进，却使许多代表和会外人士瞠目。二、以新泽西邦总检察长佩特森等人为代表的保守派，提出"新泽西方案"，与"弗吉尼亚方案"分庭抗礼。他们主张保留《联盟条款》，维持联盟议会；他们同意给联盟议会增加若干权力，但决不同意建立过于强大的"中央政府"。三、以康涅狄格最高法院大法官奥立维·艾尔斯沃斯等人为代表的"折中派"，其中，富兰克林起了重要斡旋作用，使会议不致中途破裂，会议结束时，促成绝大多数代表签名。

⑩① 译者参观过两个美国造币厂。东部造币厂在费城，西部造币厂在丹佛。二者均向旅游者开放，向旅游者展示硬币铸造过程。

⑩② 剥夺公权（attainder）：源自英国法律，被告因叛国罪或重罪被判刑，或被宣布不受法律保护时，剥夺其公民权利和政治权利。主要后果是没收财产和中断血统。中断血统，指被剥夺公权的人没有资格继承和转让财产，他的后裔永远不得继承他的称号。19 世纪后，除叛国罪剥夺财产外，其他形式的剥夺权利，一概废除。

⑩③ 追究既往的立法（ex post facto laws）：源自英国法律。把行为发生时不是犯罪的行为，定为犯罪，对已犯的罪行加重刑罚，或改变罪行发生时的程序规定，使其不利于被告。英国法官据绝对法律作追溯性的解释。

第四十五篇*

一论邦权：联邦政府会不会侵吞各邦政府的权力

麦迪逊

1788 年 1 月 26 日　原载《独立报》

致纽约邦民众：

各邦转让给联邦政府的权力，会不会危及各邦保留的权力？

首要问题：联邦需要多少权力；次要问题：如何保留各邦权力

我已说明：各邦转让给联邦政府的各项权力，没有一项不必要、不适当。下一个需要考虑的问题是：所有这些权力，会不会危及留给各邦的那一部分权力？

反对宪法的人，不考虑首要问题：为实现赋予联邦政府的各项目的，联邦政府绝对需要多少权力？却费尽心机盘算次要问题：赋予联邦政府这么多权力，对各邦政府可能造成什么后果？前面说过，为了保障美国人民的安全、抵御外来威胁；为了避免各邦之间出现对峙和战争，这些权力，必不可少；为了保护美国人民，不受暴烈的具有压迫性的党派侵扰，这些权力，必不可少，而党派正在干扰公民的权利；联邦若不控制住军队，军队势必毒化自身来源；总而言之，如果联邦对美国人民的幸福必不可少；没有联邦政府，上述目标都不可能实现；在这些场合，反对联邦政府，说它可能损害各邦政府的重要性，岂不是是非颠倒，愚蠢可笑？美国革命目的何在？建立美利坚联盟目的何在？成千上万的人，为何流尽宝贵鲜血？几百万人辛辛苦苦挣来的钱财，为何消耗殆尽？难道不是为了美国人民享受和平、幸福、安宁？莫非是为各邦政府扩张权力，用尊严和主权特征自我装饰？我们曾经听说，旧世界有句邪恶箴言：人民为国王而活，不是国王为人民而活。这句箴言，到了新世界，是否还要改头换面、借尸还魂：为一种不同形式的政治建制，牺牲人民的幸福？只有公益，只有广大人民的真正福利，才是我们追求的最高目的。任何政府形式[104]，不能实现这个目标，就没有价值。那些政客假定我们已经忘记最高目标，还为时过早。倘若制宪会议提出的计划，违背公众幸福，那我就会说：拒绝这个计划吧。倘若联邦本身不符合公众幸福，那就把联邦废止吧。同样地，倘若联邦主权与公众幸福两不相容，每个良好公民，势必异口同声：牺牲联邦政府，保留各邦政府吧。各邦需要作多少牺牲，前面已经说了。各邦未作牺牲因而剩下的权力，会遇到多大危险，是现在要讨论的问题。

各邦政府打破两级政府之间平衡的可能性大得多

这些文章逐渐展开之际，已触及一些重要事实，说明以下假设，毫无道理：说什么，随着联邦政府进入运作，会逐渐证明，各邦政府会逐渐消亡。这个问题，我越是思考，越是觉得：联邦政府与各邦政府之间的天平，各邦政府占优势、打破平衡的可能性，远远大于联邦政府占优势的可能性。

古代联盟解体的例子：亚该亚同盟和吕西安同盟

我们已从古往今来的联盟例证中看到：最强烈的趋势，是成员持续不断侵蚀总体政府的权力，总体政府抵御侵蚀，显得很不能干、没有成效。虽然，多数例子里，那些联盟的体制，与我们现在讨论的这种体制，很不相同，若从以往推论现在，说服力会减弱；可是，新宪体制下，各邦仍将保留它们积极主权中的很大比例，由此得出的推论，也不应完全忽略。亚该亚同盟里，联邦首脑可能握有一定程度和一定种类的权力，使它的首脑，很像宪法设计中的联邦政府。吕西安同盟，就其原则和形式，更类似联邦政府。可是历史告诉我们：它们两个当中，没有一个蜕变为一个融合政府。相反，其中一个的毁灭，就是因为联邦首脑没有能力避免成员的分道扬镳，最后，从属成员，都脱离了联邦。这些例子，更值得我们关注，因为，它们由于外部原因被迫连在一起的因素，比我们多得多，强烈得多；因此，只需要较少的内部凝聚力，就足以把各个成员与首脑捆绑起来，把各个成员彼此捆绑起来。

封建制度下，诸侯分治，常常胜过王权

封建制度里，我们看到与此类似的倾向。尽管在所有的例子里，地方主权与人民之间，缺乏适当的感情联系；有些例子里，君主与人民之间，也缺乏感情联系；可是，经常发生的情况，在二者对立和争权过程中，还是地方主权占据优势。若非外来威胁，促成内部和谐和服从关系，特别是因为地方主权享有人民的依附，欧洲的强大王国，拖到今天，国内的独立王国，还会像过去的男爵领地一样，多如牛毛。

各邦政府比联邦政府占据优势的五个方面

不论我们从以下哪个方面比较，邦政府都比联邦政府占优势：相互之间的直接依赖；两级政府在个人影响上的力度；两级政府被分别授予的权力；人民的偏爱和可能给予的支持；抵制和使对方的措施失败的倾向和能力。

联邦总统和议员的产生，有赖各邦政府参与

各邦政府，可被视为联邦政府的选民和基本组成部分；联邦政府，在各邦政府的运作和组织过程中，无足轻重。可是，没有各邦政府的参与，联邦总统根本选不出来。无论如何，各邦在联邦总统的诞生上，都有重要比重；多数情况下，谁当总统，要取决于各邦。联邦参议员的推选权，绝对由各邦议会独享。联邦众议员，虽然从人民中间直接产生，可是，各邦议会议员，对此拥有巨大影响力。因此，联邦政府的每个部门，都要依赖各邦政府，没有它们的支持，这些部门没法产生，联邦政府由此而感到对各邦政府的依赖，又由此而产生一种趋势，遇事多听各邦政府的，而不是压制它们。反过来，各邦政府组成部门的产生过程，完全不需要联邦政府担任中介，极少受到联邦官员在地方上的影响。

联邦政府雇员会比邦政府、雇员少得多，影响力也小得多

按宪法，联邦政府雇的人，比各邦政府雇的人少得多。因此，联邦政府的个人影响力，小于各邦政府。十三个邦，今后还有更多的邦，议会、行政和司法部门，会有很多的人；治安法官，民兵军官，司法行政人员，再加县政府和镇政府官员，在一个三百多万人口的国家里，散居于各阶层人民中间，与他们打成一片，无论人数还是影响力，都远远超过联邦政府相应机构雇用的官员。把十三个邦的三个部门的人数，除去司法部门的治安法官，与联邦政府三个部门的人数，比较一下；把从三百万人选出的民兵军官人数，与联邦将要建立的陆军和海军可能容纳的军官人数，比较一下，单从这个角度，我们就可以宣布：各邦政府占绝对优势。若说联邦政府会雇用征税人员，各邦政府也会雇用征税人员。联邦政府雇用的征税人员，主要在海岸线上，人数不会很多；各邦政府雇用的征税人员，遍布全国，人数非常之多，从这个角度看，优势也在各邦政府一边。诚然，联邦将拥有并实施在整个联邦范围内的内税和外税：但是，这项权力有可能不使用，除非为了提供岁入；另一个选择方案，是交给各邦，在征收各邦自己的税之前，先提交它们的份额；在联邦政府的直接权力下，按规则，最后征收，一般会由各邦任命的官员完成。其他情况下，尤其是在组织司法权力时，会要求各邦官员以联邦官员身份履行联邦职责。即使要求联邦任命官员单独征收内税，联邦政府的全部税收官员，就影响来说，也无法与各邦成倍的征税官员相比。落实到每个地区，联邦政府可能派出一名征税官员，邦政府派去的各种各样的征税官员，可能有三四十名，甚至更多，都是有性

格有影响的人物，他们的影响优势，依然在邦政府一边。

宪法赋予联邦政府的权力项目有限，而且都有明确定义。留给各邦政府的权力，数量众多，没有明确限定。联邦政府主要处理外交，作战、媾和、谈判、外贸；征税权是最后一项，大部分与上述事宜有关。保留给各邦的权力，延伸到所有对象，常规情况下，涉及人民生活、民权、财产；以及各邦内部秩序、环境改进和繁荣。

联邦的权力数量有限、定义明确；邦权数量多，没有明确限度

联邦政府的运作，范围最广、最重要的，是战时和对付危局；各邦政府的运作，最忙是平时，保障平静安全。战时和危局，与和平时期相比，多半只占一小部分，这方面，各邦政府比联邦政府，又占一个优势。联邦越是能把足够的权力用于国防，出现危局的频度越低，越有利于各邦政府优于联邦政府。

联邦政府把国防搞得越好，各邦政府在和平条件下就越重要

若对新宪法加以精确而又公正的考察，就会发现：宪法提出的改革，与其说是赋予联邦新权力，不如说是增强原有权力。的确，管理商业是一项新权力；不过，看来这是一项没有什么人反对的补充，也没有引起什么担心。与作战、媾和、建立陆军海军、签订条约和财经有关的权力，及其他比较重大的权力一起，都由现行《联盟条款》已经赋予联盟议会的权力。宪法提的改革，并不扩大这些权力，只是换了一套实行起来更有效的模式。征税问题上做的改革，可以算是最重要的；现在的联盟议会，却拥有全权，要求各邦无限提供资金，以实现共同防务和普遍福利；未来的联邦议会，会直接要求公民本人纳税；公民不必再像以前那样，各邦被迫交纳向各邦摊派的财政费用。倘若各邦当初准时遵守《联盟条款》，或者说，对各邦就向对个人一样，用和平方式就能成功地使它们遵守，我们过去的经验，远远不会同意以下观点：各邦政府会失去它们的宪法权力，逐渐经历完全的融合。坚持说这种事情必定发生，那么，现在就可以说：各邦政府的存在，与能够实现联邦基本目

宪法与其说是赋予联邦新权力，不如说是增强原有的权力；各邦政府不会失去它们的宪法权利，不会被融合

的任何体制都不相容。

帕伯琉斯

*《反联邦论》第45篇，题为“全国政府的权力危及各邦政府：以纽约邦为例”，作者罗伯特·雅茨，使用笔名“西德尼”（Sydney），原载《纽约日报爱国版》（*New York Daily Patriot Register*），1788年6月13日和14日。

---

⑭ 政府形式：联邦政府的雏形，是“弗吉尼亚方案”。

1787年5月29日，伦道夫代表弗吉尼亚代表团，向会议代表逐条宣讲了弗吉尼亚方案。这个方案由十五条决议组成，显然不是对《联盟条款》的修改，而是一套建立“全国最高政府”的方略。这里先说三个要点：一、不提《联盟条款》制定的一院制“联盟议会”，另建两院制的“全国议会”，由第一院和第二院组成，第一院后来变成众议院，第二院后来变成参议院；二、《联盟条款》规定：联盟议会内，每邦一票，彼此平等；弗吉尼亚方案提出：第一院席位，按各邦人口分配，每个议员各有一票表决权，这样，人口多的大邦，将在众议院占据优势；三、《联盟条款》没有第二院，但各邦宪法都有第二院，弗吉尼亚方案提出：第二院议员，由第一院从各邦议会提名的适当人选中选举产生，任期较长，保持稳定。弗吉尼亚方案没有提到第二院的席位分配问题。后来提出：第二院议席，也按各邦人口数分配。当时，美国还没有实行过人口普查，代表们估计：如果特拉华分配一席，弗吉尼亚估计要分十六席。显然，弗吉尼亚方案代表两种利益：一、建立一个中央集权的全国政府；二、大邦议员占据全国政府中的优势，甚至会起到主控作用。

5月30日，会议开始采取全体委员会的形式展开讨论。马萨诸塞人戈汉姆在选举中得六票，南卡罗来纳人拉特里奇得一票，戈汉姆当选全体委员会主席，见《辩论》第20页。这样，制宪会议便有了两个主席。从《辩论》里看不出来，麦迪逊使用主席一词时，指的是华盛顿还是戈汉姆。可以肯定的是：戈汉姆作为代表参加发言，从未以主席身份作指示；他照常作为一员参加马萨诸塞代表团的投票。华盛顿作为代表，一直参加弗吉尼亚代表团投票。

5月30日，会议开始对弗吉尼亚方案展开第一轮辩论。弗吉尼亚方案显然出于一些代表的意外。30岁的南卡罗来纳代表平克尼先生问：伦道夫先生的意思，是否要废除各邦政府？南卡代表平克尼将军怀疑：联盟议会的决议，各邦议会的授权书，是否允许我们避开《联盟条款》，建立不同的“体制”？古文诺·莫里斯先生解释：“联邦政府”与“全国最高政府”的区别，前者只是各邦出于良好愿望的一种结盟，后者则有完整而且强制性的操作。他指出：在所有的社会里，都必须有一个最高权力，而且只有一个。南卡代表巴特勒说：我事前没有拿定主意，思想是开放的，希望能通过讨论得到启发。特拉华代表团长里德要求：推迟讨论这个问题。

5月30日星期三，到6月19日星期二，构成制宪会议辩论的第一阶段。每周开会六天，星期天各人做礼拜。每天开会一般从上午10点开始，下午4点结束，辩论不完则推迟，辩论出现争执不下之类的情形，则休会。

通过第一阶段的辩论，弗吉尼亚方案中的15点，变成《全体委员会报告》，扩充为19点。6月13日，戈汉姆向会议宣读《全体委员会报告》。

第四十六篇*

二论邦权：联邦如果侵犯邦权，会遇到各邦政府、人民和民兵的反抗

麦迪逊

1788年1月29日　原载《纽约邮报》

致纽约邦民众：

我们继续讨论上次的题目。这次讨论：在获得人民偏爱和支持方面，是联邦政府占优势，还是各邦政府占优势？联邦政府和各邦政府，产生的方式不同，我们对二者都应加以考察，因为，两级政府实质上依靠的，都是联邦的公民大众。我先假定这一立场，因为这个立场代表第一个观点，证据容我放到后面再说。联邦政府和各邦政府，就其实质而言，是人民的不同代理人，不同的受托者，被赋予不同的权力，为不同的目的而设计。反对宪法的人，对这个问题展开推理时，似乎完全忽视人民；把这两种不同的建制，不仅看作是互相作对的敌手，而且不受任何共同上司的控制，一味彼此篡权。在此，有必要提醒这些先生：他们错了。应该告诉他们：最终权威，即权力的来源，全部寓于人民；优势并不仅仅取决于哪一级政

最后裁决者：普通选民的感情和支持

府的野心大，哪一级政府会办事，不是看两级政府，或其中一级，更善于牺牲另一级，扩大自己的势力范围。实质也好，外表也好，都提出同样的要求：不论什么情况，都要取决于普通选民的感情和赞许。

除前面提到的理由，还有许多因素，也令人对以下观点深信无疑：人民的第一依附、最为自然的依附之心，属于他们各自的邦政府[105]。各邦政府运作起来，大批的个人会获得升迁。各邦政府势必设置许多机关，许多份薪水。在各级机关和人员的关照下，各邦内政，人民的个人利益，会得到更多管理和照顾。通过办理这些事务，人民与政府越来越熟悉，越来越亲近。政府官员与多数人民，会越处越熟，建立友谊，建立家庭纽带和党派联系；这些方面，人民的偏好，自然会强烈地倾向于邦政府一边。

人民自然倾向管理他们日常具体利益的邦政府

这一方面，过去的经验也说明同样的道理。联邦政府，与我们希望的良好制度相比，迄今依然差强人意。独立战争期间，特别是滥发纸币，十分不当，今后无论如何不可再为。联盟议会只是忙于采取一系列措施，虽然各有目的，可是，保护不了人民珍视的财产，通过摊派，从人民手中征集了样样东西。这也难怪，早期的大陆议会，激起人民一阵热忱后，就退潮了；人民的注意力和依恋感，重新回到他们各自的邦政府；联邦政府不再成为人们心目中钟爱的偶像；有人提议扩大联邦政府的权力，提升它的重要性时，那些把政治前途寄托在各邦政府身上的人，就出面反对。

联盟议会在独立战争期间的举措，使人民失去热忱

我在前面说过，要想使人民将来更偏向联邦政府，超过各邦政府，除非联邦政府好自为之，展现明朗的、不可抗拒的证明，扭转百姓过去的心理倾向，才能达到这样的结果。在那种情况下，百姓对联邦政府，也不一定会给予联邦政府值得的那种充分信任。即使出现那样的情况，各邦政府也没有什么可

担心的，因为，那种情况，只会出现在有利于邦政府的某些领域；联邦政府的权力，就其性质而言，行使起来，不易获得百姓依恋。

联邦政府的权力，就其性质而言，不易获得民众依恋

我打算比较联邦政府和各邦政府余下来的几个方面：二者各自具备的对对方的抵制倾向，使对方的措施受挫的能力。

联邦议会内会盛行地方主义，各邦议会内不会盛行国家精神

前面已经作过证明：联邦政府官员依赖各邦政府官员，超过各部政府官员依赖联邦政府官员。事情已经表明：双方都需要依靠人民拥戴，而这种拥戴，更多偏向各邦政府一边，不是偏向联邦政府一边。两级政府之间的相互态势，会受到这些因素影响，各邦政府显然占有优势。议员带进联邦政府的感情，一般是向着各邦；各邦政府官员，把偏向总体政府的情绪，带进联邦政府的情况，实为罕见。联邦议会里，会盛行各邦议员带来的地方情绪；在各邦议会里，很难盛行国家精神。人人知道，各邦议会犯的大部分错误，都是因为议员牺牲邦的整体利益、长期利益，以利议员家乡的县或区，满足他们的具体利益和单独利益。如果他们不能放远眼光，包容邦的集体福利，怎么可以想象，他们会造就联邦的整体繁荣，造就政府的人格和尊严，把这些视为他们依恋和用心的目标？同理，各邦议会的议员，不大可能热衷于全国性的目标，联邦议会的议员，却可能热衷于地方性的目标。邦政府与县镇的关系，会和联邦政府与各邦的关系一样。决策常常取决于可能产生的效果，结果，考虑的不是全国的繁荣和幸福，而是个别邦政府和人民的偏见、利益和追求。构成联邦议会程序一般特征的精神是什么？仔细查查议会的公报，听听那些曾经在议会里有过一席之地的人的坦率陈言，我们就会明白，议员们频频表现出来的，与其说是不偏不倚地捍卫共同利益，不如说是为本邦的局部利益奔波；如果有一次，为了联邦政府的整体利益，他们曾经不当地牺牲了地方利益，那么，他们就要一百

次地让国家的大利益，让路给各邦的不适当的地方偏见、利益和观念。我提起这些往事，并非想要暗示：新的联邦政府，也会像现在的政府那样，心怀不够宽广，不能包容眼光远大的计划，不是说新政府的眼光，会受各邦政府的限制；我只想说明，新政府会充分兼顾二者的精神，不会去侵蚀各邦的权力和各邦政府的特权。从各邦政府的角度，为了扩大自己的特权，去侵吞联邦政府的动机，也会因为议员没有这种相互取向而被压倒。

联邦若采取不得人心的措施，各邦会消极抵制

如果承认，联邦政府也和各邦政府一样，感觉到一种同样的意向，把权力扩张到正当限度以外，邦政府在击败这种侵权方面，也具有优势。若某个邦的某项法令，虽然对全国政府不友好，但在本邦得人心，大体上也不违反邦官员的誓言，这项法令会立即执行，当然是按当地的方式，而且只依赖于邦。联邦政府的反对，联邦官员的干涉，会激起站在邦政府一边的各方的怒火，弊端避免不了，也改正不了，除非采取总是放到最后才用的手段，而且也是勉勉强强，十分艰难。另一方面，如果联邦政府的一项不当措施，在某些邦内不受欢迎，这种情况并不罕见，或一项正当措施，在某些邦不受欢迎，这种情况时有发生，反对这些措施的手段，就强而有力，一触即发。人民的躁动不安，他们的反感，或许会拒绝与联邦官员合作，邦行政官员的皱眉，立法设计造成的尴尬，到这种场合，就会出来添乱，凡是邦里没被忽视的难处，都会出来反对；在一个大邦里，会形成严重的阻滞，邻近几个邦的情绪如果正好一致，就会出现联邦政府不愿遇到的阻碍。

联邦政府若野心侵权，会引起各邦共同反抗

联邦政府若野心侵蚀各邦政府的权力，不仅会激起一个或几个邦的反抗。这些邦的反抗，会成为到处流传的警报。每个邦政府都会主张采取共同行动。相互联络就会开始。反抗计划会获得一致赞同。一种精神，会激励全体采取行动。

对联邦的担心，会像对外国的恐惧一样，迅速把大家联合起来；联邦政府若不自愿宣布取消这种拟议中的创新之举，会有人起来呼吁使用武力。可是，要有多大的疯狂，才会驱使联邦政府去做这种冒天下大不韪的事呢？在与大不列颠的较量中，帝国的一部分被用来反对帝国的另一部分。人口较多的部分，侵犯人口较少的部分。这个企图，既不正当，又不明智；可是，在冥想之中，这也并非绝对的异想天开。可是我们现在假设的，是怎样的较量呢？谁是参与较量的各方？是几名人民的议员，对抗人民；或者说，是一组议员，与十三组议员较量，而全体选民，都站在后者一边？

联邦政府若篡权，会遭到各邦政府、人民和民兵的反抗

预言邦政府将要垮台的人，现在还剩下一个口实：如幻觉般的假设，说联邦政府已预先积聚起一支武力，以便实现野心。若到现在还需要证明这种危险纯属乌有，那么，这些文章中的说理，都算是白说了。人民和各邦，需要在一段足够长的时间里，不间断地选出一批背叛人民和各邦的人；这些背叛的人，要贯穿这个阶段，步调一致，系统追求某种固定的扩军计谋；各邦政府和人民，要默默地、耐心地静观暴风雨的聚集，不断提供物资，直到暴风雨聚成，泼到他们头上，每个人都像是陷入神经错乱的、嫉妒的、不连贯的梦幻，由于虚火攻心，引起狂妄之症，不像真正爱国的人那样，头脑清醒，懂得忧虑。竟然做出如此虚妄的假设，那就让它假设吧。就算出了一支常备军，大小与将要建立的国家旗鼓相当；彻底忠于联邦政府；还不能因此就说：各邦政府，和站在它们一边的人民，就不会对付这种危险。根据最佳计算，任何一个国家，能支撑的最大军队人数，不超过人口的百分之一；或能拿枪者的二十五分之一。按这个比例，联邦军队的人数，不会超过两万五到三万人。与这支军队对垒的，是一支近五十万人的武装民兵，由他们自己选出的军官，为他们共同的自由而战，由得到他们拥戴

和信心的政府，把他们联合起来，加以指挥。这样的常备军，能否征服这样的民兵，真是一个疑问。熟悉美国成功对付英国那段历史的人，一定会趋向于否定这种可能性。美国人可以持有武器，这是他们优于许多其他国家的一个方面，除此以外，还有得到人民拥戴的各邦政府，由各邦政府任命的民兵军官，形成一道屏障，制止野心阴谋，要想克服这个障碍，比战胜任何一个单一的政府都难。尽管欧洲的好几个王国都拥有军队，其规模已大到公共资源足以维持的程度，他们的政府，还是害怕人民拥有武器。不过，仅有这一个优势，还不能肯定，他们就能摆脱束缚。可是，如果人民再加上由他们自己选出来的地方政府这个优势，就能聚集全国的意志，指挥国家的军队，拥有由各邦政府任命的民兵军官，既忠于地方政府又忠于人民，那就可以有十分把握肯定：欧洲的任何一个暴君，都会被迅速推翻，即使暴君们有近卫军拱卫。我们不要冒犯自由勇敢的美国公民，怀疑他们不善于捍卫他们已经握在手中的权利，不如那些专制权力之下的臣民，把自己从压迫者的手下挽救出来。我们不要再用以下假设来侮辱他们：以为他们会贬低自己去做必要的实验，盲目地、驯服地顺从于一长串的阴险措施，不在篡权生成之前予以铲除。

联邦政府若依赖人民，就要受依赖的限制，反之，得不到民心

现在讨论的课题，可以浓缩为一种非常简明扼要的形式，完全具有结论性质。联邦政府构建的模式，是否足够依赖人民。若足够，政府就要受到这种依赖的限制，无法形成背叛选民的阴谋。若不够，政府就无法获得人民的信心，它的篡权阴谋，就会被得到人民拥戴的各邦政府迅速击破。

担心联邦政府蚕食各邦政府，不过是异想天开的恐惧罢了

把这篇文章和上篇文章的要点归纳一下，我的意思加起来，通向一个令人信服的证据：计划授予联邦政府的各项权力，对保留给各邦政府的权力，一点也不构成威胁，对实现联邦政府的各项目的，则属绝对需要；所有惊恐之声，说各邦政

府最后终会被消灭，即使作最好的解释，也不过是发出这些惊恐之声的作者的异想天开的恐惧罢了。

帕伯琉斯

*《反联邦论》第46篇，题为“那么，限度在哪里?”，作者署名“一位老辉格党人”，参见《反联邦论》第18—20，49，50和第70篇；本篇原载《马里兰报》和《巴尔的摩广告报》，1788年11月2日。

---

⑩⑤ 邦政府：制宪会议开始时，各邦政府已有十年以上经历。制宪会议开始时，有些代表团还不能马上明白弗吉尼亚方案的最后意图，第一阶段一直在静听和思考。6月14日星期四，新泽西代表佩特森提出：有几个代表团，尤其是新泽西代表团，希望会议多给他们一点时间，认真考虑全体委员会报告，整理出一份纯粹联邦制的报告，与全体委员会报告对照。于是，休会。

6月15日，佩特森代表新泽西、马里兰、纽约的部分代表，提出“新泽西方案”，共9条。前6条的大意是：一、同意修改《联盟条款》；二、同意赋予联盟议会一定的征税权；三、同意联盟议会按人口摊派财政费用；四、同意联盟议会设立一个行政部门；五、同意设立联邦司法部门；六、同意联邦签订的条约为最高法律。可以看出，新泽西方案同意向前看，同意修改《联盟条款》，但是，对于把一院制的联盟议会，改造成两院制的“全国议会”，不置一词。

麦迪逊身高1.63米，佩特森身高不到1.6米；这两个个子不高的人，代表制宪会议上两派。麦迪逊要推倒《联盟条款》，树立《联邦条款》；佩特森要保留联盟议会，只同意修改《联盟条款》。佩特森42岁。18岁毕业于新泽西学院（今普林斯顿大学），是麦迪逊的校友。后来成为律师。1776年，参与制定新泽西邦宪法。1776年起，连续七年担任新泽西邦总检察长。1790年到1793年，接替利文斯顿，担任新泽西第二任邦长。他写的《新泽西邦法律汇编》，1800年出初版，并开始修订衡平法和普通法规则。制宪代表皮尔斯写道：“佩特森先生是那种力量会溅到你身上，引起你好奇和吃惊的人物，他为人极谦虚，外表却叙说着他的超凡才能。他精通希腊罗马古典之学，是位律师，善于演说。他的禀赋有助于他脱颖而出，人人都禁不住赞扬。他在选择切入辩论的时间和方式上，真是炉火纯青，不到把握主题，决不轻易开口。”见皮尔斯《对制宪会议代表性格的描述》（《辩论》附录）。

第四十七篇*

一论三权分开，相互交织

麦迪逊

1788年1月30日　原载《独立报》

致纽约邦民众：

宪法提出建立一个政府[106]，我已分析了这个政府的一般形式，分析了宪法授予整个政府的权力总量。现在，进而考察这个政府的具体结构，考察总体权力在三个部门之间的分配。

反对派的看法：宪法没有严格实行三权分开

反对宪法的人中，比较受人尊重者，提出的主要反对意见之一，是说宪法违反了三权分开的政治原理。他们说：联邦政府的结构，似乎没有注意这条原理，不利于保障公民权利。一眼看去，权力在三个部门之间的分配和混合方式，破坏了形式上的对称和美感；把政府这座大厦的基本构架，暴露于危险境地，有些部分超重，会把大厦压垮。

反对派曲解和误用三权分开原理

可以肯定：再没有什么政治真理，比这条反对意见依据的原理，更有内在价值，更带民权启蒙学者的权威印记。把全部立法、行政、司法权力集中，不论交给一个人、少数人还是许多人，不论实行世袭制、自我任命制还是选举制，都可恰如其分地称之为暴政。因此，倘若联邦宪法真的背上了这个集权于一身的罪名，背上了具有集中危险倾向的权力混合罪名，就没有必要再为宪法辩护，让大家否定宪法好了。好在我自信可以让人明白：这种指责，没有道理，依据的原理，完全是曲解误用。为了形成对这个重大课题的正确概念，最好探究一下：保障公民权利所要求的格局，就是实现三权分开。

对这个问题，人们总是请教和引用大名鼎鼎的孟德斯鸠。孟德斯鸠若不是政治科学中这一宝贵原理的创始人，至少，在阐释这一原理、有效引起世人关注这一原理方面，功劳卓著。我们先来澄清他的观点。

让我们回头澄清孟德斯鸠的真意

英国宪法对孟德斯鸠的启迪，就如荷马对后世史诗作家的教益一样。后世作家把荷马的不朽史诗奉为圭臬，从他那里吸取史诗创作的原理和规则，以他的史诗为标准，评价同类作品；伟大政治批评家孟德斯鸠，对英国宪法的评价，也同样成为标准，用他自己的话来说，是英国公民权利的一面镜子；孟德斯鸠用阐述基本原理的形式，诠释了英国政治制度中若干具有特色的原理。这样，我们可以做到有把握，不会误解他的意思，让我们正本清源，从这条原理的源头说起。

孟德斯鸠在政治学领域的地位，如同史诗中的荷马

略微观察一下英国宪法，我们就会明白，立法、行政、司法三个部门，绝非彼此彻底分立。国王是立法权威中不可或缺的部分。国王一人，独占与外国缔结条约的特殊君权，条约一旦缔结，便对立法构成某种限制。全体法官，都由国王任命；取得两院同意，国王可以撤换法官；国王高兴咨询法官时，可以把他们组成宪政咨议会之一。议会上院，构成国王的另一个宪政咨议会。另一方面，上院是弹劾案的唯一审讯庭，对所有其他案件，上院拥有对上诉案的终审权。法官又与议会紧密相连，经常出席和参与议会讨论，但不准参与议会投票。

英国政治体制：三权虽然分开，但有许多重叠

我的解释：三权不应绝对分开，应该分中还有制约

引导孟德斯鸠的，就是这些事实。因此，可以明确推断，

孟德斯鸠说"凡是立法权和行政权联合到一个人或一群行政官手中，或司法权不与立法权和行政权分开，便没有公民权利可言"，他的意思并不是说，这些部门就不应该有部分职能交叉，不应该彼此控制。他的意思，如他本人的词语所强调的，如他阐释的例证更为明白无误地表达的，可以归结如下：凡是一个部门的全部权力，被拥有另一部门全权的同一批人行使，自由宪法的根本原理，便被颠覆。以下是孟德斯鸠考察英国宪法时的情形：拥有行政全权的国王，本人不能立法，但对立法有否决权；国王虽然能够任命法官，但本人不能亲自断案。法官不能行使行政特权，但他们有时充当行政顾问，也不履行任何立法职能，但议会有时会听取法官的建议。整个议会，不能采取司法行动，但两院联合决议可以罢免法官，而且上院对终审拥有司法权。整个议会也不能履行行政特权，但其中一院构成最高行政权威；而另一院，在弹劾第三方时，可以审讯和谴责行政部门的所有从属官员。

孟德斯鸠的基本原理：三权之中，任意二者不能完全重叠

孟德斯鸠原理的依据，进一步说明了他的想法："立法权和行政权联合到同一个人或同一个机构手中，公民权利便荡然无存，因为人民害怕这同一个君主或上院会制定暴虐的立法，并以暴虐的方式推行暴虐的法律。"孟德斯鸠又说，"若司法权和立法权结合起来，臣民的生命和自由权利，便会暴露在专制的控制中，因为法官成了立法者。若司法权和行政权结合起来，法官就会表现出压迫者的一切暴力。"在其他段落中，还有对这些道理的更详细的解释；不过根据这里的简略综述，足以说明这位大师值得崇敬的原理的含义。

北美各邦宪法没有一个不把三权适当混合

如果我们看看各邦的宪法，就会发现，虽然它们都强调了这个原理，有的甚至一字不改，照搬原文，但是，把各个部门完全彻底分开的做法，却连一个孤证也找不到。

新罕布什尔宪法混合三权的具体做法

新罕布什尔的邦宪法是最后制定的，似乎完全意识到：

要想完全避免混合这些部门，根本不可能，也不方便。宪法用以下宣言来显示这个既定原则："立法权、行政权、司法权，应该在形式上分开，相互独立，如自由政府所承认的那样；前后一贯，如同一条联系纽带，把宪法的整个网状结构束缚起来，成为联合和友好的不可分解的纽带。"按此定义，新罕布什尔宪法，从几个方面，把三个部门混合起来。作为立法机构一个分支的参议院，又是审讯弹劾案的法庭。邦主席是行政首脑，又是参议院议长；参议院无论讨论什么问题，议长都有平等的表决权；遇到两派票数相等时，议长还可投一票，打开死结。行政首脑本人，由议会每年选举，顾问委员会成员，每年由议会从议员中选举。该邦的部分行政官员，也由议会任命。法官则由行政部门任命。

马萨诸塞宪法混合三权的具体做法

马萨诸塞邦宪法表达这项公民权利基本条款时，足够谨慎，措辞温和。该邦宪法宣称："立法部门绝不可行使行政权和司法权，或二者之一；行政部门绝不可行使立法权和司法权，或二者之一；司法部门绝不可行使立法权和行政权，或二者之一。"这个宣言，与前面解释的孟德斯鸠的原理，可以说是严丝合缝，制宪会议提出的方案，对此秋毫无犯。宪法禁止任何一个部门的全部，行使另一个部门的权力，没有越出规定的界限。在上述前言后，马萨诸塞宪法的正文，承认了权力的部分混合。行政官拥有对议会决议的相对否决权；作为立法部门分支的参议院，审理对行政官和法官的弹劾案。法官由行政官任命，可由行政部门罢免，但须征得议会两院同意。最后，议会每年任命部分行政官员。任命官员，尤其是任命行政官员，就其性质而言，是行政职能，至少，在这最后一点上，该邦宪法的编纂者，违反了他们自己确定的原则。

略去不讲革命前制定的罗得岛和康涅狄格的宪法

我把罗得岛和康涅狄格的宪法漏过去，因为这两部宪法是革命以前制定的；不过，即使过去，我们所讨论的原理，也已经成为政治的注意对象。

纽约宪法在混合三权方面的特殊做法

纽约邦宪法,对三权分开问题未作宣言;不过,起草时显然注意到把不同部门的权力不适当地混合起来的危险。纽约邦宪法授予邦长对议会的部分否决权;更有甚者,还给予邦长对司法部门的类似控制,甚至把行政和司法连接起来,执行这种控制。控制人事任命方面,议会成员与行政权威联手,任命行政和司法官员。纽约的弹劾法庭和纠错法庭,由议会一院和司法部门主要官员组成。

新泽西宪法中部门间权力纵横交错

新泽西邦宪法,在混合部门权力方面,比前面三个邦走得更远。邦长为首席行政官,由议会任命;兼任该邦衡平法院的常规或代理大法官;兼任上诉法院大法官之一;兼任议会一院的院长,议员表决出现双方均等时,他可以投关键一票。议会的这同一院,又担任邦长的行政委员会,并与邦长一起组成上诉庭。法官由议会任命,两院中,一院可以对法官提出弹劾,另一院审理。

宾夕法尼亚宪法中的分权和制约

根据宾夕法尼亚邦宪法,邦主席为邦行政首脑,每年选举一次,以议会内的票数为主。邦主席与行政委员会合作,任命法官,组织弹劾法庭,司法官员和行政官员的弹劾案,均由弹劾法庭审理。最高法院法官、治安法官看来也可由议会罢免;在某些案件中,赦免的行政权,交给同一部门。行政委员会成员,在全邦范围内担任兼职治安法官。

特拉华宪法中的三权混合和制约

特拉华的行政官每年由议会选举。两院议长兼任行政部门副邦长。邦长加六名议员组成最高上诉法庭,六名议员三名来自众议院,三名来自参议院。行政官和议会一起任命其他法官,看来,整个邦内,议员同时可以担任治安法官。在特拉华,议会一院的议员担任兼职治安法官,同时又担任行政委员会成员。行政部门的主要官员,由议会任命;议会的一院担任弹劾法庭。根据议会要求,所有的官员都可以罢免。

马里兰原封不动，照搬原词，体现这条政治原理；宣称政府的立法、行政、司法部门，应该永远彼此分立。尽管如此，马里兰的宪法还是规定：行政官由议会选举；法官由行政部门任命。

马里兰宪法也含有混合和制约

弗吉尼亚的语言，在这个问题上，更为醒目。弗吉尼亚邦宪法宣称："立法、行政、司法部门，应当彼此分开；以便三个部门中的任何一个，都不能行使适当属于其他部门的权力；任何一人，不得在同一时间，行使一种以上的权力；唯一例外，是县法院法官可以担任议员。"不过，我们发现，不仅有这种明确表达出来的例外，涉及下级法院法官；首席行政官和他的行政委员会，也是由议会选举；议会每三年可以随意更换行政委员会的两名成员；行政和司法部门的主要官员，都由议会任命。行政赦免特权，在一种情况下，授予议会。

弗吉尼亚宪法在分权与制约方面的特点

北卡罗来纳宪法宣称："政府的立法、行政和最高司法权，应该永远彼此分开。"但与此同时，议会不仅任命首席行政官，而且任命行政和司法部门的主要官员。

北卡罗来纳宪法中的分权和混合

南卡罗来纳宪法规定，行政官由议会选举。宪法又授予行政官任命法官的权力，甚至包括治安法官，和地方上兼任行政和司法的镇长乡长。

南卡罗来纳宪法中也有权力混合

佐治亚邦宪法宣称："立法、行政、司法部门应该分开；任何一个部门都不能行使适当地属于其他部门的权力。"我们发现，行政官由议会任命，赦免的行政特权，最后由议会履行。连治安法官也由议会任命。

佐治亚宪法把更多的权力授予议会

援引这些例子，说明：立法、行政、司法并没有彻底分开，我希望，不致于以为我在创导各邦政府的特定组织形式。我充分意识到：这些宪法体现的许多杰出原则，都带有强烈的匆忙痕迹，更因为是在缺乏经验的情况下编制的。有几个例子，情况太明显，心目中的根本原则，被过多的混合违反，甚

结论：立法、行政、司法不可能完全彻底分开

至,实际上把一些不同的权力连成一团了;没有一个邦的宪法,制定一项完善的条文,用白纸黑字把三权分开维持到实践中。我希望表明的是:人们对宪法提出的指责,说违反了自由政府的神圣原则,既没有被它的作者用真实的含义加以保障,附在这项原理上,也没有体现这项原理在今日美国被理解的含义。这个有趣的题目,我们在下篇文章中,将继续讨论。

帕伯琉斯

*《反联邦论》第 47 篇,题为"新宪法达不到部门之间的权力'平衡'",作者署名"森狄涅尔",本文摘自他 1787 年 10 月 5 日和 24 日写给报纸的两封信,原载《独立报》。

---

⑯ 建立一个政府:1787 年 6 月 16 日到 19 日,全体委员会展开辩论:究竟是按"弗吉尼亚方案"建立新政府,还是按"新泽西方案"继续联盟议会?

纽约代表兰欣长篇发言,支持新泽西方案。佩特森长篇发言,为自己的立场辩护。威尔逊长篇发言,条分缕析,系统批评新泽西方案。皮尔斯写道:"威尔逊先生的法律知识和政治学问非常突出。即使在这一群杰出的人物中,也能显示他的出众才华。政府论看来是他的专长,古往今来,世界上所有的政治制度,他都能如数家珍,早至希腊城邦,晚至当今世界,他能叙说每场革命的前因后果。再没有人比威尔逊先生思路清晰,材料丰富,综观全局。不过,他不是一个好演说家(说话带苏格兰口音),他之引人注目,靠的不是口才迷人,而是推理有力。"

6 月 18 日星期一,一直沉默的汉密尔顿,长篇演讲近六个小时,占据了一整天的议程。他认为:弗吉尼亚方案和新泽西方案,都不如他的方案好。讲完后,他向会议提交一份"汉密尔顿制宪计划"(见《辩论附录》)。根据麦迪逊的长篇记录,这一天的汉密尔顿,是个君主立宪论者,认为英国政治制度是唯一的好模式,主张总统和参议员都实行终身制,并且设计了一套总统去世后,再选下一位总统的复杂仪式。不过,等到汉密尔顿写作这本《联邦论》里的文章时,他已改变为一个完全的联邦论者,全力按自己的思路推荐《联邦宪法》。6 月 18 日,汉密尔顿的发言,没有引起共鸣。他的制宪计划,没有被纳入讨论。

6 月 19 日,麦迪逊长篇演说,批评新泽西方案,为全体委员会报告辩护。皮尔斯写道:"麦迪逊先生是长期处于公共生活之中的人物。他把政治家的深谋远虑与学者的博闻强记集于一身。每当处理一个重大问题,他在制宪会议上总是处于引导地位。在辩论的任何关头,他总是作为一个最了解情况的人,走在前面,展现出他深明事理而又善于运用的突出特点。在联邦范围内,大概数他最能正确了解联邦的各种事务。”麦迪逊讲完后,威尔逊再次长篇演讲,维护全体委员会报告。

会议表决:是否继续按弗吉尼亚方案讨论下去?马萨诸塞赞成,康涅狄格赞成,纽约反对,新泽西反对,宾夕法尼亚赞成,特拉华反对,马里兰赞成反对各半,弗吉尼亚赞成,北卡罗来纳赞成,南卡罗来纳赞成,佐治亚赞成。七邦赞成,三邦反对,一邦赞成反对各半,会议决定继续沿弗吉尼亚方案的方向讨论。

第四十八篇*

再论三权分开,相互交织

麦迪逊

1788 年 2 月 1 日　原载《纽约邮报》

致纽约邦民众:

三权划分后,不能完全隔开,要彼此交织,相互控制

上篇文章指出:三权分开这个政治格言,并不要求把立法、行政、司法三个部门彼此彻底隔开。下面,我将说明:这些部门之间,若不像现在这样彼此联系和交织,使每个部门对另外两个部门有一份以宪法为依据的控制权,这条政治格言所要求的一定程度的分开,作为自由政府的基础,在实践中永远无法正式坚持。

设计制约手段,才是防止三权相互侵犯的重大问题

各方一致同意:适当划归一个部门的各项权力,不应被另外两个部门或其中之一,直接地、全面地行使。同样明显的是:两个部门中的任何一个,也不应直接或间接拥有对其他部门的压倒影响力,干扰它们行使各自的权力。不能否认:权力具有蚕食性,应该加以有效限制,使权力不能跨越划给它的限度。因此,从理论上,按其性质,权力被划分为立法权、行政权和司法权;下一步,也是更为艰难的任务,在于为每种权

力提供一些实际的保障,以对付其他两个部门的侵入。这些保障是什么,才是需要解决的重大问题。

宪法设计政府蓝图[107],仅仅把三个部门的界线,严格划分开来,把阻止权力蚕食的重任,托付给这些纸上的界线,够不够呢?看来,北美大多数邦宪法的起草者,主要把安全感寄托于纸上的界限。经验说服我们:条文的效力,被看得过高;政府中的较弱部门,还急需一些额外的自我捍卫手段,才能抵御较强部门。立法部门,到处延伸它的势力范围,把所有权力,都卷入它的猛烈漩涡。

制宪会议调整三权的制约格局,平抑议会

我们共和国的缔造者们,在展现智慧方面,功劳卓著。再没有什么别的使命,比指出他们曾经犯过的错误,更不讨好。可是,对真理的尊重,使我们有责任指出:看来,他们从来没有疏漏一分钟,眼光始终盯住公民权利,不让世袭君主生长过度并不断扩张的特权,在立法权威世袭一翼的支持和拱卫下,危及公民权利。他们似乎从来没有注意到来自议会的篡权危险;把所有权力,都集合到同一批人手中,造成的篡权,势必和行政官篡权一样,导致暴政。

共和国的缔造者,防止了行政篡权,忽略了议会篡权

君主制下,大量、广泛的特权,集于一名世袭君主之手,人们把行政部门视为危险来源,用捍卫公民权利所能激起的全部热情,以嫉妒的眼光,监视行政部门,正当有理。简单民主制下,来自各方的众多人士,亲自履行立法职责,在常规讨论和共创政策方面,他们的能力不足,不断暴露出来,落到行政官的野心阴谋之中,到了有利的紧急时刻,暴政念头,油然而生,在行政部门开始升腾。可是,在代议制的共和制下,行政官权力的范围和任期长度,受到慎重限制;立法权由议会行使,议会受到民众激发,对自己的力量产生一种刚愎自用的信心;力量之大,足以使所有的激情成倍膨胀;但还大得不足以用理性要求的手段,追求它的激情目标;这种追求,超越了议

君主制下,须提防行政暴政;代议制下,须提防议会暴政

会的冒险野心，对此，人民应该加强警戒，全力提防。

议会掌握财权，控制官员薪水，易于篡权

在我们的政府里，立法部门从其他环境中，获取了优势。议会的宪法权力，立刻显得过于广延，对自己的准确限度，不那么敏感，在复杂的、间接的措施掩盖下，蚕食并立部门权力的权利，更为容易。在立法部门，一项特定措施的运作，究竟是否延伸到了立法范围以外，频频成为一个问题，议会究竟是否守规矩？另一方面，行政权被限制在狭窄的范围内，性质又比较简单；司法部门的地位，尚不肯定，预见到来自这两个部门之一的蚕食，会立刻背叛并击败它们。这还不是全部：由于唯有立法部门，可以进入人们的钱包，在某些邦宪法中，有完整的处置权，而且，对那些充满其他部门的人的金钱报酬，有一种弥漫的影响力，于是，便在后者中产生一种依赖，使议会更便于篡权。

各邦议会侵蚀其他部门权力的例子，不胜枚举

我曾用我们的经历，检验我在这个问题上的主张是否真实。如果需要提供具体例证，实在是多得不胜枚举。凡是参与或关注过我们施政的人，都可以充当证人。从任何一个邦的会议记录和档案中，我都可以找到极为丰富的依据。这里只举两个简明扼要而又令人满意的例子，涉及两个邦，有两位权威人士可以作证。

杰斐逊论三权分立和议会篡权

第一个，是弗吉尼亚的例子。我们看到，弗吉尼亚在她的宪法里宣称，三大部门，不应混杂。支持这一观点的权威人士之一，是杰斐逊先生。在评论政府的运作方面，有许多优势，他本人曾担任过弗吉尼亚邦长。在任期内，获得了丰富的经验。为了完整地传达他对这个问题的看法，有必要较为长篇地引述他的著作，以下片段，引自他的有趣著作《弗吉尼亚纪事》第 195 页。“政府的所有权力，立法权、行政权、司法权，结果都落到议会。把这些权力都集中到同一批人手中，就是专制政府的精确定义。这些权力由多数人行使，而非由一人行

使，并不减少专制的程度，一百七十三个暴君，肯定也会像一个暴君那样欺压成性。对此怀疑的人，去看看威尼斯共和国的经历吧。议员是由我们自己选出来的，这也于事无补。民选的暴政，并非我们为之奋斗的政府；我们为之奋斗的政府，不仅要建立在自由的原则上，而且应该把政府的权力划分开来，使几个部门的官员，相互平衡，使得没有一方能跨越他们的法定权限，随时受到其他部门的制约和限制。因此，通过政府组织法的制宪会议，把基础建立在这一点上：立法部门、行政部门、司法部门，应该分开和单立，使得没有人能在同一时间行使其中一项以上的权力。但是，并没有条文设置三者之间的障碍。司法和行政部门的官员，在位时的生存，要取决于立法部门，部分官员是否连任，也要取决于立法部门。因此，如果议会僭越行政和司法权力，就难以反对；即使反对，也难以奏效；因为，在这种情况下，议员们总是把他们的决议放在议会的提案里面，使决议对其他部门有制约力。于是，他们就把许多本该由司法部门辩论的权利，由他们做了决定；议会开会的整个期间，指挥行政部门的方向，渐渐成为习惯，大家也就司空见惯。”

宾夕法尼亚议会违反邦宪法的例证

我要举的另一个例子，是宾夕法尼亚；另一个权威是监察会议（Council of Censors ），曾在 1783 年和 1784 年举行会议。按照宾夕法尼亚邦宪法，这个会议的一部分责任是：“调查宪法的每个部分是否得到贯彻，未被违反；政府的立法部门和行政部门，是否完成了它们作为人民保护人的职责，是否僭越或行使了宪法没有赋予它们的其他权力。”执行这项信托时，监察会议需要作一番比较，一边是议会和行政部门的作为，一边是宪法赋予这些部门的权力；根据监察会议列举的双方的事实，看来，议会在很多重要的事情上，都严重地违反了宪法。

大量的立法，都在违反规则的情况下通过了，没有明显的必要性。规则要求：所有具有公共性质的提案，都要事先付印，交给人民讨论；这是宪法依赖的主要预防措施之一，目的是制止议会的不当行为。

宪法规定由陪审团参与审讯，可是常常被违反。宪法未规定的权力，常常被僭取。

行政权遭到僭越。

宪法明文规定：法官的年薪固定不动，却常常被变动。

议会僭越司法部门的权力

应该由司法部门审理的案件，常常被议会拉去做出决定。

想了解其中详情者，可以查阅监察会议公布的记录。你会发现，有些做法，是战争年代迫不得已而采取的措施。不过，其中的大部分，是一个组织不当的政府的自发行为。

宾夕法尼亚行政部门也频繁违反邦宪法

还可以看出：行政部门也频繁违反宪法，不能算是无辜。不过，总还是事出有因：一、大部分的违反行为，要么是因为战争期间的紧急需要而产生，要么是联盟议会和总司令的推荐；二、其他例证中，大多是议会宣布的或众所周知的情绪；三、宾夕法尼亚的行政部门，与其他邦的行政部门不同，由众多成员组成。从这一方面来说，它又像议会，又像行政会议。开起会来，个人对集体的行为免责，相互支持，相互影响；与一人或少数几人负责行政的邦相比，自然更加敢于冒险采取未经授权的措施。

仅仅在羊皮之上划出三个部门之间的宪法界线，会走向暴政

从这些事实，我敢保证做出以下结论：仅仅在羊皮之上，划分各个部门之间的宪法界线，不足以捍卫宪法，制止不了部门间的侵权行为，会导致把政府的所有权力，集中到同一批人手里，走向暴政。

帕伯琉斯

*《反联邦论》第48篇，题为"三权分开会导致大家都不负责任"，作者署名"列奥尼达斯"(Leonidas)，显然没有理解新宪法的第二条第一款，可是他的文章得到伦敦《泰晤士报》欢迎。《自由人报》(*The Freeman's Journal*)和《北美信使报》(*North-American Intelligencer*)转载，1788年7月30日。

---

⑩⑦ 设计政府蓝图：1787年6月20日，制宪会议的辩论，进入第二阶段，一直延续到7月26日。辩论采取大会形式，虽然出席的人还是那些，但华盛顿从第二线走到第一线，代替戈汉姆，直接主持会议。

第二轮辩论，顺着全体委员会报告的19点决议，逐条辩论，可是反复在第七条和第八条上停下来。第七条是：全国议会的第一院，不再实行联盟条款的规则，改为按人口在各邦之间分配席位。第八条是：全国议会第二院的席位分配原则，应遵循第一院的规则。这就是说，议会两院席位，均按各邦人口多寡分配。小邦代表坚决反对，大邦代表韧性坚持。

第一个出来折中的人，是中等邦康涅狄格代表，奥立维·艾尔斯沃斯。他17岁进耶鲁，19岁转到新泽西学院，21岁毕业。28岁当选康涅狄格殖民地议会议员。32岁起连续六年担任康涅狄格派驻大陆议会的代表。40岁开始担任康涅狄格最高法院大法官。42岁参加制宪会议。

6月20日，他首先发言：建议把"全国"政府，改为"联邦"政府，应由最高立法、最高行政、最高司法部门组成。相应地，把"全国议会"改为"联邦议会"，把"全国行政官"改为"联邦行政官"，把"全国司法部门"改为"联邦司法部门"，这样一改，把"全国"这个词去掉，保留了"联邦"这个适当的抬头。会议一致接受艾尔斯沃斯的动议。

6月29日，艾尔斯沃斯说：我希望能找到达成折中的基础。"我们部分是国家，部分是联邦。第一院的席位，实行比例制，有利于国家原则，保障了大邦对小邦的优势。第二院席位平等，有利于联邦原则，体现对小邦的保障。我相信，在这样一个中间立场上，可以实现折中。"

艾尔斯沃斯表示：他代表的，是中等邦康涅狄格，可以做到既不偏袒大邦，又不偏袒小邦。作为个人，他表示：个人和家庭的利益，还是更为依恋邦政府。

第四十九篇*

不定期向人民呼吁，不是纠正违宪做法的适当办法

麦迪逊

1788年2月2日　原载《独立报》

致纽约邦民众：

要防止政府中的较强部门侵犯政府中的较弱部门

上一篇文章，我们曾从《弗吉尼亚纪事》一书中摘录过一些内容。该书作者在那部珍贵的作品中，还附录了一部宪法草案，是为原定于1783年由邦议会召集的邦制宪会议准备的，以便拟定弗吉尼亚宪法。与作者笔下的其他作品一样，那部宪法草案，标志着一种原创思维的转折，既完整又精确；值得多加注意，因为，那份计划，展现出对共和制的热烈依恋，和一种经过启蒙的观念：应该防止一种危险趋向。他提出的预防措施之一，是要防止政府中较弱的部门，受到较强部门的侵犯。看来，他把这项措施视为可以依靠的最后屏障。这完全是他的思想。这个观点，与我们当前讨论的问题密切相关，不可忽略。

杰斐逊建议：必要时召开民意大会，纠正违反宪法的行为

他建议："不论何时，在政府的三个部门中，只要其中有两个在观点上一致，两个部门中三分之二的成员，同时要求举行

民意大会，以便修改宪法，或纠正违反宪法的行为，便应为此目的而举行民意代表大会。”

人民是宪法的原始权威，但凡事是否必须诉诸人民

人民是权力的唯一合法基础，起草宪法[108]的权力，正是来自人民，而政府的各个部门，则从宪法获得授权；因此，不论何时，不仅是在需要扩大、缩小、创新政府权力时，而且，在三个权力部门之一侵犯其他部门的法定权力时，重新回到人民这个原始权威，似乎与共和原则严格一致。按照宪法，政府的三个部门完全平等，完成共同使命，显然，三个部门中，任何一个部门，都不能自称地位高于其他部门，自称独自拥有划分三者之间权力界线的权利；如何防止强者的侵权，如何弥补弱者所受的损害，除向人民呼吁，别无他法；作为使命的授予者，是否只有人民，才能宣布宪法的真实含义并强制执行呢？

遇到这类情况，就重新诉诸人民，有难以逾越的障碍

这样推理，自然很有力量，并且，由此可以证明：在某些重大和非凡的场合，应该标示出通向人民决定宪法之路，使其保持通畅。可是，不论什么情况，都用杰斐逊提出的重新诉诸人民的办法，以保持政府各部门的权力都在宪法规定的限度以内，各守分际，看来，存在一些难以逾越的障碍。

这个办法，不能制止两个部门联合起来对付第三个部门

第一，这项规定，并不能制止两个部门联合起来，对付第三个部门。议会拥有许多手段，可以影响其他两个部门的动机，如果议会能把其他两个部门之中的一个拉到自己一边，甚或只是其中三分之一的成员，那么，剩下的那个部门，就无法从这项规定中得到好处。不过，我并不看重这条反对意见，因为，看来提出反对的人，是反对修改原则，而不是反对原则本身。

向人民呼吁，暗含政府有缺点的意思，会使政府失去尊严

第二，这项规定，可以视为原则本身固有的反对意见，因为，每次向人民呼吁，都暗含着政府有某种缺点的意思，频繁地向人民呼吁，会大大削弱政府的尊严，没有尊严，即使最贤明、最自由的政府，也无法具备必不可少的稳定。如果说，所

有政府都建立在舆论基础上这个说法真实有理，那么，每个个人的观点的力度，以及观点对他实际行为的影响，都取决于他会遇到的与自己观点相同的人数，这一点，真实度不亚于前。人的理性，与人本身一样，独处时，胆小谨慎；志同道合者一多，便获得了坚定和自信。要想找到支持一种观点的实例，从古至今，为数甚多，大家知道，这些例证，都具有双重影响。一个由哲人组成的国度里，这种顾虑会下降。尊重法律，只要理性之声发出呼唤，就足以唤醒。可是哲人之国，就像柏拉图期待的哲人国王那样，渺不可期。任何其他国家，最理性的政府，也会发现，即使社会的全部偏见站在自己一边，也不会产生哪怕表面的优势。

使劲激起公众激情，打破公共安宁，是危险的做法

使劲激起公众激情，打破公共安宁，这种做法的危险，构成认真的反对理由，反对频繁地把宪法问题，重新让整个社会决定。尽管修正我们政府形式的努力，曾经获得成功，这种努力，给美国人民的德行和智慧带来这么多的荣耀，可是，应该承认：这种试验的性质，太难对付，没有必要反复运用。我们应该记住：现存各种宪法，都是在危急之中制成的，危急压住了民众对秩序与和谐的不友好的激情；人民对爱国领袖的热烈信心，阻碍了人民对国家大事的正常的意见分歧；由于对旧政府的普遍怨恨和义愤，产生一种普遍的、对新的、相反的政府形式的热忱；从事改革时，既没有受到党派精神的左右，也还没有出现需要纠正的滥用权力。将来，我们经常面临的未来局势，不再会展现相同的安全，对付我们担心的危险。

议会具有众多优势，司法和行政部门不是议会的对手

最大的反对意见是，向人民呼吁的最后结果，多半并不能达到维持政府宪政平衡的目的。我们已经看到，共和政府的趋势，是议会不惜牺牲其他部门，势力越来越大。因此，向人民呼吁，多半会由行政和司法部门提出。可是，不论是由行政还是由司法部门提出，到人民裁决时，各方是否享有同等的优

势？我们来看看各部门的不同处境。行政部门和司法部门的成员，人数甚少，只被人民中的一小部分了解。法官由于产生方式、工作性质和终身任职，要人民分享他们的见解，实在是距离太远。行政部门，通常是大众嫉妒猜疑的对象；他们的施政，总是易于受到指责，因而不得人心。反之，议员则不然，他们人数众多。大体分散在人民中间，与人民打交道。他们的亲戚、朋友、熟人，占据社会中最有影响的人中的大部分。他们接受公众委托的性质，意味着他们在人民中间的个人影响，在捍卫人民的权利和自由方面，他们是更为直接、更有自信的保护者。议会具备这么多优势，很难假设，对方有同等机会，取得对自己有利的解决方案。

议会这一方，不仅能向人民成功地申述他们的理由。在此过程中，他们多半会自己充任裁判。让他们当选议员的那种影响力，会使他们在民意大会里再次取得席位。若非所有议员都能获得席位，至少许多议员可以办到，议员中的领袖人物当选，可以说是相当肯定的事，而议会里的样样事情，都取决于这些领袖人物。简而言之，民意大会的主要成员，将由那个受到指责的机构的过去的、现在的和未来的成员组成。结果，他们就成为要由他们裁决的问题的当事一方。

议员将成为民意大会的主要成员，议员变成裁判

有时可能会发生这样的情况：提出的呼吁，在一定情况下，较少不利于行政和司法部门。议会的篡权行为，可能过于明目张胆、过于突然，不加粉饰。议员中强有力的一派，可能会站在其他部门一边。行政权正好掌握在人民宠爱的人手里。在这样的事态里，民众的决定，可能较少偏向议会一方。即使如此，也绝不可指望民众的决定，会根据真正的是非曲直来解决问题。民众的决定，不可避免地与前已存在的党派有关，或与争论这个问题过程中兴起的党派精神有关。民众的决定，会与性格突出、社会影响广泛的个人有关。要裁决的问

坐在裁决者席位上的，不是公众的理性，而是他们的激情

题，正是由这些人提出的或反对的，现在又由他们来宣布裁决。因此，坐在裁决者席位上的，不是公众的理性，而是他们的激情。然而，应该控制和规范政府的，只是公众的理性。激情应该由政府来控制和规范。

上一篇文章中，我们发现：成文宪法所作的宣示，并不足以把三个部门控制在它们的法定限度以内。本文说明：不定期地向人民呼吁，既非达到目的的适当办法，也非有效途径。《弗吉尼亚纪事》里提到的计划，其他条文的范围走到多远，我这里不讨论。其中有些，毫无疑问，是建立在牢固的政治原理之上，所有条文的构思，都表现出举世无双的灵思和精细。

不定期向人民呼吁，既非适当办法，也非有效途径

帕伯琉斯

*《反联邦论》第49篇，题为“论民意大会”，分两部分，第一部分，作者署名“马萨诸塞人”(Massachusettensis)，原载《马萨诸塞报》，1788年1月29日；第二部分，作者署名“一个老辉格党人”，原载《纽约纪事报》，1787年11月27日。

---

⑩⑧ 起草宪法：富兰克林在制宪会议上起的作用。

81岁的本杰明·富兰克林，在制宪会议上，起了别人无法替代的调和折中作用。他的一些具体动议，并没有被会议采纳。例如，一、他建议：总统既然又有权又有名，世人将趋之若鹜，不应再授予年薪。他的建议未被接受，因为，这会使得：只有很有钱、不在乎薪水的人，才能担任总统。二、制宪会议通过：把管理邮政的权力授予联邦议会。富兰克林随之提议：把修建运河的权力，也授予联邦议会，立刻引起反对。理由：邮政惠及整个联邦境内的居民，应由联邦政府买单。运河只惠及流经境内的邦，应由运河流经的一个邦买单，或流经的几个邦协商买单，不应该由联邦政府买单。这就确立了一种格局：联邦政府只管涉及全局的事，各邦政府则在管理地方方面，彼此展开政策竞争，如吸引投资。

富兰克林的调和折中作用，一、体现在他的“木匠手艺论”：遇到四根长短不一的木料，用来做一张桌子的四个脚。木匠的办法是：把长的削短一些，把短的接长一些，做成一张放得平稳的桌面。现在要做的桌子，有十三条腿，天生长短不一，长的不愿削短，短的无法加长。制宪会议争论不休，这是症结所在。解决办法，是做两张桌子。第一张是斜桌

子，把十三条腿从高向低排列，稍作调整，让桌面是个斜平面。第二张是平桌子，每邦平等，一般高，构成一个平面。议会最主要的事情，是制定钱财提案，后来叫筹款提案和拨款提案。让斜桌子发起钱财提案，让人口多的大邦占一些优势。然后，交给平桌子复议，可以提出修正，与斜桌子合作，起制约作用，让小邦居于平等地位，制约斜桌子。这就是后来的政治学家归纳的“制约平衡”。这样，第一院变成以人口为基础的“选民代表议会”，代表有选举权的公民，被译成“众议院”。第二院变成以邦为单元的“邦权代表议会”，代表作为政治实体的各邦，被译成“参议院”。

那时，美国还没有开始人口普查。制宪代表们根据对各邦人口的估算，暂定最大的邦弗吉尼亚分配十名众议员，最小的邦特拉华分配一名众议员。其余各邦，按人口多寡，暂时先分配一个起始席位数字。会议决定，新政府建立后，每十年举行一次人口普查，根据普查结果，每四万人产生一名众议员，在各邦之间分配。9 月 17 日，制宪会议最后一天，从不发言的华盛顿，提出一条动议：为了让宪法得到更多人的拥护，减少人民的反对情绪，把四万人产生一名众议员，改成三万人产生一名众议员，得到全体一致赞同，进入宪法。

富兰克林的第二个调和折中作用，是化解代表之间的对立情绪。因为他年事最高，资历最老，说话幽默风趣，他的发言，有助于化解代表之间的对立情绪，劝说代表们从联邦大局出发，放弃“唯有自己正确”的一孔之见，使会议能够一直进行下去，不致中途散伙；最后，又提出一种方便的形式，促使四十二位代表中的三十九位，在《联邦宪法》上签名，使制宪会议取得成功。

第五十篇*

定期向人民呼吁，也不是纠正违宪做法的适当办法

麦迪逊

1788年2月5日　原载《纽约邮报》

致纽约邦民众：

可否定期向人民呼吁，以纠正违反宪法的行为

或许有人争辩说：既然不定期向人民呼吁，以解决宪法[109]问题，容易招致反对，那么，定期向人民呼吁，以避免违反宪法的行为，并予以纠正，总该是适当而且足以解决问题的办法了。

定期向人民呼吁，与不定期呼吁一样，也不可取

需要注意的是：考察这些临时应急办法时，我的视线，一直盯住一个问题：让三个权力部门，各自维持在自身权力范围内，以便维持宪法正常运行；我一直没有谈到关于修改宪法的有关规定。一望可知：按固定的时间区间，每隔一段时间，向人民发出呼吁，与在特定情况下向人民发出呼吁，几乎同样不可取。倘若间隔时间很短，则需要审查和改正的措施，都是新近才做出的，定期检查宪法的同样问题，都会显现出来。倘若间隔时间很长，同样的评价，又会运用到所有近来的措施，而且与时间的遥远度成正比，可能有利于冷静的态度，但这一

优势，不可避免地带来一些不便，似乎造成一种反平衡。第一，公众从遥远的地方发出的责难，是对那些过分行为的微弱的限制，这些过分或许是受了现在的动机力量的压力。不妨想象一下：由一百名甚至两百名议员组成的议会，急切地倾向于某个心爱的对象，穿越宪法的限制去追求它，会断送他们的政治生涯，想想再过十年、十五年或二十年的前景，将由检察官来审查他们的行为？第二，这种滥权，在运用校正规定之前，通常已经造成了错误效果。最后，或许情况不是如此，错误会长期留在那里，会扎下根来，不容易根除。

为了修正宪法，有一个邦，为了更正该邦政府最近时期对宪法的违反行为，以及其他目的，曾经实际试过。我们看到，1783年和1784年，宾夕法尼亚的审查委员会开会，目的之一，是调查"宪法是否遭到违反，议会和行政部门是否有过相互侵权"。政治学中的这个重要而新颖的实验，从好几个角度来看，都值得特别注意。作为一项仅有的实验，在一种非常特别的环境下做出，被认为不是绝对结论性的。不过，运用到我们眼下讨论的问题，它涉及我想大胆评价的事实，作为一份完整的、令人满意的例解，说明我所运用的推理。

宾夕法尼亚的宪法审查委员会提供一个例证

第一，从组成委员会的先生们的姓名来看，至少其中一部分是议会内最活跃的议员和领导成员，也是该邦前已存在的党派的领导人物。

审查委员会由议会领袖和党派领袖组成

第二，在要审查的阶段内，委员会内活跃的成员和领导人物，也是议会和行政部门的活跃人物和有影响的成员；他们之中，有的人就是要审查的这些措施是否违宪的提出者或反对者。其中，两名成员担任过该邦副主席，还有一些人，是邦行政委员会七年以内的成员。其中，一人是众议院议长，还有一些人，在同一时段以内，是议会的头面人物。

委员会成员，就是指责对方违宪和被指违宪的人

第三，他们会议记录的每一页，都可以见证：他们辩论的

审查委员会内，分裂为势不两立的两党，激情取代理性

详细内容，都带有这种性情的效果。这个委员会存在的整个时期，成员分裂成固定的、势不两立的两党。他们自己也承认这个事实，并加以鞭笞。假如情况不是如此，他们会议记录的表面，就会展现一个同样令人满意的证明，所有的问题，即使问题本身无足轻重，或相互无关，这些相同的姓名，一无例外地站在对立的两栏中，成为对照。每个不存偏见的观察者，可以保证不出错误地推断，同时，用不着指出哪个党、哪个个人，他们的决定，不幸得很，都是激情的结果，不是理智的结果。人们运用理性冷静地、自由地思考各种独特问题，势必会在某些问题上陷入不同的观点。当他们被一种共同的激情支配时，如果问他们，他们的观点是一样的。

审查委员会未能减少和限制违宪行为，有些结论值得怀疑

第四，审查会议所作的决定，并没有减少和限制议会和行政部门跨越宪法界线的行为，有几个情况，委员会所作的决定，对宪法授予这两个部门的权力范围，是否作了错误的解释，至少值得怀疑。

后果显得是：议会否认委员会的解释，实际取胜

第五，我从来不理解，这个解决宪法问题的会议，不论组成办法是否正确，它的决定，是否改变了建立在议会解释基础上的实践。如果我没弄错的话，后果显得是：眼前的议会，否认了审查委员会的解释，在竞争中实际取胜。

这个审查委员会同时证明：通过研究，存在弊病；以它为例，治疗无效。

这个试验的结果，不能用党派活动利害加以解释

这个结论，不能被解释为无效，说开展那个试验的邦，处在危机中，而且危机已经拖延了很长时间，经历了暴烈的和混乱的党派争斗。能否假设：将来任何时候的一个七年以内，这同一个邦，能从党派中解脱出来？能否假设：任何其他的邦，在同样的七年内，或任何间隔期内，能免除党派之争？这种事情，既不应该假设，也不应该期待；因为，党派活动一旦窒息，势必意味着：公共安全出现了普遍的恐慌；或绝对消除了

公民权利。

如果采取预防措施，选举这种审查委员会，对政府的施政加以检查，不许在被审查期间从政的官员当选，仍然无法消除难处。这样，如此重任，将落到一些能力较差的人手中，因而，从另一方面看，也不能说更合乎资格。虽然他们个人并未涉及那一时期的施政，因此，不是所要审查的政策的直接代理人；可是，他们多半也卷入过与这些政策有关的党派，就是在这些党派的赞助下当选的。

选举审查委员会时，排除从政官员，效果也不会好

帕伯琉斯

*《反联邦论》第50篇，题为“论制宪会议”，第二部分。制宪会议结束后，反联邦派立即要求召开第二次制宪会议。这篇署名“一个老辉格党人”的文章，或见于《自由人报》和《北美导报》，刊载日期为1787年11月28日。

---

⑩⑨ 制宪会议第二阶段(6月20日至7月26日)有两件事值得一提。一、7月10日，纽约代表雅茨和兰欣退出会议。此前，由于罗得岛拒绝参加，新罕布什尔代表尚未到达，会议在十一个代表团之间进行。纽约代表雅茨和兰欣不同意弗吉尼亚方案，坚持投反对票。新泽西方案出现后，他们转而支持新泽西方案。代表团内，雅茨和兰欣以二比一挟持汉密尔顿，使汉密尔顿投票也没有作用。到7月10日，雅茨和兰欣觉得：继续留在会内坚持反对，起不了多大作用，于是，指责会议越权，离开费城，回到纽约。纽约代表只剩下汉密尔顿一人，按委任状，一人无权代表纽约投票。此后，汉密尔顿时常回纽约办事，最后回费城在宪法上签名。7月10日起，制宪会议上只有十个有投票权的代表团出席，直到7月23日，新罕布什尔的朗东和吉尔曼到会。麦迪逊《辩论》7月10日的记录，只说“纽约代表不在场”，未加任何评说。

看来，雅茨和兰欣，都没有违反制宪会议的保密决定。这一点，从他们回到纽约后，纽约并未发生制宪会议外的大哗，可以推断出来。

罗伯特·雅茨(1738—1801)出席会议时39岁，是纽约邦最高法院大法官。各邦讨论《联邦宪法》的大辩论中，雅茨成为反联邦派的主要理论家，在《纽约纪事报》上发表系列致编辑部的信。这些信的部分内容，后来构成《反联邦论》里的十七篇文章，详见本书每篇用*号注出的题解。1821年，纽约首府奥尔巴尼出版《1787年为形成美利坚宪法而在费

城举行的制宪会议的秘密进程和辩论》,副题为“已故纽约邦最高法院首席大法官罗伯特·雅茨的笔记,由约翰·兰欣抄写”。美国宪法史学家法兰德和亨特都认为:由于雅茨和兰欣是会议中的反对派,在现存的十份制宪会议代表的笔记中,雅茨笔记的重要性,仅次于麦迪逊的《辩论》。不过,雅茨的笔记只记到7月5日为止。根据麦迪逊的《辩论》,雅茨在制宪会议上,一言未发。

二、7月16日,制宪会议在如何组建联邦议会的问题上,达成“伟大妥协”。

7月16日,会议对两个互相关联的问题表决:第一院内,按各邦人口分配席位;第二院内,每邦席位平等。表决结果:新泽西赞成,特拉华赞成,马里兰赞成,康涅狄格赞成,北卡罗来纳赞成(其中,斯佩特反对),弗吉尼亚反对,宾夕法尼亚反对,南卡罗来纳反对;马萨诸塞赞成反对各半(格里和斯特朗赞成,戈汉姆和金反对);五邦赞成,四邦反对,一邦赞成反对各半,决议通过。

小邦以参议院内席位平等,作为众议院大邦占优势的代价。7月17日,古文诺·莫里斯再次提出席位分配问题。麦迪逊在《辩论》第344页记载:“他的动议无人附议。好些代表的表情说明:有些人对第二院按比例分配席位已经绝望,有些人已经意识到,再提第二院按比例分配席位,又会燃起小邦反对的火焰。”

美国宪法史学家,把7月16日达成的协议,称为Great Compromise,“伟大折中”或“伟大妥协”。制宪会议这种对国内问题通过谈判,双方各让一步,达成折中妥协,达成一致的办法,后来贯穿美国两百多年的历史。只出现过一次例外:南北战争。“伟大妥协”,现在叫“双赢”,以别于“你死我活”。

第五十一篇*

三权分立，相互制约，让抱负与抱负相克相生

麦迪逊

1788 年 2 月 6 日　原载《独立报》

致纽约邦民众：

我们最后要采取什么办法，像宪法设定的那样，让政府的三个部门，在实际运作中，维持住权力的必要划分？答案只有一个：既然所有外在条文都被证明不足以奏效，必须设法弥补这种缺陷，办法是：调整政府内部结构，让三个组成部门互动，使其各守本分。这里，我且不把这个重要思想充分展开，只匆匆说几点一般看法，或许有助于澄清这个问题，帮助我们对制宪会议设计的政府原理和结构，形成一个正确判断。

让政府的三个组成部门互动，各守本分

为奠定一个公正基础，把政府不同部门的权力分开和单独行使[110]，是维护公民权利的基本要求。这一点，所有各方，一定程度上，都承认。显然，每个部门，都应该有自己的意志；因此，组成各个部门时，官员的产生办法，要尽量避免部门之间的相互介入。要想严格遵循这条原则，就要求行政、立法、司法的所有高级官员，都应来自同一个授权之源——人民，通

三个部门的高级官员，产生办法应该尽量分开

过互不沟通的渠道产生。三个部门的官员，都由人民选举，实行起来，或许没有想象的那么难。不过，真要实行起来，会有一些困难，会多花一些钱。因此，出现一些偏离原则的情况，应该予以承认。特别是组成司法部门，严格遵循这条原则，并非明智之举；一、法官必须具备特定资质，设计法官挑选模式时，首先要考虑的，是保证入选者具备特定资质；二、法官实行终身制，一旦上任，就不再依赖任命他们的人。

每个部门官员的薪水，应该尽量不互相依赖

同样明显：每个部门的官员薪水，应尽量不依赖其他部门官员。行政官和法官的薪水，若不能独立于议会，要行政官和法官在其他方面保持独立，只能是空话。

防止权力集中，必须让抱负与抱负相克相生

最需要防备的，是各种权力被逐渐集中到一个部门。防备办法，是赋予各部门主管官员必要的宪法手段，使他们各自具备个人动机，抵御其他部门蚕食他们的权力。对付这种情况，和对付其他情况一样，提供的自卫条文，要足以对付可能来自其他部门的进攻危险。必须让抱负与抱负相克相生。[11]个人利益，要与宪法授予的职权结合起来。这，或许就是人性的反映，这种机制，对控制政府滥权必不可少。建立政府这个做法，不就是人性弱点的最大反映么？倘若人人都是天使，就用不着政府。倘若组成政府的人都是天使，对政府的外部控制和内部控制，也都成为多余。设计人管理人的政府时，最大难处就在于此：你必须使治人者先具备控制被治者的能力；然后，使治人者有责任控制他们自己。让政府依赖人民，无疑是对政府的首要控制；经验告诫人类，还必须设定辅助防备措施。

利用对立和相互争雄的好处，弥补较好动机的不足

利用对立和相互争雄的利益，弥补较好动机的不足，贯穿人类活动的整个体制，不论是执行私务还是执行公务。我们看到，这种格局，特别出现在权力的所有下属部门；在下属部门，各个职位都分开，每个职位都对其他职位构成一层制约；

每个人的私利，都构成对公利的保护。谨慎之心的这些发明，在最高国务权力的分配中更不可少。

可是，没有办法给每个部门都配备均等的自卫权。共和政府里，立法权势必占据优势。矫正这一不足的办法，是把议会分为两院；并且使两院议员的产生办法不同，各有不同的行为准则，彼此尽量减少联系，符合它们共有的功能性质，使他们共同依赖于社会，即可实现目的。甚至，还有必要进一步防止他们的越权危险，设定进一步的防止措施。立法权的分量，要求议会分成两院，另一方面，行政部门的脆弱，或许也要求加以拱卫。对议会立法的绝对否决权，起初曾显得是用来武装行政官的一种自然保护措施。不过这个办法，既不安全可靠，又不完全奏效。一般情况下，否决权可能不会以所需的坚定执行；非常情况下，可能遭到背信弃义的滥用。绝对否决权，或许可以通过这个较弱部门与较强部门的较弱分支的一些其他合格的联系，[112]后者可能会支持宪法赋予前者的权利，无须过于依赖它本身部门的权利，来克服这种缺点。

议会分为两院，赋予总统相对否决权

如果这些看法所基于的这些原理正确，我自认为它们是正确的，就应该作为一条标准，运用到各邦宪法中去，运用到《联邦宪法》中去，人们会发现，如果后者不能与之完美合作，前者[113]肯定更经不住这样的检验。

分权原则，既要用于邦宪法，也要用于《联邦宪法》

还有两层考虑，特别适于美利坚的联邦制，使这一体制观察起来特别有趣。

邦：单一共和国；联邦：复合共和国

一、在一个单一的共和国里，人民交出的所有权力，赋予一个单一的政府行使；防止篡权的办法，是把政府分成三个单立的部门。在美利坚这个复合共和国[114]里，人民交出的权力，首先在两层分立的政府[115]之间分配，各分一部分，然后，再把两层分立的政府，各划分为三个分立的部门。这样，人民的权利，就有了双重保障。两层政府会互相控制；同时，每个政府又自我控制。

保护少数不受多数压迫的两种办法

二、在一个共和国里，极其重要的是，不仅要保护社会免受其统治者的压迫，而且，要保护社会的一部分人，不受其他部分的不公正对待。不同的利益，势必存在于不同阶层的公民之中。若过半数的人，被一种共同利益联合起来，少数的利益，就不安全。处理这种弊病，有两种办法：一是在社会中创建一种意志，独立于多数，也就是说，创建一种社会本身的意志；另一种办法，是使人们明白，社会上有这么多种情况各不相同的公民，使总体中的过半数，用不公正的办法结合，即使不是行不通，也多半无法实现。第一种办法，盛行于所有世袭制政府和自我授权政府。这个办法，充其量也是靠不住的；因为，一种不受社会约束的权力，可以把多数人的错误意见，当作正当利益采纳，也可以把少数人的错误观念，当作正当利益采纳，还可能对二者都加以反对。第二种办法，可用联邦共和国作例证。联邦共和国的所有权力，都来源于社会、依附于社会，社会本身会分解成许许多多的部分、利益和公民阶层，个人的利益、少数的利益不大可能受到多数利益结合的威胁。一个自由政府，保护民权，应该像保护宗教权利一样。民权，存在于利益的多元化中，宗教权利，存在于教派的多元化中。在这两种情况里，得到保护的程度，取决于利益和教派的种类多少；由此推断，受保护的程度，取决于一个国家的幅员大小，取决于同一个政府之下容纳的人数多寡。这一观点，势必向主张共和制的认真而细心的人们，推荐一种适当的联邦体制：因为，这种观点表明，若按准确的比例，把联邦的领土，重新划界，划成若干自有边界的联盟或邦，由一个多数，形成具有压迫性的结合，就容易实行了，共和制对每个公民阶层的最佳保护，就减少了；结果，政府中有些部门的稳定和独立，唯一的另一个保障，势必成比例地增长。正义，是政府的目标；正义，是文明社会的目标；正义，是过往和将来都在追求的目标，要么实现正义，要么在追求中失去自由。在一种社会形态中，处于强势的派别，可以轻而易举地压迫弱者，那就真可以说是无政府主义当道了，就像处在一种自然状态，弱肉强食；而在后一种状态，连强者也要受到自身状况的不确定性的影响，去寻求一个既能保护弱者，也能保护自身的社会[116]：在前一种状态，较强的派或党，会逐渐受类似动机的诱惑，希望建立一个能够保护全体的政府，包括弱者和强者。没有什么可以怀疑，如果罗得岛邦从联盟分离出去，自顾自，在民众政府的形态下，在如此狭小的限度内，其权利的无保障，会被派别多数的反复压迫展现出来，不受人民约束的某些权力结合起来，会迅速被这些派别本身呼唤，他们的错误施政证明需要这个。在国土辽阔的联邦共和国内，在众多利益、党派和教派之间，联邦怀抱了整个社会的一个多数同盟，很少采取其他原则，只追求正义和公益；少数人极少受到多数人的威胁，为前者提供保护，就不会有什么前提要求，在政府内引进一种不依附于后者的意志；换言之，一种独立于社会本身的意志。比重要更肯定的是：与自鸣得意的反对派观点相反：社会越大，只要存在于可以操作的范围内，它越是有能力自治。对共和原理来说，所谓可以操作的范围，可以延伸得非常广阔，只要坚持贯彻联邦原则，加以明智的修饰和混合即可。[117]

帕伯琉斯

*《反联邦论》第51篇，题为“制约和平衡[118]真能确保人民的各项权利?”，作者署名“卡利塞”(Carlisle)，宾夕法尼亚人，摘自1788年出版的小册子《贵族治国论》(*Aristocrotis*)，“大自然描绘的政府，或新联邦宪法的准确写照”。

⑩ 分开和单独行使(separate and distinct exercise)：三权“分立”中的“分立”是两个概念：“分”是分开，“立”是自立、单独行使。

⑪ 必须让抱负与抱负相克相生(Ambition must be made to counteract ambition.)：有人把这个句子译为“野心必须用野心来对抗”。认定官员竞选时和上任时，已经是满脑子“野心”，未免消极。英语 ambition 是中性词，兼含“雄心”和“野心”两重意思，不带褒贬。“野心”“雄心”是事后判断：成则为王，当初的愿望，是“雄心壮志”；败则为寇，当初的愿望，是“野心勃勃”。“抱负与抱负相克相生”，指从政者各提出自认为更好的方案，彼此竞争，不是“两害相权取其轻”，而是利用“相互争雄”的心理，“两益相权择其优”，鼓励政府内部的良性竞争，是积极的。

⑫ 希望总统和参议院联手，抵御众议院的声势，被麦迪逊用如此费解的词语表达。

⑬ 此句中后者指参议院，前者指总统。

⑭ 单一共和国(a single republic)：指各邦，说明“邦”是加盟共和国；美利坚的复合共和国(the compound republic of America)说明：美利坚联邦是一个共和国联盟。“苏联”就是加盟共和国联盟。

⑮ 两层分立的政府(two distinct governments)：一层为联邦政府，一层为各邦政府。

⑯ 关于防止多数压迫少数，参见《联邦论》第十篇。

⑰ 众议院(House of Representatives)：制宪会议对《联盟条款》所作的第一个重要改动，是把原来一院制的“联盟议会”(Congress of Confederation) 改造成两院制的“联邦议会”(Congress of the United States)。

制宪会议之前十年，各邦宪法设立的邦政府，都由两院构成。唯独联盟议会是一院制。因此，议会实行两院制，并不是制宪会议的发明，只是把各邦普遍实行的制度，移植到联邦一级。把松散的联盟，变成紧凑的联邦。

各邦众议院的议员席位，在各县和城镇之间分配，名额确定。联盟议会代表，按《联盟条款》第五条规定，每邦二到七名，人数不定，而且，各邦议会可以随时召回，另派人顶替。

《联邦宪法》规定，众议员在各邦按人口分配，名额稳定，十年调整一次。联盟议会内，是按邦计票；联邦众议院内，是按人计票，每名众议员，各有一份平等的表决权。

制宪会议的另一举措，是减少众议院的人数和延长众议员的任期。弗吉尼亚、马萨诸塞的邦众议院，议员多达数百人。联邦的众议院，开始时只有六十五名议员。各邦议会众议员的任期，多为一年，有的甚至只有半年，联邦众议员的任期增加到两年。

《联盟条款》规定：代表在六年内，任期不得超过三年；

《联邦宪法》对众议员连任届数没有规定。

这一切都说明：制宪会议希望美国从乱到治，缩小政府规模，延长官员任期，希望增加政府的稳定性和施政的效率。

⑱ 制约和平衡(checks and balances)：《联邦宪法》里面，并没有出现“制约”“平衡”这样的字眼。汉密尔顿、麦迪逊、杰伊三人，在《联邦论》里，只有一次，把“制约”和“平衡”两个词并用，指参议院和众议院的关系。倒是反联邦派，替他们作了归纳。

第五十二篇*

一论众议院：选民资格，候选人资格和任期

麦迪逊

1788 年 2 月 8 日　原载《纽约邮报》

致纽约邦民众：

前面四篇文章，对政府结构作了一般探讨。现在具体讨论政府的三个部门，先从众议院说起。

联邦众议员的选民资格由各邦宪法自定

我们首先看看：联邦众议员的选民资格和议员的当选资格。联邦众议员的选民资格，与各邦议会中人多一院[119]的议员选民资格相同。大家一致认为：选举权的定义，是共和政府的基本要义，这点至为公平。因此，制宪会议义不容辞地在宪法中对选举权提出定义，确立条文。根据这个理由，若把选举权定义，交给联邦议会，时不时地变动，实为不妥。同理，把选举权的定义，交给各邦议会，随机变动，亦不妥当。还有一个理由：这样会把选举权的定义，过于依赖各邦政府，过于依赖联邦政府的众议院，而议会这个部门，应该完全依赖人民。要把不同的邦，制定的不同的选民资格[120]，在整个联邦内整齐划一，对某些邦来说，也非尽如人意，这是制宪会议遇到的难

处。因此，制宪会议制定的条文，是他们可选择范围以内的最佳选择。这样，可以使每个邦都满意；因为这样确定下来的选民资格，与各邦已经确立下来的标准一致，或者，将由各邦自定。这对联邦来说是安全的；因为，由各邦宪法固定定义，邦政府就不能改动，不用担心各邦的人改动他们宪法的这个部分，使他们没有办法剥夺《联邦宪法》赋予人民的权利。

众议员候选人的资格，在各邦的宪法里，制定得不够周密、不够妥当[12]，但是比较容易统一划齐，制宪会议作了适当考虑，加以统一。当选联邦众议员，须年满二十五岁，成为联邦公民满七年，当选时需在本邦定居，担任联邦众议员时不得担任联邦的其他职务。根据这些合理的限制，联邦众议院的大门，向各种有德行的人开放，不论他是本土出生还是入籍移民，不论老少，不论贫富，不论职业和宗教信仰。

联邦宪法对联邦众议员候选人的资格规定

第二个问题，是联邦众议员的任期。

为了说明这一条是否适宜，先要考虑两个问题。一、两年选举一次，是否安全？二、两年选举一次，是否必要、是否有用？

联邦众议员的任期问题

一、维护公民权利的基本信条，是政府与人民在利益上的一致；因此，特别重要的是：众议院应该直接依赖人民，对人民亲切同情。按一定的频度改选，无疑是有效保障这种依赖和同情的唯一办法。可是，什么样的频度，才是这一目的的绝对必需呢？这点，不容制宪会议精确计算，而是取决于与之相关的多种多样的环境。我们来请教一下经验吧，因为，凡是存在经验的地方，经验总是会给我们提供指南。

代议制，作为公民直接聚会、议政施政的替代办法，出现于古代政体，但起源不详，难以考察。我们要想寻找具有启示意义的例证，要到比较现代的历史中去寻找。在这个领域，为了避免过于模棱两可和分散注意力的研究，最好还是限定在

代议制走过的历程，英国下院三年改选一次

少数最著名的例子里，对我们现在的情况，最具可比性。具有这种性质的第一个例子，是大不列颠议会的下院。英国宪政中的这个部门，出现在《大宪章》之前，但信息湮灭，难求启迪。[122]下院何时开始存在，一直是政治文物研究中的一个课题。《大宪章》后的最早记载证明，英国议会，是每年只开会一次，不是每年选举一次。即使这种一年一度的议会，也时常受到君主的任性影响，受到多种多样的前提限制，中断时间往往很长，而且危险。那些限制常常是忠于国王的人挖空心思想出来的。为了避免抱怨，查理二世执政时，颁布了一条政令：议会中断不得超过三年。威廉三世继位时，适逢一场政府革命，以更严肃的方式提出这个问题，结果宣布：举行议会是人民的根本权利之一，议会应该频繁开会。也在威廉三世治下，几年后通过另一道政令，"频繁"一词，查理二世时曾被用来暗指两年，现在回归到一种精确含义，明确宣布：新议会将在前次议会结束后三年内举行。人们熟知的三年变为七年，是本世纪早期引入的，出于汉诺威王朝对继承的惊恐。从这些事实来看，英国下院选举的最大频度，是三年一次，以便保持议员与选民的联系。如果我们能从公民权利的程度争辩，在七年选举制下，加上英国议会构成的所有罪恶成分，我们不能怀疑，把时间从七年减到三年，加上其他必要的改革，会增加人民对议员的影响力，使我们觉得满意，在联邦体制下，两年一次选举，不可能威胁到众议员对选民的必要依赖。

爱尔兰的议会八年改选一次

爱尔兰的选举，直到最近，还是听从王室的意向，除新君主继位，或遇到什么其他偶然事件，很少重选。议会与乔治二世联系，乔治二世在位期间一直延续，时间约三十五年。议员对人民的唯一依赖，是遇到议员名额出缺时，人民需要选举新议员补充，有时遇到特殊场合，需要全部改选。爱尔兰议会的能力，在维护选民权利方面，迄今为止或许存在，也要受到王室的极端控制，议会的议题由王室决定。这些桎梏，如果我没弄错的话，已经被打破；八年一度的议会，已经建立起来。这种局部改革，会造成怎样的效果，有待进一步观察。从这个角度看，爱尔兰的例子，对这个问题没什么启发意义。要从其中吸取什么结论，那就是：如果那个国家的人民，处在这样不利的条件下，还能保持公民权利，那么，两年一度的选举，只需依靠他们的议员和人民之间的正当联系，就会给他们带来最大限度的自由。

代议制在美利坚的历程；两年改选一次没有危险

现在，我们来考察近在眼前的国内。目前北美各邦、当初还是英国殖民地时的例证，特别值得注意。不过，大家对此十分熟悉，这里无需多谈。十三个殖民地，议会两院中，至少有一院已经实行代议制原则[123]。各个殖民地选举周期不同，少则一年一次，多则七年一次。从议员的精神和表现来看，我们是否可以推断：革命[124]前，两年选举一次众议员，曾经危害公众的自由权利么？斗争开始时，(众议院的)这种精神，到处展现出来；突破种种障碍，奔向独立，就是最好的证明，说明到处都享受到这种自由的足够部分，激励出自豪感和高扬的热情。这种评价，也适合于当时的各个殖民地，选举并不频繁的殖民地和选举频繁的殖民地一样。弗吉尼亚首先站出来，反对英国议会篡夺殖民地的立法权；弗吉尼亚也是第一个站出来，通过公众立法，决定独立。可是，在弗吉尼亚，如果我的信息来源不错，殖民时期的议会选举，也是七年一次。举出这个具体例子，并不证明什么特殊优点，因为这个例子突出，多半出于偶然；七年选举一次，优点并不少些，与较高的选举频率相比，七年可以接受；举出弗吉尼亚的例子，只不过证明，而且，我认为它是一个具有非常实质性的证明：两年选举一次，不会危及人民的自由权利。

回忆以下三种情景，不会加强这些例子所引出的结论。

美国众议院权力不及英国下院，还受各邦和参议院制约

第一，英国议会被完全赋予最高立法权威，美国议会只拥有英国议会的部分权力，除少数例外，各殖民地众议院和爱尔兰议会，曾行使过这一部分权力。人们普遍接受这条根据确凿的公理：在没有其他影响的条件下，授的权越大，授权的期限应该越短；反之，授的权越小，授权期限就可以安全地延长一些。第二，在另一处已经证明：联邦议会所受的限制，不仅在于依赖人民，而且在于：各邦议会都会对它加以监督和控制，其他国家的立法机构则不是这样。第三，两种手段不可比较：一种是联邦政府中比较稳定的部门（指参议院），如果它们想要，可以用手段诱惑众议院，使他们背离对人民的义务；另一种是政府的其他部门对众议院的影响。由于可滥用之权减少，联邦众议员，一方面受的诱惑少些，另一方面，将会受到双倍监督。

帕伯琉斯

*《反联邦论》第52篇，题为"众议员两年选举一次的保障"，作者署名康西德·阿姆斯、马里奇·梅纳德、萨缪尔·菲尔德，载《罕布什尔报》，1788年4月9日。

---

⑲ 各邦议会中人多一院（the most numerous branch of the State Legislatures）：1787年，北美十三个邦的议会，沿袭英国议会和北美殖民时期议会的体制，实行两院制。其中议员人数较多的一院，后来变成邦众议院。不过，当时各邦所用英语名称不同，马萨诸塞叫 House of Representatives，马里兰叫 the Assembly，北卡罗来纳叫 the House of Delegates。制宪会议在《联邦宪法》中只好用"各邦议会中人多一院"这个拗口的词，作为通称。以下译文中简称"各邦众议院"，以便阅读。

⑳ 选民资格：美国初年，政治俱乐部，并非不要门票，而是设有门槛。十三部邦宪法，对选民资格，规定不同。最宽的是宾夕法尼亚，选民资格为：年满二十一岁的纳税男子，和自由拥有土地者的年满二十一岁的儿子；马里兰宪法规定：拥有五十英亩土地或三十英镑财产的人，才有资格选举邦众议员；弗吉尼亚邦宪法规定：自由拥有二十五英亩土地的

人，或拥有相应资产的城镇居民，才有选举邦众议员的资格；南卡罗来纳邦宪法规定：拥有五十英亩土地或城镇里的相应资产、年满二十一岁的白人男子，才有选举邦众议员的资格。

1787年8月7日，制宪会议开始讨论宪法初稿第四条第一款："联邦众议员的选民资格，与各邦选举议会中人多一院议员的选民资格相同。"古文诺·莫里斯提议：对选民资格加以限制，只给拥有土地的自由人。威廉森：反对限制选民资格。艾尔斯沃斯：选举权是一个敏感点，各邦宪法都极力维护选民资格。梅森：八九个邦已经把选举权放宽到自由持有土地者以外。巴特勒：人民最忌讳改变的，就是选举权，再没有什么比这个更厉害。古文诺·莫里斯：目前，十分之九的人都是自由土地持有者。麦迪逊：普遍选举权肯定是共和政府最基本的信条之一。8月8日，继续讨论。戈汉姆：美利坚各地，人民早已习惯享有选举权，绝不会答应剥夺他们的选举权。如果想要我们的主张得到人民赞同，必须考虑人们根深蒂固的观念。会议表决，结果一致同意宪法初稿第四条第一款。见《辩论》8月7日和8月8日的会议记录。

制宪会议认为，如果在《联邦宪法》里设定财产门槛，会遭到全世界的嘲笑，会引起部分美国人民的不满，决定把财产资格这个烫手山芋交给各邦议会。《联邦宪法》行文巧妙，第一条第二款第二项后半句为："各邦选举人，应具备本邦议会中人多一院议员的选举人所需具备的资格。"条文里没有"财产"二字。美国宪法史学家认为：当时各邦宪法设定的财产门槛，比起英国来，还是低些。他们相信：18世纪，居民中拥有选举权的人，可以用选票参与政治的人，在北美殖民地的比例，高于欧洲多数国家。

1790年，美国举行第一次人口清点，共点出三百九十二万人。其中，七十九万黑人，没有选举权；一百五十一万白人女性，没有选举权；一百六十一万白人男性中，不满二十一岁者，没有选举权；满二十一岁而财产资格不足者，没有选举权；由于那时瘟疫和流行病时有发生，又没有避孕意识和措施，子女众多，十分普遍：汉密尔顿夫妻，生了十个子女；众议员谢尔曼，有十五个子女。人口的平均年龄为十五岁；未成年人多于成年人。这样算下来，18世纪80年代后期，美国具有选民资格的人，十三个邦加起来，充其量不到七十万。

美国宪法中，修改最多的部分之一，是选民资格。

一、1870年2月8日，宪法修正案第十五条生效："联邦公民的选举权，联邦或任何一邦，不得因种族、肤色或过去曾服劳役而予否认或剥夺。"黑奴和白奴获得选举权；

二、1920年8月18日，宪法修正案第十九条生效："联邦公民的选举权，联邦和任何一邦，不得以性别为由加以否认或剥夺。"妇女获得选举权；

1996年，在任总统克林顿与共和党提名人多尔竞选，结果，克林顿获胜。事后，研究者发现：如果不计算1996年选举中的妇女票，就是多尔得胜。因此，有人称克林顿是更多受到女性拥戴的总统。

三、1967年2月10日，宪法修正案第二十四条生效："在初选和其他选举中，联邦公民选举总统和副总统的权利，选举总统和副总统选举人的权利，选举联邦参议员和众议员的权利，联邦和任何一邦，不得以未交人头税和其他税为由，予以否认或剥夺。"财产和纳税义务不再成为选民资格；

四、1971年6月30日，宪法修正案第二十六条生效："年满十八岁和十八岁以上公民的选举权，联邦和任何一邦，不得以年龄为由加以否认或剥夺。"年龄限制，从二十一岁降低到十八岁。

选举权，作为进入"政治俱乐部"的入场券，作为一种财产资格，选民对选举权十分看重；等到选举权成为"政治俱乐部"的免费赠券，人人都有时，公民对"免费入场券"兴趣明显下降。在美国的表现，是参加总统选举投票的人，有时低到不足全体选民的半数。

⑫¹ 联邦众议员的财产资格：邦众议员候选人的财产资格，即担任官员的最低财产资格，各邦亦不相同。新泽西宪法规定：拥有五百英镑资产，才能当选邦众议员；马里兰宪法的规定同新泽西；宾夕法尼亚宪法规定：信仰上帝和新约旧约中神圣原则的人，才能当选议员；北卡罗来纳宪法规定：拥有一百英亩土地的人，才能当选邦众议员；马萨诸塞宪法规定：拥有一百英镑动产或二百英镑定产的人，才能当选邦众议员。

⑫² 信息湮灭，难求启迪：阎照祥《英国政治制度史》(人民出版社，1999年9月第一版)第三章第一节"议会的起源"，说明了英国议会渐进积累的复杂过程。按阎照祥的说法，下院的起点是1332至1343年。

⑫³ 殖民时期的代议制：英国殖民者给北美留下的宝贵政治遗产之一，是北美人民早已习惯选举制，代议制、十三个殖民地都有"宪章"，成为后来"邦宪法"的基础。康涅狄格和罗得岛在美国革命中，只是把殖民地宪章中"英国皇室"字样去掉，就变成邦宪法，可见二者的相似或相近。殖民时期的议会一般分为两院：总督从殖民地上层人士中，提名若干人，交英国王室批准和任命，组成殖民地上院(参议院)，或称咨议院，但美国没有贵族的传统，是北美上院与英国上院的不同。殖民地下院(众议院)，由当地中下层人士选举。殖民地众议院的成员，许多成为后来美国独立运动的中坚。

⑫⁴ 革命(revolution)：许多美国人行文时，喜欢把"独立战争"称为"美国革命"。一些美国史学者认为，若将"革命"定义为阶级之间的暴力斗争，出现阶级结构重组，则独立战争不能算一场革命，因为它并没有改变美国的阶级结构；若将"革命"定义为政府形式的更迭，独立战争可以算一场革命，因为，美国先用各邦宪法代替了殖民地宪章，后用《联邦宪法》取代《联盟条款》，按《联邦宪法》组成联邦政府。以上二者，都是政治理论和政治结构的变革。

第五十三篇*

二论众议院：任期两年，是否太长

麦迪逊

1788年2月9日　原载《独立报》

致纽约邦民众：

议员的选举周期，与一个邦的施政好坏，没有直接关系

写到这里，或许会有人提起一个流行的说法："一年一度的选举收场，暴政便随之登场。"如果此话当真，已经进入谚语，大家都觉得有理，那么，同样真实的是，谚语一旦成形，常常会被应用到谚语的道理延伸不到的地方。眼前的这个例子，就是证明。这句谚语道理何在？没有人会傻到断定：太阳运转或四季轮回，与人对权力诱惑的道德抵御周期，二者之间存在自然联系。人类总算幸运，在选举周期问题上，公民权利并不是限定在某一个时间点；而是延伸于两极之间，中间有广阔的幅度，足以包容文明社会千变万化所需的所有各种变体。行政官的选举，大家如果觉得必要，如例所示，可以每天选，每周选，每月选，或每年选；如果形势可以把规则偏向一边，为什么不可以偏向另一边呢？回到选举周期问题，我们发现：各邦众议员的选举周期，各不相同，与选举行政官的周期

也不同。康涅狄格和罗得岛，每半年改选一次邦众议员，其他各邦，一年改选一次，只有南卡罗来纳，两年改选一次，与宪法中提议的联邦众议员改选周期一致。[125]各邦之间，最长周期与最短周期，区别达到四比一。不过，很难证明：康涅狄格和罗得岛，比南卡罗来纳治理得更好，享受更多的公民自由；也很难证明，康涅狄格和罗得岛中的一个，或其他邦中的任何一个，在这方面特别突出，或因此而比其他的邦强。

英国议会权力至上，议会可以修改宪法；美国宪法至上，宪法可以改变政府形式

要想寻找这方面的依据，我只能找出一点，但与我们现在讨论的题目完全对不上号。美国人民十分理解：政府不能改动由人民树立的宪法，但是，政府可以改动由议会通过的立法；二者之间有重大区别，其他国家似乎不太理解，不大注意。最高立法权力所在之地，设定拥有这种权力，拥有改变政府形式的全权。即使在大不列颠，政治权利和公民权利已经得到充分讨论；我们听说了那里的许多宪法权利，但他们仍旧坚持认为：议会的权力至高无上，不受控制，可以改变宪法[126]，也可以对普通的题目立法。因此，有好几次，英国人实际通过议会立法，改变了组织政府的一些根本条款。有时，他们特别改动了选举周期；最近一次，不仅用七年选举一次，取代三年选举一次；并且，用同一项立法，延长了议员任期，人民选他们任期三年，他们自己加了四年，延伸到七年。注意到这些危险的做法，引起信奉自由政府的人们警觉，在他们眼中，频繁选举是自由的基石；引导他们去寻求公民权利的保障，对抗他们面临的危险。在宪法不高于政府的地方，不论是过去存在的，还是能够找到的，都没有类似美利坚所作的尝试：由宪法决定政府[127]的形式。因此，需要寻找一些其他的保障；在这种情况下，还有什么比选择一个简单而熟悉的周期，作为测量创新危险的标准，固定国民情绪，联合爱国热情，更为适合呢？就众议员的改选而言，最简单、最熟悉的周期，是一年，就这样，信

条由一种热情建立起来，树立起一些障碍，防止无限政府的逐渐创新，限制通向暴政的进程，需要从年度选举的固定点，作为出发点，按距离计算。可是，有什么必要把这个成分运用到一个像联邦政府那样受到限制的政府，一个由至高无上的宪法授权的政府？或者，谁会假装说：美国人民的公民权利，在两年一度的选举中，由宪法固定不动，会不那么安全，比不上其他国家，在那些国家里，选举是一年一次，甚至更频繁，可是却要服从政府通过普通权力就可以变来变去的原则。

众议员两年改选一次，是否必要、是否恰当

第二个问题，两年改选一次众议员，是否必要，是否有用？答案是肯定的，几点明显的原因如下。

众议员的任期，取决于经验的广度和长度，要与任职表现符合

一个人如果没有正直的意图，没有稳妥的判断，对自己想要立法的对象，没有一定程度的知识，当不了称职的众议员。这种知识，一部分，可能来源于人们私人生活和公共关系中获取的信息；另一部分，只可能通过实际经验获取，通过任职期间的实际运作获取，或者，至少这样才能完全获取。因此，所有这些情况下，众议员的任期，应与实际历练的时间长度和广度成比例，符合任职期内的适当表现。我们已经看到，多数邦的众议员任期，都是一年。于是，这个问题可以换成另一种简单的提法：两年对担任联邦众议员来说是否太长，与邦众议员任职一年所需的知识是否相当？用这样的方式提出问题，问题便迎刃而解。

联邦众议员需要更多知识和经验，任期应长于各邦众议员

在一个单一的邦里，需要的知识并不那么复杂多样，要了解本邦已经做出的立法，这些立法在本邦以内是统一划齐的，本邦的全体公民，对这些立法都比较熟悉，要了解本邦的一般事务，这些事务都局限在一个较小的范围内，要了解每个阶层的百姓注意的事情和谈话的内容。联邦的大舞台，却展现出一幅非常不同的场景。联邦已经做出的立法，远远不是整齐划一，各邦都有所不同；联邦的公共事务，扩展到四面八方，由

于各地的事务都与联邦有关，显得千差万别，处于另外一个地方，很难正确了解全局，不像在中心议会那样，帝国每个部分的议员，都会带来自己的知识。可是，关于某些事务的知识，包括十三个邦的立法，都需要从来自每邦的众议员了解。不接触各个邦的商业、港口、货运规则、管理规则，如何能对外贸做出统一立法？不了解各邦之间在这些那些问题上的相对处境，如何制定邦际贸易的正当规则？各种课税，如果不能适应各邦的立法，不能适应各邦的具体征税环境，如何能做到适当征税？不了解各邦之间在民兵管理上的内部环境和不同做法，如何能够制定整个联邦的整齐划一的民兵管理规则？这些，都是联邦立法的主要对象，要求联邦众议员具备广泛的知识。其他次要对象，也都需要相应的知识。

联邦立法事务，比各邦复杂，加长议员任期是合理的

的确，所有这些困难都会逐渐变小。最为费劲的任务，是以适当的方式把政府建立起来，初步形成一套联邦法典。在初稿的基础上，再加以改进，会逐年变得容易，任务也会越来越少。政府已经做成的事情，对新议员而言，会成为现成和准确的信息来源。联邦的事务，会越来越变成公民好奇和谈论的对象。各邦之间越来越多的交往，所作的贡献，不仅限于扩散它们之间相互的知识，而这种扩散，又会有利于总体的同化，各邦的办事方式和立法会彼此靠近。随着这些障碍的排除，联邦需要立法的事务，必须继续前进，在新颖和困难方面，都会超过单个邦的立法事务，说明加长众议员任期的合理。

联邦众议员需要通过实践了解国际法和各国贸易政策

联邦众议员需要熟悉了解的一个领域，前面还没有提到，是对外事务。为了管理我们的贸易，联邦众议员，不仅应该了解美国与其他国家签订的条约，而且应该了解其他国家的贸易政策和贸易立法。联邦众议员，绝不能对国际法一无所知，因为地方立法交给联邦议会的适当目的即在于此。虽然众议院不直接参与对外谈判和安排，可是，由于公共事务各部门势

不可免的联系，其他部门的活动，都值得众议院经常认真注意，有时候会要求众议院的立法同意和合作。这些知识中的一些部分，无疑需要放在一个人的心里；其中有些，只能从公共信息中获取；而所有这一切，都需要真情实景的议会服务、实际参与，才能达到最佳效果。

或许，还有一些其他的次要考虑，也不是不值得注意。许多众议员到首都来，往返路程遥远，由此而产生一些必要的安排，构成一个严肃理由，如果任期只有一年，而非两年，有些人就不适合干了。这事不能按现行联盟议会代表的情况类推，的确，他们是一年一选；可是他们的连选连任，在各邦议会的眼中，差不多是当然的事。由人民选举联邦众议员，或许就不会遵循相同的原则了。

若任期只有一年，有人或许就不愿或不能当联邦众议员了

所有议会都会发生这样的事情：少数议员，才华高人一筹，由于频繁当选，成为常规议员；完全成为公共事务中的主宰者，或许不会不愿意享受这种优势。新议员在议会中占的比例越大，不熟悉业务的议员越多，新议员就越是容易堕进老资格议员的圈套。这条意见，用到参众两院之间的关系，也适合。

新议员太多，会落进资深议员的圈套

我们的频繁选举，有好处，但其中也掺杂不好之处，即使在一个邦里也是如此，议员人数众多，但是一年只开一次会，对选举舞弊无法调查，不能及时筛掉舞弊的人。只要能通过资格审查，不论采取什么非法手段，已经获取职位的舞弊议员，肯定可以任职相当时间，实现他自己的目的。这样，就非常有害地鼓励采用非法手段获得当选。如果联邦众议员也是一年改选一次，这种做法，可能变成一种非常严重的滥权，尤其是在比较遥远的邦里。两院必须成为自身选举的审查者，审查新议员的资格和当选是否合法，大家还可以根据经验，商讨如何细化和加速有争议案件的审查程序，改进工作。一年

剔除通过舞弊当选的议员，要费许多时间

中这么大的一个部分，就在剔除不合格议员之中过去，这样做的前景，仍旧很难制止住利用不公平的非法手段，获取议员席位。

结论：联邦众议员两年改选一次，有利公务

把这些考虑结合到一起，使我们坚信：联邦众议员两年选举一次，对公众事务是有用的，我们看到，对于确保公民权利，也是安全的。

帕伯琉斯

*《反联邦论》第53篇，题为"请求给予罢免权"，作者署会名阿米卡斯(Amicus)，原载《哥伦比亚先驱报》，1788年8月28日。

---

⑫⑤ 任期两年：今天，联邦众议员都觉得两年任期太短，但在当初，把众议员的任期，从普遍的一年，加到两年，却曾经引起一阵恐慌。

⑫⑥ 英国宪法和美国宪法：英国经历了古代史，漫长的中世纪，然后进入近代。英国宪法，经历了漫长的起源和发展，各种政府形式，行政官，议会、法院，都有漫长曲折的进化过程。参见阎照祥著《英国政治制度史》，人民出版社，1999年版。英国宪法是累积而成的。先有《大宪章》，后有《权利法案》，然后议会不断立法，采取后次覆盖前次的办法，逐渐淘汰一些过去的过时的条文，逐渐增加一些符合时代潮流的新条文。因此，在英国，议会高于宪法，有权随时修改宪法，例如"王位继承法"就经过多次修改。英国宪法，常被称为"不成文法"，其实，不是没有形成文字，而是没有整理成一个文件。

以英国为主的欧洲移民，进入北美时，跨越了古代和中世纪，直接切入近代。这使得美国人可以先定政治游戏规则，按规则展开政治游戏。美国宪法是最高法律，高于议会立法。议会立法如果不符合宪法，上诉到联邦最高法院，联邦最高法院若认定属实，可以宣布各邦或联邦议会的立法"违宪"，因而无效。联邦最高法院的这种解释宪法的权力，捍卫宪法的权力，宣布各邦或联邦议会立法"违宪"的权力，是美国特色，甚至是制宪代表们感到自豪的得意之笔，认为是"三权分立，相互制衡"的重要组成部分。

⑫⑦ 制宪会议的第三阶段：

1787年5月25日，制宪会议开始设计联邦政府的蓝图，到7月26日结束第二阶段辩论，已经整整两个月，除星期天做礼拜，7月4日独立日放假一天，他们每周工作六天。会议开始时，还是春末，代表们身穿呢绒燕尾服，在门窗紧闭、拉上窗帘的会议室里唇枪舌剑。到了盛夏，他们需要回家，需要服装换季。会议决定放假十天。放假之前，会议通过“第二阶段辩论小结”，共二十七条决议，交给“详情细节委员会”，让委员会整理成“宪法初稿”。详情细节委员会由五人组成：南卡罗来纳的拉特里奇，弗吉尼亚的伦道夫，马萨诸塞的戈汉姆，康涅狄格的艾尔斯沃斯，宾夕法尼亚的威尔逊。据说，“宪法初稿”主要出自威尔逊的手笔。

十天后，8 月 6 日，制宪会议复会，以“宪法初稿”为基础，继续展开第三轮辩论，直到 9 月 10 日，是为制宪会议的第三阶段。

第五十四篇*

三论众议院：席位分配规则，是否合理

麦迪逊

1788 年 2 月 12 日　原载《纽约邮报》

致纽约邦民众：

众议员席位和直接税金额，在各邦之间按人口比例分配

我对众议院的下一个观察，是众议员席位在十三个邦之间的分配。众议员席位的分配规则，与直接税的分配规则相同。

人口不能作为席位分配规则的依据(因为有黑人)

各邦人口数，不应作为各邦之间分配众议员席位的标准，这点，无人反对。对税务负担分配所建立的同样规则，多半也不会有什么人反对；虽然税务负担规则本身，与席位分配规则的原理不同。席位分配规则，指的是人民的个人权利，分配规则与个人权利具有自然的、普遍的联系。征税规则涉及的，是财产比例，不可能有准确的测度，在平常情况下，是一种很不适宜的测度。虽然把这一尺度应用到测量各邦的相对财富和财政贡献不够理想，在实际采用的测量方法中，显然也是差强人意；可是，近来获得了美国的普遍承认，于是宪法也就加以采用。

承认这一切,或许有人会说:既然承认用人数来分配席位,接下来,是不是把奴隶和自由公民结合起来,作为征税比例,奴隶也应该进入人口计算,进入席位分配规则?奴隶被视为财产,不算人。因此,他们应该被列入征税范围内,征税以财产为基础,但不计入席位分配规则,因为席位分配由人口普查决定。据我理解,这就是反对意见的充分阐述。我将以同样的公允,陈述对方的理由。

奴隶被视为财产,不算人,要征税,但不能按一个整人计算

我们认同这个原则,我们的南方同胞或许会说:席位分配直接与人口数挂钩,征税直接与财产挂钩,我们把这种区分结合起来,运用到我们的奴隶身上[128]。但我们要否认以下事实:把奴隶仅仅看作财产,不在任何方面把他们视为人。这件事情的真实情况是:他们兼备这两种性质;在我们的法律中,某些方面,他们被视为人,另一些方面,他们被视为财产。他们被迫劳动,不是为自己,而是为主人;他们可以被一个主人卖给另一个主人;他们的自由,无论何时,都受到限制,身体受到喜怒无常的另一个人的处罚,奴隶看来已沦落到人类的标准以下,被划为没有理性的动物,法律上属于财产一类。另一方面,他们的身体和四肢,受到保护,不受任何人的暴力摧残,即使是占有他们劳动和自由的主人;奴隶若以暴力侵犯他人,可以惩罚;这方面,奴隶又被法律视为社会成员,不被视为没有理性的造物;视为有道德的人,而非仅仅一件财产。因此,联邦宪法对我们的奴隶做出了非常适当的决定,把他们视为具有人和财产的混合性质。实际上,这就是他们的真实性质。这是他们生活在其之下的法律给予他们的性质;不能否定,这是适宜的标准;因为,正是在这个前提之下,即法律把黑人转化为财产,点数人口时,如何处置黑人,才能避免争执;大家承认,如果法律恢复黑人被取消的权利,就不能再拒绝把他们和别的居民一样对待,在众议员席位分配上,占有平等

我们南部兄弟的观点:奴隶兼备人和财产两种性质

份额。

这个问题，也可以从另一个角度看。各方都同意：人数是测量财富和征税额的最佳尺度，人数也是分配众议员席位的唯一适当尺度。如果制宪会议计算众议员席位分配时，拒绝把奴隶列入居民名单，而在计算各邦应承担的税赋定额时，又把奴隶人数加入，制宪会议能做到不偏不倚、前后一贯吗？是否能合理期待：南方各邦会承认这样的一种制度吗？分配财务负担时，某种程度上，把奴隶视为人，到分配众议员席位时，又不把他们视为人？有人说：南方诸邦实行野蛮政策，把他们的一部分人类兄弟视为财产，可是他们自己又主张，由各邦作为部分组成的政府，应该把这个不幸的种族，用更不自然的眼光，完全视为财产，比他们所抱怨的法律，有过之而无不及，岂非令人感到惊讶！

有人说：南部诸邦实行野蛮政策

或许可以这样作答：任何包含奴隶的邦，计算众议员席位时，都不把奴隶包括在内。他们既不能选举自己，也不会增加他们的主人的选票。那么，按照什么原则，安排他们在众议院席位分配中的地位呢？完全排斥奴隶，宪法在这一方面只好遵循现有法律，作为适当指南。

在奴隶问题上，宪法只好遵循现有法律

只需提出一项理由，就可以驳倒这条反对意见。拟议中的宪法，有一项根本原则：分配给各邦众议员席位的总数，取决于联邦原则，其基础是人口总数，因此，每个邦选择这个总数时，就要由该邦自身指定合格居民总数。选民资格，几乎没有一个邦雷同。有的邦，区别具有实质性。每个邦都有部分居民，被该邦宪法剥夺了选举权，但是，这些人又包括在人口普查中，联邦按人口普查分配众议员席位。从这个角度看，南方诸邦可能提出抱怨，坚持认为：制宪会议定下规则，不得介入各邦对居民的定义；因此，奴隶应按居民计算，全额纳入人口普查，与其他居民一样，可是，按照其他邦的政策，奴隶又不

制宪会议上达成的具有折中性的权宜之计

被承认公民的全部权利。可是,可以从这条原则得到好处的人,却又不愿严格遵循这条原则。他们要求的全部,是对方也表现出同样的节制。让奴隶问题按实际情况处理,不论是否合理。就让双方都接受制宪会议上达成的具有折中性的权宜之计吧,这项权宜之计,把奴隶视为居民,因为长期受到奴役,低于自由居民的同等水平,使奴隶失去五分之二的人格。

对宪法的这项规定,是否还可以提出一种更为现成的辩解呢?此前,我们提出的构想是,众议员席位的分配,只与人口数挂钩,完全不涉及财产。这个想法对不对呢?建立政府的目的,不光是要保护个人,也要保护财产。因此,个人和财产,都应视为选出来组成政府的人所代表的利益。根据这个原理,在若干邦内,尤其是纽约邦,政府的一个分支,较多地注重保护财产,因此,主要由对政府的这一目标感兴趣的社会成员选出。在《联邦宪法》里,这个做法没有取胜。财产的权利和个人的权利,交给同一批人保护。因此,如何选择这一批人才算适宜,需要加以注意。

宪法安排的议会结构,没有把保护人和保护财产分开

还有一个理由:联邦议会分给每个邦的选票,应当适度考虑各个邦的相对财富。邦不同于个人,不能因财富的优势而彼此影响。如果法律允许富人选举众议员时只投一票,富人由于富有而产生的影响力,常常会影响他人投票,使别人也把票投给他选的人;透过这个看不见的渠道,财产体现了它在公共选举中的权利。一个邦对其他邦则没有这种影响。联盟里最富有的邦,要想影响其他邦哪怕一个众议员的选举,也不可能。较大较富的邦的众议员,不能仅仅因为自己邦里的人多,而在联邦议会里傲视其他邦的众议员;因此,如果它们在财产上的优势,值得合理地给予一些好处,就应该体现到众议院的席位分配上,多占一点份额。新宪法在这一点上,显然不同于联盟条款,也不同于荷兰联邦或其他的联盟。上述联盟

每个议员,每投一票,分量效率相等

的后面几个，联邦决议的效力，取决于组成联邦的各邦的后续的、自愿的决议。这样一来，各邦虽然在公共议会上拥有平等的一票，却有着不平等的影响力，与这些后续的、自愿的决议相对应。按照拟议中的宪法，联邦的举动，将不依赖各邦的介入，直接生效。联邦的举动，只取决于联邦议会内多数票的决定，于是，每个议员，不论来自大邦小邦，富邦穷邦，每投一票，分量效力相等；就像邦议会内每个众议员投的票一样，不论议员来自大县小县，或别的地区，每位众议员投的票，价值和效果一模一样；如果其中还有区别的话，那就是因为每个议员的性格不同，而不是由于他们从中产生的选区有何差异。

南部的这个想法完全说服了我

这就是提倡南部利益的人，在这个问题上，可能提出的道理：虽然在某些观点上，似乎显得牵强，总的来说，应该承认：这个想法完全说服了我，觉得制宪会议确定的众议院席位分配规则可行。

把席位分配与征税挂钩，促使各邦报告真实人口数

把席位分配和征税连在一起，有个方面，会产生一个非常有益的效果。联邦议会将要进行的人口普查，结果是否精确，势必依赖各邦，至少要各邦愿意，最好是合作，各邦尽量不带偏见，对各邦人口数字不夸大不缩小。如果分给各邦众议员的席位，完全取决于人口这一条规则，那么，他们就会从夸大人口中获益。如把纳税额作为唯一标准，会形成相反的诱惑。把规则延伸到包含两个方面，各邦就会得到相互抗衡的利益，会控制和平衡各邦，产生出所期待的不偏不倚。

帕伯琉斯

＊《反联邦论》第 54 篇，题为“众议院席位分配和奴隶制：北部和南部的不同看法”。这篇文字由四个部分组成，说明北部和南部对“伟大妥协”都不满意。第一部分摘自布鲁特斯的第 3 封信。第二部分摘自罗林斯・隆德斯（Rawlins Lowndes）1788 年 1 月 16、17、18 日在南卡

罗来纳讨论批准《联邦宪法》的民意代表大会上的演讲。第三部分摘自卡托的第6封信。第四部分摘自署名“佐治亚人”的一篇文章,原载《佐治亚邦报》(*The Gazette of the State of Georgia*),1787年11月15日。

---

⑫⑧ 奴隶制问题:8月6日星期一,制宪会议上的辩论,进入第三阶段,直到9月10日星期一。休会十天期间,“详情细节委员会”已把第二阶段辩论得出的二十七点结论,归纳为“详情细节委员会报告”,又称“宪法初稿”。“宪法初稿”比原来的二十七条增加了许多内容,分为二十三条,有的条下,多达十三款。据说,威尔逊在其中起了不少作用。

7月下旬因达成“伟大折中”而逐渐缓和的气氛,到8月下旬又重新升温。这一次,是为奴隶制问题。北部代表,如马萨诸塞的鲁弗斯·金,宾夕法尼亚的威尔逊和古文诺·莫里斯,在会上斥责奴隶制不人道。麦迪逊《辩论》8月22日的记载,显现出“南北矛盾”:南卡的平克尼先生说:要说奴隶制错了,全世界的例子都在证明奴隶制有理。他提到希腊罗马和其他古代国家的例子;法国、英国、荷兰和其他现代国家,都承认奴隶制。“古往今来,人类的一半,就是奴隶。”南卡另一位代表,平克尼将军,严正宣布:如果要他本人和他的同事们在宪法上签名,并且运用他们个人的影响,促成批准宪法,那就必须取得他们选民的赞同。“南卡罗来纳和佐治亚没有奴隶不行。”还说:“身受选民委托,我有责任明确宣布:南卡不会在短期内停止输入奴隶,只会像现在这样,偶尔停一停。”佐治亚代表鲍德温说:“过去一直以为,制宪会议只考虑全国性的目标,现在也考虑起地方利益来。”佐治亚一直认为,是中部各邦在追求建立全国政府,他们希望对所有的事情都刮起一阵旋风。佐治亚距离遥远,注定得不到同样的好处。即使对全国利益让步,佐治亚再小心谨慎,也讨不到好。从这点出发,就可以理解,还要剥夺对佐治亚有利的一项特权,佐治亚会出现怎样的态度。他认为:“提出这项要求的,是一些值得尊敬的人物,他们的道德追求,不仅是人人平等,还要把他们的人道要求推广到所有的造物。”

出来折中的,又是康涅狄格的艾尔斯沃斯:“我不曾拥有一个奴隶,不能判断奴隶制的后果。如果我们不能在中间的温和立场上达成一致,我担心我们会失去两个邦,这两个邦一走,其他的邦也会各行其是,把方向和形态越弄越多。”

黑奴占南卡人口的43%,佐治亚人口的35%,弗吉尼亚人口的39%,马里兰人口的32%,特拉华人口的15%,北卡罗来纳人口的26%。这六个邦,后来构成南北战争中的南部联盟。北部的七个邦,除纽约和新泽西有6%的黑人,其余邦的黑人,都在人口的1%左右,马萨诸塞则没有黑人。

结果,人道追求向经济利益让步。制宪会议再次达成妥协:容忍奴隶制,并且让奴隶输入再延长二十年。可是,宪法最后定稿上,却没有出现“奴隶”二字。宪法行文巧妙:人口普查一条中,用了一个短语:“所有其他人的五分之三”，其中，“其他人”暗指黑人。

麦迪逊在《辩论》里写道，他终于意识到，美国的主要矛盾，不是大邦小邦之间的席位之争，而是南部北部在废除奴隶制上的争议。

八十年后，果然爆发南北战争，解决奴隶制问题。但在 1787 年，制宪会议又达成第二个妥协：容忍奴隶制。

美国从一开始就实行一国两制：北部的自由雇用制和南部的人身依附制。

第五十五篇*

四论众议院：六十五名议员，是否人数太少

麦迪逊

1788 年 2 月 13 日　原载《独立报》

致纽约邦民众：

众议院由多少议员组成？[129] 人们据此对联邦议会的这个分支做出推断，构成又一个非常有趣的问题。的确，在整部宪法中，很少有别的条文，引起如此严重的攻击，引起如此激烈的言辞，使得这一条值得特别注意。对众议院人数问题的指责，有下列几种：一、议员人数太少，把公众利益交到他们手中，不安全；二、每名众议员代表人数众多的选民，不可能了解熟悉选区内的环境；三、众议院会从一个阶层的公民中选出，这个阶层，最不同情人民大众的感情，最有可能追求少数人的稳定上升，不顾多数人的痛苦；四、第一届议会举行时，众议员人数已嫌不足，随着人口增加，种种阻力，会阻止众议员人数相应增加，众议员人数与人口之比，会越来越不适称。

有人认为众议员人数太少，提出四种异议

这个问题，总起来可以这么说：再没有一个政治问题，比这个问题更敏感：准确地说，众议院最好要多少名议员，最适

十三个邦里，邦众议员和选民的比例，相去甚远

合？各邦做法，没有哪一点，像这个问题，差别如此悬殊，不论我们直接比较各邦的众议院，还是比较各邦选民人数与议员人数的比例。且不说最小的邦和最大的邦，特拉华众议院有二十一名议员；马萨诸塞的邦众议院，有三四百名众议员。人口差不多的邦，议员人数的差别却相当大：宾夕法尼亚的众议员人数，约为马萨诸塞众议员人数的五分之一。纽约与南卡罗来纳的人口，约为六比五，纽约邦的众议员人数，还不及南卡的三分之一。佐治亚、特拉华、罗得岛之间，议员人数差距最大。宾夕法尼亚，众议员与选民人数的比例，约为三四千选民产生一名众议员。按佐治亚宪法，十个选民，就可以选出一名众议员；比例远远超过所有其他的邦。

还可以得出一个总体评价：众议员与选民的比例，在选民多的地方，和在选民少的地方，不必要求一致。若用罗得岛的标准，规范弗吉尼亚，弗吉尼亚今天的众议员就会达到四五百人，再过二三十年，就会达到一千。另一方面，若把宾夕法尼亚的比例，运用到特拉华，特拉华的众议院，会只剩下七八个人。再也没有什么事情，比把我们的政治计算，建立在算术原则上，更加虚妄。把一定程度的权力，授予六七十人，总比授予六七个人稳妥。这并不等于说，六七百人是更合乎比例的权力储藏所。如果我们把人数继续往前推想到六七千，整个推理，就会被推翻。事实是：人数再少，也要有个肯定的数目，至少能保证以下好处：能自由讨论、自由磋商，足以防止不正当的目的轻易结合。另一方面，人数再多，也一定要限定在一定的范围之内，以免混乱，因为人数太多，毫无节制。人数众多的议会，不论由什么样的人物组成，激情总是取代理性，掌握权杖。即使雅典公民个个都是苏格拉底，雅典议会开起会来，依然是群氓乱舞。

议会人数：要能自由磋商，不致群氓乱舞

我们应该记住，前面说的关于众议员两年改选一次的理由。联邦议会的权力有限，受各邦议会控制，因此，选举没有必要那么频繁；如果不是这样，公共安全会要求频繁改选；出于同样的理由，联邦议会的议员人数，也应该少一些；如果他们掌握全部立法权，像其他不受正常限制的议会那样，人数就可以多一点。

联邦议会权力有限，又受各邦议会控制，人数可以少点

脑子里记住这些一般概念，我们再来权衡一下反对派的意见，他们反对宪法设定的众议员人数。上文的第一点是：众议员人数太少，授权太多，不安全。

第一条反对意见：联邦众议员人数太少，授权太多，不安全

议会两院中，众议院开始时，设定议员六十五人。三年内开展人口普查，届时，将由每三万居民选出一名众议员。以后每隔十年，开展一次人口普查，议员人数，将按上述规则增加。第一次人口普查后，按三万人产生一名众议员的比例计算，议员人数至少达到一百，这不算夸张估计。把黑人当作五分之三个人计算，很难怀疑，那时联邦的人口还达不到三百万。二十五年后，按照现在算出的人口增长速度，众议员人数会突破两百人，再过五十年，会达到四百人。我想，这个数字，足以让所有担心众议员人数太少的顾虑冰释。我敢对第四个问题做出肯定回答：众议员人数，会按照宪法规定，每隔一段时间增加一次。若作相反假定，我得承认，这条反对意见的确很有分量。

议员人数随着人口增加而增加，五十年后，会达到四百人

因此，真正要解决的问题，是这么少的人数，作为临时规定，是否会对公众安全造成危害？六十五名众议员工作几年，一百名到两百名众议员再工作一段时间，作为有限的、受到良好护卫的联邦立法权的储存处，是否安全？我得承认：对这个问题，我不会做出否定答复。下列印象，更加强我的信念：美利坚人民现在的思绪，盛行于各邦议会内的精神，已作为原则，已融入每个公民阶层的政治性格。我不能想象：按美国人民现在的情绪，不论出现什么情况，发生什么事情，他们选

六十五名或一百名议员，不可能联手背叛人民，实行暴政或谋反

出的并且每隔两年重选一次的六十五名到一百名众议员，会形成并追求一项阴谋，实行暴政或谋反。我不能想象：各邦议会，势必有许多动机监视联邦议会，拥有许多对抗联邦立法权的手段，竟然会无所察觉，或者不能击败这种阴谋，出而捍卫两级政府共同的选民的公民权利。我同样不能想象：此刻，或较短时间内，联邦内存在那么六十五个或一百个人，有本事自荐并获得人民选举，热望或敢于在短短两年内，背叛对他们的神圣委托。未来的时间，我们国家不断增加的人口，会带来如何的环境变迁，只有先知才能预测，我不想冒充预言家。不过，根据我们眼前的形势判断，如果一段时间内，只出现温和变化，我就要宣布：把美国的公民权利，交给联邦宪法设计的人数手中，不可能不安全。

大陆议会和联盟议会的议员，从来没有背叛的举动

危险从何而来？我们是不是害怕外国的金钱收买？如果外国人的金钱，那么容易就能腐化我们联邦的治人者，有能力让他们落入圈套，迫使他们背叛他们的选民，我们现在怎么还能成为一个自由独立的国家？领导我们走过革命岁月的大陆议会和联盟议会，议员人数比将来的联邦议会还要少；大陆议会和联盟议会的议员，并不是由他们的同胞选出，也不对人民直接负责；虽然是一年一年地被（邦议会）派遣，而且各邦可以随时召回，他们一般都干了三年；《联邦宪法》批准以前，还在继续供职；他们一直都能做到对议程保密；在我们的对外交往中独立行事；在独立战争的整个进程中，他们手中掌握祖国命运的程度，超过未来将要上任的众议员；打赢战争，是最高奖赏，输掉的一方，会十分急切，可以想见，如果采用武力以外的手段，也不会受到指责；可是，我们从幸福的经历中得知：公众的信托，没有遭到背叛；我们公共议会的纯洁，在这一方面，没有受到损害，连背后的嘘声都没有听到。

反对派担心的危险，是否来自联邦政府的其他部门？可

是总统、参议院，或二者加起来，到哪里去找手段？他们的薪水，除非事先收买众议院，不足以用来实现其他目的：因为他们都必须是美国公民，他们的个人财产，不可能构成危险之源。这样说来，他们拥有的唯一手段，就是人事任命权。怀疑之源，是否就在这里？人们有时告诉我们：总统会用尽这一笔腐化资本，收买参议院。现在，众议院的忠诚，又成为诬蔑的牺牲品。按共和原则的要求，政府的不同部门，建立在不同的基础上，同时，要对选出他们的社会负责，要想同时从事这种背信弃义、相互勾结的行径，实际上不可能，仅此一点，就可以排除上述忧虑。幸运的是：宪法还提供了进一步的安全阀。联邦议会的议员，不得担任任职期间设立或加薪的文官职务。因此，除因正常伤亡出缺的文官职务，现任议员不得担任其他文官职务；如果在这种情况下，还有什么足以收买人民选出的议员，那就等于贬低任何用以判断的规则，代之以一种不分青红皂白的、永无止境的嫉妒，到这一步，理性就不起作用了。公民权利的认真的朋友，纵容自己的激情到如此地步，不明白这会伤害他们自己的事业。人类自有某种程度的邪恶趋势，需要一定程度的谨慎和怀疑：人的本性中，还有其他品格，使得一定程度的尊重和信赖，自有它的道理。共和政治，预先假设这些品格的存在，程度超过其他任何类型的政治。如果我们当中的一些人，由于政治上的嫉妒心，描绘出上面的那幅图景，是人性的真实写照，那么，就会得出下列推论：人的身上，没有足够的德行，不宜自治；除了专制的桎梏，再也没有别的制度，能制止他们互相残杀和吞噬。

共和制假定有人值得信赖和尊重，超过其他政体

帕伯琉斯

*《反联邦论》第55篇，题为“众议员真会代表人民?”，选自理查德·亨利·李的小册子《联邦农场主》，共四篇。

---

⑫⑨ 众议院由多少议员组成：美国独立战争期间，据汉密尔顿估计，十三个邦的众议员，加起来约两千人。制宪会议希望提高联邦政府的效率，一是减少官员人数，包括众议员人数；二是延长任期，众议员任期从普遍的一年，延长到两年；参议员从普遍的一年到三年，最多五年(马里兰)，延长到六年；首席行政官(联邦叫总统，各邦叫邦长或主席)从各邦普遍的一年，最多三年，延长到四年。这样，第一届政府的主要官员，约一百人：众议员六十五人，参议员二十六人，总统副总统各一人，最初设部长五人；联邦最高法院大法官六人。的确是“简政”。1800年，杰斐逊当总统时，白宫只有两名雇员：一名秘书、一名信差，薪水还由杰斐逊本人掏腰包。

制宪会议上，虽然大邦小邦达成“伟大妥协”，大邦对小邦还是讲了客气。六十五名众议员分配了好些天，各邦代表都想给自己的邦加名额。特拉华最小，只有四万人，至少分一席，按此，弗吉尼亚至少可以分十五席，但只要了十席。

华盛顿在制宪会议最后一天提议：为了减少阻力，让各邦便于批准新宪法，把四万人产生一名众议员，改成三万人产生一名众议员。这条原则既然定下来，以后每隔十年就要重新分配一次众议员席位。

议员席位的重新分配，不仅影响各邦之间在联邦政府内的分量比重，而且影响各邦以内的选区划分。例如，十年之后，特拉华依然一席，弗吉尼亚增加到十六席，相对政治影响力就增强。又如，一个邦原来分为十个众议员选区，十年后需要十六个选区，就要重新划分一次选区，又是邦内政治力量的重新排列组合。艾尔布里奇·格里担任马萨诸塞邦长时，费尽心机划分选区，使支持他的人能在各个选区出线，当上众议员，不惜把选区之间的界线划得像蛇一样弯弯曲曲，留下“格里蛇”(Gerrymander)这么一个英语单词。

《美国历史统计》英文版第二卷第1084页，表Y215—219，“1790—1970年联邦众议员席位在各邦之间的分配”。其中，部分数字如下：

年代	调整日期	议会届数	联邦人口(万)	邦数	席位数	每名众议员代表的人口数(万)
1789	1789年	1—2	无统计	13	65	3
1790	1792.04.14	3—7	362	15	105	3.4
1800	1802.01.14	8—12	488	16	141	3.5
1810	1811.12.21	13—17	658	17	181	3.6
1820	1822.03.07	18—22	897	24	213	4.2
1830	1832.05.22	23—27	1 193	24	240	5.0
1840	1842.06.25	28—32	1 591	26	223	7.1

1850	1852.06.30	33—37	2 177	31	234	9.3
1860	1862.03.04	38—42	2 955	34	241	12.3
1870	1872.05.30	43—47	3 812	37	292	13.1
1880	1882.02.25	48—52	4 937	38	325	15.2
1890	1891.02.07	53—57	6 191	44	356	17.4
1900	1901.01.16	58—62	7 456	45	386	19.3
1910	1911.08.05	63—67	9 160	48	435	21.1
——		68—72				
1930	1929.06.18	78—82	12 209	48	435	28.1
1940	1941.11.05	83—87	13 101	48	435	30.1
1950	1941.11.05	88—92	14 990	48	435	33.5
1960	1941.11.05	93—97	17 856	50	435	41.0
1970	1941.11.05	98—102	20 405	50	435	46.9

1911年，联邦议会做出决议：众议员人数定在四百三十五人，不再增加，以免人数太多，无法开会议事；改为增加每名众议员代表的人数，把全国划分为四百三十五个众议员选区，每隔十年调整一次。由于各邦人口之间的比例，每十年都会发生变化。例如，1789年，第一届联邦议会召开时，弗吉尼亚分到十席，纽约只分到六席；2004年，第一百零九届议会时，弗吉尼亚分到十一席，纽约分到二十九席。如果一个邦，在十年一度的席位分配中，增加一席，或减少一席，就要在邦内重新划分一次选区的边界线，是邦政府一项繁难的工作。2000年，约六十万人的选区，产生一名众议员。但不绝对，例如，2000年，南达科他邦人口六十二万，产生一名众议员，罗得岛邦人口一百零八万，产生两名众议员。

第五十六篇*

五论众议院：再论议员人数是否太少

麦迪逊

1788 年 2 月 16 日　原载《独立报》

致纽约邦民众：

第二条反对意见：议员人数太少，不足了解下情

对众议院的第二点指责是：议员人数太少，不能充分了解广大选民的利益。

这种反对意见，显然来自一种比较，把拟议中的众议员人数，与联邦的广大面积相比，与联邦的居民人数相比，与居民利益的多样性相比，与此同时，没有考虑联邦议会与各邦议会所处环境的不同，因此，最好的答复办法，是先简略地讲讲这些差别。

众议员不可能全知，具体立法时，再下功夫了解立法对象

众议员[130]应当熟悉选民的利益和环境，这是一条合理的重要原则。不过，这条原则，不能延伸得太远，超出议员得到授权应予关心的环境和利益之外。对立法范围以外的多种多样的细枝末节，不太了解，与完成立法委托所需的品格，并不矛盾。到了要行使某项具体的立法权时，再下功夫，了解熟悉立法对象。

哪些将是联邦议会立法的对象？是那些最重要的对象，其中最需要了解地方情况的是：管理商业、管理征税和管理民兵。

涉及地方的最重要的立法范围：商业、征税、民兵

前面已经说过，要把商业管好，需要许多信息；可是，说到每个具体邦的立法和地方局势，就很少有众议员能把这方面的信息，充分带到联邦议会里来。

税收，很大程度上会依赖关税，关税则涉及商业管理规则。说到这个题目，又要应用前面说过的意见。税收的组成部分有内税，需要对邦内形势有更为深入的了解。一个邦内分散选出的少数能人志士，不大可能对这种信息都充分把握。把最大的邦划分为十到十二个选区，就会发现，每个选区的特定地方利益，无不在该区选出的众议员的知识范围以内。除这个信息来源外，各邦议会的立法本身，差不多构成足够的指南。每个邦，过去都制定了税收管理规则，而且会继续制定下去，很多情况下，联邦议会没有很多新事要做，只需要把各邦的不同立法，爬梳整理，简化为一个通则。一个能干的人，坐在小房间里，把各邦的地方规则放在身边，或许就能编纂出一部整个联邦使用的税务法典，不需要任何口头信息的帮助；而且可以期待：每当必须征收内税时，尤其是需要在各邦之间整齐划一时，就越是希望把规则弄得简单。充分理解授予联邦议会这一分支的便利，在各邦法典的帮助下，我们只需假定，这个邦或那个邦，被分为好些部分，每个部分都有一套地方规则，在其权限范围以内施行。还不清楚的是：各邦记录的卷帙中，是否还能找到一定程度的地方信息和他们的预备性工作，这些，可以大大减轻总体议会的劳动，只要少得多的议员，就足以完成。联邦议会将从另一种情况中得到巨大好处。每个邦的众议员，不仅会带来关于该邦立法的可观知识，和他们代表的选区的当地知识；而且，差不多过去都当过议

各邦议会此前已经制定税则，联邦议会只须据此制定通则

员，当选前就是邦众议员，各邦的地方信息和利益，都存在邦议会里，从那里，只需要少数人手，就能轻而易举地把这些信息带进联邦议会。

各邦都有民兵管理规则，邦内区别不大，联邦只需综合

谈到税收的这些意见，运用到民兵问题，更为适当。不论各邦管理民兵的规则有多大区别，每个邦内，总是一致的；各邦以内，还会因地制宜，但在同一个邦内的不同部分，区别不大。

各邦议员带来关于本邦的信息，联邦众议院集思广益

细心的读者，会看出来：这里说的理由，证明众议员数目适中就够了，这个理由，与前面说的理由并不矛盾，那里说的是：众议员要掌握广泛的信息，而获取信息，需要时间。这种信息，只要涉及地方问题，既必要又繁难，繁难不在一个邦内的立法和地方环境，而是不同邦之间的差异。把每个邦分开来看，邦内的立法是一致的，利益很少分野。因此，少数几个人，就能掌握所有知识，适当代表各邦。倘若每个邦的利益和事务，十分单纯，整齐划一，了解其中的一个部分，就足以了解所有其余部分，就能完满地代表整个邦，这时，只要从任何一个部分选出一名众议员就行了。把不同的邦放到一起比较，我们发现：它们在立法上有很大区别，在许多其他情况下，与联邦立法的对象有联系，联邦众议员对所有这些区别，都要了解。因此，来自每个邦的若干名联邦众议员，都带来本邦的相关知识，每名众议员就会了解许多其他邦的信息。随着时间的推移，不同的邦，通过相互比较，会产生同化效果。时间，对各邦内部的独特做法，会产生相反的影响。目前，有些邦不过是农人社会。工业中的一些部门，使国家事务变得复杂化、多样化，在那些农人的邦里，很少有几个在这方面取得进展。这些，都需要人口增长，才能结出果实；届时，也会要求增加众议员。制宪会议预见到这种局面，决定随着人口的增长，而增加众议员的人数。

英国的经历，为人类提供许多政治教益，既有训诫，又有实例，写这些文章时，我们经常有所涉猎，也印证了我们刚才的说法。英格兰和苏格兰两个王国的人口，不少于八百万。这八百万人口，在下院有五百五十八名议员。其中，九分之一由三百六十四人选出，一半人由五千七百二十三人选出[1]。不能假定，这样选出来的一半议员，他们甚至不居住在人民中间，能了解人民的处境和利益，能在议会里提出保护人民不受政府侵犯的提案。相反，尽人皆知，他们更为频繁的代表国王的利益，充当国王的工具，而不是人民权利的保护者和代言人。因此，他们实在算不得国家的真正代表，应该把他们从总数中剔除。从这个角度看，还有相当数量的议员，也不住在选民中间，与选民联系很少，对选民的情况所知甚少，不过，我们不把这些人剔除。经过这些调整后，八百万人口的安全、利益和幸福，就托付在二百七十九名议员身上；这就是说，一名议员要维系二万八千六百七十位选民的权利，在议会里代他们立言，而议会则面临行政的全部影响。英国国情十分复杂，利益分散，而议会要对所有的事情立法。非常肯定的是：虽然情况如此，人民自由中的相当宝贵的部分，还是一直保存下来，英国议会立法中受到指责的缺点，只有很小的部分是因为议会不了解民情。看看英国的情况，把英国下院，和我们上面说的美国联邦众议院比较一下，看来可以完全放心：每三万选民选举一名联邦众议员，对委托给这个议会的利益而言，他们将是安全而又能干的保卫者。

英国议会下院五百五十八名议员中，只有二百七十九人真正代表民间

帕伯琉斯

*《反联邦论》第56篇，题为"众议员真会代表人民?"，此为第三部分，选自理查德·亨利·

李的小册子《联邦农场主》。

---

[1] 帕伯琉斯注：博格《政治论文》。

⑬⓪ 众议员：众议员的工作是参与立法，也就是制定游戏规则，如《环境污染法》《枪支控制法》《能源节约法》。

从1911年起，众议院的议员人数固定为四百三十五人，一直到今天。这么多人组成的机构，如何开展日常工作？回答是：通过三级委员会。

最高一级，是全体委员会。开会时，议长坐在正对大厅的椅子上。众议院议会大厅分为左右两厢，中间有一道很宽的走廊。按惯例，民主党议员坐在议长对面的右边，共和党议员坐在左边。

全体委员会以下，是常设委员会，目前有二十二个。例如，农业委员会、拨款委员会、军事委员会、预算委员会、能源和商业委员会、政府改革委员会、司法委员会、国际关系委员会、规则委员会。

常设委员会以下，是小组委员会。例如，拨款委员会下面还有"国防拨款小组委员会""教育拨款小组委员会"。这样的小组委员会有一百三十五个。每名新当选的联邦众议员，都会被分配到几个委员会和几个小组委员会里去参加工作。通过一段时间的实践，便会成为所在专业委员会的专家。

立法程序如下：一、每名议员都可提出"提案"；二、根据专业内容，提交小组委员会审议，有时，会举行听证会。三、若小组委员会批准，提交常设委员会；四、若常设委员会批准，提交全体委员会。五、若全体委员会辩论后又批准，提交参议院，在参议院，又把众议院的程序再过一遍。六、若两院一致通过，提交总统；七、若总统批准，提案成为立法。八、若总统否决，退回上交提案的一员，两院再议，若两院均以三分之二多数再次通过，可以压倒总统否决，提案成为立法。

1789到1790年的第一届联邦议会，众议员共提出一百四十二项提案，其中八十五项通过委员会审议，提交全体委员会。最近几届（每届两年）议会，众议员提出的提案，多达一万五千个。其中，95%以上，在小组委员会夭折。有人说，众议院的实权，在委员会；委员会的实权，在小组委员会。

1788年，汉密尔顿写《联邦论》时，他估计众议院一年只需开会三个月就够了。现在，众议员早已成为一年四季都工作的"全职"。众议员的年薪，每两年调一次。2001年1月1日起，为130 100元；2005年1月1日起，为162 100元。每名联邦众议员有两个办公地点，一个在首都华盛顿的议会大厦。议会给每名众议员配备一套办公室，配备三名由政府支付工资的助手，每名助手一间办公室。一个在家乡他的选区。联邦众议员通常一年在首都工作的时间占一半，另一半回到家乡，联系选民。

第五十七篇*

六论众议院：议员是否会从最不同情人民大众的阶层产生

麦迪逊

1788年2月19日　原载《纽约邮报》

致纽约邦民众：

对众议院的第三条指责是说：众议员会从同一个阶层的公民中选出，这个阶层，最不同情人民大众，很可能怀抱野心，牺牲多数人，换取少数人的升腾。

第三条指责：议员会牺牲多数人，换取少数人的升腾

已经提出的反对联邦宪法的所有意见中，这一条或许最为不同寻常。这条意见，本来是针对伪装的寡头政治，它背后的原理，却正好击中共和制的根本。

每一部政治宪法，目标都是，或应该是，首先，获得一批治人者，他们具有高度智慧，能明辨是非，具有高度道德心，一心追求社会公益；其次，是采取有效预防措施，使他们在行使公共信托过程中，保持道德之心。用选举办法产生治人者，这种模式，体现共和制的本质特征。这种政府形式，具有多种多样的手段，用来防止官员腐化堕落。其中，最有效的一条，是限

宪法的目的，首先是获得一批治人者，其次是防止他们腐化堕落

制官员的任期，使官员保持对人民的适当责任感。

宪法关于众议院的规定，哪一条违反了共和原则

现在，我来问一下：宪法对众议院[13]的规定中，哪一条违反了共和原则？哪一条牺牲了多数人的利益，只有利于少数人的升腾？我要问问：情况是否正好相反，宪法里没有一条不严格遵循这些原则？哪一条不是不偏不倚地对待每个阶层？对待各种公民权利和意愿？

选民资格：富人不优于穷人，有学问的人不优于没有文化的人

哪些人将担任联邦众议员的选民？富人并不优于穷人，有学问的人并不优于没有文化的人；名门大户的后裔，并不优于贫苦微寒人家的子弟。选民将是联邦的人民大众。凡在各邦拥有选举邦众议员资格的人，就有资格选举联邦众议员。

候选人资格：德行；财富、出身、宗教信仰都不允许作为资格

哪些人有资格担任候选人？每个德行卓越，能获得国人尊重和信任的公民，都可以。财富、出身、宗教信仰、职业，都不允许作为资格，去限制人民的判断，让人民的取向失望。

如果我们考虑一下，可能获得公民委托、担任众议员的人的处境，就会发现：在忠于选民方面，我们设计和期待的安全，都可以实现。

一、众议员要人品突出，得到人民喜爱，才能当选

一、众议员需在同胞眼中显得人品突出，得到喜爱，总的来说，我们假定，他们的确人品突出，具备当选的品格，能认真对待他们的工作性质。

二、工作环境会激发议员的荣誉感、争取好的评价和回报

二、众议员将要进入的公务环境，必定会产生一种至少对选民的临时眷恋。人人胸中都会有一种荣誉感，崇高感，自信心，有别于利害考虑，激起一种发誓般的感情，希望得到好的评价和回报。人们共同谴责忘恩负义，鄙之为违反人性；应该承认，在公众生活和私人生活中，这种例子，十分常见，弄得臭名远扬。但是，忘恩负义激起的永恒的、极端的愤慨，本身就证明：反过来，它会激扬奋发和有为。

三、自豪感和虚荣心，也会促使议员努力工作

三、把议员束缚于选民的纽带，会强化一种更多的是出于私心的动机。他的自豪感和虚荣心，使他执着于政务，促使

他表现优良，为自己争得一分荣耀和不平凡感。少数具有感染力的任务，不论他们胸怀何种希望，打算开展怎样的事业，一般来说，结果总是：这些人中的大部分，会发挥他们对人民大众的影响，施展他们的优势，希望保持人民对他们的厚爱，而不是到政府里面来标新立异，颠覆人民的权利。

没有频繁选举这个限制，所有这些安全措施，就会显得非常不够。因此，四、众议院的组成方式，促使议员习惯性地回顾他们对人民的依赖。处于掌权地位之后，议员对选举他们的人民的感激之心，可能逐渐消退，可是，还来不及褪尽，他们又被迫前瞻：授权到期之日即将来临，他们的表现，要受到回顾和审视，他们又要回到他们当初升起的原地；除非他们在任期内忠于职守，使他们值得再次当选，否则，他们就不能继续留在众议院。

四、两年一选，能否连任的问题，使议员在任期内不敢懈怠

我还要加上第五点理由：对众议员构成限制，使他们不致于通过压迫人民的提案。众议院不可能通过立法，把议员自己和他们的朋友豁免在外，只针对广大民众。这一点，常被视为最强有力的纽带，通过政策，把治人者与百姓绑在一起。这一点，使治人者与被治者之间形成一种利益的共同和感情的共鸣，过去，几乎没有政府能做到这一点；可是，没有这一点，任何政府都会退化为暴政。倘若有人问，有什么办法，能限制众议员，使他们无法在法律上歧视百姓，只顾有利自己和社会的某个特殊阶层？我的回答是：整个制度的英明，主持正义的宪法法[139]的本质，最重要的内容，就是激活美国人民的警惕之心和人道精神，这种精神培育自由，又得到自由的滋润。

五、议会立法一视同仁，不能歧视民众，偏袒议员和亲朋

不论何时，一旦这种精神遭到贬损，容忍议会立法只对民众，不对议员自己，那时，除了公民权利之外，人民就什么也不容忍了。

一旦议会立法为私，只对人民，不对自己，人民决不容忍

责任心，感激情，利益和雄心，使议员忠于人民

这，就是众议员与他们的选民之间的关系。尽责之心，感激之情，利益攸关，勃勃雄心，这些，都构成黏合剂，把议员们绑在对人民大众的忠诚和共鸣上。或许，这些还不足以控制人心的任性和邪恶。可是，政府所能容忍的限度，人的谨慎之心所能想出的办法，除了这些之外，还有哪些呢？这些不是共和政府能为公民权利和人民幸福提供的绝妙而且具有特色的手段吗？这些手段，与各邦政府用来实现这些目的的手段，不是一模一样吗？那么，本文所要反驳的意见，到底是什么意思呢？对那些自称无限热爱共和制，却又胆敢诋毁共和制根本原则的人，我们该说什么？他们假装坚信人民具备自己选择治理者的权利和能力，又坚持说：人民会选那些被授予委托后就立即背叛委托的人。

宪法对联邦众议员的当选资格是否有财产限制

如果一个人没有见过宪法上对众议员选举办法的规定，读了这样的反对意见，他或许会设想：宪法对众议员的当选资格，附有不理性的财产资格限制；或许会设想：当选资格，只限于出身名门大户、家财显赫的人；至少，会以为：与各邦宪法所订的邦众议员当选资格相去甚远。我们已经看到，前两种假设，错得有多远。最后一种设想的错误，也不比前两种好多少。二者之间，唯一可见的区别在于：每一名联邦众议员，将从五千到六千公民中选出；而每个邦的众议员，从五百到六百公民中选出。是否由于这个差别，就可以推出一种说法：人们亲近邦政府，讨厌联邦政府？如果这就是反对派要表达的观点，那就值得分析。

从更多的选民中，更容易选出一名称职的众议员

这种说法，能否得到理性的支持？如果不能说：五千到六千公民，比起五百到六百公民，选出一名称职议员的能力要差些，或更容易被一名不称职的议员腐化，这种说法，得不到理性的支持。反过来，理性告诉我们：由于人数这么多，更容易找到一名称职的众议员，因此，野心者采用阴谋诡计、富人

用贿赂，当选众议员的可能性更小。

由此原则而产生的结果，是否可以接受？如果我们说：五百到六百公民，就是选民履行选举权的人数极限，那么，每当政府不需要从那么多人中选出一名议员时，岂不就要当场剥夺一些人的选举权？

这条原则，是否能得到事实证明？上一篇文章已经指出：英国议会下院中真正代表民众的议员，很少超过三万居民选出一名议员的比例。英国有很多强有力的因素，美国并不存在，那个国家看重社会地位和财产，一个人要拥有年产值达六千镑的不动产，才能当选一个县的议员；在市区和镇上，年收入要达到上述数目的一半。除对议员的当选资格作了财产上的限制，对选民也作了财产上的资格限制，按现在的币值，自由持有不动产、年收入二十英镑以上的人，才有选举议员的资格。尽管有这些不利条件，尽管英国存在一些不平等的法律，却不能说：英国的代议制，牺牲了多数人，让少数人飞黄腾达。

即使英国的代议制，也不致于牺牲多数让少数飞黄腾达

这个问题，我们并不需要依赖外国的经验。我们自己的经历，已经足够明白，可以得出结论。新罕布什尔邦的参议员，由人民直接选举，每个参议员选区的大小，与即将选出该邦联邦众议员的选区差不多。马萨诸塞的参议员选区，比联邦众议员的选区大些。纽约邦的参议员选区，比联邦众议员的选区大些。在纽约邦内，在纽约市和奥尔巴尼市，邦参议员的选民，与联邦众议员的选民，人数差不多，这里，是按联邦众议员共六十五人计算的。这样，在这些参议员选区和县里，相同数目的选民，选出的邦参议员和联邦众议员几乎相等。如果同一批选民，在同一时间，有能力选出四到五名议员，他们不可能在只要选举一名议员时，丧失能力。宾夕法尼亚又补充说明一种情况：她的一些县，邦众议员选区，差不多和联邦

各邦划分众议员选区的办法，可供联邦划分选区时参考

众议员的选区一样大。费城人口，估计在五万到六万之间。因此，这个城市大约构成两个联邦众议员选区。可是，费城只构成一个县，只能产生一名邦众议员。就我们的目的来说，更为直接的是：整个费城实际上只能选举一名行政会议成员。宾夕法尼亚的其他各县也是这样。

新罕布什尔、马萨诸塞、纽约的经历，证明议员没有牺牲多数

这些事实，不是最好的证明吗？它们证明：前面提出的对联邦众议院的各种指责，错了。新罕布什尔、马萨诸塞、纽约的参议员，宾夕法尼亚的行政会议成员，后两个邦的邦众议员，是否背叛了对他们的委托，是否牺牲了多数，让少数人往上爬呢？是不是没有其他邦的、由人数少得多的人选出的议员或行政官员那么称职？

把议员选区放大，就会滋生叛徒，埋葬公民权利？

还有一些例子，比我上面提到的，更有说服力。康涅狄格议会的一院，每名议员，都由全邦人民选出。康涅狄格、马萨诸塞，和我们纽约邦的邦长，还有新罕布什尔的主席，都是由整个邦的选民选出。我把问题的答案留给大家：上述各种试验，是否引起怀疑，把议员的选区放大，就会滋生叛徒，埋葬公民权利？

帕伯琉斯

*《反联邦论》第57篇，题为“众议员真会代表人民吗?”，第三部分，作者署名“联邦农场主”，本文是他四篇文章中的第三篇。未说明所载刊物和日期。

⒀ 众议院：众议院内的两党制。

《联邦宪法》规定：众议员每两年改选一次，但没有限定众议员连任的次数。根据多年的统计，90％的众议员能够争取到连任，平均的连任次数为六届，也就是十二年。具体到人，则因人而异。争取连任，击败自己选区内新起的挑战者，是在职众议员关注的重心之一。

委员会和小组委员会的相对重要性，是不同的。而这又取决于议员

本人的背景。每名新当选的议员，都希望被分配到自己喜欢的委员会里去。来自农业大邦的众议员，可能希望进农业委员会；科技出身的众议员，可能希望进科技委员会。

议员被分配到哪个委员会，由议会内的政党骨干会(caucus)决定。这就要求了解众议院的组织结构。众议院议长，名义上由全体委员会选举，实际上由多数党决定，议长通常由一名多数党的资深议员担任。两年一届的换届选举，如原议长为共和党人，新一届一会民主党获得多数，则由民主党人担任议长。

除议长外，众议院设多数党领袖一名，少数党领袖一名，多数党党鞭一名，少数党党鞭一名。多数党领袖和少数党领袖，负责协调议会内本党议员在政策上的一致追求，党鞭(party whip)负责督促本党议员在议会内采取一致行动。

每个委员会和小组委员会都设正副主席，或称正副组长。委员会或小组委员会主席或组长由多数党资深议员担任，副主席或副组长由少数党资深议员担任。委员会或小组委员会内，一般多数党成员多于少数党成员。委员会主席或小组委员会主席，是很有实权的人物。

过去，众议院内实行不成文的“论资排辈”制，重要职务多由资深议员担任。近年来的改革趋势，是不少略有资格而能力出众的议员，挤进委员会或小组委员会主席的职务。

目前，美国分为四百三十五个众议员选区，每个选区选出一名众议员。2004 年，议员席位最多的邦是：加利福尼亚，五十三名，得克萨斯，三十二名，纽约，二十九名，佛罗里达，二十五名；最少的邦是，阿拉斯加，一名，特拉华，一名，蒙大拿，一名，北达科他，一名，南达科他，一名，怀俄明，一名；其余都在一名以上。

议员代表谁说话？有的人认为：议员应该代表他们选区的人民立言，尽可能了解“家乡人”想要政府办哪些事，尽量把各地的要求集中到首都华盛顿来。这种观念，比较流行于新当选的议员中。多数议员把自己视为“受托人”，应该根据自己比较全面的知识，比较丰富的经验，为造福于整个社会而投票。

(132) 宪法法(constitutional law)：以宪法条文为判案依据的法律，现已成为美国法律中的一个重要门类，常见于最高法院对上诉案的审讯，结论常常是下级法院做出裁决所依据的立法“符合宪法”或“违反宪法”——违宪。

第五十八篇*

七论众议院：议员人数将随着人口的增长而相应增加

麦迪逊

1788 年 2 月 20 日　原载《独立报》

致纽约邦民众：

第四条指责：众议员人数，不会随着人口增长而相应增加

现在来看看对众议院的最后一项指责。这项指责，基于一种假设，说众议员的人数，不会随着人口增长的需要而相应增加。

这条指责，不过是一种片面看法，心怀嫉妒，歪曲原貌

前面已经说过，这项反对意见，如果有事实依据，会很有分量。可是，下列事实说明：与许多其他反对宪法的意见一样，不过是一种片面的看法；或者出于嫉妒心理，戴上有色眼镜，歪曲原貌。

联邦议会开始时，众议员 65 人，这个人数，只限三年

一、提出这条意见的人，看来是记不清楚，联邦宪法与各邦宪法相比，在确保众议员人数逐渐增加方面，毫不逊色。第一届联邦议会召开时的议员人数，已经说明，是暂时的。这个人数，只限于短短的三年。

十年举行一次人口普查，按居民人数的增加，调整众议员人数

每隔十年，举行一次人口清点。这样规定，无可置疑的目的有：一、根据居民人数，定期调整众议员的人数；唯一的例

外是：每邦至少拥有一名联邦众议员；二、每隔一段时间，增加众议员的人数，唯一的限制是：每三万居民选出的众议员，不得多于一人。如果我们重读各邦的宪法，就会发现，有些邦的宪法，对这个问题，没有严格规定；另一些邦的宪法，与联邦宪法大体一致；各邦宪法中，最有效的，也就是一个指导性的条文。

二、从这方面的实际经验看，各邦众议员人数，都在按照邦宪法的规定增长，至少与选民人数保持一致；看来，每当选民有所要求时，各邦众议员人数便相应增加。

各邦宪法规定：众议员人数，与选民人数保持一致

三、联邦宪法有个特点，使人口和众议员的多数，都要密切注视众议员的人数增长。这个特点就是：众议院代表公民；参议院代表邦：因此，在众议院内，邦越大，越有分量；参议院的安排，则有利于小邦。从这一格局，可以推断出：邦越大，越会主张增加众议员的人数和分量，因为，这会使它们的影响占据优势。恰巧，四个最大的邦，在联邦众议院内的席位，超过总数之半。因此，倘若小邦的众议员和人民，不论何时，反对合理补充议员人数，几个大邦就会结成联合阵线，足以压倒这种反对；正常情况下，彼此争雄和地方偏见，或许会避免这种联合阵线，可是，到了一定的时候，这种联合阵线一定会出现，不仅得到共同利益的促进，而且得到平等观念和宪法原则的支持。

议会内会出现阶段性的联合阵线，要求增加议员人数

或许有人会说：出于相同的动机，参议院内可能出现反向的联合阵线；两院同时出现这种联合阵线，势不可免，另一院提出的正当的、合乎宪法的观点，可能会被击败。这是一个难点，会造成热烈主张增加众议员人数的人最担心的事情。好在这种困难只存在于表面，近距离精确地看一下，这种担心就会消失。如果我没弄错，下面的反思，被承认对这个问题具有结论性，且令人满意。

参议院和众议院会不会出现相互否定

众议院有时会有不小的优势

除发行纸币提案外，所有需要立法的问题，都是两院并存，权力相等，尽管如此，无可怀疑，议员人数较多的一院，在一些最有权势的邦的支持下，表达多数人的已知的、坚决的感情，遇到取决于两院谁更坚定的问题上，众议院占有不小的优势。

随着众议院自觉地意识到这种优势，由于它的要求得到支持，通过伸张权利，通过说理，通过援引宪法，这种优势会逐渐增加；参议院也会意识到，正在与这些神圣的理由对抗。

即使在参议院，也不能断定他们会反对增加众议员

进一步需要考虑的是：在最小的邦和最大的邦两极之间，还有一些其他的邦，一般来说，它们多半会把自己安排在前一类，在面积和人口上离前一类并不那么遥远，去附和它们的正当合法主张。因此，即使在参议院，也丝毫不能断定，多数人，在对待适当的增加众议员的人数这个问题上，会持不友好的态度。

新邦的参议员，也会支持依据人口的增长而增加众议员

不用看多远，就可以补充：来自新邦的所有参议员，出于一种容易被忽略的感觉，会支持众议院的正当意见。这些邦，会在一段相当长的时间里，人口增长快得异常，它们对于按人口增长而频繁增加众议员人数，十分感兴趣。因此，大邦，将在众议院占优势，只需要重新分配席位，做出互惠的议员增加，就不必再另有所为；来自人口增长最快的邦的参议员，肯定会站在后者一边，虽然它们在利益上与小邦一致。

众议院掌握着钱袋，这是强有力的工具

以上考虑，似乎对这个问题提供了很大保障，仅仅这些考虑，就足以打消由此问题而引起的所有疑惑和担心。若这些考虑还不足以消除小邦的不正当政策，或它们在参议院的优势；那么，宪法规定的、准确无误的资源，仍在大邦一边，利用这些资源，不论何时，它们都能实现自己的正当目的。众议院不仅可以拒绝，而且可以单方面提出支持政府所需要的钱财供应。一句话，众议院掌握着钱袋；这是强有力的工具[13]，我

们从英国宪政史中可以看出，人民的幼稚的、微寒的代表，逐渐扩大了他们活动的范围和重要性，最终，按照他们的愿望所及，削减了政府其他部门的生长过大的特权。这种掌握钱袋的权力，实际上可以视为最完整、最有效的武器，有了这种武器，宪法可以用它来武装人民直接选出的众议员，用来匡正一切不平，实现一切正当有益的措施。

众议院是不是也和参议院一样，想要维持政府的适当运转呢？众议院是否因此愿意把政府的存在和信誉，寄托在参议院的柔韧上呢？倘若两院之间甘冒风险，看谁更坚定，双方是否都愿意率先做出让步呢？这些问题，难不倒那些好学深思的人，在所有的情况下，掌握权力的人越少，任期越稳定，地位越显要，他们个人对政府关注的利益也就越强烈。那些在其他国家眼中代表国家尊严的人，将会对公共危险、公共事务的不名誉的拖延的每种前景特别敏感。对于那些原因，我们要指出：每当英国议会下院发动起钱财提案时，他们就会不断取得凯旋，战胜政府的其他部门。参议院方面如果绝对不让步，就会引起政府每个部门的普遍混乱，是既没有担心过，也不曾体验过的。联邦参议院和总统所能表现的最大坚定，不过是抵制，力度取决于他们得到多少宪法原则和爱国原则的支持。

联邦参议员和总统所能表现的最大坚定，不过是抵制

我把众议院的结构巡视了一遍，对经济问题略而未谈，在目前的事态下，节省问题会要求减少众议员的临时数目；若是忽略不论，反对派就会侃侃而谈，攻击宪法，就像他们攻击宪法中规定的众议员人数太少一样。还有一个难处，我也没有提到：在目前的形势下，人民可能选出的大量的这样的人物，从事联邦事务。在这个问题上，应当允许我补充一个看法：我认为值得非常严肃地注意。在所有的立法议会中，组成的议员人数越多，直接从事活动的人，实际上越少。第一，议会

议会的议员越多，激情越是取代理性，能力低下的议员越多

里的议员越多，不论议员的品格如何，激情压倒理性的可能越大。第二，议员人数越多，则信息有限、能力低下的人越多。少数充分施展能力的人，口若悬河，演说精彩的人，会左右这些能力低下者。在古代的共和国里，全体人民到场议事，人们常常看到：一位演说家，或一位手腕高明的政治家，一人君临全体，好像他一人手执帝王权杖。根据同一原理，一个议会的议员越是人数众多，它所具备的类似民众集会的那种不坚定性就越大。幼稚的人会成为老练者的愚弄对象；激情会沦为诡辩和宣讲的奴隶。百姓最大的错误，莫过于以为把议员的人数成倍增加，超过一定限度，便可以加强篱笆，对付少数人的统治。经验总是告诫人们：事情正好相反，议员人数只要能够确保国家安全、了解地方信息、保持与整个社会的共鸣就够了，超过这个人数，每增加一个人，反而会造成议员之间观点的碰撞。政府的外表，可能显得更为民主；可是，赋予政府生机的灵魂，却是寡头制。机器是扩大了，可是引导机器运转的原动力却变得少了，而且常常是隐秘运转。

议会内要求超过半数才能通过，可能带来的弊病

反对派指责众议员人数太少，还有一种与之相连的观点，值得注意：就是对通过立法所需的人数提出异议。人们常说：议员过半数出席，才能构成法定议事人数，遇到特别情况，若非全体同意，也要求一个比过半数更大的比例，才能做出决定。不可否认，采取这种谨慎做法，可能产生一些好处。对于某些特殊利益，这种做法，可能构成一道附加盾牌，阻止匆忙决定和带有偏见的决策。不过，这些考虑，被天平另一端的不便压倒。在正义和公益要求通过新法或采取积极措施的所有情况中，自由政府的基本原则，会被颠倒过来。会变得不再是多数人的统治；权力将会转化到少数人手中。一旦把捍卫特权，限定到特殊情况，一个利在其中的少数，就可能利用这一点，把自己隐蔽起来，合理地牺牲公益，或者，在特定的紧

急情况下，强求他们的非理性嗜好。最后，这种规定，会使受到禁止的分离行为变得容易，甚至予以促成；如果需要过半数，甚至邦内也会出现分离活动；这种分离活动，违背所有的秩序和常规政府的原则；这种分离活动，会更为直接地导致公共动乱，导致民众政府的毁灭，超过我们当中曾经出现过的任何现象。

帕伯琉斯

*《反联邦论》第58篇，题为"众议员真能代表民意吗?"，是理查德·亨利·李《联邦农场主》四篇文章中的第四篇。

---

⑬ 一句话，众议院掌握着钱袋；这是强有力的工具：

按宪法，钱袋应该由众议院掌握。美国的一切政策，都要由联邦议会买单。现在，控制钱袋，体现为每年总统和议会之间的预算之争。美国财政年度，从10月1日开始，到第二年9月30日结束。

每年10月到12月，行政部门的十五个部(国防部、教育部等)、二十几个委员会(联邦储备委员会、全国运输安全委员会等)、众多的局(中央情报局、联邦调查局等)制订第二年的开支计划，也就是预算，到年底，向总统手下的预算委员会主任汇总(过去是向财政部长)。

每年2月第二周星期一，总统向议会提交国情咨文。过去，这是对头一年工作的述职报告，现在，是为行政部门向议会提出下一年度财政预算的机会。总统2月上旬提出，议会9月中旬批准，历时半年多，主要经历三个阶段，程序如下：

一、众议院的二十二个专业委员会和下面的一百三十五个小组委员会，与行政部门的各部、委员会、局是对应的。各委员会和小组委员会，审查相应部门的预算，有时举行听证会，有时双方举行讨价还价的谈判。1月至3月，议会各委员会向议会的预算办公室提交第一份报告。4月15日，众议院和参议院的预算委员会分别向各院提交第一个共同预算报告。5月15日，拨款委员会向议会报告新的拨款权限，议会完成对第一个共同预算的全部准备工作。

二、按宪法，参议院可对众议院的预算以修正的方式合作，实际过程是，两院预算委员会，根据各自的预算计划，展开谈判，达成折中。8月，两院的预算委员会，要对第二个拨款计划，达成协议，分别向众议院和参议院报告。

三、9月15日，议会完成对第二个拨款方案的全部准备工作。9月25日，两院就调解完成全部工作，包括预算权限、税收、公债等方面变动必须遵循的规则。10月1日，新的财政年度开始。议会开始向行政拨款。

这个过程，不断被媒体追踪报道，政府的财政施政过程，增加透明公正程度，增加合理成分。

议会筹款委员会，12月31日前，编写出下一年度的税则，拨款：各种收入的个人交纳个人所得税的税率，各类公司交纳公司所得税的税率，各种收入的个人和公司交纳社会安全税的税率，等等。会计师需迅速熟悉新税法，接收个人和公司的纳税委托，4月15日，全国完成纳税，构成下一年度的财政收入。

第五十九篇*

八论众议院：联邦有权最终决定议员选举办法

汉密尔顿

1788年2月22日　原载《纽约邮报》

致纽约邦民众：

讨论的自然顺序，把我们引到这里：宪法里的一个条文，授权全国议会，对其议员的选举，有最后的管辖权。这一规定，原文如下："选举联邦参议员和众议员的时间、地点、办法，由各邦议会预定；联邦议会可随时通过立法，制定和更改这些规定，但选举参议员的地点，不在此列。"[1]反对这一规定的，不仅有那些全盘诅咒宪法的人，还有那些意见不大、态度温和的人；有位先生宣布：宪法的其他内容，他都接受，唯独不赞成这一条。

有人宣布：他全盘接受宪法，唯独反对这一条

我倒是被弄糊涂了：在整个宪法里，还有哪一条，比这一条的理由更充足呢？这一条之所以恰当，原理简单质朴：每个政府，必须拥有保护自我的手段。每个推理正常的人，第一眼看宪法的内容，就会同意这条规则；反对任何偏离这一规则的做法；这并非要在宪法里加进什么特殊成分，弄得难以遵

每个政府，都需要保护自我的手段

循。宪法或许可以对这一点的必要性加以默许；可是，倘若没有这条根本原则，整个制度中，就有一个部分不完善，会给未来的软弱无能，甚至无政府状态，埋下祸根。

各邦政府先组织选举；若出现问题，联邦政府可以介入

没有人能设计出一套选举法，放在宪法里面，足以适应这个国家的一切形势变化；因此，无可否认，对于选举，应该有一套变通的管理权。我以为，显而易见的办法，有三种，可以对这种处置权，加以合理变通：一、完全交给全国议会管理；二、完全交给各邦议会管理；三、开始时，由各邦议会管理，最终时，由全国议会把关。制宪会议理性地选择了最后一种模式。他们把规范联邦政府选举的第一步权力，交给地方政府；情况正常，若没有出现什么出格的事情，则既方便易行，又皆大欢喜；但是，他们又为全国政府保留一份权利，若出现意外，使介入显得必要时，全国政府便可插手。

管理选举的最终权力，还是交给联邦议会，更合常理

再也没有什么问题，比这个问题更清楚：如果把选举全国政府的管理权，交给各邦政府独享，联邦的存在，就会听凭各邦发落。各邦只要对选举联邦政府组成人员的办法，采取玩忽态度，就可以随时废止联邦政府。这种性质的玩忽或疏漏，可不能轻易地说：没有可能。若没有一套对付这种危险的对等措施，宪政能否施行，就是一个无法回答的问题。也没有任何令人满意的理由，说承担这种风险有理。病态嫉妒心理的夸张推测，决不会显现出威严人格。若我们有心绪推断权力的滥用，那么，推断各邦政府有心滥权，比推断联邦政府有心滥权，更为公正。把照顾自己存在的权利交给联邦，比转交给任何其他的人，更符合正常之理；倘若一定要拿这项权力去冒险，与其交给此方，或交给彼方，还不如交给这项权力的自然归属，比较合乎理性，而不是交给不自然的一方。

两级政府，应该各自依靠自我，实现自己的长存

倘若有人在宪法里加入一个条文，授权联邦政府管理各邦的选举，任何人都会毫不犹豫地加以谴责，说：这不仅是毫

无根据的权力转移，而且是一台预先设置的发动机，要挖各邦政府的墙角。这种违反原则的做法，无需评论；对于不含偏见的观察者来说，清晰程度不亚于此的是：以类似的方式，把全国政府的存在，听凭各邦摆布。对此问题的不偏不倚的看法，定然会走向一种坚定的信念：两级政府，应该各自依靠自我，实现自己的长存。

作为对这一立场的反对意见，可以这样说：全国参议院[134]的构成，卷进一种完全的危险，意味着：各邦议会拥有全权，管理联邦参议院的选举。可能有人会说，各邦议会只要拒绝委派联邦参议员，就可在任何时候，给予联邦议会致命的一击；由此可以推断：在如此紧要的一点上，联邦参议院的生存，就此依赖于各邦，目前讨论的这个问题上，对把此事委托给各邦，不可能没有反对意见。还可以补充说：每个邦的利益，要求维持它们在全国议会中的代表性，会成为完全的保障，对付滥用信托。

联邦参议院的存在，完全依赖于各邦议会

这个说法，听来虽然有理，仔细推敲，并不可靠。肯定真实的是：各邦议会，只要忍住不选派联邦参议员，就能摧毁全国政府。但并不能由此得出结论：因为各邦议会选派参议员，它们就控制了联邦议会选举的全局。有些情况下，各邦全盘控制联邦议会选举，带来的恶果，比选派参议员更厉害，但它们自己也可能为此而承受损失。宪法组建联邦政府的方式，使联邦可能受到各邦的伤害，这是一个弊病。可是，制宪会议意识到：这是一个无法避免的弊病，否则就无法把各邦作为政治实体，包括到全国政府的组织中来。若当初真这样做了，无疑就会被解释为完全放弃联邦原则，而且肯定会剥夺各邦政府的那种绝对救生圈，按照这一条，它们就可以享有那种救生圈。不过，这种做法不论多么明智，在这件事上还是留下了不便，使各邦取得必要的优势，或者说，更大的好处，但不

让各邦选派参议员，是对邦权的承认，体现联邦制原则

能由此推断,在没有必要,没有更大好处时,还会让这种弊病累积。

各邦不可能同时拒绝选派参议员,除非联邦政府令人民失望

很容易明白的是:在众议院的选举上,全国政府要冒的风险,比让各邦议会选派参议员还大。参议员六年才选一次;每两年改选其中的三分之一,实现轮替;没有一个邦选派的参议员,能超过两名:参议院开会的法定最低人数,是十六名议员。这些规定带来的集合结果是:少数邦临时结合起来,不选派参议员,既不能废止参议院的存在,也不能阻止参议院的活动;我们根本不用担心,各邦会普遍或永久地结合起来。若发生前一种情况,多半是少数几个邦议会领袖的罪恶阴谋;后一种,只能假定是人民大众中有一种定性的、根深蒂固的不满;这种不满,要么是永远不可能出现,要么是人民通过亲身体验,觉得联邦政府没有能力促进他们的幸福;出现后一种情况,就再也没有好公民,希望这种政府继续下去。

几个大邦领袖共谋抵制众议员的选举,可能导致联邦解散

联邦众议院,按计划每两年举行一次普选。如果让各邦议会独享管理众议员选举的权力,则每次选举,都会变成一次微妙的全国局势危机;如果几个大邦的领袖预先共谋,阻止选举,这种危机可能导致联邦解散。

为维护联邦,要警惕各邦当权者的抵制,防止外国介入

各邦的利益,都在联邦议会中有所代表,构成一种安全保障,不会把选举方面的滥权,交到各邦议会手中,我不否认这种说法有一定分量。不过,这种安全保障还不够,人民在公共安全方面的利益,和地方当权者在权力方面的利益以及由此而决定的他们的官职,有明显的区别。美国人民可能总是热情忠于联邦政府,可是具体邦的具体领导人,在权力的自然较量下,在个人升官的希望上,在各邦强有力的派别支持下,或许情绪完全相反。人民中的多数,和邦议会中居于高位的个人,情绪上的这种悬殊,此时此刻,在这个问题上,就可以在某些邦见到例证。建立若干分开的联盟的计谋,总是会给野心

提供加倍的机会，是各邦政府中有影响的人物，永远难以释怀的诱惑，使他们宁可牺牲公众利益，追求个人的功名利禄；把独掌全国政府选举这么有效的一个武器，放在他们手中，少数几个这样的人物，在几个最大的邦里，那里的诱惑总是最为强烈，只要抓住人民不满的偶然机会（他们自己或许就能激起这种不满），中止选举众议员，就可能完成对联邦的解体。永不可忘的是：这个国家，牢固地联合在一个有效的政府之下，将越来越成为不止一个欧洲国家嫉妒的目标；破坏联邦的企图，有时会来源于外国列强的阴谋，它们当中的一些国家，很少会不给予资助和怂恿。因此，保护联邦长存，不可避免，必须要把这种信托交给那些人，他们，一无例外地，处在忠实和警惕这种信托的直接利益中。

帕伯琉斯

*《反联邦论》第59篇，题为“联邦议会控制选举的危险性”，作者署名“沃克斯·波布里”(Vox Populi)，原载《马萨诸塞报》，1787年10月30日。

---

[1] 帕伯琉斯注：这是《联邦宪法》第一条第四款第一项。

⑬④ 参议院：制宪会议对《联盟条款》作的第一个重要改动，是把原来一院制的“联盟议会”(Congress of Confederation)，改造成两院制的“联邦议会”(Congress of United States)。这个改动，分为两个方面：一是把各邦宪法已经设立的众议院，移植到联邦一级，改造成代表选民利益的“民权议会”；二是增设联邦参议院，代表各邦利益的“邦权议会”。

Senate这个词古已有之。在古代的迦太基和罗马，Senate是贵族院，常被译为“元老院”，虽然成员并非年老或资深，只是贵族家族的代表，有的可以世袭，译成“贵族院”比较贴切。国王居于主要统治地位时，亚里士多德称之为“君主制”，篡权的独裁者，被称为“僭主制”。由少数人构成的贵族院，如果处于主要统治地位，亚里士多德称之为“寡头制”；若民众能够直接参与政治，参与治理，亚里士多德称之为“共和制”，共和制失序，被称为“暴民制”。英国出现《大宪章》(1215)后，首先出现贵族和僧侣组成的“贵族院”或“上院”，成员称“爵士”，可以世袭，代表社会上层，与罗马的贵族院一脉相承。

18世纪，北美的十三个殖民地，先后变为英国的皇家殖民地。英国王室派到十三个殖民地的总督，成为国王的化身。各个总督，分别从各个本殖民地的社会上层，推荐若干人，经英国王室批准，组成十三个殖民地的“上院”，英文常用Council一词，也常被译作“咨政会”。不过，北美没有贵族传统，虽被称为“上院”，制宪会议也只说它有“贵族趋向”，不称之为“贵族院”。

1776到1780年，北美十三个殖民地先后制定宪法，建立“邦”政府。各邦议会都由下院和参议院组成。各邦议会下院，所用英语名称不同，上院则多用Senate。这可以说是对英国传统的继承，对18世纪殖民地议会传统的继承。各邦宪法对殖民地宪章作了修改。在参议员方面，一、不再由总督提名，英国皇家批准，而是民选，多半每县一名，有的划分参议员选区。二、不实行终身制，不可世袭，多半任期一年，有的三年，最多五年。三、权力缩小，众议院发起钱财提案，有的邦规定参议院可以否决，有的邦规定参议院可以修正，有的邦规定参议院不得修正。尽管如此，由于各邦参议院的人数都少于众议院，多数邦的参议员任期比众议员长，因此，参议员仍在各邦政府中起重要作用。各邦宪法，一般没有对参议员的功能作具体划分，因此，邦参议院的功能，似乎就是对邦众议院起“制约”作用。至少，各邦参议院不再是贵族的代表。

在此基础上，制宪会议对参议院作了重大改革。按照“弗吉尼亚方案”的设想，参议员席位也要在各邦之间按人口分配，形成大邦在两院内的明显优势。这个意图，受到小邦的坚决抵制，结果是达成“伟大妥协”：众议院席位按人口分配，参议员席位大小邦一律平等，每邦两席。这实际上是国与国之间的对等原则，是“国际法”，而不是“国内法”。由此决定美国的性质：一半是“国家”，一半是“联邦”，即十三个小国家的联合。

参议院实行每邦两席，还有一个技术上的原因。按照麦迪逊的构想，参议院应该是一个成员较少，任期较长，因而相对稳定，议员出身高贵，素质良好，具有相当经验，凡事深谋远虑，制定政策，具有远大眼光，能在外国眼中体现美国“国格和尊严”的机构。若按“弗吉尼亚方案”，也按人口分配席位，则特拉华若分一席，弗吉尼亚至少十席，各邦参议员人数加起来，依然是一个人数众多的机构。每邦两席，参议院开始时，十三个邦各两席，二十六名成员，规模适当。

这样，制宪会议虽然借用了来自古代的Senate一词，却赋予这个词以新的、美国式的含义：“邦权代表议会”，体现联邦制的原则。

第六十篇*

九论众议院：联邦是否要通过选举偏袒受宠阶层

汉密尔顿

1788年2月23日　原载《独立报》

致纽约邦民众：

若将控制选举的全权授予联邦，又会有何风险

我们已经看到，把选举联邦政府成员的权力，不加控制地委托给各邦政府，有风险。我们再来看看，另作一种安排，有何风险；把规范自身选举的最终权力，交给联邦政府自身，又会如何？这并不是说，要利用这项权力，排除任何一个邦在联邦政府中的代议份额。至少在这一方面，全体的利益，就是全体的安全保障。可是有人怀疑：采用这种办法，会使某些受宠阶层当选，把其他阶层排除在外；他们说：把选举地点限定在特定选区内，会使多数公民无法参加选举。所有异想天开中，这可以说是最奇妙的一种。一方面，没有一种理性的概率计算法，会引导我们想象：这种会导致暴烈和不同寻常的行为取向，竟然会进入全国议会；另一方面，肯定可以得出结论：倘若如此不合时宜的精神，一旦进入全国议会，会自我展现为一种迥异的形态，而且更为武断。

这种企图不合时宜，会引起各邦政府和广大人民造反

这种企图不合时宜，或许可从以下想法中，满意地推断出来：在各邦政府带头指导下，人民大众会马上起来造反。不难理解：这种特有的自由权利，在某些动乱和派别活动张扬的季节，通过一个得胜的、占据压倒地位的多数，会被一个特定阶层的公民违反；可是，这么一种根本的特权，在一个处境如此、经过启蒙的国家，政府通过精细政策，侵犯广大民众的利益，而不引起民众革命，完全不可理喻、不可置信。

三权分开的政府结构，利益分散，特定阶层无法独享

除了这种总体性的思考，还有一些更为细腻的考虑，会消除这个问题上的所有疑云。组成全国政府的成分，彼此不同；各部门开展活动时，方式更加不同，部门众多，构成一种强有力的障碍：任何部门的选举安排，使它们无法采取一致行动。联邦的不同地区，人民的财产状况、禀赋、办事方式、习惯，有足够的差异，他们选出的议员，对待社会的不同阶层和状况，会产生取向的区别。虽然在同一个政府下，亲密交往，在性情和感情方面，会促进一种渐进的同化，但是，有物质和道德上的原因，或多或少，在性情和感情方面，会永久助长不同的趋势和取向。可是，环境，可能在这件事上产生最大的影响，会成为彼此不同的模式，使政府的各个组成部门得以继续。众议员由人民直接选出；参议员由各邦议会选派；总统由人民为此目的而选出的选举人选出；共同利益，要想把这些不同的部门黏合起来，形成对任何特定阶层选举人的偏好，概率极小。

联邦议会的管理，不会影响各邦对参议员的选举

说到参议院[13]，宪法把选举的“时间”和“方式”交给全国政府管理，不可能影响主导各邦选举参议员的精神。各邦议会的集体感觉，也不可能受那一类外在环境的影响：单是一种考虑，就应该使我们满意：各邦不会企图实行我们担心的歧视。有什么诱惑力量，能促使参议院去共谋一种对他们并没有好处的偏袒呢？在议会的一院，建立这种偏袒，却不能延伸到另一院，有什么用处？在这个问题上，议会一院的结构，

会构成对另一院的对抗。我们永远不会假设：这种偏袒会进入参议院的选举，除非我们同时假设：各邦议会自愿合作。如果我们作后一种假设，那么，不论把这种权力放在哪里，是放在各邦议会手里，还是放在联邦手里，这种假设将变得没有实际意义。

可是，全国议会的这种古怪偏袒，到底有什么目的呢？是不是要对产业的不同部门实行歧视？或者对不同类型的财产实行歧视？还是对财产的不同程度实行歧视？是不是要偏向土地利益？或以钱赚钱者的利益？或商业利益？或制造业的利益？或者，用反对宪法的人的时髦说法，要讨好“门第高雅、家产富裕”的人升腾，排斥和压制社会的其他阶层？

全国议会是否想要偏袒“门第高雅、家产富裕”的人升腾

如果这种偏袒，是要惠及某种行业、某种财产，我想大家都会承认：竞争这种偏好，会发生在拥有土地的人和商人之间。我可以毫不犹豫地断言：二者中的任何一方，要想在全国议会里独占鳌头，比他们之中的一个，想在地方议会里独霸一方，更不可能。结果，推论就是：要想采取偏向于二者之一的行为，在联邦议会里，比在各邦议会里，更不容易做到。

各阶层之间的竞争，使联邦议会无法偏袒任何一方

各邦在农业和商业方面的发展程度不同。若非在所有的邦，至少是在大多数邦里，农业居于优势地位。不过，在少数邦里，商业差不多可以占到半壁河山，而在多数邦内，商业也有相当分量。由于二者都不能称雄，这种局面，就会反映到全国议会里的席位之分，由于同样的原因，全国议会里，议员所代表的利益的多样性，比例的多样性，都会超过任何一个邦议会。

联邦议会议员的多样性，将胜过各邦议会

一个主要由土地耕作者构成的国度，实行平等代议制，土地利益的代表，势必在政府中占据突出地位。只要这一利益在多数邦议会中依然占据优势，它必然也会在全国议会里占据相应的支配地位，会成为各邦议会中土地利益占多数的翻

在一个以农为主的国度里，土地利益势必在政府中占优势

版。因此，不能推断：牺牲土地利益，让给商人阶层，会成为联邦参议院喜欢的题目。把全国总体局面的这种特点，运用于参议院，我认为：邦权的迷信的崇拜者们，不能按照他们自己的原则，怀疑各邦议会，会在外力的影响下，把他们自己的责任包藏起来。可事实上，相同的情景，势必会产生相同的效果，至少在联邦众议院的原始组成上；不适当地偏向商人阶层，不会来自这一部分，也不会来自另一部分。

联邦不会偏袒“门第高雅、家产富裕”的人

或许，为了维护反对意见，有人会问：联邦政府内会不会出现一种相反的危险，努力保证土地利益阶层垄断联邦政府？出现这种偏向，不会在直接受到伤害的人那里引起恐惧，因此，我不准备详细讨论这个问题。只要指出以下几点，就足够了：第一，前面已经说过，全国议会中出现偏袒的可能性，比各邦议会的可能性小。第二，不存在诱惑，去违反宪法，偏袒土地利益阶层，因为土地利益阶层，在事物的自然进程中，会享受它们值得的那一份优越。第三，习惯于研究公共繁荣根源的人，从大处看，势必非常深信商业的用途，不会去重创商业，把那些最理解商业的人，完全排除出去，使他们不能分享一份管理。商业的重要性，仅从岁入这一点，就值得有效的保护，对付那一伙人的敌意，他们持续地强拉硬要，赞同紧急召唤公众需要。我愿简略讨论一下，会被发现的一种偏向，在不同的行业和财产之间，实行歧视；因为，据我所了解的反对派的意思，他们所想的是另一种类型的歧视。他们的观点似乎是：努力提醒我们注意的被歧视对象，是他们所说的“门第高雅、家产富裕”的人。看来，他们是要把这种人抬上令人厌恶的高位，高居于其他公民同胞之上。此一时，由于议员只是一个小小的群体，说抬高他们是必要的；彼一时，就会说，他们之所以居于高位，是因为剥夺了多数人选举议会的权利。

可是，为了实现这种歧视，要按什么原则来安排选举地点呢？能把他们所说的“门第高雅、家产富裕”的人，都集中到各邦的特定地方吗？能根据某种神话般的本能或预见，把他们集中到各邦的指定地点吗？他们只在镇上或城里见面吗？或者，与之相反，贪婪和机会，正好让他们分散在这个国家的表面，把他们和他们的先辈的财产放在那里。如果情况如后者所述（像每个智者所知的那样[1]），那就弄不清楚，把选举地点限定在特定选区，会违背它自己的目的，从其他方面考虑，也值得怀疑。真实的情况是：没有办法能保障富人得到那种令人担心的偏爱，除非预先规定选民和候选人的财产资格。但这并不构成转让给全国政府的权力。全国政府的权力，被严格限制在管理选举的时间、地点和办法上。选民和候选人的资格，如前所述，各邦宪法里已经作了定义，加以固定；各邦议会不得修改。

没有办法把“门第高雅、家产富裕”的人集中到特定地点

为了表述的方便，我们就算承认：上面提议的权宜办法，能够取得成功；同时，还承认可以同时保证，国家的治理者们，克服了责任感，或担心这次试验的危险的种种顾虑。我想象，没有军事力量的帮助，还是不足以平息人民大众的抵制。前面，在这些文章的不同部分，已经讨论过，要建立起这样一支大军，是不可能的。不过，让我们暂时让步，就算存在这样一支大军，掌握在全国政府手中，又会如何？如果治人者想要侵犯社会的基本权利，并且有这样做的手段，我们能够假定：他们能用重编选举法的办法，偏袒他们心爱的阶层，并以完成如此荒唐的任务而自娱自乐吗？更为可能的，他们是不是会做一些事情，以抬高他们自己？他们是否胆敢使自己永远当官，用决心篡权的办法，而不是采取小心的权宜之计，不顾可能伴随他们的所有预防措施，会以解散、羞辱、毁掉他们作者的方式收场吗？他们不会害怕，那些对自己的权利高度自觉而且十分执着的公民们，会从遥远的角落，蜂拥来到各邦的选举地

人民对自己的权利高度自觉，会推翻特权者，取而代之

点，推翻对他们实施暴政的人，用那些愿意报复违反多数人民利益的人取代吗？

帕伯琉斯

＊《反联邦论》第60篇，题为"宪法是不是会促进受宠阶层的利益？"，作者是马里兰邦的约翰·F.默塞，摘自他1788年在纽约邦和弗吉尼亚邦讨论和批准《联邦宪法》代表大会上对代表们所作的证词，摘自《宾夕法尼亚历史协会微型合编本》。

---

[1] 帕伯琉斯注：特别是在南部和纽约邦。

⑬⑤ 参议院：制宪会议不仅给每邦分配了平等的两个参议员席位，而且把部分主权留给各邦政府，包括选派参议员的权力。麦迪逊把这种权力称为"剩余主权"，汉密尔顿把这种权力称为"共享主权"。倘若某些邦拒绝派出参议员，联邦政府将无法组成。汉密尔顿担心的这一点，实际上并未发生。倘若各邦议会派出坚定捍卫邦权的参议员，像弗吉尼亚开始做的那样，参议院内将出现联邦派的反对派，后来的情况正是如此。因此，参议院体现邦权。

开始，各邦多半采取两院联合选举联邦参议员的办法。1913年4月8日，宪法修正案第十七条公布生效。联邦参议员改为由各邦人民选举。从此，联邦参议员既要代表邦的权利，又要代表本邦选民的权利。

参议院的权力：《联邦宪法》第一条第八款列举了联邦议会的十八种立法权。一、对这十八项权力，参议院和众议院都有发起提案的权力，但钱财提案，需由众议院发起，参议院只能修正和合作。二、总统和副总统选举时，若出现票数平等或无人过半数，由众议院最后选出总统，由参议院选出副总统。三、总统和副总统、全体法官，出现需要弹劾的情形时，由众议院提出弹劾，参议院审理弹劾案。《联邦宪法》第二条列举了总统的权力。其中，参议院与总统分享人事任命权。四、参议院与总统分享的缔结条约的权力。

参议院的游戏规则：众议院议员名额定为四百三十五人，保持奇数，议长参加投票，除非出现缺席，不会出现赞成反对票数相等。参议院每邦两席，不论邦数是多少，议员总数永远是偶数，可能出现两派票数相等的局面。为此，兼任参议院议长的副总统，可以投关键的一票，打开死结。

与众议院一样，参议院的实际权力，分散在专业委员会里。2004年，联邦参议院有二十个专业委员会，六十八个小组委员会，四个联合委员会。这里，按英语首字母顺序，列出二十个委员会：1. 农业、营养、林业委员会;2. 拨款委员会;3. 武装部队委员会;4. 银行、住房、城市事务委员会;5. 预算委员会;6. 商业、科学、运输委员会;7. 能源和国家资源委员会;8. 环境和公共工程委员会;9. 金融委员会;10. 对外关系委员会;11. 健康、教育、劳工和退休金委员会;12. 国土安全和政府事务委员会;14. 司法委员会;15. 规则和行政委员会;16. 小商业和创业委员会;17. 退伍军人事务委员会;18. 老年特别委员会;19. 道德特别委员会;20. 印第安人事务委员会。

与众议院内的委员会一样,参议院的每个委员会,由多数党的一名资深议员担任主席,少数党的一名资深议员担任副主席,每个委员会内,多数党议员略多于少数党议员。

参议院设一名"代理议长"。总统若因故去职,继承顺序为:副总统,众议院议长,参议院代理议长。副总统实际很少主持参议院会议,多半由代理议长主持。参议院内也有多数党领袖和党鞭,少数党领袖和党鞭。

第六十一篇*

十论众议院：再论议员选举的地点和时间

汉密尔顿

1788年2月26日　原载《纽约邮报》

致纽约邦民众：

反对派说：所有选举都应在居民居住的县里举行

对宪法中关于选举条款的比较公道的反对者，感到理屈词穷时，有时会做出让步，承认这一条款的适当性；可是，承认这一点的同时，又提出一个看法：所有选举都应在选民居住的县里举行。他们说，这是一项必要的预防措施，避免选举中出现营私舞弊。这种性质的说法，显然无害：若这种说法可以平息担心，加入这一条，也未尝不可。其实，这样做，也收不到多少效果，并不能对担心的危险起到进一步的防止作用；一个不含偏见、认真办事的观察者，不会把这一点视为严肃的事，这一点，甚至也不能算作对宪法的不可克服的反对意见。前面两篇文章对不同观点作的讨论，已经足以使所有心平气和和明白事理的人满意，倘若公民权利一朝成为全国统治者野心的牺牲品，我们所考察的权力，至少不应对造成这种牺牲负责。

倘若那些只愿意顾及自己嫉妒心的人，有空把各邦宪法检阅一遍，就会发现：各邦宪法对选举地点的规定，比联邦宪法留有更大的弹性幅度，更容易引起不安慌乱。从这个方面看看他们的处境，会大大消除反对派在这个问题上的不良印象。要仔细说明这个问题，需要很多篇幅，涉及繁琐的细节，我只限于说说我写作的这个邦。纽约邦宪法，只规定邦众议员要在各县选举，邦参议员由邦政府划分的较大选区选举，此外，没有关于选举地点的规定；目前，纽约邦分为四个邦参议员选区，每个选区由两到六个县组成。很容易理解的是：纽约邦议会，如果想利用把选举安排到某个特定地点，以破坏纽约公民的选举权，比起联邦议会用类似方法破坏美国公民的选举权，并不更难。例如，假定把奥尔巴尼市指定为唯一的选举地点，既举行县的众议员选举，又举行包括奥尔巴尼在内的参议员选区的选举，该市居民是否很快就会成为县里选举众议员和选区选举参议员的唯一参加者呢？我们可不可以想象，住在奥尔巴尼市远郊，住在萨拉托加、坎布里奇等地的人，或者蒙哥马利县的人，会不辞辛劳到奥尔巴尼市来投票选举邦众议员和邦参议员，比他们赶到纽约市去参加联邦众议员和联邦参议员的选举，会到得快些？在现行法律下，对选举提供了一切方便，人们行使如此宝贵的特权时，可以觉察到的惊人的冷漠，对这个问题提出了一个现成的答案。把具体的经验加以抽象，我们可以有把握地肯定：选举地点与选民之间的距离达到不方便的程度时，对选民行为的影响，没有什么不同，不论距离是二十英里，还是两万英里。由此可见，反对由联邦规范选举权力，不许联邦对此做出具体变通，实质上，也可用同等的分量，应用于本邦宪法的类似权力；根据这个理由，就不能容忍一方，指责另一方。与其他各邦宪法相比，类似的比较，也会得出类似的结论。

各邦宪法对选举地点的规定，比联邦宪法留有更大弹性

反对派容忍邦宪法中的缺陷，对联邦宪法却吹毛求疵

如果有人说，各邦宪法中存在的缺陷，不能作为联邦宪法也有缺陷的借口；我的回答是：由于人们从来没有想过，各邦宪法，由于不注意维护公民权利，应该受到指责，而这份恶名，却被加到联邦宪法身上，由此说明，同样的恶名，也可以加到各邦宪法身上，结论是：他们反对宪法，不是以公允的态度追求真理，而是预先就决定反对，吹毛求疵，乱挑毛病。那些认为各邦宪法只是出于幼稚无知而忽略公民权利的人，却认为联邦宪法不可原谅，实在令人无话可说；至多只能要求他们：提出一点实质性的理由，说明为什么单独一个邦的众议员，比联邦的众议员，对权力诱惑的抵抗力，对其他的罪恶动机的抵抗力，会更强？如果他们提不出理由，他们至少应该向我们证明：凭借地方政府的优势，带头反对势力，要违背二十万人的公民权利，比没有这种优势的人，要违背三百万人的公民权利，要容易些。回到眼下讨论的话题，他们应该使我们信服：在单独的一个邦里，一个居于支配地位的党派，为了保持它的优势地位，偏袒某个阶层的选民，比起地理位置延伸到广阔范围的十三个邦，而且各邦在许多方面彼此毫不相像，地方局势、偏颇观念、利害关系，各不相同，要使同一种倾向，占据十三个邦的众议员的头脑，是不是更不可能做到。

到此为止，我所谈到的话题，只限于从理论上说明：宪法中关于选举的这项规定，恰如其分，说明权力旁落的危险，说明宪法安排的方式安全可靠。还有一个由此而产生的肯定的优点，是其他办法无法实现的，需要在此一提。我指的是：联邦众议员的选举时间，可以整齐划一。不仅可能，人们将会发现，这种选举时间的整齐划一，对公共事务，意义重大；一则有利安全，避免众议院老是被褊狭精神支配；二则可以治疗党派弊病。倘若各邦可以自行选择选举时间，则选举阶段之多，至少和一年的月份数目一样。各邦选举时间拖拉的长度，如现

联邦众议员的选举时间，统一起来，有利安全，防止党派弊病

在的地方选举,会从三月一直拖到十一月。时间上的这种五花八门,使得永远不可能在同一时间把一届议会终结,让新一届议会开始。倘若任何不合时宜的精神,正好在议会里取得优势,那种优势,就很容易浸透一批一批新来的议员。这团乱麻,可能一直这样下去,持续不断地同化。榜样具有传染作用,有足够能力抵制的人很少。我趋向于认为:把任期延长到三倍,条件是:一届议会必须在同一时间完全终结,这样做,对公民权利的危害,可能比任期只有两年、持续不断地换人要好。

参议员的选派时间,也应在联邦内统一

为了能在参议院[13]实现正常轮回,看来也要求把参议员的选派时间统一划齐;简便的办法,是要求各邦议会在一年中的相同时间开会。

宪法不事先规定时间,是留有余地

或许有人会问:既然如此,宪法为何不固定一个时间?在我们这个邦,最热心反对联邦宪法的人,一般来说,也是最热心维护本邦宪法的人。这个问题,可以反过来问问他们:本邦宪法为什么没有固定一个时间?这件事,可以放心地交给邦议会处理。如果固定一个时间,试行起来,可能会发现没有别的时间方便,再也不可能有比这更好的回答。对上述问题,也可以作同样的回答。还可以补充一点:渐变可能带来的危险,不过是一种推想,仅凭这种推想,就确立一种具有根本性质的做法,不可取,这种做法,会使各邦感到不便:既要选举他们自己的政府,同时,又要选举全国政府。

帕伯琉斯

*《反联邦论》第61篇,题为"对宪法中关于议员选举条文的质疑和评价",作者理查德·亨利·李,摘自他的小册子《联邦农场主》。

⑬⑥ 参议院：联邦众议员的人数，随人口增加而增加，其中包括由于邦数增加而引起的增加。联邦参议员的人数，不受人口增加的影响，只受邦数增加的影响。联邦不是通过“统一”建立起来，而是通过“联合”建立起来的。最初的十三个邦，是一个一个加入联邦的，以各邦批准联邦宪法之日为起点；后来的邦，以联邦议会批准新邦加入之日为起点。

现在的五十个邦，进入联邦的时间依次为：

1. 特拉华	1787.12.07	26. 密歇根	1837.01.26
2. 宾夕法尼亚	1787.12.12	27. 佛罗里达	1845.03.03
3. 新泽西	1787.12.18	28. 得克萨斯	1845.12.29
4. 康涅狄格	1788.01.09	29. 爱荷华	1846.12.28
5. 佐治亚	1788.02.02	30. 威斯康星	1848.05.29
6. 马萨诸塞	1788.02.06	31. 加利福尼亚	1850.09.09
7. 马里兰	1788.04.28	32. 明尼苏达	1858.05.11
8. 南卡罗来纳	1788.05.23	33. 俄勒冈	1859.02.14
9. 新罕布什尔	1788.06.21	34. 堪萨斯	1861.01.29
10. 弗吉尼亚	1788.06.25	35. 西弗吉尼亚	1863.06.20
11. 纽约	1788.07.26	36. 内华达	1864.10.31
12. 北卡罗来纳	1789.11.21	37. 内布拉斯加	1867.03.01
13. 罗得岛	1790.05.29	38. 科罗拉多	1876.08.01
14. 佛蒙特	1791.05.04	39. 北达科他	1889.11.02
15. 肯塔基	1792.06.01	40. 南达科他	1889.11.02
16. 田纳西	1796.06.01	41. 蒙大拿	1889.11.08
17. 俄亥俄	1803.03.01	42. 华盛顿	1889.11.11
18. 路易斯安那	1812.04.30	43. 爱达荷	1890.07.03
19. 印第安纳	1816.12.11	44. 怀俄明	1890.07.10
20. 密西西比	1817.12.10	45. 犹他	1896.01.04
21. 伊利诺伊	1818.12.03	46. 俄克拉荷马	1907.11.16
22. 亚拉巴马	1819.12.14	47. 新墨西哥	1912.01.06
23. 缅因	1820.03.15	48. 亚利桑那	1912.02.14
24. 密苏里	1821.08.10	49. 阿拉斯加	1959.01.03
25. 阿肯色	1836.06.15	50. 夏威夷	1959.08.21

见《世界年鉴 2000》英文版，第 266 页。

第六十二篇*

一论参议院　设计参议院的初衷：人数较少，任期较长，提高决策稳定性

麦迪逊

1788年2月27日　原载《独立报》

致纽约邦民众：

我已完成对联邦众议院的考察。值得一顾的反对意见，我都作了答复。现在，开始考察联邦参议院。[137]关于参议院，值得考虑的问题有五个：一、担任联邦参议员的资格；二、联邦参议员由各邦议会选任；三、各邦在联邦参议院内席位平等；四、联邦参议员的人数和任期长短；五、宪法授予联邦参议院的权力。

有关参议院的五个问题

一、联邦宪法，对联邦参议员候选人的资格要求，与对联邦众议员候选人的要求不同，年龄要大些，入籍时间要长些。联邦参议员至少年满三十五岁；联邦众议员只需年满二十五岁。入籍九年，才能当选联邦参议员；入籍七年，就可以当选联邦众议员。要求不同的原因，在于对参议院授权的性质，要求参议员信息更为宽广，性格更为稳定，要有相当的生活历

当选联邦参议员的资格：年龄和入籍年数

练，才能具备这些优势；才能迅即参加与外国的交往，这对在国外出生、国外受教育、已经养成外国习性的人，不相宜。要求入籍九年，看来谨慎适度，既不完全排斥德才兼备、获得公众信任的入籍公民，又非不加区别地轻率吸收，免得让外国势力渗入国家庙堂。[130]

由各邦议会推选联邦参议员的双重好处

二、联邦参议员，由各邦议会选派，这一点，同样无须详加说明。制宪会议设计参议院的构成时，曾提出许多办法，看来，这个办法最合民意。由各邦议会选派参议员，有双重好处，（一）各邦议会有一个通向联邦政府的渠道，确保各邦权力；（二）便于两级政府建立联系。

参议院内各邦席位平等：美利坚兼备国家和联邦双重性质

三、参议院内各邦席位平等，显然是折中妥协的产物，消除大邦小邦之间的对立，这里不多讨论。人民已经完全融入一个国家，每个地区，都应该在政府中占据相应份额。如果这种说法有理；如果说独立并拥有主权的各邦，受到一个整体的束缚，各邦不论大小，都应在政府中占有平等份额；那么，在一个兼备国家和联邦双重性质的复合共和国里，联邦政府应该建立在混合原则上，众议院按人口比例分配席位，参议院内各邦席位平等，这种安排，也就不无道理。这里，用理论教条衡量，是多余的。宪法中有些部分，是各方让步的结果，不是推理的结果；是“我们所处的政治形势所需的特殊产物：相互尊重、相互让步、握手言和”的结果。有人要求，而且，美利坚的政治形势，比这种呼声更为响亮：一个共同政府，应该把权力均等地分给各方。看来，要建立比较符合大邦愿望的政府，不会获得小邦认可。于是，留给大邦的唯一选择，就是拟议中的这个政府，要不然，就是一个更加遭人反对的政府。在这种二者必居其一的情况下，谨慎之举，是两害相权取其轻；与其玄想这种安排可能带来的弊病，不如乐观期待其良好结果，或许值得为之而做出牺牲。

从这个意义上说，各邦在参议院席位平等，意味着宪法承认留在各邦政府中的部分主权，是保留这种剩余主权的证据。迄今为止，大邦接受这种席位平等，也不亚于小邦；因为，它们热切希望得到保护，愿意采取一切可求之计，以免用更不恰当的形式，把各邦融合成一个单一共和国。

参议院内各邦席位平等：宪法承认各邦保留部分主权

宪法这样安排参议院，另一个优点，势必为事实证明：这种安排，增加一道屏障，阻止不适当的立法。现在，每项立法和决议，先要得到多数人民的同意，后要得到多数邦的同意。应该承认，对立法的这种复杂制约，某些情况下，可能带来损害，但也可能带来好处；这种古怪的防护，本来是有利于小邦，使立法更为理性，可是，如果小邦之间产生不同于其他邦的共同利益，也会带来乖戾的危险。不过，大邦总是会通过他们在拨款方面的权力，击败小邦依靠这种特权所作的不合理性的要求；立法过于容易而且繁多，看来是一种弊病，我们各邦的政府，过去就喜欢这样做；宪法的这一部分，执行起来，或许比许多人设想的更为方便，也不无可能。

议会实行两院制，立法增加一道屏障，减少不当立法

四、再谈联邦参议员的人数和他们的任期。为了准确判断这两个问题，首先，要探索一下设立联邦参议院的目的[139]；为了做到有把握，需要回顾一下，由于没有参议院，一个共和国势必遭受的不便。

一个共和国没有参议院，势必遭遇麻烦

首先，对共和政府来说，这是一个不幸的偶然，就是：管理政府的人，可能忘记他们对选民的责任，被证明并不忠于委托给他们的重任，虽然程度不如其他政府里那么严重。从这个角度看，参议院，作为立法机构的第二个分支，与第一个分支分立、分权，各种情况下，势必对政府构成一个有益的制约，使人民的安全感增加一倍。倘若议会要篡权或背叛人民，需要分立的两院通力合作。否则，若被野心或腐败控制，只要一院，单独就能奏效。这个预先的防治措施，建立在以下清楚的

议会实行两院制，增加一道制约

原理上：现在，联邦以内，对此已十分熟悉：扩大议会，并非多余。我只需要指出：两院的英才越是不同，结合起来犯罪，就越是不可能。从政治角度考虑，上策是：每当需要两院精诚合作、制定政策时，为了体现共和原则的精义，要让两院各有特色，各司其职。

第二，参议院之所以必要，因为，所有人数众多的单一议会，都容易向突发和暴烈的激情让步，受党派领袖的引诱，陷入放纵的、恶性的决议。不论联邦过去的经历，还是其他各国的历史，这方面的例子，都是数不胜数。与此相反的情形，尚未见到证明。需要指出的只是：负有矫正这种弊病之责的机构，本身不能有这种弊病，因此，人数应该少些。而且，任期也要有相当长度，才能具备这种坚定性，把握住它的权力。

参议院负有矫正之责，人数应该少些，任期应该长些

第三，参议院需要弥补的另一缺陷，是议会对立法的对象和原理，缺乏必要了解。不可能把一群人召集起来开会，多数时间都去追求个人性质的目标。任期短暂，不受恒久动机的引导，不能把从事公共事业的间歇，奉献给法律研究，研究关乎国家长远利益的事务，一旦把这些事务完全托付给他们，执行立法职责时，难以避免重大失误。或许，可以有把握地断言：美利坚目前面临的尴尬，在于我们政府的疏忽失策，而且，不是少数例外；疏忽失策的主要原因，在于缺乏头脑，而非感情用事。动辄对已有的立法加以废除、解释、修正，充斥于我们卷帙浩繁的法典，留下如此众多智慧不足的痕迹；如此众多的指责怀疑，每到下一次会议，就对上一次会议提出异议；人们能从一个组织良好的参议院，得到众多的忠告训诫，岂不是有价值的帮助吗？

参议员应该是立法专家，从长计议国家利益

一个好政府，意味两件事：（一）忠于职守，此乃人民之福；（二）拥有实现目标的最佳手段。有些政府，这两方面的质量都不行。多数政府，第一方面不行。我斗胆说一句，美利

好政府一要忠于人民，二要水平高超，美利坚后者不足

坚政府,对后一点关注太少。联邦宪法避免了这种弊病;特别值得一提的是:宪法为后者提供了一种方式,又提高了前者的安全。

第四,公共机构变来变去,源于新旧成员更替太快。不论他们多么合格,频繁更替本身,即以最强有力的方式指出:政府中需要某种稳定的机构。各邦每选举一次,就发现众议员换了一半人马。这种换人,会引起观念变化;观念变化,会引起政策变化。即使是好政策,持续不断的变化,也会显得不连贯,不合谨慎原则,不利于胜利前景。这话,在私人生活中已经得到证明,在国家生活中,也变得越来越合理、越重要。

设立参议院,有助政府稳定,有助政策稳定

回顾一个变化不定的政府所犯的错误,非一卷可足。我这里只说几件,举一反三,可见其余。

首先,政府不稳定,使我们丧失其他国家对我们的尊重和信心,失去与国家声望有关的一切优势。倘若人们看到,一个人对自己的各项目标反复无常、不守信义,办起事来没有计划,所有谨慎的人,立刻会把这个人视为轻浮愚蠢的快速牺牲品。比较友好的邻居,或许会怜悯他;可是,大家不会再把自己的利益,与他相连;还有少数人,会借此机会,从他的利益中,牟取好处。国与国之间,和人与人之间一样;患上了这种忧郁症,国家会比个人更缺少高尚激情,从彼此的轻浮中,捞取不正当的好处,受到的限制更少。因此,任何办事没有智慧、政策不定的国家,与比较明智的邻邦打交道,由于对方的政策系统有序,便只好一而再,再而三地计算自己的损失。不幸得很,美利坚是从自己处境的实例中,获得在这个问题上的最好教训。她发现,她得不到朋友的尊重,成了敌人的笑柄;在其他国家眼中,她总是一个可以掠夺的对象,只要这个国家,能从她的变化不定的政府和处世的尴尬中,牟取利益。

政府不稳定,会失去国际上的尊重和威望

政策反复无常的内部效果,更具灾难性。反复无常,毒化

政策多变对公民权利的严重危害

公民权利。立法是由人民选出的议员制定的，如果议会制定的法律，如此卷帙浩繁，让人没法阅读，如此前后矛盾，让人没法理解；如果这些立法，还没来得及颁布，就被取消或修正，不断变化，搞得无人能弄清楚；从今日之立法，难以猜出明日之立法，这，不会提升人民的地位。立法的定义，就是制定行动规则；朝令夕改，弄得无人知晓，还能叫规则吗？

政策多变，富了善于捕捉机会的富人，苦了信息不灵的穷人

政策不稳定的另一后果，是给少数嗅觉敏锐、有企图心、有钱的人，带来不合理的优势，使埋头苦干、信息不灵通的人民大众倒霉。每一项关于商业和税收的新规则、新政策，不论以何种方式影响不同形式的财产价值，都会给那些敏于观察变化、善于推测后果的人，带来新的收获；这种收获，并非来自他们自己的努力，而是来自他们的同胞大众的辛苦和努力。这种情形表明：立法是为了*少数人*，不是为了*多数人*，这话确实有几分道理。

政策朝令夕改，会使各行各业的人无所适从

从另一个角度看，不稳定的政府，会造成巨大伤害。政府缺乏公信，把一切有益的事业，都弄得消沉沮丧；而这些事业的成功和收益，或许正有赖于现存安排的持续。谨慎的商人，当他知道他的计划还没能实施，就会变成非法，他敢把自己的财富匆忙投入某个行业吗？农场主或制造业者，当他对某项耕作或生产、对自己的预备性劳动和前景，还没有任何把握，受到鼓励时，怎么会知道自己不成为朝令夕改政策的牺牲品呢？一言以蔽之，凡是需要全国政策加以稳定的、系统保护的事业，都不可能取得大的改进和值得称赞的业绩。

政策多变最可怕的后果，是逐渐丧失民心

所有可怕后果中，最可怕的，是人民的忠心和尊重，逐渐消退。这种消退，逐渐深入人心，觉得一种政治制度，显露出如此众多病入膏肓的迹象，使人们原本高扬的希望，归于失望。政府和个人一样，若不能拥有一定的秩序和稳定，不可能

长期受到尊重,不可能真正受到尊重。

帕伯琉斯

*《反联邦论》第62篇,题为“论参议院的组织结构和权力”,第一部分,作者署名“布鲁特斯”,在《纽约纪事报》(*New York Journal*)上发表批评宪法的系列论文十六篇,本文选自第16篇,原载1788年4月10日。

---

⑬⑦ 参议院:1791年,建筑设计师彼埃尔·列方特(Pierre L'Enfant)设计美国首都时,选中一片山丘,在上面建起一座大厦,现在通译“国会山庄”。译者曾三次前往参观。只见四面绿树成荫,议会被芳草环绕。中间耸立罗马式尖顶塔楼。南翼是众议院,北翼是参议院。

从1959年阿拉斯加和夏威夷加入联邦后,参议院一直由一百名议员组成,每邦两名,分为三组,每两年改选三分之一。由于同一个邦的两名参议员被安排在不同的轮回组别中,不会同时任期届满,参议员的选举,每邦在同一年,至多改选其中之一。根据历史统计,80%的参议员能获得一次连选连任,平均任期两届十二年。当然,具体到个人,就因人而异。有的议员连任三十六年。

参议员的年薪,与众议员平齐,以同等幅度上升。每名参议员有两个办公地点,一个在联邦议会大厦。比众议员优越的是,每名参议员有五名由政府支付工资的助手,每人一间办公室。另一个在家乡。

CNN电视台2003年6月披露,至少四十名联邦参议员的个人资产超过一百万美元。

众议院和参议院,每天都有(部分)人在举行不同的会议,公民可以旁听。两家叫C-SPAN的电视台,分别24小时播放议会开会和辩论的情景。译者有时打开电视,调到C-SPAN之一,练习听力。

⑬⑧ 参议员当选的财产资格,和选举参议员的选民的财产资格:这里,麦迪逊不提联邦参议员选民的财产资格,也不提联邦参议员候选人的财产资格。联邦宪法,没有列出对联邦参议员的财产资格要求,但是,各邦宪法列出了对邦参议员和邦参议员选民的财产资格。新泽西宪法规定:当选邦参议员须拥有一千英镑资产,拥有五十英镑资产的选民才有资格选举议员。马里兰宪法的规定,与新泽西一样。北卡罗来纳宪法规定:拥有三百英亩土地的人才能当选邦参议员,拥有五十英亩土地的人才能参加邦参议员的选举;南卡罗来纳宪法规定:拥有两千英镑资产的人,才能当选邦参议员;拥有一万英镑的人,才能当选邦长、副邦长和邦长顾问。各邦推选联邦参议员时,势必会参照上述标准。

⑬⑨ 制宪会议举行时,杰斐逊出任驻法国大使,没有参加。1789年,华盛

顿任命杰斐逊为第一位国务部长。杰斐逊从巴黎回到纽约,问华盛顿:“怎么多出一个参议院来?”华盛顿反问:“你喝咖啡为什么要先倒进杯子里?”杰斐逊答:“冷却一下。”华盛顿说:“对,我们设计参议院,也是为了把众议院制定的决策冷却一下。”

第六十三篇*

二论参议院：建立国家性格的崇高感；不会走向贵族制的暴政

麦迪逊

1788年3月1日　原载《独立报》

致纽约邦民众：

参议院的第五个作用：建立国家性格的崇高感

参议院之所以必要，第五个因素，是建立一种国家性格的崇高感。没有一批精选而且任职稳定的政府成员，基于前面说过的原因，外国强权对我们的尊重，不仅会因为采取不够开明、变化无常的政策而消失；而且，全国政府，也不会具备世界眼光，而这种全球感，对获取国际上的尊重和信赖，必不可少，与其说是获得，不如说是享有。

倘若每次事前都能深思熟虑，会少犯多少错误

注重其他国家的判断，对每个政府都很重要。原因有二：一、任何具体计划措施，除了获取好处，还希望得到评价，在其他国家心目中，显得明智，值得尊重；二、出现疑义时，尤其是全国政府陷入某种强烈的激情或短暂的利益时，中立世界可能采取的观点或已知的观点，或许是可以遵循的最佳指南。与外国打交道时，由于缺乏国家性格，美利坚什么亏没有吃过

呢？倘若她采取的措施，每次都能眼光远大，事先盘算如何才能在人类不含偏见的那部分人的眼中，显得公正适宜，她会避免多少错误，多少愚行？

人数较少、任期相对稳定的参议院，才能体现民族荣誉感

不论多么需要民族荣誉感，一个成员众多、变幻不定的议会，永远不可能充分拥有这种荣誉感。这种荣誉感，只能在人数较少，对公共政策是受到赞扬还是责备高度敏感，成员人人分享荣辱的机构，才能实现；换言之，一个受到长期公共信托的议会，成员的自豪和前途，敏感地与社会声望和繁荣融为一体，才能实现。罗得岛任期半年的议员，可能一直很少得到眷爱，他们讨论该邦的不义措施时，很少受到来自开明的议论的影响，很少考虑外国会如何看待这些政策，或仅仅考虑姊妹邦的观点；很少可以怀疑：如果需要获得一个经过挑选、任期稳定的议会的同时承认，是必要的，仅仅民族荣誉感这一条，就会制止那种被误导的人们正在制造的大灾难。

换一种不是频繁选举的方式，就会产生这份责任感

我再加上政府的第六个缺失：在某些重要的场合，由于频繁选举，政府缺少一份对人民承担的正当责任感，可是，换一种产生方式，就会产生这份责任感。这番议论，或许不仅显得新颖，而且，好像自相矛盾。不过，经过解释之后，人们会承认这个说法。不可否认，十分重要。

众议院任期太短，难以对需要长期眼光的政策负责

责任如果要显得合理，就应该限于负责一方的权力范围以内；为了做到有效，势必与这项权力的运作相关，选民能对这项权力形成及时的和适当的判断。行政的目标，或许可以分为两类：一类依赖于措施，这一类，有即时的和可以感觉到的运作；另一类，取决于连续选择恰当的、相互关联的系列措施。这一类，逐步展开，或许一时看不出结果。后一类，对每个国家的集合福利和长远福利，有多么重要，自不待言。有一点很明显：一个当选的、任期如此之短的议会，在一连串的措施中，最多不过提出一两项措施，普遍福利，或许就基本依赖

于这一两项措施，不应对最后结果负全部责任，就像一个受雇一年的管家，或租地耕种一年的农户，要他们对六年才能完成的改进负责，同样不合理。人民也无法估计，他们那一年改选一次的议会，对于几年的混合执行才能见成果的事，能承担多大份额的影响。对于选民可以感知、个别实施并立竿见影的单项行为，在人数众多的议会里，要确定每个议员的责任，也是十分困难的。

为了矫正这个缺失，正当的办法，是在立法部门增加一个机构，具有足够的稳定性，能为需要的目的，提供远大眼光，提供一系列的措施，能够正当地、有效地，为实现那些目标提出答案。

希望参议院提供远大眼光，提供系列性措施

至此，我已经考察了建立一个组织良好的参议院之所以必要的环境，只说了与人民代表相关的部分。我所诉诸的民族，是个很少被偏见蒙蔽、被阿谀哄骗的民族，在此，我想斗胆再加一点：这样的机构，或许有时是必要的，它可以捍卫人民，对付人民自身的短暂错误或迷茫。所有的政府里，实际上，所有的自由政府里，冷静的、深思熟虑的群体意识，最终，实际必然会压倒治人者的意志；因此，在公共事务中，出现特殊时刻，人民受到某些不正常激情的蛊惑，受到某些不正当利益的诱惑，受到利益中人刻意宣传的误导，会要求实行一些他们事后也会深恶痛绝的政策。在这种紧要关头，由一些稳健的、受人尊重的公民组成的机构，为了制止这种误入歧途，阻止人民遭受他们自身的打击，挺身而出，直到理性、正义和真理重新控制公众的头脑，岂不是一件大好事么？如果雅典政府里，含有这样一个安全阀，能防范人民自身激情中的暴政，雅典人民该能逃脱多少劫难？民众政府亦不致于招来那么多的恶名，对同一批公民，今日赐死，明日又树碑立传。

参议院要有智有勇，顶住民众中一时出现的错误迷茫

或许有人会说：一个分布广延的民族，不可能像一个挤

在狭小地区的民族那样，受到暴烈激情的感染，陷入同时追求几个不义措施的危险。我不否认，这种差别具有极其重要的意义。相反，在上一篇文章里，我已经努力说明：这是我们需要建立一个联邦共和国的主要原因之一。与此同时，这个优势，不可夸大，以为不需要采取辅助的预防措施。甚至还要指出：幅员辽阔这个因素，能使美国人民避免小共和国易于发生的危险，也会使他们陷入更长时间的麻烦，在那些误导的影响之下，利益中人结合起来的企图，可能成功地在他们中间散布。

不可夸大幅员辽阔的优点，需要提防利益中人的蛊惑

回顾历史，告诫我们，一个没有参议院的共和国，寿命不长，这一点，为这番考虑增加不少分量。斯巴达、罗马、迦太基，实际上是仅有的几个拥有参议院的国家。前两个国家，各有一个终身制的元老院。第三个国家的元老院的结构，现在已经所知不多了。有证据说明，第三个国家的元老院，与前两个差不多。至少可以肯定的是：元老院具备一定质量，使它成为中流砥柱，能镇住民众的人心浮动；从元老院选出的一小批人，终身任职；出现空缺，才予增补。这些例子，虽然不值得模仿，有悖美国人的天性，可是，与其他古代共和国相比，不像它们那样短暂、动荡不安，提供了非常有教益的证明：需要某种把稳定和自由结合起来的机构。我并非没有意识到那些使美国区别于其他民众政府的环境，不论古代还是现代；根据一个例子，推断另一个例子时，要异常小心谨慎。不过，对这个情况反复推敲，仍旧可以感到许多类似之处，使这些例子并非不值得我们注意。我们已经看到，其中的许多缺陷，在频繁选举的、人数众多的众议院中，在人民自己身上，只能由一个元老院式的机构来弥补。众议院还有一些其他的特别做法，必须由一个元老院这样的机构来控制。人民永远不会背叛他们自己的利益：但是，他们可能受到众议员的背叛；危险显然会

历史告诫我们：需要某种把稳定和自由结合起来的机构

更大，届时，整个的立法信托，就落在一个机构的人手里，不如每项公共行动，都要求两个单独而且不同的机构并时通过。

美国和其他共和国之间最大的差别，在于代议制原则，代议制是美国的运行轴心，而其他国家则不知道代议制为何物，至少，古代共和国是不知道的。前面的一些文章，包含着一些推理，我在运用这种区别时，既不否认这种区别的存在，也没有低估它的重要性。因此，我觉得，我可以指出一种立场，在谈到古代政府对代议制的无知时，就一般认为的而言，这种说法并非完全真实。不作详细探讨，不足说明问题，在这里详细探讨，又不是地方，我只好举几个众所周知的事实，以支持我的观点。

古代的共和国，也存在代议制的端倪

在希腊的一些最纯粹的民主制中，行政职能中的许多部分，不是由人民自己履行，而是由人民选出的官员履行，体现出行政代议制。

希腊早期纯粹民主制中的行政代议制

梭伦改革前，雅典由九名执政官（Archons）治理，每年由全民改选。授给他们的权力程度，史书记载十分含糊。这个时期之后，我们发现了一个议会，开始由四百人组成，后来由六百人组成，每年由人民选出；部分地代表人民行使立法权；他们不仅从事立法，也独享发起提案、提交人民批准的权力。迦太基的元老院也一样，不论他们有哪些权力，不论他们的任期多长，看来，也是由人民选举的。回顾古代的民众政府，若非全部，至少其中的大部分，可以找到类似的例子。

梭伦以前，希腊的立法代议制，以及迦太基的元老院

最后，在斯巴达，我们遇到了执政团（Ephori），在罗马，也遇到执政团（Tribunes），两个人数确实很少的机构。但是每年由全体人民选举，被视为人民的代表，几乎握有全权。克里特的执政团（Cosmi）也是每年由人民选出；史学家们一致认为，这个执政团，与斯巴达和罗马的执政团，是类似机构；唯一的区别是，克里特只有部分居民享有选举权。

斯巴达、罗马、克里特的执政团，也含有民选的代议因素

还有一些事实可以补充，不过，仅从这些事实，便可清楚看出：古代的人，对代议制不仅不是一无所知，在他们的政治结构中，代议制也并非被完全忽略。古代的这些代议制，与美国政府体制的真正区别，并不在于古代的代议制完全排除人民代表参与行政，而在于美国政府完全排除由人民集体从政。不论这种区别现在取得何种赞同，但有一点必须承认：它提供了一种极大的优势，有利于美利坚联邦。但是，要保持住这个好处，达到最佳效果，我们必须小心，不要把它与另一个优势分开，即辽阔的国土。因为，任何形式的代议制，都不能在希腊那些小小民主国的狭小领土内取得胜利。

古代代议制与美国代议制的区别

回答所有这些议论时，我们得到理性的建议，举例加以说明，并用我们自己的经验予以强化，满怀嫉妒心的宪法反对派，多半只能用重复满足他们自己：说参议院并非由人民直接选举，而且任期长达六年，势必会逐渐在政府里获取危险的、突出的地位，最后会把政府转化为一种贵族制的暴政。

反对派只好重复他们的论调：参议院会导致贵族制的暴政

对这种笼统的议论，作个笼统的答复也就够了；公民权利，既可能受到滥用公民权利的危害，也可能受到滥用权力的危害；前者后者，都有大量例证；显然，美国最担心的还不是后者，而是前者。不过，还可以提出一个比较具体的回答。

在美国，滥用公民权利的危害，不亚于滥用权力的危害

应该看到，在实行这样的革命以前，参议院首先要腐化自己，然后要腐化众议院，最后要腐化人民大众。显然：如果要试图建立暴政，首先要腐蚀参议院。不腐蚀各邦议会，这个意图也无法实现，因为，若不腐蚀各邦议会，各邦议会周期性的改派参议员，会使参议院成为一个全新机构。若不能采取手段，把众议院腐蚀到同样的程度，政府中的这个平级合作部门，势必会击败这种企图；若不能腐蚀人民大众，源源不断地选出的新众议员，又会很快地把事情回复到原样。有没有一个人，能认真地说服自己：拟议中的参议院，在人间智慧的半

要腐蚀参议院，实行贵族制的暴政，有众多难以逾越的障碍

径以内，达到这样一种境界：具有无边无际的野心，能穿越所有这些障碍？

如果理性谴责这种疑心，经验也会做出同样的结论。马里兰宪法提供了一个最佳的相反例证。那个邦的参议员，与联邦参议员一样，由人民间接选举；任期只比联邦参议员少一年。显然突出的一点，是在任期内，有自我填补缺额的可观特权；与此同时，不像联邦参议院，不受任何轮回选举的限制。还有一些细小的区别，使联邦参议院暴露于五花八门的反对中，而马里兰参议院则不致于。因此，如果联邦参议院的确包含危险，被大声指责，那么，马里兰参议院到今天至少应该显现出这些危险的征兆；可是，迄今为止，这种征兆还没有显现出来。反之，那些与现在嫉妒恐惧联邦宪法的人具有同样想法的人，开始嫉妒恐惧一阵之后，随着试验的进展，逐渐冰释；马里兰宪法的这一部分，由于良性运转，比联邦内任何一部邦宪法或许都更获好名。

马里兰的经验，证明对参议院无需那么嫉妒恐惧

如果任何事物都不能平息反对派在这方面的嫉妒恐惧心理，那就应该提提英国的例子。那里的参议院，不是选出任期六年，而是只限于出身名门望族的人，是一个豪华贵族的世袭议会。那里的众议院，不是两年选举一次，而且由人民大众选举，七年才选一次，而且多数议员，由人民中的一小部分选出。按照反对派的推理，英国的参议院，应该早就出现贵族的篡权和暴政，而且已经充分展现，再过一段时间，美国就要重蹈这个覆辙。可是，不幸得很，反联邦论者未能言中。英国历史告诉我们：这个世袭的议院，连捍卫自己也办不到，权力不断遭到众议院的侵蚀；看来，英国的参议院，一旦失去王室支持，就会被人数众多的一院实际上压垮。

英国的经验表明：贵族院不是平民院的对手

这一方面，古代史给我们教益，提供的例证，支持我们上面的推理。斯巴达由人民每年改选的执政团，实力超过终身

古代的元老院，不敌政府中由人民选出的部门

制的元老院，不断获取权力，最后，把全部权力都揽到自己手中。大家知道，罗马执政团，由人民选出，每次与终身制的元老院抗衡时，几乎总是取胜，最后，几乎获得完全的凯旋。这个事实，更有价值，因为执政团的每个举动，都要在内部取得完全一致，哪怕执政官的人数后来增加到十个。它证明：自由政府的那个部分，有人民的支持，拥有不可抗拒的力量。这些例证，还可以加上迦太基，根据波利比乌斯（Polibius）的证词，迦太基的元老院并没有包揽权力，在罗马与迦太基之间的第二次布匿战争（punic war）开始时，几乎失去了它原有权力的全部。

参议院永不会篡权，只能展现开明政策，与众议院分享人民爱戴

从这一系列事实，可以得出结论：联邦参议院，永远不可能通过逐步篡权，把自己转化为一个独立的贵族机构；我们可以放心相信：如果这样一场革命，会从人的预见无法看到的理由中发生，众议院和站在众议院一边的人民，随时都能把宪法带回它的原始形式和原则。与人民直接选出的众议院作对，什么力量都不能维持宪法授予参议院的权力，参议院只能展现开明政策，忠于公共利益，与众议院一起，分享全体人民的爱戴和支持。

帕伯琉斯

* 第 63 篇，是麦迪逊对《联邦论》的最后贡献，写完这一篇后，他就离开纽约，回到弗吉尼亚。

《反联邦论》第 63 篇，题为“论参议院的组织和权力”，此为第二部分，摘自“布鲁特斯”的第 16 篇文章，原载《纽约纪事报》，1788 年 4 月 10 日。

第六十四篇*

三论参议院：参议院与总统分享缔约权

杰 伊

1788 年 3 月 5 日　原载《独立报》

致纽约邦民众：

一个人的敌手，一项政策的反对者，绝不会把他们的申斥，局限在该当指责的范围内。这个看法正确但并不新鲜。只有相信这个看法，否则很难解释：为什么那些总体上反对宪法的人，连宪法里最无可非议的条款，也要横加指责，他们的行为动机，的确不可思议。

反对者会把申斥对象延伸到值得指责的范围以外

宪法第二条第二款第二项授权总统[14]“咨询参议院，取得出席议员三分之二的同意，有权缔结条约”。

缔约权是一项重要权力，因为这项权力关系到开战、媾和、通商，更显突出；缔约权的授予，模式要庄重，要有预防措施，要保证最高安全，由最合乎资格的人行使这项权力，保证最有利于公益。看来，制宪会议兼顾到了问题的两个方面：总统由总统选举人选出，总统选举人由人民选出；参议员由各邦议会选出。在缔约权问题上，采取这种模式，具有体现人民

宪法把缔约权授予总统和参议院，兼顾了两个优势

选择的巨大优点，反之，以党派激情为基础的活动，利用人民的警惕性不足，利用疏忽和利害造成的无知、希望和害怕，常常把少数人选出的人物，置于高位。

选举办法，决定总统和参议员都是适合掌握缔约权的人才

总统选举人，各邦议会议员，一般说来，由开明和受人尊重的公民组成，有理由假定：他们的注意力，他们的选票，会投向因德行和才华而出众的人物、人民有正当理由相信的人士。宪法对这个问题表现出独特的关注。宪法规定：三十五岁以下的人不得当选总统，三十岁以下的人不得当选参议员，这样，宪法就促使选举人，把眼光放到杰出人物身上，这些人有一定的工作履历，人民足以对他们形成判断，不容易受到那些外表看来才华横溢、充满爱国激情的人的欺骗，那些人，像一闪而过的流星，有时让我们迷茫上当。如果说：明智的国王，身边总是围绕着贤明的臣子，这个说法有理，那么，一批经过挑选的人，在判别人才的能力上，具有广博而又精确的信息，眼光不亚于国王，他们挑选出来的人，在审慎和贤明方面，绝不亚于国王挑选的臣子。从这些考虑自然推出的论断就是：用这种办法推选出来的总统和参议院，不论就他们与各邦的关系，还是他们与各个外国的关系，都是对国家利益最了解的人，最善于促进这些利益，他们的声望和人格，激励人们的信心，值得信赖。缔结条约的权力，放在这些人的手中，可保安然无恙。

履行缔约权要形成体制，议员进进出出的众议院不宜担任

众所周知，而且普遍承认：不论办理什么事情，绝对需要建立体制，不过，公众意识中，对建立体制在国家事务中的重要性，印象还不够深刻。那些想把这项权力委托给成员频繁进出的众议院的人，似乎没有想到：这样的机构，势必不足以达成那些伟大的目标，这些目标，需要周密深入地思考其中的所有关系和环境，只有采取下述措施，才能接近和达成，不仅需要才干，还需要确切信息，而且往往需要许多时间去相互配

合和执行。因此，制宪会议规定，缔约权不仅要交给能干和诚实的人，而且这些人的任职期限要有一定长度，成为我国对外事务的专家，形成并引进一套处理外交事务的制度，这是明智的。上面说的任期长度，要足以给他们提供机会，大大增加他们的政治信息，积累越来越多对国家有利的经验。制宪会议也表现出同样的谨慎，免得参议员频繁选举，造成周期性地把外交事务转换给一批完全的新人，让一定数量的老参议员留在位置上，可以保留官方信息统一有序、不断传递。

很少有人不承认：贸易和航运的事情，应该由谨慎设计、坚持追求的制度予以管理；我们的条约和我们的立法，应该与之相应，条约和立法，应该促进贸易和航运。这种相应性和持之以恒，要仔细维持，这一点，会产生重要的后果；同意这一立场真实的人，会看到和承认：要求参议院同时合作，对签订条约和制定立法，同样必要。

贸易和航运，应该由谨慎设计、坚持追求的制度予以管理

不论条约是什么性质，谈判过程中，有时需要完全保密和速战速决，这种特点，罕有例外。有时会出现这样的情况：若能使掌握情报的人，免除被发现的担心，便可获取最有用的情报。提供情报的人，不论是为钱，还是出于友好动机，都会担心被人发现，毫无疑问，怀有这两种动机的人都很多，他们要依赖总统保密，但不愿意信赖参议院，更不愿意信赖人多口杂的众议院。因此，制宪会议便把缔结条约的权力作了巧妙安排，虽然总统缔约时，要获得参议院的建议和同意，但是，总统可以依据谨慎之心的要求，安排具体情报事务。

总统独享谈判运作权，可以保护提供情报的人，有利获取情报

洞察人间事务的人，势必心领神会：世事有如潮涨潮落，机不可失，时不再来。潮涨潮落，持续的时间、潮水的强度和方向，没有规则，两次潮涨潮落，方式和大小，不可能完全一样。要想理解国家事务的潮起潮落，从中受益，是主宰国家事务的人的事；拥有这方面经验的人，告诫我们，常常出现这样

对外谈判，把握涨潮落潮的时机十分重要，由总统把握

的情况：整个事情，就取决于几天之中，甚至几小时之间。一场战役的失败，一个君王的去世，一个大臣的去职，以及其他改变目前事态或事务方面的情况，或许就会把最有利于我们的涨潮，推到与我们的希望相反的方向去。不论战场上，还是内阁里，要抓住稍纵即逝的机会，都应该留给指挥者自由发挥的空间。过去，由于不能保守机密，不能速断速决，我们承受了多少损失，犯过多少基本错误，如果不对这些过失作深刻反思，宪法就会陷入不可原谅的缺失。谈判中常常需要的严格保密和速战速决，是预备工作和辅助措施，从国家的观点来看，这些事情，在其他方面并不重要，但是，它们可以疏通谈判渠道，取得所要的结果。对此，总统将不难对付，如有任何情况发生，需要咨询参议院或取得他们的同意，总统自当召集参议院面议。这样，我们看到：制宪会议对谈判条件的规定，拥有一切优势，一方面，可以从人才、信息、人格和仔细调查获取；另一方面，又可以保守秘密，速断速决。

对于这种安排，就像对大多数曾经出现过的安排一样，还是有人故意反对，而且不断叫嚷。

反对派认为：既然条约具有立法性质，就应该由立法部门行使

有些人不喜欢这个计划，不是因为其中有错误或缺点，而是因为：条约既然具有立法性质，就应该由被授权立法的人来进行。这些先生似乎没有想到：我们的法庭作的裁决，和我们的邦长根据宪法发布的指令，对所有涉事的人，同样有效，具束缚力，与我们的邦议会通过的立法一样。任何根据宪法采取的权力行为，不论出自行政部门还是司法部门，如同立法部门采取的行为一样，具有同等法律效力和约束力，因此，不论赋予缔结条约的权力什么名称，不论缔结时的约束力有多大，可以肯定的是：人民会将这项权力，适当地授予立法、行政或司法中的任何一个单立机构。这肯定并不能推断：由于人民把立法权交给议会，他们就应该同样地把所有其他行

使主权的权力，也都给予议会，使公民受到束缚和影响。

其他的人，虽然同意宪法提出的缔约办法，但不同意条约具有最高法律的地位。他们坚持说：条约也和议会通过的提案一样，应该可以随时废止。这个想法，对这个国家来说，似乎很新鲜，而且令人好奇，不过，新错误和新真理一样，经常出现。这些先生真的以为：条约不过就是讨价还价的一场交易；世上找不到一个国家，愿意与我们做这样的交易，只是绝对地约束他们自己，而我们所受的约束，则可以随时解除。毫无疑问：立法的人，可以随时修正或废止立法；无可争辩：缔结条约的人，也可以更改和取消条约，但是，我们不可忘记：条约并非由涉事的一方缔结，而是由双方缔结，因此，开始时双方同意，是必要条件，此后的更改或取消，也要双方同意。因此，拟议中的宪法，并没有扩展条约的约束力。条约的约束力，与现在议会立法的法律范围一样深远，将来一样有效，在任何政府形式下，都同样有效。

另一些反对派认为：条约不应具备最高法律的地位

不论谨小慎微对共和国多么有用，可是，谨小慎微就像胆汁，不论人体，还是政体，胆汁太多，会造成蒙蔽；眼睛容易受到幻想的欺骗，而且会把蒙眼病发散到其他的事情上去。有些人之所以害怕和担心，生怕参议院和总统对外缔结条约时，不能把各邦的利益一碗水端平，原因可能就在于此。另一些人则怀疑：参议院内三分之二多数，会不会压迫三分之一的少数？因而提出疑问：那些先生对他们的行为，是不是会有足够的责任感？如果他们从中贪污，会不会受到处罚？如果他们订下吃亏上当的条约，我们怎么才能摆脱？

猜疑嫉妒，就像胆汁，有用，太多则会引起蒙眼病

各邦在参议院内席位平等，参议员都是最能干、最愿意促进自己选民利益的人；各邦在参议院内有同等的影响力，在选派适当人选上，特别小心在意，会督促他们准时出席。随着美国逐渐形成一种国体，一种国民性格，会越来越注意追求整体

参议员和总统本人以及他们的家庭和产业，与社会利益绑在一起

的好处；如果政府忘记，只有促进组成整体的每个成员的好处，才能促进整体的利益，否则，政府会软弱无力。条约若不把参议员和总统本人以及他们的家庭和产业，与社会的利益绑在一起，受到同样的约束，就不会把缔约权交到他们手中；他们没有单独于国家之外的私人利益，不会受到忽略国家利益的诱惑。

至于说到贪污，这种情形不可想象，谁要是认为：总统和参议院三分之二的成员，会干出这种不足取的事情，一定是一个与世界事务打交道时非常不走运的家伙，或由于这类经历而心有余悸。这种想法，未免下流，令人生厌，不值一提。不过，如果这种事情万一发生，这种背着我们缔结的条约，就像所有欺骗性的合同一样，会由国家的法律宣布作废。

如果出现背着人民缔结欺骗性的条约，会由国家法律废止

说到他们的责任，很难想象，如何使其加大。凡能影响人类心智的因素，如荣誉感、誓言、声望、良心、爱国心、对家庭的眷恋和忠诚，足以保障他们的忠心。简而言之，宪法已经尽了最大努力，要让最有才能、最有人格的人，担任总统和参议员，我们有理由相信：他们缔结的条约，一定会考虑到所有方面，做到对我们最有益处；宪法中关于弹劾的条文，会使执事者担心惩罚，不愿意落到不名誉的下场，构成他们行为良好的动机。

荣誉感会激励总统和参议员；弹劾会使他们担心受到处罚

帕伯琉斯

* 写完第 2、3、4、5 篇后，杰伊受伤退出，复出后，他只写了这一篇，第 64 篇。杰伊写的五篇，主要论述外交。

《反联邦论》第 64 篇，题为“论参议院的组织和权力”，第三部分，作者署名“辛辛纳图斯”，原载《纽约纪事报》，1787 年 11 月 22 日。

---

⑭ 总统：制宪会议做的第一件大事，是把《联盟条款》设计的松散的一院

制“联盟议会”，改为结构严谨的两院制“联邦议会”，分为众议院和参议院。制宪会议做的第二件大事，是设计出《联盟条款》中根本没有的首席行政官——联邦总统。

权力究竟是集于一人之手好，还是分散到多人手中好？18 世纪后期的美国建国之父们，对这个问题的认识，似乎走了一条之字形的道路。

18 世纪，皇家殖民地时期，十三个殖民地的权力，主要集中在总督手中。总督是英国国王在北美的化身，是每个殖民地的首席行政官，代表英国国王行政。由总督提名、英国王室批准的当地上层人士，组成参议院，或咨政会(council)，协助总督执政。他们当中的许多人，独立战争中变为“保王党”或“效忠派”，独立战争结束后，随撤退的英军去了英国。皇家殖民地后期，由当地中层人士通过民选产生的众议院或下院，逐渐取得势头，增强势力。革命爆发，许多殖民时期的众议员，成为独立运动的领导中坚。皇家殖民地时期，权力偏于总督一人之手。

美国革命，或独立战争，政治改革在两个层面同时进行。

一、第一层面，各邦政府。

这一时期，北美各地领袖，经过长期酝酿，思想达到一致，体现在《独立宣言》里。杰斐逊说，《独立宣言》里没有什么他个人的思想创新，只是宣示多数领袖人物经过反复辩论达成的共识，他的贡献，主要在于文采。《独立宣言》说：为了保障人民的生存、自由、追求幸福等不可转让的自然权利，人们之间才组建政府。治人者的正当权力，来自被治者的同意。不论何时，不论何种政府形式，一旦违背这些目标，人民就有权变革政府，或废止旧政府、组建新政府，按人民觉得最能保障安全和幸福的办法，奠定政府的基本原则，组建政府的权力形式。《独立宣言》接着说：大不列颠国王的历史，就是一部篡权的历史，目的是在北美各个殖民地建立独裁暴政。然后，列举英国国王篡夺北美人民自己立法的种种劣迹。因此，北美独立运动的目的，就是夺回被英国国王篡夺的立法权。夺回自己的立法权，就是要由北美人民自己当家做主。

在这种反独裁专制、主张共和、张扬民权的时代精神鼓舞下，1776 到 1780 年，十三部邦宪法制定出来，十三个邦政府建立起来。前面的注释，介绍了十三部邦宪法。它们至少有两个共同点：一、扩大邦议会，尤其是众议院的规模和权力。当时北美的特点是地广人稀。佐治亚宪法规定：一个县的自由白人达到十个，便可以选一名众议员；马萨诸塞宪法规定：一个镇的人口达到一百五十人，就可以选一名众议员。汉密尔顿估计，制宪会议(1787 年)召开时，北美十三个邦的议员，加起来约两千人。二、平抑邦行政。一是行政官任期短，一般只有一年，最多三年，而且限定连任届数；二是行政官的权限小，只限于执行议会的决议，不能自己独出心裁；三是在行政官身边，安置了一个行政顾问会，行政官的重要举措，都要取得行政顾问会的同意，有的邦甚至规定：行政官的政令，需要行政顾问会副署(签名)，方可执行。这种设计，导致议会拿主意，行政只能执行。议会权大，行政权小，有限。

二、第二层面，联邦政府。

所谓“联邦政府”，就是《联盟条款》设计的“联盟议会”。联盟议会不设独立的行政部门，只设了一个“邦际委员会”。联盟议会开会期间，代表联盟的权力；闭会期间，各邦留下至少一名代表，这些代表（议员）组成“邦际委员会”，变成行政部门。因此，议会和行政，混在一个机构里。而且，联盟议会根本不设行政首脑。《联盟条款》对联邦政府的这种设计，显然不是设计者和批准者（十三个邦的议会）不会设计组织形式正规的政府，因为各邦政府的组织结构都很正规，而是他们不愿意设计一个正规的政府，宁可保持这种松散的结构。

联盟议会的这种结构，很自由，给各邦政府留下足够的主权。

可是，独立战争的实践，证明这种松散的结构，过于软弱，常常不能做出决议，不能采取行动。没有稳定的行政结构，更是办事效率低下，如汉密尔顿所说：“多少好事办不成。”

制宪会议上的气氛和情绪，表现一种趋向：越来越多的代表，在发言中，希望建立一个强有力的政府，希望把更多的权力交给一人，希望行政果断。

汉密尔顿和麦迪逊反复说：又要政府有权有效，又要保障公民权利，是制宪会议的两难。言外之意：公民如果希望见到一个雷厉风行、有权有效的政府，就要赋予政府更多的权力。

于是，制宪会议设计出一个联邦总统。任期从一年加到四年。给行政官松绑，撤销行政顾问会的建制。制宪代表们只能根据自身的经验，设计总统的权力。在设计阶段，他们赋予总统的权力，已经很多很大。等到实行，两百多年的实践表明：总统和他手下的行政部门，权力越来越大，越来越多。

第六十五篇*

四论参议院：对弹劾案的审讯权

汉密尔顿

1788年3月7日　原载《纽约邮报》

致纽约邦民众：

制宪会议计划授予参议院的其他权力，各具一责，一是与总统分享人事任命权；二是担任弹劾案的审讯庭，这项权力具有司法性质。人事任命权方面，总统担任主角，后文讨论总统[14]时，再作详述。这里只讨论参议院的司法职能，作为我们讨论参议院部分的收尾。

参议院在人事任命中的角色，讨论总统时再详述

一个组织良好的弹劾案审讯庭，在一个完全由选举产生的政府中，既需要办到，又难以办到。这个审讯庭的司法对象，是担任公职而犯有过失、违犯法律的人，换言之，滥用职权或违反公众信托的人。这类案件的性质，称之为政治案件，特别适合，因为这类案件，主要是直接伤害社会。因此，这类案件的起诉，很少不使整个社会群情激奋；人们会分为两派，对被起诉的人，或友好，或敌视。在许多案件中，案件会与先此已存在的党派相关，人们会把他们的全部敌意、褊狭、影响力

弹劾案对象，常与党派紧密相连，引起整个社会激奋

和利益，倾向一边或另一边；这类案件，总是带有极大危险，裁决更多地受到党派的相对势力的影响，而不受到无辜或有罪的真正展示左右。

对于每个从事公职的人，公众信托，深切关系到他的政治信誉，是否继续任职，其微妙和重要，自不待言。对于一个完全建立在周期性选举基础上的政府，要把这样的事情摆平，有多难，很容易理解，一想到政府中最引人注目的人物中，处于这种境地的，往往是那些最老到的人，或人数最多的党派的头面人物；在这种场合，对于那些行为将受到仔细审察的人，很难指望能做到所需要的中立。

弹劾对象，往往是政府的头面人物，很难指望能做到所需的中立

看来，制宪会议认为：参议院是储存这种重要信托的最适合的地方。最能理解事物内在难处的人，最不可能轻率地加以谴责；最有可能仔细斟酌，推敲各方届时可能提出的意见的分量。

制宪会议认为：参议院是储存这种信托的最佳处所

人们会问，参议院这种建制的真正精神是什么？它不是设计出来作为国家调查公职人员行为的一种办法吧？如果设计的用意就是这样，那么，谁最适合充当代表国家的检察官，作为全国人民的代表？无需争辩，发起调查之权，换言之，提出弹劾之权，应该寓于议会的一院；但这是否构成理由，说这一安排的适当，就强烈要求议会的另一院，加入这种调查？参议院这个机构的模式，是从英国借过来的，制宪会议发现：在大不列颠，弹劾案由下院发起，由上院断案。好几个邦的宪法，都沿袭此例。不论上院，还是下院，都把弹劾视为议会约束行政公仆的缰绳。这岂不就是弹劾的真意？

众议院发起弹劾，参议院审讯弹劾案，是沿袭英国的做法

到哪里去找比参议院更有尊严、更富独立精神的审讯庭呢？还有哪个机构，能在被告的个人，和他的起诉者众议院之间，因自身处境，感到自信，能不受影响，做到必须的不偏不倚呢？

到哪里去找比参议院更有尊严、更富独立精神的审讯庭呢

能否依赖最高法院来解决这个问题呢?很值得怀疑的是:最高法院的法官们,是否时时刻刻都具备这么艰巨的任务所需的巨大坚韧刚毅;更值得怀疑的是:他们是否拥有那种程度的信誉和权威,在某些情况下,这种信誉和权威,是不可或缺的,否则,不足以服众,他们需要裁决的,是众议院提出的指控。如果出现失误,首当其冲的是被告者,会有致命影响;最终,会造成对公众安宁的危险。要想避免这两种乱局,如果能做到的话,就只有把审讯庭,变成一个人数较多的机构,又要注意合理的节省。审讯弹劾案,需要一个人数较多的审讯庭,一个同样重要的理由,是因为这种程序的性质。弹劾案的审讯,永远不会受到下列规则的束缚:既不会有检察官来详细述说案情,也不会有法官对案情的解释,像在普通案件中那样,以限制法庭的任意性,保障个人安全。也不会有陪审团,站在法官和被告之间,法官将宣布法律的裁决,被告要接受裁决,或因此而受苦。弹劾案审讯庭的决定,势必产生可怕的影响,可能会使社会上参与最高机密、最有声望的人物从此名誉扫地,因此,不能把这项委托,交给少数几个人。

弹劾案事关重大,不能交给由少数几个人组成的最高法院

仅仅这些考虑,就足以得出结论:用最高法院替代参议院,担任弹劾案的审讯庭,不恰当。还有一层进一步的考虑,也给这个结论一点依据。那就是:在弹劾案中,如果确信被告有罪,给予处罚,那么,处罚并不到此为止。被永远夺去他的国家给他的声望、信任、荣誉和俸禄之后,还可以在普通法庭上,对他提出起诉,要求给以处罚。让那些在第一次审讯中失去名声和公民最宝贵权利的人,又在第二次审讯中,为相同罪行,再次面临生命和财产的威胁,这样做是否适当?难道没有巨大的理由担心:第一次裁决中的错误,会成为第二次裁决错误的成因?一次裁决中的强烈偏见,很容易压倒任何新理由的影响,这些新理由,可能在第二次审讯中提出,难道不

由最高法院审理,被告可能失去为双重审理而设计的双重保障

会改变第二次的裁决？凡是了解人性的人，都会毫不犹豫，以肯定的语气回答这个问题；而且一定会理解：让同一批人在两次审讯中担任法官，那些正好成为指控对象的人，就会被大大剥夺为双重审讯而设计的双重保障措施。剥夺生命和财产，常常被包含在一项裁决中，可是，弹劾案的处罚，按其定义，只包括去其现职，取消将来再任公职的资格。或许有人说：第二次审讯时，有陪审团介入，会消除这种危险。可是，陪审团经常受到法官观点的影响。他们有时会被诱导去发现特定的有罪裁决，把主要问题交给法庭决定。谁愿意把自己的生命和财产，悬在陪审团的有罪裁决上？陪审团在法官的帮助下，往往预先决定了他有罪。

让最高法院首席大法官主持弹劾案的审讯，已结合了司法优势

如果把最高法院和参议院联合起来，组成弹劾案审讯庭，是不是会有所改善？这种联合，肯定会有一些优点，可是，这种优点，是不是会被前面说到的那个重大缺点抵消呢？那个缺点，就是被告很容易被同一批法官起诉两次。某种程度而言，联合起来的好处，可以从最高法院的首席大法官主持弹劾案的审讯取得，像宪法里所提议的那样；而把整个最高法院加进参议院的不便，则可以完全避免。这，或许就是谨慎的办法。至于反对司法部门介入，说这样做会大大扩大司法部门的权威，构成另一种说法，我这里暂不予以评说。

由政府部门以外的人组成弹劾庭，是否能更如人愿

若把弹劾案审讯庭，完全由政府部门以外的人组成，是否能更如人愿？赞成和反对这样安排的人，都有颇具分量的说辞。有人认为：这不像是值得一顾的反对意见，这会使政治机器变得复杂；给政府增加一个新的机件，其用途再好，也值得怀疑。另一项反对意见，不会被认为毫不值得注意，有如下述：按这个计划组成的审讯庭，要么，会花费许多钱，要么，实行起来，会引发许多麻烦和不便。这个法庭，要么，由政府所在地的常驻官员组成，自然，就要支付固定的常规薪水；要么，

由各邦的某些官员组成，每当弹劾案发生时，就要把他们召来。再也不容易想象，还能合理地提出什么具有实质区别的第三种模式。这个审讯庭，根据已经说过的理由，应该由多人组成；每个能够把公共需求的范围，与满足这种需求的支出比较的人，都会拒绝第一种方案；第二种方案，会受制于那些人的小心，他们认真考虑一下，就会明白：把人从整个联邦范围内召集拢来，会有多么困难；以及对指控的拖延不决，可能造成对无辜者的伤害；给有罪的人，带来拖延的机会，利用机会，使用阴谋诡计和腐蚀拉拢；在某些案件里，由于人们旷日持久无所作为，会给国家造成损害，这些人，如果坚定而有信心地履行他们的公务，本有可能使他们揭露众议院的一个暴躁的或者存心的多数的迫害。这后一种假设，可能听来刺耳，或许不致于经常被证实，但是，不应该忘记：派性的恶魔，在某些季节，就会把它的权杖，指向所有人多的机构。

若要求宪法十全十美，社会很快就会呈现普遍的无政府状态

上面考察过的这种或那种替代办法，或者人们还能想出的其他方案，会被认为比宪法提出的方案更为可取，但这并不等于说，由于这个原因，宪法就应该被拒绝。如果人类下定决心，拒绝任何政府建制，直到政府的每个组成部分，都调整到十全十美的标准，那么，社会很快就会呈现普遍的无政府状态，世界就会变成一片荒漠。到哪里去找十全十美的标准呢？谁来用同一个判断尺度，把整个社会的相互分歧的观念统一起来？谁去说服一个狂妄的设计者，让他抛弃他那永不出错的标准，接受他的更为狂妄的邻人提出的可能出错的标准？为了实现宪法反对派的目的，他们就要证明：宪法制定的某些条款，不仅不是可以想象出的最佳，而且整个宪法都是既坏而又有害。

帕伯琉斯

*《反联邦论》第 65 篇，题为“论参议院的组织结构和各项权力”，作者吉尔伯特·利文斯顿和约翰·兰欣，摘自两人 1788 年 6 月 24 日在纽约邦讨论和批准联邦宪法代表大会上的演讲。

---

⑭ 建立行政部门。制宪会议虽然开了 100 多天，可是，辩论只围绕最基本的问题展开，代表们不但没有时间顾及国旗、国徽、国歌这类问题，连首都设在哪里，也没有机会讨论。仔细读宪法，会发现行政部门还只设定了两个人：总统和副总统。第一批应该设立几个部？任命什么人做部长？这些问题，都留给制宪会议的继任——第一届联邦议会解决。

联邦众议员麦迪逊，在第一届议会期间扮演的角色，作用之大，许多史学家认为，超过他后来担任两届国务部长，两届联邦总统。因为，建国伊始，需要解决的，都是头等大事。

第一，众议员麦迪逊提出提案，设立财政部。众议院因为两个问题辩论良久。一、按《联邦宪法》规定，总统有权提名部长，经参议院认可，然后任命。可是，宪法没有提到总统是否有权撤换部长。有的议员认为，宪法既然说任命要得到参议院认可，撤换也应得到参议院认可；麦迪逊提出，撤换部长，应在总统行政特权范围以内，应予默许。麦迪逊的意见暂时获胜，后来，这个问题，还会争论 100 年，演出许多戏剧。20 世纪，又设计出许多独立委员会，如联邦储蓄委员会，总统只能任命，不能撤销，有的委员会主席，任期比总统还长，或跨越总统任期，总统只能任命，无法撤换。二、各邦宪法，都把财政部长设在议会管辖之下。联邦财政部长，是设在议会管辖之下，还是设在总统管辖之下？辩论结果，把联邦财政部长设在总统管辖之下，但要定期以书面和口头形式向议会述职，提出财政计划，包括预算报告。为了监督财政部长，在他周围设置了总计、会计、审计等职。提案最后通过，经华盛顿总统批准，成为立法。1789 年 9 月 2 日，设立联邦财政部。华盛顿提名独立战争期间的财政总监罗伯特·莫里斯，莫里斯谢绝。推荐汉密尔顿。34 岁的亚历山大·汉密尔顿成为第一任联邦财政部长。

第二，众议员麦迪逊提出提案，设立战争部，一会通过。1789 年 9 月 12 日，战争部成立。华盛顿手下的前炮兵司令，亨利·诺克斯，成为第一任战争部长。他的建树之一，是创建西点军校。1947 年，第二次世界大战之后，战争部、海军部(包括海军陆战队)和空军司令部，联合组建国防部。

第三，众议员麦迪逊提出提案，设立外交部。经过辩论，这个部要掌握国玺，还要负责与十三个邦的联络，决定改名“国务部”。1789 年 9 月 15 日，设立国务部。华盛顿提名帕特里克·亨利，亨利拒绝。华盛顿提名杰斐逊，参议院认可。杰斐逊当时还在法国大使任内，由约翰·杰伊代理。1790 年春，杰斐逊从法国回到美国履新。1793 年，杰斐逊辞职。华盛顿任命总检察长爱德蒙·伦道夫接替。伦道夫泄漏外交机密。华盛顿当面问责，伦道夫引咎辞职。

此外，还设立了两个部级单位：总检察长办公室和邮政总局。

三名部长，加总检察长，邮政总监，构成华盛顿最初的内阁。

临时首都设在纽约。联邦议会通过决议，把首都设在哥伦比亚特区，今天的华盛顿市。决定了建造首都的方案，聘请了建筑设计师，决定修建成功后，再把首都搬去。

第六十六篇*

五论参议院：再论参议院担任弹劾案的审讯庭

汉密尔顿

1788年3月8日　原载《独立报》

致纽约邦民众：

本文分析对参议院担任弹劾案审讯庭的几种主要反对意见

分析一下对参议院担任弹劾案审讯庭的主要反对意见，可能会消除残留的对这一安排的不良印象。

第一条反对意见：把立法和司法搅在一起

主要反对意见的第一条，说这样做，把立法和司法权威，混合在同一个机构里，违反了政府各部门应该分开的重要原则，而这一原则已经深入人心。权力分开这一原则的真谛，已在前面的另一篇文章里讨论过，并且加以肯定，同时说明：为了特定目的，把三个部门部分交织起来，保持它们单立而不混杂，与分权原则完全匹配。这种部分交织，在某些情况下，不仅适当，而且必要，以便政府各部门彼此防范。总统对议会立法，拥有一份绝对的或相对的否决权，得到政治学内最能干的学者承认，是一道攻不破的障碍，用以防止议会对总统侵权。反过来：弹劾之权，是议会用来对付总统侵权的基本制约手段。[142]议会两院的分工是：众议院担任起诉，参议院负责审讯；

避免使同一些人，既当被告，又当法官；防止两院中任何一院，因党派精神盛行，施行迫害。参议院内三分之二的议员取得一致意见，才能定罪，有了这个补充规定，无辜者的安全，受到了他所应得的完整照顾。

自称对纽约邦宪法心悦诚服的人，竟然根据上面所说的原理，对联邦宪法的这个部分，大加申斥，真令人感到好奇。纽约邦宪法规定：邦参议院，以及邦最高法院的院长和法官们，不仅组成弹劾案的审讯庭，而且构成该邦一切案件的终审庭，不论民事案件，还是刑事案件。法院院长和法官们的人数，与参议院议员的人数比，少得不成比例。于是，纽约邦的最高司法权，最后实际上落到邦参议院手中。若宪法提出的弹劾案审议庭的组织办法，被指责为违反了分权原则——这个非常著名、经常被人提到却很少被人理解的原理，那么，纽约邦的宪法，是不是应该受到更多的指责呢？[1]

自称拥护纽约邦宪法，却以此反对联邦宪法，令人好奇

对参议院担任弹劾案审讯庭的第二条反对意见说：这会造成参议院权力的不当累积，给人的印象是，政府过于倾向贵族制。反对派说：参议院与总统，分享缔约权，分享人事任命权：若在这些特权上，再加上对弹劾案的断案权，会使参议院的影响力，处于决定性的优势。一条反对意见，本身毫不具备准确性，不容易给予准确答复。到哪里去寻找尺度和标准，测量我们授予参议院的权力，是太多，还是太少，或者，影响力的大小，是否刚好适度？拿掉这种模糊的、不确定的计算，考察一下每种权力本身，确定一些总体原则，便于使用，减少麻烦，是否更安全，更简单？

第二条反对意见：使参议院权力过大，走向贵族制

如果我们采取这个思路，即使不能通向一个肯定的结果，至少可以做到比较清晰。制宪会议把参与缔约的权力授予参议院，如果我没弄错的话，在前面的一篇文章里，已经说明了它的合理性，下一步讨论总统时，还要谈到这个问题的其他方

再没有别的办法，比宪法提出的方案，更容易为人接受

面。我相信，到讨论总统时，对参议院与总统分享人事任命权，将做出同样令人满意的解释。我聊以自慰的是：上一篇文章作的说明，已经走得够远，证明：要找到一个比宪法提出的办法更实际、更恰当的办法，解决弹劾案的审讯，不容易；再没有别的办法，比这个办法更为人接受。如果这种说法符合实际，假想中的参议院权力过大的危险，应该从我们的推理中消除。

众议院得到人民喜爱，充满共和精神，能约束参议院

这个假想，前面讨论参议院的任期时，已经予以摒弃。前面的说明，历史上的例证，加上推理，都证明：所有的议会，其中人多的一院，都充满共和精神，通常都得到人民的喜爱，若不能压倒政府的其他部门，至少可以势均力敌。

宪法赋予众议院的种种权力，足以制衡参议院

除了这种积极活跃的优势，宪法还赋予众议院一些有利的重要权力，确保它的平衡能力，足以制约参议院。独享发起钱财提案的特权，属于众议院。众议院独享弹劾案的起诉权：这不是对审讯权的一种完全的反制力机制吗？总统选举中，若无人得票过半数，将由众议院最后票决；毫无疑问，这种情形虽然不会频繁发生，有时总会发生。这种可能，构成众议院的一种有成效的影响力的来源。这种影响力，越想越觉得它重要，因为它可以最后决定：谁将成为联邦最亮眼的公民，坐进总统办公室。众议院这方面的影响力，会压倒参议院的各种属性，这并非轻率的预言。

第三条反对意见：参与人事任命时，会过于宽容

反对参议院担任弹劾案审讯庭的第三条意见，源于参议院在人事任命方面的影响力。想象之中，参议院既然参与官员的启用，判断人的行为时，会过于宽容。反对派的这条原则，若非指责我们所知的所有政府，至少指责各邦政府中常见的做法：我指的是所有通过任命而上台的官员，他们能上台，取决于有任命权者的喜好。有同样充足的道理说：任命者的宠爱，总是被任命者错误行为的庇护所。不过那种做法，与这

条原则相冲突，建立在一个假设上：任命者对被他们选中的官员是否称职能干，负有责任，他们的利益，在于行政值得尊敬，富有前景，并将所有那些被事实证明不值得信任的人解除职务。虽然，事实并非总是符合这种假设，不过，只要基本正确，就会摧毁一种假设：参议院只是附和总统的选择，对被任命者会表现一种偏见，这种偏见会蒙蔽他们的眼睛，使他们看不见如此不同寻常的证据，让全国众议院来起诉这种人。

参议院在人事任命中的角色有限

若还需要进一步的说明，证明不可能存在这种偏见，那就要看看参议院在人事任命中扮演的角色。候选人由总统提名，征得参议院的建议和认可，然后任命。显然，参议院本身并无提名权。他们可以拒绝总统提出的人选，要求总统再次提名，但他们不能自己选择，他们只能批准或拒绝总统的选择。他们可能中意的是另一个人，可是，若没有足够的理由反对总统提名的人，仍旧只能赞同；他们没有把握，如果他们拒绝这个人，总统的下一个提名，是否就是他们喜欢的人，或者，是否胜过被他们拒绝的那个人。因此，参议院的多数议员，对人事任命对象，不能由着自己的性子，只能考察被提名的人是否德才兼备，做出决定。

第四条反对意见：参议员在缔约过程中犯罪，如何弹劾

反对参议院担任弹劾案审讯庭的第四条意见，涉及参议院与总统分享缔约权。反对派说，行使这项权力的过程中，如果出现贪污受贿或叛卖祖国的行为，参议院将自己担任法官，审讯自己的议员。他们问：参议院与总统联手，背叛国家利益，缔结一项毁灭性的条约，结果又会如何？如果让参议院自身担任弹劾案审讯庭，他们如何裁决他们自身就可能是被告的案件，怎么可能使有罪者受到应得的惩处？

反对派到处急不可耐地散布这条意见，听起来，比他们指责宪法这一条的其他意见，更有道理。不过，我以为，这条意见还是建立在错误的基础上。

为防止缔结条约过程中的贪污腐化、背叛国家，宪法采取的基本安全措施，是找到从事缔约者的适当数量和品格。联邦参议院，由各邦议会的集体智慧选拔产生，其中三分之二的成员，再加上联邦的首席行政官，被认为是国家在这件事上值得寄托忠心的人。制宪会议可能设想过，在缔结条约的过程中，倘若总统背离了参议院的指示，倘若总统在受托进行谈判过程中，行为失去尊严，如何处罚？制宪会议也可能考虑过，如何处罚参议院内少数几个带头的个人，出卖自己在参议院的影响力，为了钱，充当外国人的工具；可是，制宪会议绝对没有适当的理由去想：由于赞同了一项不适当的条约，就对三分之二的参议员提出弹劾，要求惩处；这就像假设众议院的多数，同意了一项怪异的或违宪的立法，就对众议院的多数提出弹劾、要求惩处一样。我相信，从来没有一个政府，采用这样的原则。事实上，众议院的多数，怎么发起弹劾他们自己？更不可能想象：三分之二的参议员，如何审讯他们自己？要众议院的多数，牺牲社会的利益，通过一项非正义的、暴虐的立法；要参议院的三分之二，牺牲同样的利益，去与外国签订一项丧权辱国的条约，而且逃脱处罚，到底有什么理由呢？真实的情况是：在所有这些情况里，要想让这个机构把事办好，关键而且必须的，是给他们提供自由和独立，其中的成员，因为参加的是集体行动，个人应该获得处罚的豁免权；社会的安全，应该取决于如何小心把信托放到安全的手中，使忠于职守成为他们的利益，使他们难以在此过程中掺杂任何与公益相反的利益。

不可能因为赞同一项不当条约，就对三分之二的参议员发起弹劾

说到总统可能发生的错误行为，与参议院的指示背道而驰，违背参议院的观点，我们用不着担心，参议院自会产生动机，处罚滥用他们信任的行为，处罚藐视他们权威的行为。我们即使不能把指望放在他们的德行上，至少可以放在他们的

参议院自会处罚行为错误的总统和参议院中错误的带头羊

自豪感上。说到参议院中的领袖人物玩弄伎俩、施加影响时，参议院里的多数被拖下水，采取了不利于社会的措施；如果腐化的证据确凿，人性中的常见趋势，会使我们做出结论：为了转移公众对参议院整体的不满，他们定会牺牲造成他们失职和丢脸的带头羊。

帕伯琉斯

*《反联邦论》第66篇，题为"北卡罗来纳来函"，作者约瑟夫·泰勒，反对宪法中的"弹劾"条款，认为参议院本是议会的组成部分，却要审讯被告，没有安全保障；人都可能犯错误，参议员也容易犯错误，特别是涉及与他们自己有关的案件。摘自泰勒在北卡罗来纳讨论和批准联邦宪法代表大会上的发言。

---

[1] 帕伯琉斯注：新泽西宪法中，最高司法权，也落到议会的一院手中。

新罕布什尔、马萨诸塞、宾夕法尼亚和南卡罗来纳，弹劾案由议会中的一院审理。

⑭ 三权分立，相互制衡：美国宪法向以"三权分立，相互制衡"著称。不过，宪法本身，并未包含这样的说法，麦迪逊和汉密尔顿在《联邦论》里，也没有系统地把这两点联系起来解释。这种说法，首先见于反联邦派的文章，后来被美国宪法学家归纳。分和立是两个概念，制和衡也是两个概念，变成这种对仗式的说法，则是翻译家的功劳。

通过相互制约，达到彼此平衡。这种连环套式的安排，在宪法中有多处，最主要的是两种：一、总统可以否定议会的立法；二、议会可以弹劾总统。

制宪会议设计这两种手段时，只能凭想象，凭分析，以为这两种手段很好。现在已经过了二百多年，可以看看这两种手段的实际后果。

一、总统否决议会：授权总统否决议会立法，单从理论预测，似乎有理。众议院65名议员，讨论拨款提案，33人赞成，可以过半数通过，可是，一项遭到32人反对或弃权的提案，会不会过于激进，或过于保守，不得人心？参议院26名议员，复议时14人赞成，12人反对或弃权，可以过半数通过。这种通过，是不是有些勉强，或差强人意？这时，总统出面否决，可能否定了一个好方案，但至少避免了一个可能不好的方案。制宪会议认为：如果是好事，最多不过拖一拖，以后还可以做；万一是坏事，那就避过了一个灾祸。

两院再议。若众议院44人赞成，还剩21人反对或弃权，参议院18人赞成，还剩8人反对或弃权，那么，既然两院三分之二的议员都坚持认为提案是好的，提案想必有理，总统再否定，也没有道理。听起来，像是一个合理稳妥的设计：总统投1票否决票，相当众议员11票，加参议员4票。总统的权力，大体相当于15名议员的权力之和。当初，威廉森在制宪会议上还提议过四分之三，最后被否决。制宪会议最后决定：采用三分之二这个比例。

英国国王从来没有使用过否决权。他的办法是，事先收买议员，使国王不喜欢的提案，胎死腹中。

制宪会议认为，他们设计出来的这个“相对否决权”，是一把“尚方宝剑”，具有“精神威慑”力；议会既然知道自己的提案可能被总统否决，就会谨慎，就会收敛。总统可能不用或少用否决，即使用，制宪会议也相信总统会慎用。汉密尔顿甚至说：他不怕总统用，甚至多用，怕的是总统不用。

设想中的美好理念，实行起来就不一定。下面是美国总统使用这一权力的部分记录。华盛顿，2次，亚当斯和杰斐逊，0次，麦迪逊，7次，小亚当斯，0次，杰克逊12次。开国第一阶段，总统确实慎用或不用，议会从未压倒过总统。

然后逐渐多用：林肯7次，安德鲁·约翰逊29次，格兰特93次，克里夫兰414次。到此，相对否决权已成为总统对付议会的常用工具。林肯没有被压倒过，约翰逊被压倒15次，格兰特4次，克里夫兰2次。除约翰逊，压倒只占否决的微小比例。尚方宝剑，不再只是“精神威慑”，而是实实在在的利器。

到现代，总统对否决权的使用，变本加厉。罗斯福使用635次，只被压倒9次。值得注意的是，自从美国形成稳定的两党制，两百年来，多数党多到占议会两院三分之二的情况，很少出现。美国初年，凑足三分之二，遇到党派因素的干扰，还有限度。两党制明朗以后，要凑足三分之二多数，必须争取跨党投票，很难办到。民主党人罗斯福担任总统时，议会一直控制在民主党人手中，在总统和议会同属一党的情况下，总统还要否决议会635次，总统在政治格局中的主导地位，议会在政治格局中的无可奈何，可见一斑。

最初，总统1票否决，提案提出者，在众议院再争取11票，在参议院再争取4票，就可压倒总统。如今，众议院435名议员，218票过半数，若被总统否决，需再争取72票，才能凑足三分之二；参议院100人，51票过半数，要凑足三分之二，还需再争取26票。随着众议员和参议员的人数增加，总统的权力，与单个议员的权力，在政治天平上的分量，差距愈来愈大。现在总统一票否决，在刚好过半数通过的情况下，议会几乎要再凑98票，才能否决总统。

现在流行的，不再是议会通过决议后，总统再书面否决。现在流行的做法是：议会还在酝酿，总统便先发话。倘若议会提出某些条件，总统否决无疑；如果议会答应某些条件，总统可以考虑批准。

议会掌握的权力，最主要是财权，是通过拨款提案和筹款提案的权力。总统掌握了向议会要钱的权力，同时，他又掌握了不许对方不给的权力，结果会怎样？

《世界年鉴 2006》第 64 页，列出了 1789 到 2004 年间美国总统采用否决权的记录：常规否决，1 484 次；口袋否决，1 065 次，加起来，2 549 次；议会以三分之二多数压倒总统否决，总共 106 次，占否决次数的 3%。“口袋否决”，指议会送上提案后不久即休会，总统无法在 10 天内退回，因而放在口袋里，让提案搁置。

在权力的天平上，总统一人站在一边，535 名众议员和参议员站在另一边；其中，100 次中，97 次总统一人的分量，超过 535 名议员。

这种制约，是否达到了平衡？

二、议会弹劾总统：1789 到 2004 年，在 216 年间，议会先后三次弹劾总统。1865 年，林肯遇刺，民主党人安德鲁·约翰逊继任总统；这时共和党人占据议会三分之二以上的席位，与继任总统发生政治分歧。约翰逊撤去共和党人国防部长职务。1867 年，议会弹劾总统。结果，参议院内 35 票赞成弹劾，19 票反对，比需要的三分之二正好差一票，弹劾未成。主要原因，是 7 名共和党参议员站到本党对面，投了反对票。这 7 名参议员因此青史留名。他们庆幸：我们的行为，保住了美国的总统制！1974 年，众议院还在发起弹劾，自知有罪的尼克松便辞职了。1998 年，共和党使劲弹劾民主党人克林顿，可是克林顿犯的错误，主要是掩盖自己的性丑闻，不是政治问题，结果，弹劾未成。216 年间，发生三次弹劾，平均 72 年一次，其中，一次也没有成功。在此期间，总统否决 2 549 次，97%取得成功。两种制约手段，都使天平倒向一边，不知平衡在何处。

第六十七篇*

反对派对总统形象的丑化

汉密尔顿

1788 年 3 月 11 日　原载《纽约邮报》

致纽约邦民众：

下面，我们开始讨论宪法对联邦总统的设计。

总统职权最难设计，引起的非难最多

在我们的体制中，没有一个部门[143]的设计，难度超过设计总统；也没有一个部门，像总统职权这样，备受歪曲，横遭指责。

反对派利用民众对君主制的厌恶，极力丑化总统形象

撰文批评宪法的人，极尽歪曲之能，利用民众对君主制的厌恶，把他们的嫉妒不安，一股脑儿倾泻出来，把脏水泼到设计中的总统身上；说总统是君主的胚胎，是已经长大成人的王储。为证实莫须有的血缘关系，不惜向壁虚构。联邦总统的权力，少数方面，大于纽约邦长，有些方面，小于纽约邦长，他们加以夸大，说比国王的特权还多。总统被渲染成威严无比、派头十足，就像英国国王。他们把总统描绘成：头戴闪闪王冠，身披紫色王袍，身后拖裙飘逸。总统被放上国王宝座，佞臣环绕，情妇成群；接见外国使节，俨然有如陛下。即使亚洲

专制暴君的骄奢淫逸,也难以超越他们的夸张描述。他们要我们一见杀气腾腾的亲兵卫士,就吓得两腿打战,看到后宫以纱掩面的情妇,就羞得面红耳赤。

如此丑化总统,使之形若变态。我们有必要仔细看看,这一职务的真实性质和形式;还其本来面目,让大肆宣传的狡诈之词,昭然天下。

不论何人,若想正本清源,说明真相,不论采取容忍态度,还是严肃批评,都会感到无比吃力。他们为了误导公众对总统的看法,所用手段,极其卑劣,远远超出党派斗争的常规手法。即使胸怀公正、心存忍让之士,也会把宽容政敌之情,化为难以克制之愤。把联邦总统的行政官形象,涂抹得像英国国王那般可恶,可谓居心险恶,蓄意蒙蔽民众。为了歪曲总统形象,他们竟然赤膊上阵,不顾后果,是可忍,孰不可忍?

略举一例,可见一斑。宪法明明把一项权力授予各邦行政首脑,他们却说成是把这项权力授予总统。我说的是:联邦参议员出缺时,可由该邦行政首脑委任临时参议员。

曲解总统权力的一个例证:说总统可以填补联邦参议院缺额

有位作者(不论他有多大名气),在他那一群里,没少获得喝彩,急急忙忙,也要上来测试一下同胞们的辨别能力[1]。他按自己虚构的假设,建立起一系列同样虚构的议论。现在,让他自己面对事实依据吧;如果他办得到,让他自己辩解吧:为什么,他要拿无耻的怒气,玷污真实,违反公平游戏规则?

《联邦宪法》第二条第二款第二项,授权总统"提名大使、其他公使、领事、最高法院法官和宪法未作规定、将由联邦议会立法设立的所有其他联邦官员,经参议院同意,方可任命"。紧接这一段后,有下列词语:"总统有权填补参议院休会期间出现的空缺职务,任期到联邦议会下次会议结束为止。"所谓总统有权填补联邦参议员缺额,就从这段演绎而来。稍微注意一下这两段之间的联系,注意一下其中措辞的明确含义,我们就可满意看出，这种演绎，完全是莫须有的捏造。

两段中的前一段，显然，只限于下列官员："宪法未作规定、将由联邦议会立法设立的所有其他联邦官员"；显然，这一点，不能延伸到任命参议员；参议员的产生办法，宪法另有规定[2]，参议院由宪法设立，不需要将来再立法设立。这个立论，经不起推敲。

总统只能临时填补参议院休会期间出现的空缺职位

同样清楚，两段中的后一段，不能理解为含有填补参议员的权力。理由如下：一、这两段之间的关系，说明任命联邦官员的一般模式，作为宪法已定职务的补充；目的是建立一套产生官员的补充办法，以补一般方法的不足。普通的人事任命权，授予总统和参议院联合行使，因此，可在参院开会期间进行；可是，不能为了任命官员，要求参院持续不断开会；参院闭会期间，可能出现缺额，出于公务需要，填补不得推延。后面一段，授权总统一人，"在参院休会期间"，临时任命官员，填补空缺，"任期到联邦议会下次会议结束为止"。二、若把第二段视为对第一段的补充，第二段中的"空缺"一词，应理解为第一段中所指的"官员"；我们看到，那一段话里，不包括参议员。三、这项权力，只能在"参院休会期间"行使，任职期限，只限于"议会下次会议结束为止"；二者结合起来，说明这段话的意思；如果这段的本意，想把参议员包括在内，自然就会把填补缺额的临时权力，安排在各邦议会休会期间，因为，各邦议会将推选长期任职的联邦参议员，而非安排在联邦参院休会期间。因为，联邦参院休会期间，不考虑任命；各邦议会闭会期间，碰巧出现参议员出缺，就会把临时参议员的任期，延伸到各邦议会下次开会期间，而不是延伸到联邦议会下次开会。授权参与永久委任的参议员，所处状态，自然影响任命权的变通，影响临时任命；既然按宪法规定，联邦参议院是唯一涉及人事任命的机构，文中所涉及的官员，只能指需要参院和总统共同任命的官员。四、最后，宪法第一条第三款第一和第二分句，不仅排除了一切可能的疑惑，而且消除了误解的前提。第一分句规定："联邦参议院由每邦两名参议员组成，由各邦议会选出，任期六年。"第二分句规定："若参议员因辞职或其他原因出缺，发生在邦议会休会期间，由该邦行政官任命临时参议员代理，到邦议会下次开会选出新议员止。"这里，措辞明确，不可能发生歧义，明文授权各邦行政官，用临时任命方式，填补偶然出现的参议院缺额；这些，使上面讨论的那个反对意见完全失去依据，那种反对意见，把这种临时任命参议员的权力，转移到总统身上；只是证明，这种假设，不能自圆其说，势必起源于一种一望而知、欺骗人民的企图，非诡辩可掩饰；用心险恶，而表面伪善，不可宽恕。

我费了心机，选出这个曲解之例，置于光天化日之下，无可置疑地证明：对提交民众讨论的宪法，有人回避正面论战，回避不偏不倚的公平讨论，以便弄清宪法的真实优点，竟然施用不可原谅的伎俩。面对如此丑恶的举动，我也一反常态，偏离这些文章的风格，予以怒责痛斥。我毫不犹豫，把这些话语，提交给真心诚意反对宪法的人裁决：看看语言文字，是否足以形容他的粗俗，把这么无耻的妓女般的企图，强加于美利坚人民。

我亦一反常态，予以怒责痛斥

帕伯琉斯

*《反联邦论》第 67 篇，题为"对行政部门的诸多恐惧"，作者署名"卡托"（Cato），载于《纽约纪事报》，1787 年 11 月 8 日，是他发表的七篇文章之一。宪法史学家认为，"卡托"是当时纽约邦长乔治·克林顿的笔名。

---

[1] 帕伯琉斯注：见卡托的第五篇书信。

［2］帕伯琉斯注：见《联邦宪法》第一条第三款第一项。

⑭③ 行政部门：1789 年，联邦议会设立了最初的五个部：一、财政部；二、战争部；三、国务部；四、邮政总局；五、总检察长办公室。

此后，联邦议会通过立法设立的部，按时间顺序，依次为：1798 年，设海军部，1947 年并入国防部；1870 年，把总检察长办公室升格为司法部；1849 年，设内政部；1862 年，设农业部；1903 年，设商业和劳工部；1965 年，设住房和城市发展部；1966 年，设运输部；1977 年，设能源部；1953 年，设卫生教育福利部，1979 年，这个部分为两个部：卫生和人力服务部和教育部；1989 年，设退伍军人事务部。此外，邮政总局从联邦政府分立，成为自负盈亏的独立机构。（《世界年鉴 2001》第 184—186 页）

1789 年，华盛顿的年薪为 25 000 元。1962 年，联邦议会把总统年薪从 100 000 元，调升为 200 000 元，第一个受惠人是肯尼迪。2000 年，联邦议会把总统年薪从 200 000 元，调升为 400 000 元，第一个受惠人是小布什。由于总统年薪，为联邦最高，各邦邦长年薪，为全邦最高，每隔若干年，他们的年薪要调升一次，以便留出余地，让各级官员每隔两年或四年，逐步提升。

2000 年，副总统年薪为 184 100 元，部长年薪为 157 000 元；2001 年 1 月起，副总统年薪升为 208 100 元，部长年薪上升为 180 100 美元。以上年薪，每年都按照通货膨胀系数，提供补贴。

行政部门增强的另一表现，是设立白宫办公厅。华盛顿、亚当斯、杰斐逊、麦迪逊、门罗都不知道什么叫"白宫办公厅"（The White House Staff）。1800 年，杰斐逊当上总统，住进白宫，手下只有两名雇员：秘书和信差，两人的工资，由杰斐逊本人支付。今天，白宫办公厅在美国政治生活中起着重要作用。《世界年鉴 2006》第 43 页列出了白宫办公厅的主要结构和人员：一、幕僚长（Chief of Staff）；二、副幕僚长兼资深顾问；三、副幕僚长；四、白宫新闻秘书；五、国家安全顾问；六、信念基础和社区创意办公室主任；七、办公室秘书；八、联络部主任；九、国内政策办公室主任；十、经济政策和全国经济咨议会主任；十一、国土安全和反恐委员会主任；十二、立法事务委员会主任；十三、国家安全事务委员会主任；十四、政策与策略规划委员会主任；十五、总统个人事务办公室主任；十六、总统演讲撰稿人；十七、副总统幕僚长；十八、两名总统特别助理、一名资深立法事务主任、一名白宫社会秘书；十九、总统副助理；二十、第一夫人幕僚长；二十一、第一夫人新闻秘书。此外，还有：一、经济顾问委员会；二、行政办公室；三、科学技术政策委员会；四、全国毒品控制政策办公室；五、管理和预算办公室；六、联邦贸易代表；七、环境和质量委员会。

第六十八篇*

一论总统：产生办法，若非尽善尽美，至少出类拔萃

汉密尔顿

1788年3月12日　原载《独立报》

致纽约邦民众：

联邦体制设计中，首席行政官的产生办法，几乎是唯一逃过反对派严厉申斥，甚或得到些微赞许的部分。报刊露面者中，嘴巴最巧的人，也屈尊承认：总统选举办法，考虑甚为周全。我愿更进一步，毫不犹豫地断言，这种选举办法，若非尽善尽美，至少也是出类拔萃。这个办法，尽量结合各种优点；结合方式，可谓尽如人意。[144]

总统产生办法，若非尽善尽美，至少出类拔萃

既把如此重任，委于一人，大家自然期待，人民的感觉，能参与总统选举。实现目标的办法是：不把选举权交给此前已经存在的任何政府机构，而是每到选举时刻，交给人民为此特定目的而选出的选举人团。

间接选举：选民选举选举人团，选举人团选举总统

大家同样期待，这种一次完成的选举，应交给善于辨别总统所需各种品质的人，让他们处于一种有利讨论的环境，把所有理由和好处，合理结合，然后，做出选择。这个人数不多的

选举人团从基层产生，具备对总统所需品质的辨别能力

团体，由同胞从基层选出，见多识广，具有展开复杂调查所需要的辨识能力。

选举人分别在各邦投票，避免引起社会骚乱无序

大家特别期待，尽量不要让总统选举造成社会骚动，造成混乱无序。至少，不要让这种弊病拖累总统选举。政府行政，联邦总统起极其重要的作用。宪政体制采取的种种预防措施，得到各方如此高兴的赞同，会保证有效防止这种弊病。选举一定数量的人，担任选举人团，间接选举总统，不容易引起社会骚动，不致引起超乎寻常的暴烈运动。这比一次就要选出公众希望的最后对象，平稳得多。各邦选出的选举人，分别在本邦集会，然后投票。这种把选举人分开、使之互不联系的办法，可使他们少受周围激情哄乱的纷扰。反之，若把他们在同一时间集中到同一地点，这种激情哄乱，就会通过他们传到民间。

预防结党营私、贿赂收买和外国势力介入

最令人如意者，是设计出种种实际障碍，把结党营私、暗施诡计、贿赂收买，一概排除在外。死命反对共和制的人，自然要从各个方面出击，主要是外国势力，企图在我们的政府中，获取不适当的支配地位。除了培植一个他们的人，做联邦首席行政官，还有什么更好的办法，实现他们的野心？制宪会议早有先见之明，未雨绸缪，预先防范这种危险。他们使总统的产生，不依赖现存的任何政府机构，外力无法事先收买选票；他们把总统选举，首先直接交给美利坚人民，让他们选出选举人，选举人的唯一短暂目的，就是选举总统。制宪会议，把所有过于关注谁当总统的可疑人物，通通排除出局，使他们没有资格担任选举人。联邦政府的参议员、众议员、其他受薪受托官员，都不许担任总统选举人。这样，不致腐蚀人民大众，总统选举人作为直接代理人，进入选举重任时，至少不带进有害的偏见。前文说过，选举人只是短期存在，而且彼此分开，这种安排，提供一种令人满意的前景：他们会专心致志选

举，直到选出总统。贿赂之风，相当盛行，可是，需要时间，需要手腕。选举人团分散在十三个邦，要想采取联合行动，同时贿赂全体选举人，既要误导他们的责任心，又要让他们觉得，动机不是贿赂，短时难以突然奏效。

另一个必要，重要性不亚于上。若总统争取连任，应独立于一切其他因素，只依赖人民。否则，总统可能受到诱惑，放弃职责，讨好对他连任起作用的人。总统是否连任，取决于选举人团，一批特别为此选出的人，代表社会，仅仅行使选举总统这一重任，这一优点，可以得到安全保障。

选举人团制度，保证总统争取连任时，无法笼络选票

制宪会议设计的宪法，把一切优点结合，令人快乐。具体办法：各邦选出一定数量的选举人，人数等于各邦联邦参议员和联邦众议员的人数之和，选举人在本邦集合，选举适当的人为总统。他们的投票结果，送到全国政府所在地，若一人得票正好超过全体选票之半，即为总统。不过，过半数的选票，并非总是碰巧落在一人头上。让不到半数的选票决定总统人选，或许不甚安全。因此，加上一个附则：倘若遇到这种意外，由众议院票决，从得票最多的五人中，选出他们认为最佳的人，担任总统。

若无人得票过半数，由众议院最后票决，一邦一票

这个选举程序，提供一种道德前景：总统职务，很难落到不具备突出资格的人身上。一个人，只要玩弄雕虫小技，略施手腕，就可在一个邦内升腾到殊荣地位；可是，一个人，只有才华出众，道德高尚，或二者的可观结合，方能在整个联邦树立威望信誉，方能成为联邦总统这一殊荣职务的成功候选人。以下所言，或许不为过分：前景多半光明，而且持之以恒，人们将会看到，总统宝座上，将会坐着性格卓绝、才华过人、道德良好的人物。选举办法，被视为宪法举足轻重的优点，由善于斟酌推敲、交流观念的制宪代表们构想而出。他们明白，每个政府，总统好则行政好，总统差则行政差。我们不能苟同一位

这个选举程序，是制宪代表们的郑重推荐

诗人的异说：

“政体如何，且让愚人高谈阔论，

谁治理得最好，就应给谁满分。”

不过，我们可以安全宣称，真正检验一个政府好不好，看它能否产生治国安邦的才能和取向。[145]

副总统的选举办法，同总统；区别只是，若出现偶然，不由众议院票决，而由参议院票决。

设立副总统的必要：预备顶替总统；副总统产生办法

再选一个非凡的人，任副总统，有人反对，认为多余，甚至有害。有人认为，不如授权参议院，让参议院从自身成员中，选出一人任副总统。有两重考虑，似乎说明制宪会议想法有理。一、为确保参议院在任何场合都能做出明确决议，在参议院内出现两种意见票数相等时，议长应该有权投关键一票，打开死结。若选一名参议员为议长，此人代表的邦，常规投票时，总是成为一个不定票。二、有时，副总统可能顶替总统，占据最高行政职位。种种理由表明，前述选举第一人的办法，应以同等力度，若非更大力度，应用于第二人。值得指出，在这个问题上，也和在其他问题上一样，这条反对意见，违反纽约邦宪法。我们纽约，有一位由全体人民选出的副邦长，主持邦参议院。按纽约邦宪法，邦长出缺，由副邦长顶替；联邦宪法也是这样规定：总统出缺，由副总统顶替。

帕伯琉斯

*《反联邦论》第 68 篇，题为“论总统选举方法”，选自威廉·格雷森 1788 年 6 月 18 日在弗吉尼亚讨论批准联邦宪法代表大会上的演讲。

---

⑭ 关于总统选举办法，参见尹宣《美国总统选举办法是怎样设计出来的》，载《南方周末》2008 年 3 月 13 日 D23 版，和尹宣《凭吊美国的第一

次总统竞选》，载《南方周末》2008年2月28日D23版。

⑭⑤ 治国安邦，总统的军权：联邦宪法把军权分为两半，一半分给联邦议会，包括宣战的权力，招募军队、提供给养的权力，建立和维持一支海军的权力，制定统辖陆军海军和管理条例的权力，见《联邦宪法》第一条第八款第十一、十二、十三、十四项。一半分给总统，包括指挥权："总统为联邦陆军、海军、应召正为联邦服役的各邦民兵的总司令"，见第二条第二款第一项；授衔权："总统给全体联邦军官授衔"见第二条第三款最后一个分句。

独立战争以前和独立战争期间，美国没有正规军，只有季节性作战的民兵。独立战争结束后，1783年，华盛顿解散了联盟议会名下的民兵。汉密尔顿曾在本书中提到：美国人对建立正规军迟疑不决。雅茨在《反联邦论》中，直言反对建立正规军。麦迪逊在本书中，也论及建立正规军的必要。1789年，华盛顿担任第一任联邦总统时，联邦只有军官64人，士兵674人，共计738人。汉密尔顿曾预言，美国也会像英国一样，把财政收入的十五分之十四用于军事。查查美国建国初年的财政账目，可以明白：联邦政府的主要收入（百分之七十到九十），来自进口税；联邦政府的主要支出（百分之七十到九十），用于建设军队，包括对独立战争期间老兵的军饷和优抚。两百多年以来，美国一直用大量的财力建设军队。美国军队的在役人数，平时不多，战时迅速扩张。1940年，美国开始投入第二次世界大战时，常规军只有29万。1945年第二次世界大战结束时，美军人数扩展到1 200万。《世界年鉴2006》第72—73页列出了2005年美国的在役人数：陆军，489 971人；海军，383 958人；空军，358 704人；海军陆战队，178 231人。此外，有海岸警卫队31 900人。

第六十九篇*

二论总统：权力分类，每项权力的范围和大小，与英国国王比，与纽约邦长比

汉密尔顿

1788 年 3 月 14 日　原载《纽约邮报》

致纽约邦民众：

现在，我们讨论总统职务的真实性质，看看制宪会议是如何说的。这可以把围绕总统职务的不公平说法，一扫而清。

引起我们注意的第一点：行政特权，将集于总统一人，很少例外。很少有人认为，这点可以随意类比。若说这一点像英国国王，那么，与土耳其皇帝（the Grand Signior）、鞑靼可汗、七山之王[146]、纽约邦长，也很相像。

英国国王是终身制、世袭制；美国总统任期四年，可以连任

纽约邦长任期三年，可以连任

当选美国总统，任期四年，连任不受届数限制[147]，只要联邦人民认为他值得信任。这一点，美国总统与英国国王完全不同：英国国王是世袭君主，拥有王冠，可以按男性顺序继承，世世代代传给后人；美国总统，与纽约邦长倒好有一比：纽约邦长当选后，任期三年，可以连任，不受届数限制，中间也不设中断期。[148]我们想想，纽约邦长要想在一个邦内建立起危

险的影响力，要比美国总统在整个联邦范围内建立起危险的影响力，所费时间，要少得多。由此得出结论：总统任期四年，要想把这个职务拖成永久，比起任期三年的邦长，更为艰难。

美国总统和纽约邦长，连任次数均不受限制

美国总统，可以弹劾，可以审讯，若确认犯有叛国罪、贪污受贿，其他重罪轻罪，可以罢免；去职之后，还可在普通法庭上对他提出起诉，做出惩处。英国国王神圣不可侵犯：没有宪法法庭处置他；除非发生全国革命，出现危机，无法处罚英国国王。在个人责任这个审慎重要的领域，结盟的联邦的总统，所处地位，好说，超不过纽约邦长，歹说，亚于弗吉尼亚邦长和特拉华邦长。

英国国王神圣不可侵犯，不受法律约束；美国总统可以弹劾，可以追究法律责任

美国总统，有权退回联邦议会两院已经通过的提案，让他们重新考虑；两院三分之二多数议员，若压倒总统否决，退回的提案，也会成为立法。英国国王，对议会两院通过的提案，有绝对否决权。过去一段时间，英国国王没有使用这项权力，并不影响这项权力的存在；完全是因为英国国王发现：另有办法，可以替代，同样可以实现他的权威。或施用伎俩，在两院中的一院获得过半数支持，不必使用否定特权。因为，使用否决权，难免引起某种程度的全国骚动。总统的相对否决权，与国王的绝对否决权，区别很大；与纽约邦复审委员会的权力，倒是一模一样，纽约邦长，为复审委员会成员。就此而言，联邦总统之权，超过纽约邦长之权：总统一人享有否决权，而纽约邦长，要与邦最高法院院长和几位法官分享这项权力。总统的否决权，与马萨诸塞邦长的否决权，一模一样。马萨诸塞宪法的规定，与联邦宪法的这一条，一模一样。看来，制宪会议就是从马萨诸塞宪法抄来的这一条。

英国国王对议会两院决议拥有绝对否决权

美国总统对议会两院决议只有相对否决权

总统将担任“联邦陆军、海军和应召为联邦服现役的民兵的总司令。总统有权颁布缓刑，赦免反对联邦的行为，弹劾案

美国总统的其他行政特权

除外⑭。总统有权向议会推荐他认为必要和可行的措施,供议会讨论;情况非常时,总统可召集两院或其中任何一院开会;若两院对休会时间意见不一,总统可要求议会休会到自己认为适宜的时间。总统负责忠实贯彻联邦的各项立法;总统给全体联邦军官授衔”。总统的这些权力,与英国国王和纽约邦长的权力,多数几乎相等。实质区别,有以下几点:

美国总统只能偶尔指挥部分民兵

一、总统只是偶尔有权指挥全国民兵的一部分,即在他们应议会之召为联邦服现役的时候。英国国王和纽约邦长,在其管辖范围内,可以随时指挥全体民兵。美国总统这方面的权力,低于英国国王和纽约邦长。

英国国王和纽约邦长可以随时指挥全体民兵

美国总统只能指挥陆军和海军作战

二、总统将担任联邦陆军和海军的总司令。在这方面,总统的权力,名义上与英国国王和纽约邦长相同,实际上小得多。这种指挥权,充其量,不过以联盟陆军首席将军和海军统帅名义,指挥调度陆军海军。英国国王的权限,延伸到宣战、招募和管理舰队和陆军。按美国宪法,宣战、招募和管理之权,属于议会[1]。据纽约邦宪法,纽约邦长,只能指挥民兵和海军。可是,其他几个邦的宪法,明文宣布,邦长既是陆军也是海军总司令。新罕布什尔和马萨诸塞,授予邦长的军权,是否在指挥范围上,超过联邦总统,还不清楚。

英国国王的权限包括宣战、招募和管理军队;各邦邦长的军权范围不完全一致

三、总统的赦免权,延伸到一切案件,但弹劾案除外。纽约邦长,可以赦免一切案件,甚至包括弹劾案,叛国罪和谋杀罪除外。从政治后果考虑,纽约邦长的赦免权,岂不是比总统的赦免权还大?一切反对政府的共谋和阴谋,尚未成熟到行为叛国的程度以前,在赦免权的干预下,都可以遮掩,避开处罚。如果某位纽约邦长,正好是共谋头目,在他们的设计成熟到足以采取实际敌对行为前,纽约邦长可以使他的同伙和随从变得清白无辜。反之,联邦总统,虽可赦免叛国罪,有人在普通法庭遭起诉时,总统不能以任何形式庇护被告,无法掩盖

总统的赦免权,不能延伸到弹劾案

纽约邦长的赦免权可延伸到叛国案

罪行，使其免受弹劾。事先参与策划、制作并保持侵犯公益的整套计划，只要尚未采取行动，就可能完全不受惩处。到时候拿起武器，最后执行叛国计谋，可能被免除死刑和免除被剥夺财产。二者相比，哪个诱惑更大？岂不造成误导？若想明白了最后结果，权衡概率，有资格颁布赦免的人，可能自己就会去卷入阴谋设计，由代理人加以掩盖，最后一点也不受处罚。为了更好地判断这件事，有必要回顾一下，根据宪法，叛国罪只限于“对联邦开战，叛投联邦的敌人，给敌人提供援助和方便”。按纽约邦立法，叛国罪的界限与此类似。

四、美国总统，只有在两院对休会时间意见不一致这种情况下，可以决定议会休会时间。英国国王可以下令议会暂停，甚至解散议会。纽约邦长也可下令本邦议会暂停；这种权力，纽约邦长只在特定场合，为非常重要的目的而使用。

两院对休会时间意见不一致时，美国总统可以决定休会时间

英国国王可以要求议会暂停，甚至解散议会

美国总统咨询参议院，取得出席议员三分之二同意，有权缔结条约。在对外交往中，英国国王是国家的唯一和绝对代表。他可以按照自己的意志媾和、签订通商条约、加入同盟、签订其他各种条约。有人暗示：英国国王这方面的权力，不具结论性，他与列强的会谈，议会可以修改，而且需要议会批准。但我相信，直到近来的情况出现以前，这条原则闻所未闻。英国的一切法学家[2]，任何熟悉英国宪法的人，都知道：作为既成事实，签订条约的特权，完全由国王最后决定；皇家进入的盟约，具备完整的法律效力，不受其他约束。的确，议会有时会修改现存立法，使其适应一项新条约；这可能会引起一种想象，以为必须有议会合作，才能使条约正式生效。其实，英国议会的这种介入，起因不同；英国需要调整一种人为的、错综复杂的岁入和商业法，作相应更改，以便条约的运作；把新条文和预防措施调整到新状态，以免国家机器陷入无序。因此，这一方面，美国总统所持的有限授权，与英国国王的真

英国国王享有绝对的缔约权；美国总统与参议院分享缔约权

正权力，不可同日而语。英国国王，可以单独行动；美国总统，须取得参议院同意，才能行动。应该承认，这一方面，美国总统的权力，超过任何一个邦的行政官。因为，联邦独享主权的这一部分——缔约权。这很自然。倘若联盟解散，联邦总统是否还能独享这份精巧而又重要的特权，就成问题了。

总统接见大使，主要体现尊严，比每次都要议会开会接待方便

宪法授权总统接受大使和其他公使。虽然这是一个可供雄辩的丰富话题，其实主要是体现尊严，而不是施展权力。接受大使和公使，并不会对施政造成影响。这样安排，比起每当一位外国大使来临，议会两院或其中一院都要开会迎接，方便得多。其实，后来者不过是要顶替他的前任。

美国总统与联邦参议院分享人事任命权；英国国王独守荣誉地位源泉，方面众多

美国总统提名大使、其他公使、最高法院法官和宪法未作规定、将由联邦议会立法设立的所有其他联邦官员，经参议院同意，方可任命。英国国王独守荣誉源泉，位高权重，确实不假。英国国王不仅任命全体军官，而且能创立官职。他高兴就可以授予爵位；可以随意提升教堂职务。人事方面，美国总统的权力，比起英国国王，相形逊色；也不等同于纽约邦长，如果我们按实际做法解释纽约邦宪法的含义。人事任命权，在我们纽约邦，掌握在一个委员会手里，由邦长和邦众议院选出的四名参议员组成。邦长声称自己拥有提名权，频繁使用这一权力，四名参议员投票，若出现二比二，邦长可投决定性的一票。若纽约邦长确实拥有提名权，他这方面的权力等同总统，在可投关键一票方面，权力超过总统。全国政府，若参院出现两派票数相等，总统无法任命。纽约邦政府，若四名委员出现二比二，邦长可以扭转天平，任命他心目中的人。[3]二者相比，总统提名公开，参院表态公开；纽约邦长，与最多四名参议员，通常只有两名，闭于密室，神秘任命。再想想，影响委员会的几名成员，多容易，影响联邦参议院的众多成员，多难。

我们可以毫不犹豫地宣布：纽约邦长的人事任命权，比联邦总统的人事任命权，实际上大得多。

综上所述，除了与参议院分享缔约权这一条，很难断定，若论综合权力，美国总统的权力，比纽约邦长的权力，究竟是多是少。看来，更为明确的是，美国总统与英国国王，二者无平行之处可言。不过，这种一一对比，依然令人大开眼界，对进一步观察二者之间的主要差别，大有裨益。[150]

权力分类，一一对比，令人大开眼界

美国总统，是民选产生、任期四年的官员。英国国王，是固定的世袭君主。美国总统，可能受到个人处罚，丧失名誉；英国国王，神圣不可侵犯。美国总统，对议会通过的提案，有相对否决权；英国国王，有绝对否决权。美国总统，有指挥全国民兵和海军的权力；英国国王，除此之外，还有宣战权、招募和管理舰队和陆军之权。美国总统，与参院分享缔约权；英国国王，独享缔约权。美国总统，与参院分享人事任命权；英国国王，独掌人事权。美国总统，不能授予任何特权；英国国王，可授予侨民公民资格，封平民为贵族，可建立社团，授予法人团体等一系列权力。美国总统，不能预先指定本国商业和通货的管理规则；英国国王，在某些方面是商业仲裁，他的能力，可以建立市场和集市，规范度量衡，可以宣布一段时间的禁运，可以铸造钱币，可以授权或禁止外币流通。美国总统，没有神权；英国国王，是国教的最高首脑和治者！有人劝我们相信：迥然不同的事物，完全一样，我们应如何回答？还有人告诉我们，一个政府，全部权力，掌握在一个民选产生、周期替换的公仆手中，就是贵族制、君主制，就是专制，我们也用同样的话回敬。

综合对比：美国总统与英国国王

帕伯琉斯

*《反联邦论》第 69 篇，题为“总统职务的性质”，作者理查德·亨利·李，摘自他的小册子《联邦农场主》。

---

[1] 帕伯琉斯注：一份宾夕法尼亚报纸上的一位作者，署名塔莫尼，断言：英国国王担任总司令的特权，来自一项一年一度的反叛乱法。实际情况相反，英国国王这方面的特权，自古以来就有，只在“违反一切理性和先例”时，才受到质疑，布莱斯通《英国法律评注》第一卷第 262 页说，如长期议会对待查理一世；但是，查理二世时的法规第六章第十三条宣布：这种特权，只属于国王一人，以便唯一最高政府和民兵的指挥权，在陛下的控制范围内，所有海上和陆上武力，所有堡垒要塞，无论过去现在，为陛下无可怀疑的权力，属英格兰先辈国王和女王，议会两院或其中一院，不得也不应擅越。
[2] 帕伯琉斯注：参见布莱斯通《英国法律评注》第一卷第 257 页。
[3] 帕伯琉斯注：公平原则要求承认：我并不认为，邦长申言自己有提名权，有良好依据。但是，从一个政府施政的理性角度考虑，提名权总是有道理的，直到有人提出，这种做法是否符合宪法。且不说提名权的法律依据，考虑其他因素，考虑提名权的所有后果，我们还是倾向保留这个结论。

⑭ 七山之王(the man of the seven mountains)：罗马有七丘，七山之王，可能指早期的罗马王。
⑭ 当选美国总统，任期四年，连任不受届数限制：制宪会议上，关于总统的任期和连任，发生过多次争议。一是担心：允许连任可能拖成终身制；二是担心：不许连任，难以激起总统努力工作，争取连任的动力。制宪会议在延长任期、不许连任，和允许连任、缩短任期两个方案上徘徊多次。最后决定缩短任期，从七年减为四年，允许连任，对连任次数，不加限制。华盛顿连任两届后，多数人希望他连任第三届，因为其他有才的人虽然很多，却彼此不服，唯有华盛顿能得到众人接受。华盛顿执意退隐，并且表示：只要他让出舞台，自然有人登场。美国人遇上这么一个不恋栈的开国元首，可以说是幸中之幸。华盛顿说：“先例是很危险的东西；要让政府的腰身，由坚强可靠的手支撑，要谨防任何违反宪法的行为；若有违反，必予纠正，不要让违反宪法的行为贻误社会，为后人诟骂。”1792 年，华盛顿第一届任期的第三年，联邦议会制定了继承顺序法：若总统因故去职，继承顺序依次为：一、副总统；二、若副总统又因故去职，众议院议长；三、若众议院议长又因故去职，参议院临时议长。尼克松担任总统时，副总统阿格纽因涉嫌贪污，辞去副总统，众议院议长福特按继承顺序，递补副总统。尼克松本人又因水门事件，辞去总统。按继承顺序法，副总统福特递补总统。

两百多年来，有八位美国总统死于任内。一、1841 年，68 岁的威廉·哈里森当选第九任总统，就职一个月后，死于风寒，副总统梯勒继任;二、1849年,扎切里·泰勒就任第十二任总统,六个月后,病死,副总统菲立莫继位;三、1865年,第十六任总统林肯第二次当选一个月后,遇刺身亡,副总统安德鲁·约翰逊继任;四、1881年,加菲尔德当选第二十任总统,三个月后,遇刺身亡,副总统阿瑟继位;五、1901年,第二十五任总统麦金莱,第二任半年时遇刺身亡,副总统西奥多·罗斯福继任;六、1923年,第二十九任总统哈定,任职两年后突然在旅馆病逝,副总统柯立芝继位;七、1945年,第三十二任总统罗斯福,在第四任的第一年病逝,副总统杜鲁门继位;八、1963年,第三十五任总统肯尼迪在任内遇刺身亡,副总统林登·约翰逊继位。

联邦宪法没有限制总统连任次数。华盛顿用自己的行为,树立了一个先例:只任两届。后来的总统,即使非常成功,受到欢迎,一直无人打破这个先例。有的总统(皮尔斯)竞选时就宣布自己只做一任,有的总统(海斯)当选时就宣布不谋求连任。只有富兰克林·罗斯福,第二任后期,正好遇上珍珠港事变,竞选第三次、第四次,都获得成功,成为美国唯一连任四届的总统。尽管罗斯福是成功的总统,他死后,心理学家对罗斯福的揽权和恋栈心理仍有批评。1951年2月21日,宪法修正案第二十二条生效,宣布:"任何人当选总统,不得超过两次,在当选总统任期内接任总统或代理总统两年以上者,再次当选不得超过一次。"

⑱ 中断期(intermission):1787年6月1日,特拉华代表贝德福德建议:总统三年一选,离任九年之后,方可再次当选。(参见《辩论》)

⑲ 总统本人可以被弹劾,如果总统拥有赦免弹劾案的权力,必要时,他就可以赦免自己。

⑳ 设计美国总统的灵感来源:英国国王的权力分类,美国各邦邦长的权力分类,拆成零件,根据联邦的实际,参照华盛顿的可信任度,加以美国式的改造,重新排列组合,就是美国总统的权力综合。

第七十篇*

三论总统：行政权应集于一人之手

汉密尔顿

1788 年 3 月 15 日　原载《独立报》

致纽约邦民众：

需要一个强势总统，哪怕是独裁者

有一种观念，不乏提倡者：总统精明强干，不合共和精神。受过启蒙的人，殷切期待总统精明强干，至少希望上述观念没有根基；不承认这种观念真实有据，不承认自己的原则应受指责。总统精明强干，是好政府定义的主要特征。要想保护社会不受外来攻击，总统精明强干，至关紧要；要想坚定贯彻立法，保护公民财产，不受时而打断正义进程的、偏离正轨或施加高压者的侵扰，要想保障公民权利，制止党派活动和无政府行为，防止他们野心得逞、危害社会，总统精明强干，同样重要。熟悉罗马史的人都知道：罗马共和国，常常需要求助一位戴着独裁者可怕帽子、掌握绝对权力的强势人物庇护，制止企图实行暴政的野心家们的阴谋诡计，制止威胁政府存亡的各阶层煽动，同时，制止扬言要征服和摧毁罗马的外敌进犯。[151]

以下观点，无须多费口舌，无须大量举例。软弱总统，意味软弱行政。软弱总统，不过是无能总统的别称。一个行政病态的政府，不论理论上怎么说，实践中势必是个差劲政府。

弱势总统即无能总统，导致差劲政府

因此，可以断定，凡有头脑的人，都会同意：必须有一个精明强干的总统。剩下需要探索的是，总统的精明强干，应由哪些成分构成，这些成分，如何与保障共和制安全的成分结合起来？这种结合，如何体现制宪会议方案的特征？

构成总统精明强干的四个要素：一、权力集于一人；二、任期要有一定长度；三、足够的宪法支持；四、健全的权力。

总统精明强干的四个要素

要想保证不偏离共和制，须有两个条件：一、适度依靠人民；二、适度的责任感。

确保共和制的两个条件

有些政治家和国务活动家，以原则坚定、观点合理著称，已经表态赞同：一人执政，众人立法。他们的想法，十分精当：精明强干，是执政者最需要的资质，行政权力，适合集于一人之手；他们同样精当地认为：议会最适合集思广益，精打细算，调动民心，保障人民的特权和利益。

行政集于一人，立法集思广益

权力集于一人，有助精明强干，此点自不待言。果断、进取、缜密、神速，是一人办事的特点，远胜一群人；人数越多，优势越少。

一人办事，果断、进取、缜密、神速

权力集于一人，可能被两种安排打破：一、把权力授予两名或多名行政官，尊荣与权威平等；二、表面上把权力授予一人，却要他完全或部分受制于人，与人合作，在他身边设置顾问委员会。第一种，多人并列，罗马三人执政，可为例证；第二种，设顾问会，可从好几个邦的宪法里找到例证。倘若我记得不错，只有纽约和新泽西，把行政权完全授予一人。[1] 以上两种安排，都会打破把行政权集于一人的做法。这两种办法，都有人提倡。主张设立顾问会的人，非常之多。这两种反对意见，虽不同等，但有类似之处；可以结合讨论。

打破权力集于一人的两种错误：多人并列，顾问掣肘

古代希腊罗马设立多名执政官的教训

这一方面，其他国家的经验，没有什么可资借鉴。若说外国经验有什么教益，就是教导我们：不要把行政部门搞成多人私通[152]。我们已经看到，亚该亚同盟曾试过设两名行政官(Praetors)，后来废止其中之一。罗马史，记载了许多有害共和制的错误例证，从执政官[153]之间的分歧倾轧，到军团司令[154]之间的分歧倾轧，时而又回到执政官的做法。可是，这些设立多人执政的做法，并没有给国事带来什么特别好处。他们之间的纷争倾轧，没有闹得更为频繁，没有带来更为致命的后果，已经使人惊讶。后来，我们注意到一种奇特景象，罗马共和国差不多持续处于下述境地，这种国势，要求精明世故的政策：执政官的追求，就是行政平分秋色。贵族与平民不断争斗，维护他们自古以来的权威和尊严；执政官一般从贵族中选出，捍卫贵族特权，执政官的个人利益，就在其中，常常把他们联系起来。除这种联合动机外，共和国军队把帝国边界扩展到相当大以后，执政官用抽签办法把行政平分秋色，就形成一种习俗；两人之中，一人留在罗马，统治城市及其周边；另一人指挥比较遥远的省份。这种权宜安排，无疑产生极大影响，避免碰撞和争雄，否则，碰撞和争雄早已搅乱罗马共和国的安宁。

设立并列行政官的劣势和坏处

让我们走出历史研究的隐微之光，回到理性和良知的纯粹要求，发现还有更多理由，不是赞同，而是摈弃这种多人执政的观念，不论这种模式变换什么花样。

每当两人或多人，从事一项共同事业或追求，总是存在危险：观念不同。如果这项事业或追求，是一项公共委托或职位，各方在尊严和权威上又平分秋色，个人之间的竞争以至敌对，特别危险。无论从哪一方看，尤其是从这些原因考虑，令人痛苦的纷争倾轧，油然而生。每当发生这种纷争倾轧，都会损害人格、弱化权威、分散平分秋色者的计划和运作。倘若这种由多人组成的一国最高行政权威，遭到攻击，国家处于紧迫时刻，政府的各项重要措施，便可能受到阻碍，处境尴尬。更糟糕的是，整个社会，可能弄得分裂，分成拔刀相向、不可调和的党派，各自忠于组成行政权威的两个不同的个人。

人们常常反对一件事情，仅仅因为他们本人没有参与策划，因为那件事，由他们讨厌的人策划。倘若事先征询他们的意见，他们正好又不同意，那么，出于自爱，他们就觉得：反对是自己不可推卸的责任。他们似乎觉得：自己为荣誉所缚，受自己一贯正确的动机驱使，要把一切违背他们感情的、已经取得的成就，置之死地而后快。正直仁慈之士，有太多的机会，心怀忧虑指出：人的这种秉性，有时竟至走向极端，社会的巨大利益，竟然如此频繁地牺牲在个人的虚荣、傲慢和顽固里。这些人有足够的信誉，拿他们的激情和任性，引起人类的兴趣。也许，公众现在面临的问题，是其结果，构成可悲可叹的证明：人性之中，这种卑劣的意志薄弱，或者毋宁说，这种极其可恶的罪孽，会造成怎样的后果。

由于没有参与策划，出于自爱，坚决反对

根据自由政府原理，组成议会时，上述原因引起的弊病，势所难免；但是，组建行政部门时，不应再有这些弊病。把这些弊病引入行政部门，不是明智之举。在行政部门中，这些弊病危害最烈。在议会里，仓促决定，往往弊大于利。议会里面，意见纷纭，党派争执，虽然有时会妨碍通过有益计划，但可以促进讨论，深入细节；能够制约多数的过火。可是，决议一旦通过，反对即告终结。决议就是立法，再加抵制，应受处罚。在行政部门，没有什么环境因素，可以减轻或补偿意见纷纭的恶果。在行政部门，意见分歧，纯粹只有坏处，而非好坏参半。而且，意见纷纭，永无止境。意见纷纭，势必弱化有关计划和措施的执行，陷入尴尬，从开局起，直到结局。意见纷纭，会不断与行政部门中的下列品质冲突：精明强干、雷厉风行，而这

议会可以慢行，允许意见纷纭；行政需要速行，不许意见纷纭

两种品质，是行政部门结构中最必要的成分。意见纷纭，带不来足以构成补偿的好处。遇到战争，行政官精明能干，是国家的安危所系，政出多门，足以堪忧。

应该承认，以上所说缺点，主要针对第一种反对意见：不止一人担任行政首脑，尊荣与权势相等；赞同这种安排的人，不会很多。这些意见，即使不以同等分量，也以相当分量，针对顾问委员会制：宪法要求，名义上的行政官，要取得顾问委员会同意，才能运作。顾问委员会中，人为地分帮结派，会使整个行政体制精力分散、行动疲沓。若不存在分帮结派，仅仅观点纷纭、意见不合这一条，就足以把行政权威，染上软弱无力、疲沓拖拉之风。

顾问委员会制，使行政精力分散、行动疲沓

反对由一人以上担任行政官，最有力的意见，在于：多人任职，倾向于掩盖缺点，文过饰非，摧毁责任感。这一意见，既针对多人担任行政官，也针对设置顾问委员会。激发责任感，有两种办法，一为申斥；二为处罚。二者之中，批评申斥更为重要，尤其对民选官员。受公众委托的人，当官的结果，更多的，是再也不值得公众委托，硬要弄到该受法律制裁的人，还是少数。多人担任行政官，令人难以判断，究竟属于以上哪种情形。在相互指责之中，很难判断，一项或一系列误国之策，究竟责任在谁，应该处罚哪个。相互推诿，文过饰非，个个道貌岸然，弄得舆论无法判断，究竟谁是罪魁祸首。有些误国殃民的措施，有时就是这样铸成：多人插手，程度不同，各人所扮角色不一，我们虽然可以清楚地看出整体，却无法分清具体人的具体责任。

顾问委员会制，倾向于相互推诿、文过饰非

“我的意见被委员会的多数压倒。委员会里众说纷纭，当时无法做出更佳决定。”诸如此类的借口，不论真假，脱口而出。谁又能不怕麻烦，背上恶名，去仔细调查议事过程中的秘密细节？就算能找到一位公民，有足够热情，愿意担当这项看来无法完成的任务，如果涉事各方之间，恰好出现相互勾结、共谋其事，想把其中情节弄得扑朔迷离，岂非轻而易举？结果，是弄不清涉事的每一方，到底做了什么！

有个单一例子。纽约邦长，身边有个人事任命委员会。我们讨论当前这个问题时，已经见过其中弊病。把不称职的人委以重任，弄得声名狼藉。有几个例子，的确臭名远扬，所有各方，一致认为办得不妥。开展调查时，邦长把责任都推到委员会成员身上；委员会成员则说，都是因为邦长提名造成；广大人民如堕五里雾中，还是弄不清楚。人民大众，把他们的利益，交到如此不合格的人手中，其不当之处，尽人皆知，可是，究竟是谁施加的影响？为顾全某些人的面子，我在这里姑且不谈细节。

权力分给多人的一个坏例子：纽约邦人事任命委员会

综上所述，事情已经显然：两人以上担任行政官，会使人民失去两项巨大保障，若受托人忠实履行职责，人民本来应该享受到这两种保障：一、舆论约束，失去效力。一项坏措施，由于多人有责，指责分散到多人，由于责任不确定，最后不知究竟应该指责谁。二、出现错误时，要想发现受托人的错误，既不容易，也不清楚，无法罢免责任人的职务，无法对责任人做出实际处罚。

两人以上担任行政官，人民失去两个保障

英国国王，终身执政；为保障公众安全，确立了一条准则：国王的治权，不对任何人负责，他的人身，神圣不受侵犯。因此，在那个王国，最明智的做法，莫过于在国王身边设置一个枢密院，枢密院成员所提建议，要对国人负责。没有这种安排，行政部门便没有任何责任可言；这是自由政府不能容纳的观念。可是，即使在英国，国王并不受枢密院的决议约束，虽然枢密院成员要对自己的建议负责。英国国王执政时，是他自己行为的完全主宰；听从或忽略枢密院的建议，完全由国王一人说了算。

英国设立枢密院的必要原因

美利坚共和国不能容忍枢密院制

可是，在一个共和国里，每个行政官，都必须对自己的职务行为负责。英国设立枢密院的理由，不仅不能适用，而且有违共和制。英国的君主体制，禁止向国王兴师问罪，由枢密院代为受过；枢密院起人质作用，在一定程度上，代表国人要求国王行为得体。在美利坚共和国，枢密院之类的机构，只会起到摧毁或大大削弱对总统个人承担必要责任的要求。

一种共和偏见：以为权力分给多人，优于权力集于一人

在行政官身边设置顾问委员会的观念，从各邦宪法普遍做法吸取而来，源于共和偏见中的一条公理：权力分于多人之手，比集中于一人之手，更为安全。如果要承认这条公理适合于目前的例子，我还是认定：正面的好处，抵不过负面的大量坏处。而且，我不认为这条规则，完全适用于行政权。在这个具体问题上，我与一位作者的观点不谋而合，鼎鼎大名的朱尼厄斯(Junius)说这位作者"深刻、中肯、有独创性"："行政权集于一人，比较容易限制"[2]：民众只需要警惕和监督一个对象，安全得多；一言以蔽之，所有两人以上担任行政官的安排，对公民权利而言，危险多于安全。

一人好监督，多人更难防

稍加思考，我们就可以明白，安排多人担任行政官，本来的立意，是想求得一种安全，其实达不到。人数要相当多，才能使相互勾结难以奏效；否则，人多只会引起危险，不会带来安全。对维护公民权利而言，多人联合起来的信用和影响，比其中任何一人的信用和影响，要可怕得多。因此，当权力置于一小批人之手，承认他们的利益和观点，由一个手段高强的人领导，容易结合为一个共同事业，出现滥权时，比把权力集于一人之手，更倾向于滥权和造成危险。一个人，正因为处境孤独，需要监督的面，较为狭窄，比较容易怀疑。一个人，也不容易与联手的人，联合起来发挥那么大的影响。罗马的十人团⑮，名副其实[3]，篡起权来，比其中任何一人更为可怕。没有人提议由十人以上担任行政官，委员会由六至十二人组成。

十二个人也不够多，难以防止相互勾结；美利坚对这类勾结，要担心的事更多，比任何单个人的野心，还要难防。总统本来要对自己的行为负责，加上一个顾问委员会，一般来说，不过是给他的善良意愿，加上一个制动器；通常，是他不良愿望的工具和同谋；对他的错误，则永远文过饰非。

我在这里不想详细讨论开销问题。不过，问题很明显，若顾问委员会的人数，多到足以实现设置这个机构的目标，他们的薪水，再加上把他们的家搬到首都来，便会成为公家开支的一个常规项目，开销之大，得不偿失。

顾问人多开销大，也是一个实际问题

我还想再补充一点。宪法公布前，我有幸遇到来自各邦的有识之士。他们通过自己的体会，很少有人不认为：纽约邦把行政权集于一人，是我们纽约宪法中的亮点之一。

纽约邦宪法，把行政权集于一人，是一大亮点

帕伯琉斯

*《反联邦论》第 70 篇，题为“当选陛下的权力及其危险趋势”，作者署名“一名老辉格党人”，文章载于《纽约纪事报》，1787 年 12 月 11 日。

---

[1] 帕伯琉斯注：纽约邦除人事任命外，不设顾问委员会；新泽西设有顾问委员会。从新泽西宪法的措辞来看，顾问委员会的决议，对邦长没有约束力。
[2] 帕伯琉斯注：指正好十个人。
[3] 帕伯琉斯注：德鲁姆(De Lome)语录。

⑮ 使用“帕伯琉斯”这个笔名之前，汉密尔顿曾使用“恺撒”作笔名；纽约邦长克林顿用“卡托”作笔名，纽约法官雅茨用“布鲁特斯”作笔名。恺撒是罗马独裁者，卡托是捍卫罗马共和制度和公民权利的斗士，反对恺撒篡权；布鲁特斯是罗马共和斗士，参与刺杀恺撒，制止恺撒推翻罗马共和制。这段文字显示：汉密尔顿渴望强势总统，哪怕是独裁者，厌恶弱势行政，不忌讳出现恺撒式的美国总统。
⑯ 多人私通(to be enamoured of plurality)：几个男情人混杂。
⑰ 执政官(consuls)：古罗马共和国最高行政长官，设两人。他们负责

统率军队，主持元老院会议，执行元老院通过的法令，在外交事务中代表国家。办公室里设有“宝座”，身边有十二名举着权标的随从。

⑮④ 军团司令（the military tribunes）：共六人，一年之中，每人指挥两个月。

⑮⑤ 十人团(Decemvirs)：在古罗马，指任何由十人组成的政府委员会，如法律起草十人团，身份审查十人团。

第七十一篇*

四论总统：任期四年，是长是短

汉密尔顿

1788 年 3 月 18 日　原载《纽约邮报》

致纽约邦民众：

任期长度，关系到总统立场是否坚定

上篇文章说过，要想使总统精明强干，第二个要素，是任期要有一定长度。这点，关系到两个目的：一、任期长短，关系到总统行使宪法权力时，个人立场是否坚定；二、任期长短，关系到总统领导的行政班子，是否稳定。先说一。事情很明显：任期时间越长，总统的个人立场越坚定。这是一个非常重要的好处。人性的普遍原则在于：人对自己担任的任何职务，兴趣大小，与任期的可靠成正比，与任期的不可靠成反比。人对短暂和不确定的职务，投入较少；对比较长期而且确定的职务，乐在其中；愿意为比较持久的职务承担风险，不愿为短暂职务陷入困境。人对政治特权、荣誉、委托的珍视，不亚于对待普通财物。由此推断，一个担任首席行政官的人，若意识到时间很短就会下台，会觉得实在没有什么必要去冒风险，没必要为独立行使权力、对付恶劣情绪承担重大指责，陷入巨大困境。这些恶劣情绪,或一时盛行于社会上相当一部人中间,或来自议会中占上风的派别,虽然稍纵即逝,足以令人困扰。一种可能:总统急流勇退,除非再次当选;另一种可能:总统一心想要连任,他的愿望,掺杂畏惧,猛烈伤害他的人格,贬损他的坚韧。这两种情况下,总统职务的特点,势必软弱无能,犹豫不决。

总统要有勇气顶住一时盛行的欺骗和迷惑,为民做主

有人认为:总统一味顺从潮流,不论来自民间,还是来自议会,是值得推荐的做法。这种人,只知一味媚俗,对建立政府的目的,对促进公益的真实手段,不甚了然。共和原则要求:民间的敏锐感觉,应该支配他们选出为他们谋事的人;但不要求当选的人,一味顺从民间激情的每一点风浪,每一滴细微冲动。这种风浪和冲动,可能来自蛊惑之徒,他们煽起民众的偏见,背叛民众利益。秉公而论,人民总在追求公益,这正是他们常犯错误的原因。不过,人民的良好感觉,会使他们看不起随潮流的人,这些人,总是装着正确理解追求公益的手段。民众凭经验得知,自己有时错了;奇妙的是,他们错得如此之少;民众持续受到讨好他们的人欺骗,遇到野心家、贪婪者、悲观绝望、穷途末路者的圈套;受人的诡计欺骗,那些人对自己的信心,超过他们的价值;还有一类人的欺骗,他们想拥有的,是他们不配的东西。等到人民利益的机会来临,与这类人的企望相左,人民利益的委托人,就有责任,顶住这些盛行一时的欺骗和迷惑,给人民提供冷却的时间和机会,镇静反思。这样的例证很多:这种行为,拯救了人民,保护了百姓,避免人民犯错误,避免造成毁灭性后果,引起人民对受托者持久的丰碑式的感激。受托人的勇气和操守,在人民不快乐、处于危险时,足以为他们效劳。

可要求总统顺应民意,切不可要求总统顺应议会

无论我们如何坚持,要求总统无限顺应民意,切不可要求总统,同样顺应议会的性情。议会有时会站在人民对面;时过

境迁，人民或许完全中立。在这两种情况下，人们当然希望：总统精明能干、刚毅决断，敢于按自己的观点行动。

三权分立的合理原则，同样教导我们：这种分立，应该这样安排，使三个部门互相独立。若把行政和司法，安排得完全听命于立法，那么，把行政与议会分开，把司法与议会分开，目的何在？这种分开，势必徒有其名，不能实现分开要达到的目的。服从法律，是一回事；依附议会，是另一回事。服从法律，符合好政府的基本法则；依附议会，违反好政府的基本法则。无论宪法采取什么形式，总是要把所有权力，联合到同一批人手中。议会的倾向，总想汲取另外两个部门的权势。这点，前面的一些文章，已经作了充分展示。在纯粹共和政府，这种趋势，几乎无法阻挡。人民选出的议员，在人数众多的议会里，产生幻觉，好像他们自己就是人民。他们对来自其他部门的极小反对征兆，都会显出不耐烦，显示出厌恶，这是一种强烈的病症；好像行政或司法部门[156]行使自己的权力，就是侵蚀了他们的特权，触犯了他们的尊严。议会经常表现出要蛮横控制其他部门的企图，由于他们经常有人民为后盾，他们常常表现出那种势头，弄得政府的其他部门，想达到宪法规定的平衡，也非常困难。

总统要顶住议会侵犯行政权的常规趋势

或许有人会问：如果任期较短，怎么会影响总统对议会的独立呢，除非总统或议会，拥有任命或撤换对方的权力？前面提到一项原则，是对此问题的一种答复：人对短期好处，兴趣不大，不足以激励他，为克服麻烦困难，甘冒风险。另一种答复，或许更明显，不过，并不更具说服力：想想议会对人民的影响力，可以用来阻止一个人再次当选，若此人正当抵制了议会的错误计划，肯定会成为议会的眼中钉。

总统若顶撞议会，争取连任时，会成议会眼中钉

或许还有人问：四年任期，是否可以达到预期目的？倘若四年不行，是否可推荐较短任期，至少比较安全：任期较

四年任期，是太长，还是太短

长，有利总统实行野心计划；任期较短，可加防范。可是，与此同时，为激发总统具备职务所需的坚定和独立，四年是否又太短？[157]

无法断定，四年任期，或别的有限任期，就能实现预期目的。但是，四年任期，总会在一定程度上，有利于实现目的，对行政的精神和性格，发生实质影响。四年任期的起点和终点之间，总还有一个相当长的间隔，在此期间，到期退位的前景还足够遥远，不致对一个具有坚毅精神的可容忍部分的人的行为，产生不当影响；在此期间，总统可以理性地向自己保证，卸任之日到来以前，还有足够时光，可以使社会明白他所追求的措施，对社会恰如其分。很有可能，总统接近任期届满的那一刻，公众忙于新一轮的选举，对总统的行为更加敏感，这时，总统的自信，以及随着自信，他的坚定性可能下降；可是，愈战愈坚，还是临阵怯场，都取决于机会是否支撑。而机会，取决于总统过去任职期间，是否已在选民心中奠定崇高评价和良好愿望。届时，他或许能安全闯过风险，证明：在任内，总统已经付出的智慧和正派越多，与他得到的头衔，越是名副其实，越能赢得他的同胞的尊重和忠诚。一方面，四年的任期长度，足以显现总统的坚毅，把坚毅变成总统职务中的一个非常有价值的成分；另一方面，四年的时间长度，不致于给公众权利造成惊慌。英国下院登场时，只拥有同意不同意征收新税的权力，然后大步迈进，削减了国王的君权和贵族的特权，直到把它们限制到下院认为自由政府可以允许的程度。同时，下院把自己抬高到立法部门的平等地位。如果他们能够一举废除王位和贵族制，并在政治和教会两方面推翻自古以来的建制；如果他们能在最近的一次机会里，使王室发抖，担心他们尝试的一种创新[1]前景。那么，当选后任期仅仅四年、权力受到限制的联邦总统，又有什么可畏惧的呢？如果总统不能胜任宪法赋予他的任务，怎么办？我想补充一句，如果这样的任期长度，还让人对他的坚定留下疑虑，那种疑虑，就不再是担心总统侵权了。

帕伯琉斯

*《反联邦论》第71篇，题为“论总统任期”，第一部分摘自路德·马丁的书《原始信息》；第二部分摘自阿格里帕(Agrippa)的第十八封信，原载《马萨诸塞报》，1788年2月5日；第三部分摘自“一个顾客”的文章，载《缅因坎伯兰报》，1788年3月13日。第二篇涉及总统的选举方式，总统的权力和总统任期的适当长度。

---

[1] 帕伯琉斯注：这里指的是福克斯先生的印度提案，得到下院通过，被上院否定，据说，人民完全满意。

⑮⑥ 司法部门：制宪会议做的第三件大事，是设立联邦司法部门，见《联邦宪法》第三条全文。此前，18世纪前期和中期，英国皇家殖民地时代，十三个殖民地，都一一设立各自的法院，编撰各自的法典。1776到1780年出现的十三部邦宪法，也都包含设立法院的条文。各邦根据殖民时代的法典，编修新的各邦法典。韦思参与过弗吉尼亚法典的编撰；佩特森参与过新泽西法典的编撰。唯独《联盟条款》设计的联盟体制，没有正式的法院体系和法律条文体系。

《联盟条款》只设立了一个解决土地纠纷临时仲裁合议庭，见《联盟条款》第九条第二款和第三款。

第二款用来处理邦与邦之间的土地纠纷：“第二款　两邦或多邦之间，因领土、管辖范围和其他任何事务，目前存在或将来出现的争议和分歧，应在联盟议会开会期间由联邦对上诉做出最后决定，具体办法如下：一邦议会、行政当局或其法律代理人，与另一邦发生争议时，应向联盟议会提出诉求，陈述问题所在，申请举行听证会；联盟议会应将诉求交给与之发生争议的另一邦的议会或行政当局，指定一个日期，让双方法律代理人出庭，双方代理人一致同意后，指定仲裁人或法官组成法庭，听取问题所在，并作裁决。若双方代理人无法取得一致，由联盟议会从联邦内每邦提名三人，双方可依次从三人中剔除一人，由提出诉求的一方先剔除，直到剩下十三人；从这十三人中，由联盟议会通过抽签提取不少于七人，不多于九人；这样提取出来的人或其中任意五人，担任仲裁或法官，听取争议，并作最后裁决；裁决由听取案件者的多数意见决定。若一方玩忽，不在指定日期出席，又不提出联盟议会认为充分的缺席理由，或出庭而拒不答理，则由联盟议会从每邦提名三人，由联盟议会秘书代表缺席或不答理的一方剔除；按上述办法组成的法庭，做的判断和裁决，具终审和决定性质。任何一方，若拒不承认此种法庭的权威，或拒不出庭提出申诉，或不对理由做出辩护，此种法庭仍旧开庭并将做出裁决，裁决具终审和结案性质。判断、裁决和程序记录均提交联盟议会，为有关各方安全计，存入公共档案。每名仲裁人在入席开始裁决之前，需宣读誓言，由裁决举行地点的邦最高法院法官之一主持，誓词为："仔细认真听取问题所在，尽自己最佳判断能力，不偏不倚，不图报答，做出裁决。"此外，"不得为联邦的利益而剥夺任何一邦的领土"。

前文提到的宾夕法尼亚与新泽西之间为怀俄明谷地的土地纠纷，显然就是用这种方法解决的。根据富兰克林在制宪会议上的发言，到1787年举行制宪会议时，各邦之间的土地纠纷，已经基本解决。

第三款用来处理公民个人之间的地契纠纷："第三款　一切土地私有权的争端，因两邦或多邦均认为这些土地在自己的管辖范围内、颁发了不同的地契而引起，或因这些邦颁发地契之后又对管辖范围作了调整而引起，这些地契或其中的一种，声称按原有管辖范围拥有原始地契，这类争端均由一方向联盟议会中的联邦提出诉求，尽量按上述处理各邦之间管辖范围领土争议的方法做出最后裁决。"

⑮⑦ 从1776到1787年，十三个邦的宪法，多数规定邦长任期一年，有的还规定邦长不得连任。十年实践证明，多数邦长，成为执行议会意志的工具，对议会没有反制能力。制宪会议决心加强总统权力。办法之一，是延长任期。但总统任期是个带有随意性的问题。没有实践证明之前，谁也无法证明：三年最佳，四年最佳，还是五年最佳。1787年5月29日，制宪会议开始，"弗吉尼亚方案"提出：总统任期____________年，把年数交给代表们填空。6月1日，第一次讨论，威尔逊和谢尔曼提议三年，平克尼和麦迪逊提议七年，不得连任。相当一段时间内，制宪会议曾经达成一致：七年。可是，还是有不少代表，包括汉密尔顿，迷恋终身制。马萨诸塞代表鲁弗斯·金坚决反对，说：他可以再让一步，让总统任期延长到二十年，这是历代君主在位时间的中位数，但绝不能搞出一个终身制的总统。会议终于决定：任期四年，允许总统争取连任，许多代表觉得松了一口气。9月6日，最后一次表决："以七年取代四年？"三邦赞成，八邦反对。"以六年取代四年？"两邦赞成，九邦反对。"保留四年？"十邦赞成，一邦反对。会议通过。原因之一：众议员任期两年，总统要经历中期选举，面对一个新国会；参议员任期六年，比总统更长，可以保障政策的连续性。两百多年来，多数总统没有对四年任期提过异议。有的总统认为：第一个四年太累，刚上台，需要一段时间熟悉工作，到第四年，要费很多时间争取连任。

第七十二篇*

五论总统：不许连任可能引发的五种不良后果

汉密尔顿

1788 年 3 月 19 日　原载《独立报》

致纽约邦民众：

政府施政，广义而言，囊括一个政治实体的所有运作，立法、行政、司法[158]，通通在内。其常义，或许是最为准确的含义，限于行政的具体运作，于是，乖戾地落到行政领域。对外谈判的实际运作，按议会拨款编制财政计划，运用和支付公共钱财，安排陆军、海军，指导备战；这些事情，以及诸如此类的事情，构成众人理解中行政的适当内容。因此，直接用心用力办理这些事务的人，理应视为行政官的助理或代办；由此，他们应由总统任命而获得职位，至少，由总统提名，并服从总统督导。如此看来，情况十分明朗：总统的任职期限，与行政系统的稳定，密切相关。扭转化解前任的所作所为，在继任者眼中，常被视为善于展现才华、造福于民的最佳证明。除了这个倾向，改弦更张，也是公众选择新总统的结果。新总统必然认为：前任之所以下台，是因为人们不喜欢他的政策。因此，新

一任总统一任官，将导致毁灭性的人事多变

总统的做法，越是不像他的前任，越能突出自己，越受选民欢迎。这些考虑，加上希望换上自己喜欢的人，忠于自己的人，诱使每位新总统，调换下属，改变门庭。诸多因素相加，导致一种局面：行政部门的不体面的、毁灭性的人事多变。[159]

应该给总统和行政班子时间，展示德行，显露才干

我以为，总统任期需要相当长度，与连任问题相关。首先，要给行政官本人提供意向和决心，让他把角色扮好，给社会提供时间，怡然观察他的政策取向，借此，对行政班子的优点，形成一个初步评价。最后，让民众看清理由，认可总统的所作所为，让他继续连任，延长他发挥德行才干的好处，确保政府在明智的行政系统下，发挥稳定优势。

阶段性或永久性不许连任，坏处多，好处少

一些受人尊重的先生，针对这个问题，提出一种安排。一眼看去，再没有人比他们更合情理。可是，拉近一看，漏洞百出。我说的是：让总统执政一段时间，然后把他撇开，或阶段性，或永久性。这种撇开，不论暂时，还是永久，后果一样；主要是害处，不是益处。

不许连任的不良后果之一：对良好表现，减少了鼓励。遇到去职，很少有人不热情减退。等他们意识到在职的好处，而好处又与在职相连，却必须在某个终点截止，令人难以接受。不如允许他们享受一种希望，通过发扬优点，继续任职。这一立场，无须争论，只须承认。热烈期待回报，是人类行为最强有力的诱因之一。换句话说，要获取人的忠诚，最安全的途径，是把他们的利益，安排得与他们的责任正好一致。总统即使心想留名青史，胸有高尚激情，一意为民，宏图远志，不畏艰险，促成公益，铸成伟业，也需要时间，运筹帷幄，渐次施展，促其成熟，日臻完善。要给总统一种足以自慰的前景，允许他完成自己已经开创的事业，否则，总统只好半途而废。一旦总统预见到：必须放弃，无望继续，只好半途而废，把职务连同自己积累的声望，移交给一个对自己的事业或许并不胜任、并

不许连任的不良后果之一：半途而废，半心交班

不友好的新手，这种情景，以人之常情设想，最佳后果，不过产生消极态度，即使不为害，也期待不到积极的建树。

不许连任的不良后果之二：诱惑一种心地不纯的观念，养成挪用侵吞的习好，一遇机会，就篡夺权力。一个贪婪的人，如果碰巧当上总统，展望前途，不得不放弃他所期待的俸禄，会生出一种嗜好，非常人所能抵挡，尽量利用任期延续期间的一切机会；玩弄贪污受贿手腕，尽情搜刮，唯恐不多；可是，这同一个人，倘若眼前别有一番景象，或许会满足常规薪水，不愿冒渎职风险。他的贪心，或许正好构成抑制贪婪的戒心。此外，个人的虚荣奢望，也和他的贪心一样，若能指望通过良好行为，扩展他的荣誉，他或许会犹豫，不致牺牲对荣誉的追求，不致纵容追求金钱的胃口。如果他展望前程，下台越来越近，而且势不可免，他的贪婪，可能战胜他的谨慎、虚荣和奢望。

不许连任的不良后果之一：可能纵容敛财私欲

野心勃勃的人，发现自己处在国家荣誉顶端，再往前望，发现自己必须从最荣耀的位置永远下台；想到自己再也没有回天之力，从不受欢迎的境遇，反转挽回；这样的人，处于这种环境，心绪至为暴烈，会伸出双臂，抓住自己喜欢的机遇，综合运用，企图延长权力，不惜铤而走险。其实，本来只要做好本职，他就可以实现同样的目的。

不许连任的不良后果之二：可能促使野心家铤而走险

若有半打男人，信誉本来很好，能升腾到总统宝座。届时，这些人就会像心怀鬼胎的幽灵，在民间游荡，到处张望他们命中注定再也得不到的位置。这会促进社会宁静，促进政府稳定吗？

不许连任的不良后果之三，剥夺社会可能得到的一种好处：总统通过实践积累的经验。有谚语说：经验乃智慧之父。个中道理，人人明白，不论贤愚，一体承认。对治国者来说，还有什么比经验更宝贵、更重要？这种宝贵，这种重要，还

不许连任的不良后果之三：浪费总统积累的治国经验

能比体现在一国总统身上更好？倘若宪法把这种宝贵好处排除出局，还能称得上明智吗？倘若宪法宣布：总统获取经验后，就应迫使他从获取经验的位置上退出，那么，把这些经验用到哪里去呢？一切禁止总统连任的规定，目的正在于此。总统通过实践，取得经验，更加胜任，这时，却要从同胞中另选一人，把他去掉，这有什么好处？

不许连任的不良后果之四：危急时调换总统，可能误国

不许连任的不良后果之四：出现危急时，现任总统继续在位，或许正处于捍卫公众安全利益的最佳位置，却要迫使他下台。世上没有一个国家，不在此时彼时，经历这样那样的特定危局，绝对需要特定人物，出面从事所需的服务。以下说法，或许不算过分：需要保持总统的政治存在。因此，每条这类自我否定的强制规定，所起的作用，不过是禁止一个国家使用本国公民，以适当方式，让国家摆脱困境，这有多么愚笨！且不说个人品质，形势便使得需要显然：战争爆发，或类似的危急，临阵换帅，总统易人，即使换上的人，具备同等美德，也一定会对社会不利；以经验缺乏，替代经验丰富，把已经启动的行政列车，弄得脱离轨道，飘浮起来。

不许连任的不良后果之五：行政不稳定、不连贯

不许连任的不良后果之五：变成一种宪法禁令，使行政无法稳定。把全国最高职务的换人必须化，势必造成政策多变。人们一般不会认为：人事变动，而政策依旧。总统换人，政策随之而变，这倒是事物常规。只要还有余地，可以选择换人，我们就无须顾虑过于稳定；如果人民要继续信任他们已经委托的人，觉得这样安全；反之，人民为自己考虑，要求换人，以消除人事浮动、政策多变。对这二者，我们都不必刻意禁止。

阶段性不许连任和永久性不许连任，都不好

不许总统连任，这条规则，还会生发出一些不利。这些不利，主要起源于永久不许连任；不过，我们考虑，即使阶段性的不许连任，也总是把重新承认原任，变成一种遥遥无期的、不

确定的目标，已经做过的结论，几乎完全适用于前后两种情形。

有哪些好处，足以抵消这些不良后果？据说好处有二：一、使总统的独立性更大；二、让人民的安全更多。除非取消永远不许连任，无法推断出第一个好处。除恋栈外，总统就不会因为别的原因而牺牲他的独立？总统没有熟人，没有朋友？总统不会因为他们而牺牲自己的独立？总统的工作，可能处于一种印象下，意识到有个时刻正在飞快来临，届时，他不但不能抗拒，而且只好承受私敌报复，届时，他不再处于平等地位，而是处在下风，那么，他在位时，还敢坚持强硬作风吗？这种不许连任的安排，究竟会促进总统的独立性，还是会软化总统的独立性，实难断定。

不许连任，不可能增加总统的独立性

说到推断出的第二个好处，更值得怀疑。若绝对不许连任，一个野心异常的人，无论如何行动，都会令人担忧。他会极其勉强，向必须永远离职让步，而他对权力和高位的激情，已经形成一种习惯力量。倘若他十分走运，十分老练，能赢得人民好感，他可能会诱导民众，使民众觉得，宪法的这个规定，剥夺了民众再次忠于自己喜欢的人的权利，把这种规定，视为对民众的可憎的、非正义的限制。可能出现以下情景：人民厌恶不满，追随他们偶像的未能得逞的野心，要求让社会自愿选择，让总统继续行使宪法权利，认为，迫使总统离任的规定，对公民权利造成的危险，比让总统永远连任的危险还大。

不许连任，可能导致人民反对宪法

民众认为：有些担任总统的人，在他们眼中，合格称职，值得嘉奖信赖，应该让他们继续任职。不许他们这样做的观念，是顾虑过头。不许总统连任的好处，最多不过是猜测和疑惑；无法抵消不能连任的不良后果，这点，十分明确，具结论性。[160]

不许连任的好处，不过是猜测和疑虑

帕伯琉斯

*《反联邦论》第72篇，题为“论总统选举人团；论总统是否可以连任”，作者使用笔名“共和党人”(Republicus)，载于《肯塔基报》，1788年3月1日。

---

⑮⑧ 司法：制宪会议讨论得比较充分、经过反复辩论而成的，是联邦议会两院的设计，包括选举办法和权力分配，见《联邦宪法》第一条的众多款项。制宪会议对联邦总统和行政部门的设计，只到正副总统为止，包括选举办法和权力分配，见《联邦宪法》第二条的各个款项；行政部门的各部，则有待第一届联邦议会设计。制宪会议讨论得相对不足的部分，是司法部门。看看《联邦宪法》的第三条，就会发现：内容比较单薄，只有一个总体框架，具体血肉，还有待后来的联邦议会逐步设计完善。

制宪会议上的重要争论之一是：是否利用或保存各邦现有的法院体系和法律体系？1787年8月，有的代表，如南卡罗来纳的拉特里奇等人，曾经建议：利用各邦现存的法院体系，作为下级法院，联邦只设最高法院，作为上诉庭和终审庭。当时，十三个邦的法院体系和法律体系，就像十三个国家一样，虽然有类似之处，但是各不相同，具体做法上，差异很多，见本书第八十三篇。制宪会议的代表来自不同的邦，希望尽可能划清联邦的司法权力和各邦的司法权力，最后，决定另外单独设立联邦的司法体系和法律体系。《联邦宪法》第三条第一款说：“联邦的司法权，寓于一所最高法院和联邦议会因时设立的下级法院。”

这一决定，导致今天美国有五十一套法院体系，五十一套法律体系。五十个邦各有一套法院体系，分为基层法院，上诉法院，最高法院；联邦还有一套法院体系，见下文。今天，美国还有五十一套法律条文体系。五十个邦各有一套法典，联邦还有一套法典，其中，四十九个邦和联邦的法律条文体系，属于英美法系，实行案例累积法，路易斯安那由于过去长期处于法国治理之下，至今沿用欧洲大陆法系。

《1789年司法法》：制宪会议没有来得及讨论如何具体设立这一所最高法院及其下级法院。1789年3月，新政府成立后，联邦参议院内的司法委员会，拟订出联邦的司法体系，经华盛顿批准，成为《1789年司法法》。

《1789年司法法》勾画出联邦法院体系的蓝图：一、设立联邦最高法院一所，由六名大法官组成。“大法官”英文为Justice，含义是“主持正义”，其中一人为“首席大法官”(Chief Justice)。二、设立十三所下级法院，称为“联邦地区法院”。当时，还只有十一个邦批准宪法，加入联邦。北卡罗来纳拒绝批准联邦宪法；罗得岛既不参加制宪会议，1790年前也没有组织讨论批准宪法的会议，这两个邦在《1789年司法法》制定时，都还没有加入联邦。十一个邦，每邦设一所联邦地区法院；马萨诸塞的一部分，将单独建立缅因邦；弗吉尼亚的一部分，将单独建立肯塔基邦，《1789年司法法》为它们预先各设一所。每所地区法院，设一名法官，“法官”英文为judge，意思是“判断，断案的人”。

此外，设立三所巡回法院，作为中级法院。巡回法院由三人组成法官组，两人为最高法院大法官，一人为地区法院法官。在这个制度下，六名大法官每年要骑马数百英里到各个巡回法院去断案，太辛苦，不久就有几人要求辞职。见凯里和哈比森合著《美国宪法：它的起源和发展》，英文 1970 年第四版，第 172 页。

《1789 年司法法》的主要起草人，包括制宪会议著名代表，“伟大折中”的撮合人，康涅狄格大法官艾尔斯沃斯；制宪会议著名代表，小邦利益的陈述者，新泽西总检察长佩特森。华盛顿邀请《联邦宪法》的著名反对者、弗吉尼亚第一任邦长帕特里克·亨利出任首席，亨利拒绝。约翰·杰伊成为第一任首席。民众习惯各邦法院，上诉到最高法院的案件甚少，首席成为闲差。杰伊辞职，去竞选纽约邦长。华盛顿在参议院休会期间任命南卡罗来纳最高法院首席拉特里奇代理。拉特里奇公开反对参议院批准的杰伊条约，参议院不认可对拉特里奇的提名，拉特里奇只好回南卡罗来纳。华盛顿提名艾尔斯沃斯，得到参议院认可，艾尔斯沃斯成为联邦最高法院第三位首席。

⑮⑨ 导致毁灭性的人事多动：1787 年 6 月 18 日，汉密尔顿在制宪会议上发言五个多小时，然后向会议递交一份《汉密尔顿制宪方案》。从《辩论》中麦迪逊对汉密尔顿发言的摘要记录和《汉密尔顿制宪方案》可以看出：6 月 18 日，汉密尔顿是一个君主立宪论者，是一个中央集权论者。主张总统和参议员都实行终身制。9 月 17 日，在宪法上签名之前，汉密尔顿还说：大家知道，再没有一位代表，比他的思想离宪法更远。可是，一边是无政府状态和动乱，一边是指望这部宪法引出良好转机，此外，别无选择。9 月 17 日，为建立新政府，汉密尔顿暂时搁置他对宪法的保留意见，在宪法上签名。

同年 10 月 27 日，《联邦论》第一篇问世，汉密尔顿声称：“同胞们，我向你们承认，仔细研究、深思熟虑后，我的观点已经明朗：采纳这部宪法，是你们的利益所在。我无需故作保留，因为我感觉不到保留的必要。”

四个多月里，汉密尔顿从君主立宪论者，转变为共和论者和联邦论者。

麦迪逊以哲理思辨和逻辑推理见长；汉密尔顿以政治家心理分析取胜，常常显露他的心迹。本文反映：汉密尔顿依然醉心总统终身制，希望总统任期无限延长，强调连任届数不受限制。

汉密尔顿希望：好的总统，例如华盛顿，最好一直连任下去，不仅如此，他手下的行政班子，最好也能保持稳定。实际情形并非如此。华盛顿是美国历史上唯一全票当选的总统，是最强势的总统，即使如此，华盛顿在八年任期内，也换了三个国务部长：杰斐逊引咎辞职，伦道夫引咎辞职，最后轮到皮克林；用过两个财政部长，汉密尔顿因性丑闻辞职，瓦尔科特继任；用过三个战争部长，用过三个总检察长。亚当斯仅以略过半数当选，是明显的弱势总统，上任后全盘留用华盛顿离任时的部长，到第三年采用自己的人替换，已经太晚，不久败于杰斐逊。杰斐逊上台后，对亚当斯的部长，一个不留，全部换上帮助自己上台的共和党人。从此，形成美国体制中的政党分赃制：赢得总统职位的人，把竞选时形成的“影子内阁”带进白宫。1992年，克林顿当选，从小石城带进白宫的官员和幕僚，就有三千多人。

⑯ 十分明确，具结论性：汉密尔顿只字不提连任不成的可能性。

第七十三篇*

六论总统：薪水不增不减；对议会两院决议有相对否决权

汉密尔顿

1788 年 3 月 21 日　原载《纽约邮报》

致纽约邦民众：

树立总统信心的第三要素：薪水足够

总统用权要想信心十足，第三要素，是薪水足够。对这一点，不予适当关照，总统和议会分立，不过有名无实。若议会有权变更总统年薪，议会就可以要总统俯首帖耳，唯议会是从。多数情况下，议会可以把总统弄得穷得发慌，也可以让他富得流油。用这两种手段，议会都可使总统判断事务符合议会意志。这样说，或许过于夸张，但实质就是如此。世上有这样的人物，贫困不移，富贵不淫，坚持忠于职守；不过，这种坚韧操守，生于稀壤：芸芸众生中，掌握人之生计，即掌握他的命运。倘若定要用事实证明这条真理，例证不胜枚举，即使本国，亦不例外，议会通过威胁、通过利诱，都可以诱惑总统。

总统上任后，议会立即宣布整个任期报酬，不再改变

因此，宪法留意这个问题，实为不易。宪法规定："总统在规定时间领取服务报酬，任期内报酬不增不减，任期内总统不

得从联邦或其中任何一邦领取其他报酬。”再也想象不出一个条文，比这更恰如其分。总统当选后，议会立即宣布他整个任期的报酬。一旦决定，议会无权再作变更，不能增加，不能减少，直到新当选的总统上任，才能改变。议会无法通过操纵总统生计，弱化他的刚毅，无法以贪相诱，腐化他的人格。无论联邦，还是某一个邦，都不能随意向总统提供报酬，总统也不能随意接受，不能超出上任时定下的年薪。这样，总统不受任何金钱诱惑，定可保持宪法赋予他的独立。

保持总统生机盎然的最后因素：健全的权力

要使总统保持生机盎然，前面已经提到，最后一个要求，是健全的权力。我们来看看，宪法将要赋予联邦总统的各项权力。

总统的首要权力：对议会两院决议的相对否决权

我们看到的首要权力，是总统对议会两院立法和决议的相对否决权；换句话说，总统有权附上自己的反对意见，把提案和决议退还两院；目的，是避免这些提案成为法律，除非议会两院再次以三分之二多数通过，压倒总统否决。

宪法授予每个部门捍卫自我的宪法武器

立法部门侵蚀其他部门的权力、吸纳其他部门权力的趋势，前面的一些文章，已经反复说过。仅用文字，书面列出部门之间的权力界限，不足为用，这点前面也已经说过。需要给每个部门提供宪法武器，让它们自我拱卫，对此，前文也已经做过推理，做过证明。根据这些含义明确、不容置疑的原则，引出否决权的必要，使总统能否决议会的立法，或绝对否定，或相对否定。没有固定报酬，没有否决权，总统绝对没有能力捍卫自我，挡不住议会的劫掠。总统权威，可能逐渐被层层剥光，被议会一个接一个的决议否定，或仅仅由于一票之差，而被废止。或用此法、或用彼法，议会权力和总统权力，很快就会混杂起来，落入同一批人之手。虽然议会尚未出现过越界侵犯总统权力的趋势，推理和理论本身，也教导我们：不能让一个部门，活在另一个部门的摆布之下，应该拥有宪法授予的有效的自我捍卫权。

这里说的否决权，还有进一步的用途。否决权，不仅可以作为总统的盾牌，而且提供一种保障，阻止不适当的立法。否决权构成一种有益的制约，迫使议会精打细算，捍卫全社会的利益，防止派性、仓促、不利公益的冲动，这些，都可能影响议会中的多数。

否决权的另一个用途：中止议会的不当立法

否决权是否适宜，在某些场合，遇到反对意见。他们说：既然一个人的德行和智慧，不会超过一群人；除非否认这种假设，就不该把控制议会的权力，交到总统一人手里。

否决权之理，不在一人优于众人，而在议会难免出错

这种看法，仔细考察，就会发现，貌似有理，实无根基。否决权是否适宜，并不假定总统智慧超人、德行出众，而是假定，议会总是容易出错：爱权，有时会使人颠倒自己的位置，侵入政府其他部门的权力。派性精神，有时会扭曲议会辩论；一时印象，有时会促使议会匆匆决策，等到反思成熟，回头又加以指责。把否决权授予总统的初衷，是让总统能够捍卫自己；其次，才是阻止不良立法，阻止匆忙，防止大意，避免随心所欲，增加有益社会的机会。一项举措，得到的考察越频繁，参与考察者所处的环境越多样，因讨论不足而出现差错的危险越小，由某些共同激情或利益对抗造成的误举越少。更不可能的是：各种应该受到责罚的观念，在同一时间，针对同一对象，影响到政府的所有部门；反之，这些应受责罚的观念，却可能轮番影响政府的不同部门。

或有人说，阻止不良立法之权，包含了妨碍良好立法之权；可以用来实现一个目的的权力，也可以用来实现另一个目的。不过，这种反对意见，对世情洞明的人，没有什么分量，他们足够敏锐，心知肚明：立法前后不一、频繁多变，是我们政府性格特征中的最大瑕疵。他们明白：为限制过多立法而设计的制度，在事发的特定阶段，最好维持原状，利大于弊；因

妨碍良好立法之失，会从阻止不良立法之得，得到弥补

为，这样更有利于立法部门稳定。妨碍个别良好立法，造成的损害，会从阻止不良立法得到的好处中，得到加倍补偿。

这还不是全部。一个自由政府里，立法机构，享有影响力的分量最大，总统与议会较劲，提供一种令人满意的安全，要承担风险：总统会极其谨慎地使用这种否决权。因而，人们更多的指责，不会说总统否决过于仓促，而会说总统过于胆怯，不敢否决。身为英国国王，君主特权，车载斗量，影响能力，有上千种，直到今天，对否决两院联合决议，依然犹豫不决。英国国王，遇到自己不中意的提案，在提案尚未提交他批准之前，已千方百计施加影响，让它胎死腹中，免得自己两难：既不想允许它生效，又不愿冒天下之大不韪，给人留下与立法机构作对的印象。英国国王，最终铤而走险，施用君权，也不无可能，但只会限于明显适宜和极端需要。信息灵通的英国人，都会同意这一论断真确。自从英国国王被授予否决权以来，还没有使用过这项特权。

英国国王从未用过否决权

美国总统，不像英国国王那样权力过人，受到严密护卫。美国总统，任期不过四年之短，掌握的行政权，又是纯粹共和式的，倘若他敢于使用这项否决权，需要多么小心？

美国总统不敢轻易使用否决权

无须证明：倘若总统该用否决权时不用，那就比经常用、大量用还要危险。一种反对设立否决权的观点，即由此而来，说：否决权看起来令人憎恶，其实不会使用。可是，不能因为少用，就推断永远不用。制宪会议设计否决权，主要目的，是预防行政部门的宪法权力遭到直接进攻，公益显然以可触知的方式蒙受牺牲，一个具备相当坚定性的人物，听从义务和责任的心声，起而使用宪法赋予他的自我捍卫手段。前一种假设（遭攻击），总统的刚毅，由他所处职务的眼前利益激起；后一种假设（公益受损），总统多半是得到选民嘉许。选民心中疑惑时，自然倾向议会；但在非常明显的情况下，选民很难忍

总统该否决时不否决，比经常否决还要坏

受中立的痛苦，让议会误导自己。我说这话，心中想到的总统，只具备普通分量的坚定。世上有这样的人，不论遇到什么情况，都有勇气，甘冒一切风险，以天下为重。

在否决权问题上，制宪会议只是追求了一种中间手段。这种设计，既便于总统使用否决权，又使否决权依赖议会中相当多数议员的感觉。宪法授予总统的，不是绝对否决权，而是前面已经说过的相对否决权。使用相对否决权，比使用绝对否决权容易。一个人，自己一票，就否决一项立法，或许下不了决心；可是，如果这种否决，还会得到复议，只要两院三分之一以上议员，反思之后，还能同时满意总统的否决，提案才会被最后否决，这样，就用不着过于担心。如果总统的否决能够站住，他会受到议会反思的鼓励，其中，包含议会相当数量议员的支持，这些议员的影响力，与总统的影响力，结合起来，在公众的看法中，使总统行为的适当性，得到支持。直接使用绝对否决权，比退回提案，让那些提交的人再议，议会可批准可压倒，显得粗暴，容易激起愤怒。比较起来，相对否决权不易受到攻击，也比较容易实行；就因为这个道理，到实践时，否决权会被发现比较有效。但愿以下情况不至于经常发生：不适当的观点，在同一时间，主宰议会两院三分之二议员；而且，置总统的制衡力量于不顾。不论如何，出现这种情况，概率很小，比不适当的观点沾染两院简单多数，做出错误决定，并采取行动，概率小得多。总统这一性质的权力，常常具有一种无言、不甚引人注目但真实存在的威慑力。若有人从事非正义的追求，又被觉察，这种阻遏，就会来自一个他们控制不了的方向。他们常会被制住，仅仅因为意识到会遭到反对，否则，倘若不怕这种来自外部的阻遏，他们就会为所欲为。

两院三分之二议员还可以压倒总统否决，不必过虑

前面说过，在纽约，这种相对否决权，授予一个委员会，由邦长、最高法院院长和法官或其中任意两人组成。在多种情

纽约邦宪法设置否决权，得到赞扬

况下，这种权力可以自由施行，并且频繁取得成功。相对否决权的效用，如此明显，制定宪法时曾经坚决反对设置这项权力的人，通过实际经历，如今成了这项权力的公开赞叹者。[1]

从纽约模式开始，最后采取马萨诸塞模式

我曾在另一处指出，宪法形成否决权的概念，从纽约模式开始，后来更偏于马萨诸塞模式。这种偏向，可以想象出两个有力理由。一、法官将担任法律的解释者，对立法表态或许含有偏见，影响他们的复决能力。二、若经常与总统联手，法官可能深深陷入总统的政治观点，产生一种危险结合，把行政部门和司法部门⑯，渐渐黏到一起。法官分担副业太多，不可能专心致志解释法律，反把法官置于一种位置，或被总统腐蚀，或受总统影响，危险非比寻常。⑯

帕伯琉斯

*《反联邦论》第73篇，题为"总统的否决权，是否侵害部门间的分立?"，作者使用"威廉·宾"为笔名，文章载《费城独立报》，1788年1月3日。

---

[1] 帕伯琉斯注：阿伯拉罕·雅茨先生，当初曾激烈反对宪法，即属于此列。

⑯ 司法部门的变化：第二位总统亚当斯的四年任期内，美国政治风云变幻。副总统杰斐逊领导的共和党，直逼白宫的总统宝座和联邦议会的多数席位。1801年2月13日，第六届联邦议会离终结还有三周，联邦党人趁自己还控制着议会多数，通过了《1801年司法法》。

《1801年司法法》把最高法院大法官，从六人减到五人，免除他们骑马到各地参加巡回法庭的负担。把巡回法院，即中级上诉法院，从三所增加到六所，增设十六名巡回法院法官。此外，增设十所联邦地区法院，并为新建成的首都哥伦比亚特区，设立了不少治安法官，扩大了联邦司法体系的管辖范围。

从通过《1801年司法法》，到3月3日亚当斯总统任期终止，只剩十九天。亚当斯签署了许多由《1801年司法法》新创建的法官，希望让联邦党人占住尽可能多的法官职位，保持联邦党人对司法部门的控制。流传的说法是：直到离开白宫的头天夜里，亚当斯还在挑蜡烛夜战，抓紧签署法官委任状。这些新任的法官，因此被称为“午夜法官”。现在的新资料说，亚当斯最后一夜只签署了三份委任状。此前，1801 年 2 月 4 日，亚当斯任命自己的国务部长约翰·马歇尔兼任联邦最高法院首席大法官，顶替辞职的第三位首席艾尔斯沃斯。

1801 年 3 月 4 日，杰斐逊进入白宫，担任总统，与此同时，共和党人也占住了第七届联邦议会的多数。他们发现：亚当斯离任前，已设法在最高法院和整个联邦司法体系内占住了多数法官席位。

杰斐逊与共和党人想出两个办法。一是弹劾联邦党人法官。可是，弹劾法官，需要参议院三分之二议员同意。共和党人只成功地弹劾了一个经常醉酒的地区法官皮克林；当他们再弹劾最高法院大法官蔡斯时，便未能成功。二是利用共和党在议会的新多数，再次立法。1802 年 4 月 29 日，共和党人重新撰写的《1802 年司法法》开始生效，许多内容向《1789 年司法法》回归。

占住白宫和议会的共和党人，与占住司法体系的联邦党人，交战在即。

汉密尔顿说，法院是被动的，它只能接受和审理案件，不能自己制造案件。1801 年 12 月，正好马布里向联邦最高法院提出起诉。马布里是亚当斯最后任命的法官之一，他的委任状被新国务部长扣留。因此，他请求最高法院颁发一份强制令，要求新国务部长把委任状颁发给他，他好上任。这位新国务部长不是别人，正是“宪法之父”麦迪逊；指使他扣留委任状的不是别人，正是新总统杰斐逊。

按新通过的《1802 年司法法》，最高法院的开庭频度，增加到两年一次。第四任首席需要等一年多才能开庭。在此期间，他改革了最高法院的审案模式。过去，最高法院沿袭英国模式，由一个法官处理一个案件。马歇尔改为全体法官一起审一个案件，由其中的多数意见，作为裁决，代表“最高法院的多数声音”，少数可以保留或反对，并在多数裁决之后，在法庭上公开他们的保留或反对意见。这样，“最高法院多数的声音”，显然比一个法官的裁决有力得多。

1803 年 2 月 11 日，最高法院对“马布里诉麦迪逊”一案展开当庭辩论。2 月 24 日，马歇尔代表他自己、佩特森、蔡斯、华盛顿等四名大法官，宣布对“马布里诉麦迪逊”一案的裁决。这个由马歇尔思考了一年多的裁决，大意如下：马布里的诉求有没有道理？按理，委任状一经总统签署，委任手续即以完成；国务部长加盖国玺，颁发委任状的手续，即告完成。本院认为：“马布里有权得到他的委任状；拒绝发给委任状，侵犯了他的权利，他的国家的法律，应该为他讨回公道。”马布里提出起诉的依据，是《1789 年司法法》第十三条：最高法院有权颁发强制令，要求联邦官员颁发应该颁发的委任状。可是，按照《联邦宪法》第三条，对于以联邦官员为一方的案件，最高法院只能接受上诉案，不接受初审案。当两项法律彼此冲突时，最高法院应该听从哪一个呢？是听从宪法？还是听从联邦议会制定的立法？当然，最高法院应该听从宪法，因为宪法是这个国家的最高法律。既然《1789年司法法》第十三条违反宪法，最高法院责无旁贷，只能宣布：联邦议会通过的《1789年司法法》的这一部分“违宪”，因而无效。马布里的诉求虽然有理，可是他依据的是一条违宪的法律。按宪法，他只能到联邦地区法院去提出初审起诉；如果案件上诉到最高法院，最高法院才能按宪法授予的权力，接受上诉案，才能做出裁决。因此，“马布里诉麦迪逊”一案，应予撤诉。然后，马歇尔花了半个多小时，念最高法院的裁决。中心意思是，如果宪法受到侵犯，不论侵犯宪法的是什么人，最高法院就有解释宪法的权力，就有捍卫宪法的责任。

马歇尔对“马布里诉麦迪逊”一案的裁决，至少具有三层对美国历史走向产生重大影响的作用。一、联邦最高法院，从此获得解释宪法的权力，创造了美国法律中的一个分支——“宪法法”(constitutional law)，直接援引宪法条文判案的法律；二、创建了“司法复决”(judicial review)在联邦一级的第一个先例；即最高法院裁决议会立法违宪；三、加上马歇尔后续的司法行为，在两党对立的激战中，使联邦司法部门真正站立起来，成为三权之中既“分”且“立”的一个独立部门，与总统和议会，形成三角鼎立之势。

⑯² 总统与法官联手，复决议会立法：“弗吉尼亚方案”，除提出众议院、参议院之外，还提出设立一个“复决委员会”，由总统和一定数量的法官组成，对议会通过的立法，有“复决权”，见“弗吉尼亚方案”第八点。麦迪逊、威尔逊等部分制宪代表多次反复力争，终于未能得到制宪会议多数通过，被会议否决。

第七十四篇*

七论总统：独掌军权，独掌赦免权

汉密尔顿

1788 年 3 月 25 日　原载《纽约邮报》

致纽约邦民众：

总统“为联邦陆军、海军、应召正在为联邦服役的各邦民兵的总司令”。这一规定得体适宜，不言自明；总的来说，与各邦宪法先例和谐一致，无须再强调解释。有些邦的宪法，在首席行政官身边安排了顾问委员会，但只限于顾问其他事务，大多把军权集于一人。政府应该关照的所有事务中，指挥战争，特别需要把权力集于一人。调兵遣将，需通盘考虑；指挥调动全局之权，构成行政权定义中常见和必备的部分。

军权集于总统一人

“总统可要求各部门首长就所负责任内的事务写出书面意见。”我认为，这是宪法中唯一多余的话；因为，任职有权，必有其责。

总统还被授权“颁布缓刑，赦免反对联邦的行为，弹劾案除外”。人道与德政共同要求：对赦免特权，尽量不加限制，免得造成尴尬。各国刑法，冷面严酷，要为不幸犯事者寻求例

赦免权集于总统一人，弹劾案例外

外，难以奏效，正义会戴上铁面登场。赦免权若分于多人，人数越多，责任越小。由此推断：一人独享特赦权，在法律如此严峻的情况下，最能倾听求情的各种动机，不易对罪有应得者让步。想到另一个人的命运，悬系于他一念之间，自然要小心谨慎：忧谗畏讥之心，促成周到之念。人，往往是人数越多，自信越强，争执不下时，可相互鼓励，可是，对假仁慈缺乏敏感。因此，一个人，比一个群体，更有资格体现政府的怜悯。

对叛国罪的赦免权，是否应该授予议会或其中一院

如果我没有弄错，对赦免权集于总统一人，只有一点争议，那就是叛国罪。有人认为：这一权力，应赋予议会的一院，或由两院共同执掌。我不否认，遇此殊情，要求两院一致或一院决定，理由强劲。叛国是直接危及社会存亡的罪行，法律一旦判定有罪，对罪犯施以仁慈，当以交议会判断为宜。若怀疑总统有纵容之嫌，不能完全排除，情况尤其如此。不过，对此安排，也有强烈的反驳意见。不应怀疑，单独一人的谨慎和敏感，更宜于应对这种微妙关头，权衡请求赦免与要求严惩的各种动机，胜过人多嘴杂的机构。尤其应该注意，叛国常与煽动连在一起，影响一个社区里的大部分人；马萨诸塞最近发生的情况，就是一例。每遇这种情况，我们都会看到，人们的呼声，都被染成一个调子，引起造反。如果两派人马势均力敌，发难者的友人，与他观点相同的人，会暗中同情，诉诸人们的善心和弱点，结果，需要杀一儆百时，反予宽恕。另一方面，煽动来源于燃起多数不满的那种情绪，应以怀柔为宜，有人却反而固执己见，不予宽容。这种情况下，把赦免权赋予总统一人，主要理由在于：暴乱或造反，常出现于千钧一发之际，若及时颁布赦免，可能恢复一个社区的宁静；如果还要开会通过，可能机会一去不返。倘若要求两院或一院开会讨论，程序缓慢，通过一项决策，费时费日，大好时机，失而不可复得。失去一周、一日、一时，或许就会满盘皆输。或有人认为：这种

紧急处置之权，可由议会不时授予总统；则回答有二：一、宪法授予政府的权力有限，是否可以例外授权，大成问题；二、事先采取步骤，可能导致赦免，这样做不是上策；若违反常规，采取这类步骤，可能被指为软弱无能，反而纵容鼓励犯罪。[163]

帕伯琉斯

*《反联邦论》第 74 篇，题为“总统是掌握军权的国王”，作者署名“费城人”(Philadelphiensis)。受托马斯·潘恩《人之常情》(*Common Sense*)一书影响，他在报上发表三篇文章，时间为 1788 年 2 月 6 日，2 月 20 日和 4 月 9 日，载《自由人纪事》和《北美通讯》。

---

[163] 联邦最高法院的发展：《1789 年司法法》后，联邦议会又通过若干以年代命名的《司法法》，后次压倒前次。最高法院最初由六名大法官组成，1826 年，增加为七人；1837 年，增加为九人，至今。

由于法官任职为终身制，除非本人自愿退休，美国开国至今，共有十七人担任过首席大法官，依次为：1. 约翰·杰伊(1789—1795)，2. 约翰·拉特里奇(1795，短期代理，后未获准)，3. 奥立维·艾尔斯沃斯(1796—1800)，4. 约翰·马歇尔(1800—1835)，5. 罗杰·塔尼(1836—1864)，6. 萨尔蒙·蔡司(1864—1873)，7. 莫里森·韦恩(1874—1888)，8. 梅尔维尔·富勒(1888—1910)，9. 爱德华·怀特(1910—1921)，10. 威廉·塔夫脱(唯一当过总统又当首席大法官的人，1921—1930)，11. 查尔斯·休斯(1930—1941)，12. 哈兰·斯通(1941—1946)，13. 弗雷德·文森(1946—1953)，14. 厄尔·华伦(1953—1969)，15. 华伦·伯格(1969—1986)，16. 威廉·伦奎斯特(1986—2005)。从第九位开始，任期相对较短，一是因为上任时年龄已经较大；二是因为选择退休的人增多。

美国人习惯用首席的姓称呼最高法院，如马歇尔法院，华伦法院，发音较短，听来亲切。2005 年，第十七位，也就是现任首席登位。他的名字叫约翰·G. 罗伯茨，华盛顿市人，1955 年生。其他八位大法官，按上任顺序，依次为：2. 约翰·保尔·史蒂文斯，1920 年生，伊利诺伊人，3. 桑德拉·戴·奥康诺，女，1930 年生，亚利桑那人，已申请退休，4. 安托宁·斯卡利亚，1936 年生，弗吉尼亚人，5. 安东尼·M. 肯尼迪，1936 年生，加利福尼亚人，6. 戴维·H. 绍特，1939 年生，新罕布什尔人，7. 克莱伦斯·托马斯，1948 年生，弗吉尼亚人，8. 鲁斯·贝德·金斯堡,1933年生,华盛顿市人,9. 斯蒂芬·布雷耶尔,马萨诸塞人。

联邦最高法院判案,做法是:多数大法官意见构成判决,少数大法官可以公开陈述保留或反对意见。例如,五名或五名以上大法官认为原判有效,则维持原判,其他四名或四名以下大法官,可以当庭宣布他们的保留或反对意见。反之亦然。

第七十五篇*

八论总统：与参议院共享缔约权

汉密尔顿

1788年3月26日　原载《独立报》

致纽约邦民众：

总统“咨询参议院并取得出席议员三分之二同意，有权缔结条约”。这一条文，遭受来自不同立场的攻击，程度猛烈。我仍不改初衷，坚定宣布：这是宪法中设计最佳、难以构想出来的部分之一。反对者的理由之一，不过是老生常谈，所谓权力混杂。有人认为，总统应独享缔约权；另有人认为，缔约权应全归参议院。还有一种反对意见，来自可能参与缔约的少数人。他们当中，部分人认为：众议院应参与缔约；另一部分人认为，应把出席参议员三分之二，改为全体参议员三分之二。我在前面的一篇文章中，已经恰如其分地指出，宪法中的这一部分，足以使眼光敏锐的人，感到欣慰。这里，再作些补充，主要针对上述反对意见。

三种反对意见：总统独享，参议院独享，众议院参与

说到权力混杂，我重申已经做过的解释。在前面的一些文章中，我已经分析了反对派立论基础的真意。我仍坚持这

条约是国与国之间的合同，行政分工运作，参院分工立法

一立场，并由此推断：在缔结条约问题上，总统与参议院结合，并不违反分权原则。现在，我再大胆补充，缔约权的特殊性质，使这种结合特别适宜。好些作者，谈起政府时，把缔约权置于行政权范围内，显然是一种武断安排：我们仔细看看缔约权的运作，就会发现：其中，立法性质，多于行政性质，虽然缔约权并不严格地落入二者之中任何一个的定义以内。立法权的实质，是创建立法，换言之，是为社会制定管理规则。贯彻立法，运用共同力量，实现这一目的，实现共同防御，构成行政首脑的全部功能。显然，缔约权，既非贯彻，也非运用。缔约权，既不涉及推行现行立法，也不涉及创建新法，更少涉及使用共同力量。缔约权的目的，在于与外国签订合同，合同具有立法效率；合同效力，来源于良好信誉、责任感。条约，并非由一个主权就某个问题预定的规则，而是主权与主权之间的协同安排。因此，缔约权形成一个独特领域，隶属行政，或隶属立法，都不相宜。缔约权的品格，已在别处详细讨论过，就其必须安排与外国谈判而言，行政部门，显然是执行这些交易的最佳代理人。作为极其重要的信托，把条约当作立法运作，强烈要求立法部门的全体或部分，参与条约的订立。

拒绝外国收买，需有超级操守，总统一人不宜

有的政府，行政首脑由世袭君主担任，委之以缔约全权，或许安全可靠；把缔约全权，授予民选产生、任期四年的联邦总统，就谈不上安全可靠了。前面说过一种观点，这里完全适用：世袭君主，虽然时常压迫臣民，但是，他个人的身家性命、财产头衔，都悬系在继续执政这一点上，不容他被外国强权收买。可是，联邦总统，起于民间，一朝当选升腾，财产不过中庸，甚或微寒，展望前程，任期有限，时候一到，或许又要回归民间。有时，在诱惑之下，或许会牺牲职责，谋取私利，只有超凡道德操守，才能抵制诱惑。遇到贪婪之辈，或许抵制不住，舍义取利，出卖国家利益。遇到野心之辈，或许名令智昏，利

用外国援助，只图高位，牺牲选民信托。人类行为的历史说明，把个人道德捧到天上的做法，没有安全保障。与世界其余地方交往，这件事，既细腻敏锐，又关乎重大利益，一个国家，把如此重大的利益，交给一个人单独行使，一个像联邦总统这样，由形势创造、受形势左右的人，难道是明智之举？

若把缔约之权，单独交给参议院，会失去宪法规定总统出面对外谈判的好处。若这样安排，诚然，参议院可以选择让总统施展他的能力，也可以选择把总统晾在一边；参议院一不高兴，玩弄阴谋，多半会选择把总统晾在一边，而不是选择让他施展才能。此外，参议院委派的谈判代表，不如宪法规定的国家代表。只有总统，才能赢得外国更大的信心和尊重。当然，参议院的代表，也不可能有总统出面的分量和效果。这样安排，联邦处理外交问题时，会因为没有总统合作，失去重大好处，人民的安全保障，会受损失。把如此重要的信托，赋予总统一人，不够谨慎；总统参与，对社会安全大有裨益，也不容置疑。的确，事情已经明朗：把缔约大权，交给总统和参议院联合执掌，万无一失，胜过委托给二者之一。凡是深思熟虑、掂量过此中格局的人，就会明白：选举总统时，选举参议员时，须让二者同时满足这种格局，具备这种品格，让他们共同形成的条约，令人特别满意，体现出智慧人格。

参议院独享缔约权，失去总统代表国家的优势

前面的文章，曾提出一个观点，这篇文章的另一处，再次提到，从中可以得出有力结论：不宜让众议院分享缔约权。众议院议员经常变动，将来议员人数逐渐增加，议员的构成多而杂，我们无法期待，他们能具备完成如此重任所必需的适当品格：全面准确了解外国政治；坚定系统执着于同一观念；良好统一的国民性格，缜密果断，雷厉风行。缔约权不适合这个人数众多、观点各异的复合体的秉性。把人数如此众多、互不相同的机构，都搅进这件事，弄得极其复杂，本身就构成一个

让众议院参与缔约，频繁开会，反复讨论，费事费钱

坚实的反对理由。需要召集众议院开会的频率越高，仅召集拢来开会讨论，就要费时费日，条约进展的各个阶段，征得他们同意，还要费事费钱，仅此一端，就足以打消这种安排。

要求全体参议员三分之二，遇到参议员缺席，就难办

剩下还需要讨论的反对意见，只有一个：要求用全体参议员的三分之二，代替出席参议员的三分之二。我这篇文章的第二部分，已经指出：凡事要求议会过半数同意，才能通过决议，这种规定，直接趋势，是使行政运作，陷入尴尬境地；间接趋势，是使多数人的感觉服从少数。这个想法，似乎足以决定我们的观点：制宪会议，在制定缔约权方面，保证有足够的人数参与，已经走得够远，既能让议会参与其事，又能理性考虑社会主流感觉。若要求全体参议员的三分之二同意，许多场合下，由于部分参议员不出席，实际上等于要求出席参议员全部同意。历史说明：凡是采取这条规则的政治机构，都有一部无能、无为、无序的历史。罗马执政官会议、波兰议会、荷兰联邦议会的历史，足以证明这一点；国内例证之多，无须再补充外国先例。

随着新邦加入，参议员人数还会增加，无须顾虑人数不足

要求全体参议员中的一个固定比例，在很多情况下，对保证人数并没有什么好处，还不如只要求出席参议员的一定比例。前者要求，不论在什么情况下，都需要有一定数量的参议员同意，才能做出决定，会降低议员按时出席的动力。后一种办法，只要求出席者的一定比例，总数会因每个议员的出席或缺席而变动，效果相反。促进议员按时出席，会渐渐使得开会人数齐整。这样，这件事，也和其他事一样，决议会由越来越多的人做出。而且，拖延会少得多。不要忘记，眼前的联盟体制，两名代表就可以，而且常常就代表了一个邦。仅仅联盟议会一个机构，就被赋予了联邦的全部权力，出席的代表人数，很少超过计划中的参议院人数。联盟议会，是按邦投票，如果某邦只有一名代表出席，那个邦就会失去表决权。可以合理

地假设：参议院实际投票时，是按人计票，很少会像联盟议会现在这样，经常缺票。除了这些因素，再考虑到总统的合作，我们可以毫不犹豫地推断：新宪法下，比现存联盟体制下，美利坚人民会获得更大安全，制止不适当地使用缔约权。我们再向前迈一步，随着新邦的建立，参议院人数还会增加，我们不仅在人数上可以得到足够保障，可以充分信托他们；还可能被引导得出结论：比将来扩大后的参议院人数还要多的团体，恐怕是很不值得委以此项重任。[164]

帕伯琉斯

*《反联邦论》第 75 篇，题为“坚决反对宪法对缔约权的安排”，作者使用笔名“汉普登”(Hampden)，载于《匹茨堡报》(*The Pittsburgh Gazette*)，1788 年 2 月 16 日。

---

⑯ 现在的联邦法院体系：《世界年鉴 2000》第 91 页提供 1999 年 10 月的资料：除最高法院，巡回法庭，担任联邦上诉法庭，全国共十三所。它们分别是：联邦巡回法庭，哥伦比亚地区巡回法庭，第一到第十一巡回法庭。全国也因此划分为十三个司法上诉区。联邦地区法庭，发展到一百所左右，小邦至少有一所，大邦分为几所。例如，纽约邦有东、南、西、北四所地区法院。此外，还有联邦国际贸易法院，联邦税务法院，联邦退伍军人上诉法院，等等。

第七十六篇*

九论总统：与参议院分享人事权：提名权和任命权

汉密尔顿

1788 年 4 月 1 日　原载《纽约邮报》

致纽约邦民众：

宪法授予联邦总统权力中关于人事的部分

宪法第二条第二款第二项规定：总统有权“提名大使、其他公使、领事、最高法院法官和宪法尚未规定、将由联邦议会立法设立的所有其他联邦官员，经参议院同意，方可任命；联邦议会可将他们认为适宜的下级官员，通过立法，授权总统一人、授权法院、授权部门首长分别任命”。第三项规定：“总统有权填补参议院休会期间出现的空缺职务，任期到联邦议会下次会议结束为止。”

前一篇文章中，我已指出：“真要检验一个政府好不好，看它是否能产生一个好的行政部门。”若承认这个看法适当，上列条文体现的官员产生方式，经过仔细推敲，特别值得推荐。再想推敲出一个比这更好的办法，选出适当人选，担任联邦各种官职，的确不易。无须证明：行政之优劣，取决于用人。

行政之优劣，取决于用人

大家都同意，人事任命权，一般有三种方式。一、由一人独享全权；二、由一个民选的人数有限的委员会任命；三、由一个人与这样的委员会共享。由广大人民直接行使这种权力，大家都承认，没法施行；且不说别的理由，要人民大众来做这件事，他们就没时间做别的事了。因此，在后文的推理中，提到委员会或一群人时，指的就是这里说的民选机构或委员会。人民大众作为集合体，数量太多，居住分散，无法规范，抵制不了结党营私和阴谋诡计，而防止结党营私和阴谋诡计，正是反对把人事权交给一个机构的主要原因。

广大选民无法亲自行使人事权

认真思考过总统产生办法的人，注意读过这些文章中关于总统产生办法的其他篇目的人，估计会同意下述立场：总统职位上，多半会出现有才的人，至少是受人尊重的人。如果这个估计成立，可以进一步提出一项规则：一个人，比一群具有同等鉴别能力，甚至更高鉴别能力的人，更能选人任才，找到适于各种职位的特殊人才。

一人选贤任才，胜过一群同样的人

把责任不加分割地完全授予一个人，自然会产生一种更为生动的责任感，这个人会更加注意自己的声望。这样一想，总统会觉得自己肩负重任，会更加细心研究有待任命的职务所需要的品质，不怀私心，选任最宜于职务的人才。与一群人比较，总统一人，选用亲信的可能性要少些；一群人，可能人人希望安插亲信，不胜其多。一个人，一条心，目的明确，不受众多观念、感情、利益的误导纠缠；一个群体的决定，常常受到这种误导的纠缠。再没别的事情，像考虑人事任命那样，不论涉及自己还是涉及别人，一旦成为选择或偏爱的对象，更容易激起人类的冲动。因此，每当一个群体掌握人事任命权时，我们势必看到，各种私人的喜好和讨厌，党派的喜好和讨厌，偏好和厌恶，忠诚和敌意，便会充分表演，这是构成任命群体的成员必然会有的。这种情况下，碰巧做出的任何选择，自然是一党一派战胜另一党派的结果，或为党派之间折中的结果。不

总统只安插自己一个人的亲信，议会人人都要安插

论哪种情况，候选人的内在品德，往往不在考虑之列。第一种情况，考虑得最多的品质，是团结本党内的选票，而非是否称职。第二种情况，通常需要考虑结成某种联合阵线[165]，“让我方选择的人担任此职，你方可选人担任彼职”，这通常会成为双方讨价还价的条件。不论一方取胜，还是双方妥协，很少把公职本身的要求，放在首位。[166]

提名和任命，是人事权的起点和终点，掌握二者，接近全权

这里提倡的原则，那些深知宪法这方面缺点的聪明人，对于其中真谛，似乎已经了然于心。他们争辩说，联邦宪法应该把人事任命权，完全委托给总统一人。可是，轻而易举便可证明：期待于这种安排的每项优势，实际上都可从提名权中获得，而提名权已经授予总统；把任命权绝对授予总统一人的若干不利之处，则可避免。提名过程中，总统将会独自判断，得到参议院认可后，任命也是总统一人之责，总统责任完整，就像由他最后任命一样。由此可见，提名与任命没有区别。提名也好，任命也好，影响总统履行职责的动机相同。没有总统提名，任何人都得不到任命，因此，得到任命的任何人，归根结底都是总统的选择。

参议院驳回的可能性不大，也不会轻易驳回

总统提名，是否可能遭到驳回？我敢肯定可能。不过，出现这种情况，也不过是要求总统再次提名。最后得到任命的人，依然是总统喜爱的对象，虽然可能不是他的第一选择。总统选择经常受到驳回，这种概率很小。参议院不可能因为自己偏爱另一个人，拒绝总统提名，因为参议院不能指望，自己喜欢的人，会成为总统的下一个选择，或下下个选择。他们甚至无法肯定，下一个被提名的人，就是他们更乐于接受的人。参议院驳回，可能给被他们拒绝的人带来耻辱；可能给人印象：说参议院非难总统的选择；因此，参议院不大可能经常拒绝给予嘉许，除非确有拒绝的特殊或强烈原因。

那么，要求参议院合作的目的何在？我的回答：之所以

需要他们合作，在于产生一种强有力的、虽然通常是沉默的运作。参议院合作，是一种极好的制约，可以抵消总统的个人偏好，大力避免任命不适当的人，或因总统偏爱同乡，或因裙带关系，或因个人效忠，或因讨好名流。此外，参议院参与，是行政稳定的一种有效资源。

参议院制约，可以消除总统个人偏好

有一点很容易理解：一个人，若独享人事权，容易偏向个人私下的喜好和利益。总统把自己的选择，交给一个不同而且独立的机构，讨论决定是否适当，这个机构，又是立法部门的整个分支，就好多了。被拒绝的可能性，构成提名时小心谨慎的强大动机。若被拒绝，危及总统的个人声望，对民选总统来说，会危及他的政治存亡，使他不能纵容私情、不适度地讨好民众。总统会处于参议院的众目睽睽之下，参议院对舆论形成有重大影响，形成一种障碍，使总统既不能只徇私情，又不能只顾讨好公众。如果总统提名一人，担任显要职务或肥缺，并非因为这个人德行出众，而是因为这个人与他来自同一个邦，或与他有这样那样的私人交情，或庸碌软弱之辈、成为他个人喜好的吹牛拍马工具，都会使总统受到羞辱，不敢为之。

总统顾虑到参议院可能驳回，不敢掉以轻心

有人对此推理提出异议，说总统可以运用提名权的影响力，迫使参议院就范。政治推理，假定人人见利忘义，和假定人人刚正不阿，同样错误。代议制的原理，在于相信：人类含有一部分道德心和荣誉感，构成予以信任的理性基础。经验证明了下述理论：人们发现，即使最腐败的政府，处于最腐败的阶段，依然存在道德心和荣誉感。英国下院中的见利忘义，不论在英国，还是在美国，长期以来，一直是人们指责那个机构的热门话题；无可怀疑，这些指责，很大程度上，不无根据。可是，同样无可怀疑，英国下院的多数议员，由独立人士和怀有公心的人组成，在议会中有相当影响力。包括当朝在内，下

假定人人见利忘义，和假定人人刚正不阿，同样错误

议院里的情感，看来经常控制着君王的意向，在用人和政策两个方面，都是如此。因此，虽然可以假定，总统有时会影响参议院的某些议员；若假定总统能收买整个参议院的尊严，未免言过其实。一个人，正视人性，不吹嘘其德行，不夸大其丑恶，便可对参议院的诚实正直，予以足够信任，便可放下心来，相信：总统要腐蚀或引诱参议院的多数成员，不可能；人事权，需要参议院合作，也是对总统行为的一个相当有力而又有利的限制。信赖，也非完全建立在参议院的人格上。宪法还提供了一些重要的防备措施，防止总统影响议会的危险。宪法宣布："议员不得担任任期内设立或加薪的联邦文官职务；联邦官员任期内不得担任议员。"

帕伯琉斯

*《反联邦论》第 76 篇，题为"一个反联邦论者对宪法中人事权的看法"，选自理查德·亨利·李的小册子《联邦农场主》。

---

⑯⑤ 联合阵线(coalition)：现代美国，在竞选过程中，政党除增强内部凝聚力外，还要努力争取各种社会团体，如工会、妇女组织、警察兄弟会、教师联合会、教师家长联合会、医疗协会、电影工作者协会、同性恋组织等等，组成尽量广泛的"联合阵线"。上述各组织，在大选之前，一般都会通过媒体表明对候选人的态度。"联合阵线"不同于"同盟""联盟""结盟"。

⑯⑥ 18 世纪后期的汉密尔顿，是人间怪才，洞悉政治家心理中不可告人的部分，而予以理解。但他依然时常发出"君子之论"，例如此处，竟然指责党派政治分赃。

第七十七篇*

十论总统：再论人事权，总统的其他权力

汉密尔顿

1788 年 4 月 2 日　原载《独立报》

致纽约邦民众：

上篇文章说过，总统任命官员，要得到参议院合作。好处之一，是利于行政稳定。不仅任命官员，撤换也要取得参议院同意。[167]这样，总统更迭时，整个行政班子，不致于像遭遇一场革命那样，大幅全面换人；若任命权集于总统一人，可能发生这种情况。不论什么官职，若在职者的实际表现已经证明称职，新任总统就会受到牵制，不便用更听话的人顶替，免得参议院出面反对，总统若企图不成，反而弄得自己不体面。高度重视行政稳定的人，会极力赞成这种人事任命办法，把重要政治官员的任命，交由参议院这样构成稳定的机构，决定用或不用，交给其他部门，可能出现人事不稳定。

宪法所定办法，防止一任总统一任官

有人提出异议：人事任命，把参议院和总统搅到一起，会使总统对参议院产生不良影响；又有一种异议：说会出现相反趋势，参议院会对总统产生不良影响；仅此一举，就有力证

两种反对意见：总统会影响参议院，参议院会影响总统

明，两种反对意见，都不真实。

说总统会对参议院产生不良影响，是逻辑倒置

第一种反对意见，换个方式陈述，不攻自破。这等于说：由于参议院有权限制总统提名，所以总统会对参议院产生不良影响。这是逻辑上的倒置。无疑，若把任命全权授予总统一人，比起总统只是提名、要参议院同意才能任命，会更有效地导致总统对参议院的危险统治。

说参议院会对总统产生不良影响，没有理由

再看这种论调的反面："参议院会影响总统。"在其他文章的好些地方，我已指出：若反对意见本身含义不明，就无法回答。参议院以什么方式实施这种影响？目的何在？影响一个人的权力，就这里所用的含义，可能隐含这样一种权力：给总统好处。参议院用自己的权力，否定总统提名，给总统带来什么好处？若说公益要求采取不同行动，而参议院偶尔默许总统的一个亲信任职，或许算是给了总统好处。我的答复：任命官员，直接牵涉总统个人利益的情况甚少，很难出现因为参议院同意于是总统感恩戴德的情况。赐予荣誉和薪水的权力，比仅仅可以阻止的权力，更有吸引力。如果说影响总统，意思是限制他，这正好是宪法所要达到的目的。前面已经说过这种限制的好处。同时，这种限制，不会失去把人事全权授予总统一人所产生的任何优点。提名权，产生任命权的所有优点，避免它的所有缺点。

这种方法，各负其责，便于追究

把联邦宪法制定的官员任命办法，与纽约邦宪法制定的办法比较，前者肯定优于后者。宪法毫不犹豫地把提名权交给总统，并且规定：总统每次都必须把提名交给全体参议员，任命过程的情景，包括办事的方式，都在众目睽睽之下；双方各扮什么角色，公众一目了然。提名不佳，人们埋怨总统一人，总统责无旁贷。提名甚好，参议院阻挠，骂名自然归参议院承担，指责他们辜负总统一片诚意。倘若用了一个坏人，总统和参议院按程度各负其责：总统负提名之责，参议院负认

可之责。

纽约邦的人事任命办法，与此相反。人事任命小组，由三至五人组成，邦长必为其中之一。这个小组，身处密室，遮掩众目，公事私办。大家知道的是，邦长自称有提名权，依据是邦宪法中模棱两可的规定；大家不知的是，邦长使用提名权，以什么方式，到什么程度；也不知道：遇到什么场合，他的提名会得到赞同，或遭到反对。用错了一个坏人，由于不知道谁是始作俑者，也断不清具体原因，指责既不尖锐，事过也就算了。拉帮结派，营私舞弊，一旦失去边际，责任之心，便荡然无存。公众所知，最多不过邦长自称有提名权，剩下四人中的两人，其实不难对付：万一那个小组中有的成员，并非顺从之辈，只要调整一下开会时间，使他们不便出席，便可摆脱他们的反对。于是，久而久之，不论事出何因，不称职的任命，便堆积起来。无论纽约邦长是否能把他自己抬高到显要地位，在行政事务中，这个微妙而重要的部分，他都必须任人唯贤，人当其职。或者，他是否要亵渎人事任命权，网罗私下忠于他的亲信，形成一个卑劣危险的个人影响体系，便成为问题，对社会来说，不幸的是，对此，只能推想猜测。

纽约邦的人事任命，分工不明，暗箱操作，难以问责

任何人事任命机构，不论如何组成，都是一个教皇秘密选举会议[168]，拉帮结派、阴谋诡计，充分展开。其成员人数，没有可以保证的开销增长，不能多到足以排除结伙分派。由于每个成员都有朋党裙带需要照顾，彼此满足欲望，必将形成丑闻四播的选票交易和官职的讨价还价。一个人的私交容易满足，要满足十二个人，甚至二十个人的私交，有时就要由几个家族垄断一个政府所需的全部官职，会更直接地通向贵族制和寡头制，比人能想出的任何政策都厉害。如果想要避免官职越来越多，那就只好频繁替换任命小组成员，就会造成行政官员如走马灯，永无宁日。这种人事任命小组，比参议院更容

教皇秘密人事任命小组的罪孽

易使用影响力，因为他们人数较少，行为不在公众监督之下。细察之后，倘若用这样的小组，替换宪法所做的安排，势必增加开销，成倍增长罪孽，在公共荣誉的分配中，裙带之风盛行，诡计不胫而走，政府的行政降低稳定，制止行政官不当影响的安全感，渐趋泯灭。然而，有人正在提出这种任命小组，作为对宪法的基本修正。

众议院不宜参与人事任命

人事任命问题，我还不能结束我的分析，必须再提到一种计谋，似乎有人正在提倡这种论调。我指的是：让众议院参与人事任命。我只想稍微提一提，因为我不能想象，社会上会有相当多的人赞同这种做法。众议院人员如此波动，人数如此众多，永远不可能适当行使这份权力。人们想起，再过半个世纪，众议院人数将增加到三四百人，众议院不适合担任这个责任，将会更加明显。因为总统和参议院稳定而产生的所有优势，都会被众议院拖垮，会出现无限的拖延和尴尬。多数邦宪法提供的例证，鼓励我们放弃这个想法。

总统的其他权力

总统剩下的权力还有：向议会提交国情咨文；向议会推荐他认为必要的和可行的措施；在特殊情况下召集议会两院或其中一院开会；议会两院在休会时间上不能取得一致时，总统可宣布休会；接见大使和其他公使；忠实贯彻执行立法；给联邦全体军官授衔。

总统召集参议院开会的必要性

有人对总统召集议会开会和接见外国使节的权力提出微词，对上述其他权力，无人提出异议；他们也不可能提出什么意见。的确，需要有永不知足的贪婪，才能对上述条文吹毛求疵。说起召集议会两院中任意一院开会的权力，我只需要说，至少对参议院而言，我们很容易发现一个良好理由。由于参议院与总统共享条约的运作，总统或许经常需要为此目的而召集参议院开会，召集众议院开会既不必要也不适合。至于接见大使，我在前面一篇文章里说的，足以回答这个问题。

现在，我们结束对行政的结构和权力的巡礼。我想努力说明，就共和原则允许的范围内，结合了所有的需求，使总统生机盎然、精明强干。剩下的探索是：这种安排，是否也结合了所有要素，满足共和感，适度依赖人民适度的责任感？对此问题的答复，讨论总统其他特色时，已经料到，可从以下情景中得到满意答复：总统四年选举一次，由人民为此目的而挑出的选举人立即选出；总统随时可被弹劾，被审讯，被罢免，不得兼职，随后可按普通法提出起诉，依法剥夺生命财产。不过，这些预防措施，虽然很了不起，还不是宪法提出的保障公民权利的全部内容。只要总统想搞令人担忧的滥权，他总会遇到宪法为他设置的来自议会一院的控制。我们还能从受过启蒙的理性人民那里期待更多吗？[169]

宪法预先为总统揽权的每种可能设下了来自议会一院的控制

帕伯琉斯

*《反联邦论》第77篇，题为"一个反联邦派对宪法中人事权的看法"，作者理查德·亨利·李，摘自他的小册子《联邦农场主》。

---

⑯⑦ 总统撤去部长职务，是否也要先征得参议院同意，在美国历史上，争论先后拖延了一百多年。1789年，设立财政部时，麦迪逊认为，宪法隐含了总统撤职官员之权。第七位总统杰克逊，为取消联邦银行，直接撤换财政部长，参议院的辉格党人，曾指责总统违反宪法，试图加以申诉。第十七位总统约翰逊，直接撤去共和党人国防部长职务，受到议会中共和党人的弹劾。20世纪，美国开始设置总统可以任命、任期比在职总统长、总统不可撤换的行政职务，例如，一些委员会的主席。

⑯⑧ 教皇秘密选举会议(conclave: the private meeting of the cardinals to elect a pope)：梵蒂冈的人事任命会议，七名红衣枢机主教，自我选举教皇继承人的会议。

⑯⑨ 对联邦政府梯队构成的设想："宪法之父"麦迪逊，参与制定宪法时，36岁。他想象的联邦官员班子，将由四个梯队组成：第一梯队是联邦众议员，人数最多，1789年为65人，1911年后固定到435人。联邦众议员年轻，25岁到30多岁，有激情，有朝气，生活在各自的选区内，与民众保

持密切联系，能不断地把民间的信息带进联邦议会，要求创制新的立法，把社会推向前进。他们的不足是缺乏经验，容易犯激进、冒失的毛病。第二梯队是联邦参议员，每邦两名，开始时 26 人，现在 100 人。联邦参议员应该是一批 35 岁到 40 多岁的中年人，出身良好，教育良好，家道殷实，带贵族气质，有十几年的从政经验，属社会栋梁型人物。他们的任务，是提高国格，参与处理人事任命和外交，制约可能冒失的众议院，运筹帷幄对美国前途和长远利益具有深远意义的系列长期政策。第三梯队，是总统和他的行政班子。想象中的总统，是 40 多岁到 50 多岁的人，有坚毅的性格，敢于顶风拒浪，授予他相对否决众参两院立法的权力，在立法过程中，再加一道把关和制约。总统要能顶住一时流行于民众之间，甚至流行于众参两院的、事后看来并不适当的潮流。第四梯队，是联邦法院的尖端。最高法院由九名大法官组成，他们从基层做起，升到大法官的位置，一般都在 50 岁到 60 岁，处于最稳定的职业，最成熟的年龄。他们是终身制，常常干到七八十岁才去世或退休。他们肩负最后稳定社会的重任，具体来说，就是坚守宪法，凡是符合宪法的秩序和原则，能不动的尽量不动；宪法中的条文，实在已被生活证明过时，一是由议会修正宪法，二是由最高法院，通过案例做出对宪法的司法解释。最高法院拥有对联邦议会立法、总统行政的司法复决权。在麦迪逊看来，有了这四个梯队，三道防线，可以固若金汤、万无一失了。然而，美国宪法，像一副棋盘和下棋规则，一旦活人上阵，仍旧会显现出千变万化的开局、中盘和残局。

第七十八篇*

一论司法：司法部门的组成方式和权力范围

汉密尔顿

1788年5月28日　收入麦克莱恩版

致纽约邦民众：

现在，我们来考察宪法提出的司法部门。

逐篇讨论现行联盟政府的缺陷时，我们已经指出：建立联邦司法部门的必要和用途。没有人对建立司法部门的必要提出异议，这里，我不再重复前面已经强调过的道理。人们提出的问题，仅仅限于：司法部门的构成方式，司法部门的权限范围。因此，我们只讨论这两个问题。

本文讨论两个问题：司法部门的构成方式和权力范围

司法部门的构成方式，看来涉及以下几点：一、法官的任命办法；二、法官的任期长度；三、联邦法院与各邦法院之间的权力划分，联邦法院与各邦法院之间的相互关系。

司法部门的构成方式

一、法官的任命办法：与一般联邦行政官员的任命办法相同，前两篇文章，已经充分讨论，这里不再赘言。

法官的任命办法

二、法官的任期：主要涉及法官任职的时间长度；对法官薪水的规定；以及制止法官越权的预防措施。

法官终身任职：有利遏制君权，有利遏制议会制宪会议规定，联邦任命的所有法官“行为良好得以继续任职”。这一点，与多数邦宪法的规定一致；纽约邦也有这一规定。反对宪法的人，对这一安排的适宜，也提出异议，可谓病得不轻，一心只顾疯狂反对，弄得想象混乱，理智失常。法官行为良好得以继续任职，这一标准，显然，是政府在实践中取得的现代改进中，最有价值的改进之一。在君主国，法官行为良好得以继续任职，对君主实行暴政，是一种极好的遏制。在共和国，法官终身任职，对议会越过权限、以势压人，也是极好的遏制。为确保稳定、正常、不偏不倚地贯彻法律，法官行为良好得继续任职，是任何政府设计中不可或缺的部分。

既不掌握武力，又不掌握钱袋，只能判断，而且不能主动

凡认真思考把权力分给三个部门的人，都应该认识到：一个三权分立的政府，司法部门，由于它的职能性质，对宪法的政治权利，总是威胁最小；因为，司法部门打扰和损害这些权利的能力最小。总统不仅能分配荣誉，而且掌握社会之剑。议会不仅控制钱袋，而且制定每个公民都要遵循的义务和权利规则。反之，法官既不能影响剑和钱袋，也不能指挥社会的武力和财富，也不能对任何事情做出主动决定。可以真实地说：司法部门既无兵力又无意志，它只能判断；最终还要依靠行政部门伸手协助，才能使法庭的判断生效。

三权之中，司法最弱，法官终身任职，使其坚定

这样简单地回顾一下，说明好些重要后果。回顾无可辩驳地证明：相比之下，在三个权力部门中，司法最弱[1]；司法永远不可能进犯其他两个部门中的任何一个而取得成功；所有需要考虑的问题，就是如何加强司法部门的自我捍卫能力，免受其他两个部门进犯。回顾同样证明，虽然现在或者将来，对个人的压迫，可能来自法庭；对人民普遍自由权利的威胁，却不会来自司法；我的意思是说，只要司法部门继续有别于行政和议会，就会如此。因为，我赞同：“如果断案权不与立法权

和行政权分开,就无所谓公民自由权利。”[2]最后,回顾还证明:公民权利,不用惧怕司法一家;可是,要采取一切办法,防范司法与立法或行政中的任何一家联手;这种联手的后果,必来自司法依附于行政或议会,不论名义上、外表上如何分立;司法天然脆弱,可是,如果司法受到并列部门的打压,对之敬畏,受其影响,会产生持续危机;只有终身任职,才能使司法坚定起来、坚持独立,因此,终身任职,可以公正地视为法官构成中不可或缺的成分;只有采取这一重大措施,司法才能成为捍卫公共正义和公共安全的守护神。

司法完全独立,是限权宪法的独特基本内容。据我理解,限权宪法,是一部对议会的立法权列出特定例外的宪法。例如,议会不得通过剥夺公权的立法,不得通过追究既往的立法,等等。在实践中,要维持这些限制,除了通过法庭这个机构,没有别的办法。法庭的职责,在于宣布所有违背宪法公开旨意的立法无效。没有法庭的这项功能,宪法为公民保留的特定权利和特权,就会变为一纸空文。

法庭通过“违宪”裁决,捍卫宪法的公开旨意

法庭有权宣布:议会立法,因为违背宪法,所以无效。这点使人困惑,有些人由此而想象,这条原则暗示:司法权高于立法权。他们说,既然一个部门有权宣布另一个部门的立法无效,它势必高于那个被它宣布无效的部门。由于这条原则在美利坚各邦宪法中都极为重要,有必要讨论一下这条原则的道理。

法庭有权宣布:违背宪法的议会立法无效

议会的每项立法,都在宪法指导下开展,若违反宪法本身的旨意,就是无效,这一立场所依据的原理,再清楚不过。因此,违反宪法的立法,一律无效。否定这一点,就会肯定以下说法:代理人高于委托人,仆人高于主人,议员高于人民大众;受托代行权力的人,不仅可以做没有授权要他们做的事,还可以做禁止他们做的事。

法官有解释宪法的权力，有宣布议会立法违宪的权力

如果说，让议会自身担任他们自己权力的宪法裁判，让议会高于其他部门，对立法具有最后解释权，那就应该这样回答：这不可能是自然的假设，无法从宪法里的任何一项规定中得出这个假设。另一方面，也不能假设宪法的意图，是使议员们有能力取代他们的选民的意志。更为理性的推断是：设计法院的目的，就是担任人民和议会之间的调解机构，除其他目的外，就是要使议会行使权力时，不要超出对他们的授权范围。解释法律的权力，是法院的适当而又特有的领域。其实，宪法就是，而且必须是，法官眼中的根本大法。因此，确定宪法的含义，确定议会追随宪法的任何立法的含义，都属于法官。倘若二者之间不巧发生不可调和的分歧，自然应该以握有最高责任者为优先；换句话说，宪法高于议会立法，人民的意向，高于议员的意向。

司法并不高于立法，但议会一旦违反宪法，法官应该听从宪法

这一结论，也并不意味着司法权高于立法权。这只是说明：人民的权力，高于司法和立法；说明：议会立法的内容，一旦违反人民在宪法中宣布的内容，法官应该听从宪法，而不是听从议会立法。法官的裁决，应该遵从根本大法，而不是遵从非根本大法。

两种法律相互矛盾冲突时，通常是后来者居上

有一种熟悉的情况，说明：在两种相互矛盾的法律之间，司法有独断之权。这种情况并不经常发生，同一时间，两种立法并存，相互之间完全碰撞或部分碰撞，二者都不含有遇到某种情况即撤销的条文或说明。遇到这种情况，澄清并说明其含义和用法，便落入法院的领域。倘若法院能采用一种公正的解释，使二者调和；理性和法则会共同要求这样做。倘若无法实现调和，那就必须二者取一，宣布一项法律生效，另一项法律失效。法院裁决相对有效的规则是：后项立法优于前项立法，即后来者居上。但是，这只不过是解释原则，并非来自任何肯定的立法，而是源于事物的自然属性和理性。法院采

用这一规则，并无议会立法依据，乃是法官根据事实真相和适宜程度加以调适，以指导他们解释法律的行动。他们认为，当两个权力相等的机构制定出相互冲突的立法时，哪一项立法体现出那个机构的最后意志，应该优先。

一个上级权威和一个下级权威，一个原发权威和一个派生权威，出现互相抵触的立法，那么，事物的常理教导我们，应该做相反的处理：上级权威先做出的立法，应该优先，下级从属权威的后续立法，应该置后；同时，不论何时，一条具体的法令，与宪法抵触，法庭的责任，应该是忠于宪法，不顾这项具体法令。

下级法律服从上级法律，一切法律服从宪法

说法庭可以借口两条法律相互矛盾，用自己的喜好，取代议会按宪法立法的原意，这种说法，没有什么分量。这种事情，可能发生在两条法令互相冲突之时，或者发生在对一条法令加以解释时。法庭必须宣布该项法律的含义；如果他们的意图不是去判断，而是体现意志，其后果，等于用法庭的喜好，取代议会的意志。这种情况，如果说证明了什么，那就是证明了：不应该有与议会分开的法官。

法庭只能判案，不能用自己的意志取代立法意图

如果把主持正义的法庭，视为捍卫限权宪法的堡垒，抵制议会的侵权，这种看法，构成一个强大的理由，支持法官任职的终身制，因为，再也没有什么别的办法，像终身制那样，能支撑法官的独立精神，对于忠实履行如此艰巨的任务，是一项基本条件。

只有终身制，才能使法官成为捍卫宪法的忠实堡垒

法官的这种独立性，对于捍卫宪法，对于保护个人利益，同等必要，使宪法和个人利益，不受那些心怀叵测者的败坏情绪的影响，不受某些特定危急关头的影响，有时候，这种情绪就在民众中散布，这种情绪，虽然会很快地让位于较好的信息和比较仔细的反思，同时又具有一种倾向，会招来危险的政府创新，对社会上的少数施加严厉的压迫。虽然我相信，宪法的

法官的独立性，对捍卫宪法和捍卫公民个人，同等必要

朋友，在共和政府的基本原则上，永远不会和他们的敌人[3]合流，这项原则，承认人民改变或废止已有的宪法的权利，当人民发现这部宪法已经不再符合他们的幸福，但是从这项原则，并不能推断出：人民的议员，每当一种临时的倾向发生，正好抓住了大部分选民，与现存宪法的条文格格不入，就能以这个理由，说明他们违反宪法有理；或者说，法庭处在更大的责任下，对这种违背法律的行为加以纵容，认为这样做比摆脱议会中的党派阴谋更为合理。在人民通过某些神圣的、权威的行动废止或改变现有的形式之前，法律对他们，不论是集体，还是个人，仍具约束力；不能假设，即使人民的感性知识，要议员在采取这种行动之前，就偏离宪法。不过，很容易看清楚：它需要法官有不同寻常的勇气，作为宪法的忠实捍卫者，在立法已被社会的主要声浪挑起，违反宪法时，法官要尽他们的责任。

法官的独立，有利于遏制议会制定不适当的立法

法官的独立之所以重要，还不单纯是制止违反宪法的行为，也在于对付社会中偶尔会出现的败坏情绪。这种败坏情绪，有时会进一步延伸，通过不公正和偏颇的立法，伤害公民中某些特定阶层的私人权利。这时，法官的坚定性，具有重大作用，来缓和这些严刑峻法，对这些立法的执行加以限制。司法的作用，不仅在于对那些已经通过的立法错误加以节制，而且起一种制约功能，使议会不能通过错误立法；议会里的那些人，只要意识到这些障碍的存在，使他们的企图难以得逞，会遇到法庭的详察细审，就会对自己的意图加以收敛。这种格局，是慎思的结果，能对我们的政府，产生更大的影响，比只有很少的人意识到这一点要好。对司法部门这种坚持正义、刚中有柔的好处，有所体会的，已不止一个邦；虽然他们或许并不讨好那些心怀罪恶企图的人，而且挫败他们的企图，他们势必已经得到所有政治上不偏不倚者的高度赞扬和欢迎。各种

各样的思虑周到的人，对这种能产生和加强这种司法性情的因素，都应该予以褒奖；因为，谁也不能断定，今日受惠于司法不公的人，明天不会成为司法不公的牺牲品。每个人现在就必须意识到：这种逐渐挖空公私信心基础的精神，有其势不可免的趋势，代之而起的，将是普遍的彼此互不信任和痛苦灾难。

我们期望从法官身上得到的那种不屈不挠，始终坚持宪法和个人权利的精神，显然不能从短期任职的人身上得到。可是，周期性的任命，不论多么有规则，不论由谁制定规则，总会以这样那样的方式，对法官必要的独立性造成致命的影响。如果把任命法官的权力，不论委托给总统或者议会，都会造成一种危险，造成对拥有任命权者的不适当的依附顺从；如果对二者都依附顺从，就会造成一种人们不愿见到的危险：使二者都不高兴；如果法官只依附顺从人民，或者由人民为此特殊目的而选出的人，那就会产生一种伟大的趋势：听从人民大众的意见，伸张一种做法，除了宪法和立法以外，什么都不考虑。

阶段性任职不足保障法官的不屈不挠地坚持宪法和个人权利

还有一种进一步的、有分量的理由，说明法官终身任职的必要；这是从法官所需要资质引申出来的。人们频繁指出：卷帙浩繁的法典，与民主政府的优点所必备的麻烦紧密相连。为了避免法庭任性断案，法官必须受到严格的规则和先例的束缚，这些规则和先例的作用，在他们面对各种案件时，定义并指出他们的责任；很容易理解：从人类的敌意和邪恶中产生的形形色色的争议，先例中的记载，势不可免会膨胀成堆积如山的文件，要求使用漫长的时间，通过艰苦卓绝的研习，才能成长为能干的、知识渊博的法官。因此，在社会中，只有很少一部分人，能在法律方面获得足够的技能，堪当法官之任。法官要做出适当的推断，应用于人性的常见沉沦；能把需要的

法官要有丰富的法律知识，报酬有限，或许难以网罗优秀人才

人格完整和需要的知识融入一身者，更是凤毛麟角。这一番思考告诉我们：政府在胜任的人物中，没有多少选择的余地；一个短暂的任期，自然会使这样的人才退避，放弃他们收入丰厚的律师行业，接受法官的职位，这会产生一种趋向，把法官的职务，扔到比较不能干的人手中，这种人的能力和人格，往往稍逊一筹。看看我国目前的局势，以及看来要在本国持续相当一段时期的趋势，这种劣势要比第一眼看去更为严重；但是，应该承认：就这个问题所涉及的其他方面而言，这个问题还是次要的。

制宪会议采取了明智的行动，吸取了各邦宪法的优点

总的来说，以下看法没有什么可以怀疑的余地：制宪会议采取了明智的行动，从各邦宪法中吸取优点，确定了"行为良好得继续任职"，作为法官的任职期限；由于这个原因，宪法迄今为止没有受到指责，宪法想要实现良好政府的这个特点，就不能在这方面出现不可原谅的差错。大不列颠的经验，为这种良好体制，提供了一个有说服力的例证。[170]

帕伯琉斯

*《反联邦论》第78篇，题为"司法权"，第一部分，摘自"布鲁特斯"第15篇文章的第一部分，原载《纽约纪事报》，1788年3月20日。

---

[1] 帕伯琉斯注：大名鼎鼎的孟德斯鸠，谈起这一点时说："上述的三权中，再无低于司法者。"《论法的精神》第一卷，第186页。

[2] 帕伯琉斯注：同上，第181页。

[3] 帕伯琉斯注：参见《宾夕法尼亚议会中少数派的抗议》，马丁的演说，等等。

⑰ 制宪会议的最后一天：1787年9月17日，富兰克林做了重要发言。他说：先生，令我感到惊诧的是，现在制定的这套制度，如此接近完美；我认为，这部宪法也会使我们的敌人感到惊诧，他们正满怀自信地等着，

以为我们开会，也会和巴比伦人建造通天塔一样，每次总是劳而无功；以为我们各邦正处在分崩离析的边缘，此后每次见面开会，只不过是为了掐断彼此的喉咙。先生，为此，我同意这部宪法，因为我不指望还能更好，因为我也没有把握说，现在这部宪法就不是最好的。为了公益，我牺牲我认为宪法中还有谬误的私人之见。

我从未在外面窃窃私语。在此四壁之内，我的话语诞生，也在这里消失。如果我们每个回到选民那儿去的人，都向他们报告自己对宪法的反对意见，力图获得一帮一派的支持，我们或许要避免大家采取这种做法，免得我们的崇高努力前功尽弃，我们真实或表面的全体一致，自然会在世界各国和我们自己人中间产生出高尚效果和巨大益处。任何政府，为了获得和保障人民的幸福，大部分的力量和效能，取决于印象，取决于民众对政府的良好印象，取决于对治理者的智慧和人格完整的良好印象。为此，我希望，作为人民的组成部分，为了我们自己，为了子孙后代，我们采取全心全意、全体一致的行动，尽我们力所能及，推荐这部宪法(如果得到联盟议会的认可和各邦民意代表大会的批准)，把我们未来的思想和努力，转向治国安邦。

先生，总的来说，我禁不住想要表达一种愿望："制宪会议中每位对宪法或许还有异议的代表和我一起，就此机会，略微怀疑一下自己的一贯正确，宣布我们取得一致，在此文件上签上他的名字。"

然后，他提议，请代表们签名，并提供了下面一种方便的形式："公元一七八七年九月十七日，经出席各邦一致同意，完成这部宪法。我们谨在此签名作证。"这个语义笼统的表格，由古文诺·莫里斯拟订，想要争取尚有异议的代表，交到富兰克林手中，希望增加成功机会。

在场的四十二人中，三十九人在《联邦宪法》上签名。仍有三人拒绝在宪法上签名。他们是：弗吉尼亚的爱德蒙·伦道夫、乔治·梅森和马萨诸塞的艾尔布里奇·格里。

制宪会议散会后，代表们到费城的"城市之光"饭店共进晚餐。

9月20日，联盟议会宣读了宪法全文。这时，主持会议的是联盟议会最后一任轮值议长塞鲁斯·格里芬。格里芬是弗吉尼亚人，留学英国的饱学之士。他是华盛顿的好朋友，两人同为波托马克公司的股东。

9月26日，联盟议会开始对制宪会议提出的批准程序展开辩论。理查德·亨利·李想要提出修正案，可是28日，会议一致通过把宪法和附带的决议，一并转给各邦议会，让它们按制宪会议的决议办。这时，出席联盟议会的代表，有一半以上，就是刚刚开完制宪会议的代表，他们从费城赶到纽约来敦促宪法的批准。

与此同时，报纸杂志上，开始了对《联邦宪法》的大辩论。

9月19日，费城的报纸上开始出现第一篇赞扬宪法的文章。

9月26日，费城的报纸上开始出现第一篇批评宪法的文章。

9月27日，纽约邦长乔治·克林顿，开始以笔名"卡托"，在《纽约纪事报》上先后发表七篇批评宪法的文章。10月5日，费城的萨缪尔·布雷恩，用笔名"森狄涅尔"，先后发表十八篇批评宪法的论文。10月18

日，纽约邦大法官雅茨，用笔名“布鲁特斯”，开始在《纽约纪事报》发表批评宪法的文章，先后共十八篇。

10月6日，威尔逊在费城发表捍卫宪法的演说，单行本到处流行。10月27日，汉密尔顿策划的《联邦论》编号论文，开始出现在纽约的《纽约邮报》《独立报》《每日广告报》，共八十五篇。参见本书注释①。

第七十九篇*

二论司法：法官职务薪水应稳定，不称职可弹劾

汉密尔顿

1788年5月28日　收入麦克莱恩版

致纽约邦民众：

要想司法部门独立，首先要让法官任职稳定，其次是稳定薪水。我们前面谈到总统时所说的话，对法官同样适用。人性就是如此：控制了一个人的衣食，就控制了他的意志。不论何种体制，倘若法官的衣食，仰赖于议会的不时施舍，那就休想司法在实践中完全独立于立法。经过启蒙、主张建立良好政府的朋友们，各邦都有。他们已经看到，在各邦的宪法里，对此问题缺乏明文规定，不由得叹息。有些邦的宪法确实提到，应给法官固定年薪[1]。不过，有些实例说明，这种说法，还不足以制止议会越权。看来，还要增加一些更为肯定的、毫不含糊的措施。制宪会议对此问题所订条文，明确联邦法官"在规定时间领取服务报酬，在职期间报酬不减"。

要想司法稳定，一要法官任职稳定；二要薪水有增无减

这项条文，照顾到所有各种情况，是人脑所能想出的恰如其分的措辞。人们容易理解，由于币值浮动、社会局势变化，

法官年薪，不得下调，让法官无需为衣食而生后顾之忧

宪法硬把报酬的数额固定下来，实不相宜。今日认为奢侈者，再过半个世纪，或许已经成为寒碜、入不敷出。为此，把法官的薪水留给议会处理，根据不断变化的情况相应调整，但是，加了一条限制，议会不得下调法官个人的薪水。这样，一个人才有把握，觉得站稳了脚跟，不为衣食后顾而畏缩，才能忠于职守，坚定执法。上文所引分句，把两个优点结合起来。法官的年薪，可以根据局势的变化，不时调整，但每位法官一旦上岗，薪水永远不得降低。大家可以看到，制宪会议对总统报酬和法官报酬区别对待。总统年薪是不增不减。法官年薪只说不减。这可能是因为两种职务任职期限不同。当选总统任期四年，开始任职时定下的足够年薪，到任期结束时已嫌不足，这种情况，罕有可能。法官行为良好，会任职终身，任职之初定下的年薪，似乎丰厚，继续任职，薪水显得越来越少，这种情况很可能发生，尤其在政府初建阶段。

对法官年薪的规定，表现出谨慎求实；与各邦宪法中对邦法官的规定相比，联邦法官由于终身任职、薪水稳定，得到安全保障，更能发挥独立性。

去除不称职法官的办法：议会弹劾

宪法中有关弹劾的条文，构成对法官不称职的防范。法官行为不端，众议院可发起弹劾，由参议院审讯，若确认犯有被弹劾的罪名，可以去职，并取消再任法官的资格。这是关于弹劾法官的唯一条文，与保持司法独立的必要性相吻合，也是我们在自己的宪法中发现的关于我们自己的法官的唯一条文。

难以确定“无能法官”标准，精神失常例外

人们一直抱怨的一个题目是：宪法里缺少一项条文：如何撤去无能法官？审慎的人都明白，这种条文，或难以施行，或易被滥用，达不到预想中的良好目的。我相信，人在测算法官是否胜任方面的聪明才智，尚未进入已知的技艺目录。试图划定能干和无能的界限，更为常见的，是给个人好恶、党派

好恶、敌对情绪提供机会，难以达到弘扬正义、增进公益的效果。结果，多数判断势必武断任性，唯精神失常例外；对精神失常也无正式明确规定，因为精神失常可以从外表的不合格加以判断，安全无误。

从人道出发，不宜设定法官退休年龄

纽约邦宪法，为了避免结论模棱两可、造成危险的调查，规定一个年龄，作为丧失能力的界线：法官年龄不得超过六十。我相信，现在不反对这一规定的人寥寥无几。用年龄限制任职，最不适宜的就是法官。人只要活着，仔细推敲、权衡比较的能力，保持强健，一般远远超过六十；除此之外，我们还要考虑，活过这种智力旺盛期的人很少，法官席上的总人数无论是多是少，老人总不可能在同一时间占据相当比例。我们由此可以得出结论：这种限制不值得推荐。在一个财富尚不丰裕，退休金尚无保障的共和国里，把在岗位上为国服务多年、成效卓著的人解雇，要他靠劳作谋生，另寻别路谋生，为时已晚，应多从人道考虑，不要想象法官席上坐满耄耋的危险。⑰

帕伯琉斯

*《反联邦论》第79篇，题为“司法权”，第一部分，作者“布鲁特斯”，从“布鲁特斯”的第16篇文章中摘取，原载《纽约纪事报》，1788年3月20日。

---

[1] 帕伯琉斯注：见马萨诸塞邦宪法第二章第一条第十三款。

⑰《联邦宪法》的批准过程：各邦宪法，多由各邦临时议会中的制宪小组撰写，交本邦全体选民批准。只有马萨诸塞的第二部宪法，先由民选的制宪小组撰写，再交全体选民批准，具备完整的合法性。《联盟条款》，由大陆议会选出的迪金森小组（每个殖民地选出一人参加）起草，交由十三个邦议会先后批准。没有交给各个邦的全民批准，从法理上说，缺乏完整的合法性。制宪会议开始时，各邦选民，甚至各邦议会，只知道这个会

议将修改《联盟条款》，没料到这个会议会推倒《联盟条款》，另起炉灶，树立《联邦宪法》。仔细阅读《辩论》，会发现：制宪代表们，每当否定《联盟条款》中的一项条文，每当提出一项创新条文，作为《联邦宪法》的一个组成部分时，常常反躬自问：选民是否“同意”或“接受”？他们制定《联邦宪法》时，心中至少有“选民意志”。

制宪会议进程中的重要内容之一，是设计《联邦宪法》交付讨论批准的程序。经过反复辩论，达成两项共识：

一、《联盟条款》要求十三个邦议会都批准，才能生效。根据十多年的经验，为了避免再出现少数拖拉多数的教训，甚至“一票否决”的不良先例，制宪会议只要求十三个邦中三分之二以上的多数批准即可。体现于《联邦宪法》第七条，也就是最后一条：“九个邦（十三的三分之二强）的民意代表大会批准，即构成足够数目，在批准的邦之间树立这部宪法。”

二、《联盟条款》得到的是十三个邦的议会的批准；制宪会议希望：《联邦宪法》能得到全民的批准，取得完整的合法性。为了实现这个目的，有三种可选择的办法：1. 举行全国性的民意代表大会，像后来的民主党或共和党全国代表大会一样。可是，当时的联邦，连个临时首都都没有，举行这么大规模的代表会议，可能难以办到，即使办到，这么大规模的会议，如何具体运作，会出现什么状况，也难以逆料。2. 直接交给基层的县、市、镇民意代表会议讨论批准，然后上报结果。这个办法，过程的复杂、艰难，后果更加难以逆料。3. 由现在已经组织较为完备的各邦议会，出面组织，把议会放到一边，让选民直接为讨论批准宪法的唯一目的，而选出民意代表，讨论决定。可是，如汉密尔顿在第一篇中所言：各邦议会的当权派，许多正好是批准《联邦宪法》的主要反对者。因为，如果《联邦宪法》得到批准，他们有可能是主要的权力失去者。尽管如此，制宪会议还是选择了第二种办法。麦迪逊在本书第三十九篇里说，这种一个邦一个邦批准的方法，不是“国家式的”，而是“联邦式的”。这显然是一种需要冒风险的做法。

为了实现得到批准的目的，制宪会议在《联邦宪法》正文之外，通过了两项决议。第一项决议：现将前述宪法，呈交联盟议会。这次制宪会议认为：随后应将这部宪法，交给各邦民意代表大会，代表由各邦议会推荐，由各邦人民选出，以便他们接受和批准这部宪法。每个同意和批准这部宪法的民意代表大会，应将他们的接受和批准，报告联盟议会。

这实际上是一道命令，丝毫不提任何邦不批准的可能。这项决议，由华盛顿签名。除了华盛顿，再没有人具备这种权威。

十三个邦开始举行民意代表大会，讨论宪法，决定是否批准。

在制宪会议的进程中，是大邦居于发起和进取地位，主张用按人口分配众议院席位，小邦处于被动和抵制的地位，坚持要求自己的平等权利。达成“伟大折中”，小邦取得参议院的平等席位后，在批准过程中，情况相反：小邦迅速批准，大邦则遇到困难。

1787 年 12 月 3 日，特拉华议会要求各县 11 月 26 日选出民意代表，12 月 3 日开会。12 月 18 日，特拉华民意代表大会宣布：经过三个县各派出的十名代表商议，一致同意宪法，以 30 比 0 批准。三十名代表在决议上签名，由大会主席，特拉华邦长柯林斯签署。特拉华成为加入联邦的第一个邦。

宾夕法尼亚的情况就复杂些。共和党人反对 1776 年的邦宪法，却支持《联邦宪法》；宪政党人支持 1776 年的邦宪法，却反对《联邦宪法》。9 月 28 日，共和党人要求举行邦议会，争取 10 月选出民意代表，宪政党人认为太匆忙，集体不出席，使议会无法达到开会的法定人数。共和党人派武装士兵搜寻宪政党人，在群众的帮助下，终于抓来两人，凑成三分之二的合法人数。9 月 29 日，开会决定：11 月 6 日各县选代表，11 月 20 日开始举行民意代表大会。10 月 2 日，“逃会”的十六名议员，发表公开信，指责制宪会议背弃《联盟条款》。

11 月 21 日，宾夕法尼亚民意大会到会者达到三分之二的法定人数，24 日开始辩论。威尔逊成为联邦派的主要代言人，怀特希尔、芬德利、斯迈尔成为反联邦派的主要发言人。11 月 26 日，联邦派以 44 对 24 票击败反联邦派的动议：他们要求对宪法实行逐条批准。12 月 12 日，罗伯特·怀特希尔对宪法提出 15 条修正案，提议民意大会休会，给人民更多的考虑时间。民意大会以 46 对 23 票击败怀特希尔的动议，然后，以 46 对 23 票批准宪法。宾夕法尼亚成为加入联邦的第二个邦。

12 月 18 日，宾夕法尼亚二十一名反对派议员发表《持异议者的呼吁和理由》，广为流传。他们继续反对批准宪法的活动。

第八十篇*

三论司法：联邦法院审理的案件类型

汉密尔顿

1788 年 5 月 28 日　收入麦克莱恩版

致纽约邦民众：

为了准确判断联邦司法权的适当限度，首先要考虑司法权的适当对象。

以下观点，看来很少有人提出异议：联邦的司法权，应该延伸到以下几类案件：一、为实现正义，实现宪法授予的权力，联邦议会立法而引起的所有案件；二、与贯彻宪法明文规定的条款有关的所有案件；三、以联邦为涉事一方的所有案件；四、涉及联邦和平的所有案件，不论这些案件是涉及联邦与外国的交往，还是各邦之间的交往；五、发生在公海上、在海事法庭管辖权以内的所有案件；六、最后，不能假定各邦法庭能做到不偏不倚、毫无偏见的案件。

联邦法院将要审理的六类案件

第一类案件的依据非常明显：总得有一套合乎宪法的程序，贯彻宪法的规定。例如，倘若没有一定的宪法模式，如何实行对各邦议会立法权的限制？按制宪会议的规划，对各邦

如何实现对各邦议会立法权的限制

议会立法有一系列的禁令，其中，有些是邦的利益与联邦的利益抵触，有些是不符合良好政府的原则。禁止各邦征收进口税，禁止各邦发行纸币，就是两个例子。有理性的人不会相信：如果联邦政府没有有效的权力，对违反行为加以限制和纠正，各邦就会自动遵守。要想贯彻这种权力，一个办法，是直接否定各邦议会的立法；另一个办法，是授权联邦法院，宣布邦议会公然违背宪法的立法无效。我想不出还有第三条路。制宪会议偏向第二种办法，我想各邦也会同意。

第二类案件，无论再出现什么议论，什么评价，都不如第二点本身清楚。若天下有所谓政治公理，那么，司法部门与立法部门权力并延，广度相同，就是天经地义，或可算得一条。解释全国性立法时，需要口径一致，说明了这个问题的道理。若十三家独立的法庭，对起源于相同立法的相同案件，各有终审权，便成为施政中的九头蛇，除了相互矛盾和乱作一团，别无所获。

解释全国性立法时，要口径一致

第三类案件更不用说。国家与邦、国家与公民之间的争议，只宜于到国家法院去起诉。任何其他安排，都违反理性，违反先例，违反礼仪。

联邦作为涉事一方，是一个法人

第四类案件基于一个纯朴的道理：整体的和平，不能受制于部分的和平。联邦无疑要为各邦的行为而对外国负责。既然联邦要对造成的损失负责，就应该拥有避免损失的权力。因法院判决或其他做法造成损失，或滥用司法，可能成为外国开战的正当起因，因此，凡涉及其他国家公民的案件，应交由联邦法院审理。这一点，对维护公共信用十分重要，不亚于确保公共宁静。由条约和国际法引起的案件，与那些仅仅以行政法为依据的案件，或许可以想象出其中区别。前一类，估计宜于由联邦法庭审理，后一类，宜于由各邦法庭审理。不过，这种做法依然大有问题，若一个外国人涉案，其中争议的实

处理涉外案件，最安全的办法，是交给联邦法庭处理

质，不论是完全涉及地方法律（lex loci），还是涉及违反条约中的条款，还是违反了国际法中的一般条款，若不调整，对他做出不公正的裁决，便会被认为侵犯了他的主权。对于这种区别，还有一个更大的反对理由：这类案件和别的案件，若非不可能，也是太难区别对待。涉外案件中，有相当大的一部分，牵涉到国家问题，最安全、最方便的做法，是把所有这类案件提交全国法庭处理。

十五世纪德国建立帝国法庭，对消除成员分歧起了巨大作用

两个邦之间的诉讼，一个邦与另一个邦的公民之间的诉讼，不同邦之间的公民的诉讼，其断案权，与上述涉外案件相比，或许对联邦的和平不那么重要。历史给了我们一幅可怕的图景，连绵不断的纠纷和私下开战，把德国弄得四分五裂，满目荒凉，直到马克西米利安建立起帝国法庭（Imperial Chamber），那时已经接近十五世纪末期；历史同时向我们展现：这项制度，在消除混乱、奠定帝国的安宁方面，发生了多么巨大的影响。这个法庭，被赋予裁决德国各个组成成员之间一切分歧的终审权。

联邦将控制各邦因土地纷争而引起的敌对和仇视

终止各邦之间可怕分歧的办法，在联邦首脑的权威之下，并非不可企及，即使在一种不完善的体制下，就是我们当下所经历的联盟体制，也做到了。但是，除了介入各邦对边界的土地要求之外，还有其他原因，在联邦的各个成员之间，产生争吵和仇视。这类的争吵和仇视，在我们过去的经历中，已经亲眼所见。大家很容易猜到，我所指的是：太多的邦，曾经通过欺诈性的立法。虽然拟议中的宪法，奠定了一些特定的保卫措施，防止这类弊病再起，可是，这类弊病还是再次抬头，不过，可以肯定：引起这类弊病的情绪，将会采取新的形态，令人难以逆料，也无法采取特定预防措施。不论什么做法，只要趋于搅乱各邦之间的和谐，都会成为联邦最高权力的控制对象。

联邦的基础在于："每个邦的公民，都有资格享有各邦公民享有的一切特权和豁免权。"若说每个政府都应该拥有手段，用自己的权威，贯彻自己的法律条款，这条原则有理，那么，顺理成章：为了一无例外地维护联邦公民一律平等，都有资格享受一切特权和豁免权，那么，全国的司法部门，就应该主持所有下述案件，其中，一个邦或它的公民与另一个邦或它的公民发生诉讼。为确保如此重要的一项规定能充分显示效能，以防止任何借口和诡计，有必要将此项解释权，委托给联邦法庭，因为它没有地方之见，能在不同的邦及其公民之间，保持不偏不倚，由于它的存在取决于联邦，永不会沾染任何人为的偏见，会坚守它建立时的原则。

只有联邦法庭才能不偏不倚地对待各邦及其公民之间的诉讼

第五类案件不会引起多大指责。即使是最热心的邦权论者，也没有走到那么远，拒绝全国司法部门处理海事案件。这种案件，一般来说依赖于国际法，通常都要影响到外国人的权利，处理这类案件时，需要斟酌与公共和平的关系。其中最重要的部分，目前的联盟都交给联邦法庭处理。

联邦法庭审理海事案件

不能指望各邦法庭做出不偏不倚裁决的案子，交由全国法庭处理，可以说是顺理成章。毫无疑问，任何人不能在涉及本人的案子，或与他有利害关系，或他存有偏见的案中，担任法官。这一原则，具有相当分量，要求指定联邦法庭作为适当的法庭，了断不同的邦及其公民之间的争议。联邦法庭还应处理同一个邦内的公民之间的某些案件。根据不同的邦提供的地契，声称自己对某块土地持有所有权，原因是邦之间所划的边界线不同，就属于这一类。颁发同一地契的两个邦的法庭，估计都不会不带偏见。两个邦的法律，对此可能都含有偏见，使法庭受到约束，会做出有利本邦的裁决。即使不这样做的地方，自然的结果也是：法官也是人，会有一种强烈的先入之见，偏袒自己所属的政府。

只有联邦法庭才能公平处置各邦之间的土地争议

我们已经立下联邦法庭应该遵循的原则，并加以讨论，下面，我们就用这些原则来检验一下，根据制宪会议的计划，联邦法庭应具备的各项权力。应该理解，“司法权，法律和衡平，延伸到宪法引起的所有案件、联邦立法引起的所有案件、已经缔结和将要缔结的条约引起的所有案件；涉及大使、其他公使、领事的所有案件；所有海事案件；以联邦为一方的诉讼；一邦与另一邦公民之间的诉讼；不同邦公民之间的诉讼；同一邦公民因持有不同邦颁发的地契而引起的土地纠纷；一邦或其公民与外国、外国公民、外国臣民之间的诉讼。”这些，就构成联邦司法权力的全部内容。我们先来仔细看看这些权力，然后，再加以扩展。

联邦司法权的全部内容归纳

一、由宪法引起的、由联邦立法引起的、所有涉及法律和衡平的案件。这一点对应所有涉及联邦司法适宜权限的前两类案件。有人提问：“由宪法引起的案件”，与“由联邦立法引起的案件”，对比之下，有何区别？区别已经解释了。宪法对各邦立法权的所有限制，提供了例证。例如，各邦议会不得发行纸币；这项禁令，来自宪法，与联邦议会的立法没有关系。是否应该发行纸币，由此引起的争议，根据这个术语的一般含义，属于由宪法引起的案件，不属于由联邦立法引起的案件。这可以视为整体的一个样本。

由宪法引起的案件，与由联邦立法引起的案件，有何区别

有人提问：为什么要用“衡平”这个词？从宪法和联邦立法，能引发出什么“衡平”案件？在个人之间的诉讼中，很少不涉及欺诈、横祸、信托、受苦等等因素，这些都可能成为“衡平”的对象，而非要求法律上的判决，各邦都已了解这种区别，并建立起衡平法庭。例如，一个衡平法庭，要处置一件俗语所谓“棘手的讨价还价”的案件，就是它的特定司法领域：这些讨价还价，本是合同，其中虽然没有直接或间接的欺骗，足以在法庭上加以揭示；可是其中有些情节，显示涉事的一方，利用

“衡平法”的含义是什么

对方的不利地位，占取了不公正、难以意识到的便宜，衡平法庭对这种行为就不予容忍。在这类案例中，外国人不论是原告被告，联邦法庭若不兼用衡平和法律二者，就难以实现公正。由不同的邦颁发的地契引发的土地争议，最后达成协议，提供又一个例证，说明联邦法庭需要具备衡平裁判权。这番推理，对于那些对法律和衡平未作正式的和技术的区别的邦，如纽约邦，或许不能适用，在那些邦的日常实践中，这种区别被简化了。

联邦的司法权还延伸到：

联邦司法权还可延伸到以下六类案件

二、由联邦已经签订或将要签订的条约引起的一切案件，影响到大使、其他公使和领事的一切案件。这些属于已经列举的案件的第四类，因为这些案件显然与维护全国安全有关。

三、一切与海事法有关的案件。这些构成联邦司法权限内所列举的第五类案件。

四、联邦作为涉事一方的所有案件。这些构成联邦司法权管辖的第三类案件。

五、两邦或多邦之间的争议，一邦及其公民与另一邦及其公民之间的争议，不同的邦的公民之间的争议。这些属于第四类案件，其处理办法，与最后一类相似。

六、同一个邦的公民之间，由不同的邦所颁发的地契而引起的土地纠纷。这些属于最后一类，拟议中的宪法，承认同一个邦的公民的争议，并直接做出解释，这是唯一的例子。

七、一个邦或其公民，与外国、外国公民、外国臣民之间的案件。这些，前面已经做了解释，属于列举案情的第四类，已经说明，它属于联邦司法适当对象中需要特殊处理的一类。

全国议会将有广泛的权威，制定例外

我们对联邦司法的具体权力作了一番巡礼，如宪法中所勾勒的，看起来，所有这些案件，都符合联邦司法结构所应遵循的原则，而这，对完善司法体制是必要的。如果说，要把这么多的内容都融合到一部宪法里，可能带来某些局部的不便，那就应该想到：全国议会将拥有广泛的权威，制定例外，并通过运筹，列举规则，消除其中的不便。出现具体错误的可能性，决不会被信息日益丰富的头脑，视为对一般原则的僵硬反对，这些一般原则，乃是经过深思熟虑推算出来，以防普遍错误，获取普遍好处。[172]

帕伯琉斯

*《反联邦论》第80篇，题为“司法权”，第二部分，选自“布鲁特斯”（罗伯特·雅茨）的第11篇论文，原载《纽约纪事报》，1788年1月31日。

---

[172]《联邦宪法》的批准过程：

1787年11月1日，新泽西议会要求各县在11月27—12月1日之间选出代表，12月1日举行民意代表大会。13个县共选出38名代表。12月12日，新泽西以38比0，一致通过宪法，由大会主席、民意代表约翰·尼尔和全体代表在决议上签名。新泽西成为加入联邦的第三个邦。

1787年10月26日，佐治亚议会要求各县于12月4—5日，选出民意代表，12月25日开会。佐治亚的10个县各选出2至3名代表。12月31日，佐治亚民意大会以26比0，全票通过《联邦宪法》。1788年1月2日，大会主席、民意代表约翰·威利特和全体代表在决议上签名。佐治亚成为加入联邦的第四个邦。

1787年10月17日，康涅狄格议会要求各县在11月12日选出民意代表，1788年1月3日举行会议。1788年1月9日，康涅狄格民意大会以128比40票批准《联邦宪法》，大会主席马修·格里斯伍德，和全体投赞成票的代表在决议上签名。康涅狄格成为加入联邦的第五个邦。

1787年10月25日，马萨诸塞议会要求各县于12月9日至次年1月7日选出民意代表，1788年1月9日开会。各县共选出民意代表355名。此前，11月3日，拒绝在宪法上签名的马萨诸塞代表艾尔布里奇·格里，写信给马萨诸塞议会，申诉他拒绝在宪法上签名的原因，在波士顿发表。11月8日，理查德·亨利·李的《联邦农场主致共和派的五封信》集结为小册子出版，成为反联邦派流行最广的读物。

1788年1月9日，马萨诸塞民意代表大会在波士顿举行，包括来自海滨的赞成派，和来自内陆的反对派，还包括来自缅因地区的代表。邦长约翰·汉考克当选大会主席，但他在会议上一直保持中立，把会议交给库欣主持。他的不露面，使代表们觉得是一种政治策略。1月14日，大会对宪法一条一条地表决，同时展开辩论。1月24日，马萨诸塞反联邦派提议：结束这种一句一句的辩论批准过程，干脆对整个宪法展开表决。萨缪尔·亚当斯说，宪法中的有些部分，使他觉得难办，还是仔细斟酌为好。要求立刻表决的动议失败。联邦派的领袖们意识到，必须允许提出一些修正案，否则难以通过。于是，他们与约翰·汉考克达成妥协。1月31日，约翰·汉考克在大会上演讲，支持批准宪法，同时推荐9条修正案，要求宪法生效后，联邦议会予以采纳。萨缪尔·亚当斯支持汉考克的提议，并认为这会给后来的邦提供一个榜样。2月4日，一个委员会报告了汉考克提出的修正案的修改稿。2月6日，汉考克对大会最后致辞，号召大家和解，然后表决。会议以187比168票的微弱多数，批准宪法，并提出9条修正案。马萨诸塞成为加入联邦的第六个邦。

1787年12月1日，马里兰议会要求各县于1788年3月28—29日选出民意代表，1788年4月21日开会。此前，反对宪法、提前离开制宪会议的马里兰代表马丁·路德，11月29日在马里兰议会上发表反对宪法的演说，后来集结成小册子《原始信息》，于1788年4月出版。4月26日，马里兰民意代表大会投票，以63比11票批准宪法，然后才列出反联邦派提出的修正案。马里兰成为加入联邦的第七个邦。

1788年1月16—19日，南卡罗来纳众议院对宪法展开辩论，一致同意5月12日举行民意代表大会，要求各县4月11—12日选出代表。众议院以76比75票决定在查尔斯顿举行会议。在沿海低地，联邦派占优势，在内陆高地，反联邦派占优势。1788年4月28日，南卡罗来纳民意代表大会开始。5月23日，南卡罗来纳民意代表大会投票，以149比73票批准宪法，同时提出4条修正案。南卡罗来纳成为加入联邦的第八个邦。

第八十一篇*

四论司法：司法权的划分，联邦最高法院与下级法院的分工

汉密尔顿

1788年5月28日　收入麦克莱恩版

致纽约邦民众：

司法权的划分：各级法院及其彼此关系

现在，我们转向司法权的划分，介绍各种法院，及其彼此关系。

"联邦的司法权寓于一所最高法院和联邦议会因时设立的下级法院。最高法院和下级法院法官，行为端正得继续任职，在规定时间领取服务报酬，在职期间报酬不减。"[1]

需要一所最高法院，作最后裁决，迄今无人对此提出异议

需要设立一所最高法院，作最后裁决，迄今无人对此提出异议，看来也不会有人对此提出异议。理由，已在另外一个地方做过解释，明显异常，无须复述。对此提出的唯一疑问，是最高法院是否有必要单立，是否可以作为议会的一个分支。还可以发现另外一种异议与此有关，已在其他几处提到过。反对参议院担任弹劾案审讯庭的人，基于不恰当的权力混合说，至少通过暗示，主张把所有案件的最终裁决权，全部或部

分寓于议会。

这一指责的立论依据，是说，“拟议中的联邦最高法院，将是一个分开而且独立的机构，其权威高于议会。按照宪法精神，有解释法律的权力，使法院具备这种权力，会使法院把法律打造成他们心中认为适当的任何模式；尤其是，法院的裁决，将不以任何方式，服从议会的修改或更正。这是史无前例的，其危险也是前所未见。在英国，司法终审权，寓于上院，而上院是议会的一翼；各邦宪法，一般都模仿英国政府的这个部分。英国的议会，各邦的议会，随时可以通过立法，纠正各级法院所做的引起反对的裁决。而联邦最高法院的错误或篡权，将会无法控制，无法纠正。”仔细观察，就会发现，这种说法，完全是建立在曲解事实基础上的虚假推理。

有人认为：司法终审权应该寓于议会上院或其中一院

首先，宪法中并无片言只语，直接授权全国法院按宪法精神解释法律，这一方面，宪法赋予全国法院的权限，不超过各邦法院现已宣布拥有的权限。不过，我承认，宪法应该是解释法律的标准，不论哪里出现明显的反对意见，法律都应该服从宪法。这条原理，并非来自对制宪会议所处特定环境的推理；而是来源于限权宪法的一般理论；只要这一理论正确，这个理论，若非同样适用于所有邦政府，也适用于多数邦政府。因此，从这一点出发，不可能反对联邦的司法权，这种司法权，一般来说，并不与地方司法权对立，也不会被用来指责试图限制立法权限的任何宪法。

联邦宪法对议会的立法权有所限制，不得违反宪法

或许有人认为，这个反对意见的矛头所指，是拟议中的联邦最高法院的组织形式；指责最高法院是一个由法官组成的独立机构，不像在英国政府和纽约邦政府里那样，是议会的一个分支。为了坚持这个观点，反对意见的作者们，必须放弃他们辛苦打造出的一个著名公理：要求把政府各部门的权力分开。撰写这些文章的过程中，已对上述著名公理做过解释，按

缺乏法律知识的议员、充满党争的议会，不宜担任法官

照这些解释，对他们再让一步，就算把司法终审权寓于议会的一个部分，不违反三权分立的原则。可是，这即使不是绝对违反那条著名的公理，也已经过于接近边缘，仅此一点，就不如宪法提出的模式那么合格。对于一个过去曾经参与制作坏立法的机构，我们很难期待它在实施立法的过程中，能够做到稳健中庸。立法过程中表现出来的那种精神，太容易体现到司法过程中去。更不可期待的是：作为立法者的议员，立法时已经违背宪法，担任法官时，反而会纠正这种违反。不仅如此，法官行为良好得继续任职，这种安排的条条理由，都反对把司法终审权，交给一个成员任期有限的机构。初审由终身任职的法官担任，终审却由任期有限、成员不断变化的机构担任，实属荒谬。法官是因为具备法律专业知识而被挑选任职的，经过长期的工作和钻研积累经验，用来复审和控制人们，议员由于缺乏同样的优势，必然欠缺这些知识。挑选议员时，很少用成为称职法官的那些资质来要求他们；由于这个原因，有巨大的理由担心：由于无知而造成的所有恶果；议会由于自然趋于党派分歧，基于这一理由，就有更多的理由需要担心：党争的瘟疫，有可能毒化司法的清泉。持续不断地在对立的两面之间行走，太容易压制法律和衡平的声音。

多数邦的宪法，都把司法终审权授予议会以外的机构

这些观察教导我们：应该对那些邦的明智叫好，它们把司法的终审权力，不是交给议会的一院，而是交给分开和独立的机构。有些人把宪法中的这个方面说成是创新和史无前例，与他们的假设相反，这些内容，不过抄自新罕布什尔、马萨诸塞、宾夕法尼亚、特拉华、马里兰、弗吉尼亚、北卡罗来纳、南卡罗来纳和佐治亚等邦的宪法；人们对这种模式的偏好，得到高度赞扬。

议会可以制定新规则，供今后的案件使用

其次，所谓英国议会和各邦议会能纠正各地法院所做的错误裁决，也不真实，并不在别的意义上超过美国未来议会可

能做的范围。不论英国宪法，还是各邦宪法，理论上，都没有授权议会通过决议，扭转法庭的裁决。在拟议的宪法里，也没有什么超出英国宪法和各邦宪法的安排，对这种做法加以禁止。前者和后者一样，法律和理性的一般原则不适宜的事情，是唯一的障碍。在一个具体的案例里，议会若不超过权限，不能扭转一个既成的裁决；不过，议会可以制定一条新规则，供今后的案件使用。这是现在考虑的原则，适用于所有后果，以同样的方式和程度，适用于邦政府，适用于全国政府。在这个问题上，没有任何区别。

议会有权弹劾法官

最后还要指出：假想中的司法部门蚕食议会权力，在许多场合下，被反复强调，其实是一种错觉。错误解释和违背议会意志，会时不时地发生；不过这种误解或违背，不可能走得太远，变成一种麻烦，或以任何可以感知的程度，影响政治制度的秩序。这一点，肯定可以从司法权力的一般性质，从司法的目标，从司法相对的软弱性，从司法完全没有能力使用武力篡权，推断出来。想想宪法设置的重要制约方式：制度化的弹劾权力，由议会的一院发起，由另一院审理，应用于司法部门的成员，这种推理，更是大大加强。仅此一点，就构成完整的安全。决不会出现这样的危险：法官联手，通过一系列处心积虑的篡权活动，损害议会的权威，危及那个受到委托的机构的联合情绪，而议会却有权惩罚法官擅越，要他们从法官席位上下来。这，应该消除这个问题上的所有疑虑，同时，它也为参议院担任弹劾庭提供了一个有力的理由。

联邦最高法院与联邦地区法院的关系

我相信，说到这一步，我已克服了以下反对意见：反对把最高法院组织成一个单立的、独立的机构。现在，我来考察组织下级法院[2]和予以授权的适宜性，还有下级法院和最高法院的关系。

联邦下级法院可以减少最高法院的负担，审理地区内的案件

下级法院的权力，显然经过深思熟虑，是为了减轻最高法

院的负担,免得每个属于联邦司法范围内的案件,都提交到最高法院。这种安排的意向,使全国政府可以在联邦内的每个邦或地区设立或授权一所法院,有能力在其所辖范围内审理属于全国司法权限内的案件。

各邦法院充满地方精神,不宜代替联邦地区法院

或有人问:何不就采用各邦法院来实现同样的目的呢?这个问题有不同的答法。虽然各邦法院的资格和能力应予尽量肯定,不过,这里权力的实质,依然是宪法的需要。如果为了体现全国议会赋予下级法院的权力,处理由全国宪法引起的问题,把审理这类案件的权力,移交给各邦现存的法院,或许就会变成"组建法庭",等于创设具有类似权力的新法院。可是,创设新的条款,更直接、更明确地有利于各邦法院,难道不该?依我之见,存在着实际原因,反对创设这样的条款:即使是辨别力最强的人,也无法预见,地方精神的普遍流行会走到多远,人们会发现,地方法院不具备资格审理全国性案件的司法权限;每个人都可能发现:像有些邦所建立的那样的法院,对履行联邦的司法权威来说,是不适当的渠道。各邦法官的任职期限,由各邦确定,或每年更换,独立性太差,不足以担当稳定执行全国法律的重任。如果把涉及联邦法律的案件的初审权交给各邦法院,那么,联邦法院接纳上诉案的门,就要开得越宽越好。对下级法院的信心,或缺乏信心,与上诉案的难易成正比。新宪法延伸了案件的种类,我虽然赞同宪法对上诉权的安排,但我还是应该仔细算计实行起来将会出现的每种情况,无法限制的上诉案,将成为公私两不便利的源泉。

建议把整个联邦分为四到五个或六个司法地区

是否把联邦分成四到五个或者六个地区,每个地区设立一所联邦法院,比起在每个邦设立一所,会被发现更为适当,而且有用,不过,对此,我没有把握。这些法院的法官,在各邦法官的协助下,可以在各地区范围内实行巡回审理。通过这些法院,正义易于得到伸张;上诉案也会安全地控制到一个狭

窄的半径以内。这个计划，目前在我脑中，与可能的计划比，最为可取，为了做到，建立下级法院的权力，应该完全按照宪法中的有关条文办理。

这些理由，看来已经足够使公道的头脑满足，没有这份权力，就会成为宪法里的一个巨大瑕疵。现在，让我们来看看，司法权力如何在最高法院和下级法院之间分配。

联邦最高法院和联邦地区法院的权力分配

最高法院的初审权，只限于“涉及大使、其他公使和领事”的案件，以及“以一邦为涉事一方”的案件。每种类型的公使，都是他们国家的直接代表。不论案件涉及何种问题，都与公共安全直接相关，为了维护公共安全，为了尊重他们所代表的国家，这类问题，应该直接交到国家的最高司法机关。虽然领事还不严格具备外交资格，不过他们是他们所属国家的公共代理人，对他们也要适用同等注意。至于以一邦为涉事一方的案件，交给下级法院处理，有损它们的尊严。

最高法院的初审权，只限于涉外案件和以邦为涉事一方的案件

有种假说，曾经引起一阵恐慌，其实建立在错误的根据上，我想就此机会谈谈，虽然有点偏离眼前的话题。有人提出：一个邦发行的公债，被另一个邦的公民持有，就可以使这些公民在联邦法院对上述的邦提出起诉，要求偿还公债。下面的说明，将要证明，这种提法，没有根基。

一个邦的公民，持有另一个邦发行的公债，可否向联邦法院起诉

主权固有的性质在于：未经主权本身同意，不得接受个人的控告。这是人类的普遍感觉和普遍做法；豁免，是主权的属性之一，联邦内的每个邦，现在都享有这种豁免权。因此，除非在宪法里放弃这种豁免权，各邦便依然保有，因此，前面提到的那种危险，不过是一种想象。要求各邦让出一部分主权的必要，在论证征税问题时，已经讨论过，这里不再重复。回顾一下在那里确立的原则，可以让我们满意：没有理由认为，各邦政府一旦采纳宪法，便摆脱了以自己的能力归还债务的责任，不受任何限制，它们依然要承担良好信誉的职责。一

未经主权本身同意，不得接受个人的指控

个国家与个人之间的合同，只是约束主权的良心，不能作为强制力的借口。它们并没有移交独立于主权意志的行动权利。授权对邦政府提出起诉，目的何在，因为它们所欠的债务？如何强制归还？显然，不对发行公债的邦开战，就没法办到；仅靠推理，把责任推到联邦身上，把邦政府原已存在的权利一笔勾销，会引起如此后果的一项权力，完全是强加的，没有保障的。

联邦下级法院负责初审，最高法院负责上诉案

让我们回到原来的轨道上来；我们已经看到：最高法院的初审权，只限于两种类型的案件，而这两种类型的案件，实际上很少发生。联邦司法管辖范围内其他类型的案件，其初审权由联邦下级法院受理，联邦最高法院只负责上诉案，"联邦议会制定的规则，和规定的例外"不在此列。

上诉案是否要用第二个陪审团来核对事实

谈到法律事务时，人们很少说到这种审理上诉案的适宜性；可是，谈到对事实的复审时，喧闹声却很大。纽约邦一些意图良好的人，使用从本邦法庭上学来的语言和形式，认为其中隐含着对陪审团审讯权的侵犯，偏向审讯的民法模式，这种模式盛行于本邦的海事法庭、遗嘱检验法庭和衡平法庭。在"上诉案"这个术语上，附加了一层技术含义，在我们的法律行话中，用来指民事法庭中的上诉案。如果我没弄错的话，在新英格兰的其他地方，这个词的含义就有所不同。在那里，一项上诉案，从一个陪审团，转到另一个陪审团，无论语言上实践上，他们都很熟悉，甚至成为当然，甚至在一边出现对是否有罪的两种结论。因此，"上诉"一词，在新英格兰和在纽约的理解是不同的，它说明：从任何一个具体的邦的法律术语中拿出一个词来，加上技术性的解释，是不合适的。如果取这个词的抽象含义，就是表示一个法庭复审另一个法庭的程序，针对法律或针对事实，或针对二者，没有别的含义。具体做这件事情的模式，可以依据古代传统，或立法规定，（在新政府中，模

式必须依据立法规定)可能有或者没有陪审团的协助,按照建议的方式断案。因此,如果是重审事实,而这个事实当初是由一个陪审团确定的,在拟议的宪法下,不论什么案件,均应予以承认,但它可能由第二个陪审团来规定,或要求下级法庭将此案的事实作第二次审讯,或直接颁发命令,立刻在最高法院以外解决。

不过,由此并不能做出下列推断:为重审当初由一个陪审团确定的事实,就被允许提上最高法院。为什么不可以说,在严格适当的意义上,当下级法庭的一项再审令,从一个下级法院,送到纽约邦的最高法院时,后者便对事实和法律两个方面都拥有司法权?诚然,它不能再对事实加以重新调查,它要承认记录中的事实,宣布对其中法律方面的判断。[3]这是对事实和法律两个方面的司法权,二者甚至不可能分开。虽然,纽约邦的共同法法庭,确认陪审团争议过的事实,但他们毫无疑问对事实和法律二者都拥有司法权;由此类推,当前者已在诉状上取得一致时,他们不必再求助于另一个陪审团,而是直接进入断案。根据这个理由,我认为“对上诉案的司法权,法律和事实两个方面”,并不必要隐含最高法院还要重审已在下级法院由陪审团确定的事实。

我认为:最高法院接受上诉案后,不必重审事实

下面的一串想法,或许被想象为对制宪会议产生过影响,使他们做出这一特殊规定。最高法院对上诉案的司法权(或许有人声称)延伸到由不同模式审过的案件,有些按照共同法的程序审理,有些按照民法的程序审理。一般说来,对于按共同法审过的案件,最高法院的适当领域,只限于重审法律部分;对于按民法审过的案件,大家同意可以重审事实部分,有些案件,悬赏案可为一例,或许维护公共安全乃是第一要务。因此,在某些案件中,对上诉案的司法权,就应该延伸到广义的事实。明确划出例外的案件,不能解决问题,这些案件,初

最安全的办法是泛泛宣布:最高法院拥有法律和事实两方面的司法权

审时可能经过了陪审团,因为在一些邦的法院里,所有的案件,都按这种模式审理[4],做这种例外规定,会排除对事实的重审,会把适合的或不适合的案件都划为例外。为了避免麻烦,最安全的办法,是泛泛地宣布:最高法院拥有对上诉案的司法权,在法律和事实两个方面都是如此,而把例外情况交由全国议会制定规则,另行宣布。这就可以使政府按下列方式逐步改进,圆满地适应公共正义和安全的要求。

最高法院不重审事实,只限于初审采取共同法的案件

这一番说明,不论如何,消除了所有的疑云,不会再说:由于运作这一条款,废止了陪审团审讯,证明上述说法,是错误的,不真实的。联邦议会当然会拥有全权,制定规则,向最高法院提出上诉时,如果在陪审团的初审中,事实已经审理过,无需重审。这肯定会成为一个具有权威性的例外;不过根据上文已经说过的理由,有人会认为它的含义过于广延,可以再加上一个限定,使其合格:只限于已经按共同法模式审理过的案件。

对联邦司法权力的归纳

迄今为止,对司法部门的权力观察,可以归结为:司法权已被小心地限制在下列案件里,这些案件公然适合于全国司法的审理范围,分解这份权威时,一小部分初审权,保留给最高法院,其他的给予下级法院;最高法院拥有对上诉案的审理权,包括提交给他们的案件的法律和事实两个方面,但是要受到被认为合理的例外和规则的约束;这种对上诉案的审理权,绝不意味着废止陪审团的审讯;全国议会的普通程度的谨慎和正直,使我们放心设立拟议中的司法部门的实惠,不致于把我们拖进由此根源而造成的、人们预见的那些麻烦。[173]

帕伯琉斯

*《反联邦论》第81篇，题为“司法权”，第三部分，出处同第80篇。

---

[1] 帕伯琉斯注：这是《联邦宪法》的第三条第一款。

[2] 帕伯琉斯注：有人对此权力做出一种荒谬的解释，说它的意图是废止各邦所有的县法院，通常称为下级法院。可是宪法的措辞是要继续“低于最高法院的法院”，这一条款的明显设计，是要使最高法院以下的下级法院能继续保持建制，不论是在邦里，还是在较大的地区。想象县级法院会被取消实属荒谬。

[3] 帕伯琉斯注：jurisdiction 一词，由 JUS 和 DICTIO 两部分合成，意为述说或宣布法律。

[4] 我认为：邦法院和联邦下级法院，在联邦性质的案件中，有并享的司法权，下一篇文章将予以解释。

⑰³ 批准《联邦宪法》的过程：

1787年10月上旬，梅森对宪法的反对意见开始私下流传，11月21日公开出版。12月12日，弗吉尼亚议会通过立法，授权弗吉尼亚民意代表大会，可就修正问题与其他各邦展开交流。12月27日，根据议会要求，邦长伦道夫把决议分发给每个邦一份。1788年3月，才到达纽约邦长乔治·克林顿手中。当时纽约正在开民意代表大会，有的反联邦派指责联邦派把信藏起来。12月27日，伦道夫说明自己不签名宪法的理由的文章发表。

1788年6月2日，弗吉尼亚民意代表大会在里士满举行，包括十七名来自肯塔基的代表。会议一致选举爱德蒙·平德尔顿为主席，他是支持宪法的。6月3日投票，决定采取全体委员会的方式，一句一句的办法讨论，办法由梅森提出，得到麦迪逊支持，由乔治·韦思主持，平德尔顿得到发言机会。6月4日，帕特里克·亨利和乔治·梅森攻击宪法，伦道夫则表示他现在支持宪法，只是推荐了一些修正意见。6月6日，麦迪逊第一次长篇发言，并成为联邦派的领头人物，其他联邦派包括平德尔顿、乔治·尼古拉斯、约翰·马歇尔、亨利·李、克雷森、约翰·梯勒、本杰明·哈里森、门罗，加入梅森和亨利，反对无条件批准。麦迪逊继续与在纽约的汉密尔顿通信。汉密尔顿相信，先赢得纽约，对于拿下弗吉尼亚至关重要。

6月23日，弗吉尼亚结束对宪法的逐句辩论。6月24日，乔治·韦思提议大会批准宪法，并推荐修正案。帕特里克·亨利提出另外一个方案，在会议批准之前，先将修正案提交其他各邦讨论。他发表一篇演说，警告无条件批准的危险，引起一场风暴。6月25日，会议以88比80票，击败帕特里克·亨利的建议，然后，以89比79票通过韦思的提议。6月27日，大会通过一份批准宪法的决议，附带40条修正案。

1787年12月14日，新罕布什尔议会决定：1788年2月3日举行民意代表大会，要求各县于1787年12月31日至1788年2月12日之间选出代表。2月13日,新罕布什尔大会开始。联邦派希望会议能遵循马萨诸塞的模式,可是他们发现,许多代表受到本镇的指示,要他们投票反对批准,他们提出动议,要求休会到6月18日再举行。会议以56比51票同意推迟。6月18日,新罕布什尔举行第二次会议。6月21日,以57比47票批准宪法,同时提出12条修正案。联邦派派人专程骑马快速将消息送到纽约。

1788年7月2日,联盟议会收到新罕布什尔批准宪法的报告。批准宪法的邦已经达到需要的九个,联盟议会组成一个委员会,起草命令,宣布宪法生效,要求各邦开始选举新政府成员:联邦众议员、联邦参议员、联邦总统选举人。

1788年2月1日,纽约议会决定6月17日举行民意代表大会,要求各县于4月29日至5月3日选出代表,将选民资格扩大到满21岁的全体自由白人。6月17日,纽约民意代表大会在波基普希举行,选举乔治·克林顿为大会主席。6月19日,大会批准了由联邦派罗伯特·利文斯顿提出的建议,对宪法进行一条一条的讨论。汉密尔顿成为联邦派的领军人物,梅兰克顿·史密斯则成为反联邦派的带头人。7月2日,信使把弗吉尼亚批准宪法的消息带到纽约。7月7日,纽约停止对宪法的逐条辩论。反联邦派举行骨干会后,兰欣于7月10日提出一项批准的形式,内容包括解释、条件和修正案的内容。7月11日,约翰·杰伊提出无条件批准,但可以附加解释,提出修正案。会议辩论:联盟议会是否会接受有条件批准。7月17日,反联邦派领袖史密斯表示怀疑,认为有条件批准可行。7月23日,兰欣提出一项决议,要求"有条件批准",并附加特别措施。反联邦派萨缪尔·琼斯提议,用"充分相信"代替"有条件"。史密斯支持琼斯,以31比29票通过。7月24日,兰欣提议纽约保留从新的联邦中脱离的权利,如果某些修正案不被采纳。汉密尔顿收到麦迪逊来信,说要求有条件批准,将会把纽约排除出局,汉密尔顿提议大会给各邦发一封信,要求举行第二次制宪会议,考虑修正案。7月25日,杰伊读了他与兰欣、史密斯一起起草的一封信,准备提交各邦,出自杰伊手笔,他在与反联邦派谈判达成折中过程中扮演了重要角色。会议一致通过这封信,兰欣关于脱离联邦的动议,以31比28票被击败,这一次,史密斯、吉尔伯特·利文斯顿,及其他一些反联邦派再一次与联邦派投一样的票。7月26日,纽约以30比27票,通过了最后的批准形式,包括对修正案的解释和推荐。

第八十二篇*

五论司法：联邦法院与各邦法院的关系

汉密尔顿

1788 年 5 月 28 日　收入麦克莱恩版

致纽约邦民众：

树立一个新政府，不论多么小心，不论多么用心，这项工作，总不能不激起许多问题，既复杂，又微妙；把十三个各自拥有主权的邦，完全或部分结合起来，在此基础上，树立一部宪法，会涌现多少问题，更是可想而知。这一次，只有等到这个复合体制逐渐臻于成熟完善，才能澄清所有各个部分的含义，才能让它们彼此磨合，融为一个和谐的、彼此吻合的整体。

联邦体制需要逐渐成熟完善，才能澄清所有各个部分的含义

制宪会议提出的宪法，引起了这么多的问题，尤其是在司法部门。主要问题是，对宪法规定交由联邦法院处置的那些案件，各邦法院将处于何种地位。是联邦法院独享审理权，还是两级法院共享司法权？如果共享，各邦法院与联邦法院的关系如何？这些，就是我们从一些有头脑的人嘴中常常听到的问题，值得特别注意。

主要问题：各邦法院与联邦法院之间的关系

在前面的一篇文章里[1]，我们已经确立了一些原则。这

各邦保留它们没有交给联邦的司法权

些原则告诉我们：各邦将保留它们原有的、没有以排他方式转让给联邦政府的所有权力；排他转让，存在以下三种情况：一、以明文方式，把一些权力转让给联邦政府；二、把一些禁止各邦行使的权力，授予联邦政府；三、把一些各邦完全不宜于行使的权力，授予联邦政府。虽然，这些原则更适合于立法权，对司法权没有同等的适用程度；我还是倾向认为：这些原则的主旨，既适合于立法，也适合于司法。根据这个想法，我想立下一条规则：各邦法院保留它们现有的司法权，但上述三种它们已被排除的案件除外。

各邦法院是否将与联邦法院并享司法权

制宪会议提出的宪法里，看来只说了一种情况，把只限于因联邦原因而引起的案件，交由联邦法院处理，具体行文如下："联邦的司法权，寓于一所最高法院，和联邦议会因时设立的下级法院。"这句话可以有两种解释：一、强调只有联邦最高法院和联邦下级法院，才有权审理联邦司法权延伸范围内的案件；二、只说全国性的法院，就是联邦最高法院，和联邦议会认为适当而设立的任何数量的下级联邦法院，换句话说，联邦最高法院和联邦将要设立的若干下级法院，应该审理联邦性质的案件。前一种解释，排除各邦法院审理联邦性质案件的司法权，后一种解释，承认各邦法院并享司法权。对第一种解释加以推理，会隐含排除各邦权力的意思，后一种解释，显得自然，站得住脚。

各邦法院应与联邦法院并享初审案的司法权

不过，这种并享司法权的原则，显然只能运用于各邦法院过去已经认可的那些类型的案件。还不同样清楚的是：那些由宪法和宪法中的规定所引起的案件，各邦法院是否也可审理。不允许各邦法院审理这类案件，很难被视为对各邦法院原有权力的剥夺。因此，我的意思并不是说，联邦在立法过程中指定联邦审理的对象，只许联邦法院处理；我的观点是：不会剥夺各邦法院的初审权，但不超过上诉案；我甚至认为：在任何案件里，只要案件类型不被全国议会的未来立法明确排除，各邦法院当然有权审理由那些立法可能引起的案件。这一点，我是从司法权的性质本身推断出来的，从这一体制的一般原则推断出来的。每个政府的司法权，看来总是超越它管辖的地方和法律，在民事案件中，在它的司法范围以内，将审理涉事双方之间的一切诉讼，即使案件的争议原因涉及地球上最遥远部分的法律。对我们的法庭来说，日本的法律，并不比纽约邦的法律得到的讨论更少。还可以补充的是，我们认为：各邦政府和全国政府，它们的真实面貌，处在一个亲族体系之中，都是整体的部分，这种推断，看来具备结论性质：各邦法庭，对于它们没有被明文禁止的、由联邦法律而引起的所有案件，都有并享的司法权。

这里又出现一个问题：在这些案件的并行司法权中，全国法院与各邦法院之间的关系如何？我的回答是：各邦法院遇到上诉案，肯定交给联邦最高法院。宪法明文规定，把上诉案的司法权，交给联邦最高法院，包括列举的最高法院没有初审权的所有联邦案件；没有只言片语，规定这类案件，只许联邦下级法院审理。由此推断，宪法只规定了上诉案的内容，没有指定初审法院。由此可见，根据常理，应解释为初审权延伸到各邦法院。把地方法院从具有全国意义案件的并享司法权中排除，让原告和检察官凭喜好避开联邦的司法权，这两种结果，都没有明显必要；后一种结果，完全不能接受，因为它会击败拟议中的政府的一些最重要的和公开的目的，会使贯彻政府的基本政策难以奏效。我也看不出这种假定有什么根基。根据前面已经提出的意见，全国体系和各邦体系，应该视为一个整体。各邦法院当然会成为执行联邦法律的天然助手，从它们那里出来的上诉案，自然要由那个命中注定要联合和同化全国司法原则和全国裁决规则的法庭审理。制宪会议计划

我认为：邦法院遇到上诉案，肯定交给联邦最高法院

的明显目标，在于特定类型的所有案件，为公众利益着想，在联邦法院得到初审和复审。因此，把授予最高法院上诉案审理权的一般规定，限制在来自联邦下级法院的案件，而不是延伸到地方法院，可能会缩小这个表达的适用范围，违背了宪法的原意，违背了健全的解释规则。

可是，由邦法院初审过的案件，可否到联邦下级法院去上诉呢？这是人们提出的另外一个问题，比上面那个问题要难得多。以下的考虑，认为答案是肯定的。制宪会议的计划，首先授权全国议会“设立最高法院以下的下级法院”[2]，然后，宪法宣布：“联邦的司法权，将寓于一所最高法院和联邦议会因时设立的下级法院。”列举这一司法权力延伸到的案件类型。然后，再把最高法院的司法权，划分为初审权和对上诉案的复审权，但是，对下级法院的司法权范围，却未加限定。对于下级法院的描述，唯一的说法，是它们“低于最高法院”，不得超出联邦司法权的特定限度。下级法院的权力，究竟是初审、复审，还是二者兼备，宪法没有说明。这一切，似乎都要等待议会来作决定。情况既然如此，我目前认为：从各邦法院向联邦法院上诉，没有必要设置障碍；从中可以想象出许多好处。可以减少增设联邦法院的动机，可以减少递交到最高法院的上诉案数量。各邦法院，可以有更多的精力处理联邦案件；上诉案，不必都上交到联邦最高法院，可以从邦法院直接上诉到联邦下级法院。[14]

我认为：邦法院也可把上诉案交给联邦下级法院

帕伯琉斯

*《反联邦论》第82篇，题为“司法权”，第四部分，其中第一部分选自“布鲁特斯”（罗伯特·亚茨）的第12篇文章，原载《纽约纪事报》，1788年2月7日和14日；第二部分选自“布鲁特斯”第14篇文章的前一部分，原载《纽约纪事报》，1788年2月28日。

[1] 帕伯琉斯注：见本书，第32篇。
[2] 这是《联邦宪法》第一条第八款。

⑰《联邦宪法》的批准过程：

1787年12月6日，北卡罗来纳议会决定1788年7月21日举行民意代表大会，要求各县于1788年3月28—29日选出代表。1788年7月21日，北卡罗来纳民意代表大会在希斯波若举行。反联邦论者明显占据多数，会议还包括了来自肯塔基的部分代表，当时那些地区还属于北卡罗来纳。虽然大会投票决定采取一条一条对宪法展开辩论的方法，反联邦派常常绕道而行。7月30日，反联邦派领袖威利·琼斯提议：大会不批准宪法，提出修正案，交给第二次联邦制宪会议。8月2日，大会以183比83票通过他的建议。这样，北卡罗来纳的第一次民意代表大会，抵制了《联邦宪法》。8月4日，会议结束。

1788年11月21日，北卡罗来纳举行第二次民意代表大会，以197比77票批准《联邦宪法》，并提出修正案。

1790年1月17日，罗得岛议会以微弱多数决定，召开邦民意代表大会。5月29日，罗得岛民意代表大会以34比32票批准了宪法，提出一项权利法案和一些修正案。1790年6月7日，罗得岛议会批准了联邦议会提出的十二条宪法修正案，但是否定了第二条。罗得岛成为十三个邦中最后一个加入联邦的邦。

第八十三篇*

六论司法：是否继续采用陪审团审讯制

汉密尔顿

1788年5月28日　收入麦克莱恩版

致纽约邦民众：

反对宪法的声浪中，最成功的一项指责：说宪法要取消陪审团

在纽约邦，或许还在其他一些邦，反对宪法的声浪中，取得最大成功的，是一种指责，说宪法里没有条文，说明在民事案件中要采用陪审团审讯制。这种反对意见，往往以虚妄不实之词陈述，受到反复揭露和批驳，可是，反对者还是不断用口头和书面形式，继续对宪法提出意见。宪法对民事案件不过是采取沉默，却被说成是要取消陪审团审讯制；滔滔不绝的雄辩，又找到一个借口，处心积虑，形成一套说法：说这种有意的废止，是要完全彻底，普遍实行；不仅延伸到各种民事案件，而且延伸到刑事案件。可是，说到刑事案件，这种反对，完全是徒劳无益，就像严肃认真地证明物质确实存在一样，就像展示那些内在证据已经足以使人信服的定律一样，他们的语言，形同虚设。

说起民事案件，用词的隐晦，几乎使人难以辨别，用来支

撑一种假说：若不明确提出一种做法，就是想把它完全取消。每个明白事理的人，立刻就可以看出：保持沉默，和予以废止，二者之间，区别甚大。可是，这种谬误的发明者，企图用解释一些法学公理，来支持他们的说法，他们对这些公理做了曲解，探讨一下他们的论据，并非毫无用处。

探讨一下反对派使用的法学公理的论据

他们所依赖的公理，性质如下："列举细节，意味着排除一般"，或者说："表明一件事，就是排除另一件。"他们说，因此，宪法既然确立了要在刑事案件中使用陪审团，对民事案件却保持沉默，这种沉默，就隐含着在民事案件中要废止陪审团审讯制。

反对派的法学公理：沉默隐含废止

解释法理的规则，就是人之常情（common sense）的规则，法庭用人之常情解释法律。因此，使用陪审团是否合理，真正的验证，看它是否符合陪审团产生的原意。果真如此，那么，让我提个问题：若一项条文授权议会，规定刑事案件应有陪审团参与审讯，就是剥夺了对其他案件也采用陪审团的权力，这是否符合理性和人之常情？若说命令做一件事，就是禁止做另一件过去一直有权做，而且与现在要做的事并不矛盾的事，这种说法自然吗？如果这种说法不自然，不合情理，那么，说在某些案件中使用陪审团，就等于说在另外的一些案件中禁止使用陪审团，这种断言，也是非理性的。

宪法没有提到在民事案件中使用陪审团，不等于否定或禁止

设立法院的权力，就是预先设定审讯方式的权力；由此而言，如果在宪法中对陪审团没有说什么，议会就有自由：或采取这种建制，或让它自行其是。如果宪法明文规定，所有案件都要由陪审团审理，那就禁止议会再做不同的规定；宪法对民事案件只字未提，显然为议会制定规则留下余地。特别规定一切刑事案件，按某种模式审讯，的确排除了民事案件亦按同一模式审讯的必要性，但是，并没有禁止议会授权使用那种模式，只要议会认为适合。因此，认为全国议会没有充分权利，

宪法沉默，表示默许议会可以立法补充

对适合联邦司法权限的民事案件，要求陪审团审讯，是无根之说。

宪法条款的自然和明显含义，就是解释的真正标准

通过这一番观察，结论是：并没有禁止在民事案件中使用陪审团，试图援引上述公理，违背理性和人之常情，因此不可接受。即使这些公理具备严格的法律含义，反对派在当前形势下运用这些原理，也与情景不合，不适用于组建政府的宪法。在这个问题上，宪法条文的自然的和明显的意思，而非任何法学规则，才是解释的真正标准。

宪法列举案件类型，就是排除议会对案件范围再加立法的权力

现在我们看到，反对派依赖的公理，并不容忍他们的用法，我们再来努力确定这些公理的适当用法和真实含义。最好的办法是例解。制宪会议的计划宣布：联邦议会，换言之，全国议会的权力，延伸到列举出的案件类型。这种具体的列举，显然排除了普遍立法权；因为，肯定授予一些特定权力，再保留普遍立法权，就显得荒谬，而且无用。

宪法已经划定联邦司法审理案件的类型，不得逾越

宪法以同样的方式，宣布了联邦司法部门的司法权，限于定义明确的案件。对这些案件的表述，划了准确界线，联邦法庭的司法权，不能超越这些界线；既然已经列举联邦司法的审理范围，若联邦司法还想延伸它的司法权，那么，具体列举就没有意义了。

如何运用这些公理，如何避免滥用这些公理

这些例子，或许已足够澄清前面提到的那些公理，指出这些公理应该如何运用。为了避免在这个问题上出现误解，我再补充一种情况，以展示这些公理如何适当运用，如何避免滥用。

后次立法，可以具化前次立法，但不否定前次立法

我们假定：根据本邦法律，已婚妇女不得转让遗产，议会认为这是一种弊端，立法规定：她可以立下字据，转让她的财产，由一位执法官执行。在这样的案例中，不可能出现疑问，但是这项具体规定，会排除其他任何转让模式；因为，妇女过去没有转让财产的权力，这项具体规定，决定了特定模式，达

到了提高妇女地位的目的。我们进一步假定：一项后续的立法宣布：妇女未经她最亲近的三人同意，并在字据上签名，不得将她的一定价值以上的遗产转让；由此，是否可以推断，由于这一规定，已婚妇女，未经她的亲近的人同意，便不得转让低于这一价值的财产？这一立场，过于荒谬，不值一驳，然而，这正是那些人想要确立的立场，他们断言：在民事案件中，陪审团审讯制被取消了，因为，宪法行文中，只明确规定了刑事案件要使用陪审团。

通过这些说明，看来以下观点正确无疑：拟议中的宪法，没有在任何案件中废止陪审团，同样真实的是：在那些涉及广大民众利益的个人之争中，各邦制度原封不动，按各邦宪法的规定，不会因为采纳现在讨论的宪法，发生丝毫变动。这一断言的基础在于：全国司法部门，对上述问题没有司法管辖权，当然，上述案件，会像迄今以来一样，保留为只由邦法庭按邦宪法和邦法律规定的方式断案。所有土地案件，除不同邦颁发的地契而引起的争议，一邦公民之间的所有其他争议，仍将无一例外地属于各邦法院的司法范围，除非各邦法庭依赖的各邦立法，正面违反宪法。还有海事案件，几乎所有衡平案件，我们自己的政府，都无需陪审团的介入，就可以断案。从这个整体情形，得出推断：陪审团制度，像它在我们中间今天存在的那样，不可能因为我们改变政府体制而受到大的影响。

各邦原有的制度，不会因批准宪法而发生丝毫变动

对宪法友好的人和反对的人，如果在别的方面达不成共识，至少在陪审团的价值上有共同观念：换过来说，如果他们之间有区别，区别也在这里；对宪法友好的人，把陪审团视为保护公民权利的宝贵安全阀；反对宪法的人，把陪审团说成是自由政府的守护神。就我而言，陪审团制度的运作，我见得越多，就越有理由高度评价；在一个代议制共和国里，评价陪审团的基本用途和价值达到何种程度，在抵制等级君主制压迫

陪审团制度值得称赞，但主要与刑事案件发生关系

中的建树，在抵制民众政治国家的民众法官施虐方面，如何构成一道障碍，值得多少赞誉，应该戴上何种桂冠，都与现在的本题无关。这种性质的讨论，更多的是引起好奇心，而不是带来好处，因为，说的都是这种制度的用处，是陪审团对公民权利的友好方面。可是，我必须承认：我不能轻易理解：维护公民权利，与民事案件中使用陪审团，有何不可分割的联系。随心所欲的弹劾，随心所欲的起诉莫须有的罪行，对随心所欲的认罪加以随心所欲的处罚，在我看来，是司法专制的最大根源；而这一切，都与刑事诉讼的程序相关。因此，刑事案件中的陪审团审讯制，在人身保护令的协助下，似乎是这个问题中唯一需要考虑的一点。制宪会议提出的方案，以丰富的内容，对这两个方面，都制定了条文。

陪审团审讯制，是一道安全阀，防止以压迫手段征税

人们已经看到：陪审团审讯制，是一道安全阀，防止以压迫的方式执行征税权。这一点值得详细考察。

陪审团只能影响征税模式和税务官员

明显的是：在征税总量上，在征税项目上，在税额分配规则上，陪审团无法影响议会。若陪审团能有影响，就是对征税模式，对奉命执行征税的官员。

纽约的税收案件，不用陪审团审讯模式

说到本邦的征税模式，在我们现在的邦宪法下，在大多数案例中，都不使用陪审团审讯制。税款通常用比较简单的扣押和销售方式征收，类似收租。所有经手人都知道：这对保证税收法的落实至关重要。追索个人纳税未完款项，用法律审讯的迟缓办法，既不能满足公用的急需，也不会给公民带来方便。有时候，诉讼费用累计起来，比原来想要征收的税款还多。

故意滥用公权、剥削人民、种种压榨行为，都属于刑事犯罪

至于说到税收官员的行为，宪法关于刑事案件应由陪审团审讯的规定，会实现想要达到的目的。故意滥用公权，剥削人民，种种压榨行为，都属于刑事犯罪；对此类犯罪者，应根据情形，提出起诉，予以惩处。

陪审团的作用：防止法官受贿腐化

看来，在民事案件中使用陪审团，最大优点，与保护公民权利并无关系。主张陪审团制度最强有力的议论，认为陪审团是防止腐化的基本措施。因为，要贿赂临时召集的陪审团，总比贿赂一群常任法官，更费时间，更难找机会，由此，产生一种假设空间，贿赂法官，比贿赂陪审团容易。可是这一考虑的力度，被其他因素减弱。地方官（the sheriff）往往负责召集陪审团，法庭书记对特定的陪审团员有提名权，书记本人也是常设官员，法官是集体行动，书记是个人行动，可以假定：他们比法官更易于沾染贪污习气。不难看出：权力正是在这些遴选陪审团的官员手中，他们可以实现涉事一方的目的，也可以实现法官的目的。其次，可以合理假设：从公众当中弄几个随意选来的陪审成员，比起政府按清廉和人格标准选拔的法官，总是不那么难。不过，不论对这些考虑如何打折，陪审团审讯制，依然是对贪污腐化的一种有价值的制约。陪审团制度设立了许多障碍，使贪污腐化难以成功。按照目前的情况，要想成功，就必须行贿法庭和陪审团双方；因为，如果陪审团发生明显失误，法庭自然会安排一次重新审讯，在多数案例中，仅仅在陪审团身上下功夫，作用有限，除非同时得到法庭的支持。因此，这里有一种双重的保障；不难理解：这种复杂的代理办法，会保持法院和陪审团双方的纯洁性。通过增加行贿成功的障碍，压制了收买其中任何一方人格的企图。要求必须有陪审团合作，比法院单独审案并做出裁决，法官受到腐蚀拉拢的可能性，肯定要少些。

虽然我对民事审讯中陪审团保护公民权利的必要性表示了怀疑，我承认：在大多数案例中，在适当的规定下，陪审团是判断财产案件的最好办法；仅就这一点而言，陪审团有资格进入宪法条文，如果能够确定应当包括的范围。可是在所有的案件中，做到这一点，困难很大；未被热忱蒙蔽的人，势必非

各邦的陪审团观念和制度安排千差万别，使宪法难以纳入

常敏感：联邦政府由众多社会组成，每个社会关于陪审团的观念和制度，彼此差别甚大，难处不止增大一点而已。就我来说，每次重新审视这个问题，就越来越相信：这的确是一个难处，权威人士告诉我们：这使得制宪会议在宪法里没有嵌入这一条款。

不同的邦之间，对陪审团的限制，区别很大

不同的邦之间，对陪审团的限制，区别很大，这点尚未被普遍认知。这种区别，势必对判刑产生相当的影响，我们应该归咎于忽略了埋怨之词，关于这一点，有必要加以解释。在纽约邦，我们的制度，比任何其他的邦，都更接近英国的制度。我们有普通法法庭、有遗嘱检验法庭（在某些方面类似英国的宗教法庭）、海事法庭、衡平法庭。陪审团制度，仅在普通法法庭（courts of common law）盛行，其中，还有例外。所有其他法庭，一般都由一名法官主持审讯过程，按民法程序进行，没有陪审团协助。[1]在新泽西，有衡平法庭，采用的程序与我们类似，可是，新泽西没有我们那样的海事法庭和遗嘱检验法庭。在新泽西，这类案件由普通法法庭审讯，而我们纽约，则由海事法庭和遗嘱检验法庭审讯。当然，新泽西使用陪审团的情况，比纽约广泛。在宾夕法尼亚，情况或许更是如此，那个邦没有衡平法庭，它的普通法法庭享有同等司法权。它有海事法庭，可是没有遗嘱检验法庭。特拉华在这些方面都模仿宾夕法尼亚。马里兰的制度更接近纽约，弗吉尼亚也是如此，不过弗吉尼亚的法官由多人组成。北卡罗来纳的制度，最接近宾夕法尼亚；南卡罗来纳则接近弗吉尼亚。不过，我相信，在一些拥有单独海事法庭的邦里，悬案由陪审团审理。在佐治亚，除了普通法法庭，没有别的法庭，遇到上诉案，一个陪审团做出的结论，交给另一个陪审团。后者被称为特别陪审团，其组成又有特别的模式。在康涅狄格，他们没有分开的法庭，没有衡平法庭，也没有海事法庭，他们的遗嘱检验法庭，没

有审案的司法权。他们的普通法法庭，审理海事案件，在某种程度上，具有衡平法案件的审讯权。因此，在康涅狄格，使用陪审团的范围，比上述所有的邦都多。我相信，罗得岛的情况，在这方面，比较接近康涅狄格。马萨诸塞和新罕布什尔，就法律、衡平和海事的混合而言，司法范围是类似的。在东部的四个邦里，陪审团制度，不仅基础比其他邦宽泛，而且实际运用的广泛程度，为其他邦所不了解。上诉案可以从一个陪审团移交另一个陪审团，以致三个陪审团得出两种结论。

从以上的简略介绍可以看出：在十三个邦里，陪审团这种制度，不论就其使用模式，还是延伸广度，都有实际差别；从这一事实，引出以下思绪：一、制宪会议要对十三个邦的情况负责，无法制定出一个通用规则；二、倘若把一个邦的制度作为标准，至少会引起极大混乱，还不如干脆略掉这一条，把这件事留待今后的议会去制定规则。

制宪会议难以找出十三个邦均能接受的模式，干脆略掉

有人提出各种主张，意图弥补这个缺失，与其说是把事情弄得简单，不如说是增加难度。宾夕法尼亚的少数派，为此提出一种表述方式："将来就按过去的方式使用陪审团"，我认为：这种说法，既没意思，也没用处。联邦，具有联合或集合能力，是宪法中所有普遍规定的对象和解释依据。现在很明显：大家知道，各邦对陪审团的限度，都有不同规定，此刻，对联邦来说，完全还没有这样的规定，因为，目前的联邦政府，还没有任何司法权；因此，还没有适当的先例，没有过去的制度，把这个术语联系上去。因此，也缺少准确的含义，由于它的不确定性，也无法运作。

联邦司法没有陪审团的先例，由于它的不确定性，无法运作

一方面，这一条款的形式，不会实现提议者的意图；另一方面，如果我对这种意图的理会正确，这个意图本身也不恰当。我估计情况会有如下述：若案件在联邦法庭上通过陪审团审理，如果在联邦法庭所设的邦，审讯模式会采取该邦法庭

若采用陪审团制度，不同的邦，不同的案件，做法会有分歧

的类似案件。这就是说，海事案件在康涅狄格应该由陪审团审理，而在纽约则不必陪审团审理。在同一个政府下，同类的案件，却用如此不同的方式，这种乖戾的运作方式，本身就足以说明，对此问题判断正常的人，不会接受这种做法。一个案件，究竟使用陪审团还是不用陪审团，将会取决于众多理由，取决于法庭和涉事各方碰巧在哪个邦。

我认为：有很多案件，不宜由陪审团审理

根据我的估计，这还不是最大的反对理由。我有一种深深的、经过思考的信念：有很多案件，由陪审团审讯，不合适。我认为：从涉及外国关系，到涉及公共和平的案例里，尤其不适宜；也就是说，在涉及国际法的多数案件里。属于这一性质的，还包括所有涉及缴获品的案件。不能假定陪审团员具备调查能力，这需要熟悉法律和各国的习惯做法，这些案件有时会处在下列印象的压力下：这些印象，不会使他们注意到公共政策的考虑，而公共政策，应该指导他们的调查。毫无疑问，总是会出现危险，其他国家的权利，会受到它们裁决的损害，从而引发报复和开战。虽然陪审团的适当使命是判断事实，可是在多数案件里，法律后果与事实判断的关系非常复杂，二者实际上难以分开。

关于缴获品案件，一直被认为值得制定特定规则，提一下这类案件，在欧洲不同强权之间众多条约中的断案方法，会进一步说明对这个问题的看法，为了追求这些条约能在大不列颠断案，让国王能在枢密院做最后决定，在那里，事实和法律两个方面，都要经历一次重审。仅此一点，便可说明：在宪法里加进这么一个根本条款，会使各邦的制度成为标准，取代全国政府在这方面的考虑，是一种失策，说明：在宪法里加进任何不适当的条文，都会使政府陷入危险，其适当性并非不容争议。

宪法若使各邦制度成为标准，制定条款，会陷入危险

我的信念同样坚定：把衡平司法权和法律司法权分开，

会有很大好处；把衡平法案件交给陪审团审理，不妥当。衡平法庭的主要用途，是在不平常的案件中摆平正义，是一般规则中的例外[2]。把对这类案件的司法权，与一般司法权连在一起，势必产生一种趋势：把普遍规则弄得摇摆不定，使每个案件都需要特定裁决。把二者分开，会产生相反效果，使其中的一种监护另一种，把二者都限定在必要的范围以内。此外，适合于衡平法审讯的案件，大多精细微妙，不适合陪审团的精神。衡平法案件，常常需要旷日持久的辩论，仔细缜密的调查，不适合陪审团的宗旨，陪审团员被从各种职业招来，审完之前不能回家。宜于由陪审团审理的案件，需要简单明了，二者选一，要求把需要裁决的案件，简化为某种简单明了的观点；可是衡平法案件的诉讼，往往是一长串的审讯过程，常有互不连贯的细节。

把衡平司法权和法律司法权分开，会有很大好处

的确，把衡平法从司法管辖权中分出去，对英国司法体系是有些怪异，而好些邦的司法体系，则以英国为模式。可是，同样真确的是：把每个案件都与陪审团连在一起，前所未闻。这种分开，主要是用来保存那种制度的原初的淳朴性。衡平法庭的性质，很容易把它的司法范围延伸到普通法法律案件，但是，丝毫不可怀疑：企图把普通法法庭的司法范围延伸到衡平法案件，不仅不能达到指望从本邦建立衡平法庭时设计给它的好处，而且会逐渐改变普通法法庭的性质，挖掉陪审团制度的墙角，把需要衡平法解决的过于复杂的问题推给陪审团。

把衡平法从司法管辖权中分出，可以保持司法制度原初的淳朴

举出这些事实，看来已构成足够理由，说明：要想把各邦的种种法律体制，统合为全国性的司法体制，是不足取的；根据猜测，宾夕法尼亚少数派的企图，大概就是如此。现在，我们来检查一下马萨诸塞的主张走得有多远，他们的目的，是想要弥补人们提出的缺陷。

不可能把各邦的种种法律制度，统合为全国性的司法制度

原文如下："不同邦的公民之间采取的民事行为，由共同法的行为引起的、关于事实的每个问题，可以由陪审团审理，如果涉事双方或其中一方提出这种要求。"

马萨诸塞民意大会的意见难以实现

这种说法，充其量，只是一种主张，只能适应描述中的一类案件；由此可以推断，只在两种情况下合理：一、马萨诸塞民意大会所认为的联邦案件中唯一适宜采用陪审团的案件；二、他们原来想要一个内容更为广泛的规定，可是发现无法制定一个满足这个目的的条文。如果他们想的是前者，则略去目标如此褊狭的一项规定，决不能被视为是制度上的一项重大不完善。如果他们想要的是后者，就提供了一个强有力的证明，说明要做到这一点极其困难。

各邦司法实践中，对是否要求陪审团介入，规则不同

这还不是全部：如果我们注意到前面已经做出的观察，联邦内各邦存在的法庭的实际情形，以及它们所履行的不同的权力，就很明显：再也没有更含糊，更不确定的表述，比我们用来概括适于使用陪审团的案件的种类的特征。在纽约邦，普通法法庭上的行动，与衡平法司法权以内的行动，二者之间的界线，符合英格兰在这个问题上的盛行标准。在许多别的邦里，二者之间的界线，就没有这么明确。有些邦，每个案件都由普通法法庭审讯，在这个基础上，每一行为都被视为普通法行为，由陪审团审理，只要涉事双方或其中一方选择这样做。因此，为遵循这一主张而制定同样的规则，无法统一混乱局面。我已经指出过这一点，那是宾夕法尼亚少数派所提规则的结果。在一个邦，一项案件将从陪审团取得裁决，只要涉事双方或其中一方要求；在另一个邦，一个与前案极其类似的案件，在没有陪审团介入的情况下审理，因为那个邦的司法实践，就像共同法的司法权那么多种多样。

因此，事情已经很清楚：马萨诸塞邦在这个问题上的主张，无法作为通用规则运作，除非有某种统一计划，对普通法

和衡平法的司法范围做出限制，并得到不同的邦的采纳。要设计这样一种计划，任务本身就极其繁巨，需要大量时间和思考，才能臻于成熟。要想提出一项通行规定，能为联邦内的所有邦接受，或者能与所有邦的制度接轨，即使不是不可能，也是极其困难。

要想制定一个通行规定，能为各邦接受，极其困难

或许有人会问：为什么不能参考纽约邦宪法，作为标准，树立联邦的做法？我认为，纽约邦的宪法不错。我的答复是：要求其他邦与我们制定的宪法持相同观点，不合时宜。自然就会假设：迄今为止，他们更加忠于他们自己的做法，每个邦都会争取以自己的制度作为标准。如果制宪会议采用一个邦的做法作为模式，可以预料，会陷入困难，因为，每个邦的代表团，都会偏向自己的政府；结果势必不能确定，究竟用哪个邦的做法作为模式。前面已经说明：它们当中，有许多并不适于作为模式。下面这个问题，我留给大家去推敲：考虑到所有各邦的情况，是选取纽约，还是某个别的邦，作为模式更好？不过，要承认：在制宪会议上，本来可以做出一项司法决定，还是要冒其他邦猜忌和憎恶的巨大危险，会说各邦的制度褊狭。宪法的敌人，会找到一个很好的借口，唤起一大堆的地方偏见，群起而攻之，倘若最后树立一条规则，会陷入大大小小无穷无尽的风险。

若选取一个邦的模式作为标准，其他邦可能争论不休

为了避免尴尬，为了定义陪审团应该用于哪些案件，有些极其热心的人，有时提出建议：或许可以在宪法里嵌进一个条款，设立一种所有案件都能接受的规定。对此，我相信，在联邦内的任何一个邦里，都找不到先例；前面讨论宾夕法尼亚少数派提出的主张时，已经说过的看法，应该满足所有头脑清醒的人士，要树立一种所有案件都能接受的条款，会成为宪法中的一个不可原谅的错误。

要想树立一个通则，会成为宪法中不可原谅的错误

简而言之，对这个问题，考虑得越多，任务就显得越艰巨：

条款内容太简略，不能包纳，内容太复杂，难以施行

要树立一个条款，内容太简略，就包纳不了全部问题，内容太复杂，便难以施行；或许又会开启其他的反对资源，影响建立一个坚定的全国政府。

另一方面，我只好说服我自己：把这个主题放在这里讨论时，各种不同的观点，会走得更远，从公允的头脑中消除对此问题的顾虑。它们倾向说明：公民权利的安全，只与刑事案件中使用陪审团的做法密切相关，这一点已由宪法做了详细规定；即使民事案件中的绝大部分，以及大量社会感兴趣的案件，审讯的方式，仍将保持充分力量，如各邦宪法所确立的那样，制宪会议的计划，没有触碰它们，没有影响它们：宪法丝毫没有废止陪审团[3]，为联邦制定宪法时，在陪审团问题上有巨大困难，无法制定出精确而又适当的条款。

为联邦制定宪法时，制宪会议有巨大困难

最好的法官，对宪法是否在民事案件里确定陪审团制度，并不担心，他们处于有准备的状态，承认社会不断变化，日新月异，会产生出不同的模式，解决财政问题，在许多案件里更为可取，其中的审讯模式现在正在盛行。就我自己来说，我承认，我坚信：即使在纽约邦，陪审团制度，也可以扩展到某些现在还不使用陪审团的案件，会有好处，但是，在其他的案件中，取消陪审团，也同样有好处。有理性的人都承认：陪审团制度不应该使用于所有案件。许多创新的例证，缩小了古代陪审团制度遗留下来的限制，美国和英国都是如此，提供了一种强有力的假定：人们发现，陪审团过去的范围，不方便；未来的经验，或许会发现，其他办法更为适当，更为有用。我怀疑，就事物的本质来说，要对陪审团这个做法，划出准确界限，不可能：这就是我坚决主张把这件事交给议会处理的理由。

我主张把是否使用陪审团的问题，交给议会立法处理

英国对这个问题的理解，现在就是这样；康涅狄格对这种做法的态度，现在也是这样；或许可以放心断定：革命以后，在纽约邦，采用陪审团的做法，已经大量减少，虽然纽约邦宪

法里还有一个肯定的条文。处于同一时期的康涅狄格和英国，没有这样做。还可以补充一点：这些减少，一般都由这样的人发起，他们努力劝说民众，自称是民权最热心的捍卫者，很少感到宪法限制的痛苦，不影响他们受人欢迎的职业生涯。其实，真正发生持久效果的，是政府的普遍精神，具体规定虽然不是全无用处，产生的德行和效果，比人们指望的要少得多；只要当政的人判断健全，宪法只要能展现良好政府的主要特征，即使缺少一些具体规定，也构不成反对宪法的决定性原因。

真正发生持久效果的，是政府的总体精神

宪法明文规定：刑事案件，应该由陪审团审理，对民事案件，没有做这项规定，若因此就说公民权利没有保障，听来肯定相当刺耳，相当离谱；然而，一个不争的事实是：康涅狄格现在已被视为联邦内最受欢迎的邦，她感到自豪的是：在她的宪法里，对刑事案件和民事案件，都没有作陪审团的规定。⑮

康涅狄格对刑事和民事案件都没有作陪审团的规定，却得到好评

帕伯琉斯

*《反联邦论》第83篇，题为“联邦司法权和陪审团审讯制问题”，作者是马里兰的路德·马丁。

---

[1] 一直有人错误地暗示，说衡平法庭一般都用陪审团审理案件中的事实部分。其实，在这种法庭上，很少使用陪审团，除土地遗让出现问题外，没有这种必要。

[2] 的确，处理衡平案件的原则，现已简化为一套常规体系；可是，这些原则，只适用于一般原则解决不了的特殊情况，这也是事实。

[3] 参见本书第81篇，有人认为：最高法院对上诉案的审理权中包括了事实部分，是对陪审团制的废止；那篇文章讨论并驳斥了这种看法。

⑮ 陪审团的起源、发展和面临的挑战与质疑：

《简明不列颠百科全书》(北京,1985)中“陪审团”条目说:“陪审团的起源,在历史上已无从查考。”同书“亨利二世”条目说:英格兰国王亨利二世(1133—1189)制定了一部综合性法令“克拉伦敦条例”(1166),规定了刑事审讯程序,要求从每100人中遴选出12个“法人”,每个村子遴选出4个“法人”,组成“公诉陪审团”。陪审员在宣布某人是否为强盗或凶手前,需要宣誓。审讯由国王法庭进行,即使被告按“神命裁判法”被宣判无罪,若陪审团提出的指控确凿可靠,仍可判以流放。这是笔者所能找到的关于陪审团的最初起源,如此说来,陪审团审讯制有七百多年的历史。

到15世纪,陪审团审讯制取代了以往审讯过程中使用的刑讯,减少了逼供讯。轻罪案件,陪审团可以由6人组成,称为小陪审团,重罪案件,一般为12人,称为大陪审团,要求一致通过才能判罪。后来,10比2,或三分之二多数,可以做出裁决。

事情闹到提起诉讼、对簿公堂的程度,除了杀人偿命、欠债还钱等具体要求外,涉事双方和有关人等,往往有强烈的情感卷入,要求罪有应得,或还其清白。

司法公正,牵连着社会大众的普遍情感。陪审团审讯制,是人们追求司法公正漫长路途中的一种尝试。

众所周知:原告被告不宜担任涉及本人案件的检察官和法官,因为他们的个人利益和激情,会使法律带上偏见。于是人们假设:检察官和法官的个人品质,使他们能做到不偏不倚。陪审团审讯制的实质,是不把裁决的道德重担,压在检察官和法官的个人品德上。因为,检察官和法官也是血肉之躯,有可能受派别之见、社会风向、地方情绪、个人偏见等因素的影响。也不能排斥“吃了原告吃被告”。换言之,检察官和法官在审讯中,有自己的利益和立场,不完全是与事无关的方面。为此,把司法裁决这一严肃而沉重的道德责任,诉诸不懂法律的普通公民的良知。

陪审团审讯制,使检察官和法官处于类似比赛中裁判的地位:负责组织起诉和审讯程序,向原告、被告、证人、陪审员说明司法规则,有权制止违规行为,例如,制止带有诱供性质的提问等,但一个案子,是否值得起诉,被告是否有罪,不由检察官和法官说了算。

陪审团是司法制约平衡体系中的一个组成部分。司法程序的第一过程,首先要决定:一个案子是否值得起诉。为避免听信检察官一面之词,需要由一组不偏不倚的普通公民决定:看看检察官提出的疑点是否合理,理由是否充足,是否能证明确有犯罪发生。陪审团可以要求证人提供证词。陪审团只能做出两种决定之一:一、真案(a true bill);二、不是真案(not a true bill)。若为真案,提出起诉;若不是真案,撤销起诉。审讯公开进行;这种预审,秘密进行。

公开审讯程序如下:原告和被告律师先做开庭陈词,原告律师说明被告犯有何种罪,应做何处罚,中途不得更改;被告律师说明:被告未犯被指控的罪名,或情节没有那么严重,应予释放,或减轻处罚。然后,双方传唤证人,交叉询问。全部证人说完事实以后,原告被告律师做结案陈词。前者呼吁陪审团维护社会公正，处罚有罪者；后者呼吁陪审团维护正义，不要殃及无辜，或考虑被告的主客观处境，予以减轻处罚。最后，由事先不知情、或知情甚少的陪审团，在听完双方律师和证人的全部故事之后，退堂讨论，决定谁说的有理，白纸黑字写下他们的裁决，放在信封里。裁决只能是二者之一：一、被告犯有原告所称的罪；二、被告没有犯原告所称的罪。法官当堂拆封，当堂宣读。

这就是说，裁决由普通人凭良心做出。

既然如此，陪审员的遴选，成为关键。

为此，陪审团成员至少应符合以下条件：

一、与原告、被告、案件本身，没有任何瓜葛；没有前科，最好是事先对案情一无所知；为了达到这一点，有时把A地发生的案件，拿到B地去审讯。

二、必须是普通百姓，专业工作者，如律师、医生，不得担任陪审团成员，也就是说，要心地单纯的人。

在现代条件下，电视报纸等信息手段，发达异常，而且强势介入，当年那种简单淳朴，难以复得。尤其是遇到名人大案，难以找到事先不知情的陪审团成员。

审讯美国橄榄球明星辛普逊案时，我正好住在加利福尼亚，每天跟踪电视。在这场所谓“世纪审判”中，12名陪审员，参加审讯时间长达一年之多，每天来往于法庭和给他们安排的旅馆，不许回家，不许与外界联系，变得类似犯人。在美国，担任陪审员是公民的天职，被随机抽选到，不得拒绝。这种做法，司法成本极高，社会代价和经济代价高昂。

多数英语国家早已废止陪审团审讯制：根据免费百科辞典Wikipedia2007年8月8日更新的“陪审团”词条，1933年，率先创建陪审团制的英国，经过七百多年的实践后，率先废止大陪审团制，改为采取委托程序(committal procedure)；1958年，除维多利亚邦还坚持大陪审团制，但很少使用，澳大利亚其他地方均采取委托程序；1961年，新西兰废止陪审团制；1970年，加拿大废止陪审团制。

美国宪法中关于陪审团的规定：1787—1788年间，美国人讨论是否批准《联邦宪法》的过程中，各邦(州)民意大会对《联邦宪法》最大的意见之一，是没有公民权利法案，没有规定使用陪审团。最后，不少邦采取“有条件批准”：要求事后在宪法中增加公民权利法案，才予通过。1789年，第一届联邦议会，起草十二条修正案，其中十条，得到四分之三以上的邦议会批准。麦迪逊原来想重写宪法，把这十条嵌进原文；谢尔曼等人反对，于是，开创了在宪法正文后面增加修正案的模式。增加的修正案，与宪法原文享有同等法律效力。

前十条修正案里，有三条直接提到陪审团：

第五条：“未经大陪审团在场和起诉，不得拘押任何人，不得对任何人进行导致重大罪行或有损名誉罪行的询问，战时和公务危急时，对现役陆军、海军、民兵例外。”

第六条：“在一切刑事诉讼中，被告享有以下权利：在犯罪发生的邦或地区，由中立的陪审团尽快举行公开审讯，应通知被告他被指控的性质和事由；被告有权与指控他的证人对质；应有必备程序获得有利于他的证人，获得为他辩护的律师协助。邦与地区的司法范围，由联邦议会立法划分。”

第七条：“在共同法(the common law)诉讼中，若索赔价值超过二十美元，即应保留案件由陪审团审讯的权利，陪审团审过的事实，在联邦的任何法庭上，不得以不同于共同法的规则重审。”

在宪法的规定下，陪审团制度在美国实行了两百年。

美国只有二十二个邦还在坚持陪审团制：陪审团制度是否公正，这个问题，先后六次被提上联邦最高法院。最高法院裁定：对各邦法院，陪审团制不再作为要求，因此，各邦法院可以自行决定。目前，还有二十二个邦要求使用陪审团，但程度和范围不同。多数司法地区已经废止陪审团制，代之以预审听证会(the preliminary hearing)，会上，一名法官听取有关罪行的证据，做出决定：是否提起上诉。

陪审团制处于争议之中：在美国，有些人认为陪审团制并不公正，因为被告没有律师陪伴，或者没有权利召唤证人。原本设计用来制约检察官的做法，由于强索证据的做法，有时并不能达到目的。得克萨斯检察官，波尼·厄尔(Bonnie Earle)，先后组织了三个陪审团，才把众议员汤姆·迪雷(Tom Delay)提交起诉。

与许多不含偏见的人所相信的相反，大陪审团成员由检察官挑选。许多人多次担任陪审员，他们的个人记录证明，他们总是同意起诉。任何一邦都没有条款限制检察官可以组成多少个陪审团，以实现起诉的目的。

1982 年，得克萨斯前邦众议员麦克·马丁，回答《奥斯丁美国政治家》记者问时说：“大陪审团不是什么别的东西，不过是一个迫使人做伪证的陷阱。”

争议还在进行之中，结果需要拭目以待。

以上所说，都是关于刑事案件。美国只有两个邦在民事案件中使用陪审团：

加利福尼亚和内华达。

第八十四篇*

拾遗补漏

汉密尔顿

1788年5月28日　收入麦克莱恩版

致纽约邦民众：

前面，检阅宪法时，我已对大多数反对意见做了回答，还剩下少数问题，或因自然，未能落入我的视野，或在适当地方，被遗漏了。现在，就来讨论这些问题。这些问题篇幅太大，我只好简略作答，杂乱叙述，汇集在这一篇文字里。

这篇文章的目的，是简略回答前面漏掉的问题

遗留问题中，最值得注意的：是宪法里面缺少权利法案。这个问题，除其他答复外，我已在不同场合说过，好几个邦的宪法，也出现了类似窘况。纽约邦反对新宪法的人，虽然对纽约邦宪法五体投地，却跻身于权利法案热烈支持者的行列。为了说明他们在这件事情上的激情，他们举出两点理由：一、虽然纽约邦宪法里没有权利法案，但邦宪法里的若干条文，含有主张具体特权和权利的条款，实质相同；二、《联邦宪法》，完全采用英国共同法和行政法模式，据此，人民还可以享受其他许多没有明文规定的权利。

反对派不在意邦宪法里没有，却在意《联邦宪法》里没有权利法案

第一个问题，我的回答是：制宪会议提出的《联邦宪法》，和纽约邦的宪法一样，含有一系列这样的条款。

《联邦宪法》里含有民权条款

除有关政府结构的条文外，我们发现以下独立内容：《联邦宪法》第一条第三款第七分句："对弹劾案的裁决，不得超过罢免职务、取消担任或享受联邦荣誉职务、受托职务、受薪职务的资格；但是，对确证有罪者，仍可依法起诉、审讯、裁决、处罚。"第一条第九款第二分句："不得中止申请人身保护令的特权，发生叛乱或入侵、公共安全需要时例外。"第三分句："不得通过剥夺公权的立法和追究既往的立法。"第七分句："联邦不得授予贵族爵位，任何联邦受薪受托官员，未经联邦议会同意，不得接受任何国王、君王、外国的任何礼物、俸禄、官职、爵位。"第三条第二款第三分句："所有犯罪，除弹劾案外，均由陪审团审讯；审讯应在犯罪发生的邦进行；若不发生在任何一邦，由联邦议会决定审讯地点。"第三条第三款："对联邦的叛国罪，只限于对联邦作战、叛投联邦的敌人、给敌人提供援助和方便。除非在公开法庭上，有两人对同一明显事实作证，或本人认罪，不得判处任何人叛国罪。"第三款第三个分句："联邦议会有权宣布对叛国罪的处罚，但是，若剥夺公权，不得辱没血族，不得没收财产，除非被剥夺者依然在世。"

值得发问的是：这些，是否已经穷尽了宪法里的民权内容，与纽约邦宪法里的那些条款是否同等重要？纽约邦宪法里没有人身保护令，没有禁止追究既往法，没有禁止授予贵族爵位的相应条文，对保障公民权利和共和原则，这些也许比其他条款分量更重。事情发生之后创立罪名，或者说，把事情发生时还不是罪的行为当作罪行处理，随兴所至把人关进监狱，是古往今来暴政最喜欢干，也是最可怕的举动。大名鼎鼎的布莱斯通（Blackstone）[1]谈到这种行径时的说法，值得在此引述："不经起诉和审讯，夺去一个人的生命，用暴力夺去他的

布莱斯通对人身保护令的推崇

财产，是专制主义赤裸裸的卑劣行径，应该立刻向整个国家发出暴政警报；然而，秘密拘禁一个人，匆匆忙忙把他带到牢里，他在牢里的痛苦，无人知晓，被人遗忘，这是任性政府的更不公开、更不打眼，因而最危险的做法。”凡有可能的地方，布莱斯通一再着重推崇“人身保护令”，作为对这种致命罪恶的补救办法，其中有一次，他称人身保护令为“英国宪法的护身符”[2]。

禁止授予贵族头衔的重要性，这里无需再说。这一点，真的可以说是共和制的里程碑；只要把这一条排除，就会出现严重危险，政府不知会变成什么样子，绝不再是民有政府。

禁止授予贵族头衔，保障政府的民有性质

第二，说宪法确立了共同法和行政法，我的回答是：这些条文被明确地服从于“议会不时讨论这些条文时，随时可以更改和制定新条款”。因此，共同法和行政法，随时都可以用普通的立法权力加以废止，因此，当然得不到宪法的嘉许。这种宣言的唯一用途，是承认古代的立法，打消革命可能引起的怀疑。这显然不能视为权利法案的组成部分，在宪法之下，权利宣言的意图，势必是限制政府本身的权力。

权利宣言的目的，是限制政府本身的权力

人们已经多次指出：权利法案(Bill of Rights)，就其起源而言，是国王和臣民间的一种约定，削弱君主的皇权(prerogative)，主张部分特权(privilege)，保留不宜交付君主行使的权利。男爵们手持利剑，从国王约翰那里获取的“大宪章”，就是如此。后来的君主们，承诺大宪章继续生效，也是如此。查理一世登基时，同意“权利请愿书”，是其续篇。1688年，贵族和平民向奥伦治王子呈递的“权利宣言”，后来变成议会的一项立法，称为“权利法案”。因此，很明显：权利法案的原始含义，并没有把宪法公开建立在人民的权力之上，而是由人民的代表及其公仆执行。严格地说，这里，人民并没有交出任何东西，由于他们保留了一切，他们没必要再做什么特定的

美国宪法，比英国的“权利法案”更好

保留。“我们联邦人民，为建立一个更加完美的联盟，树立正义、保障内部安宁，为保证我们自己和子孙后代的自由和幸福，特此为美利坚联邦设立和奠定这部宪法。”这种对普遍权利的承认，胜过我们好些邦的权利宣言中构成原则特征的格言警句，这些话，放在伦理学的著作中，比放在宪法里更好。

宪法不可能列出详情细节，只在规范国家的总体利益

可是，列出具体权利的详情细节，显然不适合我们眼前讨论的宪法，因为，制定宪法的意图，只在于规范国家的总体政治利益，不是规范个人和私下关心的所有事情。因此，如果人们发现，大声的喧嚷是在针对宪法的这一方面，那么，对纽约邦的宪法，无论做怎样的指责，也不为过分。真理在于：《联邦宪法》和纽约宪法，已包含了与其相关的所有题目，合乎理性要求。

宪法并未授权政府限制言论自由，就没必要说言论自由不受限制

如果再往前走一步，把权利法案加以肯定，列举这些权利的感觉和范围，在拟议的宪法里，不仅没有必要，甚至带有危险。宪法条款，包含众多的例外权力，没有授给政府；因此，会构成五花八门的借口，当权者会声称他们拥有那些他们并未被授予的权力。有什么理由去宣布那些并不打算做的事情，那些没有权力做的事情？例如，宪法并未授权政府限制言论自由，为什么要说言论自由不受限制那样的话？我不认为：有这样一个条款，就会赋予一项规范的权力；可是，很清楚，这对打算篡权的人，会提供一种说得过去的借口，声称自己拥有那项权力。他们或许会以理性的姿态，敦促说：既然没有授予政府这项权力，宪法里就不应该包含这种荒谬的条文，并且提出：这项反对限制言论自由的条文，会提供一个明显含义，说明预先规范和适当管理言论自由的权力，意图寓于全国政府。这可以视为众多做法的一个样本，给予解释权原则，是过于醉心权利法案的结果。

关于言论自由这个题目，人们已经说得够多，我也忍不住

要说一两点意见：首先，我相信，纽约邦宪法对这个问题只字未提；其次，我敢肯定，其他各邦宪法不论对此是否说了什么，加起来也等于零。“言论自由应该得到无一例外的保护”，这种宣言有什么意思？什么是言论自由？谁能给出一个定义，能够不留任何规避幅度？我认为：这是办不到的；从这一点出发，我推断：要做到言论的安全，不论在怎么样的宪法里，加进如何周全的宣言，势必完全取决于公众舆论，而且要顺从人民和政府的总体精神[3]。而且，说到底，如我在另一个地方已经说明的，我们应该只寻求我们所有权利的坚实基础。

我认为：“言论自由要得到无一例外的保护”，是做不到的

关于这个问题，还剩下一点需要说明。问题的真相在于：我们听完所有的宣言后，宪法本身，就任何理性含义，就每项实际目的而言，就是一部“权利法案”。英国历史上先后出现的几部权利法案，构成英国宪法；反过来说，每个邦的宪法，就是它的权利法案。现在提出供大家讨论的《联邦宪法》，如果被采纳，就会成为联邦的权利法案。权利法案的一个目的，不就是宣布并具体规定政府结构和施政中公民的政治特权吗？这一点，在制宪会议的计划里，已经大量而且准确地实现，包含了维护公众安全的众多预防措施，为各邦宪法所不及。权利法案的另一个目的，不是要明确规定某些涉及个人和私下的关注的豁免权的模式和程序吗？我们看到，在同一部宪法的众多地方，这些也得到了关注。因此，如果关注权利法案的实质含义，却指责说宪法里找不到这些含义，是荒谬的。或许可以说，宪法还走得不够远，虽然不容易使这点明显，但是，断言其中没有这些内容，就不适当了。至于宣布公民权利的先后顺序，采取哪种模式，并不那么重要，只要能在这个奠定政府的文件里找到，就行了。因此，显然的一点是：在这个问题上说的许多话，大多仅仅是建立在词语和形式上的区别，与事物的实质，并不相干。

各邦宪法和《联邦宪法》，都可以视为一部权利法案

有的邦离全国政府太远，人民如何获取关于全国政府的信息

他们提出的另一个反对意见，从重复的次数来看，是他们的理论基础，性质如下：（反对派说）把拟议中设计的那么大的权力，交给全国政府，不恰当；因为，全国政府所在地，势必远离许多邦，选民无法得到适当的了解，无法了解议会的行为。这种说法，如果能被证明有任何含义，那就是证明：根本就不该建立全国政府。所有各方看来都已经同意赋予联邦的权力，不可能安全地信托给一个机构，因为这个机构不在必要控制之下。可是，有令人满意的理由说明：这个反对意见，的确没有依据。多数关于距离的说法，都含有一种想象中的错觉。蒙哥马利县的选民，为了判断他们的议员在邦议会中的行为，他们依靠什么信息来源？要凭个人观察，得不到多少信息。只限于正好处在现场的公民。因此，他们必须依靠信息灵通的人，各有选择，那么，这些信息灵通的人，又从哪里得到信息呢？显然是根据公共政策是否兑现，从流通的印刷品获取，通过与议员沟通，从住在议会讨论地点人们的交往中获取。这并不限于蒙哥马利县，所有其他的县，任何离政府有一定距离的地方，都是如此。

各邦议会会密切注视全国政府各个部门的动静，并告知百姓

同样明显的是：议员在总体政府中的表现，会向百姓开放同样的信息来源；由距离造成的沟通迅速的障碍，会由各邦政府的警觉加以平衡。每个邦的行政官员和议员，都在密切注视全国政府每个部门的受雇人员；为采取和追求一个常规有效的信息系统，在他们的权限以内，他们绝不会迷失，竟然不了解那些在全国议会中代表他们选民的人的作为，而且，会把信息迅速地传递给人民。仅仅出于权力对抗的动机，他们就会把全国政府可能影响到各邦利益的措施，迅速通告本邦大众，以便放心。我们或许可以有充分把握做出结论：人民，通过这些渠道，会更好地了解他们的议员在全国议会中的表现，至少不亚于他们现在对本邦议员的了解。

也应该记住：居住在政府所在地一带或附近的公民，在所有涉及普遍权利和繁荣的问题上，他们与距离遥远的人民有着相同的利益；一旦有必要，他们就会起来发出警报，并且指出策划阴谋的人物。报纸将成为向联邦最遥远地区传递信息的敏捷信使。

首都附近的居民，会警示各地；报纸将成为敏捷信使

对拟议中的宪法，提了许多不同凡响的反对意见，其中，最为不同凡响，也最离奇的一条，是说缺乏一个条款，规定如何处理所欠联邦的款项。这被说成是暗中放弃债款的计谋，是庇护拖欠公债者的罪恶做法。报纸对此已经做了连篇累牍的谩骂；然而，再清楚不过的是：这个建议完全没有基础，提出的人，不是极其无知，就是极不诚实。我在前面的一个地方，已经说过这个问题，这里，只想指出：下面，是一项得到人之常情支持的安排，也是政治法则奠定的一个信条："各个国家，不因其改变政府形式，丧失任何权利，也不因此而解除任何义务。"[4]

一个国家，不因改变政府形式而丧失权利，也不因此而解除义务

我现在还想得起来的最后一条反对意见，谈到支出问题。若采纳宪法、建立新政府，真的会造成相当的开支增加，这条反对意见也构不成什么分量。美国人口众多，有理由相信：联邦是他们幸福的基础。现在，各地感觉健全的人，很少例外，一致认为：现存体制，不做大幅改革，很难活下去；新的、广泛的权力，必须授予全国首脑，这就需要对联邦政府另做安排，一个单一机构，承载如此众多的权力，实在不是安全的储存所。考虑到所有这一切，开支问题应该放在一边，因为，窄化新政府的立足基础，不可能不影响安全。议会两院开始开会时，只有六十五名议员，与现在的联盟议会的议员人数差不多。这个人数，以后会增加，但是这种增加，将与人口和国家资源的增加保持一定速率。显然，议会开始运作时，人数再少，就不安全了；始终保持这样的人数，到人口发展的高级阶

建立联邦政府，会增加政府开支，但不是主要问题

段，议员人数就会显得不足。

建立联邦政府，官员人数是否会成倍增加

政府开支会增加之说，从何而来？一种说法：新政府出现后，官员人数会成倍增加。我们现在简略考察一下。

计算和比较新旧体制下的官员结构和开支状况

显然，现行政府的主要行政部门，与新政府所要建立的一样。现在有一名战争部长、一名外交部长、一名内政部长、三人组成的财政委员会、一名司库、助理、职员等等。不论建立什么体制，这些官员，总是免不了的，适用于旧体制，也适用于新体制。至于驻外大使、公使和代理人，拟议中的宪法，也没有提出什么标新立异的做法，只能注意他们的人格，决定他们的驻在国，让他们更受尊重，使他们的服务更为有用。至于需要雇的征税官员，毫无疑问，会使得联邦政府的官员人数增加相当数量，但不能因此就说，这样做会增加公共开支。多数情况下，会用各邦的征税官员，充任联邦的征税官员。例如，征集各种关税时，雇用的就会全部是后一种官员。各邦政府将不需要此类官员。由联邦政府支付海关官员的薪水，与由各邦政府支付，开支上有什么区别呢？没有理由假设，联邦支付的薪水，会大于各邦支付的薪水。

明显的一笔开支增加，是联邦法官的薪水

那么，我们到哪里去寻找那些附加的开支项目呢？这些开支会把原有的账目，膨胀到巨大的规模，像他们对我们所说的那样。我能想到的主要项目，就是联邦法官的薪水。我没有把总统加进来，因为现在联盟议会也有一个主席，他的薪水，也不会比未来联邦总统的薪水少很多。法官们的薪水，显然是一笔额外开支，不过大到什么程度，取决于今后司法制度的具体计划。总之，没有合乎理性的理由，推断这是反对宪法的一个实质性原因。

建立新政府后，节省开支的因素：议会两院开会时间减少

现在，我们来看看，建立拟议中的新政府，有哪些因素，会抵消这些额外开支？第一件，不言自明：现在使得议会全年开会的许多事情，将转交给总统处理。连安排外交谈判，也会

自然落到总统身上，根据参议院的一般原则，取决于他们的最后合作。因此，显然：一年只需要花一段时间，就足够众议院和参议院完成他们的事务：我们可以估计，众议院一年用四分之一的时间就够了，参议院一年也许需要三分之一或半年的时间开会。参加缔约，参加人事任命，是参议院需要多花的时间。从这种局面，我们可以推断：在众议员的人数大大超过目前的人数之前，从现在的全年开会，到未来的联邦议会每年阶段性的开会，开支还会有相当的节省。

从经济角度看，还有一种情况，也很重要。联邦的各种事务，迄今为止，既占据各邦议会的精力，又占据联盟议会的精力。联盟议会确定配额，各邦议会筹款交付。一直以来，各邦议会的会期拉得很长，如果仅只处理各邦事务，就费不了这么多时间。各邦议会开会，往往是一半以上的时间，用来讨论与联邦有关的事务。现在，组成各邦议会的议员人数，已经达到两千或更多；到新体制下，这么多人做的事情，将由六十五个人完成，就是到了将来，也只需要两千人的四分之一或五分之一。在拟议的政府里，联邦议会，会做联邦所有的事情，用不着各邦议会介入，从此，各邦议会只需要潜心做好各邦的事情，不用像现在这样，一年花很长时间开会。各邦议会开会时间长短上的区别，仅此一项就能省钱，足以抵消任何反对意见，指责所谓新体制树立后会增加开支的说法。

各邦议会只管本邦事务，节省大量开会时间，节省开支

这些观察的结果是：由于树立拟议中的宪法，造成附加开支的原因，比想象的要少得多，而且，由于某些相反的节省而抵消，天平会向哪一边倾斜，目前还是疑问，但有一点可以肯定：一个开支更少的政府，会没有能力实现联邦的目的。[176]

建立新政府，开支有增有减，最后是增是减，有待观察

帕伯琉斯

*《反联邦论》第84篇，题为“论缺少权利条款”，作者“布鲁特斯”。

---

[1] 帕伯琉斯注：见布莱斯通《英国法律评论》，第一卷，第136页。
[2] 帕伯琉斯注：同上书，第四卷，第438页。
[3] 帕伯琉斯注：要证明宪法里存在一种权力，可以影响出版自由，需追溯到征税权。有人说，对出版物可以抬高征税，直到禁止出版的程度。我不知道：凭什么逻辑，把邦宪法中支持出版自由的规定，说成是邦宪法设立的障碍，使邦议会可以对出版物征税。不能断定：任何程度的征税，不论多么低，就是禁止出版自由。我们知道，英国对报纸也是征税的，而且众所周知，再没有一个地方的报纸，享受到英国报纸那么多的自由。如果征税不致侵犯这种自由，显然，征税的程度应取决于议会的决定，受到舆论的规范；由此可见，做些泛泛的宣言，并不能给出版自由带来更大的安全，并不超过没有这些宣言。含有这些宣言的邦宪法，照样可以通过征税侵犯出版自由，拟议中的宪法也可以这样做，其中并没有这样的宣言。宣布政府应该自由，宣布征税不应过度，等等，和宣布不得限制出版自由，意义是一样的。
[4] 帕伯琉斯注：见罗斯福《原理》第二卷，第二集，第十章，第十四节和第十五节。另见《格劳秀斯文集》第二卷，第十章，第八节和第九节。

⑯ 建立新政府：制宪会议的第二项决议是：

“这次制宪会议认为：一旦九个邦的民意代表大会批准这部宪法，联盟议会即应指定一天，由已经批准宪法的各邦，产生出它们的总统选举人。再指定一天，这些选举人集合选举总统，并指定开始宪法程序的时间和地点。”

1788年9月13日，联盟议会对首都设在哪里展开冗长辩论之后，下达了选举新政府成员的命令，把选举总统选举人的日期，定为1789年1月7日，把总统选举人选举总统的日期，定为2月4日。决定：1789年3月4日，新政府开始工作，保留纽约市为临时首都。

1788年9月3日至1789年7月16日，各邦相继选出联邦众议员和联邦参议员。第一届联邦众议院，联邦派议员38人，反联邦派议员26人；第一届联邦参议院，联邦派17人，反联邦派9人。从一开始，联邦议会两院，就出现两派，后来发展为两党。

1788年10月10日，联盟议会最后一次达到法定议事人数。然后自动消亡。

1789年1月7日，已经批准《联邦宪法》的十个邦，共选出总统选举人69名。有四个邦，选举人由选民选出，两个邦由选民提名，议会选出，三个邦由议会选出，还有一个邦由邦长和顾问会选出。

唯有纽约，因两派争执，未能产生总统选举人。

1789年3月4日，第一届联邦议会议员开始集结。

4月6日，众议院和参议院均达到法定议事人数，开始工作。

第一件事，按照宪法，当全体众议员和参议员面，开启各地送来的总统选举结果。69名选举人，每人在选票上写两个名字。唱票结果：华盛顿得69票，成为全票当选联邦总统的第一人，也是全票当选的最后一人；约翰·亚当斯得票第二，36票，当选联邦副总统。约翰·杰伊得9票，R. H. 哈里森得6票，约翰·拉特里奇得6票，约翰·汉考克得4票，乔治·克林顿得3票，萨缪尔·杭丁顿和约翰·密尔顿各得2票，詹姆斯·阿姆斯特朗，本杰明·林肯和爱德华·特尔费各得1票；还有12张选票上，只写了华盛顿一个人的名字。

1789年4月30日，乔治·华盛顿在纽约大法官罗伯特·利文斯顿监督下，宣誓就职第一任美利坚联邦共和国总统。

第八十五篇*

结　语

汉密尔顿

1788年5月28日　收入麦克莱恩版

致纽约邦民众：

回顾第一篇中宣布的计划和完成情况

我在这本文集的第一篇里，宣布了正式的题目分类。按照那个分类，还有两个题目需要讨论："《联邦宪法》，与你所在的邦的宪法对比"；"采纳宪法，会给共和制、公民权利和产权带来进一步的保障"。在这一系列文章展开的过程中，这些问题都已充分讨论，详尽无余，现在，除了重复过去已经讲得很透彻的话之外，没有什么可做了。再讲也达不到更高境界，时间也不许可。

《联邦宪法》与纽约邦宪法一样，包含缺点

制宪会议提出的计划，与本邦政府的组织方法，如此相似，含有许多类似的缺点，但是，更加显现出《联邦宪法》的优点，这点值得注意。所谓缺点，包括：行政官可以连选连任，没有复决会议，缺少正式的权利法案，缺少出版自由条款。我们前面的讨论，已经提到这些缺点，还有一些其他缺点，既存在于纽约邦的现行宪法中，也存在于新提出的《联邦宪法》中，都应受到指责。一个人，如果一味指责《联邦宪法》不够完美，对本邦宪法则予以原谅，就有失公正。我们当中，有些人对本邦政府顶礼膜拜，却狂热反对《联邦宪法》，其实，本邦宪法含有同样的缺点，甚至更为严重，可见：爱之则夸，恨之则伐，并无诚信可言。

采纳现在提出的《联邦宪法》，会给共和制、公民自由和产权提供进一步的保障，主要体现在：保持住了联邦，就能限制各地的派别活动和动乱，限制某个邦内的强势人物的野心，免得他们从头面人物和支持者那里赢得足够的声望和影响，成为迫害人民的专制者；体现在减少外国使用阴谋诡计的机会，倘若联盟解体，这类阴谋诡计，势必受到鼓励，变得猖獗；体现在避免过多的军事建制，倘若联盟解体，邦际之间势必战争连连；体现在明言保障每邦建立一个共和政府；体现在绝对和普遍地废止贵族头衔；体现在防止各邦政府重复过去的那些做法，动摇产权和信用的根基，在各阶层公民心中种下互不信任，造成几乎普遍的道德沦丧。

采纳宪法会带来的各种好处

同胞们，我就用这样的方法，完成了给自己规定的任务；成效如何，当由各位明鉴。我相信，你们至少会承认：我兑现了自己的诺言，在整个努力过程中，一直维持着那股精神。我之陈言，纯粹诉诸各位的判断，努力避免党派政治之争容易染上的刺耳刻薄，虽然反对宪法者的言行，很容易激起这种刺耳刻薄。他们不分青红皂白，肆意诋毁宪法的支持者，指责支持宪法的人共谋反对人民的公民权利，如此放肆，如此恶毒，岂能不在每个人的心中激起驳斥诽谤的义愤。连篇累牍指责富者、高贵者、伟人，令所有敏感的人觉得反感。想方设法，掩盖事实真相，肆意歪曲，为所有诚实的人所不齿。或许正是因为这些原因，有时，我也并非出于本意，用了愤激之词。的确，我是时常在愤激和节制之间挣扎，如果有时愤激占了上风，敬请

我兑现了自己的诺言，尽量做到中庸，有时也偏于愤激

原谅,但愿既不太多,也不过重。

人人都要表明态度,这不是社区的特定利益,而是国家的存亡

我们暂停下来,反躬自问:在这些文章发表的过程中,拟议中的宪法,是否还没有从加之于它的诬蔑中还其清白,是否还没说清楚宪法值得公众称赞,是公共安全和繁荣的必需。人人有责,扪心自问,对这些问题做出回答,依据自己的良知和理解,采取与这种判断一致的行动。这是一种义务,不这样做,没有别的做法,能使人得到解脱。这是仁人受到的召唤,而且受到整个社会的良心约束,应该诚恳诚实地表达出来。不带褊狭的动机,不带特殊的利益,不带观点的自豪,不带临时的激情或偏见,自觉心中有理,无愧于国家,无愧于后代,没有做不当选择。让他意识到一种对政党的不易克服的效忠。让他想想,他所要决定的对象,不是社区的特定利益,而是整个国家的存亡。让他记住:大多数美国人,对他将要批准或拒绝的计划,已经给予嘉许。

我不想掩饰自己的感觉,对自己说过的话充满自信

我不想掩饰我的感觉,向你们推荐拟议中的制度时,我对我所说的话充满自信;对反对派的话,我看不出其中有任何真实的力量。我满心相信:我们政治局面、习惯、观点所能承认的最佳,高于任何革命的产物。

支持宪法的人表示谦虚,反对宪法的人便得寸进尺

新宪法的朋友们让一步说:宪法并不自称绝对完美,它的敌人便得寸进尺。他们说,我们干吗要接纳不完美的东西呢?干吗不加以修正,让它完美,然后,再义无反顾地树立?这话听起来够动人的,但也只不过动人而已。首先,我要指出:他们大大夸张了这些礼让之辞的幅度。这些礼让之辞,被歪曲成:宪法有严重的毛病;不经过实质性的修改,社会的权利和利益,得不到安全保障。据我对提出这些礼让之辞的人的理解,这完全是对他们初衷的曲解。提倡宪法的人中,找不到一个人宣示他的情感:宪法虽然不是尽善尽美,面面俱到,但总的来说,是个好宪法,是国家当前局势和观念所允许

的最佳选择，宪法许诺了每种安全，是理性的人民的急切之需。

其次，我的回应是，不要为了异想天开，追求一种尽善尽美的计划，让我们的国家事务长期陷入不安状态，把联邦暴露于一个接一个的实验的危局中，这点极其重要。我从不指望从并非尽善尽美的人中，产生尽善尽美的计划。所有集体讨论的结果，势必是一种混合物，包含谬误和偏见，包含成员个人的良好感觉和智慧。一份约定，要用一条友好团结的纽带，拥抱十三个单立的邦，必然是许多不同利益和观念的折中妥协。从这样的背景中，如何能产生尽善尽美？

作为集体讨论的折中结果，宪法不可能尽善尽美

最近，纽约出版了一本非常杰出的小册子[1]列举了若干理由，说明：再举行一次新的制宪会议，像前不久举行的制宪会议那样，想要找到一种环境，能仔细讨论，得出结论，十分有利于形成一个幸福结局。这是完全不可能的事情。我不需要重复那本小册子的看法，因为我相信，这本小册子已经流行很广。每个对自己的国家友好的人的文章，都值得仔细读读。还有一个问题需要考虑，那就是：修正的问题。在考察这个问题之前，我还不能做最后结论。

再开一次制宪会议，也不可能得出更好的结果

依我看来，以下观点绝对可以证明：批准宪法以后再加修正，比批准以前先修正，要容易得多。现在的计划，一旦提出修改，为了获得批准，就会变成一个新计划，又要重新获得每个邦一一批准。等到在整个联邦全部完成，需要等到十三个邦一致赞同。反过来，十三个邦，按宪法现在的样子予以批准，任何时候，九个邦都可以修改。因此，先批准原始计划，然后再加修改，成功的几率为十三比九。

合理的办法，是先批准再修正，不是先修正再批准

这还没有说完。为联邦拟订的每部宪法，都不可避免地包含许多具体规定，十三个独立的邦，要调和它们的利益和关于利益的观念。我们肯定会看到，把原始形式，再交给一批

换一批人来再次制宪，困难将随人数和参与其事的方面数倍增加

人，来自不同地区的人的结合，又会在不同的问题上争论不休。在一个问题上形成多数的人，到了第二个问题，又变成少数，到第三个问题时，可能再出现不同观点结合而成的新多数。因此，构成宪法具体规定的细节，要修饰安排得使所有各方都能满意；要想最后方案获得全体一致同意，遇到的困难，要做的牺牲让步，会成倍增加。显然，这个成倍的倍数，取决于具体问题的个数，取决于有多少个方面参与其事。

提出修正案，只要达到需要的邦数，就会实现

可是，每条修正案，一旦树立，就会成为一个单独的条款，有可能单独继续推行。没必要为安排其他条文而妥协，不必讨价还价。只要要求修正的邦数达到要求，便可立刻做出决定。因此，任何时候，只要有九个或十个邦[2]，联合起来提出一项具体修正案，这项修正案就一定会实现。因此，事后补充修正案的做法，比起要求先达到完美再批准，二者的难度不可比拟。

关于修宪方法的条款，迫使一朝权在手的人无法抗拒修宪

有人争辩：事后修改的可能性很小，进入全国政府掌权的人，一朝权在手，总是不愿意让出他们权力的任何部分。就我来说，我坚信：任何经过深思熟虑，被认为有用的修正案，将适用于政府的组织，而非政府的众多权力；仅此一虑，我认为，刚才提到的那个看法，没什么分量。我还认为：从另一个角度看，它也没什么分量：治理十三个邦所带来的固有难度，独立于对任何公共精神和人格完整的一般程度的考量，依我看来，持续不断地迫使治理国家的人，符合他们选民的合理期待。然而，还有一层进一步的考虑，超越了怀疑的可能性，证明上述观察毫无价值。这就是：治理国家的人，不论何时，只要有九个邦的意见一致，就没有什么选择余地。根据宪法的第五条，“当三分之二的邦(按目前的邦数计算为九个)议会申请，召开修宪会议，提出修正案，联邦议会就有责任召开这样的会议。提出的修正案，一旦得到四分之三的邦议会批准，或

四分之三的邦的民意大会批准，修正案的内容和目的，便有效”。这一条的措辞，非常确定。联邦议会“就要召开修宪会议”。联邦议会对此没有任何变通权力。由此可见，反对派所说掌权的人不愿意修改，不攻自破。要把三分之二或四分之三的邦议会团结起来，以修正案的形式，影响它们的地方利益，不论有多难，只要事关人民的总体自由和安全，这种难处就不在话下。我们可以放心依赖各邦议会，它们自会筑起篱笆，防止全国政府的蚕食。

若上述议论，虚妄不实，那肯定是我自己上当受骗了；因为，在我的观念里，一项政治真理，可以用数学来演示的，实在罕见。那些对修正宪法问题与我观点相同的人，不论他们对修正宪法多么热忱，都应该同意，先批准再修正，是实现他们目的的直路，最为适宜。

政治真理，可以用数学演示的，实为罕见

热切要求在批准宪法之前先予修正的人，读完下面一段话以后，他们的热情会冷却下来。有位作者，说话深刻，足智多谋，他观察到的真理如下：“要使一个大国或大社会达到平衡（他说），不论是君主国还是共和国，依据一般法律，是一项极其繁难的工作，任何人间天才，不论多么全面周到，都不能仅仅通过理性和反思，就达到效果。在工作中，许多人的判断，必须联合起来：经验必须指引他们的劳作；时间把它引向完美：感到不便时，就要纠正初次试验时不可避免的错误。”[3]这些意味深长的反思，包含着节制和适中的教训，要所有真心热爱联邦的人，谨防不要为了追求无法实现的目标，出现铤而走险的无政府状态、打内战、各邦之间持之以恒的彼此作对，或许还有野心家的军事独裁，只有时间和经验，才能通向完美。也许我身上缺乏政治毅力，我承认：我不能像那些人那样悠然镇定，他们把我国现状长期持续的危险，视为想象中的图景。一个没有全国政府的国家（nation），依我看来，是

必须联合起来，经验指引劳作，时间引向完美

一种可怕的景象。树立宪法，在一个宁静和平的时候，得到全体人民的自愿接受，对完成我心怀焦虑和忐忑翘首以盼的事业，是个奇迹，是个壮观。在如此艰巨的任务中，十三个邦已有七个邦赞同，我不能容忍半途而废，让已经取得的成果付诸东流；全国已有相当大的一部分通过宪法，准备开始实施。我觉得：新企图的结果更为可怕，因为我知道，本邦和其他几个邦的权势人物，正在想方设法，反对建立全国政府。

帕伯琉斯

*《反联邦论》第85篇，题目为："结语：联盟弊病被夸大了；宪法必须大幅修正才能接受"，从"美国连线"网上未能下载到正文。

---

[1] 帕伯琉斯注：书名为《致纽约邦民众》。

[2] 帕伯琉斯注：或许说十个邦更准确；虽然三分之二的邦就可以发起修宪，四分之三的邦才能使修正案批准生效。

[3] 帕伯琉斯注：《休谟文集》，第一卷，第128页，"艺术和科学的崛起"。

附录一

独立宣言*

托马斯·杰斐逊

1776 年 7 月 2 日

在人类的历史的进程中，当一个民族必须解除与另一个民族之间的政治纽带，依照自然法则和自然上帝的授权，自立于世界之林，成为一个分开和平等的成员时，对人类公意的尊重，要求他们宣布促使他们分开的理由。

我们认为以下真理不证自明：人人生而平等，造物主赋予他们一些不可转让的权利，其中包括生存、自由和追求幸福。为了保障这些权利，人们之间才组建政府，治人者的正当权利，来自被治者的同意。不论何时，不论何种政府形式，一旦违背这些目标，人们就有权变革政府，或废止旧政府、组建新政府，按人民觉得最能保障他们安全和幸福的办法，奠定政府的基本原则，组建政府的形式。诚然，审慎之心使人觉得：长期建立起来的政府，不宜因轻微短暂的理由而更改；过去所有的经历表明：人类往往趋于忍耐，只要邪恶还能忍得下去，直到迫不得已，才自我授权，废除他们已经习惯的政府形式。

若一个政府长期篡权滥用，处心积虑，实行独裁专制，抛弃这样的政府，为自己未来的安全提供新的卫士，就是人民的权利，人民的责任。这些殖民地，就一直这样地忍耐着；这，就是促使这些殖民地必须改变他们的旧政府体制的原因。大不列颠当今国王的历史，就是反复伤人和篡权[177]的历史。他所有的行为，直接目标，都指向在这些邦里建立独裁暴政。为了证明此点，且让事实诉诸世人公听。

他[178]拒绝批准立法，而立法权最能促进公共利益，是现实公共利益的必需。

他禁止他的总督批准刻不容缓和至关紧要的立法，要不就把这些立法束之高阁，等他批准，而在搁置期间，他根本无心过问。

他拒绝批准有利于广大地区人民的其他立法，除非这些地方的人民放弃议会中的席位，而获得代议的权利，对人民来说，无比珍贵，唯有暴君，才对此畏惧。

他把各邦立法机构召集到违反常规、极其难受、远离公务档案的地方开会，目的无非是使代表们疲于奔命，束手就范，听凭他摆布。

他反复解散殖民地的代表会议，因为这些会议坚决反对他侵犯人民的权利。

他解散这些代表会议后，又长期禁止人民选举新议会，使不可剥夺的立法之权，无法回到人民手中，使形势处于外来入侵和内部骚乱的危机之中。

他极力阻挠各邦增加人口，拖延批准外国人入籍法，拒绝批准其他鼓励移民的措施，抬高占用土地的费用。

他阻挠司法的执行，拒不批准建立司法权的立法。

他控制法官任期，随意改变法官薪水，使法官依附于他的个人意志。

他大肆设职封官，派来的官员蜂拥成群，骚扰民众，侵吞民脂民膏。

他未经我们议会的同意，竟在和平时期，把常备军派驻到我们民间。

他使军权独立，凌驾于民权之上。

他与其他人联手，在我们这里推行违背我们的宪法、推行我们的法律不承认的司法制度；

他批准以下的虚伪立法行为：

派出大量军队，驻扎在我们民间；

用虚伪审讯庇护他的军队，不惩罚他们杀害这些邦的居民的罪行；

切断我们与世界各地的贸易；

未经同意向我们强行征税；

在许多案件中剥夺我们由陪审团审讯的好处；

以莫须有的罪名将我们押到海外审讯；

在一个邻省废除英国法律的自由制度，在那里建立专制政府，扩大边界，炮制先例，用作样板，意图在我们这些殖民地里推行同样的统治；

取消过去颁发给我们的特许证书，废除我们最有价值的法律，从根本上改变我们的政府形式；

搁置我们自己的议会，宣布他们有权在一切事务上代替我们立法。[179]

他们夺去政府的权力，宣布我们不再受他的保护，向我们宣战。

他侵入我们的领海，骚扰我们的海岸，烧毁我们的城池，杀害我们的百姓。

此刻，他在调度大批的外国雇佣军，制造死亡与荒凉，他的暴虐已变得连最野蛮的时代也莫能相比，残酷、卑劣，完全不配做文明国家的首脑。

他在公海上大肆掳掠，囚禁我们的同胞，迫使他们拿起武器反对自己的祖国，杀戮自己的朋友兄弟，或死于自己的朋友兄弟的刀下。

他在我们中间煽动内乱，唆使无情的印第安蛮人，杀害我们边疆的居民，而印第安蛮人所知道的作战规则，就是不分男女老幼，不论青红皂白，一律斩尽杀绝。

在遭受这些压迫的每一个阶段，我们总是言辞谦恭、反复请愿，祈求他改正，我们一次一次地请愿，得到的回报，是反复的凌辱。

一个君主，每一言每一行都显现出，他的本性实为暴君，不配治理自由人民。

我们并非不想提请我们的英国兄弟[180]注意。我们一次又一次地警告他们，不要企图利用他们的立法权，把毫无根据的治权，强加到我们头上。我们提醒他们，我们已移民到此，生根结果。我们向他们内心的正义和高尚情怀发出呼吁，我们企望他们顾念同文同种之情，翻然悔悟，放弃这种篡权行为，因为这样做，势必会切断我们的联系和往来。同样，他们对这种正义之声、同宗之情也充耳不闻。既然如此，我们迫不得已，只有奋而宣布独立，像对待世界各国一样对待他们：战则为敌，和则为友。

为此，美利坚联盟的代表，趁此代表大会召开之际，向世界最高裁决者申述我们的正义目的，以这些殖民地善良人民的名义，得到他们的授权，庄严宣布：它们[181]从此放弃对大不列颠国王的一切效忠，与大不列颠国家[182]的一切政治联系，从此而且理应一刀两断；作为自由独立的国家[183]，它们拥有宣战、媾和、结盟、通商，以及一切独立国家[184]享有的立法和行事的全权。我们坚信神明上苍的保佑，彼此盟誓，以生命、财产和神圣的荣誉支持这一誓言。

约翰·汉考克	约西亚·巴特列特	威廉·韦普尔
萨缪尔·亚当斯	约翰·亚当斯	罗伯特·裴因
艾尔布里奇·格里	史蒂芬·霍普金斯	威廉·埃勒瑞
罗杰·谢尔曼	萨缪尔·杭丁顿	威廉·威廉斯
奥立维·瓦科特	马修·托姆顿	威廉·弗洛伊德
菲利普·利文斯顿	弗朗斯·刘易斯	刘易斯·莫里斯
理查德·斯托克顿	杰诺·韦瑟斯普	弗·霍普金斯
约翰·哈特	阿伯拉罕·克拉克	罗伯特·莫里斯
本杰明·鲁斯	本杰明·富兰克林	约翰·莫顿
乔治·克莱默	詹姆斯·史密斯	乔治·泰勒
詹姆斯·威尔逊	乔治·罗斯	恺撒·罗德尼
乔治·里德	托马斯·麦克凯恩	萨缪尔·蔡斯
威廉·巴卡	托马斯·斯通	查尔斯·卡乐尔
乔治·韦思	理查德·亨利·李	托马斯·杰斐逊
本杰明·哈里森	托马斯·尼尔逊	小弗朗西斯·李
卡特·布莱斯通	威廉·胡普尔	约瑟夫·休斯
约翰·宾	爱德华·拉特里奇	托马斯·西瓦德
托马斯·林奇	亚瑟·米德尔顿	巴腾·格维尼特
科曼·霍尔	乔治·瓦尔顿	

*这篇译文,初成于 1998 年,作为《辩论》一书的附录一。这次略作修改,作为《联邦论》的附录一。坚持把 State 译为“邦”,即联合成民族国家(Nation)之前的各自宣布拥有主权的“小国家”;不译为“州”。

---

⑰ 篡权(usurpations=the unlawful seizure of power):北美独立运动的根本目标,是自己当家做主,由北美人民自己为自己立法,不再服从英国议会的立法。从这个角度看,英国把自己的立法,强加于北美,即为“篡权”。

⑱ 杰斐逊《独立宣言》的矛头,只指向英国国王乔治三世。
⑲ 代替我们立法(make laws):"法律"一词用复数。指议会制定的各项规则。立法权就是自主权。
⑳ 我们的英国兄弟:指英国议会,语气较缓和,留有余地。
⑱ 它们:英语用复数代词,指十三个即将独立的殖民地。还没有联合为一个"民族国家"。
⑱ 大不列颠国家:英语原文中,"国家"用 State。
⑱ 作为自由独立的国家:"国家"一词原文为 State。说明:起草《独立宣言》时,十三个"邦"自视为"自由独立的国家"。
⑱ 一切独立国家:其中的"国家"一词,英文也是 State。

附录二

联盟条款*

第二个大陆会议1777年11月15日通过,1781年3月1日生效

新罕布什尔、马萨诸塞湾、罗得岛和普罗维登斯种植地、康涅狄格、纽约、新泽西、宾夕法尼亚、特拉华、马里兰、弗吉尼亚、北卡罗来纳、南卡罗来纳和佐治亚邦之间的联盟[185]和永久同盟[186]条款。

第一条 本联盟的方式[187]为"美利坚联邦"[188]。

第二条 各邦保留自己的主权、自由和独立、每项权力、管辖范围和权利,联盟议会召开期间通过这项结盟明确授予联邦者例外。

第三条 上述各邦就此分别[189]加入一个牢固的、彼此友好的同盟,以增强它们的国防,保障他们的公民权利,促进它们相互和共同的福利,彼此约束,互相支援,共同对付以宗教、主权、贸易或其他任何借口对联邦或其中一邦提出的威胁或攻击。

第四条

第一款 为保障和维系各邦之间的友谊和交往,除乞丐、流氓和逃犯外,各邦自由居民有权享受其他各邦自由公民的

一切特权和豁免权；各邦人民可自由进出其他任何邦，享受一切贸易与通商特权，所课税金、所受限制，与所在邦居民一视同仁，不得限制财产所有者将迁入该邦之财产，转移到自己所居住的邦去；任何邦不得对联邦的财产和其他邦的财产征税或加以限制。

第二款　在一邦犯有叛国罪、重罪、严重轻罪，或被指控犯有上述罪行者，若逃往其他邦，应原邦行政长官或行政部门的要求，应将其引渡至原邦。

第三款　各邦彼此之间，对其他邦法院和地方长官的档案、法案、司法程序应予充分信任的尊重。

第五条

第一款　为便于安排联邦的共同利益，各邦按本邦议会认为适当的方式，逐年派出代表，于每年 11 月的第一个星期一举行联邦议会，各邦保留在年内召回部分或全部代表、委派其他代表顶替的权力。

第二款　每邦派往联盟议会的代表，不得少于两人，不得多于七人；任何人在六年中担任代表不得超过三年，任何担任代表的人，不得在联邦担任由本人领取或他人代领薪水、津贴和报酬的职务。

第三款　每邦需在邦际会议[190]中保留代表，代表在会议工作期间，在决定联邦事务时，每邦各有一票表决权。

第四款　代表在联盟议会中的言论自由和辩论自由不受干涉，在联盟议会以外的任何地方，任何法庭不得对其盘问，叛国罪、重罪或妨害治安罪例外；代表在前往开会和返回住处途中，不受逮捕和拘禁。

第六条

第一款　未经联盟议会召开期间的联邦[191]同意，任何邦不得派出或接受使馆，不得与任何国王、君主或国家举行会议、达成协议、结成同盟、缔结条约；在联邦或任何一邦内担任受薪受托职务的人，不得接受任何国王、君主和任何外国的礼物、报酬、职务或头衔；联邦和任何一邦不得授予贵族头衔。

第二款　未经联盟议会召开期间的联邦同意，任何两邦或多邦之间不得缔约、结盟、同盟，不得具体规定这类缔约结盟的目的和持续的时间。

第三款　联盟议会已向法国和西班牙朝廷提出缔结条约，并将以此为据努力与其他国王、君主、国家缔结条约，为此，任何一邦不得征收进口税或关税，以免影响联盟议会上述之努力。

第四款　任何邦不得在和平时期保留战舰，除非联盟议会召开期间的联邦，认为该邦之战舰数量是保护该邦或其贸易所必需的；任何邦在和平时期不得保持任何武装部队，除非联盟议会召开期间的联邦，判断该邦所保留的要塞和警卫人员数量，是保护该邦所必需的；但每邦应随时保留一支管理良好、遵守纪律、武器装备足够的民兵，在公共武库保存一定数量的军需、帐篷，数量适当的武器弹药，营房器材，随时听候调用。

第五款　没有得到联盟议会召开期间的联邦同意，任何邦不得开战，除非该邦受到敌人实际入侵，或得到情报，表明某个印第安人国家已决定侵入该邦，危险迫在眉睫，不容迟缓，来不及等待联盟议会召开期间的联邦决定；在联盟议会召开期间的联邦决定宣战之前，任何邦不得向任何船只和战舰发布命令，不得颁发海上缉拿外国船只许可证和报复敌国的拘捕证，只能与联盟议会召开期间的联邦已经与之宣战的王国、国家及其臣民作战，并遵守联盟议会召开期间制定的规则，除非该邦受到海盗大肆入侵，在此情况下，可派战舰出击，作战时间以危险依然存在为限，或作战到联盟议会召开期间的联邦决定的时间。

第七条 任何邦为共同国防而招募的陆军，所有上校和上校以下军官，由招募这些军队的各邦议会任命，或按各邦所定办法任命，军官出现空缺时，由原来任命该军官的邦任命继任者。

第八条 一切战争费用，一切为建立共同国防和提供普遍福利而出现的其他费用，以及联盟议会召开期间的联邦同意支出的费用，均从共同财库中支取，财库来源，由各邦按其全部土地价值分摊，包括授予和测量后分给任何个人的土地，联盟议会召开期间的联邦，将定期制订办法，任命人员，对土地、房屋和改良增值做出估价。各邦为交纳自己应承担的订额，可由各邦议会制定税则、征收税金，时间应在联盟议会召开期间的联邦同意的时间范围以内。

第九条

第一款 联盟议会召开期间的联邦，独享决定战争与和平的全权，第六条所述情况例外，独享派出和接受大使、缔结条约和加入盟约的全权，但所缔结的商业条约，不得限制各邦的立法权力，按向本邦居民征税的办法，向外国人征收进口税和关税，不得禁止各邦出口和进口任何货物和商品，不得禁止各邦制定各种情形下的规则，不得决定陆上或水上的俘获物是否合法，不得制定规则规定陆军和海军在为联邦服役时所获战利品如何瓜分或分配，不得在和平时期颁发海上缉拿外国船只许可证和对敌国的拘捕证，不得设立法庭审讯公海上的海盗罪和重罪，不得设立法庭接受和审理一切有关俘获物的最后上诉，除非上述法庭的法官中没有联盟议会任命的人担任。

第二款 两邦或多邦之间，因领土、管辖范围和其他任何事务，目前存在或将来出现的争议和分歧，应在联盟议会开会期间，由联邦对上诉做出最后决定，具体办法如下。一邦议会、行政当局或其法律代理人，与另一邦发生争议时，应向联盟议会提出诉求，陈述问题所在，申请举行听证会；联盟议会应将诉求交给与之发生争议的另一邦的议会或行政当局，指定一个日期，让双方法律代理人出庭，双方代理人一致同意后，指定仲裁人或法官组成法庭，听取问题所在，并作裁决。若双方代理人无法取得一致，由联盟议会从联邦内每邦提名三人，双方依次从三人中剔除一人，由提出诉求的一方先剔除，直到剩下十三人；从这十三人中，由联盟议会通过抽签提取不少于七人，不多于九人；这样提取出来的人或其中任意五人，担任仲裁或法官，听取争议，并做出最后裁决；裁决由听取案件者的多数意见决定。若一方玩忽，不在指定日期出席，又不提出联盟议会认为充分的缺席理由，或出庭而拒不答理，则由联盟议会从每邦提名三人，由联盟议会秘书代表缺席或不答理的一方剔除；按上述方式组成的法庭所做的判断和裁决，具终审和决定性质。任何一方，若拒不承认此种法庭的权威，或拒不出庭提出申诉，或不对理由做出辩护，此种法庭仍将开庭并将做出裁决，裁决具终审和结案性质。判断、裁决和程序记录均提交联盟议会，为有关各方安全计，存入公共档案。每名仲裁人在入席开始裁决之前，需宣读誓言，由裁决举行地点的邦最高法院法官之一主持，誓词为："仔细认真听取问题所在，尽自己最佳判断能力，不偏不倚，不图报答，做出裁决。"此外，不得为联邦的利益而剥夺任何一邦的领土。

第三款　一切土地私有权的争端，因两邦或多邦均认为这些土地在自己的管辖范围内、颁发了不同的地契而引起，或因这些邦颁发地契之后又对管辖范围做了调整而引起，这些地契或其中的一种声称按原有管辖范围拥有原始地契，这类争端均由一方向联盟议会开会期间的联邦提出诉求，尽量按上述处理各邦之间管辖范围领土争议的方法，做出最后裁决。

第四款　联盟议会召开期间的联邦，拥有单独和排他的权利和权力，根据联邦得到的授权，或根据各邦的授权，规范货币的铸造和币值，在联盟内统一度量衡，规范与不属于任何邦成员的印第安人的贸易和各邦事务，但不得侵犯和违反各邦在其限度以内的立法权利，建立和管理联邦全境内邦与邦之间的邮局，从联邦全境内的邮件提取邮费，支付邮局的开销；任命为联邦服役的全体陆军军官，团级军官例外；任命全体海军军官，授予全体为联邦服役的军官的军衔，制定管理陆海军条例，指挥作战。

第五款　联盟议会召开期间的联邦，有权指定一个委员会，在联盟议会休会期间履行职责，取名"邦际委员会"，由每邦的一名代表组成；有权任命其他委员会和文职官员，按联邦的指示处理联邦的日常事务；任命其中一人主持，但在任何三年内，任何人不得主持工作超过一年；保证为联邦服役的民兵筹集必需的款项，为公共支出拨款和提供给养；以联邦的信用筹借贷款，发行货币，每半年将贷款和发行所得向各邦呈交账目；建立和装备一支海军；协商陆军人数；按各邦白人居民人数，向各邦分配兵员名额；此项兵员分配，具约束性，由各邦议会任命团级军官，招募兵员，按士兵规格提供服装、武器、装备，把按此规格配备服装、武器、装备的军官和士兵，在联盟议会召开期间的联邦协商的时间以内，开拔到指定地点；但若联盟议会召开期间，联邦审时度势，认为有的邦不需要招募兵员，或招募的兵员可低于其配额，而其他邦招募的兵员需高于配额，仍应按配额招募这些超额兵员，配备军官、服装、武器、装备，除非该邦议会认为无法提供如此数量的兵员，在此情况下，由该邦议会视情况尽量招募配额规定的超额兵员，配备军官、服装、武器、装备。把按规格配备服装、武器、装备的军官的士兵，在联盟议会召开期间的联邦协商的时间以内，开拔到指定地点。

第六款　除非九个邦一致同意，联盟议会召开期间，联邦不得从事战争，不得在和平时期颁发海上缉拿外国船只许可证和报复敌国拘捕证，不得缔约结盟，不得铸造钱币，不得管理币值，不得为联邦或其中任何一邦的防务和福利而筹款拨款，不得以联盟的信用发行货币、筹借贷款，不得拨款，不得在建造和购买的战舰数目、招募的陆、海军人数方面达成协议，不得委任陆军或海军总司令；除非在联盟议会召开期间由联邦中的多数邦通过表决做出决议，除决定逐日休会外，不得对其他任何问题做出决定。

第七款　联盟议会有权在年内的任何时间休会，有权在联邦内的任何地点举行，一年内休会的时间不得长于六个月，并按月公布联盟议会的议事记录，但联盟议会认为需要保密的有关缔约、结盟、军事行动的部分，不在此列；各邦代表在每个问题上所投的赞成票或反对票，只要有一名代表要求，即须记录在案；一个邦的代表们，或其中任意一人，若提出要求，即应给予一份上述记录之复写件，以便提交各邦议会，上述保密内容除外。

第十条　联盟议会休会期间，授权邦际委员会，或任何九个邦，执行联盟议会召开期间联邦的权力，取得九个邦的同意，每隔一段时间可以考虑必须的授权；但是，未经联盟议会召开期间联邦内九个邦的同意，不得授权上述委员会执行联盟条款规定的任何权力。

第十一条　若加拿大申请加入联盟，加入联邦采取的各项措施，应予批准，并授予联邦的一切好处；但是，除非九个邦一致批准，不得授予其他殖民地同等待遇。

第十二条 联邦成立之前，为建立目前的联邦，由联盟议会授权或由联盟议会签订合同而发行的信用券、借的贷款、欠的债务，均视为联邦债务，由联邦负责偿还，谨在此以公共信用庄严担保。

第十三条 每一个邦，对这项结盟提交给它的所有问题，受到联盟议会召开期间联邦所做各项决定的约束。各邦应严格遵守联盟条款，不得违反，联盟将永世长存；从今以后，除非取得联邦大会同意，并在事后得到每个邦议会的确认，任何时间不得做任何更改。

我等得到世界最高主宰之欢悦，得到我们各自代表的邦议会的诚心，批准和授权我们在代表大会上承认上述联盟条款和永久同盟。上帝见证：我等在下面签名的代表，根据授予我们的权力，在此聚会，谨代表各自的选民并以他们的名义，在此全权批准和确证联盟条款中的每条每款和永久同盟，以及其中所包含的所有和每项事务；我们进而以各邦选民之名义庄严盟誓，他们将受联盟议会召开期间联邦所做各项决定的约束，包括这项结盟所提交给他们的所有问题。我们在此会议上举手为证。

本条款于我主一千七百七十八年——美利坚独立第三年七月九日在宾夕法尼亚之费城完成。

我们特此签名作证

新罕布什尔	约西亚·巴特列特	
	约翰·文特沃思 1778.8.8	
马萨诸塞湾	约翰·汉考克	萨缪尔·亚当斯
	艾尔布里奇·格里	弗朗西斯·达纳
	詹姆斯·罗维尔	萨缪尔·霍顿
罗得岛和普罗维登斯种植地		
	威廉·埃勒瑞	亨利·马昌德

	约翰·科林斯	
康涅狄格	罗杰·谢尔曼	萨缪尔·杭丁顿
	奥立维·沃尔科特	蒂度斯·霍斯默
	安德鲁·亚当斯	
纽约	约瑟夫·杜安	弗朗西斯·刘易斯
	威廉·杜尔	古文诺·莫里斯
新泽西	1778.11.28	约翰·韦瑟斯奔
	纳撒尼尔·斯库德	
宾夕法尼亚	罗伯特·莫里斯	丹尼尔·罗伯狄欧
	约翰·贝雅德·史密斯	威廉·克林根
	约瑟夫·里德 1778.7.22	
特拉华	托马斯·麦克凯恩 1779.2.12	
	约翰·迪金森 1779.5.5	
	尼古拉斯·凡·杜克	
马里兰	约翰·汉森·马奇 1781.3.1	
	丹尼尔·卡乐尔	
弗吉尼亚	理查德·亨利·李	约翰·巴尼斯特
	托马斯·亚当斯	约翰·哈维
	弗朗西斯·莱托夫·李	
北卡罗来纳	约翰·宾 1778.7.21	科恩·哈涅特
	约翰·威廉斯	
南卡罗来纳	亨利·劳伦斯	威廉·亨得·德雷顿
	约翰·马休斯	理查德·哈特森
	托马斯·海伍德	
佐治亚	约翰·瓦尔顿 1778.7.24	
	爱德华·特尔菲尔	
	爱德华·朗沃斯	

＊这篇译文，初成于 1999 年，作为《辩论》一书的附录二。这次做了较大改动，作为《联邦论》的附录二。主要是把 confederation 译为“联盟”，把标题译为《联盟条款》，把 congress 译为“联盟议会”，不再用“邦联”这个译名。

---

⑱⑤ 联盟(confederacy＝a league or alliance)：各自独立的邦的联盟。
⑱⑥ 同盟(league＝an alliance or association)：具有结盟、协约等含义。
⑱⑦ 方式(stile＝style)：结成联盟，是一种运作方式。
⑱⑧ 美利坚联邦即 United States of America。
⑱⑨ 分别(severally＝separately, distinctly, respectively, individually)：具有分开、各自、分别、独自等含义，强调“各自”加入。
⑲⓪ 邦际会议(a Committee of the States)：联盟议会休会期间的安排，议员休会后就变成行政人员。
⑲① 联盟议会召开期间的联邦(the united states in congress assembled)：这是本文中反复出现的一个术语，说明联邦只存在于联盟议会召开期间。联盟的组织方式是联合国的雏形，它的权力在一年一度的大会，邦不论大小，各有平等的一票。

附录三

美利坚联邦宪法*[192]

我们联邦人民，为建立一个更加完美的联盟、树立正义、保障内部安宁、建立共同防御、促进普遍福利、保证我们自己和子孙后代的自由和幸福，特此为美利坚联邦设立和奠定这部宪法。[193]

第一条

第一款　本宪法所授予的所有立法权[194]，寓于联邦议会，由参议院和众议院组成。

第二款

一[195]　联邦众议院由各邦人民每两年选举产生的众议员组成；各邦选举人应具备选举本邦议会中人多一院议员的选举人所需具备的资格。[196]

二　年龄未满二十五岁、成为联邦公民不足七年、当选时不在本邦定居者，不得担任众议员。

三　众议员席位和直接税金额，在加入联盟的各邦之间按人口比例分配[197]；各邦人口总数，为自由人人数之和，包括按契约服劳役一定年限的人，不算未被征税的印第安人，所有其他人的五分之三[198]。联邦议会第一次开会后三年内实行人口清点，此后每十年普查一次，办法由联邦议会立法制定。每三万[199]人选出的众议员不得超过一名，但每邦至少应产生一名众议员；统计人口以前，新罕布什尔有权选出众议员三名，马萨诸塞八名，罗得岛和普罗维登斯种植地一名，康涅狄格五名，纽约六名，新泽西四名，宾夕法尼亚八名，特拉华一名，马里兰六名，弗吉尼亚十名，北卡罗来纳五名，南卡罗来纳五名，佐治亚三名。[200]

四　任何邦的联邦众议员出缺时，由该邦行政当局下令选举，补齐缺额。

五　联邦众议员选出本院议长和其他官员；众议院独享发起弹劾之权。

第三款

一　联邦参议院由每邦二名[201]参议员组成，由各邦议会[202]选出，任期六年，每名参议员各有一票表决权。

二　第一批参议员选出聚齐后，立即分成人数尽量相等的三组。第一组议员的席位在第二年届满时空出，第二组议员的席位在第四年届满时空出，第三组议员的席位在第六年届满时空出，以便此后每二年改选三分之一；若参议员因辞职或其他原因出缺发生在邦议会休会期间，由该邦行政官任命临时参议员代理，到邦议会下次开会选出新议员止。

三　年龄未满三十岁、成为联邦公民不足九年、当选时不在本邦定居者，不得担任参议员。

四　联邦副总统为参议院议长，但没有表决权，除非赞成票和反对票票数相等。

五　参议员选出本院其他官员和一名临时议长，以备副总统缺席或副总统行使总统职权。

六　参议院独享审讯所有弹劾案的权力。为审讯弹劾案而开庭时，参议员需宣誓。联邦总统受审时，由最高法院首席大法官主持；未经出席议员三分之二同意，不得定罪。

七　对弹劾案的裁决，不得超过罢免职务、取消担任或享受联邦荣誉职务、受托职务、受薪职务的资格；但是，对确证有罪者仍可依法起诉、审讯、裁决、处罚。

第四款

一　选举联邦参议员和众议员的时间[203]、地点、办法，由各邦议会预先规定；联邦议会可随时通过立法制定和更改这些规定，选举参议员的地点除外。

二　联邦议会每年至少开会一次，从十二月的第一个星期一开始，除非联邦议会立法另定日期。[204]

第五款

一　各院分别审查本院议员的选举过程、结果和当选资格；各院议员过半数构成议事的法定人数；不足法定人数时，得逐日休会，各院可规定敦促缺席议员到会的办法和处罚规则。

二　各院制定本院议事规则，处罚议员不守规则的行为，经三分之二议员同意可将议员开除。

三　各院应有议事记录，定期公布，他们判断需要保密的内容除外；经出席议员五分之一的人要求，应将全体议员对任何问题所投的赞成票或反对票记录在案。

四　联邦议会开会期间，未经另一院同意，一院中途休会不得超过三天；不得在各院会堂以外开会。

第六款

一　议员领取服务报酬[205]，由立法保障，由国库支付。议员享有以下特权：议会开会期间和往返途中，除因叛国、重罪、妨碍治安外，不受逮捕；议员在议会的发言和辩论，在议会外不受盘诘。

二　议员不得担任任期内设立或加薪的联邦文官职务；

联邦官员在任期内不得担任议员。

第七款

一　一切筹集岁入的提案由众议院发起，与对其他提案一样，参议院可以修改方式合作。[206]

每项通过众议院和参议院的提案，成为立法之前，需呈交联邦总统；若总统同意，应签署使其成为立法，若不同意，应写出书面反对理由，连同提案一起退还提出该案的一院，该院应将总统反对理由全文记录在案，开会再议，若三分之二议员再次通过，则将该案连同总统的反对理由提交另一院以同样方式再议，若另一院三分之二议员再次通过，该案即成为法律。再议时，各院均采取点票方式决定，逐一问明每名议员赞成还是反对，各院应分别把赞成和反对的议员姓名记录在案。总统收到提案后十天（周日除外）内，若不将提案退还，则视同总统已经签名，该案成为立法，联邦议会休会、总统无法退还提案时例外，后一情况，提案不能成为立法。

二　每项需要参议院、众议院一致通过的命令、决议、表决，需呈交联邦总统，与处理提案的方法一样，受同样规则限制，总统批准方可生效，总统不批准，需参议院众议院复议，三分之二议员再次通过，才能生效。

第八款

一　联邦议会有权[207]制定和征收税金、关税、进口税、营业税，用于偿还国债、为联邦提供共同防御和普遍福利；但在联邦范围内，关税、进口税、营业税应整齐划一。

二　用联邦的信用借钱。

三　制定对外贸易、邦际贸易、与印第安人贸易的规则。

四　制定联邦内的统一入籍归化法和统一破产法。

五　铸造钱币，管理本国货币和外国货币的币值，统一度量衡。

六　制定规则，处罚伪造联邦证券和货币的行为。

七　设立邮政，修筑邮路。

八　为促进科学和有用技艺的进步，保障作者对作品、发明者对发明在有限时间内的排他权利。

九　设立最高法院以下的法院。

十　定义和处罚公海上的海盗罪和重罪、违反国际法的行为。

十一　宣战，颁发海上缉拿敌船许可证和报复敌国的拘捕证，制定陆战海战俘获处理条例。

十二　招募军队，提供给养，但对这项用途的拨款不得超过两年。

十三　建立和维持一支海军。

十四　制定陆军和海军的统辖和管理条例。

十五　制定规则，征召民兵，执行联邦法律，镇压叛乱，击退入侵。

十六　制定规则，组织、武装并以纪律约束民兵，统辖民兵中应召为联邦服役的部分，把任命军官和按联邦议会制定的纪律训练民兵的权力保留给各邦。

十七　设立一个特区，由某些邦割让、联邦议会接受，作为联邦政府所在地（面积不超过十平方英里），联邦议会在特区内享有一切事务的排他立法权；经所在邦议会同意，联邦议会向各邦购买若干地点，建立要塞、武库、兵工厂、造船厂，及其他必要设施，享有对这些地点的排他立法权。

十八　为行使上述所有权力，行使宪法授予联邦政府、授予各部门及其他官员的权力，制定必要和适当的立法。

第九款[208]

一　联邦议会不得在1808年以前立法禁止任何一邦现存并认为宜于承认的人口迁徙和人口输入，但对输入的人口，可征收税金或关税，每输入一人征税不得超过十元。[209]

二　不得中止申请人身保护令的特权，发生叛乱或入侵、公共安全需要时例外。

三　不得通过剥夺公权的立法和追究既往的立法。

四　不得征收人头税和其他直接税，如前所述，只能按人口普查结果向各邦摊派。[210]

五　不得对任何一邦的出口物品征收税金和关税。

六　制定贸易和征税规则，不得在各邦口岸之间厚此薄彼，不得要求从一个邦的港口始发或驶到该港停靠的船只，到另一个邦的港口始发或停靠，办理出关入关、清仓、纳税手续。

七　未经立法拨款，不得从国库支钱；一切公款往来，应有常规说明和往来账目，定期公布。

八　联邦不得授予贵族爵位；任何联邦受薪受托官员，未经联邦议会同意，不得接受任何国王、君主、外国的任何礼物、俸禄、官职、爵位。

第十款[211]

一　任何一邦不得缔结条约、加入同盟或彼此结盟；不得颁发海上缉拿外国船只许可证和报复敌国的拘捕证；不得铸造钱币；不得发行信用纸券；不得使用金币银币以外的方式偿债；不得通过剥夺公权的立法、追究既往的立法、废止合同义务的立法，不得授予任何贵族爵位。

二　未经联邦议会同意，任何一邦不得对进、出口征收进口税或关税，为执行该邦检查法所绝对必需的税金除外；但任何一邦对进、出口所征的关税和进口税，其净收入应上交联邦公库使用；所有这类检查法，应受联邦议会检查和控制。

三　未经联邦议会同意，任何一邦不得设立吨位税，不得在和平时期维持军队和战舰，不得与其他邦和外国缔结协定或盟约；不得从事战争，除非遇到实际入侵，或危险迫在眉睫，不容迟缓。

第二条

第一款

一　行政权寓于美利坚联邦的一位总统。总统任期四年，与副总统一起当选相同的任期。总统、副总统的选举办法如下：

二　每邦按本邦议会所定办法产生若干选举人，人数等于该邦按宪法有资格分得的联邦参议员和联邦众议员人数之和；但联邦议员和联邦受托受薪官员不得担任选举人。

三　选举人在本邦集合，投票选举两人[212]，其中至少一人不在本邦定居。选举人制作一份得票人名单，列出全体得票人和每人所得票数；签名使名单合格，密封送往联邦政府所在地，交给参议院议长。参议院议长当参议员和众议员面开启有效名单，然后点票。得选举人票最多且超过指定选举人半数即为总统；若得票过半数者不止一人且得票相等，众议院立即书面投票从中选出一人为总统；若无人得票过半数，众议院立即投票，从得票最多的五人中选出一人为总统。众议院选举总统时，按邦计票，每邦议员合投一票；选举总统时，需有三分之二的邦的一名或几名众议员出席，人数超过全体众议员半数，才能构成法定选举人数。在上述各种情况下，选出总统后，剩下的人中得选举人票最多者为副总统。若剩下的人中仍有两人或多人得票相等，参议院按上述办法从中选出副总统。[213]

四　联邦议会决定各邦产生选举人的时间和选举人集合投票的日期，投票日期在联邦内应为同一天。[214]

五　非本土出生的人，本宪法批准时不是联邦公民的人，没有资格担任总统；年龄不满三十五岁、在联邦居住不足十四年者，没有资格担任总统。

六　若总统被罢免、去世、辞职、失去行使总统职权的能力，应将总统职权移交给副总统；联邦议会应立法宣布，若总统和副总统都被罢免或去世、辞职、失去行使职权的能力，由联邦的哪位官员代理[215]，直到他们恢复能力，或选出新总统为止。

七　总统在规定时间领取服务报酬[216]，任期内报酬不增不减，任期内总统不得从联邦或其中任何一邦领取其他报酬。总统就职前需宣读以下誓词或保证："我谨在此庄严宣誓（或保证）：我将忠实履行联邦总统职责，尽自己的最佳判断和能力，保持、保护、保卫联邦宪法。"

第二款

一　总统为联邦陆军、海军、应召正为联邦服役的各邦民兵的总司令；总统可要求各部门首长就所负责任内的事务写出书面意见；总统有权颁布缓刑和赦免反对联邦的行为，弹劾案除外。

二　总统咨询参议院并取得出席议员三分之二同意，有权缔结条约；总统有权提名大使、其他公使、领事、最高法院法官和宪法未作规定、将由联邦议会立法设立的所有其他联邦官员，经参议院同意，方可任命；联邦议会可将他们认为适宜的下级官员，通过立法授权总统一人、授权法院、授权部门首长分别任命。

三　总统有权填补参议院休会期间出现的空缺职务，任期到联邦议会下次会议结束为止。

第三款　总统定期向联邦议会提交联邦咨文，向议会推荐他认为必要和可行的措施，供议会讨论；情况非常时，总统可召集两院或其中任何一院开会，若两院对休会时间意见不一，总统可在自己认为适当的时间宣布休会；总统接见大使和其他公使；总统负责联邦的各项立法得到忠实贯彻；总统给全体联邦军官授衔。

第四款　联邦总统、副总统、全体文官，如因叛国、贪污、其他重罪或严重轻罪被弹劾并被确认有罪，应予罢免。

第三条

第一款　联邦的司法权寓于一所最高法院和联邦议会因时设立的下级法院。最高法院和下级法院法官，行为端正得继续任职，在规定时间领取服务报酬，在职期间的报酬不减。

第二款

一　司法权的适用范围，延伸到宪法、联邦立法、已经缔结和将要缔结的条约引起的一切案件，包括法律案件和衡平案件；涉及大使、其他公使、领事的所有案件；所有海事案件；以联邦为一方的诉讼；两邦或多邦之间的诉讼；一邦与另一邦公民之间的诉讼[217]；不同邦公民之间的诉讼；同一邦公民因持有不同邦颁发的地契而引起的土地纠纷；一邦或其公民与外国、外国公民、外国臣民之间的诉讼。

二　对涉及大使、其他公使和领事的案件，以一邦为一方的案件，最高法院具有初审权。对上述所有其他案件，最高法院具有对上诉案的审理权，法律和事实两方面，但联邦议会可通过立法制定例外条例，制定审理规则。

三　所有犯罪，除弹劾案外，均由陪审团审讯；审讯应在犯罪发生的邦进行；若不发生在任何一邦，由联邦议会决定审讯地点。

第三款

一　对联邦的叛国罪，只限于对联邦作战、叛投联邦的敌人、给敌人提供援助和方便。除非在公开法庭上，有两人对同一明显事实作证，或本人认罪，不得判处任何人叛国罪。

二　联邦议会有权宣布对叛国罪的处罚，但是，若剥夺公权，不得辱没血族，不得没收财产，除非被剥夺者依然在世。

第四条

第一款　各邦应充分尊重和信任其他邦的立法、档案、司法裁决。联邦议会应立法制定通用规则,说明各邦证明上述文件和使其生效的办法。

第二款

一　每邦公民享有其他各邦公民所享有的一切特权和豁免权。[218]

二　被任何一邦指控叛国、重罪或其他罪行者,若逃离法网,而在另一邦被捕获,应他所逃离的邦的行政当局要求,应予引渡,送交对该罪行享有司法权的邦。

三　在一邦按该邦法律服役者,若逃往另一邦,不得按另一邦的法律和规则而解除劳役,应原主要求,将其送还依法享有其劳役的一方。[219]

第三款

一　联邦议会可接纳新邦加入联邦;但未经原邦议会和联邦议会同意,任何一邦的管辖范围以内不得形成或创立新邦,两邦、多邦或其组成部分不得并为新邦。

二　联邦议会有权分配属于联邦的领土和其他产权,制定必要的规则;但是,宪法中的任何条文,不得被解释为偏袒联邦的诉求或任何一邦的诉求。[220]

第四款　联邦向联邦内的每一个邦保证建立一个共和形式的政府,保护任何一邦不受侵犯,应邦议会或邦行政官(邦议会无法开会时)申请,平定内乱。

第五条

每逢两院三分之二议员认为必要,或三分之二的邦议会提出申请,要求对本宪法提出修正,联邦议会即应召开制宪会议,以便提出修正案;在这两种情况下,若得到四分之三的邦议会批准,或四分之三的邦民意大会批准,所提修正案的内容和目的，即构成本宪法的有效部分，以上两种批准办法，由联邦议会选择采取哪一种；但是，1808 年以前，任何修正案不得以任何方式影响第一条第九款第一项和第四项[221]；未经一邦同意，不得剥夺该邦在参议院的平等表决权。

第六条

一　采纳本宪法前欠下的债务和承担的责任，在宪法下与在《联盟条款》下同样有效，由联邦承担。

二　宪法、为实现宪法而制定的联邦立法、根据联邦授权已经缔结和将要缔结的条约，为联邦最高法律；各邦宪法和立法若与联邦最高法律抵触，各邦法官应受最高法律约束。

三　联邦和各邦议会议员、联邦和各邦的全体行政官员和司法官员，应受支持本宪法的誓言或保证的约束；但绝不可以宗教考查作为担任联邦官员或接受公共信托的资格要求。

第七条

九个邦的民意代表大会批准，即构成足够数目，在批准的邦之间树立这部宪法。

这部宪法于美利坚联邦独立后第十二年，我主第一千七百八十七年九月十七日，由出席各邦一致同意完成。我们谨在此签名作证。[222]

主席和弗吉尼亚代表　乔治·华盛顿

新罕布什尔	约翰·朗东	尼古拉斯·吉尔曼
马萨诸塞	纳撒尼尔·戈汉姆	鲁弗斯·金
康涅狄格	威廉·塞缪尔·约翰逊	罗杰·谢尔曼
纽约	亚历山大·汉密尔顿	
新泽西	威廉·利文斯顿	威廉·佩特森
	戴维·布瑞利	乔纳森·戴顿
宾夕法尼亚	本杰明·富兰克林	托马斯·费兹西蒙斯

	托马斯·米弗林	贾姆斯·英格索尔
	罗伯特·莫里斯	詹姆斯·威尔逊
	乔治·克莱默	古文诺·莫里斯
特拉华	乔治·里德	理查德·马塞特
	小刚宁·贝德福德	雅可布·巴塞特
		约翰·迪金森
马里兰	詹姆斯·麦克亨利	丹尼尔·卡罗尔
	圣托马斯·杰尼弗的丹尼尔	
弗吉尼亚	约翰·布莱尔	詹姆斯·麦迪逊
北卡罗来纳	威廉·布朗特	休·威廉森
	理查德·多布斯·斯佩特	
南卡罗来纳	约翰·拉特利奇	查尔斯·平克尼
	查尔斯·科茨沃斯·平克尼	皮尔斯·巴特勒
佐治亚	威廉·费尤	阿伯拉罕·鲍德温

*《联邦宪法》的译文,初成于1997年,作为《辩论》一书的附录八;2008年做了少量改动,作为《联邦论》的附录三。

---

⑫《联邦宪法》载法兰德《1787年联邦制宪会议记录汇编》,第二卷,第651—665页。法兰德注:宪法誊清在四张羊皮纸(23.5英寸×27.5英寸)上。这里的一份,力图准确印出原件。

⑬ 爱德华·科温在《宪法和它今天的含义》(普林斯顿大学出版社,1978年,第14版)第1页说:严格来说,前言不是宪法的组成部分,无论政府还是个人,都不能以前言为依据申诉自己的权利。

⑭ 宪法授予联邦议会的所有立法权,共十八项,列举在第一条第八款。

⑮ 款以下的项目编号,系译者根据美国课本中宪法的排印办法增加。

⑯ 各邦选民资格的趋同和逐渐放宽,参见宪法修正案第14、15、19、24、26条。

⑰ 随着人口增长和疆域扩展,联邦众议员人数越来越多,从最初的65人,到1790年的106人,到1850年的237人,到1900年的391人;1911年,联邦议会通过决议,把众议院人数定在435人的水平上,不再增加,只增加每名众议员代表的人口数;1790年,每名众议员代表3 300人,

1850 年代表 9 300 人,1900 年代表 1.94 万人,1950 年代表 3.45 万人(《美国历史统计》,第二卷,第 1085 页“众议员的分配”),1990 年代表约 5 万人;七个人口不足或超过 5 万人的邦,各产生一名众议员。

⑲⑧ 修改宪法,用修正案的办法,附于宪法之后,并不修改原文。宪法原文保留它的历史污点:保留体现奴隶制的原文,是其中一例。奴隶制问题的变化,参见修正案第 13、14、15、19、24、26 条。

⑲⑨ 法兰德注:这里有一个擦去重写的痕迹。把原来的每“四万”改成“三万”。

⑳⓪ 1999 年,最初十三个邦的众议员席位变为:新罕布什尔两名,马萨诸塞十名,罗得岛二名,康涅狄格六名,纽约二十三名,新泽西十三名,宾夕法尼亚二十一名,特拉华一名,马里兰八名,弗吉尼亚十一名,北卡罗来纳十二名,南卡罗来纳六名,佐治亚十一名。(新泽西:《世界年鉴 2000》,第 80—87 页。)

⑳① 随着邦数增加,参议员从最初十三个邦的 26 人,增加到 1800 年的 34 人,1850 年的 66 人,1900 年的 94 人,1960 年的 100 人,此后,保持为 100 人。

⑳② 1913 年起,参议员改由各邦人民选举,见修正案第 17 条。

⑳③ 联邦议会两年一届,现在每逢双年 11 月 5 日,改选全体众议员和三分之一的参议员。目前,有些邦已对邦参议员和众议员的连任次数做出限制,但迄今尚未限制联邦议员的连任次数。

⑳④ 从 1933 年起,联邦议会开会时间改为从 1 月 3 日起,见修正案第 20 条。

⑳⑤ 第一届联邦议会开会时,会期没有现在这么长,最初提议:途中和开会时,每天贴补众议员 6 美元,参议员 8 美元,经过辩论,统一为 7 美元。现在议员已成为一份全职工作。1995 年,联邦参、众议员、联邦地区法院法官年薪相同,为 133 600 美元,部长 148 400 美元(新泽西编《1996 年世界年鉴》,第 82、84、93、78 页);2000 年 1 月起,联邦众、参议员、联邦地区法官年薪增加到 141 300 元,部长增加到 157 000 美元(新泽西编《2000 世界年鉴》,第 80、81、92、75 页)。

⑳⑥ 关于联邦预算制定过程,参见《辩论》。

⑳⑦ 第一条第八款列举制宪会议期间各邦代表同意通过宪法授予联邦的所有立法权,共十八项,因此,联邦政府被称为“有限政府”。

⑳⑧ 第一条第九款列出制宪会议期间各邦代表禁止授予联邦的立法权,共八项,以“不得”开头。

⑳⑨ 为了废除《联邦宪法》对奴隶制的容忍,1861—1865 年联邦经历了一场内战,北方有 2 213 363 人上前线,战死 140 414 人,其他死亡 224 097 人,伤 281 881 人。南方仅 1863—1866 年先后估计有 60 万人上前线,战死 74 524 人,其他死亡 59,297 人(新泽西编《世界年鉴 1997》,第 184 页)。战后制定宪法修正案第 13、14、15 条。

㉑⓪ 1913 年,联邦议会开始取得向居民直接征收所得税的权力,见宪法修正案第 16 条。

㉑① 第一条第十款列出制宪会议期间各邦代表禁止授予各邦议会的权力，均以“不得”开头，共三项，其中第一项为“绝禁”，第二、三项得到“联邦议会同意”可以开禁。
㉑② 1789 年，选举人为实质选举人，同一个邦的选举人可以选举不同的人；1824 年开始公民直选，逐渐演变为候选人在一邦获得多数选民票即囊括该邦全体选举人票，选举人变为形式选举人，需按本邦公民意志把票投给同一个候选人；如候选人赢得特拉华，得三票，赢得纽约，得三十三票；这种办法迫使候选人到各邦竞选，争取民心，尤其关注在人口多的大邦取胜；1960 年，肯尼迪得公民投票 34 227 096 张，赢得 22 个邦，但得选举人票共 303 张，过半数；尼克松虽赢得 26 个邦，但只得 219 张选举人票，结果，肯尼迪当选。
㉑③ 总统副总统选举办法的修改，参见宪法修正案第 12、20、22、25 条。
㉑④ 现在定为每隔四年的 11 月 15 日。夹在其中的一次联邦议员选举，被称为“中期选举”。
㉑⑤ 1792 年，联邦议会立法宣布，总统的继承顺序为：副总统，众议院议长，参议院候补议长。
㉑⑥ 第一届联邦议会给华盛顿定的总统年薪是 25 000 元，不能低的原因有二，一是国家的象征；二是抵御外国收买的诱惑，因为总统不同于国王，整个王国都是他的利益。两百多年来，总统年薪增长比其他职业都慢。1960 年，联邦议会把总统年薪从 10 万调到 20 万，肯尼迪是第一个受惠者。2000 年，联邦议会把总统年薪从 20 万调到 40 万，小布什是第一个受惠者。调高总统年薪，不完全是因总统本人，而是总统的年薪盖住了部长、议员、法官的年薪；目前，意见最大的还是法官，因为部长、议员不是终身职，有了资历后，可到民营企业赚取高薪和酬金，法官是终身职，薪水是终身的主要收入来源。
㉑⑦ 见宪法修正案第 11 条。
㉑⑧《联盟条款》制定这一款时，强调拆除邦际界线，各邦公民平等。宪法上这一项的含义，有待公民权利法案充实，参见宪法修正案前十条。
㉑⑨ 参见宪法修正案第 13、14 条。
㉒⓪ 1783 年，亚当斯、富兰克林、杰伊等与英国在巴黎谈判和平条约时，突破联盟议会给他们的指示，赢得比原来预料的更多谈判成果，英国放弃了密西西比河以东的地区。当时联盟的有效控制还只达到阿巴拉契亚山，中间的广大地区还有法国和西班牙的势力，这一地区也成为联邦和各邦之间的诉求争议；后来，这个地区变成若干新邦。
㉒① 南卡罗来纳代表拉特里奇和平克尼将军坚决要求并且得到的，是第一条第九款的第一项和第五项，不是第四项；第一项是 1808 年前联邦不得禁止输入奴隶，第五项是联邦不得向任何一邦征收出口税。

南卡罗来纳代表巴特勒坚决要求并且得到的，是第四条第二款第三项，见宪法修正案第 13、14、15 条。
㉒② 出席制宪会议但没有签名的代表有：马萨诸塞的卡立巴·斯特朗(同意宪法，但提前离会)，艾尔布里奇·格里(对宪法有不同意见，不愿意签

名);康涅狄格的奥立维·艾尔斯沃斯(同意宪法,但提前离开会议);纽约的罗伯特·雅茨和约翰·兰欣(认为联邦制宪会议超越授权,7月10日离开会议,以示抵制);新泽西的威廉·豪斯顿(出席会议仅两周,因病退会);特拉华的约翰·迪金森因病在会议结束前不久离会,请乔治·里德代替签名;马里兰的路德·马丁和约翰,弗朗西斯·默塞(两人都预言宪法会失败,都提前离开会议,都在马里兰反对批准联邦宪法,但事过以后,都在马里兰政府继续任职);弗吉尼亚的乔治·韦思(妻子生病,6月初请假离开会议,后正式辞去代表职务),詹姆斯·麦克朗(本是医生,被伦道夫拉来顶替拒绝出任代表的帕特里克·亨利,对政治兴趣不那么浓厚,赞成宪法,但提前离开会议),爱德蒙·伦道夫(从提出宪法草案到最后不同意宪法成稿,拒绝签名),乔治·梅森(不同意宪法,拒绝签名);北卡罗来纳的亚历山大·马丁和威廉·理查德·戴维(两人同意宪法,但提前离开会议);佐治亚的威廉·皮尔斯和豪斯通(两人同意宪法,但提前离开会议)。参见《辩论》附录“制宪会议代表的出勤情况”和索引“介绍13个邦和55名制宪会议代表的脚注编号”。

附录四

联邦宪法修正案*[223]

公民权利法案 1791年12月15日成为宪法的组成部分[224]

修正案第一条 联邦议会不得立法建立宗教，不得立法禁止宗教活动自由；不得立法剥夺言论自由和出版自由；不得剥夺人民和平集会、向政府请愿、表达不满、要求申冤的权利。

修正案第二条 保障一个邦的自由，必须有一支管理良好的民兵，不得干涉人民持有、携带武器的权利。

修正案第三条 未经屋主同意，军人在和平时期不得进驻民宅，战时进驻，需按法律所定办法。

修正案第四条 人民的人身、住宅、文件、财产权利受到保护，不得侵犯，不得无理搜查或缉拿；签发搜捕证，要先宣誓或保证有适当理由，具体说明搜查地点、需缉拿的人或物。

修正案第五条 未经大陪审团在场和起诉，不得拘押和询问任何可判死刑、即使不判死刑也会导致身败名裂的罪行，除非战时或公务危急时，对现役陆军、海军和民兵可以例外；不得因同一罪行使任何人的生命或肢体两次受困；在刑事案件中，不得迫使任何人作证控告自己，没有正当法律程序，不得剥夺任何人的生命、自由和财产；未经公平补偿，不得将私人财产充作公用。

修正案第六条 在一切刑事诉讼中，被告享有以下权利：在犯罪发生的邦或地区，由中立的陪审团尽快举行公开审讯，应通知被告他被指控的性质和事由；被告有权与指控他的证人对质；应有必备程序使被告获得有利于他的证人，获得为他辩护的律师协助。邦与地区的司法范围，由联邦议会立法划分。

修正案第七条 在共同法诉讼中，若索赔价值超过二十美元，即应保留案件由陪审团审讯的权利，陪审团审过的事实，在联邦的任何法庭上，不得以不同于共同法的规则重审。

修正案第八条 不得要求过量的保释金额；不得课以过量的罚款；不得采取酷刑或异常的惩罚。

修正案第九条 宪法列举的若干明确权利，不得被解释为否认或蔑视人民所保留的其他权利。[225]

修正案第十条 宪法未授予联邦的权力，宪法未禁止给予各邦的权力，保留给各邦，或保留给人民。

修正案第十一条 1795 年 2 月 7 日成为宪法的组成部分[226]

联邦的司法权，不得被解释为可延伸到以下法律和衡平案件：由另一邦公民、外国公民或臣民对联邦内的一个邦发起或起诉的案件。

修正案第十二条 1804 年 6 月 15 日成为《联邦宪法》的组成部分[227]

选举人在各邦集合，投票选举总统和副总统，其中至少一人不在本邦定居；选举人在一张选票上写明他要选的总统的姓名，在另一张选票上写明他要选的副总统的姓名，分别列出两份名单，一份列出所有得总统选票的人，一份列出所有得副总统选票的人,注明每人所得票数;签名使名单合格,密封送往联邦政府所在地,交给参议院议长,当参议员和众议员面开启合格名单,然后点票。得总统选票最多且超过指定选举人半数者为总统;若无人获得总统选票过半数,众议院立即书面投票,从得总统选票最多的三人内选出总统。总统选举按邦计票,每邦议员合投一票;选举总统的法定邦数为三分之二,每邦一名至数名众议员出席,需获得所有邦中的过半数票,方能当选总统。每当选举权转移到众议院,若众议院到次年 3 月 4 日仍不能选出总统,由副总统代理总统,按宪法规定的总统去世或失去行使总统职权能力办法办理。得副总统票最多且超过指定选举人半数者,为副总统。若无人得票过半数,参议院从得票最多的二人中选出一人为副总统。选举副总统的法定人数,为全体参议员的三分之二,得票超过全体参议员半数才能当选。宪法规定不合格担任联邦总统者,亦不得担任副总统。

修正案第十三条 1865 年 12 月 6 日成为《联邦宪法》的组成部分[228]

一 不论奴隶制还是非自愿劳役,除非作为对已通过正当程序判刑的罪犯的处罚,不得存在于联邦境内及其管辖的任何地方。

二 联邦议会有权通过适当立法贯彻此条。

修正案第十四条 1868 年 7 月 9 日成为《联邦宪法》的组成部分[229]

一 凡出生或归化联邦、遵守联邦法律的人,就是联邦公民,也是他们所居住的邦的公民。任何一邦不得制定和实施剥夺联邦公民特权和豁免权的立法;未经正当法律程序,任何一邦不得剥夺任何人的生命、自由和财产;在该邦的司法范围内,不得否认任何人得到法律平等保护的权利。

二　联邦众议员的名额，在各邦之间按人口比例分配，普查时应清点每邦全部人口，不计长时期未被征税的印第安人[230]。但是，年满二十一岁的男性[231]公民，若无权选举总统副总统选举人、联邦众议员、邦行政与司法官员、邦议员，若因参与叛乱和其他罪行而被剥夺选举权，应从各邦年满二十一岁的男性公民总数中减去，根据减去后的人数，在各邦之间按人口比例分配。

三　曾经宣誓拥护《联邦宪法》、担任过联邦议员、联邦官员、邦议员、邦行政或司法官员的人，若后来反对宪法，参加暴动或叛乱，向联邦的敌人提供援助和方便，不得再担任联邦议员、总统和副总统选举人、联邦或邦的文职或军职官员。联邦议会两院三分之二议员批准，可予豁免。

四　联邦议会授权的公债，包括平定暴动和叛乱中的服役者的养老金和奖金，有效性不容置疑。联邦和各邦不承担、不支付因援助针对联邦的暴动和叛乱而引起的债务和责任，不承担、不支付因失去奴隶、解放奴隶而提出的索赔要求；所有这类债务、责任、索赔要求，应视为非法和作废。

五　联邦议会有权通过适当立法贯彻执行此条。

修正案第十五条　1870 年 2 月 3 日成为《联邦宪法》的组成部分[232]

一　联邦公民的选举权，联邦或任何一邦不得因种族、肤色或过去曾服役而予否认或剥夺。

二　联邦议会有权通过适当立法贯彻执行此条。

修正案第十六条　1913 年 2 月 3 日成为《联邦宪法》的组成部分[233]

联邦议会有权制定和征收所得税，不论何种来源，不按邦分摊，与人口普查或清点无关。

修正案第十七条　1913 年 4 月 8 日成为《联邦宪法》的

组成部分[234]

一　联邦参议院由每邦人民选出的两名参议员组成，任期六年；每名参议员各有一票表决权。每邦选举人应具备选举本邦议会中人多一院议员所需具备的资格。

二　任何一邦在参议院的代表出缺，由邦行政当局下令选举补齐缺额；各邦议会可授权邦行政当局委派临时参议员，代理到当选参议员补齐缺额为止。

三　本修正案生效成为宪法组成部分以前，不得被解释为影响已选出的参议员的当选和任期。

修正案第十八条　1916 年 1 月 16 日成为《联邦宪法》的组成部分[235]

一　这条修正案批准一年后，禁止在联邦境内及其管辖的领地内制造、出售、运输会致醉、用作饮料的酒类，亦不得进口和出口。

二　联邦和各邦议会有权合作通过适当立法贯彻此条。

三　按宪法规定，联邦议会把这条修正案提交各邦议会，从提交之日起七年内，若各邦批准此条成为宪法修正案，方可施行。

修正案第十九条　1920 年 8 月 18 日成为《联邦宪法》的组成部分[236]

一　联邦公民的选举权，联邦和任何一邦不得以性别为由加以否认或剥夺。

二　联邦议会有权通过适当立法贯彻执行此条。

修正案第二十条　1933 年 1 月 23 日成为《联邦宪法》的组成部分[237]

一　总统和副总统的任期到原定终止之年 1 月 20 日正午结束，联邦参议员和众议员的任期到原定终止之年 1 月 3 日正午结束；继任者的任期，同时开始。

二　联邦议会每年至少开会一次，开会日期从 1 月 3 日正午开始，除非联邦议会立法另定日期。

三　若当选总统在规定的任期开始以前去世，当选副总统成为总统。在规定的总统任期开始时，若总统尚未选出，或当选总统不符资格，由当选副总统代理总统，直到产生一名合格总统为止；联邦议会有权立法决定当选总统和当选副总统是否不符资格，宣布由何人代理总统或选举某人代理总统，直到产生一名合格总统或副总统为止。

四　不论何时，当选举总统的权力转移到众议院、选举副总统的权力转移到参议院时，在众议院可选为总统的候选人、参议院可选为副总统的候选人中，若出现死亡，联邦议会有权立法提供解决办法。

五　以上第一款、第二款从本条批准后的10月15日起生效。

六　这一条从呈交之日起七年内，需得到四分之三的邦议会批准成为宪法修正案，方可施行。

修正案第二十一条　1933年12月5日生效，从《联邦宪法》中废止修正案第十八条[238]

一　《联邦宪法》修正案第十八条就此作废。

二　向联邦内的任何邦、领地、属地运送和进口供销售和使用的会致醉的酒类，凡违背当地立法的，就此予以禁止。

三　从联邦议会把这一条提交各邦之日起七年内，若各邦按宪法规定举行民意代表大会批准这一条为宪法修正案，方可施行。

修正案第二十二条　1951年2月27日成为《联邦宪法》的组成部分[239]

一　任何人当选总统不得超过两次，在当选总统任期内接任总统或代理总统两年以上者，再次当选不得超过一次。这一条在联邦议会提出时不适用于现任总统，施行时不妨碍正在担任继任总统或代理总统的人完成剩余任期。[240]

二　从联邦议会把这一条提交各邦之日起七年内，四分之三的邦议会批准，方可施行。

修正案第二十三条　1961年3月29日成为《联邦宪法》的组成部分[241]

一　联邦议会决定对联邦政府所在地的特区作如下安排：特区可选出一定数量的总统和副总统选举人，名额等于这个特区若成为一邦所应分得的联邦参议员和众议员人数之和，但是，不论如何，名额不得超过人口最少的邦；这些选举人应被加进各邦委派的选举人，他们作为选举总统和副总统的选举人，应与各邦委托的选举人一视同仁；他们在特区集合，履行第十二条修正案规定的职责。

二　联邦议会有权通过适当立法贯彻这一条。

修正案第二十四条　1964年1月23日成为《联邦宪法》的组成部分[242]

一　在初选和其他选举中，联邦公民选举总统和副总统的权利，选举总统、副总统选举人的权利，选举联邦参议员和众议员的权利，联邦和各邦不得以未交人头税和其他税为由，予以否认或剥夺。

二　联邦议会有权通过适当的立法贯彻这一条。

修正案第二十五条　1967年2月10日成为《联邦宪法》的组成部分[243]

一　在总统被免职、去世、辞职的情况下，副总统成为总统。

二　副总统职位出缺时[244]，由总统提名副总统，经联邦议会两院过半数批准后任职。

三　每当总统向参议院候补议长和众议院议长提交书面声明，表明自己无力行使总统职权时，其职权由副总统代理，到他向上述两人提交说明情况已经好转的书面声明为止。

四　每当副总统和行政部门或联邦议会规定的机构的过半数主管一起，向参议院候补议长和众议院议长提交他们的书面声明，说总统无力行使总统职权时，副总统应立即以代理总统名义行使总统职权。在此以后，若总统向参议院候补议长和众议院议长提交书面声明，表明其无力行使职权之说不符事实，则他将重掌总统职权，除非副总统和半数以上部长在四天以内向参议院候补议长和众议院议长提交书面声明，说明总统无力行使总统职权；在此情况下，应由联邦议会解决这一问题：若联邦议会正在开会期间，应于四十八小时内召开专门会议；若适逢联邦议会休会，应在收到后一书面申请的二十一天内召开专门会议，由两院三分之二议员的票数，决定总统是否无力行使职权，副总统是否仍以代理总统身份行使总统职权；否则，总统将继续行使他的职权。[245]

修正案第二十六条　1971 年 7 月 1 日成为《联邦宪法》的组成部分[246]

一　年满十八岁和十八岁以上公民的选举权，联邦和任何一邦不得以年龄为由加以否认或剥夺。

二　联邦议会有权通过适当的立法贯彻执行这一条。

修正案第二十七条　1992 年 5 月 7 日成为《联邦宪法》的组成部分[247]

变动联邦参议员众议员报酬的立法，在下届众议院选出之前不得生效。

*《联邦宪法修正案》的汉语译文，初成于 1996 年，作为《辩论》一书的附录十。2008 年，译者做了一些修改，作为《联邦论》的附录四。

---

[223]《联邦宪法修正案》按新泽西出版的《世界年鉴 2000》(*The World Almanac* 2000, pp. 534—546)译出，该书收齐了 2000 年前批准的全部

宪法修正案。英文名词 amendment 源于动词 amend,原意“修补”,例如“修鞋”“补衣服”。

㉔ 乔治·梅森在联邦制宪会议上提议起草公民权利法案,列入宪法,被会议否定。梅森采取了几项行动:一、拒绝在宪法上签名;二、把自己的反对意见公布于社会;三、在弗吉尼亚邦的民意代表大会上据理力争,结果,会议要求补充公民权利法案,作为批准《联邦宪法》的前提条件;弗吉尼亚邦民意代表大会后,其他一些邦的民意代表大会也提出类似的前提要求,作为批准《联邦宪法》的条件。

1789 年 9 月 25 日,第一届联邦议会通过决议,序言说:“一系列邦的民意代表大会在批准宪法的同时,表达了急切愿望,要求进一步增加宣言式和限制性的条款,以增强公众对政府的信心,避免政府误解和滥用宪法授予的权力,为政府实现民众幸福提供最佳保障。”为此,联邦议会通过公民权利法案十二条,提交各邦议会批准。

十二条中,后十条得到足够的邦议会批准,日期如下:新泽西,1789.11.20;马里兰,1789.12.19;北卡罗来纳,1789.12.22;南卡罗来纳,1790.01.19;新罕布什尔,1790.01.25;特拉华,1790.01.28;纽约,1790.02.27;宾夕法尼亚,1790.03.10;罗得岛,1790.06.07;佛蒙特,1791.11.03;弗吉尼亚,1791.12.15;马萨诸塞,1939.09.02;佐治亚,1939.03.18;康涅狄格,1939.04.19。弗吉尼亚使批准的邦达到十一个,超过十四个邦的四分之三,公民权利法案开始生效。

第一届联邦众议员麦迪逊提议把宪法打散,把前十条编进宪法正文,众议员谢尔曼等不同意,折中结果,采取对宪法“修补”的办法,列为宪法修正案前十条,与宪法享有同等法律效力。

十二条中,前二条批准的邦数不够;第一条涉及众议员的选举办法;1992 年,明尼苏达批准第二条,使批准的邦达到四分之三,原第二条成为宪法修正案第二十七条。

㉕ 制宪会议致联盟议会的信说:“个体加入团体,必须交出部分权利,以保障其余权利,古往今来,要在应该交出的权利和应该保留的权利之间,划出一条精确的界线,从来不容易。”麦迪逊说,权力和权利,含义本来相同,只是使用场合不同;在民者,为权利;在政府者,为权力。整个制宪会议,就是一个划分权力的过程,重点是划分邦和联邦的权力:经过反复辩论,各邦代表同意授予联邦政府十八项“明确权力”,列举在第一条第八款;十八项以外,均属“未明确授予联邦的权力”;经过反复辩论,各邦代表“明确禁止”联邦政府施行八项权力,列举在第一条第九款;八项以外,都属“未明确禁止”的权力;宪法“明确禁止”各邦行使四项权力,列举在第一条第十款,其他都属“未明确禁止”各邦施行的权力。宪法说“每邦公民享有其他各邦公民享有的一切特权和豁免权”,可是没有列举,显得空洞,宪法修正案前八条列举出联邦政府不得侵犯的八项公民权利,就实在了。但是这个过程并未完结。两百年来,联邦议会和邦议会的每项立法,都在沿两个方向扩展权力,一是扩展政府的权力;一是扩展人民的权利,如果受到宪法限制,也可以通过修正案扩展。例如,通过宪法修

正案第十六条，联邦获得向居民直接征税的权力；通过含有民权性质的修正案，如修正案第13、14、15条，扩展人民的权利。制宪会议把“宪法引起的所有案件，联邦立法引起的所有案件，条约引起的所有案件”，列为最高法院的司法范围，法律和衡平两个方面，这就使最高法院担任继续划分“联邦的权力”“邦的权力”和“人民的权利”的裁判。例如，“隐私权”就从未列举而变为公认。最高法院的断案史，累积为记载分权过程的联邦法律史进程，至今仍在继续。

㉖ 南卡罗来纳公民奇索姆负责执行他朋友的遗嘱，发现他的朋友生前曾在独立战争期间向佐治亚提供军需，佐治亚尚未归还欠款。奇索姆向联邦法院提出索赔起诉。1793年，联邦最高法院在“奇索姆诉佐治亚”(Chisholm v. Georgia)上诉案中最后判奇索姆胜诉，引起各邦政府大哗，担心此案会在各邦引起连锁反应。1794年3月4日，第三届联邦议会提出修正案第十一条，禁止其他邦公民或外国公民起诉邦政府。1798年1月5日，国务卿皮克林通知总统约翰·亚当斯，已收到十二个邦的批准证书，达到十六个邦的四分之三。据国务院后来研究，这个日期应该提前到1795年2月7日，因为那一天，已有十二个邦批准。1796年6月1日，田纳西被批准加入联邦。由于费城流行黄热病，首都暂时迁到新泽西的特伦敦办公，皮克林直到1797年10月16日才写信通知田纳西，田纳西对此没有采取行动。各邦批准日期如下：纽约，1794.03.27；罗得岛，1794.03.21；康涅狄格，1794.05.08；新罕布什尔，1794.06.16；马萨诸塞，1794.06.26；佛蒙特，1794.10.09与11.09之间；弗吉尼亚，1794.11.18；佐治亚，1794.11.29；肯塔基，1794.12.07；马里兰，1794.12.26；特拉华，1795.01.23；北卡罗来纳，1795.02.07。除需要的十二个邦外，南卡罗来纳于1797.12.04批准；新泽西和宾夕法尼亚没有批准。

㉗ 宪法修正案第十二条产生的背景，参见《辩论》。1803年12月9日，第八届联邦议会提出修正案第十二条；1804年6月15日，获得足够的邦议会批准。第十二条修正案的实质，是使政府内部的政党现象合法化。就像宪法要容忍奴隶制，却不在宪法中出现“奴隶”字样，第十二条修正案中，也没有出现“政党”字样。把总统选举和副总统选举分开，避免同一政党的两名候选人得票相等，为政党提名制铺平道路，相互竞争的政党，开始同时提名总统候选人和与之搭档的副总统候选人，参见修正案第20条。

㉘ 宪法修正案第13、14、15条，合称“重建修正案”。内战结束后，南卡罗来纳、佐治亚、密西西比等南部的邦，由邦议会通过各种立法，企图用改换名目的方法，使奴隶制永远存在下去。取得联邦议会多数的共和党人，起草修正案第13、14、15条，推行他们重建南部的政策。

1864年4月8日，联邦参议院以38比6票，通过取消奴隶制的决议；6月15日，联邦众议院表决，结果为95比66票，赞成票不足三分之二；1865年1月31日，众议院再议，以119比56票通过，作为宪法修正案提出。1865年2月1日，林肯总统批准这项决议；但是，早在1789年，最高法院就宣布：总统不应介入修正宪法事宜，应不参与提出、不参与批准。这项修正案于1865年12月6日获得足够的邦批准。

㉙ 1868年6月13日，第三十九届联邦议会向各邦议会提交宪法修正案第十四条，被北卡罗来纳、南卡罗来纳、佐治亚议会拒绝。国务卿西沃德发表声明。这份声明对俄亥俄和新泽西的批准是否发生影响，有不同的说法，但声明显然影响了北卡罗来纳和南卡罗来纳。1868年7月4日和9日，新改选的北卡罗来纳和南卡罗来纳邦议会批准了这条修正案，达到足够邦数。1868年7月21日，联邦议会通过决议，宣布修正案第十四条成为《联邦宪法》的组成部分，指示国务卿发表声明，西沃德一直等到新改选的佐治亚议会把原来的拒绝改为批准，才于1868年7月28日发表声明，宣布批准。

㉚ 消除种族歧视，见修正案第15条，消除对不纳税者的歧视，见宪法修正案第24条。

㉛ 消除性别歧视，见修正案第19条，改变对年龄的限制，见宪法修正案第26条。

㉜ 1869年2月26日，第四十届联邦议会提出这条修正案，1870年2月3日获得足够的邦批准。

㉝《联邦宪法》第一条第九款第四项规定：联邦议会"不得征收人头税和其他直接税，只能依前述规则按人口普查结果在各邦之间分配税额"。出席联邦制宪会议的各邦代表，沿袭《联盟条款》旧例，虽然赋予联邦议会十八项权力，却限制它的财权，不许联邦政府向各邦居民直接征税，把征收直接税（人头税、土地税、房屋税等）的权力保留给各邦议会，由邦政府征收，然后按人口比例上交份额；制宪会议只开了两个缺口：允许联邦议会征收进口税和国内营业税或称国产税。《美国历史统计两百周年纪念版》，第二卷，第1106页，列出联邦政府1789到1939年的岁入总数和分类，分为四项，主要为关税收入，次国内税，再次出售公地，再次"其他"，1861年以前，"其他"数字低微，一般不足5%。1861年，内战开始，联邦政府没钱武装军队，联邦议会通过决议开征所得税，比例为1%，家庭年收入2 000美元以下者免征。靠了这个1%和其他收入，北方武装220万人，对付南方的约100万军队，取得内战胜利。1895年4月8日，在"波洛克诉农场主贷款信托公司"一案中，联邦最高法院九名大法官中杰克逊缺席，裁决以四比四做出：所得税不是直接税，符合宪法；5月20日重审此案，杰克逊到场，结果以五比四裁决：所得税是直接税，违反宪法。1909年7月12日，第一百一十一届联邦议会提出宪法修正案第十六条，1913年2月3日获得足够的邦批准。联邦取得征收所得税的权力后，开始变得比较有钱，但把所得税比例增加到对家庭年收入10万以上的部分征收98%，是罗斯福执政以后在第二次世界大战时采取的措施。1999年，联邦的岁入为18 273亿元，占1998年国内生产总值85 110亿元的21.5%。个人所得税8 794亿元，占联邦岁入的49%，公司所得税1 847亿元，占联邦岁入的10%。1999年，联邦总支出17 045亿元，第一是社会安全，4 198亿元，发放退休金等；第二医疗保险，3 901亿元；第三偿还国债利息，3 139亿元；第四军费，2 614亿元。（新泽西编

《世界年鉴 2000》,第 108、109、113 页。)
㉞ 1912 年 5 月 13 日,联邦议会提出这条修正案,1913 年 4 月 8 日得到足够的邦批准。
㉟ 1917 年 12 月 18 日,联邦议会提出,各邦议会讨论时,投赞成票的邦参议员共 1 310 人,反对的只有 237 人,赞成禁酒的邦参议员占84.6%;投赞成票的邦众议员共 3 782 人,反对的只有 1 035 人,赞成禁酒的邦众议员占 78.5%;可见联邦当年禁酒信念的普及程度。除康涅狄格和罗得岛,其余的邦都批准了这项修正案,1919 年 1 月 16 日生效。
㊱ 1919 年 6 月 4 日,由联邦议会提出,1920 年 8 月 18 日获得足够的邦批准。
㊲ 1932 年 3 月 2 日,由联邦议会提出,1933 年 1 月 23 日获得足够的邦批准。
㊳ 1933 年 2 月 20 日,由联邦议会提出,1933 年 12 月 5 日获得足够的邦民意代表大会批准。
㊴ 为消除终身制和世袭制的弊端,在相当长的一段辩论期间,制宪会议无法从总统任期七年、不得连任的构想中走出来。为提供连任机会,鼓励总统表现良好,制宪会议想方设法改变总统选举办法,并把任期缩短为四年。但是,宪法并没有规定总统连任届数。华盛顿担任总统四年后就要退出,由于没有其他公认领袖,为避免政府分裂,他连任一次;此后,同样的原因使许多人希望他继续连任下去。华盛顿决定让出位置,相信自有人来填充,为美国树立总统当选不得超过两届的不成文制度,后世称颂,也成为历史学家的研究课题。从现在掌握的资料看,华盛顿退出的原因包括:一、身体不好,八年任期内共请病假 108 天;二、调停新政府内出现的两党竞争,深感力不从心;三、非常重视自己的个人名节,不愿为美国历史留下恶劣先例。从此,即使表现比较好的总统,有再次当选的机会,连任也只限一届。1932 年以前,先后出现三十一位总统,只有十一人连任一次,依序为:华盛顿、杰斐逊、麦迪逊、门罗、杰克逊、林肯、格兰特、克利夫兰(中间下台四年)、西奥多·罗斯福、威尔逊、柯立芝。1932 年,美国遇到历史上最大的经济萧条,全国惊慌茫然,罗斯福能保持镇静,逐渐带领美国走出萧条,得到信任。1941 年他第二次任期届满时,美国适逢第二次世界大战,促成他第三次当选,美国在第二次世界大战中的成绩,又促成他第四次当选。罗斯福 1945 年 4 月 12 日死于第四次任期第二年的上半年。罗斯福去世后,历史学家和心理学家依然发现罗斯福有揽权和恋栈情结,在生命的最后阶段,实际失去行使总统职权的能力。为避免这种错误制度化,1947 年 5 月 24 日,联邦议会及时提出这条修正案,1951 年 2 月 27 日得到足够的邦批准,明文规定总统当选不得超过两届。
㊵ 设计出副总统,原是为了避免每邦公民选举总统时只选本邦公民,利于大邦,小邦可能吃亏,于是要求每人选举一位不在本邦定居的人。古文诺·莫里斯曾笑称副总统就是“那个从来不爱父亲的第一继承人”。意为:希望父亲早死,自己好继位。结果,副总统成为总统缺位时制度

化的接班人。以副总统身份接任总统的先后八人，依序为：哈利森1841年3月4日就职，4月4日去世，副总统梯勒(Tylor)6日接任；泰勒(Taylor)1850年7月9日去世，菲立摩10日接任；林肯1865年4月14日遇刺，约翰逊15日接任；加菲尔德1881年7月2日遇刺，9月19日去世，亚瑟20日接任，中间出现70多天总统失去行使职权能力的空白期；麦金莱1901年9月6日遇刺，14日去世，西奥多·罗斯福14日接任；哈定1923年8月2日去世，柯立芝3日接任，这前六个人中，仅西奥多·罗斯福和柯立芝通过自己的努力，争取到再次当选，连任一次。杜鲁门实际只再当选一次；1963年11月22日，约翰逊继任时，肯尼迪的四年任期已经过半，1964年约翰逊自己竞选成功一次。按这条修正案，他1968年还可竞选一次，可是越南战争的失败，迫使约翰逊放弃机会。福特继任第一位辞职总统尼克松后，任期超过两年，他只能竞选一次；他竞选了，但是没有成功。

㉔1 1960年6月16日，由联邦议会提出，1961年3月29日得到足够的邦批准生效。

㉔2 1962年8月27日，由联邦议会提出，1964年1月23日得到足够的邦批准生效。

㉔3 1965年7月6日，由联邦议会提出，1967年2月10日得到足够的邦批准生效。

㉔4 约翰逊接替遇刺的林肯后，副总统一直缺位；阿格纽下台后，尼克松提名福特继任总统。

㉔5 这一条防止总统失去能力(如病重)时拒绝交权，迄今尚未用过。

㉔6 1971年3月23日，由联邦议会提出，1971年7月1日得到足够的邦批准生效。

㉔7 1789年9月25日，由第一届联邦议会提出，1992年5月7日获得明尼苏达批准，这条由麦迪逊在两百多年前提出的修正案，才得到四分之三的邦批准生效。

附录五

主要注释索引

一、正文注释

① 1787 到 1790 年的那场全国性大辩论,《批准宪法文献史》,《联邦论》85 篇;《反联邦论全集》,《反联邦论》85 篇。

② 《联邦论》的策划者和主要撰稿人汉密尔顿;

《联邦论》的另外两位作者:麦迪逊和杰伊。

③ “联盟”一词在本书中的两种含义:

一、13 个邦结成的联盟;二、假想中的几个邦的联盟。

④ 第一个大陆议会,1774 年 9 月 5 日到 10 月 26 日,费城。

⑤ 美国一大代表 55 人,多数成为联邦领袖,少数成为各邦领袖。

⑥ 第二个大陆议会,1775 年 5 月 10 日到 1781 年 3 月 1 日。

⑧ 1776 到 1780 年制定的十三部邦宪法

1. 新罕布什尔宪法,1776 年 1 月 5 日
2. 南卡罗来纳宪法,1776 年 3 月 26 日
3. 罗得岛修改“契约”,1776 年 5 月

   约翰·亚当斯代表联邦,号召各邦制定宪法,1776 年 5 月 15 日
4. 弗吉尼亚宪法,1776 年 6 月 29 日

⑨ 1776 到 1780 年制定的十三部邦宪法

5. 新泽西宪法，1776 年 7 月 2 日

6. 宾夕法尼亚宪法，1776 年 9 月 28 日

⑩ 1776 到 1780 年制定的十三部邦宪法

7. 特拉华宪法，1776 年 9 月 3 日

8. 康涅狄格继续“基本秩序”，1776 年 10 月

⑬ 1776 到 1780 年制定的十三部邦宪法

9. 马里兰宪法，1776 年 11 月 11 日

10. 北卡罗来纳宪法，1776 年 12 月 18 日

⑮ 1776 到 1780 年制定的十三部邦宪法

11. 佐治亚宪法，1777 年 2 月 5 日

12. 纽约邦宪法，1777 年 4 月 20 日

⑯ 13. 马萨诸塞的第二部宪法，1780 年 3 月 2 日

⑰ 民众政府，独立战争期间实行直接民主的尝试

⑱ 立法与司法的区别：立法断公案，司法断个案

⑲ 是共和制的代议制控制党派活动，还是党派活动操作代议制

⑳ 《独立宣言》，建立新政府的理论依据，1776 年 7 月 4 日，费城

㉑ 起草《联盟条款》，制定联盟议会的游戏规则

通过和平谈判实现联合的五次尝试：

第一次，1643 年；第二次，1686 年；

第三次，1754 年；第四次，1765 年；

第五次，第一个大陆议会和第二个大陆议会。

㉓ 迪金森小组提交《联盟条款》初稿，20 条，1776 年 7 月 12 日

1777 年 11 月 15 日，第二个大陆议会批准《联盟条款》，还剩十三条《联盟条款》的序言，第一条和第二条

㉖ 联盟议会集中外交权。

联邦与各邦分享军事权；各邦拥有军队，华盛顿只有指挥权

各邦完全控制财政权，联邦没有征税权，没有独立财源

㉘ 各邦保留征兵权，军官任命权，华盛顿只有作战指挥权。

㉙ 各邦保留财政权，拥有征税权；联邦没有征税权，没有独立财源。

㉚ 各邦议会实行两院制，有众议院和参议院；联邦议会实行一院制，各邦众议院参议院议员名额稳定，联盟议会代表人数不确定。

㊸ 各邦宪法都设立了行政官，唯独联邦政府没有行政官，联邦议会的议长实行轮流坐庄制

第二个大陆议会的轮值议长；

第一位，弗吉尼亚人佩顿·伦道夫，1775 年 10 月 5 日起

第二位，马萨诸塞人约翰·汉考克，1775 年 10 月 24 日起

第三位，南卡罗来纳人亨利·劳伦斯，1777 年 11 月 1 日起

㊹ 第二个大陆议会的轮值议长；

第四位，纽约人约翰·杰伊，1778 年 12 月 4 日起

第五位，萨缪尔·杭丁顿，1779 年 9 月 28 日起

㊺ 独立战争的起源是七年战争(1756—1763)。

㊻ 詹姆斯·奥蒂斯、约翰·迪金森催生了美国人的独立思想。

㊼ 回眸美国的独立战争

英军主帅威廉·豪将军击败华盛顿，1776 年 8 月

华盛顿趁大雾迷天之夜撤退

1776 年圣诞，华盛顿在新泽西大败德国黑森雇佣军

1777 年，美军在萨拉托加大捷

萨拉托加战役的战略后果：

英国撤回部将鲍戈英

英军撤换主将，用克林顿将军替换豪将军

盖茨获得大捷，有人要用盖茨替换华盛顿担任美军总司令

华盛顿的地位受到威胁，联盟议会支持华盛顿继续担任总司令

㊽ 1777 年 12 月，华盛顿率残部五千多人退守宾夕法尼亚的福吉山谷，独立战争陷入谷底；德国军官冯·斯蒂本帮助华盛顿训练民兵

㊾ 萨拉托加大捷改变战争格局，独立战争变为国际战争；

法国参战，法国的盟友西班牙参战，荷兰参战

罗伯特·莫里斯出任财政总监，铁腕理财，筹集军备军饷

1781 年 10 月，华盛顿率 8 000 多美国民兵，罗将波率 7 000 多法国援军，猛攻英军副帅康华里率领的 6 000 多英军。康华里投降，独立战争主要战事结束

㊿ 独立战争期间，主要参战国付出的代价：

英国先后派往美国的水手约17万，保持在美国的常备军约3.6万，英军战死约1 200，病死约1.8万，主要死于柠檬汁传染的一种疾病

3万名德国黑森雇佣军，战死约1 200，病饿等死去6 300；

5 000多人留在美国，后来加入美国籍

英国花了8 000万英镑，国债累计达到了2.5亿英镑，每年需要付利息950万英镑，英国还能对付

法国花了5 600万英镑，国债累计达到1.87亿英镑，1780年代，法国每年岁入的一半以上，用于偿还利息，成为引发1789年法国大革命的原因之一

美国先后上过前线的民兵共约25万人，阵亡约8 000，冻饿病死约8 000，美国的战争支出，在联邦一级约为3 700万英镑，在各邦一级，约为1.14亿，美国金融破败，被内债外债压得喘不过气来

51 1783年9月3日，美国和英国在巴黎签订和平条约，主要内容十条

52 1781年3月1日，马里兰代表在《联盟条款》上签名第二个大陆议会成为"联盟议会"；

《联盟条款》得到十三个邦议会批准，联盟议会有了自己的游戏规则

联盟议会的轮值议长：

第一任，特拉华人托马斯·麦克凯恩，1781年7月10日起

第二任，马里兰人约翰·汉森，1781年11月5日起

第三任，新泽西人鲍蒂诺，1782年11月4日起

53 联盟议会的轮值议长：

第四任，宾夕法尼亚人托马斯·米弗林，1783年11月4日起

第五任，弗吉尼亚人理查德·亨利·李，1784年11月30日起

第六任，马萨诸塞人约翰·汉考克，1785年11月23日起

54 联盟议会的轮值议长：

第七任，马萨诸塞人纳撒尼尔·戈汉姆，1786年6月6日起

第八任，外国出生的圣克莱尔将军，1786年11月7日起

⑤⑤ 主权分割,联邦议会和各邦议会划分权力

参议院内各邦平等,席位相同,实行“国际法”,

所以,美国宪法,叫“混合宪法”,美国政体,是“联邦制”。

⑤⑥ 《联邦宪法》修正案第十条规定:“宪法未授予联邦的权力,宪法未禁止给予各邦的权力,保留给各邦,或保留给人民。”

⑤⑦ 《联邦宪法》对《联盟条款》的最大改动之一:

赋予联邦议会征税权,使联邦政府拥有自己独立的财政权

⑤⑧ “纽堡政变”,华盛顿劝说军官们不要政变,继续忠于联盟议会

联盟议会决定设立两个首都,一个是新泽西的特伦敦镇;一个是马里兰的乔治镇,后来改为马里兰的安纳波里斯

1783 年 12 月,华盛顿辞去总司令职务,回到弗农山庄,开始归隐

⑤⑨ 1783 年,华盛顿拒绝“王袍加身”,说明帝王思想,在公民意识高涨的美国,已经失去民意根基

联盟时期的司法制度:《联盟条款》的九条,用临时的仲裁合议庭解决各邦之间和公民个人之间的土地纠纷。

⑥⓪ 联盟议会做的第三件大事:杰斐逊小组制定“西北土地法”,决定在西部土地上建立十个新邦。

⑥① 制宪会议开始前的两种观点:

一、保留十三个邦,各自为政:“欧洲人羡慕我们的现行体制,联邦论者却加以诋毁。”

二、建立一个强有力的中央政府,把权力集中到较少的政治精英手中

召开制宪会议的第一个契机:安纳波里斯会议,1786 年 9 月

⑥② 共同法

⑥③ 行政法

⑥④ 北部与南部在奴隶制问题上的分歧

⑦⑤ 近邻同盟议会

⑦⑥ 亚该亚同盟

⑦⑦ 梭伦

⑧ 1786 年 10 月 16 日，弗吉尼亚议会两院，发起修改《联盟条款》的代表会议；新泽西首先响应，1787 年 1 月 3 日；接着响应的是宾夕法尼亚。

⑮ 修改《联盟条款》的代表会议，变成制宪会议

1786 年 12 月 23 日，宾夕法尼亚响应，选出 8 名代表

1787 年 1 月 17 日，新罕布什尔响应，选出 4 名代表

1787 年 1 月，北卡罗来纳响应，选出 5 名代表

1787 年 2 月 3 日，特拉华响应，选出 5 名代表

1787 年 2 月 10 日，佐治亚响应，选出 4 名代表

1787 年 2 月 21 日，联邦议会通知各邦派代表参加会议

⑯ 各邦制宪代表由本邦选民选出；联邦制宪代表由各邦议会选出。

⑰ 制宪会议把“联盟条款”先改为“联邦条款”，后改为“联邦宪法”。

⑱ 参议院每邦两席，一律平等，体现“国际法”。

⑲ 第八个响应弗吉尼亚倡议的是南卡罗来纳，1787 年 3 月 8 日

第九个响应的是马萨诸塞，1787 年 3 月 10 日

第十个响应的是纽约，1787 年 5 月

马里兰情况比较特殊，选过两次代表，1787 年 5 月

罗得岛不予答理

十二个邦共选出 74 名代表，55 人先后到会，坚持全程的约 29 人

⑫ 制宪会议的等待阶段

第一天，1787 年 5 月 25 日，星期五，选举华盛顿为会议主席

⑬ 制宪会议的开会规则

⑭ 哥伦比亚特区

⑯ 大陆议会没有固定首都

⑰ 每个邦实际上是一个加盟共和国

⑲ 《联盟条款》只是各邦之间的盟约

⑩ 制宪会议的保密规则

⑫ 不得剥夺公权

⑬ 不得追究既往

(104) 弗吉尼亚方案和麦迪逊

(105) 新泽西方案和佩特森

(106) 是否建立一个全国政府，威尔逊和汉密尔顿

(107) 伟大的折中者，艾尔斯沃斯

(108) 富兰克林在制宪会议上起的作用

(109) 一、7 月 10 日纽约代表雅茨和兰欣退出会议

二、7 月 16 日制宪会议达成伟大妥协

(101) “分立”是两个概念：“分”是分开，“立”是自立

(111) 必须让抱负与抱负相克相生

(114) 单一共和国(a single republic)：指各邦

(115) 两层分立的政府(two distinct governments)：一层为联邦政府；一层为各邦政府

(117) 众议院

(118) 制约和平衡(checks and balances)

(119) 各邦议会中人多的一院

(120) 选民资格

(121) 当选联邦众议员的财产资格

(122) 代议制的起源

(123) 殖民时期的代议制

(124) 美国革命

(125) 众议员任期从一年加到两年

(126) 英国宪法和美国宪法的比较

(127) 制宪会议的第三阶段，8 月 7 日到 9 月 10 日

(128) 奴隶制问题；一国两制

(129) 众议院人数的增加，1789 到 1970 年

(130) 众议员的工作

(131) 众议院内的两党制

(132) 宪法法，constitutional law

(133) 众议院掌握钱袋

(134) 参议院

⑬⑤ 参议院：各邦保留部分主权

⑬⑥ 参议院人数的增加，从十三个邦到五十个邦

⑬⑦ 参议院在议会山庄的北翼

⑬⑧ 参议员当选的财产资格

⑬⑨ 参议院起冷却作用

⑭⓪ 总统的设计

⑭① 建立行政部门：财政部、战争部、国务部、总检察长办公室、邮政总局

⑭② 三权分立，相互制衡

一、总统否决议会

二、议会弹劾总统

⑭③ 行政部门的增长，行政官员的年薪，白宫办公厅

⑭④ 总统选举办法

⑭⑤ 军权的划分，议会一半，总统一半，目前美国的常规军人数

⑭⑦ 总统任期四年，连任不受届数限制，宪法修正案第二十二条；当选总统不得超过两届

⑭⑧ 中断期

⑭⑨ 总统不可赦免弹劾案

⑮⓪ 设计美国总统权力的灵感来源

⑮① 汉密尔顿不忌讳出现“恺撒”式的美国总统

⑮⑥ 司法部门

⑮⑦ 从邦长的任期一年到总统的任期四年

⑮⑧ 司法：是否利用各邦现有的法院体系和法律体系《1789 年司法法》

⑮⑨ 汉密尔顿论人事变动

⑯① 司法部门的变化；“马布里诉麦迪逊”

⑯② 总统与法官联手，复决议会立法

⑯③ 联邦最高法院的发展

⑯④ 现在的联邦法院体系法官的年薪

⑯⑦ 总统是否有权撤去部长职务

⑯⑨ 麦迪逊对联邦政府梯队结构构成的设想

⑰ 制宪会议的最后一天富兰克林的发言,关于宪法的大辩论开始

⑰ 《联邦宪法》的批准过程

一、《联盟条款》的批准程序

二、《联邦宪法》希望达到的批准程序

特拉华率先批准宪法,成为联邦的第一邦,1787 年 12 月 3 日

第二个邦是宾夕法尼亚,1787 年 12 月 12 日

⑰ 《联邦宪法》的批准过程

新泽西是第三个邦,1787 年 12 月 12 日

佐治亚是第四个邦,1788 年 1 月 2 日

康涅狄格是第五个邦,1788 年 1 月 9 日

马萨诸塞是第六个邦,1788 年 2 月 6 日

马里兰是第七个邦,1788 年 4 月 26 日

南卡罗来纳是第八,1788 年 5 月 23 日

⑰ 《联邦宪法》的批准过程

新罕布什尔批准宪法,1788 年 6 月 21 日

弗吉尼亚批准宪法,1788 年 6 月 27 日

纽约邦批准宪法,1788 年 7 月 26 日

⑰ 联邦政府建立之后

1788 年 11 月 21 日,北卡罗来纳批准宪法

1790 年 5 月 29 日,罗得岛批准《联邦宪法》

⑰ 陪审团的起源,发展,面临的挑战和质疑

⑰ 建立新政府,1789 年 4 月 30 日华盛顿宣誓就职第一位联邦总统

二、《独立宣言》注释

⑰ 篡权:北美人认为,英国代替北美立法,即为“篡权”

⑰ 杰斐逊的《独立宣言》只把矛头指向英国国王乔治三世

⑰ 《独立宣言》的目的之一,是夺回“立法权”,也就是当家自主权

⑱ 杰斐逊在《独立宣言》里对英国议会留有余地

⑱ “它们”指十三个同时并且联合独立的殖民地,独立后叫作“邦”,即联合成民族国家之前的十三个“小国家”

⑱② State 有时译为“国家”，有时译为“邦”

三、《联盟条款》注释

⑲① 联盟议会召开期间的联邦：联邦只存在于联盟议会开会期间

四、《联邦宪法》注释

⑲③ 《联邦宪法》序言不能作为申诉权利的依据

⑲⑧ 修改宪法，不改原文，不文过饰非，而是附加修正案

⑳② 1913 年起，联邦参议院由各邦人民直接选举

⑳③ 目前，有些邦已对众议员和参议员的连任届数做出限制

⑳④ 从 1933 年起，联邦议会每年的开会起始日期改为 1 月 3 日。

⑳⑦ 《有限政府》(*Limited Government*)：政府权力受到限制，不是无限

⑳⑨ 美国内战的代价

㉑⓪ 征收所得税合法化的开始

㉑① 宪法对各邦议会立法的“绝对禁止”和“有条件禁止”

㉑④ 中期选举

㉑⑤ 总统去职情况下的继承顺序

㉑⑥ 总统年薪的变化

㉒② 出席制宪会议但没有签名的代表

五、《联邦宪法修正案》注释

㉒④ 乔治·梅森，《联邦宪法》中“权利法案”的缘起、成形和批准过程

㉒⑤ “个体加入团体，必须交出部分权利”：具体是哪些权利

㉒⑥ 宪法修正案第十一条的起因

㉒⑦ 宪法修正案的十二条的起因；《联邦宪法》承认政党合法化

㉒⑧ “重建修正案”：修正案第十三、十四、十五条

㉒⑨ 宪法修正案第十四条批准过程中的插曲

㉓⓪ 消除种族歧视

㉓① 消除性别歧视

㉓③ 从以进口税为主，到所得税，到社会安全税

㉟ 禁酒曾经进入美国宪法,后来又被取消

㊴ 关于总统任期

㊵ 副总统设计的来由

㊼ 宪法修正案第二十七条,从提出到批准,花了两百多年

附录六

再次燃起的宪法寻根热忱

尹 宣

有人说：历史像个小姑娘，看你怎么打扮。有人说："史无真言"，史官形格势禁，要为"贤者隐"，要编造一时被污为"坏人"者的"劣迹"。同一题材历史剧中的历史人物，说的并不是他们自己当初说过的真话，而是编剧、导演甚至演员为他们杜撰的话语，体现编者为自己设计的符合某种需要的主题，塑造导演和演员心目中想要塑造的形象。过了一两代人的时间，旧剧重拍，一些过去的幽魂，重现舞台，依然说着需要的话语。

一九八七年，我参与了《民治政府》(中译本为《美国式民主》，谭君久等译，中国社会科学出版社一九九三年版)的翻译。次年一月，到了芝加哥伊利诺伊大学读书，买研究生课本时，在学校书店里，发现书架上大量陈列这本书。"政府论"，是美国大学政治学系一年级本科生的必修课，其他系各年级学生的选修课。在众多供学生选择的"政府论"课本中，这本书排名第一。我参与翻译的是一九八四年的第八版，一九八八年，书架上陈列的已经是第十版。后来，又在书店里见到第十二版。这本书用通俗易懂的语言，介绍美国宪法的基本内容，演绎美国政府的结构，两百年来发展变化的基本线索，是一本极好的美国宪法入门书。

一九九七年，我在美国居住的第十年，已经在一家报纸担任编译数年了，我发现了马克斯·法兰德。这是一个对美国宪法制作过程寻根的人。他发现：一、制宪会议秘书的记录残缺不全；二、制宪会议的多数真相，藏在麦迪逊的记录里；三、麦迪逊晚年对这些笔记做了部分修改，由于时间已经过了几十年，麦迪逊有时把正确的记录反而改成错误的；四、美国政府编辑出版麦迪逊会议记录时，“也没少独出心裁”。法兰德坚持认为：只有原始手稿可信，最可信的是会议期间写于当时当地的手稿。事后的发言，由于形势已对宪法做出肯定，发言者的说法可能改口。事后的回忆录，由于时隔有年，记忆模糊，常常不再客观。时间隔得越久，记忆模糊对真实性的损害越大。为了还原历史的真实，法兰德走遍美国各地，找到各种出版物的手稿，终于按原始手稿编出《一七八七年联邦制宪会议记录汇编》。

我在报社上班的常规工作，是编译《纽约时报》《华盛顿邮报》、“美联社”“路透社”的新闻稿，时常需要翻译美国宪法的片段。几年下来，觉得有必要把宪法全文译出来，作为自用的工作手册，免得每次翻译时拦腰来一段。美国宪法正文和修正案，加起来不过两万汉字，可是全篇结构九曲连环，内容前后呼应。要想不削弱关键词前置的着重语气和分量，尽量顺置，既忠实原文，又符合汉语阅读习惯，只好反复斟酌，费尽周折。译完后，在纽约书店买到李昌道先生的《美国宪法纵横论》，才知道：复旦大学法律系已经搜集了国内先后出现的十二种美国宪法译文，据此译出了他们的第十三种译文。可见，国人对美国宪法的研究和介绍，源远流长、绵延不绝。我的译文，已经是第十四种。

我曾是《读书》杂志一九七九至一九八七年八年一贯制的学生，受益难忘。一九九七年，在纽约见到了沈昌文先生。我们见面的结果，是出版了麦迪逊的《辩论：美国制宪会议记录》(辽宁教育出版社二〇〇三年版)。他关于出版这本书的回信，真是要言不烦：“一俟译稿杀青，立即付排。”

法兰德的《一七八七年联邦制宪会议记录汇编》，包括十位制宪代表的记录。限于篇幅，我只能取麦迪逊一人的笔记。因此，我以亨特编九卷本《麦迪逊文集》中的第三卷、第四卷为蓝本，用法兰德和哈特森的研究成果，逐句核实补充。《麦迪逊文集》没有“题材索引”，法兰德的《汇编》里有。有了这份索引，研究美国宪法的人，方便多了。例如，研究参议院的来历，一查索引中的项目和对应页码，便可知道：参议院这个概念，哪一天由谁最先提出，后来在哪些日子进行辩论，最后在哪一天，以怎样的措辞表述。《辩论：美国制宪会议记录》再版时，应该加上这个“题材索引”。

“宪法之父”麦迪逊，三十六岁参加制宪时，身高不过一米六三，体重一百磅；站在五十五岁、身高一米八八、体重近二百磅的华盛顿旁边，显然是又瘦又小。一百多天的制宪会议，麦迪逊白天发言累计一百五十次，会上会下还要记录和追记其他代表发言，据说又掉了十磅。

我想在作为麦迪逊传略的《麦迪逊在哪些方面是美国宪法之父》一文中，称他为“奇才”。他写会议记录，像写连续剧，每天记下每个重要代表的发言摘要，自始至终，一天不缺。把会场写得像舞台，把制宪代表写得像剧中人物，身穿燕尾服，发言都是演讲式，读者不仅可以看到剧情（不断深化和增加的议题）逐渐展开，而且可以看出制宪代表（历史人物）思想的逐渐变化和性格的展现。全剧（记录全文）收尾时，留下一种悲剧气氛，掩卷后，令人陷入长久的沉思。

给中国听众讲《史记》《三国》时，享受一种便利：书中背景、人物、事件、地点，不要或只要简单介绍即可唤起听众的回忆甚至共鸣。讲一个遥远的美国故事，情况就不同。为此，我做了十个附录。包括重译《独立宣言》《联盟条款》，译出《对制宪代表的性格描述》。编写了六百多条背景注释，还编了一个简单的“注释索引”。

一九八七年，我参与《民治政府》译事时，没意识到：这一年正是美国宪法制定两百周年。美国人早就开始他们的纪念活动和进一步的寻根。一九八〇年，霍尔姆斯遗产管理委员会决定担任赞助者，对法兰德《一七八七年联邦制宪会议记录汇编》的增订第四卷，再加修补，吸收一九三七年后在全美各地已经发现的制宪会议代表手稿，并继续搜寻查找，整合为一卷。美国历史学会和“八七工程”主动募集了必要的经费。全国人文捐赠基金会，慷慨捐赠了需要的钱数。国会图书馆长、霍尔姆斯遗产管理委员会执行主席，热情倡导并鼓励该馆手稿部主任哈特森，出任补充卷主编。

一九八七年，哈特森主编的《对马克斯·法兰德一七八七年联邦制宪会议记录汇编的补编》出版，含制宪会议期间的手稿三百七十六件，其中三百五十件是一七八七年手写的笔记、日记、书信。华盛顿一七八七年五月十四日到九月十七日每天的日记，录于其中。华盛顿谨慎异常，日记里除“继续参加会议”之类的句子，丝毫不提会议内容。但是，他记下了每天在谁家吃晚饭，在谁家喝晚茶，参加了哪家的朗诵会，在谁家听钢琴演奏，还有看戏等费城各种社交圈子的娱乐活动，使后人知道：在一个没有电灯、电话、电视、汽车的世界里，十八世纪后期的美国思想家们，过着怎样的精神生活。

宪法制成后，美国学者对它的赞扬，总体来说，与年俱增。他们庆幸：建国之父们，为人民找到了一个稳定的政府结构，近两百年来，弯路走得不多、不大。罗斯福时代以后，这种赞扬更加坚定。可是，二十世纪七十年代的“水门事件”，构成一个契机。美国宪法学者开始严肃反思，其中，加入了怀疑的因素。如果对照一下凯里和哈比森写的美国宪法史《宪法：它的起源和发展》(一九七〇，英文第四版)，和别尔兹对同一本书做的改写(一九九一，英文第七版)，就会发现这种变化。别尔兹称凯里和哈比森的著作为“罗斯福时代的余音”。

对美国宪法的寻根，更多注重宪法批准过程的辩论，注意当年反对派的观点。长期以来，宪法被视为美国的第二部“圣经”，没有终极追求的世俗“圣经”。可是，宪法刚刚制成的时候，批评它的人，非常之多，十分猛烈。现在，这些人，许多已被一般公众遗忘。在对宪法批准过程的寻根中，最为雄心勃勃、工程巨大的努力，是《批准宪法文献史》。

威斯康星历史学会的卡明斯基(John Kaminski)和他的同人，正在编辑一套《批准宪法文献史》(*Documentary History of the Ratification of the Constitution*)。到二〇〇七年底,已经出版十九卷,还有十卷的目录,已经公布于世。编者表示:这个过程还在继续,但是他们保证,一定要编完出齐。

卡明斯基的努力尚未完成,坚森(Merrill Jensen)又迎头追赶,编辑《批准宪法文献史补编》。《补编》主要为:一、笔记和辩论的照相微缩版;二、反映周边信息的书信原件;三、重复辩论过程中各派观点的报刊文字摘编;四、各种请愿书;五、当时主要在各邦流传但尚未付印的小册子;六、其他各类文件,如各镇辩论宪法时的记录。

一七八七年秋到一七八八年秋,甚至更晚的那场全美大辩论,产生了上述成千上万的演讲、文章、书信、日记。美国一七九〇年第一次人口普查时,全美只有三百九十一万登记人口。七十九万黑人没有选举权,一百五十一万白人妇女没有选举权,一百六十一万白人男子中,未满二十一岁的没有选举权,满二十一岁没有能力交税的,也没有选举权。那时,美国人口很年轻,平均年龄不过十五岁。制宪代表谢尔曼生了十五个子女,汉密尔顿生了十个子女,在婴儿死亡率和夭折系数极高的年代里,高生育率可以理解。拥有选举权,拥有政治俱乐部门票的美国成年人,加起来,很难超过一百万。他们的政治热情,他们演讲和写文章的能量,的确惊人。但反过来,如果这样的人超过一亿,美国宪法或许会淹没在辩论中。

《批准宪法文献史》和它的《补编》,公允地兼收并蓄了支持和反对宪法两派的观点。在支持宪法的大量文章中,汉密尔顿、麦迪逊、杰伊合写的《联邦论:美国宪法述评》脱颖而出,流传至今。有人把它评为古往今来政治学著作的第二位(柏拉图的《理想国》被评为第一位)。不计其他各种语言译本,仅现代英语译本和汉语译本,至少就有四种:一、吉尔伯特-罗尔夫(Gilbert-Rolfe)的《联邦论现代译文》(*The Federalist Papers, A Modern Translation*);二、玛丽·韦伯斯特(Mary Webster)的《现代语言联邦论》(*The Federalist Papers in*

Modern Language)；三、北京商务印书馆一九八〇年出版的程逢如、在汉、舒逊译本，书名译为《联邦党人文集》；四、台湾左岸文化二〇〇六年出版的谢淑斐译本《联邦论》。

没料到，有一家出版社邀我再译《联邦论》，做翻译这本书中文版的第三种尝试——一位老友，搞自然科学的，买了本《双城记》，又到图书馆借回另外两种译本，对照着读，觉得特有味，电话问我：世上有几个狄更斯？一个还是三个？

玛丽·韦伯斯特的家族，可以追溯到编《韦氏辞典》的诺亚·韦伯斯特。中年时，她已出版了三部长篇小说，自称对历史没有兴趣，也没研究过法律。读了《联邦论》，觉得这本书与自己的生活密切相关：为什么要纳税，享有怎样的出版权，如何向政府请愿？她是有正式执照的聋哑译员，自认特别擅长用简单的方式向失聪的人传情达意，适合做《联邦论》的现代英语译员。美国的法官、律师、学者，高度赞赏《联邦论》的文字风格；多数大学生却认为这本书艰涩，啃不下去。玛丽想把这本书弄得明白易懂。她发现，第一难题是句子结构是“盘龙似的、翻卷回旋式的句子”(convoluted sentences)；第二难题是词句为“启蒙时代的华丽辞藻”(elegant Enlightenment flourishes)。她用了两个办法：尽量用简单的顺句，取代复杂的倒句；尽量用现代常用词，替代原来的冷僻词。她列出每篇的“中心思想”，在每个自然段前加上“段落大意”。每篇之后，列出该篇讨论的宪法原文。她还制作了一份八十五篇论文与宪法条文的对应表。

汉密尔顿是《联邦论》的策划者和主要执笔人。八十五篇文章中，他一人写了五十二篇。汉密尔顿的许多文章和许多句子，要把我折腾七八甚至上十遍。不到一两百字，他不打句号。不反复正读倒读，你难以明白他说什么。现代英语相比十八世纪的英语确实大有变化，不过其他十八世纪的作者，并不都像他那么难以捉摸。我给汉密尔顿写的传略题为《美国财政之父：怪才汉密尔顿》。他写《联邦论》时才三十二岁，已经很“怪”。我的想象中，他是一个倒立的人。一般人走进房间，先看到墙壁、家具、地板，汉密尔顿先看到天花板和窗外的天空；一般人走到户外，看到的是林子、道路、地平线，他却始终观察太阳。所以，他说话，结论在前，论据在后。有些译者翻译时，费很大的劲，把他的话顺过来。经过长时间的适应，我就顺着他说的话译，多打逗号，发现这样反而能保持他的文风和语气。这才想起，“倒装”并非外国人的专利，汉语古已有之：“窈窕淑女，君子好逑。”要是还原为“君子好逑，窈窕淑女”，就不再有原来的韵味了。

一七八七年，纽约市是美国的第二大城，人口三万多，有五份报纸（费城最大，人口四万多）。纽约邦（我觉得现存的“美国典章制度汉语译名体系”中有些概念，译得不准确，可能导致误读。因此把 State 拟译为“邦”，这样才能与“联邦”对应；若译为“州”，美国的名称就应改为“美利坚联州”；如果用“美利坚合众国”这个译法，就应该把“加州”改为“加国”）是反对宪法的堡垒，邦长乔治·克林顿，几乎是全美反对宪法的头号人物，而且当选纽约邦讨论批准宪法民意大会主席。汉密尔顿决定对纽约人展开“大众劝说”，希望他们选举支持宪法的民意代表，一七八七年十月到一七八八年六月，八个月内，展开“地毯式轰炸”，在三份纽约报纸上轮番发表八十五篇文章。我为《联邦论》制定了一份“目录”，列出序号，列出发表的报纸名称，列出写作或刊载日期。这八十五篇论文，前三十六篇，着重批评联盟体制和它的游戏规则《联盟条款》；后四十九篇，详细述评新的游戏规则《联邦宪法》。《辩论：美国制宪会议记录》记载了《联邦宪法》每条每款每项每句的来历和含义，可是，当时麦迪逊的记录是保密的。五十年后，麦迪逊临终前才交出来，死后才付印。同时代的美国人，没有机会读到这本书。《联邦宪法》只有七条，多数高度抽象，并不自我解释。汉密尔顿、麦迪逊、杰伊的《联邦论》，起了对同时代人解释宪法的作用。这八十五篇论文，只有序号，没有篇题。在玛丽·韦伯斯特启发下，我编了一份“内容提要”：一、八十五篇“篇题”，努力把捉每篇的“中心思想”；二、一千零五十九句话的“段落大意”。现在，自己再写文章，查找很方便。此外，编写了近三百条背景性注释。

智力中常的人，最好的办法，就是别无旁骛，削减娱乐爱好，只做一件事。这本新的《联邦论》，在二〇〇六年十二月三十一日与出版社签订合同，二〇〇七年十二月三十一日晚上十点钟，我用电子邮件给出版社发去全书译稿和注释。二〇〇八年，《联邦论》的第三种尝试，将接受读者的鉴定。

今天的美国人，对当年宪法的支持者和批评者，采取持平态度。斯托林(Herbert Storing)和德莱(Murray Dry)编了一套《反联邦论全集》，共七卷，一九八一年由芝加哥大学出版社出版。评论说，这书其实还称不上“全集”，但已经相当广泛。博顿(Morton Borden)编了一本《反联邦论》(*The Antifederalist Papers*)，一九六五年，由密歇根邦立大学出版，附一篇《导论》。博顿的重大举措，是从批评宪法的文章里，精挑细选出八十五篇，序号与《联邦论》里的八十五篇一一对应，内容与《联邦论》里的八十五篇一一针锋相对，特别便于一一对照比较。

汉密尔顿在《联邦论》第一篇里说，反对宪法的主要阻力，来自各邦政府中的当权者，因为，批准宪法，他们将失去或缩小他们的权力。的确，《反联邦论》的作者，多是各邦政府的领导人。他们多是美国历史上的卓越人物：帕特里克·亨利，美国“一大”代表，弗吉尼亚第一任民选邦长，他的“不自由，毋宁死”，鼓励了千千万万独立战争中的战士。在弗吉尼亚讨论批准宪法的民意大会上，他发表二十四篇批评宪法的演说，与麦迪逊唇枪舌剑。理查德·亨利·李，美国“一大”代表，提出起草《独立宣言》、起草《联盟条款》、组织外交班子争取欧洲援助，成为美国走向独立战争胜利的三部曲。前文提到的乔治·克林顿，美国“一大”代表，纽约第一任民选邦长，连选连任十八年(一七七七—一七九五)。罗伯特·雅茨，纽约邦最高法院大法官、制宪代表，坚持在会上投反对票，一七八七年七月五日，指责制宪会议越权，退出会议以示抵制。他的制宪笔记，因为是反对派，史家认为重要性仅次于麦迪逊的《辩论》。《反联邦论》选取他的论文最多，达十七篇。

政治辩论中，常见的现象，是陷人以网：编造对方没有的观点，横加批判，或夸大对方的观点，横加指责。汉密尔顿、麦迪逊、杰伊在《联邦论》里的行文，每篇都是批评对方的观点。可是，他们只用自己的语言列举对立面的观点，从不点明具体对手，从不援引对方原话。这当然有出于形势考虑的一面、采取策略的一面。可是，对于读者来说，也有要求历史公允的权利：反对派到底说了些什么？为了公允，我正在译《反联邦论：与"联邦论"针锋相对的八十五篇论文》。

《联邦宪法》获得批准后，联邦派对反联邦派并没有采取人事打击和人身污辱。华盛顿当选总统后，先邀请帕特里克·亨利担任第一位国务部长，被拒，改邀杰斐逊；又邀亨利担任最高法院第一任首席大法官，又被拒，改邀约翰·杰伊。理查德·亨利·李，当选弗吉尼亚第一任联邦参议员，成为联邦政府内的反对派。他的后裔，罗伯特·李将军，成为南北战争中南部联盟的总司令。乔治·克林顿再次当选纽约邦长（一八〇一——一八〇四）。罗伯特·雅茨升任纽约邦最高法院首席大法官。

这些政府内的反对派，逐渐集结到杰斐逊周围，加上改变立场的麦迪逊，组建共和党。一八〇〇年，通过选举，用选票把联邦党人亚当斯赶下台。原来居于少数的反联邦派，变成占据多数的共和党。乔治·克林顿成为第三位总统杰斐逊第二任期内的副总统（一八〇五——一八〇九），接着担任第四位总统麦迪逊第一任期（一八〇七——一八一三）内的副总统，一八一二年死于任上，葬于联邦议会公墓。

共和党人改变立场，支持宪法，采取原教旨主义态度，杰斐逊对宪法"严式解释"的"还政于邦"，取代了汉密尔顿对宪法"宽式解释"的"集权于联邦"。美国历史上这种"集权于联邦"和"还权于邦"之争，此长彼消，直到一九八〇年里根竞选，还再次以"还权于邦"为口号。其中充满变数，趣味横生，容后有机会再述。

二〇〇八年一月十四日

（原载《读书》2008年第4期）

附录七

是《联邦党人文集》，还是《联邦主义文集》？

尹 宣

本书的英文原名是 *The Federalist Papers*，在商务印书馆的“汉译世界学术名著丛书”中，被译为《联邦党人文集》（程逢如、在汉、舒逊译，1980）。我以为，这本书的书名宜译为《联邦主义文集》。因为，书中的文章发表时，还没有联邦党。

Federalist 这个词的内涵，在美国建国初年曾经历过变化。

1787 年 9 月联邦制宪会议结束后，多数制宪代表及会外人士，凡赞同按照《联邦宪法》建立新国家的人，自称 Federalist，汉语宜译为“联邦派”或“联邦主义者”。对宪法持反对或保留意见的人，被联邦派称为“反联邦派”（Anti-Federalist），当时，美国还没有政党。制宪会议上，许多代表一谈起搞党派的政客，就说这号人是“蛊惑人心”，“结党营私”（参见尹宣译《辩论：美国制宪会议记录》，译林出版社，2014）。制宪代表们希望建立一个没有党派纷争的“贤人政府”。1789 年选出的第一届联邦议会，有不少议员是“反联邦派”。《美国历史统计：从殖民时代到 1970 年》英文版第 2 卷 Y204—210 表说明：众议院内有 38 名“行政派”（Administration）议员，有 26 名“反对派”（Opposition）议员。参议院有17名“行政派”议员，9名“反对派”议员。由此可见，第一届联邦议会里还没有具名的对立党派。第一届联邦政府不是“清一色”，而是允许反对派加入。

事物总是要一分为二。华盛顿当选总统，第一届联邦政府成立后，政府内部的主要官员迅速分化为两派。华盛顿兼收并蓄，任命与他政见相左的杰斐逊为国务部长（麦迪逊提议建立此部时原名“外交部”，由于职责包括与内部各邦联系，更名“国务部”）。外交方面，杰斐逊支持当时正处于大革命中的法国，认为“人权宣言”是“独立宣言”的法国版；内政方面，杰斐逊反对联邦政府集权，主张赋予各邦政府更多的权力。财政部长汉密尔顿相反，认为法国革命是暴民造反，倾向英国的君主立宪。汉密尔顿主张加强联邦政府的权力。宾夕法尼亚西部有人拒不缴纳联邦政府规定的威士忌税，汉密尔顿认为显示联邦政府力量的时机到来，力劝华盛顿用兵弹压。华盛顿力图调和两派，显示自己公正不偏，实际上还是偏于汉密尔顿。因此，有的史家仍把华盛顿归于联邦派。还有人认为华盛顿与汉密尔顿之间有“父子情结”：华盛顿没有自己生育的子女，汉密尔顿是不知其生父的私生子，二人年龄相差约一代。

华盛顿终于采纳汉密尔顿的意见，从各邦调集一万民兵，前往弹压抗税农人。此举虽未杀一人，却引起杰斐逊撰文提醒美国民众，“推翻乔治三世（英国国王）后，要警惕美国出现乔治一世（暗指名字叫乔治的华盛顿）”。杰斐逊担任国务部长三年，因与华盛顿政见不合辞职。美国建国初年，华盛顿威信如日中天，杰斐逊几乎是唯一敢与华盛顿分庭抗礼的人。支持杰斐逊的人逐渐集结，自称共和党人。支持汉密尔顿的人则被称为联邦党人。杰斐逊是脱离政府主流、创建政党的第一人，开美国政党政治先河。上述《美国历史统计》的同一表格显示：1795年，华盛顿公开表示不再担任总统候选人的前一年，联邦议会中已形成两党对垒的局面。第四届联邦议会的众议院内，联邦党议员54人，共和党议员52人；参议院内，联邦党议员19人，共和党议员13人。继续发展的结果，是共和党日益扩大。1800年，杰斐逊终于通过赢得多数选票的途径，把华盛顿提名的接班人亚当斯赶下总统宝座，取而代之。

综上所述，1787年9月《联邦宪法》制定完毕，有待各邦制宪会议批准的这段时间，支持《联邦宪法》、为它的批准而努力的人们，自称"联邦派"或"联邦主义者"。那时，他们还没有建立政党的意识。《联邦宪注》第七条规定："9个邦的制宪会议批准，即构成足够数目，在批准的邦之间树立这部宪法。"1787年12月7日，特拉华制宪会议以30比0票率先批准《联邦宪法》，成为美利坚联邦的第一个邦。接着，宾夕法尼亚(12月12日)和新泽西(12月18日)批准宪法，加入联邦。1788年，佐治亚(1月2日)，康涅狄格(1月9日)，马萨诸塞(2月6日)，马里兰(4月28日)，南卡罗来纳(5月23日)先后批准宪法，加入联邦。至此，批准宪法的邦已达到8个，距离建立联邦所需的9个邦只差1个邦。纽约邦批准《联邦宪法》的阻力最大。它的两名代表在制宪会议期间就以退会方式抵制制宪。到讨论批准阶段，在邦长克林顿的影响下，又反复提出重新召开制宪会议的要求，拖而不决。在这样的形势下，麦迪逊、汉密尔顿、杰伊3人用同一个笔名，在纽约报纸上发表系列文章，解释和宣传《联邦宪法》，希望说服纽约人民，促成纽约邦制宪会议批准《联邦宪法》。这些系列文章，后来集结为《联邦主义文集》。

麦迪逊是制宪会议的主要促成者之一。他起草的"弗吉尼亚方案"构成制宪会议的讨论主线。制宪会议期间，麦迪逊的发言常常起着引导会议议程的作用(麦迪逊的发言，贯穿《辩论：美国制宪会议记录》全书)。因此，后人把他尊为"联邦宪法之父"。制宪会议过程中，麦迪逊的立场发生变化。开始，他是中央集权主义者，主张把权力集中到"全国政府"手中，把原有的各邦政府变成"全国政府"任命和派出的省级政府。他的主张受到与会许多伸张邦权的代表反对。经过长时间的辩论，制宪会议终于达成妥协，取得共识。与会代表一致同意：把18项权力交给联邦政府，明文列出，载于《联邦宪法》第一条第八款。例如，邮政权归联邦，因为邮政的受惠者是全体联邦居民。富兰克林提议把修建运河的权力也交给联邦，立刻遭到反对。因为，一条运河如果只流经一个邦，受惠者为该邦居民，不应要联邦政府埋单，应由该邦政府在邦内自筹资金。凡未在《联邦宪法》内明文授予联邦政府的权力，一律保留给各邦。凡未在各邦宪法内明文授予邦政府的权力，一律保留给公民个人。联邦政府、各邦政府、公民个人之间，实行权力分割。联邦政府、各邦政府、公民个人，都是法人，可以互相诉讼。联邦政府和各邦政府从一开始就是“有限政府”，只能管辖《联邦宪法》和各邦宪法授予权力以内的事，不能随意总管一切。制宪会议结束时，麦迪逊已从中央集权主义者，转变为联邦主义者。会后，他极力促成弗吉尼亚和纽约批准宪法，加入联邦。这时，共同撰写《联邦主义文集》的麦迪逊和汉密尔顿，是亲密战友，都是“联邦主义者”。

可是，麦迪逊从来不是“联邦党人”。反之，联邦政府成立后，杰斐逊的长期战友和追随者麦迪逊，成为协助杰斐逊建立共和党的积极帮手，这时，麦迪逊成为汉密尔顿的政敌。再后，1800 年，杰斐逊击败联邦党总统候选人亚当斯，连任两届总统。麦迪逊连任两届国务部长，成为杰斐逊的接班人，1808 年击败联邦党总统候选人平克尼，当选第四位联邦总统。1816 年，麦迪逊的接班人、国务部长门罗，击败联邦党总统候选人鲁弗斯·金，当选第五位联邦总统。1820 年，门罗再次竞选，联邦党已没有力量推出总统候选人与门罗对阵。作为一个政党，联邦党正式消亡，退出历史舞台。

汉密尔顿也是制宪会议的主要促成者之一。可是，他在制宪会议中的地位相当尴尬。一、纽约邦派出的三名代表中，有两名是邦长克林顿的亲信：纽约邦最高法院首席大法官雅茨和纽约邦首府奥尔巴尼市市长兰欣。按照制宪会议的开会规则，每邦代表团内意见一致的多数，可代表该邦投一票。雅茨和兰欣反对会议，汉密尔顿支持会议，但被雅茨和兰欣以二比一挟持，纽约代表团屡屡投反对票，汉密尔顿失去投票权，无可奈何。雅茨和兰欣最后指责会议越权，离会以示抵制，剩下汉密尔顿一人，代表团破裂，仍无投票权。因此，汉密尔顿多次离会，回纽约处理自己的律师业务或办理其他事务。二、尽管如此，汉密尔顿还是在会上作了一次长达6小时的发言，并向会议提交一份书面制宪计划（参见《辩论：美国制宪会议记录》）。从他的发言和书面计划看，汉密尔顿主张君主立宪。他的长篇发言和书面计划，并未在与会代表中引起多大反响，成为会议中一个难鸣的孤掌。三、会议快结束时，汉密尔顿再次回到制宪会议会场——当时美国第一大城市费城的独立厅，11年前《独立宣言》在这里签署。汉密尔顿回来的原因，可能是要在《联邦宪法》上签名。不过，签名之前，他表态说：与会代表知道，他的思想离这部宪法比其他代表都远。可是，他仍然愿意签名。因为有了这部宪法，至少可以有一个建国计划，否则，美国可能陷入内战。汉密尔顿虽然对《联邦宪法》持有本质性的意见保留，会议之后却和麦迪逊一样，变成一个坚定的联邦派，参与撰写《联邦主义文集》。他的更大贡献，是与杰伊等人一起召开纽约市大会，做出决议：如果纽约邦仍旧拖而不决，纽约市将脱离纽约邦，单独加入联邦。在此压力下，纽约邦终于在1788年7月26日以30∶27的勉强多数票批准宪法，加入联邦。汉密尔顿是后来出现的联邦党的领袖，但在撰写《联邦主义文集》时，他只是联邦主义者，不是联邦党人，如前所述，那时还没有联邦党。

杰伊不是制宪代表，后来成为联邦党人。但是，参与撰写《联邦主义文集》时，他还不是联邦党人，只是热忱的联邦主义者。

《联邦宪法》是一套政治游戏规则，是为想要进入联邦政府担任官职的人们预先设置的一套进令和止令。所以，不论当选议员、当选总统、受任法官，就职之前，都要宣誓忠于《联邦宪法》。佐治亚制宪代表鲍德温在回忆录中说，制宪会议结束前，华盛顿私下说过，这部宪法能管用20年就不错了。出乎制宪代表意料，这部宪法管用两百多年，而且现在依然管用。联邦党作为一个政党，是短命的，1791年浮现，1825年消亡，寿命仅34年。

若把 *The Federalist Papers* 译成《联邦党人文集》，容易造成误解，以为这本书阐释了一个短命政党的宣言或政纲，书中思想的生命力被窄化和短化。事实并非如此，这本在宪法制成、尚未通过时，由同时代人撰写的解释和发挥文集，经受了两百年的时间考验，仍被今天的美国人认为是对《联邦宪法》的最好解释，依然管用。要体现和浓缩这本书的内容实质和长效，应把书名译为《联邦主义文集》或《联邦论》。

（原载 2006 年 10 月 26 日《南方周末》，略有改动）

附录八

美国财政之父：怪才汉密尔顿

尹 宣

一、美国第一任财政部长

1789 年，按宪法蓝图，建立联邦政府。4 月 30 日，华盛顿宣誓就职第一位联邦总统。这个总统不好当。军队已经解散。总司令手下，还剩 46 名军官，672 名士兵，总兵力 718 人。[①] 严重的是：独立战争期间，美国向法国等盟国借贷，累积欠外债 5 400 万美元；向国内发行债券，累积欠内债 2 500 万美元。联邦政府开张时，外债内债累积达 7 900 万美元。美国市场上，流通 50 多种货币：英国、法国、西班牙、葡萄牙等国的硬币，大陆议会发行的纸币和债券，十三个邦议会发行的纸币和债券，各城市议会发行的纸币债券，甚至还有商店和企业发行的纸币。

华盛顿请罗伯特·莫里斯出任财政部长。独立战争后期，大陆议会财库亏空时，莫里斯临危受命，出任财政部长（当时叫财务总监）。大陆议会允许让他公私兼顾，利用他所掌握的北美银行，为大陆军队筹集

① 《美国历史统计：从殖民时代到 1970 年》，美国商务部编，英文版下册，第 1143 页。

军费。莫里斯曾以自己的私人信用，贷款140万美元，支持华盛顿的军需，是华盛顿取得军事胜利的重要原因。

不过此时，莫里斯已无心当官，而有意发财。莫里斯劝华盛顿，要想挽美国财政狂澜于既倒，唯有一人可以胜任：亚历山大·汉密尔顿。此言正合华盛顿心意。1789年9月11日，汉密尔顿成为美国第一任财政部长，时年不满35岁。他放了三把火。

二、第一把火：承担国债，偿还利息

华盛顿的工作方式：部长要提交书面报告，一份交议会讨论，一份交各部部长讨论，提出书面意见。

1790年1月21日，汉密尔顿向联邦议会和总统提交第一份报告，长达14万字。提出由联邦政府承担各邦债务。宪法第六条第一款规定："采纳本宪法以前欠下的债务和承担的责任，在宪法下与在邦盟条款下同样有效，由联邦承担。"问题在于：如何归还？

汉密尔顿建议：所有债券，一律按票面价值偿还，但先不还本金，只按4%支付利息。利息由进口关税和国产税（也称营业税），尤其是对酒类征高额税的收入支付。

汉密尔顿方案，有多重目的：一、联邦政府高居各邦政府之上：替各邦还了钱，就有了说话权；二、挽回联邦政府已经失去的金融信用，好借好还，再借不难；三、刺激经济：恢复了金融秩序，各行各业才敢放心经营发展。四、在联邦和各邦培养出一批金融精英。

议会对归还外债没有异议，对承担各邦债务，对按票面价值归还内债，看法不一。主要反对者，是第一位国务部长，47岁的杰斐逊，还有众议员领袖，36岁的麦迪逊。独立战争期间，大陆议会和各邦议会金融失控，发行大量纸币和债券，是大陆议会执政期间最大弊病，被制宪代表们称为"罪恶"。战争年代，农人和城市贫民，手头缺乏现金，纷纷低价转手贱卖债券，投机者低价购进。到1789年，原来票面价值1元的债券，还值多少钱，说法不一：有的说不到两角，有的说不到一角，还有的说，只值两分钱。如果按票面价值偿还，囤积居奇的投机者立刻发财，贱卖出手的人吃亏。这个问题，反复辩论。杰斐逊和麦迪逊提出应对卖出者适当贴补。可是，转手买卖有的已经多次，无法还原；想不出一种可操作的逆转办法。可行的意见，常常不能十分合理；合理的意见，常常无法操作。

到 1789 年，各邦偿还自己发行的债券，水平也不整齐，例如，弗吉尼亚就已经接近还完。由联邦政府统一承担各邦债务，无疑会造成几邦欢喜几邦愁的局面。

1790 年 4 月，联邦议会以多数票否决汉密尔顿的报告。

那时，临时首都在纽约。国务部长杰斐逊和众议员麦迪逊合租一位太太的民房住。1790 年 6 月 20 日，杰斐逊看到汉密尔顿走在街上，闷闷不乐，还在想他那被否决的报告。杰斐逊提议三人一起到餐馆里吃饭，达成了著名的"餐桌妥协"：汉密尔顿同意把未来的首都，设在弗吉尼亚和马里兰之间的哥伦比亚特区，弗吉尼亚的土地会升值；杰斐逊和麦迪逊还要求：把弗吉尼亚的债务减免 150 万元，以此换取他们对汉密尔顿计划的支持。汉密尔顿同意。1790 年 7 月 10 日，联邦议会通过在哥伦比亚特区设立首都的议案；7 月 26 日，议会通过汉密尔顿偿还债务计划。

汉密尔顿的第一个计划，使一部分人先富起来，主要是北方城市中的有余钱者。他们成为美国的第一批金融工商业者。

三、第二把火：创建联邦银行

第一份报告说，用进口关税和国产税，主要是酒税，支付债券利息。新政府刚建立，从税收到位，到支付利息，还有一个过程。联邦政府必须马上手里有钱，才能解燃眉之急。汉密尔顿不愧为怪才，他的办法，或许可以称为"空手道"：1790 年 12 月 13 日，汉密尔顿提交第二份报告，建议设立一所联邦银行。

按汉密尔顿设想，联邦银行实行股份制。第一次发行1 000 万美元股票。其中，联邦政府认购 200 万元的股份。汉密尔顿料到，这点难以办到，因为政府手里没钱。因此，他提议由联邦银行借钱给政府，政府分十年归还。余下的800万美元，向公众发行，既向国内，也向国外。基本要求是，这种非政府的认购，其中四分之一，要用金银等硬币认购，其余四分之三，可用过去的各种债券折算。这样，联邦政府可以获得100到200万价值的硬通货，作为第一推动力，作为准备金和抵押，开始发行统一的联邦货币和债券，逐步整顿金融市场。

出来反对的，又是杰斐逊和麦迪逊。杰斐逊的理想，是一个由小农组成的共和国。他主张把更多的权力分散到各邦政府，反对中央集权。他主张给公民更多的民主和自由，反对压力过大。他的目光主要投向南方。弗吉尼亚就属于南方。杰斐逊和麦迪逊认为，如果允许建立联邦银行这样强有力的中央机构，如果各邦都建立起联邦银行的分支机构，联邦政府可能会发展成一个中央集权的政府，可能会偏袒北方城市中的富人。汉密尔顿的好友杰伊有句名言："拥有这个国家的人，应该治理这个国家。"联邦党人的观点，杰斐逊共和党人的观点，逐渐公开浮出水面。

宪法第一条第八款前十七个分句，列举了宪法授予联邦议会的十七项权力。因此，联邦政府被称为 Limited Government，有的人译成"限权政府"，有的人译成"有限政府"。这个概念，类似"有限股份公司"与"无限公司"的区别。有限股份公司破产，赔到公司内全部资产为止；无限公司破产，可以没收股东股份以外的个人资产。凡是宪法未对政府的权力做出明文限定的，就是"无限政府"，政府可以自我授权，管理一切。美国制宪会议代表，代表各邦利益，严格限定了联邦政府的权力范围，余下的权力，留给各邦政府和公民本人。

现在，杰斐逊提出，宪法授予联邦政府的十七项权力中，没有设立银行的权力，汉密尔顿的建议违宪。

宪法第一条第八款第二分句规定："联邦议会有权用联邦的信用借钱。"同一款第十八分句规定："为行使上述所有权力（即列举出的十七条权力），行使宪法授予联邦政府、授予各部门及其官员的权力，联邦议会有权制定必要和适当的立法。"汉密尔顿回答：根据上述宪法的两个分句，宪法中“隐含”了设立银行的权力。从此出现两个新词：汉密尔顿对宪法的“宽式解释”，和杰斐逊对宪法的“严式解释”。

1791年1月20日，参议院通过汉密尔顿第二份报告；2月8日，众议院通过。4月25日，华盛顿签署，汉密尔顿的提案成为立法。第一个联邦银行获得20年的经营章程。

联邦银行迅速刺激经济。1791到1796年，美国出口增加两倍。

通过设立第一联邦银行，汉密尔顿培育出美国第一代金融官僚阶层。他们依附于联邦政府，包括联邦银行在各邦分支机构的官员。

汉密尔顿解释：创造出一个庞大的金融结构，富裕的公民，就会找到归属，依附政府。他把联邦政府欠下“永久性的、规模合理的债务”称为“凝结我们联邦的强有力的水泥”。

我查过几种美国政府编写的统计年鉴，从1789到2006年。结论：美国政府从来没有“既无外债、又无内债”的年份；相反，这个债务越滚越大：1789年：0.79亿，1869年：25.4亿，1950年：2 561亿；2005年，73 927亿。人们常说，美国人习惯超前消费，结婚就买房子，先住了再说，到退休才还完分期付款。现在我们知道，超前消费，是美国政府最先发明和实施的，首倡者，是汉密尔顿。个人和家庭，按代划分，每一代人，总是努力在生前还完债务，努力为后代留点遗产。政府是一届一届延续，每一届都给后一届留下更多的、惊人的债务。我相信，从汉密尔顿设计开始，就没打算归还本金，这种驴打滚，只要它付得起利息(2000年占岁入的20.7%①)，永无终结。“联邦的信用”“规模合理的债务”有无上限？再过100年，美国政府的债务会累积到多少？

第一联邦银行，到1811年终结。后来又有第二联邦银行，又被第七任总统杰克逊认定为富人吸穷人血的机构而撤销。可是，撤销之后，政府手里没有融资机构，无法对付经济危机和困境。于是，又建联邦银行，发展到今天，当年的第一联邦银行，演变成今天的联储会。

---

① 纽约版《世界年鉴2006年》英文版，第92页。

四、第三把火：鼓励发展民族工业

1791年12月5日，汉密尔顿向议会提交第三份报告《发展制造业》[①]，被称为汉密尔顿个人的“鸿篇巨著”(Magnum Opus)。这份报告，是对英国伊丽莎白一世时的重商主义体制，和法国科尔伯特(Colbert)实践的发展。后来被亨利·克雷发展为“美国体制”(American System)，最后成为“美国经济学派”(American School of Economics)的开端。

汉密尔顿提出，要想保证美国的独立，必须鼓励制造业快速发展，使制造业成为美国经济的永久特色。他认为，必须采取下列步骤：联邦政府，利用合理的关税收入，改善基础设施(修路，建桥，挖运河)，设置关税壁垒，保护和鼓励处于幼稚期的民族工业的启动和发展。这些政策，不仅促进商业，而且增加各种就业机会，鼓励外国移民进入美国，促进各行各业内的科学技术发展，包括农业科技。

议会辩论时，对鼓励制造业没有异议，对如何补贴却发生分歧。杰斐逊担心：贴补过程中会出现腐化，出现厚此薄彼，具体来说，担心联邦政府偏袒北部，歧视南部。美国建国初年就出现的这种南北分歧，最后以南北战争的形式解决。

结果，联邦议会批准了汉密尔顿报告的大部分，但是没有同意贴补工业。议会赞同逐步提高关税，限制进口，鼓励本国的制造业。

汉密尔顿的思想，形成美国经济学派的基础，主宰美国经济思维；直到20世纪70年代，美国才出现“自由贸易/自由市场”体制。

五、创建联邦党

汉密尔顿创建了联邦党，保持对联邦党的控制到1800年。这是美

① 汉密尔顿的第三份报告，是建议设立联邦造币局，逐渐统一货币。因重要性不如另外三份报告，这里从略。

国的第一个政党;有人说它是第一个有群众基础的党,有人说它的主要弱点就在于与民众联系太少。从1790年起,汉密尔顿开始组织一个全国性的同盟,利用他在军队时期结交的关系,利用财政部的广泛联系,吸收政见相同(主张中央集权)的各方人士,在各个邦建立政治联络。特别注意在十来个大城市吸纳商人、银行家和金融家。1792—1793年,报刊开始把支持汉密尔顿的人称为"联邦党",把支持杰斐逊的人称为"共和党"。对法国大革命抱敌视态度的宗教界和教育界领袖人物,尤其在美国东北部,逐渐向联邦党集结。汉密尔顿开始系统建立联邦党人报纸网络,物色和资助编辑,包括诺亚·韦伯斯特(创办一系列联邦党报纸,后以参议员身份和韦氏词典编者闻名于世),约翰·丰诺(创办《联邦报》)。1801年,汉密尔顿创建了自己的报纸《纽约晚邮报》,科尔曼(Coleman)任编辑。汉密尔顿的财政部,直接间接管着两千多人,资金充足。国务部的编制,只有部长杰斐逊一人,好不容易弄到一点经费,雇了一个兼职的菲利普·弗瑞诺,创办了《国家报》。弗瑞诺是美国文学史上的著名诗人,他的报纸提醒美国人民,"不要在推翻英王乔治三世后,又在美国培育出一个'乔治一世'",矛头直指乔治·华盛顿。加入共和党阵营的,还有富兰克林的孙子巴契(Bache),继承祖父的印刷厂,创办《美国曙光报》,说:"如果一个国家曾经上当受骗,那么,美国就是上了华盛顿的当。"两派斗争愈趋火爆。暂时结果:1793年,杰斐逊辞职,回弗吉尼亚隐居。汉密尔顿在新政府内以首相自居。

六、与亚当斯不和,联邦党分裂

华盛顿,作为总统,努力表现自己在联邦党人和共和党人之间持平,但是,累次偏袒汉密尔顿。华盛顿支持亚当斯接班。可是,汉密尔顿不喜欢亚当斯。1796年,华盛顿让汉密尔顿为他起草《告别演说》,这篇演说,并未口头发表,只是登在《费城广告报》上。汉密尔顿幕后操作选举,劝说北部选举人,把票投给联邦党人亚当斯和平克尼,劝南部选举人,把票投给杰斐逊和平克尼,希望平克尼得票最多,当上总统,亚当斯副之。结果，他的操作败露，亚当斯还是当上总统，但得票仅71。杰斐逊得票68，美国出现第一个一心想取总统而代之的副总统。当年的亲密战友（亚当斯是起草《独立宣言》的副组长），反目成仇。亚当斯和汉密尔顿同属联邦党领袖，联邦党分裂。

1800年9月，总统选举前夕，汉密尔顿发表小册子《汉密尔顿来信，论公共行为和亚当斯先生的性格》，小褒大贬。他把此信付印，寄给200位联邦党人骨干。其中一份落入共和党人之手，他们便印行散发。此信无疑在选举之前，为亚当斯釜底抽薪。亚当斯被杰斐逊赶下总统宝座，势必责怪汉密尔顿。联邦党人分裂。

七、华盛顿对汉密尔顿念念不忘

1798—1800年，美国与法国进入准战争状态，已在海上不宣而战。总统亚当斯是文人，没有作战经验，请归隐在弗农山庄的华盛顿出面担任总司令。华盛顿提出条件：汉密尔顿担任副总司令，并且实际指挥作战。亚当斯无可奈何，只好答应。汉密尔顿这一时期的书信表明：他打算建立一支军队，先顶住法国入侵，然后争取与法国结盟，然后回头攻打西班牙占领的北美领土，攻打路易斯安那，建立一个没有杰斐逊党人的联邦政府。亚当斯赶紧与法国谈判言和，尽快停止这场战争，汉密尔顿好梦成空。

美国初年的领袖们，一面追求美好的精神理想，一面为权力而折腰。好在，这些都有文字记载，进入历史。

八、汉密尔顿的克星——玛丽亚·雷诺兹

汉密尔顿，在新政府建立之初，才华毕露，政治得意。他的情感生活，又添新彩。1791年，他收到一封信，请他到费城一家旅馆议事。那时，费城是美国的临时首都。汉密尔顿应约而去。请他的人，是玛丽亚·雷诺兹(Maria Renoldz)。她告诉汉密尔顿，她的丈夫遗弃了她和她的女儿，希望得到一笔钱，带孩子回纽约娘家。汉密尔顿很快把钱取

来。接着，他们就误把旅馆，当作巫山。他们的感觉想必不错，否则，这段私情，不会延续三年。关系开始时，玛丽亚 23 岁，汉密尔顿 36 岁。原来，玛丽亚的丈夫詹姆斯知情。他的做法，是按时收费。三年间，他一共收了约 1 000 美元。当时，参议员和众议员每开会一天，津贴才 7 元。1 000 美元是不少的钱。詹姆斯觉得钓上财政部长，是条大鱼，威胁说，要告诉汉密尔顿的妻子。詹姆斯以诬告罪被捕，他找到汉密尔顿的对手，共和党议员、后来的第四任总统门罗，说自己掌握政府重要官员腐化的隐情。门罗和另一位叫穆棱堡(Muhlenberg)的议员，受命展开调查。汉密尔顿承认通奸。他甚至把给玛丽亚的情书讨回来，交给调查组。情书证明汉密尔顿出于真情。由于汉密尔顿真诚坦白，此事未予公开。可是，门罗还是把这件事告诉了自己的同党杰斐逊。杰斐逊开始散布汉密尔顿的私生活传闻。汉密尔顿因为门罗公开他的隐私，要求与门罗决斗，被伯尔劝停。汉密尔顿又要求与其他几名涉事者决斗。最后，1797 年，出版商科连德(Callender)获得了这批秘密信件，在自己办的报上发表。暗示：汉密尔顿作为财政部长，挪用公款，了结私情。换到今天，科连德就会被称为“揭发名人丑闻的新闻人”(muckraker)。汉密尔顿无路可退，选择自我辩护，出版了一本小册子《对某些文件的诠释》，公开承认通奸，表示歉意，但否认所有挪用公款之类的指责。

18 世纪后期，美国人的精神生活，还在严谨的新教伦理控制之下。汉密尔顿事件，成为美国开国以来最大的性丑闻，他的威望突然从巅峰落地。1794 年 12 月 1 日，汉密尔顿递交辞呈；1795 年 1 月 31 日，汉密尔顿回家重操律师旧业。

史学家认为，玛丽亚使汉密尔顿失去的，不仅是财政部长职位，更重要的，使他失去了 1800 年竞选总统的机会。

事后，玛丽亚和丈夫离婚。她聘请的律师，不是别人，正是艾伦·伯尔。

九、汉密尔顿的劫数——艾伦·伯尔

艾伦·伯尔(1756—1836),是美国初年历史上一个充满争议的人物,连他的传记作者,也在书的开头说明:请读者对他的书是否做到中立,提出评价。伯尔的父亲,是普林斯顿大学第二任校长。青年时代,伯尔和汉密尔顿一样,不愿在将军麾下做副官,一定要亲自带兵去加拿大作战,用军功替自己说话。而且,他对妻子和女儿的一片忠心,一直感动着他的朋友。1791年,他竞选纽约联邦参议员成功,被他淘汰的,正是汉密尔顿的岳父,在任议员舒勒将军。1800年,伯尔支持杰斐逊竞选总统,把亚当斯赶下台。没有经验的共和党人,把票全部投给本党候选人:杰斐逊和伯尔,出现两人均得73票的死结。当时,美国已有16个邦。按宪法,由众议院票决,每邦投一票。1801年,从2月11日到17日,众议院投票35次,每次都是8比8。最后,汉密尔顿动员联邦党议员,把票投给杰斐逊。第36次,杰斐逊终于在联邦党人的帮助下,以10比4击败自己的战友伯尔,还有两个邦出现赞成反对各半的局面,按0票计算。汉密尔顿认为:美国不可没有总统。两害相权取其轻。他讨厌伯尔,认为杰斐逊"至少诚实"。杰斐逊是否当得起这个评价,是个问号。汉密尔顿此举加深了与伯尔的裂痕。1804年,伯尔副总统任期届满,知道杰斐逊不会再选他做总统竞选搭档,改变方向,与摩根·刘易斯竞选纽约邦长。汉密尔顿大力帮助刘易斯,刘易斯获胜。报上发表一篇文章,引用汉密尔顿的话:"关于伯尔上校,我还可以披露一个更卑劣的观点。"伯尔要求汉密尔顿举证,否则赔礼道歉。汉密尔顿拒绝。伯尔提出决斗。虽经朋友多方调解,二人均不收回。汉密尔顿此前已决斗21次,伯尔也有过一次经验。

1804年7月11日,在新泽西的伟哈肯,哈德逊河西岸,一片岩礁上,那是决斗者喜爱的地方。三年前,1801年,汉密尔顿的长子菲利普,与一位共和党律师乔治·伊克,在此决斗,死于枪下。

黎明时分,决斗开始。两位助手,都记不起是谁先开的枪。汉密尔顿击中伯尔头上的一根树枝;伯尔击中汉密尔顿下腹,伤及他的肝脏和膈膜。他被运回纽约,在疼痛中煎熬,他的最后行动,包括请穆尔牧师为他做安魂仪式,穆尔拒绝给决斗者做这种仪式,汉密尔顿追悔,谴责决斗,穆尔才同意。第二天,他离开人世,葬在纽约三一教堂墓地。他的朋友,古文诺·莫里斯为他致悼词。

按史家记载,他活了49岁,按他自己的说法,他活了47岁。汉密尔顿还未达到“知天命”之年,他的“天命”已经结束。呜呼,汉密尔顿,鬼才也。后来,不止一人说,在第一联邦银行的大厅里,见到汉密尔顿的幽灵。

十、千秋功罪,谁人评说

个人对历史究竟有多大影响?1799年,华盛顿病逝;1800年,亚当斯被赶下总统职位;1804年,汉密尔顿死于枪下。联邦党人群龙无首,没有汉密尔顿这样强有力的领袖,1816年,就再也推不出总统候选人,1824年,就从美国历史中消失。

汉密尔顿,本不是土生土长的美国人,17岁来求学,在美国走了一遭,在美国历史上,留下这么多热闹的喜剧悲剧。他像一道七彩长虹,划破美利坚的天空,然后,化作一朵乌云,飘洒美国大地。成也汉密尔顿,败也汉密尔顿。

杰斐逊和汉密尔顿,是政治上的死敌。可是,在建造自己的私宅蒙蒂塞洛时,却在大厅的显著位置,为汉密尔顿铸造塑像。他们之间的“亮瑜情节”,是美国式的;不仅有权力之争,也有理念差异。有人说,汉密尔顿的理想——由富人领导,建立强大美国,已成现实;杰斐逊的理想——实现一个人人平等的社会,依然是理想。

译者简介

尹宣　祖籍湖南邵阳，1942年5月生于广西桂林。1963年毕业于华中师范学院（现华中师范大学）外语系俄语专业，同年起于武汉市第一中学教授俄语，后自学英语并一直任英语教师。1981年，译出伊丽莎白·布什著《现代美国文学简介（1919—1980）》。1982—1984年，译出麦克米伦版《美国文学选读》四卷。1988年初，赴美留学，主修社会学。1991年，毕业于芝加哥伊利诺伊大学社会学系，获社会学硕士学位。2001年回国定居。1998—2000年，译出麦迪逊著《辩论：美国制宪会议记录》。2007—2008年，译出汉密尔顿、麦迪逊、杰伊合著《联邦论：美国宪法述评》。2009年元月，心脏病突发，病逝于武汉。

图书在版编目（CIP）数据

联邦论：美国宪法述评／（美）汉密尔顿，（美）麦迪逊，（美）杰伊著；尹宣译.
—南京：译林出版社，2016.6（2025.4 重印）
书名原文：The Federalist Papers
ISBN 978-7-5447-6289-2

Ⅰ.①联… Ⅱ.①汉… ②麦… ③杰… ④尹… Ⅲ.①宪法－美国－文集
Ⅳ.①D971.21-53

中国版本图书馆 CIP 数据核字（2016）第 075013 号

联邦论：美国宪法述评［美国］亚历山大·汉密尔顿　詹姆斯·麦迪逊　约翰·杰伊／著　尹　宣／译

责任编辑　张远帆　刘　静
装帧设计　韦　枫
责任印制　董　虎

出版发行　译林出版社
地　　址　南京市湖南路 1 号 A 楼
邮　　箱　yilin@yilin.com
网　　址　www.yilin.com
市场热线　025-86633278
排　　版　南京展望文化发展有限公司
印　　刷　南京爱德印刷有限公司
开　　本　718 毫米 × 1000 毫米　1/16
印　　张　44.25
插　　页　4
版　　次　2016 年 6 月第 1 版
印　　次　2025 年 4 月第 8 次印刷
书　　号　ISBN 978-7-5447-6289-2
定　　价　148.00 元